CLV

Grace to You entstand durch den Predigtdienst von John MacArthur, der seit 30 Jahren als Ältester und Pastor in der »Grace Community Church« im San Fernando Valley in Kalifornien dient.
Grace to You ist ein Mediendienst, der die Medien von heute gebraucht, um den Menschen die Wahrheit des Wortes Gottes näherzubringen und sie verständlich zu machen.
Ziel ist es, dass Menschen für das Werk des Dienstes zugerüstet werden.
»… um die Heiligen zuzurüsten für das Werk des Dienstes, zur Erbauung des Leibes Christi, bis dass wir alle zur Einheit des Glaubens und der Erkenntnis des Sohnes Gottes gelangen und zum vollkommenen Manne werden, zum Maße der vollen Größe Christi« (Eph 4,12-13).

Wenn Sie gerne mehr über den Dienst von Grace to You oder das zur Verfügung stehende Material erfahren möchten, dann besuchen Sie doch unsere Homepage oder nehmen Sie direkt mit uns Kontakt auf:

www.gty.de oder kontakt@gty.de

Grace to You Deutschland
Berlin

Fon: +49 30 443 51 91-0
Fax: +49 30 443 51 91-9

John F. MacArthur

Zwölf ganz normale Menschen

clv

Christliche Literatur-Verbreitung e. V.
Postfach 11 01 35 · 33661 Bielefeld

1. Auflage 2004
2. Auflage 2005
3. Auflage 2009

Originaltitel: Twelve Ordinary Men

CLV · Christliche Literatur-Verbreitung
Postfach 11 01 35 · 33661 Bielefeld
CLV im Internet: www.clv.de

Übersetzung: Martin Plohmann, Bielefeld
Satz: CLV
Umschlag: CLV / Nelson (Bild)
Druck und Bindung: CPI – Ebner & Spiegel, Ulm

ISBN 978-3-89397-959-2

Inhalt

Einleitung

Als ich vor mehr als zwanzig Jahren über das Matthäus-Evangelium predigte, hielt ich eine Vortragsreihe über die Charaktere der zwölf Apostel. Die Vorträge fanden sehr guten Anklang. Wir brachten unter dem Titel *The Master's Men* einige Kassetten und einen Studienleitfaden heraus. Seitdem lief die ganze Reihe mehrfach in der Rundfunksendung *Grace to You*. Bei jeder Ausstrahlung wurde sie von den Hörern mit wachsender Begeisterung aufgenommen. Auch zwanzig Jahre später gehört sie noch immer zu den beliebtesten Sendungen, die wir je produziert haben.

Vor ein paar Jahren begann ich in unserer Gemeinde mit einer Vers-für-Vers-Auslegung des Lukas-Evangeliums. Als ich zu Lukas 6,13-16 kam (die Berufung der Zwölf), startete ich mit einer neuen Reihe über die Apostel. Wieder kam es zu überwältigenden und begeisterten Reaktionen. Ich erkannte, dass in den Jahren seit unserem letzten Studium der Jünger eine ganze Generation nachgewachsen war. Sie identifizierte sich mit diesen Männern ebenso wie ihre Eltern zwei Jahrzehnte zuvor.

Selbst solche, die die Kassetten der ersten Serie nahezu auswendig gelernt hatten, fanden das Leben der Jünger so aktuell, relevant und praxisnah wie eh und je. Diese neue Reihe wurde sehr schnell beliebt, und ich wurde eindringlich gebeten, das ganze Material über die Apostel in einem Buch zusammenzufassen. Mir reichte schon ein kleiner Anstoß, um ein solches Projekt anzufangen. Das Buch, das Sie in den Händen halten, ist das Ergebnis.

Mich hat das Leben der zwölf Apostel schon immer fasziniert. Wen nicht? Die Persönlichkeiten dieser Männer sind uns nur allzu vertraut. Sie sind genauso wie wir und wie andere Menschen, die wir kennen. Wir finden leicht Zugang zu ihnen. Es sind reale, lebensnahe Charaktere, mit denen wir uns identifizieren können. In einem der faszinierendsten Berichte der Bibel sind ihre Fehler und Eigenheiten, ihre Triumphe und liebenswerten Wesenszüge festgehalten. Es sind Männer, die wir kennenlernen *wollen*.

Und zwar, weil sie in jeder Hinsicht ganz normale Männer waren. Keiner von ihnen stand für Gelehrsamkeit. Keiner von ihnen hatte den Ruf, ein großer Redner oder Theologe zu sein. In den Augen des religiösen Establishments jener Zeit waren sie nichts anderes als Außenseiter. Sie hoben sich nicht durch natürliche Begabungen oder intellektuelle Fähigkeiten hervor. Vielmehr neigten sie zu Fehlern, falschen Darstellungen und Einstellungen, Kleingläubigkeit und bitterem Versagen – insbesondere Petrus, der Anführer der Gruppe. Auch Jesus bemerkte, dass sie nur langsam lernten und geistlich nicht Schritt halten konnten (Lk 24,25).

Sie deckten ein breites politisches Spektrum ab. Einer von ihnen war ein ehemaliger Zelot – ein Radikaler, der fest entschlossen war, die römische Herrschaft zu stürzen. Ein anderer war Zöllner – im Grunde genommen ein Verräter des jüdischen Volkes, weil er für Rom arbeitete. Mindestens vier, wenn nicht sogar sieben, waren Fischer und enge Freunde aus Kapernaum, die sich wahrscheinlich seit ihrer Kindheit kannten. Die anderen müssen Händler oder Handwerker gewesen sein, allerdings wird uns nicht berichtet, was sie taten, bevor sie Christus nachfolgten. Die meisten stammten aus Galiläa, einer landwirtschaftlich geprägten Region am Schnittpunkt von Handelsrouten. Während des öffentlichen Wirkens Jesu blieb Galiläa auch ihr Zentrum – und nicht (wie einige meinen könnten) Jerusalem in Judäa, Israels politische und religiöse Hauptstadt.

Trotz all ihrer Fehler und Charakterschwächen und obwohl sie so außergewöhnlich gewöhnlich waren, führten diese Männer nach Jesu Himmelfahrt einen Dienst fort, der eine unauslöschliche Wirkung auf die Welt hatte. Selbst heute hat ihr Dienst noch Einfluss auf uns. Gott hatte diese Männer bevollmächtigt und gebraucht, um die Ausbreitung des Evangeliums einzuleiten und die Welt auf den Kopf zu stellen (Apg 17,6). Ganz normale Männer – Menschen wie Sie und ich – wurden zu Werkzeugen, die Christi Botschaft bis an die Enden der Erde brachten. Kein Wunder, dass sie solch faszinierende Charaktere sind.

Die Zwölf wurden von Christus persönlich erwählt und berufen. Er kannte sie so gut, wie nur ihr Schöpfer sie kennen konnte (vgl. Joh 1,47). Mit anderen Worten: Er kannte all ihre Fehler, lange bevor er sie erwählte. Er wusste sogar, dass Judas ihn verraten würde (Joh 6,70; 13,21-27), und trotzdem wählte er den Verräter aus und gab ihm die gleichen Vorrechte und Segnungen wie den anderen.

Bedenken Sie einmal, wie alles zusammenhing: Aus unserer menschlichen Perspektive lag die Verbreitung des Evangeliums und die Gründung der Gemeinde gänzlich in den Händen dieser zwölf Männer, deren auffallendstes Merkmal ihre Normalität war. Christus hatte sie erwählt und eine Zeit lang ausgebildet – eher Monate als Jahre. Er lehrte sie die Schriften und unterrichtete sie in gottesfürchtiger Lebensweise (er zeigte ihnen, wie man betet, vergibt und anderen in Demut dient). Er gab ihnen moralische Belehrung und erzählte ihnen von zukünftigen Dingen. Und er benutzte sie als seine Werkzeuge, um Kranke zu heilen, Dämonen auszutreiben und andere Wunder zu wirken. Drei von ihnen – Petrus, Jakobus und Johannes – erhielten auf dem Berg der Verklärung sogar einen kurzen Einblick in seine Herrlichkeit (Mt 17,1-9).

Es war ein kurzes, aber intensives Jüngerschaftstraining. Und als es in der Nacht seines Verrats zu Ende ging, »verließen ihn die Jünger alle und flohen« (Mt 26,56). Vom irdischen Standpunkt aus betrachtet, schien die Ausbildung ein ungeheurer Misserfolg gewesen zu sein. Es schien, als hätten die Jünger alles vergessen oder ignoriert, was Christus sie über das Aufnehmen des Kreuzes und seine Nachfolge gelehrt hatte. Das Bewusstsein ihres Versagens war in der Tat so stark, dass sie erst einmal in ihre alten Berufe zurückgingen. Und selbst darin schienen sie zu scheitern (Joh 21,3-4).

Durch den auferstandenen Herrn ermutigt, kehrten sie zu ihrer apostolischen Berufung zurück. Nachdem der Heilige Geist sie zu Pfingsten bevollmächtigt hatte, übernahmen sie mutig die Aufgabe, zu der Jesus sie berufen hatte. Das Werk, das sie von da an begannen, geht auch heute, zweitausend Jahre später, noch weiter. Sie sind der lebende Beweis dafür, dass Gottes Kraft in Schwachheit vollendet wird. In sich selbst verfügten sie nicht über die Mittel zu dieser Aufgabe (vgl. 2Kor 2,16). Aber Gott führte sie in Christus im Triumphzug voran und verbreitete durch sie »den Geruch seiner Erkenntnis an jedem Ort« (V. 14).

Wenn wir daran denken, dass Jesu ganzer Dienst von der Taufe bis zur Auferstehung nur etwa drei Jahre dauerte, dann bekommen wir einen Eindruck davon, wie kurz ihre Zeit mit ihm war. Und die intensive Ausbildungszeit der Jünger war sogar nur etwa halb so lang. In seinem Klassiker *The Training of the Twelve* weist A.B. Bruce darauf hin, dass die Hälfte seines irdischen Wirkens schon vorbei war, als Jesus die Zwölf aus der größeren Gruppe seiner Nachfolger erwählte und berief (Mt 10,1-4; Lk 6,12-16):

> *Jesu Erwählung der Zwölf … ist ein wichtiger Meilenstein in der Geschichte des Evangeliums. Sie teilt den Dienst unseres Herrn in zwei Phasen, die wahrscheinlich fast gleich lang dauerten, aber sich hinsichtlich Ausmaß und Wichtigkeit des jeweiligen Wirkens unterschieden. In der ersten Phase arbeitete Jesus allein; seine Wunder beschränkten sich im Wesentlichen auf ein begrenztes Gebiet, und seine Belehrungen besaßen meistens einen elementaren Charakter. Doch zu dem Zeitpunkt, als die Zwölf berufen wurden, hatte die Arbeit am Reich Gottes solche Dimensionen angenommen, dass Organisation und Arbeitsteilung erforderlich wurden. Jesu Lehren gingen mehr in die Tiefe und ins Detail, und seine Aktivitäten nahmen an Umfang zu.*
>
> *Als Folge seiner wachsenden Jüngerschar wurde die Auswahl einer begrenzten Zahl von engen und treuen Begleitern wahrscheinlich zu einer Notwendigkeit für Christus. Seine Nachfolger waren so zahlreich geworden, dass sie seine Bewegungsfreiheit eingeschränkt hatten, besonders während der langen Reisen, die die zweite Hälfte seines Dienstes kennzeichneten. Von da an war es unmöglich, dass ihm alle Gläubigen buchstäblich überallhin folgten; der Großteil konnte ihm nur noch*

gelegentlich folgen. Aber es war sein Wunsch, eine Hand voll auserwählter Männer zu jeder Zeit und an jedem Ort um sich zu haben: Seine beständigen Reisegefährten, die all seine Werke bezeugten und ihm täglich dienten. Markus sagt: »[Jesus] ruft zu sich, die er wollte. Und sie kamen zu ihm; und er berief zwölf, damit sie bei ihm seien« (Mk 3,13-14).[1]

Somit bekamen diese wenigen Männer, die irdischen Geschäften und Berufen nachgingen, gerade einmal eine 18-monatige Ausbildung für die gewaltige Aufgabe, zu der sie berufen wurden. Für den Fall ihres Scheiterns hatten die Zwölf kein zweites Eisen im Feuer, keinen Ersatzplan.

Die Strategie klingt extrem riskant. Aus menschlicher Sicht waren Gründung der Gemeinde und Verbreitung des Evangeliums ausschließlich von diesen zwölf gewöhnlichen Männern mit vielen offensichtlichen Schwächen abhängig, und einer von ihnen war so teuflisch, dass er den Herrn des Universums verraten würde. Und ihre Ausbildung nahm nur die Hälfte der Zeit in Anspruch, die heute für den Abschluss an einer Bibelschule benötigt wird.

Doch Christus wusste, was er tat. Aus seiner göttlichen Perspektive lag der letztendliche Erfolg der Strategie beim Heiligen Geist, der in diesen Männern zur Ausführung seines souveränen Willens wirkte. Dieser Auftrag konnte nicht vereitelt werden. Von daher verdient allein Gott Lob und Ruhm für dieses Werk. Die Männer waren lediglich Werkzeuge in seiner Hand – so wie Sie und ich heute Gottes Instrumente sein können. Gott gefällt es, solch gewöhnliche Mittel zu gebrauchen: »Das Törichte der Welt hat Gott auserwählt, damit er die Weisen zuschanden mache; und das Schwache der Welt hat Gott auserwählt, damit er das Starke zuschanden mache. Und das Unedle der Welt und das Verachtete hat Gott auserwählt, das, was nicht ist, damit er das, was ist, zunichtemache, dass sich vor Gott kein Fleisch rühme« (1Kor 1,27-29). Der zweitausendjäh-

1 Alexander Balman Bruce, *The Training of the Twelve* (New York: Doubleday, 1928), S. 29-30.

rige Triumph der apostolischen Bemühungen bezeugt Weisheit und Macht der göttlichen Strategie.

Gelegentlich nennt die Schrift die Zwölf auch »Jünger« – *mathetes* im griechischen Text (Mt 10,1; 11,1; 20,17; in Schlachter 2000 auch in Lk 9,1). Das Wort bedeutet »Lernende, Schüler«. Genau das waren sie monatelang unter der direkten und persönlichen Anleitung des Herrn. Er hatte viele Jünger, aber diese Zwölf wurden ausdrücklich zu einem einzigartigen Apostelamt berufen und erwählt. Deshalb wurden sie auch »Apostel« genannt – im Griechischen *apostolos*. Das Wort bedeutet einfach »Boten, Gesandte«. Sie erhielten das einmalige Amt eines bevollmächtigten Botschafters und Sprechers Christi. Besonders Lukas gebraucht diesen Begriff in seinem Evangelium und der Apostelgeschichte; er reserviert ihn nahezu ausschließlich für die Zwölf. Matthäus spricht nur einmal von »Aposteln« (Mt 10,2); an anderer Stelle nennt er sie »zwölf Jünger« (11,1; 20,17) oder »die Zwölf« (26,14.20.47). Auch Markus benutzt den Ausdruck »Apostel« nur einmal (Mk 6,30). Ansonsten spricht er von den Aposteln als »den Zwölfen« (3,14; 4,10; 6,7; 9,35; 10,32; 11,11; 14,10.17.20.43). Johannes verwendet das griechische Wort *apostolos* nur einmal in allgemeiner Hinsicht (Joh 13,16 – in deutschen Übersetzungen findet sich »Gesandter« oder »Apostel«). Wie Markus bezeichnet auch Johannes die apostolische Schar immer als »die Zwölf« (Joh 6,67.70-71; 20,24).

Lukas 10 beschreibt eine Begebenheit, in der siebzig Nachfolger Jesu ausgewählt und jeweils zu zweit ausgesandt wurden. Ganz offensichtlich waren sie »Gesandte«, weshalb einige Kommentatoren sie als »Apostel« bezeichnen, doch Lukas verwendet diesen Begriff nicht für sie.

Die Zwölf wurden zu einem speziellen Amt berufen. Und in den Evangelien und der Apostelgeschichte bezieht sich der Ausdruck *apostolos* fast immer auf dieses Amt und die zwölf Männer, die ausdrücklich dazu berufen und bestimmt wurden. Apostelgeschichte 14,14 und die paulinischen Briefe machen deutlich, dass der Apostel Paulus ebenfalls zu einem speziellen Apostelamt berufen wurde – als »der Nationen Apostel« (Röm 11,13; 1Tim 2,7; 2Tim 1,11). Paulus' Apostelschaft war eine einmalige Berufung. Offenkundig verfügte er über dieselbe Autorität und dieselben Privilegien wie die Zwölf (2Kor 11,5). Aber Paulus' Apostelschaft ist nicht das Thema dieses Buches, vielmehr konzentrieren wir uns hier auf die zwölf Männer, die als seine engsten Freunde und Begleiter Jesu öffentliches Wirken mit ihm teilten. Paulus bekehrte sich erst nach Jesu Himmelfahrt (Apg 9). Er war ein Apostel »der unzeitigen Geburt« (1Kor 15,8). Er sprach mit derselben Autorität und hatte dieselbe Fähigkeit des Wunderwirkens wie die Zwölf – diese nahmen ihn auf und erkannten seine Autorität an (vgl. 2Petr 3,15-16) –, aber er zählte nicht zu ihnen.

Die Zahl zwölf war von Bedeutung, denn Lukas beschreibt nach Jesu Himmelfahrt, wie die Apostel Matthias auswählten, Judas' Amt zu übernehmen (Apg 1,23-26).

Die Rolle eines Apostels (einschließlich des besonderen Amtes, zu dem der Apostel Paulus berufen wurde) beinhaltete eine Führungsposition und exklusive Lehrvollmacht in der frühen Gemeinde. Das ganze Neue Testament wurde von den Aposteln oder ihren engen Mitarbeitern geschrieben. Vor der Niederschrift des Neuen Testaments waren die Belehrungen der Apostel maßgebend für die frühe Gemeinde. Angefangen bei den ersten Bekehrten zu Pfingsten, verließen sich alle wahren Gläubigen auf die apostolische Leiterschaft (Apg 2,37). Und als die Gemeinde wuchs, wurde ihre Treue zur Wahrheit so beschrieben: »Sie verharrten aber in der Lehre der Apostel« (Apg 2,42).

Den Aposteln wurde eine übernatürliche Macht verliehen, Zeichen und Wunder zu wirken (Mt 10,1; Mk 6,7.13; Lk 9,1-2; Apg 2,3-4; 5,12). Diese Zeichen bezeugten die Wahrheit des Evangeliums, das die Apostel von Christus empfangen hatten und in seinem Auftrag der Welt vorstellten (2Kor 12,12; Hebr 2,3-4).

Mit anderen Worten: Ihnen war eine zentrale, grundlegende Rolle zugedacht. In ganz praktischer Hinsicht *sind* sie die Grundlage der christlichen Gemeinde, »wobei Christus Jesus selbst Eckstein ist« (Eph 2,20).

Diese Studien über das Leben der Apostel waren mir eine besondere Freude – und eine der fruchtbarsten Beschäftigungen meines Lebens. Meine größte Freude ist, Christus zu predigen. Elf dieser Männer teilten dieses Anliegen, widmeten ihm ihr Leben und triumphierten über gewaltigen Widerstand. Trotz ihrer Fehler eignen sie sich dafür, Helden und Vorbilder für uns zu sein. Das Studium ihres Lebens bringt uns die Männer näher, die Christus auf Erden am nächsten waren. Zu erkennen, dass sie ganz normale Menschen wie wir waren, ist ein großer Segen. Möge der Geist Christi, der sie belehrte, uns in gleicher Weise wie sie verändern und uns zu wertvollen Gefäßen im Dienst des Herrn machen.

Gewöhnliche Männer – außergewöhnliche Berufung

Denn seht, eure Berufung, Brüder, dass es nicht viele Weise nach dem Fleisch, nicht viele Mächtige, nicht viele Edle sind; sondern das Törichte der Welt hat Gott auserwählt, damit er die Weisen zuschanden mache; und das Schwache der Welt hat Gott auserwählt, damit er das Starke zuschanden mache. Und das Unedle der Welt und das Verachtete hat Gott auserwählt, das, was nicht ist, damit er das, was ist, zunichtemache, dass sich vor Gott kein Fleisch rühme.
1. Korinther 1,26-29

Seit Beginn seines öffentlichen Wirkens in seiner Heimatstadt Nazareth war Jesus sehr umstritten. Nach seiner ersten Ansprache in der örtlichen Synagoge wollten ihn die Menschen aus seiner eigenen Gemeinde sofort töten. »Und alle in der Synagoge wurden von Wut erfüllt, als sie dies hörten. Und sie standen auf und stießen ihn zur Stadt hinaus und führten ihn bis an den Rand des Berges, auf dem ihre Stadt erbaut war, um ihn so hinabzustürzen. Er aber schritt durch ihre Mitte hindurch und ging weg« (Lk 4,28-30).

Dennoch gelangte Jesus im Großraum Galiläa zu großer Beliebtheit in der Bevölkerung. Als sich seine Wunder in der Region herumsprachen, versammelten sich große Menschenmengen, um ihn zu sehen und sprechen zu hören. Lukas 5,1 berichtet, wie »die Volksmenge auf ihn andrängte, um das Wort Gottes zu hören«. Als die Menge so groß wurde und drängte, stieg er in ein Boot und ließ dessen Besitzer vom Ufer und vom Druck der Leute wegrudern. Anschließend lehrte er die Menschen vom Boot aus. Nicht zufällig gehörte es Simon. Jesus sollte ihm den Namen Petrus geben, und er würde zur auffälligsten Person seines engsten Jüngerkreises werden.

Einige nehmen vielleicht an, dass Christus seine Popularität wirkungsvoller hätte ausspielen können, wenn er seiner Botschaft maximale Wirkung verliehen hätte. Entsprechend der modernen Denkweise hätte Jesus alles Mögliche tun müssen, um seinen Ruhm auszunutzen, die Kontroversen um seine Lehren abzuschwächen und jede Taktik anzuwenden, um die ihm nachfolgende Menschenmenge zu vergrößern. Aber das tat er nicht. In Wirklichkeit tat er das genaue Gegenteil. Anstatt populistisch zu handeln und seinen Ruhm auszunutzen, begann er, exakt die Dinge hervorzuheben, die seine Botschaft so kontrovers machten. Als die Massen ihren Höhepunkt erreichten, war der Inhalt seiner Predigten so konfrontativ und offensiv, dass sich die Volksmenge auflöste und nur die treuesten Nachfolger übrig blieben (Joh 6,66-67).

Zu ihnen gehörten auch die Zwölf, die er persönlich ausgesucht und ernannt hatte, ihn zu repräsentieren. Es waren zwölf absolut normale und durchschnittliche Männer. Doch Christi Plan für das Reich Gottes war von diesen Zwölf und nicht von einer lärmenden Menschenmenge abhängig. Er wollte durch das Handeln dieser wenigen fehlbaren Personen wirken, anstatt durch die Anziehungskraft der Massen, militärische Macht, persönliche Popularität oder Werbekampagnen. Aus menschlicher Sicht hing die Zukunft der Gemeinde und der langfristige Erfolg des Evangeliums allein von der Treue einer Hand voll Jünger ab. Es gab keinen zweiten Plan für den Fall, dass sie gescheitert wären.

Jesu Strategie war für den Charakter des Reiches bezeichnend: »Das Reich Gottes kommt nicht so, dass man es beobachten könnte; auch wird man nicht sagen: Siehe hier! Oder: Siehe dort! Denn siehe, das Reich Gottes ist mitten unter euch« (Lk 17,20-21). Die Ausbreitung des Reiches Gottes geschieht »nicht durch Macht und nicht durch Kraft, sondern durch meinen Geist, spricht der HERR der Heerscharen« (Sach 4,6). Ein Dutzend Männer unter der Kraft des Heiligen Geistes stellen eine stärkere Macht dar, als die Volksmenge, deren anfängliche Begeisterung für Jesus anscheinend kaum mehr als schiere Neugier war.

Christus suchte die Zwölf persönlich aus und investierte

seine Kraft in sie. Nicht sie hatten ihn erwählt, sondern er hatte sie erwählt (Joh 15,16). Ihre Erwählung und Berufung geschah in verschiedenen Phasen. Beim flüchtigen Lesen der Schrift könnte man zu der Ansicht gelangen, dass sich Johannes 1,35-51, Lukas 5,3-11 und die offizielle Berufung der Zwölf in Lukas 6,12-16 widersprechen. Doch hier besteht kein Widerspruch. Die Stellen beschreiben einfach nur unterschiedliche Stadien der Berufung der Apostel.

In Johannes 1,35-51 begegnen Andreas, Johannes, Petrus, Philippus und Nathanael dem Herrn Jesus zum ersten Mal. Dies ereignete sich zu Beginn seines Wirkens in der Wüste nahe des Jordans, wo Johannes der Täufer seinen Dienst tat. Andreas, Johannes und die anderen hielten sich dort auf, weil sie bereits Jünger von Johannes dem Täufer waren. Doch als sie hörten, wie ihr Lehrer die Aufmerksamkeit auf Jesus lenkte und sagte: »Siehe, das Lamm Gottes!«, folgten sie Jesus.

Das war die erste Phase ihrer Berufung – die Berufung zur *Bekehrung*. Sie zeigt, wie jeder Jünger zuerst zur Errettung gerufen wird. Wir müssen Jesus als das wahre Lamm Gottes und Herrn über alle Menschen anerkennen und ihn im Glauben annehmen. Dieses Stadium der Berufung beinhaltete für die Jünger noch nicht eine vollzeitige Jüngerschaft. Die Evangelien beschreiben, wie sie ihren Lebensunterhalt weiterhin mit ihrer regulären Arbeit verdienten, obschon sie Jesus in der Hinsicht nachfolgten, dass sie seine Lehren gerne hörten und ihn als ihren Lehrer anerkannten. Deshalb finden wir sie oftmals beim Fischen und beim Ausbessern ihrer Netze, bevor Jesus sie zum vollzeitigen Dienst berief.

Die zweite Phase war die Berufung zum *Dienst*. In Lukas 5 wird sie detailliert beschrieben. Sie geschah, nachdem Jesus vor dem Drängen der Menge in Petrus' Boot stieg und von dort aus lehrte. Als er damit fertig war, sagte er Petrus, er solle auf die Tiefe hinausfahren und die Netze auswerfen. Petrus tat es, obwohl Zeit und Ort nicht optimal waren. (Normalerweise lassen sich Fische besser in der Nacht und in seichtem und kühlem Wasser fangen, wo sie zur Nahrungsaufnahme dicht unterhalb der Oberfläche schwimmen.) Außerdem war Petrus erschöpft (er hatte die ganze Nacht erfolglos gefischt). Er sagte zu Jesus: »Meister, wir haben uns die ganze Nacht hindurch bemüht und nichts gefangen, aber auf dein Wort will ich die Netze hinablassen« (Lk 5,5). Der Fang ließ ihre Netze reißen und beinahe zwei ihrer Boote sinken (V. 6-7)!

Nach diesem Wunder sagte Jesus zu ihnen: »Kommt, mir nach! Und ich werde euch zu Menschenfischern machen« (Mt 4,19). Daraufhin »verließen sie alles und folgten ihm nach« (Lk 5,11). Laut Matthäus verließen Andreas und Petrus »sogleich die Netze und folgten ihm nach« (Mt 4,20). Auch Jakobus und Johannes »verließen sogleich das Boot und ihren Vater und folgten ihm nach« (V. 22). Von da an blieben sie beim Herrn.

Matthäus 10,1-4 und Lukas 6,12-16 berichten von einer dritten Phase ihrer Berufung: die Berufung ins *Apostelamt*. Nun erwählte Christus zwölf Männer und ernannte sie zu seinen Aposteln. Lukas beschreibt das Ereignis so:

> *Und es geschah in diesen Tagen, dass er auf den Berg hinausging, um zu beten; und er verbrachte die Nacht im Gebet zu Gott. Und als es Tag wurde, rief er seine Jünger herbei und erwählte aus ihnen zwölf, die er auch Apostel nannte: Simon, den er auch Petrus nannte, und Andreas, seinen Bruder, und Jakobus und Johannes und Philippus und Bartholomäus und Matthäus und Thomas und Jakobus, des Alphäus Sohn, und Simon, genannt Eiferer, und Judas, des Jakobus Bruder, und Judas Iskariot, der zum Verräter wurde.*

Ihre Apostelschaft begann mit einer Art Praktikum. Christus sandte sie aus. In Mk 6,7 heißt es, dass sie jeweils zu zweit ausgesandt wurden. Zu diesem Zeitpunkt waren sie noch nicht so weit, um allein hinauszugehen, deshalb formte Christus Zweier-Teams, in denen sie sich gegenseitig unterstützen konnten.

In dieser Ausbildungsphase blieb der Herr nahe bei ihnen. Er war wie ein Adler, der die ersten Flugversuche seiner Jungen beobachtete. Sie meldeten sich immer wieder bei ihm zurück und berichteten den Stand der Dinge (vgl. Lk 9,10; 10,17). Und nach einigen evangelistischen Einsätzen kehrten sie ganz zum Herrn zurück und blieben länger bei ihm, um belehrt zu werden, zu dienen, Gemeinschaft zu pflegen und sich auszuruhen (Mk 6,30-34).

Dann gab es da noch die vierte Phase ihrer Berufung, die nach der Auferstehung begann. Judas gehörte der Gruppe nun nicht mehr an; er hatte sich nach dem Verrat an Jesus erhängt. In seinem Auferstehungsleib erschien Jesus den restlichen Elf und sandte sie mit dem Auftrag, alle Nationen zu Jüngern zu machen, in die ganze Welt. Dies war in Wirklichkeit die Berufung zum *Märtyrertod*. Am Ende ließ jeder von ihnen sein Leben um des Evangeliums willen. Die Geschichte dokumentiert, dass außer einem alle Jünger wegen ihres Zeugnisses getötet wurden. Nur von Johannes wird berichtet, er habe ein hohes Alter erreicht; er wurde um Christi willen verfolgt und anschließend auf die kleine Insel Patmos ins Exil geschickt.

Trotz der Schwierigkeiten, denen sie begegneten, triumphierten sie. Inmitten von großer Verfolgung und sogar Martyrium erfüllten sie ihre Aufgabe. Entgegen allen Erwartungen gingen sie siegreich in die Herrlichkeit ein. Und das fortbestehende Zeugnis des Evangeliums, das nunmehr zweitausend Jahre umfasst und in nahezu jeden Winkel der Erde reicht, bezeugt die Weisheit der göttlichen Strategie. Kein Wunder, dass wir von diesen Männern fasziniert sind.

Wir wollen das Studium der Zwölf mit einem Blick auf die dritte Phase ihrer Berufung beginnen – ihre Erwählung und Ernennung zu *Aposteln*. Achten wir einmal auf die Details im Lukas-Evangelium.

Der Zeitpunkt

Zunächst ist der Zeitpunkt dieses Ereignisses von Bedeutung. Lukas macht dies in seinen Eingangsworten zu Lukas 6,12 deutlich: »Und es geschah in diesen Tagen.« Die Luther-Übersetzung von 1984 gibt diese Stelle wie folgt wieder: »Es begab sich aber zu der Zeit.« Lukas spricht nicht von der Uhrzeit oder von bestimmten Tagen eines bestimmten Monats. »Zu der Zeit«

und »in diesen Tagen« bezeichnen einen Zeitabschnitt, eine bestimmte Phase im Wirken Jesu – einen Zeitraum in seinem Dienst, in dem sich der Widerstand gegen ihn zuspitzte.

»In diesen Tagen« bezieht sich auf die unmittelbar vorangegangene Schilderung. Dieser Abschnitt im Lukas-Evangelium berichtet von dem heimtückischen Widerstand der Schriftgelehrten und Pharisäer gegen Christus. In Lk 5,17 erwähnt Lukas die Pharisäer und in 5,21 die »Schriftgelehrten« zum ersten Mal. (Die Schriftgelehrten werden zusammen mit den Pharisäern in Vers 17 als »Gesetzeslehrer« bezeichnet.)

Die Hauptgegner Jesu werden uns also zum ersten Mal in Lukas 5,17 vorgestellt. Ihr Widerstand wird bis zum Ende des fünften und Anfang des sechsten Kapitels geschildert. Lukas beschreibt den zunehmenden Konflikt zwischen Jesus und den religiösen Führern des Judentums. Sie stellten sich gegen ihn, als er einen Gelähmten heilte und ihm seine Sünden vergab (5,17-26); als er mit Zöllnern und Sündern aß und trank (5,27-39); als er seinen Jüngern erlaubte, am Sabbat Ähren zu pflücken und zu essen (6,1-5); und schließlich, als er am Sabbat die verdorrte Hand eines Menschen heilte (6,6-11). Lukas erzählt eine Begebenheit nach der anderen und betont dabei den wachsenden Widerstand der religiösen Führer.

In Lukas 6,11 erreicht der Konflikt seinen Höhepunkt. Die Schriftgelehrten und Pharisäer »wurden mit Unverstand erfüllt und besprachen sich untereinander, was sie Jesus tun sollten«. Markus und Matthäus schildern es sogar noch anschaulicher. Sie berichten, dass die religiösen Führer Jesus töten wollten (Mt 12,14; Mk 3,6). Markus sagt, dass sie sogar die Herodianer an ihrer Verschwörung beteiligten. Die Herodianer waren eine politische Gruppierung, die die Herodes-Dynastie unterstützten. Normalerweise waren sie keine Verbündeten der Pharisäer, doch gegen Jesus hatten sich diese beiden Gruppen zusammengeschlossen und schmiedeten bereits Mordpläne.

Genau an dieser Stelle schiebt Lukas die Erwählung und Ernennung der zwölf Apostel ein. »Und es geschah in diesen Tagen« – als die Feindseligkeit gegen Christus einen mörderischen Siedepunkt erreicht hatte. Der Hass der religiösen Elite war auf seinem Höhepunkt angelangt. Jesus konnte das Herannahen seines Todes bereits spüren. Bis zur Kreuzigung waren es nun keine zwei Jahre mehr. Er wusste, dass er den Kreuzestod erleiden, von den Toten auferstehen und nach vierzig Tagen zu seinem Vater auffahren würde. Deshalb war ihm auch bewusst, dass sein irdisches Werk in die Hände anderer gegeben werden musste.

Nun war es an der Zeit, seine offiziellen Repräsentanten darauf vorzubereiten. Im Wissen um die hasserfüllte Feindschaft der religiösen Führer sowie seine unvermeidliche Kreuzigung wählte Jesus zwölf Schlüsselfiguren aus, um die Verkündigung des Evangeliums zur Errettung Israels und zur Gründung der Gemeinde fortzuführen. Zeit war von ausschlaggebender Bedeutung. Bis zum Ende seines irdischen Wirkens dauerte es nicht mehr lang (schätzungsweise etwa achtzehn Monate). Jetzt war der Zeitpunkt gekommen, seine Apostel auszuwählen. Ihre intensivste Ausbildungsphase würde augenblicklich beginnen und in ein paar Monaten beendet sein.

Aus diesem Grund konzentrierte Christus seinen Dienst von nun an auf diese wenigen Männer und nicht mehr auf die Volksmenge. Sein sich abzeichnender Tod durch die Hände seiner Gegner kündigte den Wendepunkt an.

Als er die Zwölf zu seinen offiziellen Repräsentanten erwählte, welche die Evangeliumsbotschaft mit seiner Vollmacht predigen sollten, fällt eine weitere Tatsache ins Auge. Unter ihnen befand sich nicht ein einziger Rabbi, Schriftgelehrter, Pharisäer, Sadduzäer oder Priester. Nicht ein einziger der ausgesuchten Männer gehörte zum religiösen Establishment. Die Berufung der zwölf Apostel war ein Gericht gegen das institutionalisierte Judentum. Ein Verzicht auf jene Männer und deren Organisationen, die vollständig korrupt geworden waren. Deshalb ernannte Jesus nicht einen einzigen anerkannten religiösen Führer. Stattdessen nahm er Personen ohne theologische Ausbildung – ein paar Fischer, einen Zöllner und andere gewöhnliche Männer.

Seine Auseinandersetzung mit denen, die sich für Israels religiösen Adel hielten, währte schon lange. Sie ärgerten sich über ihn, lehnten ihn und seine Botschaft ab und hassten ihn. Das Johannes-Evangelium drückt es so aus: »Er kam in das Seine, und die Seinen nahmen ihn nicht an« (Joh 1,11). Die religiösen jüdischen Führer bildeten den Kern derjenigen Menschen, die ihn verwarfen.

Nahezu anderthalb Jahre zuvor forderte Jesus in einem seiner ersten offiziellen Auftritte Israels religiöses Establishment heraus – zu der Zeit, als die Pilger nach Jerusalem strömten, um zum Passahfest zu opfern. Jesus ging zum Tempelberg, trieb mit einer Geißel aus kurzen Stricken die Wechsler und das Vieh aus dem Tempel, schüttete ihr Geld aus und warf die Tische um (Joh 2,13-16). Dies war ein verheerender Schlag gegen das institutionalisierte Judentum. Jesus entlarvte den religiösen Adel als Diebe und Heuchler und verurteilte ihren geistlichen Bankrott. Ihr Abfall vom Glauben wurde aufgedeckt, und ihre Sünden wurden öffentlich gerügt. Er prangerte Bestechlichkeit und Betrug an. So *begann* er seinen Dienst. Es war ein massiver Angriff auf die Religion des jüdischen Establishments.

Jetzt, viele Monate später, auf dem Höhepunkt seines Wirkens in Galiläa und weit entfernt von Jerusalem, hatte der Groll, den diese frühe Begebenheit erzeugt haben musste, seinen Siedepunkt erreicht. Nun wollten diese religiösen Führer sein Blut sehen. Und sie begannen, ein Mordkomplott zu schmieden.

Sie hatten ihn vollkommen verworfen: Sie lehnten sein Evangelium ab, verachteten seine Gnadenlehren, verschmähten Buße und Jesu Vergebung und wiesen den Glauben zurück, den er verkörperte. Ungeachtet der vielen Wunder, die bezeugten, dass er der verheißene Messias war, akzeptierten sie die Tatsache nicht, dass er Gott im Fleisch war – und das obwohl sie sahen, wie er Dämonen austrieb, jede nur denkbare Krankheit heilte und sogar Menschen aus den Toten auferweckte. Sie hassten ihn und seine Botschaft. Er stellte eine Bedrohung für ihre Macht dar. Und sie wollten ihn unbedingt tot sehen.

Als für Jesus nun der Zeitpunkt kam, zwölf Apostel auszuwählen, nahm er natürlich niemanden aus dem Establishment, das ihn töten wollte. Stattdessen wandte er sich an seine eigenen Nachfolger und entschied sich für zwölf einfache, normale Männer aus der Arbeiterklasse.

Die Zwölf

Wenn Sie schon einmal die großen europäischen Kathedralen besichtigt haben, dann könnten Sie annehmen, die Apostel seien überlebensgroße Heilige mit glänzendem Heiligenschein gewesen und stellten eine erhabene Geistlichkeit dar. In Wirklichkeit waren sie aber ganz normale Männer.

Es ist eine Schande, dass sie so häufig als prachtvolle Marmorstatuen in den Himmel gehoben oder auf Gemälden wie eine Art römische Gottheit dargestellt wurden. Das beraubt sie ihres Menschseins. Schließlich waren sie völlig normale Männer – in jeder Hinsicht menschlich. Wir dürfen nicht vergessen, wer sie wirklich waren.

Vor kurzem las ich eine Biografie von William Tyndale, dem Wegbereiter für die englischen Bibelübersetzungen. Er meinte, es wäre falsch, dass das einfache Volk die Bibel nur in Latein hören konnte und nicht in seiner eigenen Sprache. Die damaligen Kirchenführer wollten die Bibel jedoch nicht in der Sprache des Volkes haben, da sie (ähnlich wie die Pharisäer zur Zeit Jesu) den Verlust ihrer kirchlichen Macht fürchteten. Doch gegen ihren Widerstand übersetzte Tyndale das Neue Testament ins Englische und veröffentlichte es. Der Preis dafür war Verbannung, Armut und Verfolgung. Im Jahr 1536 wurde er schließlich erdrosselt und auf dem Scheiterhaufen verbrannt.

Eines der wichtigsten Motive Tyndales, die Schrift in die Sprache des Volkes zu übersetzen, war eine Umfrage unter englischen Geistlichen, die größtenteils nicht wussten, wer die zwölf Apostel waren. Nur ein paar wenige konnten mehr als vier oder fünf mit Namen nennen. Den heutigen Kirchenführern und Christen mag es ebenso ergehen. Die Art und Weise, in der die institutionalisierte Kirche diese Männer heilig sprach, hat ihnen im Grunde ihr Menschsein genommen und ließ sie unnahbar und als nicht von dieser Welt erscheinen. Seltsam, denn als Jesus sie erwählte, geschah dies nicht aufgrund außergewöhnlicher Fähigkeiten oder überragender Geistlichkeit. Er scheint bewusst Männer ausgesucht zu haben, deren bedeutendstes Merkmal ihre Normalität war.

Was qualifizierte sie zur Apostelschaft? Offenbar war es keine ihrer Fähigkeiten oder Begabungen. Sie waren Galiläer, d.h. sie gehörten nicht zur Elite. Galiläer galten als ländliche, ungebildete Personen der Unterschicht. Sie waren einfache Bürger – Nobodys. Noch einmal: Sie wurden nicht auserwählt, weil sie vornehmer oder begabter waren als andere Israeliten zu jener Zeit.

Sicherlich gibt es einige moralische und geistliche Voraussetzungen, die Männer erfüllen müssen, die diese oder irgendeine andere Leitungsposition in der Gemeinde übernehmen wollen. Der Maßstab für geistliche Leiterschaft in der Gemeinde ist sogar extrem hoch. Sehen Sie sich nur einmal die Voraussetzungen für einen Ältesten oder Gemeindeleiter in 1. Timotheus 3,2-7 an:

> *Der Aufseher nun muss untadelig sein, Mann einer Frau, nüchtern, besonnen, sittsam, gastfrei, lehrfähig, kein Trinker, kein Schläger, sondern milde, nicht streitsüchtig, nicht geldliebend, der dem eigenen Haus gut vorsteht und die Kinder mit aller Ehrbarkeit in Unterordnung hält – wenn aber jemand dem eigenen Haus nicht vorzustehen weiß, wie wird er für die Gemeinde Gottes sorgen? – nicht ein Neubekehrter, damit er nicht, aufgebläht, dem Gericht des Teufels verfalle. Er muss aber auch ein gutes Zeugnis haben von denen, die draußen sind, damit er nicht in übles Gerede und in den Fallstrick des Teufels gerät.*

In Titus 1,6-9 finden wir eine ähnliche Auflistung. Hebräer 13,7 deutet ebenfalls an, dass Gemeindeleiter besonders gute moralische und geistliche Vorbilder sein müssen, denn sie werden Gott Rechenschaft über ihr Verhalten abzulegen haben, und andere sollten ihrem Glauben folgen können. Das ist ein sehr, sehr hoher Maßstab.

Übrigens ist er für Gläubige in der Gemeinde nicht niedriger. Leiter dienen als Vorbild für alle. Es gibt keinen »niedrigeren« Maßstab, der für den normalen Gläubigen akzeptabel wäre. In Matthäus 5,48 sagte Jesus zu *allen* Gläubigen: »Ihr nun sollt vollkommen sein, wie euer himmlischer Vater vollkommen ist.«

Offen gesagt: Keiner kann diesen Maßstäben gerecht werden. Aus menschlicher Sicht ist niemand »qualifiziert«, wenn der Maßstab absolute Vollkommenheit ist. Keiner ist für das Reich Gottes geeignet, niemand ist von Natur aus würdig, Gott zu dienen. Wir haben alle gesündigt und erlangen nicht Gottes Herrlichkeit (Röm 3,23). Es gibt auch nicht *einen* gerechten Menschen (Röm 3,10). Selbst der reife Apostel Paulus bekannte: »Denn ich weiß, dass in mir, das ist in meinem Fleisch, nichts Gutes wohnt« (Röm 7,18). In 1. Timotheus 1,15 bezeichnete er sich sogar als den größten aller Sünder.

Somit gibt es keine Menschen, die diese Voraussetzungen in sich erfüllen. Gott selbst muss Sünder erretten, sie heiligen und anschließend in brauchbare Werkzeuge verwandeln.

Die Zwölf waren wie wir alle; sie wurden unter unwürdigen und unqualifizierten Menschen ausgewählt. Wie Elia waren sie Männer mit »gleichen Gemütsbewegungen wie wir« (Jak 5,17). Sie waren nicht dadurch so überaus brauchbar, weil sie in irgendeiner Weise *anders* gewesen wären als wir. Dass sie in Gefäße zur Ehre verwandelt wurden, war einzig und allein das Werk des Töpfers.

Viele Christen verlieren leicht den Mut, wenn ihr geistliches Leben und Zeugnis unter Sünde oder Versagen leiden. Wir neigen oft zu der Annahme, ein nutzloser Nobody zu sein – und wären wir uns selbst überlassen, träfe dies auch zu! Aber genau solche nutzlosen Nobodys gebraucht Gott, denn ihm steht nichts anderes zur Verfügung.

Der Teufel will uns sogar einreden, unsere Fehler würden uns für Gott und seine Gemeinde unbrauchbar machen. Aber die Erwählung der Apostel bezeugt, dass Gott die Unwürdigen und Unqualifizierten gebrauchen kann. Diese Zwölf stellten die Welt auf den Kopf (Apg 17,6). Und dies nicht aufgrund von außerordentlicher Begabung, ungewöhnlichen intellektuellen Fähigkeiten, mächtigem politischen Einfluss oder irgendeinem besonderen sozialen Status. Sie stellten die Welt deshalb auf den Kopf, weil Gott in ihnen wirkte und sie somit dazu befähigte.

Gott erwählt die Demütigen und Niedrigen, die Sanftmütigen und Schwachen, damit kein Zweifel über den Ursprung ihrer Kraft besteht, wenn durch ihr Leben die Welt verändert wird. Es ist nicht der Mensch, sondern Gottes Wahrheit und Kraft *in* dem Menschen. (Einige Prediger haben es heute nötig, daran erinnert zu werden. Es ist nicht ihre Klugheit oder Persönlichkeit. Die Kraft liegt in dem Wort – in der Wahrheit, die wir predigen –, nicht in uns.) Und mit Ausnahme einer Person – eines außergewöhnlichen Menschen, der Gott im Fleisch war, des Herrn Jesus Christus – ist Gottes Wirken auf Erden die Geschichte von unwürdigen Menschen, die er zu seinem Gebrauch ebenso sorgfältig formte wie der Töpfer den Ton. Die Zwölf bildeten da keine Ausnahme.

Natürlich nehmen die Apostel eine besondere Stellung in der Heilsgeschichte ein. Zu Recht können sie als Glaubenshelden angesehen werden. Die Offenbarung beschreibt, dass ihre Namen die zwölf Grundsteine der Stadtmauern des himmlischen Jerusalems zieren werden. Auf diese Weise lässt ihnen auch der Himmel ewige Anerkennung zukommen. Allerdings tut dies der Wahrheit keinen Abbruch, dass sie genauso normale Menschen waren wie Sie und ich. Wir dürfen sie nicht als bunte Fensterbilder aus Kirchen in Erinnerung halten, sondern so nüchtern, wie die Bibel sie darstellt. Wir müssen sie aus ihrer realitätsfernen Verklärtheit herausholen und sie als wirkliche Menschen kennenlernen. Sie waren reale Männer und nicht hoch erhobene Figuren aus dem Pantheon religiöser Rituale.

Ebenso wenig dürfen wir die Bedeutung ihres Amtes unterschätzen. Aufgrund ihrer Erwählung wurden die zwölf Apostel zu Israels wahren geistlichen Führern. Dadurch wurde die religiöse Elite des *abgefallenen* Israels symbolisch entthront. Die Apostel wurden zu den ersten Predigern des Neuen Bundes. Sie waren die Ersten, denen die christliche Botschaft anvertraut wurde, repräsentierten das wahre Israel Gottes sowie ein bußfertiges und gläubiges Israel. Außerdem wurden sie zur Grundlage der Gemeinde mit Jesus Christus als dem Eckstein (Eph 2,20). Durch die Tatsache, dass sie so normal waren, werden diese Wahrheiten sogar noch aufgewertet statt geschmälert.

Das steht in vollkommener Übereinstimmung mit der grundsätzlichen Vorgehensweise des Herrn. In 1. Korinther 1,20-21 lesen wir: »Wo ist ein Weiser? Wo ein Schriftgelehrter? Wo ein

Wortstreiter dieses Zeitalters? Hat nicht Gott die Weisheit der Welt zur Torheit gemacht? Denn weil in der Weisheit Gottes die Welt durch die Weisheit Gott nicht erkannte, hat es Gott wohlgefallen, durch die Torheit der Predigt die Glaubenden zu erretten.« Genau deshalb befanden sich unter den zwölf ausgewählten Männern keine Philosophen, herausragenden Schreiber, berühmten Diskussionsführer oder angesehenen Lehrer und niemand, der sich je als großer Redner hervorgetan hatte. Durch die Kraft des Heiligen Geistes *wurden* sie zu großen geistlichen Leitern und Predigern, aber nicht aufgrund von angeborenen rhetorischen Fähigkeiten, Führungsqualitäten oder intellektuellen Voraussetzungen. Ihren Einfluss verdanken sie ausschließlich einer Sache: der Kraft der von ihnen gepredigten Botschaft.

Vom menschlichen Standpunkt aus betrachtet, war das Evangelium eine törichte Botschaft, und die Apostel schienen einfache Prediger zu sein. Ihre Lehrtätigkeit und ihre Lehren waren unter der Würde der Elite. Schließlich waren sie nur Fischer und sonstige Nobodys aus der Arbeiterschicht – Tagelöhner, Gesindel. So wurden sie von ihren Zeitgenossen beurteilt. (Durch die ganze Geschichte hindurch galt für die wahre Gemeinde Christi dasselbe – sogar innerhalb der heutigen evangelikalen Bewegung. Wo sind die beeindruckenden großen Geister, die herausragenden Schreiber und brillanten Redner, die die Welt schätzt? In der Gemeinde werden sie größtenteils nicht gefunden.) »Denn seht, eure Berufung, Brüder, dass es nicht viele Weise nach dem Fleisch, nicht viele Mächtige, nicht viele Edle sind« (1Kor 1,26).

»Sondern das Törichte der Welt hat Gott auserwählt, damit er die Weisen zuschanden mache; und das Schwache der Welt hat Gott auserwählt, damit er das Starke zuschanden mache. Und das Unedle der Welt und das Verachtete hat Gott auserwählt, das, was nicht ist, damit er das, was ist, zunichtemache, dass sich vor Gott kein Fleisch rühme« (1Kor 1,27-29). Gottes bevorzugte Werkzeuge sind Nobodys, damit sich kein Mensch vor Gott rühmen kann. Anders ausgedrückt: Gottes Erwählung stellt sicher, dass *er* die Ehre bekommt. Er nimmt schwache menschliche Werkzeuge, damit niemand *ihnen* die Kraft zuschreibt, sondern

Gott, der in ihnen wirkt. Eine solche Strategie ist denen zuwider, deren ganzes Lebensziel darin besteht, Menschen zu ehren.

Mit Ausnahme von Judas Iskariot waren diese Männer anders. Sicherlich hatten sie genauso mit Stolz und Überheblichkeit zu kämpfen wie jeder gefallene Mensch. Doch ihr Leben wurde vom Anliegen angetrieben, Christus zu ehren. Da dieses Anliegen dem Einfluss des Heiligen Geistes unterworfen war – und nicht angeborenen Fähigkeiten oder menschlichen Begabungen –, hatte ihr Dienst eine solch unauslöschliche Auswirkung auf die Welt.

Der Lehrer

Erinnern wir uns daran, dass Jesus die Zwölf zu einem Zeitpunkt auswählte, als er bereits mit seinem bevorstehenden Tod konfrontiert wurde. Ihm schlug die wachsende Feindseligkeit der religiösen Führer entgegen. Er wusste, dass sein irdisches Wirken bald seinen Höhepunkt in Tod, Auferstehung und Himmelfahrt finden würde. Von da an veränderte sich der ganze Charakter seines Dienstes. Seine oberste Priorität war es nun, die Männer auszubilden, die nach seinem Abschied die wichtigsten Verkündiger des Evangeliums sein würden.

Wie erwählte er sie? Zuerst ging Jesus in die Abgeschiedenheit, um mit seinem Vater zu sprechen: »Er ging auf den Berg hinaus, um zu beten; und er verbrachte die Nacht im Gebet zu Gott« (Lk 6,12).

Schon in den ersten fünf Kapiteln seines Evangeliums macht Lukas deutlich, dass das Gebet untrennbar zum Leben Jesu gehörte. In Lukas 5,16 heißt es: »Er aber zog sich zurück und war in einsamen Gegenden und betete.« Es war seine Angewohnheit, sich in die Einsamkeit zurückzuziehen, um mit seinem Vater zu reden. In Galiläas Städten und Dörfern war er beständig dem Druck der Massen ausgesetzt. Wüsten- und Bergregionen boten ihm die nötige Abgeschiedenheit zum Beten.

Uns ist nicht bekannt, auf *welchen* Berg er ging. Wäre es von Bedeutung, so würde die Schrift es uns mitteilen. Im nördlichen

Galiläa gibt es viele Hügel und Berge. Dieser lag wahrscheinlich nahe Kapernaum, das eine Art Zentrum seines Dienstes darstellte. Er ging auf den Berg und verbrachte die ganze Nacht im Gebet.

In Erwartung entscheidender Ereignisse in seinem Dienst finden wir ihn oft betend. (So wie in der Nacht seines Verrats, als er in einem Garten betete, wo er von Jerusalems hektischer Atmosphäre abgeschieden war. Judas wusste, dass er Jesus an diesem Ort finden würde, denn nach Lukas 22,39 war es Jesu Gewohnheit, zum Beten dorthin zu gehen.)

Hier sehen wir Jesus als wahren Menschen. Er befand sich in einer sehr brisanten Situation. Die schwelende Feindschaft gegen ihn drohte bereits zu seinem Tod zu führen. Ihm war nur noch wenig Zeit verblieben, die Männer auszubilden, die der Welt nach seinem Weggang das Evangelium bringen würden. Und diese beunruhigenden Dinge führten ihn auf den Berg, wo er in völliger Abgeschiedenheit zu seinem Vater beten konnte. Er hatte sich selbst zu nichts gemacht und die Gestalt eines Dieners angenommen, indem er als Mensch auf die Erde kam. Jetzt nahte die Zeit, wo er sich bis zum Tod – ja, zum Tod am Kreuz – erniedrigen sollte. Deshalb wendet er sich an Gott, wie ein Mensch es täte, um ihn im Gebet zu suchen und mit dem Vater über die Männer zu sprechen, die er für dieses so wichtige Amt auswählen würde.

Beachten Sie hier, dass er die ganze Nacht im Gebet verbrachte. Sollte er vor der Dunkelheit auf den Berg gegangen sein, so war es wahrscheinlich gegen 19 oder 20 Uhr. Wenn er vor der Dämmerung herabstieg, müsste es etwa 6 Uhr morgens gewesen sein. Er betete also mindestens zehn Stunden.

Im Deutschen brauchen wir für die Aussage, dass er die ganze Nacht dort verbrachte, mehrere Worte. Im Griechischen steht nur ein einziges Wort: *dianuktereuo*. Das ist ein aussagekräftiges Wort. Es bedeutet, sich die ganze Nacht einer Aufgabe zu widmen. Allerdings kann es nicht verwendet werden, um zu beschreiben, dass jemand die ganze Nacht durchschläft. Ebenso wenig wird es gebraucht, um auszudrücken, dass es die ganze Nacht über dunkel war. Vielmehr trägt es die Bedeutung »die Nacht durcharbeiten«, »einer Aufgabe nachgehen«. Es legt nahe, dass er die ganze Nacht bis zum Morgen wach blieb und ständig im Gebet war – unter der enormen Last seiner auf ihm liegenden Pflicht.

Die griechische Sprache macht noch eine weitere Besonderheit deutlich, die im Deutschen nicht deutlich wird. In der deutschen Übersetzung heißt es: »Er verbrachte die Nacht im Gebet zu Gott«. Im griechischen Text steht eigentlich, dass er die ganze Nacht *im Gebet Gottes* verbrachte. Immer wenn er betete, war es buchstäblich das Gebet Gottes. Er befand sich in einem Gespräch mit der dreieinen Gottheit. Sein Gebet war das Gebet Gottes. Die Personen der göttlichen Dreieinheit sprachen miteinander. Alle seine Gebete standen in vollkommener Übereinstimmung mit Gottes Gedanken und Willen – weil er selbst Gott ist. Darin erkennen wir das unglaubliche Geheimnis, dass er gleichzeitig Mensch und Gott war. Als Mensch musste Jesus die ganze Nacht hindurch beten, und als Gott betete er das Gebet Gottes.

Verstehen Sie das nicht falsch: Seine bevorstehende Entscheidung war von solch großer Bedeutung, dass er sich zehn bis zwölf Stunden im Gebet vorbereiten musste. Wofür betete er? Für Klarheit, wen er erwählen sollte? Ich glaube nicht. Als allwissender Gott in Menschengestalt war ihm der göttliche Wille nicht unbekannt. Zweifelsfrei betete er für die Männer, die er bald ernennen würde; er sprach mit dem Vater über die uneingeschränkte Weisheit seiner Entscheidung und hielt Fürsprache für die ausgesuchten Männer.

Als seine Gebetsnacht vorbei war, ging er zu seinen Jüngern und versammelte sie. (»Und als es Tag wurde, rief er seine Jünger herbei« – Lukas 6,13.) Er rief nicht nur die Zwölf herbei. Das Wort *Jünger* wird in diesem Zusammenhang in einem breiteren Sinne gebraucht. Es bedeutet »Schüler, Lernende«. Es muss mehrere Jünger gegeben haben, aus denen er zwölf zum Apostelamt erwählte.

Für einen bedeutenden Rabbi oder Philosophen war es damals sowohl in der griechischen als auch in der jüdischen Gesellschaft normal, Schüler um sich zu scharen. Der Ort, an dem sie lehrten, war nicht unbedingt ein Klassenzimmer oder Hörsaal. Viele waren umherreisende Lehrer, deren Jünger ihnen einfach durch den Lebensalltag folgten. Auch Jesus tat dies mit seinen Nachfolgern. Er war ein umherziehender Lehrer. Er ging einfach von Ort zu Ort, und während er lehrte, zog er Menschen an, die ihm folgten und seinen Lehren zuhörten. Lukas 6,1 gibt uns eine Vorstellung davon: »Und es geschah am Sabbat, dass er durch die Saaten ging und seine Jünger die Ähren abpflückten und aßen, indem sie sie mit den Händen zerrieben.« Sie folgten ihm in seiner Lehrtätigkeit von Ort zu Ort, während sie zwischendurch Ähren zum Essen pflückten.

Uns ist nicht bekannt, wie viele Jünger Jesus hatte. Einmal sandte er siebzig Nachfolger jeweils zu zweit aus, um in den Ortschaften zu evangelisieren, die er besuchen wollte (Lk 10,1). Doch die Gesamtzahl seiner Nachfolger war unzweifelhaft größer. Aus der Schrift geht hervor, dass sie ihm scharenweise folgten. Warum auch nicht? In Klarheit und Autorität unterschieden sich seine Lehren vollkommen von denen anderer: Er konnte von Krankheiten heilen, Dämonen austreiben und Tote auferwecken. Er war voller Gnade und Wahrheit. Es überrascht nicht, dass er so viele Jünger anzog. Dass es aber Menschen gab, die ihn ablehnten, überrascht uns dagegen sehr wohl. Ihre Ablehnung war jedoch auf seine Botschaft zurückzuführen – sie war mehr, als sie ertragen konnten.

In Johannes 6 sehen wir etwas von dieser Dynamik. Zu Beginn des Kapitels gab er mehr als fünftausend Menschen zu essen (Johannes 6,10 berichtet, dass allein die Zahl der Männer fünftausend betrug. Zählt man noch Frauen und Kinder hinzu, könnte die Gesamtmenge leicht auf das Doppelte oder mehr kommen.) Es war ein fantastischer Tag. Viele dieser Menschen folgten ihm bereits als Jünger; viele andere waren zweifellos darauf vorbereitet. Johannes schreibt: »Als nun die Leute das Zeichen sahen, das Jesus tat, sprachen sie: Dieser ist wahrhaftig der Prophet, der in die Welt kommen soll« (V. 14). Wer war dieser Mann, der aus nichts Essen machen konnte? *Sie* hatten in ihrem Leben gelernt, wie man Land bestellt, Ernte einbringt, Vieh züchtet und Essen zubereitet. *Jesus* konnte Nahrung einfach schaffen! Das würde ihr Leben verändern. Wahrscheinlich dachten sie an Freizeit und kostenlose, fertige Mahlzeiten. Das war die Art

Messias, die sie sich erhofft hatten! Johannes schreibt: »Sie wollten kommen und ihn ergreifen, um ihn zum König zu machen« (V. 15). Er entkam ihnen durch eine Reihe von übernatürlichen Ereignissen, die darin gipfelten, dass er auf dem Wasser ging.

Am nächsten Tag fanden sie ihn in Kapernaum auf der anderen Seite des Sees. Die Mengen suchten nach ihm offenbar in der Hoffnung, er würde ihnen noch mehr zu essen geben. Er rügte sie, weil sie ihm aus falschen Motiven gefolgt waren: »Ihr sucht mich, nicht weil ihr Zeichen gesehen, sondern weil ihr von den Broten gegessen habt und gesättigt worden seid« (V. 26). Als sie ihn noch einmal um Brot baten, sagte er ihnen: »Ich bin das lebendige Brot, das aus dem Himmel herabgekommen ist; wenn jemand von diesem Brot isst, wird er leben in Ewigkeit. Das Brot aber, das ich geben werde, ist mein Fleisch für das Leben der Welt« (V. 51). Das war für sie so schwer zu verstehen, dass sie ihn zu einer Erklärung drängten:

> *Wahrlich, wahrlich, ich sage euch: Wenn ihr nicht das Fleisch des Sohnes des Menschen esst und sein Blut trinkt, so habt ihr kein Leben in euch selbst. Wer mein Fleisch isst und mein Blut trinkt, hat ewiges Leben, und ich werde ihn auferwecken am letzten Tag; denn mein Fleisch ist wahre Speise, und mein Blut ist wahrer Trank. Wer mein Fleisch isst und mein Blut trinkt, bleibt in mir und ich in ihm. Wie der lebendige Vater mich gesandt hat, und ich lebe um des Vaters willen, so auch, wer mich isst, der wird auch leben um meinetwillen. Dies ist das Brot, das aus dem Himmel herabgekommen ist. Nicht wie die Väter aßen und starben; wer dieses Brot isst, wird leben in Ewigkeit. Dies sprach er, als er in der Synagoge zu Kapernaum lehrte.* (V. 53-59)

Sogar viele seiner Jünger nahmen daran einen solch großen Anstoß, dass sie ihre Nachfolge noch einmal überdachten. Johannes schreibt: »Von da an gingen viele seiner Jünger zurück und gingen nicht mehr mit ihm« (V. 66).

So kamen und gingen die Jünger. Erst fühlten sich die Leute angezogen und dann desillusioniert. Während dieser besonderen Begebenheit in Johannes 6 fragte Jesus sogar die Zwölf:

»Wollt ihr etwa auch weggehen?« (V. 67). Petrus antwortete für die Gruppe: »Herr, zu wem sollten wir gehen? Du hast Worte ewigen Lebens; und wir haben geglaubt und erkannt, dass du der Heilige Gottes bist« (V. 68-69).

Die übrig Gebliebenen wurden von Gott in seiner Souveränität zu seinem Sohn gezogen (V. 44). Auch Jesus hatte sie in besonderer Weise zu sich gezogen. Er sagte ihnen: »Ihr habt nicht mich erwählt, sondern ich habe euch erwählt und euch dazu bestimmt, dass ihr hingeht und Frucht bringt und eure Frucht bleibe« (Joh 15,16). In seiner Souveränität hatte er sie auserwählt; er wirkte in ihnen und durch sie, um sicherzustellen, dass sie in ihm blieben und ewige Frucht brächten (außer Judas Iskariot, von dem Christus wusste, dass er ihn überlieferte). Hier finden wir das Prinzip der auserwählenden Gnade Gottes.

Die Souveränität seiner Erwählung erkennen wir auf außergewöhnliche Weise in der Berufung der Zwölf. Aus der größeren Jüngerschar von möglicherweise Hunderten griff er zwölf Männer heraus und berief sie ins Apostelamt. Für diese Aufgabe suchte Christus nicht nach Bewerbern oder Freiwilligen, vielmehr *erwählte* er sie souverän und ernannte sie in Anwesenheit der größeren Schar.

Für die Zwölf war das ein außergewöhnlicher Augenblick. Bis zu diesem Zeitpunkt waren Petrus, Jakobus, Johannes, Andreas, Nathanael, Matthäus und die anderen nur ein Teil der großen Gruppe. Wie alle anderen waren sie Lernende. Sie waren seinen Lehren gefolgt, hatten ihnen zugehört, sie befolgt und in sich aufgenommen. Doch bisher war ihnen noch keine offizielle Führungsrolle zugedacht. Ihnen wurde noch keine Position zuerkannt, die sie von den anderen unterschieden hätte. Sie waren nur Gesichter in der großen Menge, bis Christus sie auserwählte und zu den zwölf Aposteln machte.

Warum zwölf? Und nicht acht? Oder vierundzwanzig? Die Zahl zwölf hatte eine symbolische Bedeutung. Israel bestand aus zwölf Stämmen. Aber Israel war abtrünnig. Das Judentum zur Zeit Jesu verkörperte den Abfall vom alttestamentlichen Glauben. Zugunsten einer Werksgerechtigkeit hatte Israel Gottes Gnade aufgegeben. Ihre Religion war äußerst gesetzlich, durchdrungen von Heuchelei, selbstgerechten Werken, künstlichen Vorschriften und bedeutungslosen Zeremonien. Sie war voller Irrlehren und basierte vielmehr auf der physischen Abstammung von Abraham als auf seinem *Glauben*. In Wirklichkeit ernannte Christus eine neue Führerschaft für den Neuen Bund, als er die zwölf Apostel aussuchte. Sie stellten die neuen Führer des wahren Israels dar, das aus Menschen bestand, die dem Evangelium glaubten und Abrahams Glauben nacheiferten (vgl. Röm 4,16). Anders ausgedrückt: Die zwölf Apostel standen symbolisch für ein Gericht gegen die zwölf Stämme des alttestamentlichen Israels.

Jesus selbst machte diesen Zusammenhang deutlich. In Lukas 22,29-30 sagte er zu den Aposteln: »Ich verordne euch, wie mein Vater mir verordnet hat, ein Reich, dass ihr esst und trinkt an meinem Tisch in meinem Reich und auf Thronen sitzt, die zwölf Stämme Israels zu richten.«

Die Bedeutung der Zahl zwölf hätte fast jedem Israeliten sofort klar werden müssen. Jesu messianische Ansprüche wurden von all seinen Zuhörern verstanden. Beständig sprach er von seinem kommenden Reich. Inzwischen wuchs in ganz Israel die Erwartung, dass der Messias bald erscheinen und sein Königreich aufrichten würde. Einige meinten, Johannes der Täufer sei dieser Messias, aber Johannes verwies sie auf Christus (vgl. Joh 1,19-27). Sie wussten nur zu gut, dass Christus alle Verheißungen in Bezug auf den Messias erfüllte (Joh 10,41-42). Er war nicht der politische Führer, den sie erwarteten, deshalb glaubten sie nur langsam (Joh 10,24-25). Trotzdem verstanden sie seine Ansprüche und waren voller Erwartungen.

Als er nun zwölf Männer öffentlich zu seinen Aposteln bestimmte, sprach die ausgewählte Zahl für sich. Die Apostel repräsentierten ein ganz neues Israel – unter dem Neuen Bund. Zudem war ihre Ernennung, die das religiöse Establishment des offiziellen Judentums unberücksichtigt ließ, eine Gerichtsbotschaft für Israel. Diese zwölf normalen Männer waren nicht zu einer ganz gewöhnlichen Position ausersehen. Sie standen für die Führer der zwölf Stämme und waren der lebende Beweis dafür, dass das Reich, das Jesus gerade aufrichtete, sich von der Vorstellung der meisten Israeliten unterschied.

Lukas 6,13 sagt: »Er erwählte aus ihnen zwölf, die er auch Apostel nannte.« Allein schon der Titel war von Bedeutung. Das griechische Verb *apostello* bedeutet »aussenden«; das Substantiv, *apostolos,* bedeutet »jemand, der ausgesandt ist«. Das deutsche Wort *Apostel* ist eher eine Transliteration des Griechischen als eine Übersetzung. Die Apostel waren »Gesandte«. Und doch waren sie mehr als Boten. Das griechische Wort für »Bote« lautet *angelos;* das englische Wort *angel* und letztlich auch das deutsche Wort *Engel* stammen davon ab. Ein *apostolos* hatte eine größere Bedeutung als ein Kurier oder Herold; *apostolos* beinhaltete den Gedanken an einen Botschafter, Delegierten oder offiziellen Repräsentanten.

Für dieses Wort gibt es eine genaue Entsprechung im Aramäischen: *schaliah.* (Zur Zeit Jesu war die in Israel übliche Sprache, die auch Jesus benutzte, nicht Hebräisch, sondern Aramäisch.) Im ersten Jahrhundert war der *Schaliah* ein offizieller Repräsentant des Sanhedrin, des obersten Gerichts von Israel. Ein *Schaliah* übte die Vollmacht des Sanhedrin aus und sprach mit dessen Autorität. Ihm gebührte die gleiche Achtung wie dem Rat selbst. Allerdings überbrachte er nie seine eigene Botschaft, sondern die, die ihm der Sanhedrin auftrug. Das Amt eines *Schaliah* war bekannt. Er wurde ausgesandt, um rechtliche oder religiöse Streitigkeiten zu schlichten; hierbei handelte er mit der vollen Autorität des ganzen Rates. Einige führende Rabbis hatten ihren *Schaliah* (»Gesandten«), der ihre Botschaft lehrte und sie vollmächtig repräsentierte. Selbst die jüdische Mischna (eine Sammlung mündlicher Überlieferungen, die ursprünglich als Gesetzeskommentar gedacht war) erkannte die Rolle des *Schaliah* an. Sie besagt: »Der Gesandte eines Menschen nimmt die Stelle des Menschen selbst ein.« Somit war dem jüdischen Volk das Wesen dieses Amtes wohl bekannt.

Die Ernennung von Aposteln, wie hier durch Jesus, war also für die Menschen dieses Kulturkreises etwas sehr Vertrautes. Sie waren Jesu Delegierte, seine treuen *Schaliahs.* Sie sprachen mit seiner Vollmacht, überbrachten seine Botschaft und übten seine Autorität aus.

Die Aufgabe

Die vertraute Rolle des *Schaliach* in dieser Kultur bestimmte praktisch die Aufgabe der Apostel. Offensichtlich würde Christus diesen zwölf Männern seine Autorität übertragen und sie mit seiner Botschaft aussenden. Sie sollten ihn als seine offiziellen Delegierten repräsentieren. Nahezu jeder in dieser Gesellschaft verstand sofort das Wesen ihres Amtes. Diese zwölf Männer, von Jesus als Apostel beauftragt, würden mit der gleichen Vollmacht sprechen und handeln wie der, der sie aussandte. »Apostel« war somit ein respektierter und privilegierter Titel.

Markus 3,14 beschreibt dasselbe Ereignis: »Er berief zwölf, damit sie bei ihm seien und damit er sie aussende, zu predigen.« Beachten Sie hier die zwei Schritte des Prozesses. Bevor sie zum Predigen ausgesandt werden konnten, mussten sie zuerst mit Jesus zusammen gewesen sein. Das war von absolut entscheidender Bedeutung. Erst in Lukas 9,1 ruft Jesus die Zwölf zusammen und gibt ihnen »Kraft und Vollmacht über alle Dämonen und zur Heilung von Krankheiten«. Zu diesem Zeitpunkt überträgt er ihnen seine Wunder wirkende Kraft. In Lukas 6 erwählt und beruft er sie und nimmt sie unter seine direkte und persönliche Obhut (»damit sie bei ihm seien«). Mehrere Monate später gibt er ihnen in Lukas 9 die Macht, Wunder zu wirken und Dämonen auszutreiben. Dann erst heißt es: »Und er sandte sie, das Reich Gottes zu predigen.«

Bis zu diesem Zeitpunkt sprach Jesus meistens zu großen Menschenmengen. Mit der Berufung der Zwölf in Lukas 6 konzentrierte sich seine Lehrtätigkeit nun in erster Linie auf diesen vertrauten Kreis. Nach wie vor zog er die Mengen an und belehrte sie, aber sein Schwerpunkt lag nunmehr auf den Jüngern und ihrer Ausbildung.

Beachten Sie hier, wie sich ihr Ausbildungsprogramm auf natürliche Weise entwickelte. Zuerst folgten sie Jesus, hörten seine Predigten zu den Volksmengen und seine Anweisungen an die größere Gruppe von Jüngern. Anscheinend taten sie dies zunächst nur sporadisch und nutzten die Möglichkeiten, die ihnen ihr Lebensalltag ließ. Als Nächstes (wie Matthäus 4 berichtet) rief er sie auf, alles zu verlassen und nur ihm nachzufolgen. Nun wählt er zwölf Männer aus der Gruppe seiner ständigen Nachfolger aus (wie Lukas 6 und Matthäus 10 berichten), ernennt sie zu Aposteln und beginnt, seine Energie auf ihre persönliche Ausbildung zu konzentrieren. Später stattet er sie mit Vollmacht und Wunder wirkender Kraft aus. Schließlich sendet er sie aus. Zunächst entsendet er sie zu missionarischen Kurzzeiteinsätzen, von denen sie bald zu ihm zurückkommen. Doch nach seiner Rückkehr zum Vater würden sie immer selbstständig hinausgehen. Vom Beginn ihrer Ausbildung bis zum Eintritt in den vollzeitigen Dienst ist eine beständige Weiterentwicklung erkennbar.

Jetzt sind sie nicht länger nur Jünger, sondern auch Apostel – *Schaliahs*. Sie bekleiden ein wichtiges Amt. In seinem Evangelium benutzt Lukas das Wort »Apostel« sechsmal und in der Apostelgeschichte etwa dreißigmal. In den Evangelien besteht ihre Aufgabe hauptsächlich darin, Israel die Botschaft des Reiches Gottes zu bringen. In der Apostelgeschichte sind sie mit der Gründung der Gemeinde beschäftigt.

Obwohl sie gewöhnliche Männer waren, so war ihre Berufung doch außergewöhnlich. Mit anderen Worten: Die Aufgabe, zu der sie berufen wurden – und nicht irgendetwas in ihnen selbst – war das, was sie so wichtig machte. Bedenken Sie, wie einzigartig ihre Rolle sein würde.

Sie sollten nicht nur die Gemeinde gründen und eine zentrale Führungsrolle in den ersten Wachstumsjahren spielen, sondern auch die Werkzeuge werden, durch die ein Großteil des Neuen Testaments entstehen würde. Gott gab ihnen seine Wahrheit durch göttliche Offenbarung. In Epheser 3,5 macht Paulus sehr deutlich, dass das in früheren Zeitaltern verborgene Geheimnis des Christus »jetzt seinen heiligen Aposteln und Propheten durch den Geist geoffenbart worden ist«. Sie predigten keine menschliche Botschaft, und sie erhielten die Wahrheit durch direkte Offenbarung.

Daher waren sie die Überbringer der wahren Lehre der Gemeinde. Apostelgeschichte 2,42 beschreibt das Leben der frühen Gemeinde so: »Sie verharrten aber in der Lehre der Apostel und in der Gemeinschaft, im Brechen des Brotes und in den Gebeten.« Vor Abschluss des Neuen Testaments war die Belehrung der Apostel die *einzige* Quelle der Wahrheit über Christus und die Lehre der Gemeinde. Und ihre Unterweisung wurde mit der gleichen Autorität aufgenommen wie das geschriebene Wort. Tatsächlich ist das Neue Testament nichts anderes als die vom Geist inspirierte, schriftliche Aufzeichnung der apostolischen Belehrung.

Die Apostel wurden also gegeben, um die Gemeinde aufzubauen. Nach Epheser 4,11-12 gab Christus die Apostel »zur Ausrüstung der Heiligen für das Werk des Dienstes, für die Erbauung des Leibes Christi«. Sie waren die christlichen Lehrer und Prediger des Ursprungs. Ihre Lehren, wie das Neue Testament sie wiedergibt, sind der einzige Maßstab, an dem gesunde Lehre gemessen werden kann – auch heute noch.

Zudem waren sie Vorbilder im Bereich der Tugend. Epheser 3,5 nennt sie die »heiligen Apostel«. Sie setzten Maßstäbe für Gottesfurcht und echte Geistlichkeit und wurden zu den ersten nachahmenswerten Vorbildern für Christen. Sie waren charakterstarke und unbescholtene Männer, die die Anforderungen für alle späteren Gemeindeleiter vorgaben.

Zur Bestätigung ihrer Botschaft wurde ihnen eine einzigartige Wunder wirkende Kraft verliehen. Nach Hebräer 2,3-4 ist die Errettung, »nachdem sie ihren Anfang damit genommen hatte, dass sie durch den Herrn verkündet wurde, uns gegenüber von denen bestätigt worden, die es gehört haben, wobei Gott zugleich Zeugnis gab durch Zeichen und Wunder und mancherlei Machttaten und Austeilungen des Heiligen Geistes«. Anders ausgedrückt: Gott bestätigte sein Wort durch das Wunderwirken der Apostel. Das Neue Testament lässt erkennen, dass *nur* die Apostel und die Personen, die eng mit ihnen verbunden waren, Wunder wirkende Macht besaßen. Deshalb bezeichnet 2. Korinther 12,12 solche Wunder als »die Zeichen des Apostels«.

Daraus resultierte, dass die Jünger überaus gesegnet waren und bei den Gläubigen in hohem Ansehen standen. Ihr treues Durchhalten entsprach den Erwartungen, die Jesus an sie hatte. Und seine Verheißung in Bezug auf sie erfüllte sich durch Wachstum und Ausbreitung der Gemeinde. Vielleicht erinnern Sie sich:

In Lukas 18,28 sagte Petrus zu Jesus: »Siehe, wir haben alles verlassen und sind dir nachgefolgt.« Anscheinend waren die Jünger darüber besorgt, wie die Dinge liefen und was aus ihnen werden würde. Petrus' Worte waren eigentlich eine Bitte. So, als ob er im Namen der anderen gesagt hätte: »Was wird aus uns?«

Jesus antwortete ihm: »Wahrlich, ich sage euch: Es ist niemand, der Haus oder Frau oder Brüder oder Eltern oder Kinder verlassen hat um des Reiches Gottes willen, der nicht Vielfältiges empfangen wird in dieser Zeit und in dem kommenden Zeitalter ewiges Leben« (V. 29-30). Sie hatten nichts verlassen, was er ihnen nicht mehr als nur zurückgeben würde. Und Gott segnete sie auch wirklich in diesem Leben (obschon wir noch sehen werden, dass die meisten von ihnen den Märtyrertod starben). Gott segnete sie in diesem Leben durch Gründung und Wachstum der Gemeinde. Sie gewannen nicht nur Einfluss, Respekt und Ehre unter dem Volk Gottes, sondern auch unzählige geistliche Kinder und Brüder, als die Gemeinde wuchs und an Gläubigen zunahm. Und auch im zukünftigen Zeitalter werden sie große Ehre empfangen.

Die Ausbildung

Dies alles mag für sie in ferner Zukunft gelegen haben, als Jesus am Morgen seine Jünger versammelte und die Zwölf ernannte. Sie benötigten noch immer Belehrung. All ihre Fehler und menschlichen Schwächen schienen ihr Potenzial zu überschatten. Es blieb nicht mehr viel Zeit. Sie hatten bereits ihre erlernten Berufe hinter sich gelassen – ihre Netze, ihre Felder, ihre Tabellen zur Steuereintreibung. Sie hatten alles aufgegeben, was sie kannten, um sich für eine Aufgabe ausbilden zu lassen, für die sie keine natürliche Begabung besaßen.

Doch als sie ihre Arbeit verließen, waren sie keineswegs beschäftigungslos. Sie wurden vollzeitige Schüler, Lernende – *Jünger*. Die nächsten achtzehn Monate ihres Lebens würden von einer noch intensiveren Ausbildung gekennzeichnet sein – die beste, die jemals erteilt wurde. Christi Vorbild war ihnen stets vor Augen. Sie konnten seinen Lehren zuhören, ihm Fragen stellen, ihn im Umgang mit Menschen beobachten und jederzeit seine vertraute Gemeinschaft genießen. Er gab ihnen Gelegenheit zum Dienen, unterrichtete sie und sandte sie mit speziellen Aufträgen aus. Liebevoll und geduldig ermutigte, korrigierte und belehrte er sie. Das ist die beste Art, Menschen zu belehren. Es ist mehr als nur die Weitergabe von Informationen; das eigene Leben wird in das Leben eines anderen hineininvestiert.

Allerdings war das kein *einfacher* Prozess. Die Zwölf konnten erstaunlich begriffsstutzig sein. Nicht ohne Grund gehörten sie nicht zur geistigen Elite. Oft sagte Jesus Sätze wie: »Seid auch ihr noch unverständig? Begreift ihr nicht …?« (Mt 15,16-17; vgl. 16,9) oder »O ihr Unverständigen und im Herzen zu träge, an alles zu glauben« (Lk 24,25). Bezeichnenderweise deckt die Schrift ihre Fehler nicht zu. Es geht nicht darum, sie als superheilige Koryphäen darzustellen oder über alles Sterbliche zu erheben. Wäre dies das Ziel, so gäbe es keinen Grund, ihre charakterlichen Mängel aufzuzeigen. Doch anstatt die Makel zu beschönigen, scheint die Schrift ihre menschlichen Schwächen besonders hervorzuheben. Das ist eine wichtige Erinnerung daran, dass unser »Glaube nicht auf Menschenweisheit, sondern auf Gottes Kraft beruhe« (1Kor 2,5).

Warum war der Lernprozess für die Apostel so schwierig? Erstens fehlte es ihnen an geistlichem Verständnis. Sie hörten und begriffen nur langsam. Das Neue Testament stellt sie mehrfach als schwerfällig, begriffsstutzig und blind dar. Wie behob Jesus ihren Mangel an geistlichem Verständnis? Indem er sie einfach weiter belehrte. Selbst nach seiner Auferstehung blieb er noch vierzig Tage auf der Erde. Apostelgeschichte 1,3 berichtet, dass er in dieser Zeit »über die Dinge redete, die das Reich Gottes betreffen«. Bis zu seiner Himmelfahrt unterwies er sie fortwährend.

Zweitens erschwerte die fehlende Demut der Jünger ihren Lernprozess. Sie waren mit sich selbst beschäftigt, egozentrisch und stolz und verbrachten viel Zeit mit der Streitfrage, wer von ihnen der Größte sei (Mt 20,20-28; Mk 9,33-37; Lk 9,46). Wie überwand Jesus ihre fehlende Demut? Indem er ihnen ein Vorbild in Sachen Demut war. Er wusch ihnen die Füße, diente ihnen und erniedrigte sich selbst – bis zum Tod am Kreuz.

Drittens fehlte es ihnen nicht nur an geistlichem Verständnis und Demut, sondern auch an Glauben. Allein im Matthäus-Evangelium nennt Jesus sie viermal »Kleingläubige« (6,30; 8,26; 14,31; 16,8). In Markus 4,40 fragte er sie: »Habt ihr noch keinen Glauben?« Nach einem monatelangen Intensivtraining – das selbst nach Jesu Auferstehung aus den Toten fortgeführt wurde – schreibt Markus am Ende seines Evangeliums: Er »schalt ihren Unglauben und ihre Herzenshärtigkeit« (Mk 16,14). Welches Mittel hatte Jesus gegen ihren mangelnden Glauben zur Verfügung? Er wirkte weitere Wunder. In erster Linie waren die Wunder nicht zum Nutzen der Ungläubigen; um *ihren* Glauben zu stärken, wurden viele seiner Wunder bewusst »vor den Jüngern getan« (Joh 20,30).

Viertens mangelte es ihnen an Hingabe. Während die Mengen ihm zujubelten und die Wunder sich mehrten, waren die Jünger begeistert. Doch als die Soldaten Jesus im Garten festnehmen wollten, verließen sie ihn alle und flohen (Mk 14,50). Ihr Anführer verleugnete Jesus und schwor, er würde diesen Menschen nicht kennen. Wie behob Jesus ihre Neigung zur Abtrünnigkeit? Indem er für sie betete. Johannes 17 berichtet davon, wie Jesus betete, dass sie bis zum Ende treu blieben und der Vater sie in den Himmel bringen würde (V. 11-26).

Fünftens hatten sie keine Kraft. Auf sich allein gestellt, waren sie schwach und hilflos, insbesondere wenn sie mit dem Feind konfrontiert wurden. Manchmal versuchten sie, Dämonen auszutreiben, konnten es aber nicht. Ihr Unglaube machte sie unfähig, die Kraft zu nutzen, die ihnen zur Verfügung stand. Was tat Jesus, um ihre Schwäche zu beheben? Zu Pfingsten sandte er den Heiligen Geist, damit dieser in ihnen wohnte und sie bevollmächtigte. Er verhieß ihnen: »Aber ihr werdet Kraft empfangen, wenn der Heilige Geist auf euch gekommen ist; und ihr werdet meine Zeugen sein, sowohl in Jerusalem als auch in ganz Judäa und Samaria und bis an das Ende der Erde« (Apg 1,8). Diese Verheißung erfüllte sich auf wunderbare Weise.

Bei all ihren Schwächen fragen wir uns vielleicht, warum

Jesus nicht einfach andere Männer auswählte. Warum nahm er Männer ohne Verständnis, Demut, Glauben, Hingabe und Kraft? Ganz einfach: Seine Kraft kommt in Schwachheit zur Vollendung (2Kor 12,9). Wieder sehen wir, wie er das Schwache dieser Welt auserwählt, um das Starke zuschanden zu machen. Niemand, der diese Gruppe unter die Lupe nimmt, kann jemals zu dem Schluss kommen, dass sie alles, was sie taten, durch ihre eigenen angeborenen Fähigkeiten taten. Es gibt für den Einfluss der Apostel keine menschliche Erklärung. Die Ehre gebührt allein Gott.

Apostelgeschichte 4,13 beschreibt, wie das Volk in Jerusalem die Apostel wahrnahm: »Als sie aber die Freimütigkeit des Petrus und Johannes sahen und bemerkten, dass es ungelehrte und ungebildete Leute seien, verwunderten sie sich; und sie erkannten sie, dass sie mit Jesus gewesen waren.« Der griechische Text sagt, die Menschen erkannten, dass sie »*agrammatos … idiotes*« waren – wörtlich: »des Lesens und Schreibens unkundige Nichtswisser.« Vom weltlichen Standpunkt aus betrachtet, traf dies auch zu. Allerdings war es offensichtlich, dass sie mit Jesus zusammen gewesen waren. Dasselbe sollte man von jedem echten Jünger sagen können. Lukas 6,40 erklärt: »Ein Jünger ist nicht über dem Lehrer; jeder aber, der vollendet ist, wird sein wie sein Lehrer.«

Die relativ kurze Ausbildungszeit der Apostel trug ewige Früchte. Zunächst sah es danach aus, als wäre alles umsonst. In der Nacht, als Jesus verraten wurde, zerstreuten sie sich wie Schafe, deren Hirte geschlagen wurde (Mt 26,31). Auch nach der Auferstehung schienen sie noch ängstlich, voller Reue über ihr Versagen und sich ihrer eigenen Unzulänglichkeit zu einem kraftvollen Dienst nur allzu bewusst zu sein.

Doch nach Jesu Himmelfahrt kam der Heilige Geist, der ihnen Kraft gab und sie zu dem befähigte, wozu Christus sie ausgebildet hatte. Die Apostelgeschichte berichtet, wie die Gemeinde gegründet wurde – der Rest ist Geschichte. Durch die neutestamentlichen Schriften und ihr Zeugnis verändern diese Männer die Welt auch heute noch.

Petrus – Der Apostel mit dem voreiligen Mundwerk

Der Herr aber sprach: »Simon, Simon!
Siehe, der Satan hat euer begehrt, euch zu sichten wie den Weizen.
Ich aber habe für dich gebetet, dass dein Glaube nicht aufhöre.
Und wenn du einst zurückgekehrt bist, so stärke deine Brüder!«
Lukas 22,31-32

Im Neuen Testament finden wir vier Auflistungen der zwölf Apostel: Matthäus 10,2-4, Markus 3,16-19, Lukas 6,13-16 und Apostelgeschichte 1,13. Hier die Liste aus dem Lukas-Evangelium: »Und [er] erwählte aus ihnen zwölf, die er auch Apostel nannte: Simon, den er auch Petrus nannte, und Andreas, seinen Bruder, und Jakobus und Johannes und Philippus und Bartholomäus und Matthäus und Thomas und Jakobus, des Alphäus Sohn, und Simon, genannt Eiferer, und Judas, des Jakobus Bruder, und Judas Iskariot, der zum Verräter wurde.«

In allen vier biblischen Auflistungen werden die Zwölf mit Namen genannt; ihre Reihenfolge weist eine bemerkenswerte Ähnlichkeit auf. Petrus wird in allen vier als Erster genannt. Er sticht als Anführer und Sprecher der gesamten Gruppe hervor. Die Zwölf sind in drei Vierergruppen angeordnet. Die erste Gruppe mit Andreas, Jakobus und Johannes wird immer von Petrus angeführt. Der Erste der zweiten Gruppe ist jedes Mal Philippus, dann kommen Bartholomäus, Matthäus und Thomas. An der Spitze der dritten Gruppe steht Jakobus, der Sohn des Alphäus, ihm folgen Simon, der Eiferer, Judas, der Sohn des Jakobus (Markus nennt ihn »Thaddäus« und Matthäus »Lebbäus, mit dem Beinamen Thaddäus« [Schlachter 2000]) und schließlich Judas Iskariot. (In der Liste in Apostelgeschichte 1 fehlt Judas Iskariot, da er zu diesem Zeitpunkt bereits tot war. In den anderen drei Auflistungen erscheint sein

Name immer als letzter, zusammen mit dem Hinweis darauf, dass er zum Verräter wurde.)

Die drei Namen an der Spitze jeder Gruppe scheinen jeweils ihre Anführer gewesen zu sein. Die drei Gruppen tauchen immer in der gleichen Abfolge auf: Petrus' Gruppe ist die erste, dann kommt die von Philippus angeführte Gruppe und schließlich die von Jakobus.

Matthäus 10,2-4	**Markus 3,16-19**	**Lukas 6,14-16**	**Apg. 1,13**
Petrus Andreas Jakobus Johannes	Petrus Jakobus Johannes Andreas	Petrus Andreas Jakobus Johannes	Petrus Johannes Jakobus Andreas
Philippus Bartholomäus Thomas Matthäus	Philippus Bartholomäus Matthäus Thomas	Philippus Bartholomäus Matthäus Thomas	Philippus Thomas Bartholomäus Matthäus
Jakobus (Sohn des Alphäus) Thaddäus Simon Judas Iskariot	Jakobus (Sohn des Alphäus) Thaddäus Simon Judas Iskariot	Jakobus (Sohn des Alphäus) Simon Judas (Bruder d. Jakobus) Judas Iskariot	Jakobus (Sohn des Alphäus) Simon Judas (Bruder d. Jakobus)

Die Gruppen sind scheinbar in absteigender Reihenfolge aufgeführt, nach dem Grad ihrer Vertrautheit mit Christus. Aller Wahrscheinlichkeit nach bestand die erste Gruppe aus den ersten Jüngern, die Jesus zu sich rief (Joh 1,35-42). Daher waren sie am längsten bei ihm und nahmen eine besondere Vertrauensstellung in seinem inneren Kreis ein. In den entscheidenden Situationen findet man sie häufig in Christi Gegenwart. Aus dieser ersten Gruppe bilden drei (Petrus, Jakobus und Johannes) einen noch engeren Kreis. Sie begleiten Jesus bei bedeutenden Ereignissen seines Dienstes, bei denen die anderen Apostel entweder gar nicht anwesend oder zumindest nicht so nah dabei sind. Beispielsweise waren die drei des inneren Kreises zusammen auf dem Berg der Verklärung und im Garten Gethsemane (vgl. Mt 17,1; Mk 5,37; 13,3; 14,33).

Die zweite Gruppe hat ein geringeres Profil, setzt sich aber dennoch aus bedeutenden Persönlichkeiten der Evangelien zusammen. Die dritte Gruppe hat mehr Distanz zu Jesus; die Einzelpersonen werden bei der Beschreibung des Wirkens Jesu kaum genannt. Mehr aus dieser Gruppe wissen wir nur über Judas Iskariot – und dies nur aufgrund seines Verrats am Ende. Obgleich es zwölf Apostel waren, schienen nur drei eine sehr vertraute Beziehung zu Christus gehabt zu haben. Die anderen genossen scheinbar ein etwas weniger vertrautes Verhältnis zu ihm.

Das deutet darauf hin, dass wohl selbst eine relativ kleine Gruppe von zwölf für eine Person zu groß ist, um mit jedem enge Vertrautheit zu pflegen. Jesus hielt drei Personen in seiner unmittelbaren Nähe – Petrus, Jakobus und Johannes. Als nächster kam Andreas, dann die anderen, offenbar in einem abnehmenden Freundschaftsverhältnis. Wenn Christus in seinem vollkommenen Menschsein nicht jedem das gleiche Maß an Zeit und Energie zukommen lassen konnte, sollte keine Führungsperson erwarten, dazu in der Lage zu sein.

Die Zwölf waren eine erstaunlich gemischte Gruppe. Ihre Persönlichkeiten und Interessen deckten das ganze Spektrum ab. Die vier der ersten Gruppe scheinen die Einzigen zu sein, die durch Gemeinsamkeiten miteinander verbunden waren. Die beiden Brüderpaare waren Fischer, stammten aus dem gleichen Umfeld und waren anscheinend schon lange miteinander befreundet. Im Gegensatz dazu war Matthäus ein Zöllner und Einzelgänger, Simon ein Zelot – ein politischer Aktivist – und auf seine Weise ebenso Einzelgänger; die Hintergründe der anderen sind unbekannt. In ihren Persönlichkeiten wiesen sie ebenfalls starke Unterschiede auf. Petrus war voller Eifer, ungestüm, mutig und direkt. Er neigte dazu, seinen Mund zu öffnen, ohne vorher nachzudenken. Ich habe ihn häufig den Apostel mit dem voreiligen Mundwerk genannt. Johannes sprach andererseits nur sehr wenig. In den ersten zwölf Kapiteln der Apostelgeschichte sind er und Petrus ständige Gefährten, aber von Johannes sind uns überhaupt keine Äußerungen überliefert. Bartholomäus (auch als Nathanael bekannt) war ein echter Gläubiger, der schnell zum Glauben an Christus kam und ihn öffentlich bekannte (vgl. Joh 1,47-50). Bezeichnenderweise ist er in derselben Gruppe wie Thomas (und bildet manchmal ein Team mit ihm); dieser war ein ausgesprochener Skeptiker und Zweifler und wollte alles bewiesen haben.

Auch ihre politischen Hintergründe waren verschieden. Matthäus, der ehemalige Zöllner (manchmal auch Levi genannt), gehörte vor seiner Berufung zu den verachtetsten Menschen in Israel. Er arbeitete für die römische Regierung und zwang sein eigenes Volk zur Abgabe von Steuern. Das eingetriebene Geld diente zur Bezahlung der römischen Besatzungsarmee. Auf der anderen Seite wird der weniger bekanntere der beiden Simons als »der Zelot« bezeichnet (s. Lk 6,15; Apg 1,13). Die Zeloten waren eine politische Partei, die ein extremer Hass auf die römische Herrschaft, die sie zu stürzen suchten, miteinander verband. Viele von ihnen waren gewalttätig. Da sie keine Armee besaßen, griffen sie zu Sabotage und Attentaten, um ihre politische Ziele durchzusetzen. In Wirklichkeit waren sie Terroristen. Eine Splittergruppe der Zeloten war als *Sikarier* (wörtlich: »Dolchmänner«) bekannt, da sie kleine, gebogene Klingen bei sich trugen. Diese Waffen versteckten sie unter ihren Gewändern und benutzten sie zur Beseitigung politischer Feinde – wie z.B. Zöllner. Auch römische Soldaten bildeten ein bevorzugtes Ziel ihrer Attentate. Normalerweise verübten die *Sikarier* diese Hinrichtungsakte bei öffentlichen Anlässen, um Angst zu verbreiten. Dass Matthäus, ein ehemaliger Zöllner, und Simon, ein früherer Zelot, zur Gemeinschaft der zwölf Apostel gehörten, bezeugt die lebensverändernde Kraft und Gnade Christi.

Interessanterweise wurden die Schlüsselfiguren aus den ersten beiden Apostelgruppen ursprünglich zu Beginn des Wirkens Jesu berufen. Johannes 1,35-42 beschreibt, wie Jesus Johannes und Andreas berief. Noch am selben Tag brachten sie Petrus, Andreas' Bruder, zu ihm. Jakobus, der verbliebene Jünger dieser Gruppe, war der Bruder von Johannes; so besteht kein Zweifel, dass auch er von Andreas und Johannes zu Christus gebracht wurde. Mit anderen Worten: Die Beziehung der ersten Gruppe zu Jesus bestand seit den Anfängen seines öffentlichen Wirkens.

Gleichermaßen beschreibt Johannes 1,43-55 die Berufung von Philippus und Nathanael (auch als Bartholomäus bekannt). Sie wurden »am folgenden Tag« berufen (V. 43). Somit reicht die Geschichte dieser Gruppe ebenfalls bis zum Anfang des Wirkens Jesu zurück. Es waren Männer, die Jesus gut kannten und ihm lange eng nachfolgten.

Die erste Person der ersten Gruppe – der Mann, der Sprecher und Anführer der Gesamtgruppe wurde – war »Simon, den er auch Petrus nannte« (Lk 6,14).

»Simon, den er auch Petrus nannte«

Simon war ein weit verbreiteter Name. Allein in den Evangelien gibt es mindestens sieben Männer namens Simon. Unter den Zwölfen fanden sich zwei mit diesem Namen (Simon Petrus und Simon, der Zelot). In Matthäus 13,55 werden Jesu Halbbrüder aufgelistet, und einer von ihnen hieß Simon. Auch der Vater von Judas Iskariot wurde Simon genannt (Joh 6,71). In Matthäus 26,6 wird erwähnt, dass Jesus in Betanien zu Gast bei Simon, dem Aussätzigen, war. Ein weiterer Simon, ein Pharisäer, lud Jesus zu einem ähnlichen Gastmahl ein (Lk 7,36-40). Und der Mann, der Jesu Kreuz einen Teil des Weges nach Golgatha tragen musste, war Simon von Kyrene (Mt 27,32).

Der vollständige Geburtsname von unserem Simon lautete Simon, Bar Jona (Mt 16,17), was »Simon, Sohn des Johannes« bedeutete (Joh 21,15-17). Somit hieß Petrus' Vater Johannes (manchmal wird er auch Jonas oder Jona genannt). Das ist alles, was wir über seine Eltern wissen.

Aber der Herr gab ihm einen anderen Namen. Lukas stellt ihn uns so vor: »Simon, den er auch Petrus nannte« (Lk 6,14). Lukas' Wortwahl ist von Bedeutung. Jesus gab ihm nicht einfach einen neuen Namen, um den alten zu ersetzen. Er nannte ihn »auch« Petrus. Dieser Jünger war manchmal als Simon bekannt, ein andermal als Petrus oder Simon Petrus.

»Petrus« war eine Art Spitzname. Er bedeutet »Fels«. (*Petros* ist das griechische Wort für »Felsstück, Stein«.) Das aramäische Äquivalent war *Kephas* (vgl. 1Kor 1,12; 3,22; 9,5; 15,5; Gal 2,9). Johannes 1,42 beschreibt das erste Treffen von Jesus und Simon Petrus: »Jesus blickte ihn an und sprach: Du bist Simon, der Sohn des Johannes; du wirst Kephas heißen – was übersetzt wird: Stein.« Anscheinend waren das Jesu erste Worte an Petrus; von da an war »Fels« sein Spitzname.

Mitunter nannte der Herr ihn auch weiterhin Simon. Dies war dann oftmals ein Zeichen dafür, dass Petrus etwas getan hatte, was Tadel oder Korrektur bedurfte.

Der Spitzname war bezeichnend, und der Herr hatte einen besonderen Grund, ihn zu wählen. Von Natur aus war Simon ungestüm, unbeständig und unzuverlässig. Er neigte zu großen Versprechungen, die er nicht erfüllen konnte. Er gehörte zu jenen Menschen, die sich voll und ganz in etwas hineinzustürzen scheinen, dann aber einen Rückzieher machen, bevor sie es zu Ende gebracht haben. Normalerweise war er der Erste, der sich für etwas begeistern ließ; und nur allzu oft auch der Erste, der wieder aufgab. Als Jesus ihm begegnete, passte auf ihn Jakobus' Beschreibung eines wankelmütigen Mannes, der unbeständig in allen seinen Wegen ist (Jak 1,8). Anscheinend veränderte Jesus Simons Namen, um ihn durch seinen Spitznamen stets daran zu erinnern, wie er sein *sollte*. Von da an war in der Art, wie Jesus ihn nannte, immer eine versteckte Botschaft enthalten. Nannte er ihn Simon, so signalisierte er ihm, dass er entsprechend seiner alten Natur handelte. Wollte er ihn für die richtige Handlungsweise loben, nannte er ihn »Fels«.

Tommy Lasorda, ehemaliger Manager der Los Angeles Dodgers, erzählte einmal die Geschichte von einem jungen, dürren Werfer, einem Neuling in der B-Mannschaft der »Dodgers«. Der Junge war ein wenig schüchtern, verfügte aber über einen außergewöhnlich kraftvollen und präzisen Wurf. Lasorda war davon überzeugt, dass der junge Werfer das Potenzial zu einem der Allergrößten besaß. Allerdings, sagte Lasorda, musste er bissiger und konkurrenzfähiger werden und seine Schüchternheit verlieren. Deshalb gab Lasorda ihm einen Spitznamen, der für das exakte Gegenteil seiner Persönlichkeit stand: »Bulldogge«. Und genau das wurde Orel Hershiser mit den Jahren – einer der zähesten Gegner, die je das Spielfeld der ersten Liga betraten. Sein Spitzname erinnerte ihn ständig daran, was er sein *sollte* – und es dauerte nicht lange, bis er seine ganze Haltung verändert hatte.

Dieser junge Mann namens Simon, aus dem Petrus wurde, war stürmisch, impulsiv und übereifrig. Er musste zu einem Fels werden, deshalb nannte Jesus ihn so. Von da an konnte der Herr ihn behutsam schelten oder loben, je nachdem, welchen Namen er benutzte.

Nach Jesu erster Begegnung mit Simon Petrus finden wir zwei verschiedene Zusammenhänge, in denen er immer Simon genannt wird. Der eine ist *säkularer* Natur. Die Schrift spricht von seinem Haus normalerweise als dem »Haus Simons« (Mk 1,29; Lk 4,38; Apg 10,17). Ähnliches gilt in Bezug auf seine Schwiegermutter: »die Schwiegermutter Simons« (Mk 1,30; Lk 4,38). In Lukas 5 ist von ihrem Fischereibetrieb die Rede: »Eins der Boote, das Simon gehörte« (V. 3); Lukas sagt auch, Jakobus und Johannes waren »Gefährten von Simon« (V. 10). In all diesen säkularen Zusammenhängen wird er mit seinem Geburtsnamen Simon genannt. Auf diese Weise wird angedeutet, was zu seinem normalen Leben gehörte – seine Arbeit, sein Zuhause und seine familiären Bindungen. Das waren »Simons« Angelegenheiten.

Der zweite Kontext besteht aus Situationen, in denen Petrus Merkmale seines alten Wesens zeigt und durch Wort, Einstellung oder Tat sündigt. Immer wenn er aus seinem alten Ich heraus handelt, kehren Jesus und die Schreiber der Evangelien zu seinem ursprünglichen Namen Simon zurück. In Lukas 5,5 heißt es beispielsweise: »Und Simon antwortete und sprach zu ihm: Meister, wir haben uns die ganze Nacht hindurch bemüht und nichts gefangen, aber auf dein Wort will ich die Netze hinablassen.« Hier spricht der junge Simon, der Fischer. Er ist skeptisch und widerwillig. Doch als er gehorcht und seine Augen für die wahre Identität Jesu geöffnet sind, benutzt Lukas in Vers 8 seinen neuen Namen: »Als aber Simon Petrus es sah, fiel er zu den Knien Jesu nieder und sprach: Geh von mir hinaus! Denn ich bin ein sündiger Mensch, Herr.«

Wenn er auf sein Versagen in Schlüsselsituationen Bezug nimmt, nennt Jesus ihn Simon. In Lukas 22,31 sagt Jesus seine Verleugnung voraus: »Simon, Simon! Siehe, der Satan hat euer begehrt, euch zu sichten wie den Weizen.« Später im Garten Gethsemane, als Petrus mit Christus wachen und beten sollte, schlief er ein. Markus schreibt: »Und er [Jesus] kommt und findet sie schlafend, und er spricht zu Petrus: Simon, schläfst du? Konntest du nicht eine Stunde wachen? Wacht und betet, damit ihr nicht in Versuchung kommt! Der Geist zwar ist willig, das Fleisch aber schwach« (Mk 14,37-38). Benötigte Petrus Tadel oder Ermahnung, so nannte Jesus ihn Simon. Wahrscheinlich ging das sogar so weit, dass Petrus jedes Mal schauderte, wenn Jesus »Simon« sagte. Er musste gedacht haben: *Bitte, nenne mich Fels!* Und der Herr hätte antworten können: »Ich werde dich Fels nennen, wenn du wie einer handelst.«

Aus den Evangelien wird deutlich, dass der Apostel Johannes Petrus sehr, sehr gut kannte. Sie waren lebenslange Freunde, Geschäftspartner und Nachbarn. Interessanterweise nennt Johannes seinen Freund fünfzehn Mal »Simon Petrus« in seinem Evangelium. Anscheinend konnte Johannes sich nicht entscheiden, welchen Namen er benutzen sollte, da er immer beide Seiten von Petrus sah. So verwendete er einfach beide Namen. In der Anrede seines zweiten Briefes nennt Petrus sich selbst Simon Petrus: »Simon Petrus, Knecht und Apostel Jesu Christi« (2Petr 1,1). Er nahm Jesu Spitznamen und machte ihn zu seinem Nachnamen (vgl. Apg 10,32).

Nach der Auferstehung erteilte Jesus seinen Jüngern die Anweisung, nach Galiläa zurückzukehren, wo er sie treffen wollte (Mt 28,7). Anscheinend wurde der ungeduldige Simon das Warten leid und verkündete, er würde wieder Fischen gehen (Joh 21,3). Wie üblich folgten die anderen Jünger gehorsam ihrem Anführer. Sie stiegen in ein Boot, fischten die ganze Nacht und fingen nichts.

Am folgenden Morgen begegnete Jesus ihnen am Ufer, wo er ihnen schon das Frühstück zubereitet hatte. Die Hauptabsicht dieses Frühstücks schien, Petrus wiederherzustellen (der schwer gesündigt hatte, als er Christus in der Nacht seines Verrats verleugnete). Dreimal sprach Jesus ihn mit Simon an und sagte: »Simon, Sohn des Johannes, liebst du mich?« Und dreimal bestätigte Petrus seine Liebe.

Das war das letzte Mal, dass Jesus ihn Simon nennen musste. Einige Wochen später wurden Petrus und die anderen Jünger zu Pfingsten mit dem Heiligen Geist erfüllt. Es war Petrus, der Fels, der an diesem Tag aufstand und predigte.

Petrus war genauso wie die meisten Christen – sowohl fleischlich als auch geistlich. Manchmal erlag er den Gewohnheiten des Fleisches; ein anderes Mal handelte er im Geist. Gelegentlich sündigte er, aber zu anderen Zeiten verhielt er sich wie ein Gerechter. Dieser unbeständige Mann – manchmal Simon, ein andermal Petrus – war der Anführer der Zwölf.

»Kommt mir nach, und ich werde euch zu Menschenfischern machen!«

Simon Petrus war Fischer von Beruf. Er und sein Bruder Andreas waren die Erben eines familieneigenen Fischereibetriebs in Kapernaum. Zum Fischfang fuhren sie auf den See von Galiläa hinaus. Zur Zeit Jesu fingen Berufsfischer dort drei Fischarten. Die »zwei Fische«, die in Johannes 6,9 mit der Speisung der Fünftausend in Verbindung stehen, waren *Sardinen*. Sardinen und eine Art Fladenbrot waren die Hauptnahrungsmittel in dieser Region. Eine andere Fischart, bekannt als *Barben* (wegen ihrer fleischigen Bartfäden am Oberlippenrand), ist eine Art Karpfen und hat viele Gräten. Diese Fische können recht groß werden und bis zu 7 kg wiegen. (Wahrscheinlich war der Fisch, den Petrus in Matthäus 17,27 mit einer Münze im Maul fing, eine Barbe. Im See von Galiläa ist es der einzige Fisch, der groß genug war, um eine Münze schlucken und gleichzeitig am Haken gefangen werden zu können.) Die dritte und für den Handel wichtigste Fischart ist der *Buntbarsch* – er schwimmt und frisst in Schwärmen und besitzt eine kammartige Rückenflosse. Buntbarsche von essbarer Größe reichen von 15 bis 45 cm. In den Restaurants am Ufer des Sees von Galiläa werden noch heute gebratene Buntbarsche verkauft; sie sind allgemein als »Petrusfische« bekannt.

Simon und Andreas verbrachten ihre Nächte damit, diese Fische ins Netz zu bekommen. Ursprünglich kamen die Brüder aus einem kleinen Dorf namens Betsaida am Nordufer des Sees (Joh 1,44); allerdings waren sie nach Kapernaum gezogen, einer größeren Stadt in der Nähe (Mk 1,21.29).

Damals war Kapernaum die wichtigste Stadt am Nordufer des Sees von Galiläa. Jesus machte Kapernaum mehrere Monate lang zu seinem Zuhause und zum Ausgangspunkt für seinen Dienst. In Matthäus 11,21-24 spricht er jedoch ein Wehe über Kapernaum und Betsaida aus. Heute sind diese beiden Städte nur noch Ruinen. Die Reste der Synagoge von Kapernaum stehen noch immer. Ganz in der Nähe fanden Archäologen die Ruinen einer alten Kirche. Frühe Überlieferungen, die mindestens ins dritte Jahrhundert zurückdatieren, behaupten, die Kirche wurde an der Stelle errichtet, an der einst Petrus' Haus stand. Tatsächlich haben Archäologen viele Hinweise dafür gefunden, dass Christen im zweiten Jahrhundert diesen Ort in Ehren hielten. Gut möglich, dass Petrus' Haus dort stand. Von dieser Stelle aus ist es nur ein kleines Stück bis zum Seeufer.

Simon Petrus war verheiratet. Das wissen wir, weil Jesus Petrus' Schwiegermutter in Lukas 4,38 heilte. In 1. Korinther 9,5 sagte der Apostel Paulus, dass Petrus seine Frau auf seine Missionsreisen mitnahm. Das könnte darauf hinweisen, dass sie entweder keine Kinder hatten oder diese schon erwachsen waren, als ihn seine Frau begleitete. Allerdings sagt die Schrift nicht ausdrücklich, ob sie Kinder hatten. Petrus war verheiratet – das ist alles, was wir mit Bestimmtheit über sein häusliches Leben sagen können.

Wir wissen, dass Simon Petrus der Anführer der Apostel war – und das nicht nur deshalb, weil sein Name bei jeder Auflistung der Zwölf als Erster genannt wird. Wir haben außerdem die klare Aussage in Matthäus 10,2: »Die Namen der zwölf Apostel aber sind diese: Der erste Simon, der Petrus genannt wird.« Der griechische Ausdruck *protos* wird hier mit dem Wort »erste« übersetzt. Er bezieht sich nicht auf den Ersten in einer Liste, sondern auf den Leiter, den Anführer einer Gruppe. Außerdem wird Petrus' Leiterschaft dadurch deutlich, dass er normalerweise als Sprecher der Gesamtgruppe fungiert. Er steht immer im Vordergrund und übernimmt die Führung. Anscheinend besaß er von Natur aus eine dominante Persönlichkeit, und der Herr gebrauchte sie zum Nutzen der Zwölf.

Und schließlich war es der Herr selbst, der ihn zum Anführer erwählte. Durch Gottes souveränen Plan wurde Petrus zum Leiter geformt und für dieses Amt ausgestattet. Christus selbst formte Petrus und bildete ihn zum Leiter aus. Wenn wir uns Petrus anschauen, dann sehen wir, wie Gott Führungspersonen schafft.

Häufiger als Petrus wird in den Evangelien nur der Name Jesus erwähnt. Niemand spricht so oft wie Petrus oder wird so oft vom Herrn angesprochen. Kein Jünger wird vom Herrn so häufig zurechtgewiesen wie Petrus, und kein Jünger außer ihm wagt es, den Herrn zu tadeln (Mt 16,22). Niemand legte ein mutigeres Bekenntnis für Christus ab und erkannte sein Herrsein deutlicher an; aber auch kein Jünger verleugnete Christus so nachdrücklich und öffentlich wie Petrus. Christus lobte und segnete niemanden so sehr wie Petrus; und dennoch sprach Christus keinen anderen mit »Satan« an als nur ihn. Gegenüber Petrus benutzte der Herr härtere Worte als bei allen anderen.

All dies trug dazu bei, ihn zu der Führungskraft zu machen, die Christus sich wünschte. Gott nahm einen gewöhnlichen Mann mit einer unbeständigen, impulsiven und widerspenstigen Persönlichkeit und formte ihn zu einem felsähnlichen Anführer – zum größten Prediger unter den Aposteln und zur dominantesten Figur in den ersten zwölf Kapiteln der Apostelgeschichte, als die Gemeinde entstand.

In seinem Leben finden wir drei wesentliche Elemente, die eine echte Führungspersönlichkeit ausmachen: das richtige Rohmaterial, die richtigen Lebenserfahrungen und die richtigen Charaktereigenschaften. Im Folgenden möchte ich genauer aufzeigen, was ich damit meine.

Das Rohmaterial, das einen echten Leiter ausmacht

Seit Urzeiten wird darüber diskutiert, ob ein echter Leiter geboren oder gemacht wird. Petrus liefert ein starkes Argument für die Überzeugung, dass Führungspersonen mit gewissen angeborenen Eigenschaften ausgestattet sind, aber dennoch zu wirklichen Führern geformt werden müssen.

Von Beginn an besaß Petrus in seiner Persönlichkeit die gottgegebenen Voraussetzungen zur Leiterschaft. Er war aus dem richtigen Rohmaterial. Natürlich war es der Herr, der ihn auf diese Weise im Mutterleib gebildet hatte (vgl. Ps 139,13-16).

In Simon Petrus' natürlicher Veranlagung gab es ein paar offensichtliche Grundzüge, die für seine Leitungsqualitäten von entscheidender Bedeutung waren. Im Großen und Ganzen sind es keine Merkmale, die allein durch eine Ausbildung entwickelt werden können – sie waren bereits in seinem Wesen angelegt.

Das erste Merkmal ist *Wissbegier*. Hält man nach einem Leiter Ausschau, dann sucht man sich am besten eine Person, die viele Fragen stellt. Menschen, die nicht wissbegierig sind, geben einfach keine guten Führungspersonen ab. Neugier ist für Leiterschaft äußerst wichtig. Menschen, die mit ihrem Unwissen zufrieden sind, qualifizieren sich nicht für Führungspositionen. Sie wollen die Dinge nicht tiefer gehend verstehen oder analysieren und lieber weiter mit ungelösten Problemen leben. Leiter brauchen eine unstillbare Wissbegier. Sie müssen Menschen sein, die nach Antworten hungern. Wissen ist Macht. Wer die Information besitzt, geht voran. Wenn Sie also einen Leiter finden wollen, dann suchen Sie jemanden, der die richtigen Fragen stellt und aufrichtig nach Antworten sucht.

Diese Art Wissbegier zeigt sich normalerweise schon in frühester Kindheit. Viele von uns kennen Kinder, die eine Frage nach der anderen stellen – sie ermüden Eltern und andere Erwachsene ununterbrochen mit harten Brocken. (Einige unter uns können sich noch erinnern, selbst ein solches Kind gewesen zu sein!) Das ist der Stoff, aus dem Führungspersonen gemacht sind. Menschen, die in ihrem unstillbaren Enthusiasmus Dinge wissen und verstehen wollen, zeigen die besten Voraussetzungen dafür, Probleme lösen zu können.

In den Evangelien stellt Petrus mehr Fragen als alle anderen Apostel zusammen. Meistens war er derjenige, der den Herrn bat, seine schwer verständlichen Gleichnisse zu erklären (Mt 15,15; Lk 12,41). Petrus fragte, wie oft er vergeben sollte (Mt 18,21) und welchen Lohn die Jünger empfangen würden, da sie alles verlassen hatten, um Jesus nachzufolgen (Mt 19,27). Er erkundigte sich nach dem verdorrten Feigenbaum (Mk 11,21) und stellte dem auferstandenen Herrn Fragen (Joh 21,20-22). Er wollte immer mehr wissen, um die Dinge besser verstehen zu können. Diese Art Wissbegier ist ein grundlegendes Kennzeichen eines wahren Leiters.

Ein weiteres erforderliches Merkmal ist *Initiative*. Für die Leiterschaft muss ein Mensch Tatendrang, Ehrgeiz und Energie besitzen. Eine echte Führungsperson muss Dinge in Bewegung bringen. Er macht immer den Anfang. Petrus stellte nicht nur Fragen, sondern war normalerweise auch der Erste, der die Fragen von Christus beantwortete. Oft stürzte er sich in etwas hinein, wo sich sonst niemand herangewagt hätte.

Einmal fragte Jesus seine Jünger: »Was sagen die Menschen, wer der Sohn des Menschen ist?« (Mt 16,13). Im Volk kursierten mehrere Meinungen darüber. »Sie aber sagten: Einige: Johannes der Täufer; andere aber: Elia; und andere wieder: Jeremia oder einer der Propheten« (V. 14). Anschließend fragte Jesus die Jünger: »Ihr aber, was sagt *ihr*, wer ich bin?« (V. 15, Hervorhebung hinzugefügt). Hier meldete sich Petrus vor allen anderen zu Wort: »Du bist der Christus, der Sohn des lebendigen Gottes« (V. 16). Die anderen Jünger zögern noch mit ihrer Antwort – so wie Schulkinder, die sich fürchten, etwas Falsches zu sagen. Petrus war mutig und entschlossen. Das ist ein entscheidendes Merkmal für alle großen Führungspersönlichkeiten. Manchmal musste er einen Rückzieher machen oder zurechtgewiesen werden. Doch die Tatsache, dass er die Gelegenheiten beim Schopf packte, zeichnete ihn als Menschen mit natürlichen Führungsqualitäten aus.

Die drei synoptischen Evangelien berichten übereinstimmend, dass im Garten Gethsemane eine »große Menge mit Schwertern und Stöcken« gewesen sei, als die römischen Soldaten von der Festung Antonia Jesus festnehmen wollten (Mt 26,47; Mk 14,43; Lk 22,47.52). Eine typische römische Kohorte bestand aus sechshundert Soldaten; aller Wahrscheinlichkeit nach befanden sich in dieser Nacht Hunderte von kampfbereiten römischen Soldaten im Garten oder nicht weit davon entfernt. Ohne Zögern zog Petrus sein Schwert und erhob es gegen Malchus, den Diener des Hohenpriesters. (Der Hohepriester und seine persönlichen Mitarbeiter gingen der Menge voran, weil er der Würdenträger war, der die Festnahme angeordnet hatte.) Zweifellos hatte Petrus vor, dem Mann den Kopf abzuschlagen – doch er war ein Fischer, kein Soldat. Malchus wich aus, sodass nur sein Ohr abgeschlagen wurde. Jesus »rührte sein Ohr an und heilte ihn« (Lk 22,51). Anschließend wandte er sich an Petrus: »Stecke dein Schwert wieder an seinen Ort! Denn alle, die das Schwert nehmen, werden durchs Schwert umkommen« (Mt 26,52). (Dadurch bestätigte er die Todesstrafe als ein göttliches Gesetz.)

Stellen Sie sich die Situation einmal vor. Dort war eine ganze Abordnung römischer Soldaten, die möglicherweise aus Hunderten von Männern bestand. Was hatte Petrus eigentlich vor? Wollte er sie alle enthaupten – einen nach dem anderen? In seinem ungestümen Tatendrang hatte Petrus gelegentlich die Realität nicht mehr vor Augen.

Trotz seiner forschen Art besaß Petrus die Grundvoraussetzungen für eine Führungsperson. Es ist besser, mit einem solchen Mann zu arbeiten, als mit jemandem, der ständig passiv und zögerlich ist. Genauso, wie es ja auch wesentlich leichter ist, einen Fanatiker zu mäßigen, als einen Toten aufzuerwecken. Manche Menschen müssen zu allem gezwungen werden. Nicht so Petrus. Er wollte immer vorwärts gehen. Das, was er nicht kannte oder begriff, wollte er wissen und verstehen. Er war der Erste, der Fragen stellte und der Erste, der Fragen beantworten wollte. Er war ein Mann, der immer die Initiative ergriff, den Augenblick nutzte und losstürmte. Das ist der Stoff, aus dem Führungspersönlichkeiten sind.

Bedenken Sie, dass diese Merkmale nur das Rohmaterial sind, aus dem Leiter gemacht werden. Petrus musste ausgebildet und geformt werden und heranreifen. Doch für die Aufgabe, die Jesus ihm gegeben hatte, brauchte er Mut, um zu Pfingsten aufzustehen und das Evangelium vor der Jerusalemer Bevölkerung zu predigen, die erst kurz zuvor ihren Messias getötet hatte. Aber Petrus war genau der Richtige, der zu einer solch mutigen Aufgabe ausgebildet werden konnte.

Ein drittes Merkmal für einen echten Leiter heißt *Engagement*. Echte Führungskräfte befinden sich immer mitten im Geschehen. Sie sitzen nicht im Hintergrund und sagen allen anderen, was sie zu tun haben, während sie ein angenehmes Leben führen und sich aus dem Kampf heraushalten. Sie sind immer von einer Staubwolke umhüllt. Genau aus diesem Grund folgen ihnen die Leute. Niemand wird Menschen *folgen*, die sich auf Distanz halten. Ein echter Leiter muss den Weg zeigen. Er geht seinen Nachfolgern im Kampf voran.

Eines Nachts kam Jesus seinen Jüngern auf dem See von Galiläa entgegen; inmitten eines gewaltigen Sturms wandelte er auf dem Wasser. Welcher Jünger sprang aus dem Boot? Petrus. *Dort ist der Herr*, muss er gedacht haben. *Ich bin hier; ich muss dahin, wo was los ist*. Die anderen Jünger fragten sich, ob sie ein Gespenst sahen (Mt 14,26). Aber Petrus sagte: »Herr, wenn du es bist, so befiehl mir, auf dem Wasser zu dir zu kommen!« Jesus antwortete ihm: »Komm!« (V. 28-29). Bevor es jemand merkte, war Petrus auch schon aus dem Boot gestiegen und ging auf dem Wasser. Die restlichen Jünger klammerten sich noch ans Boot, um im Sturm nicht über Bord zu fallen. Doch Petrus war ausgestiegen, ohne darüber einen weiteren Gedanken zu verlieren. Das ist Engagement – *ernsthaftes* Engagement. Erst nachdem er das Boot verlassen hatte und ein paar Schritte gegangen war, dachte Petrus über die Gefahr nach und begann zu sinken.

Häufig wird Petrus' fehlender Glaube in dieser Situation erwähnt. Doch wir sollten auch seinen Glauben anerkennen, der ihn überhaupt veranlasste, aus dem Boot zu steigen. Bevor wir Petrus für die Schwäche tadeln, die ihn fast das Leben kostete, sollten wir uns daran erinnern, wo er sich befand, als er zu sinken begann.

Ähnliches gilt für seine Verleugnung Christi: Er und ein anderer Jünger (wahrscheinlich sein lebenslanger Freund Johannes) waren die Einzigen, die Jesus bis zum Haus des Hohenpriesters folgten, um zu sehen, was mit ihm geschehen würde (Joh 18,15). Und im Hof des Hauses war Petrus Jesus so nah, dass dieser sich umdrehen und ihm in die Augen schauen konnte, als der Hahn krähte (Lk 22,61). Nachdem die anderen Jünger Christus längst verlassen hatten und um ihr Leben geflohen waren, befand sich Petrus nahezu allein in einer solch großen Versuchung. Trotz seiner Furcht und Schwäche konnte er Christus nicht ganz verlassen. Das ist ein Kennzeichen einer echten Führungsperson. Als nahezu jeder andere abgesprungen war, versuchte er, dem Herrn so nahe wie möglich zu sein. Er gehörte nicht zu den Anführern, die ihren Truppen aus der Ferne Nachrichten zukommen lassen. Er wollte sich persönlich engagieren, daher wurde er immer im Zentrum des Geschehens gefunden.

Das war der Stoff, aus dem Petrus gemacht war: eine unstillbare Wissbegierde, die Bereitschaft zur Initiative und der Drang zum persönlichen Engagement. Nun lag es am Herrn, ihn auszubilden und zu formen, denn ein solches Rohmaterial kann ausgesprochen gefährlich sein, wenn es nicht unter der Kontrolle des Herrn steht.

Lebenserfahrungen, die einen echten Leiter formen

Wie macht der Herr aus einem solchen Rohmaterial eine Führungspersönlichkeit? Zunächst ließ er Petrus die Lebenserfahrungen durchmachen, die ihn zu einem Leiter nach seinen Vorstellungen formen würden. In diesem Sinn werden Führungskräfte gemacht und nicht geboren.

Erfahrung kann ein strenger Lehrmeister sein. Im Fall von Petrus war das Auf und Ab seiner Erfahrungen dramatisch und oftmals unangenehm. Sein Leben zeichnete sich durch einen gewundenen Zickzack-Kurs aus. Der Herr führte ihn durch drei Prüfungsjahre und schwierige Lebenserfahrungen, die jede wahre Führungspersönlichkeit durchmachen muss.

Warum tat Jesus das? Bereitete es ihm Freude, Petrus zu quälen? Nicht im Geringsten. Diese Erfahrungen – auch die harten – waren allesamt notwendig, um Petrus zu dem Mann zu machen, der er werden musste.

Vor kurzem habe ich die Ergebnisse einer Studie über junge Amokläufer an amerikanischen Schulen gelesen. Dabei stellte sich als gemeinsamer Nenner Folgendes heraus: Um ihre Verhaltensprobleme unter Kontrolle zu halten, wurde nahezu allen Ritalin oder ein anderes Antidepressivum verschrieben. Anstatt für falsche Einstellungen und schlechtes Benehmen bestraft zu werden, erhielten sie Beruhigungsmittel. Anstatt sie zu Benehmen und Selbstbeherrschung anzuleiten, verordnen Kinderpsychologen Betäubungsmittel, die ihr widerspenstiges Verhalten nur kurzfristig unterbinden. Die trotzigen, aufsässigen Einstellungen, die die Wurzel des Problems sind, werden weder angesprochen noch behandelt. Schon in der Kindheit wurden diese Jugendlichen auf künstliche Weise vor den Konsequenzen ihrer Rebellion geschützt. Ihnen wurden die Lebenserfahrungen genommen, die ihren Charakter anders hätten formen können.

Der Apostel Petrus lernte viel durch harte Erfahrungen. Beispielsweise lernte er, dass auf unsere größten Siege oftmals zerschmetternde Niederlagen und tiefe Demütigungen folgen. Kurz nachdem Christus ihn für sein wunderbares Bekenntnis gelobt hatte (»Du bist der Christus, der Sohn des lebendigen Gottes« – Mt 16,16), musste Petrus den strengsten Tadel ertragen, den je ein Jünger im Neuen Testament bekam. In einem Augenblick nannte Christus ihn glückselig und verhieß ihm die Schlüssel des Reiches der Himmel (V. 17-19). Und schon bei nächster Gelegenheit bezeichnet er ihn als Satan und sagt: »Geh hinter mich!« (V. 23) – anders ausgedrückt: »Steh mir nicht im Weg!«

Diese Begebenheit ereignete sich kurz nach Petrus' triumphalen Bekenntnis. Jesus kündigte den Jüngern an, er werde nach Jerusalem gehen, wo er den Hohenpriestern und Schriftgelehrten überliefert und getötet werden würde. Als er das hörte, »nahm Petrus ihn beiseite und fing an, ihn zu tadeln, indem er sagte: Gott behüte dich, Herr! Dies wird dir keinesfalls widerfahren« (Mt 16,22). Seine Gedanken sind durchaus verständlich. Allerdings entspringen sie einer menschlichen Sichtweise. Er kannte Gottes Plan nicht. Ohne es zu wissen, versuchte er, Christus von seinem irdischen Auftrag abzubringen. Wie üblich redete er, wenn er hätte zuhören sollen. Solche ernsten Worte wie zu Petrus sprach Jesus zu keiner anderen Einzelperson: »Er aber wandte sich um und sprach zu Petrus: Geh hinter mich, Satan! Du bist mir ein Ärgernis, denn du sinnst nicht auf das, was Gottes, sondern auf das, was der Menschen ist« (V. 23).

Gerade noch hatte Petrus erfahren, dass Gott ihm Wahrheit enthüllen und seine Worte leiten würde, wenn er sich dieser Wahrheit unterstellt. Er war nicht von einer menschlichen Botschaft abhängig, vielmehr wurde ihm die Botschaft, die er aussprach, von Gott eingegeben (V. 17). Ihm sollten auch die Schlüssel des Himmelreichs gegeben werden – dies bedeutete, dass sein Leben und seine Botschaft vielen den Zugang ins Reich Gottes eröffnen würde (V. 19).

Doch durch den schmerzhaften Tadel des Herrn lernte er jetzt auch, dass er für den Teufel angreifbar war. Der Teufel konnte seinen Mund ebenso gebrauchen wie der Herr. Sollte Petrus die Absichten der Menschen verfolgen und nicht die Dinge Gottes und seinen Willen, so könnte er zu einem Werkzeug des Feindes werden.

Später, in der Nacht, als Jesus festgenommen wurde, war Petrus wieder ein Opfer Satans geworden. Dieses Mal lernte er auf die harte Weise, dass er ein schwacher Mensch war und sich nicht auf sich selbst verlassen konnte. All seine prahlerischen Versprechen und ernsthaften Vorsätze verhinderten nicht seinen Fall. Nachdem er vor allen erklärt hatte, Christus *niemals* zu verleugnen, tat er es dennoch und untermauerte seine Verleugnung mit leidenschaftlichen Flüchen. Satan sichtete ihn wie den Weizen. Auf diese Weise lernte Petrus, wie viel Spreu und wie wenig Substanz in ihm war und wie wachsam und vorsichtig er sein musste, dass er sich nur auf die Kraft des Herrn verlässt.

Zur selben Zeit lernte er, dass der Herr ihn in jedem Fall gebrauchen, stützen und bewahren wollte – trotz seiner Neigung zur Sünde und seiner geistlichen Schwachpunkte.

All das wurde ihm durch die Erfahrung beigebracht. Manchmal war sie bitter, schmerzhaft und demütigend; ein andermal ermutigend, erhebend und absolut herrlich – so wie der Blick auf die göttliche Herrlichkeit Christi auf dem Berg der Verklärung. In beiden Fällen machte Petrus das Beste aus seinen Erfahrungen und zog aus ihnen Lehren, die ihn zu einer großen Führungspersönlichkeit werden ließen.

Charaktereigenschaften, die eine wirkliche Führungskraft auszeichnen

Neben dem richtigen Rohmaterial und den richtigen Lebenserfahrungen ist der richtige Charakter das dritte Element in der Ausbildung zu einer Führungskraft. Natürlich ist der Charakter für die Leiterschaft von absolut entscheidender Bedeutung. Amerikas gegenwärtiger Moralverfall ist in direkter Weise mit der Tatsache verbunden, dass wir zu viele Führungskräfte gewählt, ernannt und eingestellt haben, denen es an Charakter mangelt. In den letzten Jahren haben einige behauptet, Charakter wäre in Führungspositionen nicht wirklich von Bedeutung. Was ein Mann in seinem Privatleben tut, sollte angeblich nicht ausschlaggebend sein, ob er sich für eine öffentliche Führungsrolle eignet. Diese Ansicht steht im Gegensatz zur biblischen Lehre. In der Leiterschaft ist Charakter sehr wohl von Bedeutung.

Charakter ist sogar etwas, das Leiterschaft ermöglicht. Man kann Menschen, denen es an Charakter mangelt, einfach nicht achten oder ihnen vertrauen. Und einem Mann, dem man keinen Respekt entgegenbringt, wird man nicht folgen. Zeit und Wahrheit gehen miteinander Hand in Hand. Letzten Endes enttäuschen charakterlose Leiter ihre Gefolgsleute und verlieren ihr Vertrauen. Der einzige Grund für die Popularität solcher Leute ist, dass sie anderen charakterlosen Menschen ein besseres Gefühl vermitteln. Doch *wirkliche* Führungspersönlichkeiten sind sie nicht.

Dauerhafte Leiterschaft basiert auf Charakterqualitäten. Charakter führt zu Achtung, Achtung zu Vertrauen, und Vertrauen motiviert zur Gefolgschaft.

Selbst im rein menschlichen Bereich erkennen die meisten Menschen an, dass wahre Leiterschaft mit Charaktereigenschaften wie Integrität, Vertrauenswürdigkeit, Ehrbarkeit, Uneigennützigkeit, Bescheidenheit, Selbstdisziplin, Selbstbeherrschung und Mut verbunden ist. Solche Tugenden spiegeln das Bild Gottes im Menschen wider. Auch wenn das Bild Gottes in der gefallenen Menschheit äußerst verzerrt ist, so ist es doch nicht gänzlich ausgelöscht. Deshalb erkennen selbst Ungläubige an, dass diese Eigenschaften wünschenswerte Tugenden und wichtige Voraussetzungen für Führungspositionen sind.

Christus selbst ist der Inbegriff einer wahren Führungspersönlichkeit. In ihm sind alle Charaktereigenschaften einer Führungskraft vollendet. Er ist die Verkörperung aller wahrsten, reinsten, höchsten und edelsten Führungsqualitäten.

Das höchste Ziel *geistlicher* Leiterschaft ist, Menschen zur Christus-Ähnlichkeit zu führen. Aus diesem Grund muss auch der Leiter einen christus-ähnlichen Charakter aufweisen. Deshalb ist der Maßstab für Gemeindeleiter auch so hoch angesetzt. Der Apostel Paulus fasste die Haltung eines wahren Leiters so zusammen: »Seid meine Nachahmer, wie auch ich Christi Nachahmer bin!« (1Kor 11,1).

Dieses Wort hätte von Petrus stammen können. Sein Charakter wurde nach dem Vorbild Christi geformt. Er besaß das Rohmaterial eines Führers – das war wichtig. Seine Lebenserfahrungen trugen dazu bei, seine natürlichen Führungsqualitäten zu schleifen und zu formen – auch das war unerlässlich. Doch der Hauptschlüssel zu allem ist der Charakter – die unverzichtbare Grundlage, mit der wahre Leiterschaft immer steht oder fällt. Die Charaktereigenschaften, die Petrus in der vertrauten Beziehung zu Christus entwickelte, machten ihn zu einer großen Führungspersönlichkeit.

J.R. Miller schrieb: »Das Einzige, was mit den Trauergästen vom Grab zurückkehrt und sich weigert, beerdigt zu werden, ist der Charakter eines Menschen. Das, was ein Mensch ist, überlebt ihn. Es kann niemals begraben werden.«[2] Das ist ein wahres Wort, aber noch viel wichtiger als das, was die Menschen nach unserem Tod von uns denken, ist die Wirkung, die wir zu Lebzeiten erzielen.

Welche Charaktereigenschaften eines geistlichen Leiters wurden im Leben von Petrus entwickelt? Zum einen *Unterordnung*. Auf den ersten Blick mag das eine ungewöhnliche Eigenschaft für einen Leiter sein. Schließlich trägt er die Verantwortung und erwartet von anderen, dass sie sich ihm unterordnen. Doch eine wahre Führungspersönlichkeit verlangt nicht nur Unterordnung, sondern ist auch ein Beispiel dafür, indem er sich dem Herrn und den Autoritäten über ihm unterstellt. Alle Handlungen eines echten geistlichen Führers sollten durch Unterordnung unter jede rechtmäßige Autorität gekennzeichnet sein – insbesondere unter Gott und sein Wort.

Führungspersonen neigen zu Selbstvertrauen und Engagement. Sie sind von Natur aus dominant. Auch Petrus zeigte diese Tendenz. Er sprach und handelte schnell. Wie wir gesehen haben, war er ein Mann, der Initiative ergriff. Das bedeutet, dass er immer jede Situation kontrollieren wollte. Um diese Schieflage bei Petrus ins Gleichgewicht zu bringen, brachte der Herr ihm Unterordnung bei.

Dies tat er auf eine ziemlich außergewöhnliche Art und Weise. Ein klassisches Beispiel dafür finden wir in Matthäus 17. Nach einigem Reisedienst kehrte er mit den Zwölfen nach Kapernaum zurück. In der Stadt waren Steuereintreiber, um von jedem Einwohner ab zwanzig Jahren die jährlichen Doppeldrachmen (halber Schekel) einzukassieren. Diese Steuer war nicht für Rom bestimmt, sondern zum Unterhalt des Tempels. In 2. Mose 30,11-16 wird sie vorgeschrieben (vgl. 2Chr 24,9). Die Steuer entsprach dem Lohn für zwei Tage und war somit keine kleine Summe.

Matthäus schreibt: »Die Einnehmer der Doppeldrachmen traten zu Petrus und sprachen: Zahlt euer Lehrer nicht die Dop-

2 John C. Maxwell, *The 21 Irrefutable Laws of Leadership* (Nashville: Thomas Nelson, 1998), S. 71.

peldrachmen?« (Mt 17,24). Petrus versicherte ihnen, dass Jesus seine Steuern zahlte.

Aber diese spezielle Steuer stellte anscheinend ein Problem für Petrus dar. War Jesus, der Mensch gewordene Sohn Gottes, moralisch verpflichtet, wie ein Mensch den Unterhalt des Tempels finanziell zu unterstützen? Die Söhne irdischer Könige bezahlen keine Steuern im Königreich ihrer Väter, warum also Jesus? Jesus kannte die Gedanken von Petrus, deshalb »kam Jesus ihm zuvor und sprach: ›Was meinst du, Simon? Von wem erheben die Könige der Erde Zoll oder Steuer, von ihren Söhnen oder von den Fremden?« (V. 25).

»Von den Fremden«, antwortete Petrus. Von ihren eigenen Kindern verlangen Könige keine Steuern.

»Demnach sind die Söhne frei« (V. 26), zog Jesus die logische Schlussfolgerung für Petrus. Anders gesagt: Jesus besaß die absolute Autorität des Himmels und hätte die Tempelsteuer nicht entrichten müssen.

Doch hätte er sich geweigert, so wäre dies eine falsche Botschaft in Bezug auf *irdische* Autoritäten gewesen. So war es besser, sich zu fügen, die Steuer zu zahlen und eine Situation zu vermeiden, die die meisten nicht verstanden hätten. Obwohl Jesus zur Abgabe der Tempelsteuer genau genommen nicht *verpflichtet* war, sagte er: »Damit wir ihnen aber kein Ärgernis geben, geh an den See, wirf eine Angel aus und nimm den ersten Fisch, der heraufkommt, öffne sein Maul, und du wirst einen Stater finden; den nimm und gib ihnen für mich und dich!« (V. 27).

Die Münze im Maul des Fisches war ein Stater – ein einziges Münzstück im Wert von einem Schekel oder vier Drachmen. Diese Summe war für beide genau ausreichend. Somit sorgte Jesus auch für Petrus' Steuerabgabe.

Es ist faszinierend, dass dieses Wunder seine absolute *Souveränität* bewies und dennoch gleichzeitig ein Beispiel für menschliche *Unterordnung* lieferte. Auf übernatürliche Weise ließ Jesus einen Fisch mit einer Münze im Maul den Köder von Petrus schlucken. Wenn Jesus eine solche Autorität über die Natur hatte, besaß er sie gewiss auch hinsichtlich der Tempelsteuer. Und trotzdem brachte er Petrus durch sein Beispiel bei, wie man sich freiwillig unterordnet.

Unterordnung ist eine unverzichtbare Charaktereigenschaft für Führungspersonen. Wenn sie Menschen Unterordnung lehren, müssen sie selbst ein gutes Beispiel dafür abgeben. Und manchmal muss sich ein Leiter unterordnen, obwohl es sehr gute Gründe *dagegen* zu geben scheint.

Petrus hatte das gelernt. Einige Jahre später schrieb er in 1. Petrus 2,13-18:

> *Ordnet euch aller menschlichen Einrichtung unter um des Herrn willen: sei es dem König als Oberherrn oder den Statthaltern als denen, die von ihm gesandt werden zur Bestrafung der Übeltäter, aber zum Lob derer, die Gutes tun! Denn so ist es der Wille Gottes, dass ihr durch Gutestun die Unwissenheit der unverständigen Menschen zum Schweigen bringt: als Freie und nicht als solche, die die Freiheit als Deckmantel der Bosheit haben, sondern als Sklaven Gottes. Erweist allen Ehre; liebt die Bruderschaft; fürchtet Gott; ehrt den König! Ihr Haussklaven, ordnet euch in aller Furcht den Herren unter, nicht allein den guten und milden, sondern auch den verkehrten!*

Genau diese Lektion lernte Petrus von Christus: In gewissem Sinn bist du frei, aber benutze deine Freiheit nicht als Deckmantel der Bosheit. Betrachte dich vielmehr als Diener des Herrn. Du bist ein Bürger des Himmels, und die Erde ist nur eine Zwischenstation, aber *um des Herrn willen* unterstelle dich jeder menschlichen Einrichtung. Vor allem bist du ein Bürger im Reich Christi und auf dieser Erde lediglich ein Fremder und Pilger. Um Anstoß zu vermeiden, sollst du den irdischen Herrscher und alle Menschen ehren. Das ist Gottes Wille, und wenn du dich unterordnest, wirst du die Unwissenheit der ungläubigen Menschen zum Schweigen bringen.

Der Verfasser dieses Briefes war derselbe Mann, der in jungen Jahren dem hohenpriesterlichen Diener das Ohr abschlug. Es war derselbe Mann, der ein Problem damit hatte, dass Jesus Steuern zahlte. Doch er *lernte,* sich unterzuordnen – keine einfache Lektion für einen geborenen Leiter. Besonders Petrus neigte dazu, dominant, energisch und ungestüm zu sein und sich gegen den Gedanken an Unterordnung zu sträuben. Aber Jesus lehrte ihn, sich bereitwillig unterzuordnen, auch dann, wenn er der Meinung war, einen guten Grund dagegen zu haben.

Eine zweite Charaktereigenschaft, die Petrus lernte, war *Beherrschung*. Die meisten Menschen mit natürlichen Führungsqualitäten stechen in Bezug auf Beherrschung nicht besonders hervor. Selbstbeherrschung, Disziplin, Mäßigung und Zurückhaltung erhält jemand, der anderen vorangeht, nicht automatisch. Deshalb haben so viele Führungspersonen auch Probleme mit Zorn und unkontrollierter Leidenschaft. So wurden Seminare zum Umgang mit Zorn zur neuesten Masche unter Generaldirektoren und anderen Menschen in gehobenen Führungspositionen in der amerikanischen Geschäftswelt. Zorn ist unter Menschen in solchen Spitzenpositionen ein häufiges und ernsthaftes Problem.

Petrus zeigte ähnliche Tendenzen. Hitzköpfigkeit geht normalerweise mit einer aktiven, entschlossenen und anpackenden Persönlichkeit, die ihn zunächst zum Anführer machte, Hand in Hand. Ein solcher Mensch wird schnell ungeduldig mit Menschen, denen es an Vision fehlt oder weniger leisten als erwartet. Menschen, die dem Erfolg im Weg stehen, regen ihn leicht auf. Um ein guter Leiter zu sein, muss er Beherrschung lernen.

Der Herr zügelte mehr oder weniger Petrus' Worte und brachte ihm Beherrschung bei. Das ist einer der Hauptgründe, weshalb Petrus so häufig zurechtgewiesen wurde, wenn er in Wort und Tat zu schnell vorpreschte. *Immer wieder* brachte der Herr ihm bei, sich zu beherrschen.

Die Szene im Garten, als Petrus Malchus zu enthaupten versuchte, ist ein klassisches Beispiel für seine fehlende Beherrschung. Obgleich von Hunderten von römischen Soldaten umgeben, die bis an die Zähne bewaffnet waren, zog Petrus gedankenlos sein Schwert und war bereit, es mit der Menge aufzunehmen. Sein Glück, dass Malchus nur sein Ohr einbüßte und Jesus es sofort heilte. Wie wir gesehen haben, tadelte Jesus ihn ernstlich.

Diese Zurechtweisung muss für Petrus besonders schwer gewesen sein, da er sie vor vielen Feinden erteilt bekam. Aber er lernte viel aus den Ereignissen dieser Nacht. Später schrieb er: »Denn auch Christus hat für euch gelitten und euch ein Beispiel hinterlassen, damit ihr seinen Fußspuren nachfolgt: der keine Sünde getan hat, auch ist kein Trug in seinem Mund gefunden worden, der, geschmäht, nicht wieder schmähte, leidend, nicht drohte, sondern sich dem übergab, der gerecht richtet« (1Petr 2,21).

Wie sehr unterschied sich das doch von dem jungen Mann, der sein Schwert ergriff und sich einen Weg durch seine Gegner bahnen wollte! Petrus hatte Beherrschung gelernt.

Darüber hinaus musste er *Demut* lernen. Leiter werden oft von der Sünde des Stolzes versucht. In der Tat neigen Führungspersonen leicht zu der Sünde, sich für besser zu halten, als sie sind. Wenn Menschen ihrer Leitung folgen, sie beständig loben, zu ihnen aufschauen und sie bewundern, beflügelt das nur allzu leicht ihren Stolz.

Wir sehen, dass Petrus eine Menge Selbstvertrauen besaß. So beeilte er sich beispielsweise, alle Fragen zu beantworten. Auch zeugen die meisten seiner Taten davon – z.B. als er aus dem Boot ausstieg und auf dem Wasser ging. Auf schlimmste und katastrophalste Weise wurde es deutlich, als Jesus voraussagte, dass die Jünger ihn im Stich lassen würden.

Er sagte: »Ihr werdet euch alle in dieser Nacht an mir ärgern; denn es steht geschrieben: ›Ich werde den Hirten schlagen, und die Schafe der Herde werden zerstreut werden.‹« (Mt 26,31).

Aber Petrus war der festen Überzeugung: »Wenn sich alle an dir ärgern werden, ich werde mich *niemals* ärgern« (V. 33; Hervorhebung hinzugefügt). Weiter sagte er: »Herr, mit dir bin ich bereit, auch ins Gefängnis und in den Tod zu gehen« (Lk 22,33).

Wie üblich lag Petrus falsch, und Jesus hatte Recht. Petrus verleugnete Christus nicht nur einmal, sondern mehrfach, so wie es Jesus ihm vorhergesagt hatte. Petrus' Scham und Schande wurden durch die Tatsache, dass er sich seiner Standhaftigkeit so gerühmt hatte, noch vergrößert.

All das nutzte der Herr, um Petrus demütig zu machen. Und in seinem ersten Brief schrieb Petrus: »Umkleidet euch mit Demut im Umgang miteinander! Denn ›Gott widersteht den Hochmütigen, den Demütigen aber gibt er Gnade‹. Demütigt euch nun unter die mächtige Hand Gottes, damit er euch erhöhe zur rechten Zeit« (1Petr 5,5-6). Insbesondere Gemeindeleitern sagte er: »Hütet die Herde Gottes … nicht als die, die über ihren Bereich herrschen, sondern indem ihr Vorbilder der Herde werdet!« (V. 2-3). Demut wurde zu einer der Tugenden, die Petrus' Leben, Botschaft und Führungsstil kennzeichneten.

Außerdem lernte Petrus *Liebe*. Alle Jünger lernten nur langsam, dass echte geistliche Leiterschaft aus liebevollem Dienst an anderen besteht. Ein wahrer Leiter dient, anstatt sich dienen zu lassen.

Für viele Führungspersönlichkeiten ist das eine schwere Lektion. Sie neigen dazu, Menschen als Mittel zum Zweck zu betrachten. Für gewöhnlich konzentrieren sich Leiter auf die Aufgabe und nicht auf Menschen. Deshalb benutzen sie oft Menschen oder übergehen sie, um ihre Ziele zu erreichen. Petrus und die anderen Jünger mussten lernen, dass Leiterschaft in einem liebevollen Dienst an anderen verwurzelt ist. Der wahre Leiter liebt die Menschen, die er führt, und dient ihnen.

Jesus sagte: »Wenn jemand der Erste sein will, soll er der Letzte von allen und aller Diener sein« (Mk 9,35). Der Herr selbst gab den Jüngern stets ein Beispiel für diese liebevolle, dienende Leiterschaft. Nirgendwo wird dies deutlicher als im Obersaal in der Nacht seines Verrats.

Jesus und die Jünger trafen sich anlässlich des Passahmahls in einem angemieteten Raum in Jerusalem. Das Passah war ein ausgedehntes, feierliches Mahl, das mindestens vier bis fünf Stunden dauerte. Für gewöhnlich lagerte man sich um einen niedrigen Tisch, anstatt aufrecht auf Stühlen zu sitzen. Das bedeutete, dass der Kopf des einen neben den Füßen des anderen lag. Natürlich waren die Straßen entweder schlammig oder staubig und die Füße somit permanent dreckig. Betrat man ein Haus zum Gastmahl, war es daher Brauch, dass ein Knecht die Füße der Gäste wusch. Das war nahezu die niedrigste und unwünschenswerteste Aufgabe. Für jeden Gastgeber wäre es jedoch eine Schande gewesen, nicht für die Fußwaschung seiner Gäste zu sorgen (vgl. Lk 7,44).

In dieser Passahnacht stand in dem angemieteten Raum anscheinend kein Diener zur Verfügung, um die Füße zu waschen. Offenbar hätten die Jünger den Verstoß gegen die Etikette lieber in Kauf genommen, als eine so niedrige Aufgabe selbst zu übernehmen. So scharten sie sich um den Tisch und wollten das Mahl ohne vorherige Fußwaschung beginnen. Doch Jesus steht »von dem Abendessen auf und legt die Oberkleider ab; und er nahm ein leinenes Tuch und umgürtete sich. Dann gießt er Wasser in das Waschbecken und fing an, die Füße der Jünger zu waschen und mit dem leinenen Tuch abzutrocknen, mit dem er umgürtet war« (Joh 13,4-5).[3]

Jesus, den sie zu Recht Herr nannten, übernahm die Rolle eines niedrigen Sklaven und wusch die schmutzigen Füße seiner Jünger. Laut Lukas stritten sich die Jünger gerade darüber, wer von ihnen der Größte sei (Lk 22,24). Sie wollten erhöht und nicht erniedrigt werden. So tat Jesus, was keiner von ihnen getan hätte. Er erteilte ihnen eine Lektion über die Demut wahrer Liebe.

Die meisten von ihnen saßen wahrscheinlich schweigend da. Aber als der Herr zu Simon Petrus kam, »spricht der zu ihm: Herr, du wäschst meine Füße?« (Joh 13,6). Mit anderen Worten sagte er: »*Was machst du da eigentlich?*« Hier finden wir wieder den dreisten, unverfrorenen Petrus, der redet, ohne vorher nachgedacht zu haben. Er geht sogar so weit und sagt: »Du sollst nie und nimmer meine Füße waschen!« (V. 8).

Petrus war Meister in solchen absoluten Behauptungen:

---

3 Die engl. Übersetzungen KJV und NKJV scheinen nahe zu legen, dass die Fußwaschung nach dem Mahl stattfand – »and supper being ended«. Andere engl. und die meisten deutschen Übersetzungen berichten in Johannes 13,2, dass es »während des Abendessens« (UELB) oder »beim Abendessen« (LUT) geschah. Das griechische Wort, das in der englischen KJV mit »ended« übersetzt wurde, ist *ginomai*, ein Verb mit vielen verschiedenen Bedeutungen – u.a. »versammelt sein, beendet sein.« Aus dem Kontext wird deutlich, dass die Vorbereitung auf das Mahl, und nicht das Mahl selbst, beendet (»ended« [KJV]) war, als sich Jesus zur Fußwaschung erhob. Offensichtlich tauchte Jesus den Bissen erst danach ein und gab ihn Judas (V. 26). Somit fand die Fußwaschung vor dem Essen statt (so wie das Protokoll es verlangte) und nicht im Anschluss daran.

»Wenn sich alle an dir ärgern werden, ich werde mich *niemals* ärgern« (Mt 26,33). »Du sollst *nie und nimmer* meine Füße waschen!« Im Leben von Petrus gibt es keine Zwischentöne; alles ist entweder schwarz oder weiß.

Jesus antwortete ihm: »Wenn ich dich nicht wasche, so hast du kein Teil mit mir« (Joh 13,8). Natürlich sprach Jesus von der Notwendigkeit *geistlicher* Reinigung. Offensichtlich war es nicht die eigentliche Fußwaschung, die die Jünger für die Gemeinschaft mit Christus passend machte. Jesus sprach von Reinigung von der Sünde. Diese geistliche Realität sollte durch den demütigen Akt der Fußwaschung symbolisiert werden. (Dass er von *geistlicher* Reinigung sprach, zeigt sich in Vers 10, wo er sagte: »Ihr seid rein, aber nicht alle.« Er hatte ihnen gerade die Füße gewaschen, sodass sie äußerlich alle rein waren. Aber in Vers 11 schreibt der Apostel Johannes: »Denn er kannte den, der ihn überlieferte; darum sagte er: Ihr seid nicht alle rein.« Das lässt erkennen, dass Judas in geistlicher Hinsicht nicht rein war.)

Die Reaktion von Petrus ist typisch für seine ungezügelte Rückhaltlosigkeit: »Herr, nicht meine Füße allein, sondern auch die Hände und das Haupt!« (V. 9). Auch hier gab es für Petrus keinen Mittelweg. Es war immer alles oder nichts. Darauf versicherte Jesus ihm, dass er bereits »ganz rein« sei. (Der Herr sprach noch immer von geistlichen Dingen wie Vergebung und Reinigung von Sünde.) Jetzt benötigte Petrus nicht mehr als eine Fußwaschung.

Mit anderen Worten: Als Gläubiger war Petrus bereits vollkommen gerechtfertigt. Er benötigte nicht mehr die allumfassende Begnadigung, um die ein Mensch den Richter des Universums bittet. Sein ewiges Schicksal stand bereits fest. Diese Art Reinigung und Vergebung hatte er schon bekommen. Jetzt kam Petrus zu Gott als sein Kind, das die väterliche Gnade und Vergebung für seine Missetaten sucht. Diese Art Reinigung brauchte Petrus. Es ist dieselbe Art von Vergebung, um die alle Gläubigen bitten müssen (Lk 11,4). Hier vergleicht Jesus die tägliche Vergebung mit der Fußwaschung.

Diese Wahrheiten wurden in der Fußwaschung der Jünger

symbolhaft dargestellt. Aber die zentrale Lektion handelte von der Liebe, die wir einander erweisen sollten. Jesu Beispiel war ein vollendeter Akt des liebevollen und demütigen Dienens.

Nachdem Judas gegangen war, sagte Jesus zu den übrigen Jüngern: »Ein neues Gebot gebe ich euch, dass ihr einander liebt, damit, wie ich euch geliebt habe, auch ihr einander liebt. Daran werden alle erkennen, dass ihr meine Jünger seid, wenn ihr Liebe untereinander habt« (Joh 13,34-35). Wie hatte er sie geliebt? Er hatte ihre Füße gewaschen. Während sie sich darüber stritten, wer der Größte sei, hatte er ihnen gezeigt, wie ein liebevoller, demütiger Dienst am anderen aussieht.

Für die meisten Führungspersönlichkeiten ist es schwer, sich zu beugen und die Füße derer zu waschen, die sie als untergeordnete Personen betrachten. Aber Jesus gab dieses Beispiel für Leiterschaft und erwartete von seinen Jüngern, dass sie ihm folgten. Er erzählte ihnen, dass es ein Merkmal für einen wahren Jünger sei, einander in dieser Weise Liebe zu erweisen.

Hatte Petrus gelernt, andere zu lieben? Mit Sicherheit! Liebe wurde zu einem Kennzeichen seiner Lehren. In 1. Petrus 4,8 schrieb er: »Vor allen Dingen aber habt untereinander eine anhaltende Liebe! Denn die Liebe bedeckt eine Menge von Sünden.« Das griechische Wort, das in diesem Vers mit »anhaltend« übersetzt ist, lautet *ektenes* – wörtlich bedeutet es: »bis zum Maximum ausgestreckt.« Petrus drängt uns, bis an die Grenzen unserer Möglichkeiten zu lieben. Diese Liebe hat nichts mit Gefühlen zu tun. Sie meint nicht unseren Umgang mit Menschen, die von Natur aus liebenswert sind. Es ist eine Liebe, die Versagen und Schwächen anderer zudeckt und ausgleicht: »Die Liebe bedeckt eine Menge von Sünden.« Eine solche Liebe wäscht die schmutzigen Füße des Bruders. Petrus hatte diese Lektion von Christus gelernt.

Eine weitere wichtige Charaktereigenschaft, die Petrus erlernen musste, war *Mitgefühl*. Der Herr sagte Petrus voraus, dass er ihn verleugnen würde: »Der Satan hat euer begehrt, euch zu sichten wie den Weizen« (Lk 22,31). Spreu und Weizen wurden normalerweise dadurch voneinander getrennt, dass man sie schüttelte und in die Luft warf. Die Spreu wurde vom

Wind weggetragen, und der Weizen fiel zu Boden und wurde somit gereinigt.

Wir hätten vielleicht erwartet, dass Jesus Petrus versicherte: »Ich werde dem Teufel nicht erlauben, dich zu sichten.« Aber das tat er nicht. Im Grunde ließ er Petrus wissen, dass er Satan die Genehmigung dazu gab. Er würde dem Teufel erlauben, Petrus zu versuchen (so wie Gott es bei Hiob tat). Im Wesentlichen sagte er: »Ich erlaube dem Satan, die Grundlagen deines Lebens zu erschüttern. Dann wird er dich in den Wind werfen, bis nichts mehr übrig ist außer deinem Glauben.« Jesus sicherte Petrus zu, dass sein Glaube diese Tortur überstehen würde. »Ich aber habe für dich gebetet« sagte Jesus zu ihm, »dass dein Glaube nicht aufhöre. Und wenn du einst zurückgekehrt bist, so stärke deine Brüder!« (V. 32).

Anschließend meinte Petrus überheblich, er würde nicht versagen. Trotz seiner Beteuerung verleugnete er Jesus noch bevor die Nacht vorbei war – und seine ganze Welt wurde ernstlich erschüttert. Sein Ego war am Boden zerstört. Sein Selbstvertrauen brach in sich zusammen. Sein Stolz bröckelte. Aber sein Glaube nahm keinen Schaden.

Wozu das alles? Jesus rüstete Petrus aus, damit er die Brüder stärken konnte. Menschen mit natürlichen Führungsqualitäten fehlt es häufig an Mitgefühl: Sie sind schlechte Tröster und werden schnell ungeduldig mit anderen. In ihrer Zielstrebigkeit lassen sie sich nicht lange aufhalten, um sich um verletzte Menschen zu kümmern. Durch sein eigenes Leid musste Petrus Mitgefühl lernen, sodass er danach andere in ihrer Not stärken konnte.

Für den Rest seines Lebens würde Petrus Mitgefühl benötigen, um anderen in ihren Schwierigkeiten beistehen zu können. Nachdem er vom Teufel gesichtet wurde, war Petrus gut gerüstet, mit den Schwächen anderer mitzufühlen. Er konnte kaum anders, als mit denen mitzufühlen, die der Versuchung nachgaben oder in Sünde fielen. Auch er war an diesem Punkt gewesen. Und durch diese Erfahrung lernte er, mitfühlend, gutherzig, freundlich und gütig zu sein und andere zu trösten, die durch Sünde und persönliches Versagen verletzt wurden.

In 1. Petrus 5,8-10 schrieb er: »Seid nüchtern, wacht! Euer Widersacher, der Teufel, geht umher wie ein brüllender Löwe und sucht, wen er verschlingen kann. Dem widersteht standhaft durch den Glauben, da ihr wisst, dass dieselben Leiden sich an eurer Bruderschaft in der Welt vollziehen! Der Gott aller Gnade aber, der euch berufen hat zu seiner ewigen Herrlichkeit in Christus, er selbst wird euch, die ihr eine kurze Zeit gelitten habt, vollkommen machen, stärken, kräftigen, gründen.«

Petrus kannte menschliche Schwächen und verstand sie gut. Auch er war einst am Boden gewesen. Seine eigene Schwäche wurde ihm zum Fallstrick. Aber der Herr hatte ihn vollkommen gemacht, gestärkt, gekräftigt und gegründet. Wie üblich schrieb er auch diese Verse aus eigener Erfahrung. Er lehrte nicht irgendwelche theoretischen Grundsätze.

Die letzte Eigenschaft, die Petrus lernen musste, war *Mut*. Nicht den impulsiven, überstürzten und falschen »Mut«, der ihn veranlasste, mit seinem Schwert auf Malchus loszugehen, sondern die reife, feste und unerschrockene Bereitschaft, für Christus zu leiden.

Das Reich der Finsternis steht dem Reich des Lichts entgegen. Lügen stehen gegen die Wahrheit. Satan steht gegen Gott. Und Dämonen stehen gegen die heiligen Absichten Christi. Deshalb würde Petrus überall auf Schwierigkeiten stoßen. Christus sagte zu ihm: »Wahrlich, wahrlich, ich sage dir: Als du jünger warst, gürtetest du dich selbst und gingst, wohin du wolltest; wenn du aber alt geworden bist, wirst du deine Hände ausstrecken, und ein anderer wird dich gürten und hinbringen, wohin du nicht willst« (Joh 21,18).

Was bedeutete das? Der Apostel Johannes gibt uns eine klare Antwort: »Dies aber sagte er, um anzudeuten, mit welchem Tod er [Petrus] Gott verherrlichen sollte« (V. 19).

Für Petrus würde der Preis der Evangeliumsverkündigung der Tod sein – auf Verfolgung, Bedrängnis, Schwierigkeiten und Leiden würde letztendlich der Märtyrertod folgen. Um durchzuhalten, brauchte Petrus felsenfesten Mut.

Als er zu Pfingsten predigte, wurde erkennbar, wie sich wirklicher Mut im Herzen von Petrus regte, als er vom Heiligen

Geist erfüllt und bevollmächtigt wurde. Davor hatte er immer wieder unbeständigen Mut aufblitzen lassen. So zog er impulsiv sein Schwert vor einer großen Schar von bewaffneten Soldaten, verleugnete Jesus aber Stunden später, als er von einer Magd erkannt wurde. Wie alles in seinem Leben wurde auch sein Mut durch Instabilität beeinträchtigt.

Nach Pfingsten sehen wir allerdings einen anderen Petrus. Apostelgeschichte 4 beschreibt, wie Petrus und Johannes vor den Sanhedrin gebracht werden, das oberste jüdische Gericht. Ihnen wurde ernsthaft geboten, »sich überhaupt nicht in dem Namen Jesu zu äußern noch zu lehren« (V. 18).

Mutig erwiderten Petrus und Johannes: »Ob es vor Gott Recht ist, auf euch mehr zu hören als auf Gott, urteilt ihr! Denn es ist uns unmöglich, von dem, was wir gesehen und gehört haben, nicht zu reden« (V. 19-20). Da sie weiter predigten, wurden sie kurz darauf erneut vor den Sanhedrin gebracht. Und sie sagten ihnen das Gleiche: »Man muss Gott mehr gehorchen als Menschen« (Apg 5,29). Das Erfülltsein mit dem Heiligen Geist und das Wissen, dass Christus aus den Toten auferstanden war, gab Petrus einen unerschütterlichen, felsenfesten Mut.

Der erste Petrusbrief gibt uns einen Hinweis, warum er mit einem solchen Mut erfüllt war. Er schreibt an Christen, die durch Verfolgung im ganzen römischen Reich zerstreut waren:

> *Gepriesen sei der Gott und Vater unseres Herrn Jesus Christus, der nach seiner großen Barmherzigkeit uns wiedergeboren hat zu einer lebendigen Hoffnung durch die Auferstehung Jesu Christi aus den Toten zu einem unvergänglichen und unbefleckten und unverwelklichen Erbteil, das in den Himmeln aufbewahrt ist für euch, die ihr in der Kraft Gottes durch Glauben bewahrt werdet zur Rettung, die bereit steht, in der letzten Zeit geoffenbart zu werden. Darin jubelt ihr, die ihr jetzt eine kleine Zeit, wenn es nötig ist, in mancherlei Versuchungen betrübt worden seid, damit die Bewährung eures Glaubens viel kostbarer befunden wird als die des vergänglichen Goldes, das durch Feuer erprobt wird, zu Lob und Herrlichkeit und Ehre in der Offenbarung Jesu Christi.* (1Petr 1,3-7)

In Christus war er sicher, das war ihm bewusst. Er hatte den auferstandenen Herrn gesehen und wusste daher, dass Christus den Tod besiegt hatte. Ihm war klar, dass alle irdischen Prüfungen vorübergehen würden. Auch wenn sie oftmals schmerzhaft und immer unangenehm sind, so sind sie doch nichts – verglichen mit der Hoffnung auf die ewige Herrlichkeit (vgl. Röm 8,18). Echter Glaube – so wusste er – war unendlich wertvoller als alle vergänglichen irdischen Reichtümer, da sein Glaube zum Lob und zur Ehre Christi bei dessen Erscheinen beitragen würde. Diese Hoffnung gab Petrus einen solchen Mut.

Während Petrus all diese Lektionen lernte und sein Charakter verändert wurde – er sich also zu dem Mann entwickelte, den Christus haben wollte –, wurde aus einem Simon allmählich ein Fels. Vom Beispiel Christi lernte er Unterordnung, Beherrschung, Demut, Liebe, Mitgefühl und Mut. Und weil der Heilige Geist in seinem Herzen wirkte, wurde er zu einer großen Führungspersönlichkeit.

Er predigte zu Pfingsten – und dreitausend Menschen wurden errettet (Apg 2,14-41). Er und Johannes heilten einen lahmen Mann (Apg 3,1-10). Er besaß eine solche Kraft, dass Menschen in seinem Schatten geheilt wurden (Apg 5,15-16). Er weckte Dorkas von den Toten auf (Apg 9,36-42). Er stellte den Heiden das Evangelium vor (Apg 10). Und er schrieb den ersten und zweiten Petrusbrief, in denen er genau jene Charakterlektionen hervorhebt, die der Herr ihm erteilt hatte.

Was für ein Mann war aus Petrus geworden! War er vollkommen? Nein. In Galater 2 beschreibt der Apostel Paulus eine Begebenheit, in der Petrus wie ein Heuchler handelt. Für einen kurzen Augenblick sehen wir den alten Simon aufblitzen. Petrus aß mit den Nationen und hatte mit ihnen als echten Brüdern in Christus Gemeinschaft – bis einige falsche Lehrer auftauchten. Diese Irrlehrer bestanden darauf, dass die Heiden nicht errettet und als Brüder behandelt werden könnten, ehe sie sich nicht beschneiden ließen und dem alttestamentlichen Zeremonialgesetz folgten. Von diesen falschen Lehrern eingeschüchtert, zog sich Petrus von den Brüdern aus den Nationen zurück (Gal 2,12). In Vers 13 heißt es, dass die anderen seinem Vorbild folgten, weil er ihr Anführer war. Deshalb schrieb der Apostel Paulus: »Ich widerstand ihm ins Angesicht, weil er durch sein Verhalten verurteilt war« (V. 11). Paulus tadelte Petrus vor allen (V. 14).

Es muss Petrus jedoch zugute gehalten werden, dass er auf Paulus' Korrektur reagierte. Und als der Irrtum der Judaisten schließlich auf dem Jerusalemer Konzil der Gemeindeleiter und Apostel zur Sprache kam, war Petrus der Erste, der das Evangelium der Gnade Gottes verteidigte (Apg 15,7-14). Er verteidigte den Dienst des Apostels Paulus. Die ganze Begebenheit zeigt, wie belehrbar und demütig Simon Petrus blieb, und wie empfänglich er dafür war, sich vom Heiligen Geist überführen und korrigieren zu lassen.

Wie endete das Leben von Petrus? Wir wissen, dass ihm Jesus gesagt hatte, er würde als Märtyrer sterben (Joh 21,18-19). Aber die Schrift dokumentiert Petrus' Tod nicht. Alle Aufzeichnungen der frühen Kirchengeschichte deuten jedoch an, dass Petrus gekreuzigt wurde. Eusebius zitiert das Zeugnis von Klemens von Alexandria, der berichtete, dass Petrus der Kreuzigung seiner eigenen Frau zusehen musste, bevor er selbst gekreuzigt wurde. Als er sah, wie sie zur Hinrichtung geführt wurde, so Klemens, rief Petrus ihr zu: »Denke an den Herrn.« Als Petrus an der Reihe war, bat er, mit dem Kopf nach unten gekreuzigt zu werden, da er sich nicht für wert hielt, genauso wie sein Herr zu sterben. Auf diese Weise wurde er dann ans Kreuz genagelt.[4]

Das Leben von Petrus könnte mit den abschließenden Worten seines zweiten Briefes zusammengefasst werden: »Wachset aber in der Gnade und Erkenntnis unseres Herrn und Heilandes Jesus Christus!« (2Petr 3,18). Genau das tat Simon Petrus und wurde daher zum Fels – zum großen Anführer der frühen Gemeinde.

4 Eusebius, *Ecclesiastical History*, 3:1,30.

Andreas –
Der Apostel der kleinen Dinge

Andreas, der Bruder des Simon Petrus, war einer von den zweien, die es von Johannes gehört hatten und ihm nachgefolgt waren. Dieser findet zuerst seinen eigenen Bruder Simon und spricht zu ihm: »Wir haben den Messias gefunden« – was übersetzt ist: Christus. Und er führte ihn zu Jesus.
Johannes 1,40-42

Von den vier Jüngern aus der Führungsgruppe wissen wir über Petrus' Bruder Andreas am wenigsten. Obwohl er zu diesen vier Jüngern gehörte, befand sich Andreas meistens im Hintergrund. Bei vielen wichtigen Ereignissen, die Petrus, Jakobus und Johannes mit Christus erlebten, war er nicht dabei (Mt 17,1; Mk 5,37; 14,33). Bei anderen Gelegenheiten gehörte er jedoch zum inneren Kreis (vgl. Mk 1,29; 13,3). Es steht außer Frage, dass er eine besonders enge Beziehung zu Christus hatte, da er häufig andere Menschen mit dem Herrn persönlich bekannt machte.

Andreas war der erste berufene Jünger (Joh 1,35-40). Wie wir gleich sehen werden, stellte er Christus seinen dominanteren Bruder Petrus vor (V. 41-42). Sein Eifer in der Nachfolge Christi, verbunden mit dem Anliegen, andere zu ihm zu führen, ist sehr bezeichnend für Andreas' Charakter.

Petrus und Andreas stammten ursprünglich aus dem Dorf Betsaida (Joh 1,44). Bisher konnten Archäologen die genaue Lage von Betsaida noch nicht bestimmen, aber aus der neutestamentlichen Beschreibung wird deutlich, dass es in Nordgaliläa lag. Irgendwann zogen die beiden Brüder in die größere Stadt Kapernaum in der Nähe ihres Heimatorts. In Kapernaum besaßen Petrus und Andreas ein gemeinsames Haus (Mk 1,29) und einen Fischereibetrieb. Kapernaum war ein besonders günstiger Standort, da es am Nordufer des Sees von Galiläa lag (das für großen Fischreichtum bekannt war). Zudem kreuzten sich bei dieser Stadt wichtige Handelsrouten.

Wahrscheinlich waren Petrus und Andreas lebenslange Gefährten der anderen beiden Fischer aus Kapernaum – dem Brüderpaar Jakobus und Johannes, den Söhnen des Zebedäus. Noch bevor sie Jesus trafen, teilten diese Vier anscheinend gemeinsame geistliche Interessen. Offenbar ließen sie ihre Arbeit ruhen, suchten Johannes den Täufer in der Wüste auf und wurden seine Jünger. Dort begegneten sie Christus zum ersten Mal. Und als sie zum Fischen zurückgingen (noch bevor Jesus sie zur vollzeitigen Jüngerschaft berief), blieben sie als Partner zusammen. So bildeten sie auf natürliche Weise eine geschlossene Einheit innerhalb der Zwölf. In vieler Hinsicht schienen diese Vier unzertrennlich gewesen zu sein.

Offenbar *wollten* alle vier Männer Leiter werden. Als Gruppe übten sie eine Art gemeinsame Leiterschaft über die anderen Jünger aus. Wir haben bereits gesehen, dass Petrus zweifelsfrei aus dieser Gruppe herausragte und normalerweise der Sprecher der Zwölf war – ob sie es nun mochten oder nicht. Dennoch wird deutlich, dass alle vier Jünger des inneren Kreises nach der Führungsposition strebten. Daher rührte die gelegentlich beschämende Streitfrage, wer der Größte unter ihnen sei.

Ihr Eifer für die Leiterschaft – durch den viele Konflikte in der Gruppe hervorgerufen wurden – war letzten Endes besonders wichtig, als diese Männer als Apostel in der frühen Gemeinde getrennte Wege gingen. Jesus bildete sie zur Leiterschaft aus, und am Ende bekleideten sie alle wichtige Führungsrollen in der frühen Gemeinde. Aus diesem Grund vergleicht sie die Schrift mit der Grundlage der Gemeinde, »wobei Christus Jesus selbst Eckstein ist« (Eph 2,20).

Allerdings fiel Andreas von den vier Jüngern im inneren Kreis am wenigsten auf. Die Schrift berichtet uns nicht viel über ihn. Man kann geradezu an den Fingern abzählen, wie oft er in den Evangelien erwähnt wird. (Außer in der allgemeinen Auflistung der zwölf Jünger wird er im Neuen Testament neunmal erwähnt, und meistens wird auch an diesen Stellen lediglich sein Name genannt.)

Andreas führte ein Leben im Schatten seines bekannteren Bruders. An vielen Stellen wird sein Name mit dem Zusatz versehen, dass er Petrus' Bruder war, gerade so, als hätte ihn dies zu etwas Besonderem gemacht.

Wenn ein Bruder den anderen in einem solchen Ausmaß in den Schatten stellt, finden wir normalerweise Groll, starke geschwisterliche Rivalität oder sogar Entfremdung vor. Doch bei Andreas ist nicht zu erkennen, dass er Petrus dessen Vorherrschaft missgönnte. Zur Erinnerung: Andreas brachte Petrus zu Christus. Er tat es sofort und ohne Zögern. Natürlich war sich Andreas bewusst, dass Petrus zu Dominanz neigte. Er muss sich völlig darüber im Klaren gewesen sein, dass Petrus, sobald dieser zu den Jüngern gehörte, das Ruder an sich reißen und Andreas nur noch zweitrangig sein würde. Dennoch machte Andreas seinen älteren Bruder mit Christus bekannt. Allein diese Tatsache sagt viel über seinen Charakter aus.

Nahezu alles, was uns die Schrift über Andreas mitteilt, zeigt sein Herz für einen wirkungsvollen Dienst im Hintergrund. Er wollte nicht im Zentrum der Aufmerksamkeit stehen. Er zeigte keine Missgunst gegenüber denen im Mittelpunkt. Offensichtlich war er mit dem zufrieden, was er mit seinen Gaben und seiner Berufung ausrichten konnte. Gott hatte ihn beschenkt, und er gönnte den anderen ihren Segen.

Von allen Jüngern im inneren Kreis schien Andreas am wenigsten streitsüchtig und am rücksichtsvollsten zu sein. Wie wir schon wissen, neigte Petrus zu Impulsivität; gedankenlos stürmte er voran und sagte die falschen Dinge zur falschen Zeit. Oftmals war er dreist, ungeschickt, voreilig und ungestüm. Jakobus und Johannes trugen aufgrund ihrer Neigung zur Leichtsinnigkeit den Beinamen »Söhne des Donners.« Offenbar lösten sie viele Diskussionen darüber aus, wer von ihnen der Größte sei. Von Andreas lesen wir nichts dergleichen. Wann immer er sich zu Wort meldet – was in der Schrift selten genug vorkommt –, sagt er das Richtige. Dasselbe gilt für sein Handeln ohne die anderen Jünger. Die Schrift berichtet nichts Unehrenhaftes über seine Taten.

In manchen Situationen machte Andreas sicherlich die gleichen Fehler wie die anderen, wenn er Petrus' Führung folgte oder zusammen mit der Gesamtgruppe handelte. Doch immer wenn sein Name ausdrücklich erwähnt wird und er als Einzelperson spricht oder handelt, lobt die Schrift ihn. Er war ein wirkungsvoller Leiter, auch wenn er nicht im Rampenlicht stand.

Obwohl Andreas und Petrus Brüder waren, hatten sie völlig verschiedene Führungsstile. Doch genauso wie Petrus für seine Berufung vollkommen geeignet war, entsprach auch Andreas seiner Berufung perfekt. Andreas mag sogar ein *besseres* Vorbild für viele Gemeindeleiter sein als Petrus, da die meisten in dieser Position genauso wie Andreas eher in relativer Unbekanntheit arbeiten – im Gegensatz zu Petrus.

Andreas bedeutet »männlich«. Das war anscheinend eine passende Bezeichnung. Natürlich verlangte seine Arbeit als Fischer ein hohes Maß an körperlicher Kraft. Doch Andreas besaß auch andere männliche Kennzeichen. Er war mutig, entschlossen und besonnen. Nichts an ihm ist schwach oder weichlich. Er wurde von einer tiefen Leidenschaft für die Wahrheit angetrieben, und für diesen Zweck war er gewillt, sich extremen Entbehrungen auszusetzen.

Als Jesus ihm zum ersten Mal begegnete, war Andreas bereits ein gottesfürchtiger Mann und gehörte zu den Jüngern von Johannes dem Täufer. Dieser war bekannt für sein raues Erscheinungsbild und seine spartanische Lebensweise. Die Schrift sagt über ihn: »Er aber, Johannes, hatte seine Kleidung von Kamelhaaren und einen ledernen Gürtel um seine Lenden; seine Speise aber waren Heuschrecken und wilder Honig« (Mt 3,4). Er lebte und diente in der Wüste, abgeschnitten von allen Bequemlichkeiten und Annehmlichkeiten des Stadtlebens. Als Jünger von Johannes dem Täufer konnte man deshalb nur schwerlich ein weicher Typ sein.

Das Johannes-Evangelium beschreibt Andreas' erste Begegnung mit Jesus. Es war in der Wüste, wo Johannes der Täufer Buße predigte und Bekehrte taufte. Der Apostel Johannes war Augenzeuge dieser Begebenheit, da er und Andreas zusammen als Jünger von Johannes dem Täufer dort waren. (Der Apostel Johannes nennt sich nicht mit Namen. Bis zum Ende seines Evangeliums hält er sich anonym. Doch die Art und Weise, in der er die Einzelheiten dieser Begegnung bis hin zur Angabe der Tageszeit erzählt, legt nahe, dass sein Wissen aus erster Hand stammte. Offenbar war er der andere Jünger, von dem berichtet wird.)

Andreas' persönliche Begegnung mit Jesus ereignete sich am Tag nach Jesu Taufe (V. 29-34). Andreas und Johannes standen neben dem Täufer, als Jesus vorüberging und Johannes der Täufer sagte: »Siehe, das Lamm Gottes!« (Joh 1,35-36). Sofort verließen sie Johannes und folgten Jesus nach (V. 37). Das heißt nicht, dass sie unbeständig waren oder ihrem Mentor untreu wurden. Das genaue Gegenteil war der Fall. Johannes der Täufer hatte bereits ausdrücklich abgestritten, der Messias zu sein: »Und dies ist das Zeugnis des Johannes, als die Juden aus Jerusalem Priester und Leviten zu ihm sandten, damit sie ihn fragen sollten: Wer bist du? Und er bekannte und leugnete nicht, und er bekannte: Ich bin nicht der Christus« (V. 19-20). Als die Leute Johannes nach seiner Identität fragten, sagte er: »Ich bin die ›Stimme eines Rufenden in der Wüste: Macht gerade den Weg des Herrn‹, wie Jesaja, der Prophet, gesagt hat« (V. 23).

Dadurch hatte Johannes der Täufer deutlich erklärt, dass er nur der Wegbereiter des Messias war. Er war gekommen, um den Weg zu bereiten und den Menschen den richtigen Weg zu zeigen. Seine zentrale Botschaft war die Vorbereitung auf den Messias, der schon bald kommen würde. Somit warteten Andreas und Johannes nur auf den Messias. Nachdem Johannes der Täufer Jesus als das Lamm Gottes bezeichnete, verließen ihn die beiden Jünger augenblicklich und folgten Christus nach. Sie taten das Richtige. Der Täufer hätte ihre Entscheidung sicherlich gutgeheißen.

Die Bibel berichtet weiter: »Jesus aber wandte sich um und sah sie nachfolgen und spricht zu ihnen: Was sucht ihr? Sie aber sagten zu ihm: Rabbi – was übersetzt heißt: Lehrer – wo hältst du dich auf? Er spricht zu ihnen: Kommt, und ihr werdet sehen! Sie kamen nun und sahen, wo er sich aufhielt, und blieben jenen Tag bei ihm« (V. 38-39).

Es war etwa vier Uhr nachmittags (»die zehnte Stunde« – V. 39), als sie Christus begegneten. Sie folgten ihm zu dem Ort, an dem er sich aufhielt, und verbrachten den Rest des Tages bei ihm. Wahrscheinlich war es ein angemietetes Haus oder nur ein Raum in einem rustikalen Gasthaus – in der Nähe von Johannes dem Täufer in der Wüste. Aber diese beiden Jünger hatten das Vorrecht, den Nachmittag und Abend in Gemeinschaft mit Jesus zu verbringen. Sie gingen mit der Überzeugung, den wahren Messias gefunden zu haben. An diesem Tag begegneten sie Jesus, lernten ihn näher kennen und wurden von ihm belehrt. So wurden Andreas und Johannes zu Jesu ersten Jüngern.

Beachten Sie, was Andreas als Erstes tat: »Dieser findet zuerst seinen eigenen Bruder Simon und spricht zu ihm: Wir haben den Messias gefunden – was übersetzt ist: Christus. Und er führte ihn zu Jesus« (V. 41-42). Die Neuigkeiten waren zu gut, um sie für sich zu behalten, deshalb suchte und fand Andreas den Menschen, den er am meisten liebte – den er unbedingt mit Jesus bekannt machen wollte – und führte ihn zu Christus.

Wie wir im vorigen Kapitel gesehen haben, gingen Petrus und Andreas nach der anfänglichen Begegnung mit Jesus zurück nach Kapernaum und nahmen wieder ihre Tätigkeit als Fischer auf. Zu einem späteren Zeitpunkt – möglicherweise nach mehreren Monaten – kam Jesus wieder nach Galiläa, um dort zu dienen. Er hatte sein Wirken in und um Jerusalem begonnen, wo er den Tempel reinigte und die Feindschaft der religiösen Führer auf sich zog. Doch dann kehrte er zum Predigen und Heilen nach Galiläa zurück und kam schließlich nach Kapernaum. Dort traf er die vier Brüder beim Fischen wieder.

Matthäus 4,18-22 berichtet von dieser Begegnung:

Als er aber am See von Galiläa entlangging, sah er zwei Brüder: Simon, genannt Petrus, und Andreas, seinen Bruder, die ein Netz in den See warfen, denn sie waren Fischer. Und er spricht zu ihnen: Kommt, mir nach! Und ich werde euch zu Menschenfischern machen. Sie aber verließen sogleich die Netze und folgten ihm nach. Und als er von dort weiterging, sah er zwei andere Brüder: Jakobus, den Sohn des Zebedäus, und Johannes, seinen Bruder, im Boot mit ihrem Vater Zebe-

> *däus, wie sie ihre Netze ausbesserten; und er rief sie. Sie aber verließen sogleich das Boot und ihren Vater und folgten ihm nach.*

Dieses Mal verließen sie ihre Arbeit, um ihm beständig nachzufolgen. Einen parallelen Bericht dieser Begebenheit finden wir in Lukas 5,1-11. Aber in Lukas' Schilderung wird Andreas nicht namentlich erwähnt. Der Bericht von Matthäus macht uns deutlich, dass er mit eingeschlossen war. Andreas befand sich so weit im Hintergrund, dass Lukas nicht einmal seinen Namen erwähnt. Er gehörte zu den Menschen, die selten in den Vordergrund rückten. Er blieb ein Stück weit im Verborgenen. Natürlich gehörte er zur Gruppe und folgte Christus genauso eifrig und schnell nach wie die anderen, aber er spielte eine stille, unauffällige Rolle im Hintergrund.

Sein ganzes Leben hatte er im Schatten von Petrus verbracht und diese Rolle anscheinend akzeptiert. Genau das machte ihn so brauchbar. Seine Bereitschaft, als Nebendarsteller zu wirken, verlieh ihm oftmals Einblick in Dinge, die die anderen Jünger nur schwer begreifen konnten. Immer wenn er in den Vordergrund tritt, wird seine Fähigkeit deutlich, den enormen Wert kleiner, unscheinbarer Dinge zu erkennen.

Er erkannte den Wert des Einzelnen

Andreas war sich des Wertes einer einzelnen Seele bewusst. Er war dafür bekannt, Einzelpersonen und nicht Menschenmengen zu Jesus zu führen. Fast jedes Mal, wenn wir ihm in den Evangelien begegnen, bringt er jemanden zu Jesus.

Denken Sie nur einmal daran, dass Andreas, nachdem er Christus gefunden hatte, als Erstes zu Petrus ging. Diese Begebenheit kennzeichnete die Art seines Dienstes. Bei der Speisung der Fünftausend war es Andreas, der den Jungen mit den Broten und Fischen zu Christus brachte. Die anderen Jünger wussten nicht, woher sie Essen für all die Menschen herbekommen sollten. Andreas führte den Jungen zu Jesus und sagte:

»Es ist ein kleiner Junge hier, der fünf Gerstenbrote und zwei Fische hat« (Joh 6,9).

Johannes 12,20-22 berichtet von einigen Griechen, die Philippus aufsuchten, weil sie Jesus sehen wollten. Wahrscheinlich waren sie Heiden, die von Jesu Ruf gehört hatten und ihn nun kennenlernen wollten. In Johannes 12,21-22 heißt es: »Diese nun kamen zu Philippus von Betsaida in Galiläa und baten ihn und sagten: Herr, wir möchten Jesus sehen. Philippus kommt und sagt es Andreas, es kommt Andreas und Philippus, und sie sagen es Jesus.«

Bezeichnenderweise traten diese Männer an Philippus heran, doch dieser brachte sie zu Andreas, der sie dem Herrn vorstellte. Warum führte Philippus sie nicht direkt zu Jesus? Vielleicht war er von Natur aus schüchtern oder sich seiner Beziehung zu Christus nicht sicher genug. Oder er war sich über die richtige Vorgehensweise nicht im Klaren. Oder er war sich nicht sicher, ob Jesus *sie* überhaupt empfangen wollte. Auf jeden Fall wusste Philippus, dass Andreas Einzelne mit Christus bekannt machen konnte.

Andreas machte es nicht nervös, wenn jemand Jesus sehen wollte. Er führte sie einfach zu ihm. Er wusste: Jesus würde jeden sehen wollen, der ihn sehen wollte (vgl. Joh 6,37).

Da er es so häufig tat, hatte Andreas offenbar eine gewisse Gelassenheit und Sicherheit entwickelt, Menschen mit Christus bekannt zu machen. Anscheinend kannte er Jesus gut und fühlte sich bei dieser Aufgabe nicht unwohl. In Johannes 1 führte er Petrus zu Christus und wurde zum ersten Missionar innerhalb der Familie. Jetzt bringt er einige Griechen zu Christus, was ihn zum ersten Missionar für Ausländer machte.

In all den Jahren meines Dienstes habe ich immer wieder beobachtet, dass sich die wirkungsvollsten und wichtigsten Aspekte des Evangelisierens normalerweise auf einer individuellen, persönlichen Ebene abspielen. Die meisten Menschen bekehren sich nicht unmittelbar durch eine Evangelisation zu Christus, vielmehr ist es der persönliche Einfluss eines Christen, der sie zu ihm führt.

Meine Gemeinde versucht ein evangelistisches Umfeld zu

pflegen. Und regelmäßig kommen Menschen zu Christus. In fast jedem unserer sonntäglichen Abendgottesdienste taufen wir mehrere neue Gläubige. Vor der Taufe geben sie ein kurzes Zeugnis. Und in den allermeisten Fällen wird berichtet, dass sie durch das Zeugnis eines Arbeitskollegen, Nachbarn, Verwandten oder Freundes zu Christus fanden. Gelegentlich hören wir Leute sagen, sie hätten sich direkt durch eine Predigt in der Gemeinde oder im Radio bekehrt. Doch selbst diese Fälle gehen auf den Einfluss einer Einzelperson zurück, die sie in die Gemeinde brachte. Zweifellos ist die persönliche Beziehung die effektivste Methode, um Menschen zu Christus zu führen.

Sowohl Andreas als auch Petrus besaßen ein evangelistisches Herz, aber ihre Methoden waren vollkommen unterschiedlich. Petrus predigte zu Pfingsten, und der Gemeinde wurden dreitausend Gläubige hinzugefügt. In der Schrift weist nichts darauf hin, dass Andreas jemals zu vielen Menschen predigte oder die Massen bewegte. Er war es jedoch, der Petrus zu Christus führte. Die souveräne Vorsehung Gottes ließ Andreas seinen eigenen Bruder zu Christus bringen. Diese einzelne Tat führte wiederum zur Bekehrung des Mannes, der zu Pfingsten diese große Predigt hielt. Die Frucht des Dienstes von Petrus ist letzten Endes die Frucht von Andreas' treuem, persönlichen Zeugnis.

Gott wirkt oft auf diese Weise. Nur wenige haben je von Edward Kimball gehört. Sein Name ist eine Fußnote in den Annalen der Kirchengeschichte. Doch er war der Sonntagsschullehrer, der D.L. Moody zu Christus führte. Eines Nachmittags ging er in das Bostoner Schuhgeschäft, in dem der neunzehnjährige Moody arbeitete, und erzählte ihm im Lagerraum von Christus.

Kimball war das genaue Gegenteil eines mutigen Evangelisten. Er war ein schüchterner, leise sprechender Mann. Auf dem Weg zum Schuhgeschäft fürchtete er sich und war sich ziemlich unsicher, ob er genügend Mut aufbringen würde, den jungen Mann mit dem Evangelium zu konfrontieren. Zu jener Zeit war Moody recht ungehobelt und offenkundig Analphabet, doch der Gedanke, mit ihm über Christus zu reden, ließ Kimball erzittern. Jahre später erinnerte sich Kimball an diese Begebenheit. Moody begann, seine Sonntagsschule zu besuchen. Es wurde deutlich, dass Moody die Bibel absolut nicht kannte. Kimball schrieb:

> *Ich traf die Entscheidung, mit Moody über Christus und seine Seele zu sprechen. Ich ging zu Holtons Schuhgeschäft in die Innenstadt. Als ich fast angekommen war, begann ich mich zu fragen, ob ich es während der Geschäftszeit tun sollte. Und ich dachte, vielleicht würde ich den Jungen in Verlegenheit bringen, wenn sich die anderen Verkäufer nach mir erkundigen würden. Anschließend würden sie Moody eventuell verspotten und ihn fragen, ob ich aus ihm einen braven Jungen machen wollte. Während ich über all das nachdachte, ging ich am Laden vorbei, ohne es zu merken. Als ich drinnen war, beschloss ich, es anzugehen und hinter mich zu bringen.*[5]

Kimball fand Moody im Lagerraum, wo er Schuhe einpackte und ins Regal sortierte. Kimball bezeichnete seine Worte als »schlaff«. Später sagte er: »Ich kann mich nicht mehr daran erinnern, was ich sagte. Irgendetwas über Christus und seine Liebe – das war alles.« Er gab zu, dass es ein »schwacher Aufruf«[6] war. Doch daraufhin gab Moody dem Herrn sein Herz.

Natürlich benutzte der Herr D.L. Moody als mächtigen Evangelisten in Amerika und England. Während der zweiten Hälfte des 19. Jahrhunderts hatte sein Dienst auf beiden Seiten des Atlantiks enorme Auswirkungen. Zehntausende bezeugten, dass sie sich durch seinen Dienst zum Herrn bekehrten. Unter ihnen fanden sich Christen wie C.T. Studd, der große Pioim heutigen Sinn niermissionar, und Wilbur Chapman, der selbst ein bekannter Evangelist wurde. Später gründete Moody das Moody Bible Institute, an dem im letzten Jahrhundert Tausende von Missionaren, Evangelisten und anderen christlichen

5 John C. Pollock, *Moody: A Biographical Portrait of the Pacesetter in Modern Evangelism* (New York: Macmillan, 1963), S. 13.

6 Richard Ellsworth Day, *Bush Aglow: The Life Story of Dwight Lyman Moody* (Philadelphia: Judson, 1936), S. 65.

Arbeitern ausgebildet wurden, die danach in die ganze Welt hinausgingen. All das geschah, weil ein treuer Mann einen einzigen Menschen mit Christus bekannt machte.

Diesen Dienst »von Mann zu Mann« schien Andreas normalerweise auszuüben. Die meisten Gemeindeleiter würden sich über Menschen mit seiner Einstellung freuen. Zu viele Christen meinen, dass das Evangelisieren nicht in ihrer Verantwortung liege, da sie nicht vor Gruppen sprechen können oder keine Führungseigenschaften besitzen. Nur wenige begreifen wie Andreas den Wert, der darin liegt, sich mit anderen anzufreunden, um sie zu Christus zu führen.

Er erkannte den Wert unscheinbarer Gaben

Einige Menschen sehen das Gesamtbild besser, weil sie den Wert der kleinen Dinge kennen. Auch Andreas gehört in diese Kategorie. In Johannes' Schilderung der Speisung der Fünftausend wird das deutlich.

Um mit seinen Jüngern allein zu sein, hatte sich Jesus mit ihnen auf einen Berg zurückgezogen. Wie so häufig, wenn er sein öffentliches Wirken unterbrach, hatte ihn die Menge auch diesmal ausfindig gemacht. Es war kurz vor dem Passahfest, dem wichtigsten Feiertag im jüdischen Kalender. Und somit genau ein Jahr vor seiner Kreuzigung.

Plötzlich kam eine große Menschenmenge auf sie zu. Irgendwie hatten sie herausbekommen, wo Jesus sich aufhielt. Die Essenszeit nahte, und Brot sollte zu Jesu Kernbotschaft für die Menge werden. So machte er deutlich, dass er allen zu essen geben wollte. Er fragte Philippus, wo sie Brot kaufen könnten. Johannes fügt eine Bemerkung hinzu, um die Tatsache zu betonen, dass Christus die Situation souverän kontrollierte: »Dies sagte er aber, um ihn zu prüfen; denn er selbst wusste, was er tun wollte« (Joh 6,6).

Schnell überschlug Philippus ihre Finanzen und kam zu dem Ergebnis, dass sie nur zweihundert Denare besaßen. Ein Denar war der Tageslohn eines gewöhnlichen Arbeiters, so entsprachen zweihundert Denare etwa dem Lohn von acht Monaten. Es war eine beträchtliche Summe, aber die Menge war so groß, dass selbst zweihundert Denare nicht ausreichten, um für alle Lebensmittel zu kaufen. Philippus wurde durch die erforderliche Menge ernüchtert. Er und die anderen Jünger wussten nicht weiter. Matthäus, der dieselbe Begebenheit schildert, berichtet von der Reaktion der Jünger: »Der Ort ist öde, und die Zeit ist schon vergangen. Entlass die Volksmengen, dass sie hingehen in die Dörfer und sich Speise kaufen!« (Mt 14,15).

Aber Jesus antwortete ihnen: »Sie haben nicht nötig wegzugehen. Gebt ihr ihnen zu essen!« (V. 16). Diese Worte müssen die Jünger verblüfft haben. Jesu Forderung schien unvernünftig zu sein.

In diesem Augenblick meldete sich Andreas zu Wort. »Es ist ein kleiner Junge hier, der fünf Gerstenbrote und zwei Fische hat« (Joh 6,9). Natürlich wusste auch Andreas, dass fünf Gerstenbrote und zwei Fische für fünftausend Leute nicht ausreichen würden, aber er brachte (in seiner typischen Art) den Jungen trotzdem zu Jesus. Jesus hatte den Jüngern aufgetragen, den Menschen Essen zu geben, und Andreas wusste, dass er ihnen einen solchen Auftrag nicht erteilen würde, wenn sie ihn nicht auch ausführen könnten. So tat Andreas sein Bestes. Er spürte die einzige verfügbare Lebensmittelquelle auf und brachte sie zu Jesus. Etwas in ihm schien zu verstehen, dass in den Händen von Jesus keine Gabe unbedeutend ist.

Johannes berichtet weiter:

> *Jesus sprach: Macht, dass die Leute sich lagern! Es war aber viel Gras an dem Ort. Es lagerten sich nun die Männer, an Zahl etwa fünftausend. Jesus aber nahm die Brote, und als er gedankt hatte, teilte er sie denen aus, die da lagerten; ebenso auch von den Fischen, so viel sie wollten. Als sie aber gesättigt waren, spricht er zu seinen Jüngern: Sammelt die übrig gebliebenen Brocken, damit nichts umkomme! Sie sammelten nun und füllten zwölf Handkörbe mit Brocken von den fünf Gerstenbroten, welche denen, die gegessen hatten, übrig blieben.*
>
> *(V. 10-13)*

Was für eine erstaunliche Lektion! Dass aus so wenig so viel wurde, bezeugte die Macht Christi. In seinen Händen ist keine Gabe bedeutungslos.

Die gleiche Lektion brachte unser Herr den Jüngern in Lukas 21,1-4 bei: »Er blickte aber auf und sah die Reichen ihre Gaben in den Schatzkasten legen. Er sah aber auch eine arme Witwe zwei Scherflein dort einlegen. Und er sprach: In Wahrheit sage ich euch, dass diese arme Witwe mehr eingelegt hat als alle. Denn alle diese haben von ihrem Überfluss eingelegt zu den Gaben; diese aber hat aus ihrem Mangel heraus den ganzen Lebensunterhalt, den sie hatte, eingelegt.«

Mit anderen Worten: Der Arme, der alles gibt, was er hat, gibt mehr als der Reiche, der von seinem Überschuss weggibt. Gottes Fähigkeit, eine Gabe zu benutzen, wird auf keinen Fall durch die Größe der Gabe eingeschränkt oder vergrößert. Die aufopfernde Treue des Gebers – und nicht die Größe der Gabe – ist das wahre Maß, an dem die Bedeutung der Gabe gemessen wird.

Für den menschlichen Verstand ist das schwer zu begreifen. Aber irgendwie schien Andreas instinktiv zu wissen, dass er Jesu Zeit nicht vergeudete, als er eine solch geringfügige Gabe zu ihm brachte. Nicht die Größe der Gabe zählt, sondern vielmehr die Größe des Gottes, dem sie gebracht wird. Andreas bereitete das Wunder vor.

Natürlich hatte Jesus die Nahrungsmittel des Jungen überhaupt nicht nötig, um die Menge satt zu machen. Ebenso leicht hätte er Essen aus dem Nichts schaffen können. Aber die Speisung der Fünftausend illustriert Gottes allgemeine Vorgehensweise. Er nimmt die oftmals unscheinbaren Opfergaben der Menschen an und vermehrt sie, um große Dinge zu erreichen.

Er erkannte den Wert des unauffälligen Dienens

Einige Menschen wollen entweder die erste Geige spielen oder gar nicht. Jakobus und Johannes neigten dazu. Auch Petrus. Aber nicht Andreas. Bei den großen Diskussionen wird sein Name nicht erwähnt. Er war mehr daran interessiert, Menschen zu Jesus zu bringen, als an Anerkennung oder Führungspositionen. Er strebte kaum nach Ehre. Von ihm hören wir nur, wenn er jemanden zu Jesus führte.

Andreas ist ein Bild für all jene, die im Stillen arbeiten und das »nicht mit Augendienerei, als Menschengefällige, sondern als Sklaven Christi, indem ihr den Willen Gottes von Herzen tut!« (Eph 6,6). Er war keine eindrucksvolle Säule wie Petrus, Jakobus und Johannes. Er war ein demütiger Stein. Er gehörte zu den seltenen Menschen, die bereit sind, die zweite Geige zu spielen und andere zu unterstützen. Ihn störte es nicht, im Hintergrund zu wirken, solange nur die Arbeit getan wurde.

Das ist eine Lektion, die in der heutigen Zeit viele Christen lernen sollten. Die Schrift warnt vor dem Streben nach Führungsrollen; Lehrern sagt sie, sie würden nach strengeren Maßstäben beurteilt werden: »Werdet nicht viele Lehrer, meine Brüder, da ihr wisst, dass wir ein schwereres Urteil empfangen werden!« (Jak 3,1).

Jesus lehrte die Jünger: »Wenn jemand der Erste sein will, soll er der Letzte von allen und aller Diener sein« (Mk 9,35). Ein Leiter mit dem Herz eines Dieners ist eine ganz besondere Art von Mensch. Auf Andreas traf dies zu.

Soweit wir wissen, predigte Andreas nie zu Menschenmengen oder gründete gar Gemeinden. Er schrieb keinen Brief und wird weder in der Apostelgeschichte noch in einem der neutestamentlichen Briefe erwähnt. Was die Schrift über Andreas berichtet, gleicht mehr einer Silhouette als einem Porträt.

Die Bibel schildert nicht, was nach Pfingsten mit Andreas geschah. Welche Rolle er in der frühen Kirchengeschichte auch spielte, er blieb im Hintergrund. Die Überlieferung sagt, dass er das Evangelium nach Norden trug. Der Kirchenhistoriker Eusebius schreibt, dass Andreas bis nach Skythien ging. (Andreas ist der Schutzpatron Russlands und Schottlands.) Gekreuzigt wurde er in Achaja in Südgriechenland nahe Athen. Einem Bericht zufolge führte er die Frau eines römischen Provinzstatthalters zu Christus, was ihren Mann gegen ihn aufbrachte. Dieser verlangte von seiner Frau, ihre Hingabe an Jesus Christus zu widerrufen, was sie jedoch ablehnte. Deshalb ließ er Andreas kreuzigen.

Um seine Leiden zu verlängern, ordnete der Statthalter an, ihn ans Kreuz zu binden, anstatt zu nageln. (Nach der Überlieferung war es ein Schrägkreuz, also ein x-förmiges Kreuz.) Den meisten Berichten zufolge hing er zwei Tage am Kreuz und ermahnte Vorübergehende, sich zu Christus zu bekehren. Nach einem lebenslangen Dienst für den Herrn, einem Dienst im Schatten seines weitaus berühmteren Bruders ereilte ihn ein ähnliches Schicksal wie diese beiden. Bis zum Ende blieb er treu und versuchte, Menschen zu Christus zu führen.

Andreas war ein privilegierter Jünger. Er war der Erste, der hörte, dass Jesus das Lamm Gottes war. Er war der Erste, der Christus nachfolgte. Er gehörte zum inneren Kreis und hatte eine vertraute Beziehung zu Christus. Sein Name wird zusammen mit denen der anderen Jünger auf den Grundsteinen der ewigen Stadt – des Neuen Jerusalems – stehen. Und das Beste von allem war, dass er sein ganzes Leben lang tun konnte, was er am liebsten tat: einzelne Menschen zum Herrn führen.

Gott sei Dank für solche Menschen wie Andreas. Sie sind stille Personen mit unscheinbaren Gaben, die ihre Arbeit treu und unauffällig verrichten und viel für den Herrn erreichen. Sie erhalten wenig Anerkennung, suchen diese aber auch nicht. Sie wünschen sich nur, den Herrn sagen zu hören: »Recht so, du guter und treuer Knecht!«

Andreas' Beispiel zeigt uns, dass es oft die kleinen Dinge sind, die einen effektiven Dienst ausmachen – Einzelpersonen, unscheinbare Gaben und unauffälliges Dienen. Gott freut sich, diese Dinge zu gebrauchen, denn »das Törichte der Welt hat Gott auserwählt, damit er die Weisen zuschanden mache; und das Schwache der Welt hat Gott auserwählt, damit er das Starke zuschanden mache. Und das Unedle der Welt und das Verachtete hat Gott auserwählt, das, was nicht ist, damit er das, was ist, zunichtemache, dass sich vor Gott kein Fleisch rühme« (1Kor 1,27-29).

Jakobus – Der Apostel, der für den Herrn eiferte

Um jene Zeit aber legte Herodes, der König,
Hand an einige von der Gemeinde, sie zu misshandeln;
er tötete aber Jakobus, den Bruder des Johannes, mit dem Schwert.
Apostelgeschichte 12,1-2

Von den drei Jüngern im engsten Kreis um Jesus ist uns Jakobus am wenigsten vertraut. Die Bibel liefert uns fast überhaupt keine klaren Details über sein Leben und seinen Charakter. In den Evangelien erscheint er nirgendwo als Einzelperson, sondern steht immer in Verbindung mit seinem jüngeren und bekannteren Bruder Johannes. Einzig in der Apostelgeschichte ist von ihm allein die Rede – dort wird sein Märtyrertod geschildert.

Diese Informationsknappheit erscheint sonderbar, denn aus menschlicher Sicht wäre es logisch gewesen, wenn er die Gruppe angeführt hätte. Jakobus war der ältere Bruder von Johannes. (Darüber besteht kein Zweifel, denn er wird immer als Erster von beiden genannt.) Und von den beiden Brüderpaaren schien die Familie von Jakobus und Johannes bedeutender gewesen zu sein als die von Petrus und Andreas. Das deutet die Tatsache an, dass Jakobus und Johannes häufig nur die »Söhne des Zebedäus« genannt werden (Mt 20,20; 26,37; 27,56; Mk 10,35; Lk 5,10; Joh 21,2) – ein Hinweis darauf, dass Zebedäus ein wichtiger Mann war.

Zebedäus' Ansehen könnte von seinem finanziellen Erfolg, von seiner familiären Abstammung oder von beidem herrühren. Anscheinend war er recht wohlhabend. Sein Fischereibetrieb war groß genug, um mehrere Tagelöhner zu beschäftigen (Mk 1,20). Außerdem hatte seine ganze Familie eine solch hohe Stellung, dass der Apostel Johannes sogar »dem Hohenpriester bekannt war.« Nach Jesu Festnahme war es Johannes somit möglich, Petrus in den Hof des Hohenpriesters mitzunehmen (Joh 18,15-16). Berichten aus der Anfangszeit der Gemeinde zufolge war Zebedäus ein Levit, der in enger Verbindung mit der hohenpriesterlichen Familie stand. Was auch immer der Grund für seine Bekanntheit gewesen sein mag: Auf jeden Fall stellt die Schrift ihn als wichtigen Mann dar, dessen Familienansehen von Galiläa bis nach Jerusalem zum Haus des Hohenpriesters reichte.

Als älterer Sohn einer solch wichtigen Familie hätte Jakobus annehmen können, dass er zum bedeutendsten Apostel aufsteigen würde. Dies könnte in der Tat einer der Hauptgründe für die vielen Kontroversen gewesen sein, »wer von ihnen für den Größten zu halten sei« (Lk 22,24). Allerdings nahm Jakobus nie den ersten Platz unter den Aposteln ein – mit einer Ausnahme: Er war der erste Märtyrer unter ihnen.

Jakobus ist eine weitaus bedeutendere Persönlichkeit, als wir aufgrund der wenigen Informationen vermuten würden. In der Apostelliste in Markus 3,16-19 taucht er direkt hinter Petrus auf. Aus gutem Grund können wir annehmen, dass er eine starke Führungsperson war – und nach Petrus wahrscheinlich den größten Einfluss besaß.

Natürlich gehörte auch Jakobus zum inneren Kreis der drei Jünger. Er, Petrus und Johannes waren die Einzigen, die Jesus mitnahm, als er Jairus' Tochter von den Toten auferweckte (Mk 5,37). Dieselbe Dreiergruppe bezeugte Jesu Herrlichkeit auf dem Berg der Verklärung (Mt 17,1). Jakobus gehörte zu den vier Jüngern, die Jesus auf dem Ölberg persönlich befragten (Mk 13,3). Außerdem setzte sich Jesus mit ihm, Petrus und Johannes im Garten Gethsemane ab, um mit ihnen allein zu beten (Mk 14,33). Als Mitglied des kleinen inneren Kreises hatte er das Vorrecht, Jesu *Macht* der Totenauferweckung zu bezeugen. Er sah seine *Herrlichkeit* bei seiner Verklärung, seine *Souveränität,* als er sie auf dem Ölberg in die Zukunft blicken ließ, und die *Todesangst* des Heilands im Garten. All diese Erlebnisse müssen seinen Glauben enorm gestärkt und ihm das Rüstzeug für Leiden und Märtyrertod gegeben haben.

Wenn es überhaupt ein Schlüsselwort gibt, das auf das Leben des Apostels Jakobus zutrifft, dann ist es das Wort *Eifer.*

Aus den wenigen Informationen über ihn wird deutlich, dass er ein Mann voller Eifer und Intensität war. Ihm und Johannes gab Jesus den Beinamen *Boanerges*, »Söhne des Donners«. Das ist eine anschauliche Beschreibung seiner Persönlichkeit. Er war eifernd, stürmisch und leidenschaftlich. Er erinnert uns an Jehu aus dem Alten Testament, der dafür bekannt war, seinen Wagen in einem halsbrecherischen Tempo zu fahren (2Kö 9,20). Jehu sagte: »Komm mit mir und sieh mein Eifern für den HERRN an!« (2Kö 10,16). Anschließend löschte er das Haus Ahab aus und räumte mit dem Baalsdienst im Land auf. Allerdings geriet Jehus Eifer außer Kontrolle, und es stellte sich heraus, dass sein »Eifern für den Herrn« von egoistischen, weltlichen Ambitionen und blutrünstigster Grausamkeit durchzogen war. Die Schrift sagt: »Aber Jehu achtete nicht darauf, mit seinem ganzen Herzen im Gesetz des HERRN, des Gottes Israels, zu leben. Er wich nicht von den Sünden Jerobeams, der Israel zur Sünde verführt hatte« (2Kö 10,31). Auch dem Eifer des Apostels Jakobus waren ähnlich ehrgeizige und blutrünstige Neigungen beigemischt (obschon in einem wesentlich geringeren Maß), und vielleicht wäre er sogar einen vergleichbar zerstörerischen Weg gegangen, als Jesus ihm begegnete. Doch Gottes Gnade machte ihn zu einem Mann Gottes und einem der führenden Apostel.

In seiner Auflistung der Jünger erwähnt Markus den Beinamen von Jakobus und Johannes, »Söhne des Donners«, sowie auch Simons zusätzlichen Namen Petrus (Mk 3,17). Wir wissen nicht, wie oft Jesus diesen Namen benutzte; in der ganzen Schrift taucht er nur einmal bei Markus auf. Anders als Petrus' Name, der offenbar helfen sollte, einen felsähnlichen, standhaften Charakter zu formen, scheint »Boanerges« die Söhne des Zebedäus zu rügen, wann immer sie ihrem hitzigen Temperament freien Lauf ließen. Vielleicht gebrauchte der Herr ihn sogar in humorvoller Hinsicht, während er sie leicht ermahnte.

Die wenigen Informationen, die wir über Jakobus haben, unterstreichen die Tatsache, dass er eine hitzige, leidenschaftliche Veranlagung besaß. Während Andreas einzelne Menschen zu Jesus brachte, wünschte sich Jakobus, dass er Feuer vom Himmel senden und ganze Ortschaften zerstören könne. Selbst die Tatsache, dass Jakobus der erste Märtyrer war – und das durch die Hand keines Geringeren als Herodes –, legt nahe, dass Jakobus kein passiver oder ruhiger Mann war. Vielmehr rief sein Charakter Schwierigkeiten hervor, durch die er sich sehr schnell Todfeinde machte.

Leidenschaftliche Persönlichkeiten haben in der geistlichen Leiterschaft durchaus ihren Platz. Auch Elia war eine solche Person. (Jakobus bezog sich auf Elia, als er Feuer vom Himmel herabfallen lassen wollte.) Nehemia war ähnlich leidenschaftlich (vgl. Neh 13,25). Und auch Johannes der Täufer hatte ein feuriges Temperament. Anscheinend besaß Jakobus eine ähnliche Persönlichkeitsstruktur wie diese Männer Gottes. Gegenüber bösen Menschen wurde er sehr ungeduldig.

An einem solchen Eifer ist an sich nichts Falsches. Man bedenke nur einmal, dass auch Jesus sich eine Geißel machte und damit den Tempel reinigte. »Seine Jünger gedachten daran, dass geschrieben steht: ›Der Eifer um dein Haus verzehrt mich.‹« (Joh 2,17; vgl. Ps 69,10). Mehr als alle anderen wusste Jakobus, was es heißt, vom Eifer für den Herrn verzehrt zu werden. Wahrscheinlich wurde dieser Eifer noch durch Jesu Vorbild geschürt – z.B. als der Herr die jüdischen Führer tadelte, ein Wehe über die Städte Chorazin und Betsaida aussprach und dämonische Mächte vernichtete. Eifer ist eine Tugend, wenn er wirklich im Dienste der Gerechtigkeit steht.

Aber gelegentlich ist Eifer alles andere als gerecht – zum Beispiel, wenn er nicht der rechten Erkenntnis entspringt (vgl. Röm 10,2). Ebenso gefährlich ist ein Eifer ohne Weisheit und Sensibilität. Wann immer Eifer zu unkontrollierter Leidenschaft wird, kann er tödlich sein. Manchmal neigte Jakobus dazu, von so einem fehlgeleiteten Eifer überwältigt zu werden. Das illustrieren besonders zwei Begebenheiten. Einmal wollte Jakobus Feuer vom Himmel herabfallen lassen. Und ein anderes Mal bemühten Jakobus und Johannes die Hilfe ihrer Mutter, die sich für ihre Söhne für die besten Plätze im Reich Gottes einsetzen sollte. Im Folgenden werden wir diese beiden Begebenheiten einzeln untersuchen.

Feuer vom Himmel

Lukas 9,51-56 liefert uns eine gute Erklärung dafür, weshalb Jakobus und Johannes als Söhne des Donners bekannt waren. Jesus traf gerade die Vorbereitungen für eine Reise durch Samaria. Er war auf dem Weg nach Jerusalem zum letzten Passahfest, von dem er wusste, dass er letztendlich zu seinem Tod, seiner Grablegung und seiner Auferstehung führen würde. Lukas schreibt: »Es geschah aber, als sich die Tage seiner Aufnahme erfüllten, da richtete er sein Angesicht fest darauf, nach Jerusalem zu gehen. Und er sandte Boten vor seinem Angesicht her; und sie gingen hin und kamen in ein Dorf der Samariter, um für ihn Unterkunft zu bereiten. Und sie nahmen ihn nicht auf, weil sein Angesicht nach Jerusalem hin gerichtet war« (V. 51-53).

Es ist von großer Bedeutung, dass Jesus durch Samaria reisen wollte. Obwohl die kürzeste Reiseroute von Galiläa nach Jerusalem direkt durch Samaria führte, wählten Juden bewusst den viel längeren Weg durch die Wüste Peräa, mit dem ein zweimaliges Überqueren des Jordans verbunden war, nur um Samaria zu umgehen.

Die Samariter waren ein Mischvolk, das teilweise aus den Israeliten des Nordreichs hervorging. Als Israel von den Assyrern erobert wurde, gerieten die wichtigsten und einflussreichsten Menschen aus jedem Stamm in Gefangenschaft, und das Land wurde mit Heiden und Fremden neu besiedelt, die dem assyrischen König treu ergeben waren (2Kö 17,24-34). Arme Israeliten, die im Land geblieben waren, heirateten diese Heiden.

Da sie den Herrn nicht fürchteten, hatten diese Heiden von Anfang an keinen Erfolg. So sandte der assyrische König einen weggeführten Priester ins Land zurück, um den Menschen die Furcht des Herrn zu lehren (2Kö 17,28). Das Resultat war eine Religion, die Elemente der Wahrheit und des Heidentums enthielt. »So fürchteten sie den HERRN und dienten zugleich ihren Göttern entsprechend dem Brauch der Nationen, aus denen man sie gefangen weggeführt hatte« (2Kö 17,33). Anders ausgedrückt: Sie *behaupteten* noch immer, Jahwe als Gott anzubeten (und akzeptierten angeblich den Pentateuch als Gottes

Wort), gründeten aber gleichzeitig ihre eigene Priesterschaft, bauten sich ihren eigenen Tempel und dachten sich ein eigenes Opfersystem aus. Sie gründeten also eine neue Religion, die größtenteils auf heidnischen Traditionen basierte. Die samaritische Religion ist ein klassisches Beispiel für die Unterwerfung der Schrift unter menschliche Traditionen.

Ursprünglich stand der samaritische Tempel auf dem Berg Garizim in Samaria. Er wurde zur Zeit Alexanders des Großen erbaut und etwa 125 Jahre vor Christi Geburt zerstört. Von den Samaritern wurde der Berg Garizim noch immer als heilig angesehen, und sie waren davon überzeugt, dass dies der einzige Ort war, an dem Gott angemessen verehrt werden konnte. Deshalb sagte die samaritische Frau in Johannes 4,20 zu Jesus: »Unsere Väter haben auf diesem Berg angebetet, und ihr sagt, dass in Jerusalem der Ort sei, wo man anbeten müsse.« Dies war offenbar einer der Hauptstreitpunkte zwischen Juden und Samaritern. (Bis zum heutigen Tag betet eine kleine Gruppe samaritischer Nachkommen auf dem Berg Garizim an.)

Viele, die ursprünglich israelitischer Abstammung waren und später aus der Gefangenschaft nach Samaria zurückkehrten, stammten ebenfalls aus Mischehen, sodass ihnen die samaritische Kultur sehr entgegenkam. Natürlich betrachteten die Juden die Samariter deshalb als Mischvolk und ihre Religion als Mischreligion. Daher nahmen die Juden zur Zeit Christi solch große Unannehmlichkeiten auf sich, um nicht durch Samaria reisen zu müssen. Die ganze Region hielten sie für unrein.

Doch in diesem Fall war Jesus auf dem Weg nach Jerusalem, und wie bereits zuvor (Joh 4,4) wählte er den direkten Weg durch Samaria. Unterwegs würden er und seine Nachfolger Unterkünfte benötigen, wo sie essen und die Nacht verbringen konnten. Da die Reisegesellschaft recht groß war, schickte er Boten voraus, die für Unterbringung sorgen sollten.

Da es offensichtlich war, dass Jesus zum Passahfest nach Jerusalem wollte, und die Samariter glaubten, dass solche Feste und Zeremonien auf dem Berg Garizim stattfinden sollten, wurde seinen Boten jegliche Unterkunft verwehrt. Die Samariter hassten nicht nur die Juden, sondern auch die Anbetung

in Jerusalem. Aus diesem Grund waren sie an Christi Vorhaben überhaupt nicht interessiert. Er repräsentierte alles Jüdische, das sie verachteten. So lehnten sie die Bitte kurz und bündig ab. Das Problem bestand nicht darin, dass es in den Gasthäusern keine Zimmer mehr gab. Es bestand darin, dass die Samariter ihnen die Gastfreundschaft absichtlich verwehrten. Sollte Jesus auf seinem Weg zur Anbetung in Jerusalem durch ihre Stadt reisen, würden sie es ihm so unangenehm wie möglich machen. Sie hassten die Juden und ihre Anbetung genauso sehr, wie die Juden sie und ihre Anbetung hassten. Es gehörte zur guten Gepflogenheit, den Samaritern den Rücken zuzukehren.

Natürlich ist Jesus den Samaritern stets mit seiner Güte begegnet. Er heilte einen samaritischen Aussätzigen und lobte die Dankbarkeit des Mannes (Lk 17,16). Von einer samaritischen Frau hatte er Wasser bekommen und ihr im Gegenzug das Wasser des Lebens gegeben (Joh 4,7-29). Er blieb zwei Tage in dem Dorf der Frau und brachte ihren Nachbarn das Evangelium (Joh 4,39-43). In einem seiner bekanntesten Gleichnisse war der Held ein Samariter (Lk 10,30-37). Später befahl er seinen Jüngern, das Evangelium in Samaria zu predigen (Apg 1,8). Stets zeigte er den Samaritern seine Freundlichkeit und sein Wohlwollen.

Aber jetzt behandelten sie ihn bewusst geringschätzig.

Jakobus und Johannes, die Söhne des Donners, wurden augenblicklich mit leidenschaftlichem Zorn erfüllt. Sie wussten sofort, wie man in dieser Situation zu handeln hatte. Sie sagten: »Herr, willst du, dass wir Feuer vom Himmel herabfallen und sie verzehren heißen, wie auch Elias tat?« (Lk 9,54; UELB).

Dass Elia erwähnt wurde, war sehr bezeichnend. Die Begebenheit, auf die Jakobus und Johannes zurückgriffen, hatte sich in diesem Gebiet ereignet. Sie waren mit dem alttestamentlichen Bericht vertraut und kannten seinen historischen Bezug zu Samaria. Hier sehen wir, wie tief der Groll der Juden gegenüber Samaria saß.

Es war eine historische Tatsache, dass der Name Samaria schon lange vor der assyrischen Eroberung mit Götzendienst und Abfall in Verbindung stand. Ursprünglich war *Samaria* der Name einer der wichtigsten Städte im Nordreich. Unter Ahabs

Herrschaft war Samaria in den Tagen Elias zu einem Zentrum der Baalsverehrung geworden (1Kö 16,32). Dort baute Ahab auch seinen berühmten Elfenbeinpalast (1Kö 22,39; vgl. Am 3,12-15).

Ahabs Palast wurde zur dauerhaften Residenz der ihm nachfolgenden Könige des Nordreichs. An diesem Ort fiel Ahasja in seinem Obergemach durchs Gitter und verletzte sich ernstlich (2Kö 1,2).

Ein *Gitter* ist eine Art Schirm oder Rost aus einem Kreuzmuster aus Holzstreifen. Es könnte auch eine dekorative Fensterverkleidung gewesen sein. Jedoch ist es wahrscheinlicher, dass es ein dürftiger Ersatz für eine Umzäunung der Dachterrasse war. Anscheinend lehnte sich Ahasja unvorsichtig an dieses Gitter, und als es nachgab, fiel er vom Obergeschoss seines Palasts.

Ahasja war Ahabs Sohn und Thronfolger. Seine Mutter Isebel lebte noch während seiner Regierungszeit und hielt durch ihn ihren bösen Einfluss aufrecht. Sein Unfall fügte ihm anscheinend lebensbedrohliche Verletzungen zu, sodass er sein Schicksal wissen wollte. Deshalb entsandte er Boten mit dem Auftrag: »Geht hin, befragt Baal-Sebub, den Gott von Ekron, ob ich von dieser Krankheit genesen werde!« (V. 2).

Nach dem mosaischen Gesetz war das Befragen von Wahrsagern strengstens verboten (5Mo 18,10-12). Baal-Sebub zu befragen, war sogar noch schlimmer. Er war eine Gottheit der Philister. Sein Name bedeutet »Herr der Fliegen«. Das Land der Philister war voller Fliegen, und die Philister glaubten, der Gott der Fliegen würde in ihrem Land leben, weshalb sie ihn zu einem ihrer Hauptgötter machten. Sie besaßen einige berühmte Seher, die behaupteten, sie könnten in die Zukunft schauen. Normalerweise gaben sie schmeichelhafte Prophezeiungen, die in ihrer Vieldeutigkeit kaum daneben liegen konnten. Dennoch hatten es diese Seher zu Elias Zeiten in ganz Israel zu Ruhm und Ansehen gebracht.

Nie zuvor hatte jemand eine solch abscheuliche Gottheit wie Baal-Sebub erfunden. Angeblich herrschte er über die Fliegen – jene scheußlichen Insekten, die um alles Verwesende und Schmutzige herumschwirren, Krankheiten verbreiten und Maden hervorbringen. Das ist ein treffendes Bild für diese Art von Gott. Wer würde jemals daran denken, einen Gott anzubeten, dessen Bereich alles Faulige und Unreine ist? Ein solcher Gott war für die Juden derart abstoßend, dass sie den Namen *Baal-Sebub* geringfügig veränderten in »Beelzebul«. Dieses abscheuliche Wesen verkörperte alles Unreine und Unheilige – alles, was im Gegensatz zum wahren Gott steht. (Zur Zeit Jesu benutzte man daher den Namen *Beelzebul*, wenn man vom Teufel sprach – Lk 11,15). Dies war also der Gott, von dem Ahasja seine Zukunft wissen wollte.

Deshalb sandte der Herr Elia, um die Boten abzufangen. Die Schrift sagt: »Da redete der Engel des HERRN zu Elia, dem Tischbiter: Mache dich auf, geh hinauf den Boten des Königs von Samaria entgegen und sage zu ihnen: Gibt es denn keinen Gott in Israel, dass ihr hingeht, um Baal-Sebub, den Gott von Ekron, zu befragen?« (2Kö 1,3). Der Engel hatte eine ernste Nachricht für den verletzten König: »Darum, so spricht der HERR: Von dem Bett, das du bestiegen hast, wirst du nicht herunterkommen, sondern du musst sterben!« (V. 4).

Elia tat, was ihm aufgetragen wurde, und ließ Ahasja die Botschaft durch die königlichen Boten zukommen. Diese wussten nicht einmal, wer Elia war. Als sie dem König Bericht erstatteten, sagten sie einfach: »Ein Mann kam herauf, uns entgegen« (V. 6).

Ahasja fragte: »Wie war das Aussehen des Mannes, der euch entgegenkam und diese Worte zu euch redete?« (V. 7).

Sie antworteten: »Es war ein Mann, mit einem haarigen Mantel bekleidet und an seinen Hüften gegürtet mit einem ledernen Schurz« (V. 8).

Ahasja erkannte ihn sofort: »Das ist Elia, der Tischbiter!« (V. 8). In den Jahren zuvor wurden Ahab und Isebel mehrfach mit Elia konfrontiert, deshalb kannte Ahasja ihn. Natürlich hasste Ahasja ihn; wahrscheinlich entschied er sich in diesem Augenblick, ihn zu töten. So sandte er »zu ihm einen Obersten über fünfzig Mann und seine fünfzig Leute« (V. 9). Dass Ahasja so viele Soldaten schickte, beweist seine feindlichen Absichten. Wahrscheinlich hatten sie den Auftrag, ihn festzunehmen und zu Ahasja zu bringen, damit der König Elias Hinrichtung beiwohnen und sich darüber freuen konnte.

»Der [Oberste] ging zu ihm hinauf, und siehe, er saß auf dem Gipfel des Berges« (V. 9). Die Größe der Abordnung brachte Elia nicht aus der Fassung. Er versteckte sich nicht und lief auch nicht vor ihnen davon. Ruhig saß er auf dem Berggipfel, wo sie ihn mit Sicherheit finden würden.

Der Oberste sprach zu ihm: »Mann Gottes, der König sagt: Komm herab!« (V. 9).

Elias Antwort brachte die Sache auf den Punkt: »Wenn ich ein Mann Gottes bin, so fahre Feuer vom Himmel herab und fresse dich und deine fünfzig Mann! Da fuhr Feuer vom Himmel herab und fraß ihn und seine fünfzig Mann« (V. 10). Der hebräische Ausdruck deutet an, dass die ganze Abordnung vollständig vernichtet wurde. Von einem Augenblick auf den anderen blieb von ihnen nur noch Asche übrig. Anscheinend gab es Zeugen, die es dem König berichteten.

Doch Ahasja war töricht und starrsinnig. »Und er sandte nochmals zu ihm, einen anderen Obersten über fünfzig Mann mit seinen fünfzig Leuten. Der stieg hinauf und sagte zu ihm: Mann Gottes, so spricht der König: Schnell, komm herunter! Aber Elia antwortete und redete zu ihnen: Wenn ich ein Mann Gottes bin, so fahre Feuer vom Himmel herab und fresse dich und deine fünfzig Mann! Da fuhr Feuer Gottes vom Himmel herab und fraß ihn und seine fünfzig Mann« (V. 11-12).

Es ist unglaublich: Ahasja gab immer noch nicht auf! Er sandte eine weitere Kompanie von fünfzig Männern. Doch der Oberste dieser dritten Abordnung war weise. Er trat demütig vor Elia und bat um das Leben seiner Männer. Dieses Mal gab der Engel des Herrn Elia den Auftrag, mit den Soldaten zu gehen und Ahasja persönlich zu treffen. Elia folgte ihnen und brachte die schicksalhafte Nachricht Ahasja persönlich.

Und Ahasja starb »nach dem Wort des HERRN« (V. 13-17). All das geschah in dem Gebiet, durch das Jesus nach Jerusalem reisen wollte. Die Jünger kannten die Geschichte von Elias feurigem Sieg gut. Sie gehörte zu jenen alttestamentlichen Begebenheiten, an die sie wohl allein schon aufgrund ihrer Reise durch diese Region dachten.

Als Jakobus und Johannes Feuer vom Himmel als angebrachte Reaktion auf die samaritische Ungastlichkeit vorschlugen, dachten sie wahrscheinlich, sie würden sich auf einen vergleichbaren Präzedenzfall berufen. Schließlich wurde Elia für sein Handeln nicht gerügt. Im Gegenteil: Elias Antwort war zu diesem Zeitpunkt und unter diesen Umständen angemessen.

Aber für Jakobus und Johannes war es nicht die richtige Reaktion. Zunächst einmal waren ihre Motive falsch. In ihrer Frage offenbarte sich eine gewisse Überheblichkeit: »Herr, willst du, dass *wir* sagen, dass Feuer vom Himmel herabfallen und sie verzehren soll?« Natürlich besaßen sie nicht die Macht, Feuer vom Himmel herabfallen zu lassen. Christus war der Einzige von ihnen, der das konnte. Wäre es eine angemessene Reaktion gewesen, dann hätte er es selbst tun können. Unverschämt drängten sich Jakobus und Johannes auf, er solle *ihnen* Macht geben, Feuer vom Himmel regnen zu lassen. Vielfach forderten seine Gegner Christus heraus, derartige Wunder zu wirken, doch jedes Mal weigerte er sich (vgl. Mt 12,39). In Wirklichkeit baten sie ihn, ihnen die Macht zu geben, etwas zu tun, von dem sie wussten, dass er es nicht tun würde.

Außerdem hatte Jesus einen anderen Auftrag als Elia. Christus war gekommen, um zu erretten – nicht, um zu zerstören. Deshalb erteilte er den Boanerges-Brüdern einen deutlichen Tadel: »Er aber wandte sich und bedrohte sie und sprach: Wisset ihr nicht, welches Geistes Kinder ihr seid? Denn des Menschen Sohn ist nicht gekommen, der Menschen Seelen zu verderben, sondern zu erretten« (Lk 9,55-56; Schlachter).

Wie konnten sie den Geist seiner Lehren auch nur derart missverstanden haben, nachdem sie so viel Zeit mit Jesus verbracht hatten? »Denn der Sohn des Menschen ist gekommen, zu suchen und zu retten, was verloren ist« (Lk 19,10). Sein Auftrag war es, zu erretten – nicht zu richten. Obgleich er jedes Recht dazu hatte, uneingeschränkte Verehrung zu fordern, kam »der Sohn des Menschen nicht … um bedient zu werden, sondern um zu dienen und sein Leben zu geben als Lösegeld für viele« (Mt 20,28). »Denn Gott hat seinen Sohn nicht in die Welt gesandt, dass er die Welt richte, sondern dass die Welt durch ihn errettet werde« (Joh 3,17). Jesus selbst sagte: »Ich bin als Licht in die Welt gekommen, damit jeder, der an mich glaubt, nicht in der Finsternis bleibe; und wenn jemand meine Worte hört und nicht befolgt, so richte ich ihn nicht, denn ich bin nicht gekommen, dass ich die Welt richte, sondern dass ich die Welt errette« (Joh 12,46-47).

Natürlich wird eine Zeit kommen, in der Christus die Welt richten *wird*. Dann wird er offenbart »vom Himmel her mit den Engeln seiner Macht, in flammendem Feuer. Dabei übt er Vergeltung an denen, die Gott nicht kennen, und an denen, die dem Evangelium unseres Herrn Jesus nicht gehorchen; sie werden Strafe leiden, ewiges Verderben vom Angesicht des Herrn und von der Herrlichkeit seiner Stärke« (2Thes 1,7-9). Doch jetzt war weder die Zeit noch der Ort dafür.

Wie Salomo schrieb: »Für alles gibt es eine bestimmte Stunde. Und für jedes Vorhaben unter dem Himmel gibt es eine Zeit: … Zeit fürs Töten und Zeit fürs Heilen, Zeit fürs Abbrechen und Zeit fürs Bauen, … Zeit fürs Steinewerfen und Zeit fürs Steinesammeln, … Zeit fürs Schweigen und Zeit fürs Reden, … Zeit fürs Lieben und Zeit fürs Hassen, Zeit für Krieg und Zeit für Frieden« (Pred 3,1-8). Jakobus und Johannes hatten vorübergehend vergessen, dass jetzt »der Tag des Heils« ist (2Kor 6,2).

Vielleicht findet sich aber auch eine Spur von Großmut in ihrer Entrüstung über die Samariter. Ihr Eifer für die Ehre Christi ist sicherlich eine große Tugend. Es ist weitaus besser, mit gerechtem Zorn erfüllt zu sein, als passiv zu bleiben und Beleidigungen gegen Christus zu erdulden. So ist ihr Ärger in gewisser Weise bewundernswert, auch wenn in ihrer Reaktion Überheblichkeit mitschwang und ihr Lösungsvorschlag völlig indiskutabel war.

Jesus verurteilte jedoch Elias Reaktion nicht und vertrat auch nicht bei jedem Konflikt einen rein pazifistischen Ansatz. Elia handelte um der Ehre Gottes willen und mit Gottes ausdrücklicher Zustimmung. Das Feuer vom Himmel war eine öffentliche Demonstration von *Gottes* Zorn (nicht von Elias Zorn), und es war ein verdientes Strafgericht über ein unvorstellbar böses Regime, das über Generationen hinweg den Thron Israels innehatte. Eine solch extreme Bosheit verlangte nach einem extrem schweren Gericht.

Sicherlich wäre bei jeder Sünde der unmittelbare Tod das verdiente Strafgericht, wenn Gott auf eine solche Weise mit uns umgehen wollte. Aber dankbarerweise reagiert er für gewöhnlich anders. »Sein Erbarmen ist über alle seine Werke« (Ps 145,9). Er ist »barmherzig und gnädig, langsam zum Zorn und reich an Gnade und Treue« (2Mo 34,6). Er hat keinen »Gefallen am Tod des Gottlosen! Wenn nicht vielmehr daran, dass der Gottlose von seinem Weg umkehrt und lebt!« (Hes 33,11).

Jesu Beispiel lehrte Jakobus, dass Barmherzigkeit und Gnade Tugenden sind, die ebenso (und manchmal noch mehr) entwickelt werden sollten wie gerechte Entrüstung und feuriger Eifer. Beachten Sie, was hier geschah. Anstatt Feuer vom Himmel herabfallen zu lassen, »gingen sie nach einem anderen Dorf« (Lk 9,56). Sie fanden einfach anderswo Unterkunft. Möglicherweise war das etwas beschwerlicher, aber weitaus besser und unter diesen Umständen angemessener als die Reaktion von Jakobus und Johannes auf die samaritische Ungastlichkeit.

Einige Jahre nach dieser Begebenheit, als die frühe Gemeinde zu wachsen begann und das Evangelium sich über Judäa hinaus verbreitete, ging Philippus »hinab in eine Stadt Samarias und predigte ihnen den Christus« (Apg 8,5). Und etwas Wunderbares geschah. »Die Volksmengen achteten einmütig auf das, was von Philippus geredet wurde, indem sie zuhörten und die Zeichen sahen, die er tat. Denn von vielen, die unreine Geister hatten, fuhren sie aus, mit lauter Stimme schreiend; und viele Gelähmte und Lahme wurden geheilt. Und es war große Freude in jener Stadt« (V. 6-8).

Unter den Bekehrten fanden sich zweifellos auch einige Leute, die Jesus vor Jakobus' Ansinnen verschont hatte. Und wir können sicher sein, dass selbst er sich über die Errettung von so vielen Menschen freute, die Christus einst so schamlos verunehrten.

Throne im Reich Gottes

Matthäus 20,20-24 gibt uns einen weiteren Einblick in Jakobus' Charakter. Hier sehen wir, dass Jakobus nicht nur leidenschaftlich, eifernd und unsensibel war, sondern auch ehrgeizig und zu selbstbewusst. Diesmal versuchten er und sein Bruder Johannes, eine höhere Stellung als die anderen Jünger zu bekommen:

> *Dann trat die Mutter der Söhne des Zebedäus mit ihren Söhnen zu ihm und warf sich nieder und wollte etwas von ihm erbitten. Er aber sprach zu ihr: Was willst du? Sie sagt zu ihm: Bestimme, dass diese meine zwei Söhne einer zu deiner Rechten und einer zu deiner Linken sitzen mögen in deinem Reich! Jesus aber antwortete und sprach: Ihr wisst nicht, um was ihr bittet. Könnt ihr den Kelch trinken, den ich trinken werde? Sie sagen zu ihm: Wir können es. Er spricht zu ihnen: Meinen Kelch werdet ihr zwar trinken, aber das Sitzen zu meiner Rechten und zu meiner Linken zu vergeben, steht nicht bei mir, sondern ist für die, denen es von meinem Vater bereitet ist. Und als die Zehn es hörten, wurden sie unwillig über die zwei Brüder.*

Auch Markus schildert diese Begebenheit, allerdings erwähnt er nicht die Vermittlung durch ihre Mutter. Obgleich Matthäus berichtet, dass sie die Bitte vor Jesus bringt, macht ein Vergleich mit dem Bericht von Markus klar, dass ihre Söhne die Initiatoren waren.

Vergleichen wir Matthäus 27,56 mit Markus 16,1, so finden wir außerdem heraus, dass die Mutter von Jakobus und Johannes Salome hieß. Sie gehörte zu vielen »Frauen … die Jesus von Galiläa nachgefolgt waren und ihm gedient hatten« (Mt 27,55). Mit anderen Worten: Diese Frauen unterstützten ihn finanziell und sorgten wahrscheinlich auch für Essen (vgl. Lk 8,1-3). Aufgrund des familiären Wohlstands war es Salome möglich, über längere Zeitabschnitte hinweg bei ihren Söhnen zu sein, mit allen Nachfolgern Jesu überallhin zu reisen sowie logistischen, praktischen und finanziellen Bedürfnisse zu entsprechen.

Wenn wir uns Jesu Verheißung in Matthäus 19,28 anschauen, erkennen wir, dass der Ursprung von Salomes kühner Bitte unzweifelhaft bei Jakobus und Johannes gelegen haben muss. »Wahrlich, ich sage euch: Ihr, die ihr mir nachgefolgt seid, auch ihr werdet in der Wiedergeburt, wenn der Sohn des Menschen auf seinem Thron der Herrlichkeit sitzen wird, auf zwölf Thronen sitzen und die zwölf Stämme Israels richten.« Im selben Zusammenhang erinnert Jesus jedoch auch daran, dass »viele Erste Letzte werden und Letzte Erste sein« werden (V. 30). Die Verheißung von Thronen hatte die Aufmerksamkeit von Jakobus und Johannes auf sich gezogen. Deshalb entschlossen sie sich, ihre Mutter in ihrem Interesse um die wichtigsten Throne bitten zu lassen.

Sie gehörten bereits zum vertrauten Kreis der Drei. Sie waren schon länger seine Jünger als die anderen. Wahrscheinlich hatten sie zahlreiche Gründe, weshalb sie diese Ehre verdienten. Warum sollten sie nicht einfach darum bitten?

Was Salome betraf, so war sie gewiss bereit, sich für ihre Söhne einzusetzen. Offenbar hatte sie die Ambitionen ihrer Söhne unterstützt, was möglicherweise deren Einstellung erklären könnte.

Jesu Antwort erinnerte sie auf subtile Weise daran, dass der Herrlichkeit Leiden vorangehen: »Könnt ihr den Kelch trinken, den ich trinke, oder mit der Taufe getauft werden, mit der ich getauft werde?« (Mk 10,38). Obwohl er ihnen mehrfach erklärt hatte, dass er gekreuzigt werden würde, verstanden sie nicht, welche Taufe er hier meinte. Sie hatten keine Idee, was wohl der Kelch bedeutete, von dem er sprach.

In ihrem törichten, ehrgeizigen Selbstvertrauen versicherten sie ihm: »Wir können es.« Sie verlangten nach Ehre und einer guten Position und wollten von ihm diese höchsten Throne zugesichert bekommen.

Aber er gab ihnen dieses Versprechen nicht. Stattdessen sagte er ihnen, sie würden seinen Kelch trinken und mit der gleichen Taufe getauft werden wie er. (In diesem Augenblick konnten sie noch nicht wissen, wofür sie sich freiwillig zur Verfügung gestellt hatten.) Doch Jesus sagte, dass ihnen dadurch nicht unbedingt die wichtigsten Throne zuteil werden würden. »Das Sitzen zu meiner Rechten und zu meiner Linken zu vergeben, steht nicht bei mir, sondern ist für die, denen es von meinem Vater bereitet ist« (Mt 20,23).

Schließlich führten ihre Ambitionen zu Konflikten unter den Aposteln, da die anderen zehn es mitbekamen und ihr Missfallen darüber äußerten. Die Frage, wer wohl die wichtigsten Throne verdiente, ließ eine große Debatte unter ihnen aufkommen, die sie sogar noch beim letzten Abendmahl weiterführten (Lk 22,24).

Jakobus wollte eine herrliche Krone, und Jesus reichte ihm den Kelch des Leidens. Er verlangte nach Macht, und Jesus machte ihn zum Diener. Er strebte nach einer Führungsposition, und Jesus gab ihm das Grab eines Märtyrers. Er wollte herrschen, und Jesus gab ihm ein Schwert – nicht zum Kämpfen, sondern zur Vollstreckung seiner eigenen Hinrichtung. Vierzehn Jahre später sollte Jakobus der Erste von den zwölf Jüngern sein, der für seinen Glauben getötet wurde.

Ein Kelch des Leidens

Das Lebensende von Jakobus wird in Apostelgeschichte 12,1-3 berichtet: »Um jene Zeit aber legte Herodes, der König, Hand an einige von der Gemeinde, sie zu misshandeln; er tötete aber Jakobus, den Bruder des Johannes, mit dem Schwert. Und als er sah, dass es den Juden gefiel, ließ er weiterhin auch Petrus festnehmen.«

Bedenken Sie, dass dies die einzige Schriftstelle ist, in der Jakobus allein genannt wird. Uns werden nur wenige Einzelheiten über seinen Märtyrertod mitgeteilt. Die Schrift sagt, dass Herodes ihn mit dem Schwert tötete (was bedeutet, dass er enthauptet wurde). Es war nicht Herodes Antipas, der bereits Johannes den Täufer töten ließ und Jesus den Prozess machte, sondern sein Neffe und Thronfolger, Herodes Agrippa I. Wir wissen nicht, weshalb dieser Herodes der Gemeinde gegenüber feindlich gesonnen war. Natürlich war bekannt, dass sich sein Onkel am Mordkomplott gegen Christus beteiligt hatte, und die Predigt vom Kreuz brachte sicherlich die ganze Herodes-Dynastie in Verlegenheit (vgl. Apg 4,27). Offenbar wollte Herodes die Spannungen zwischen der Gemeinde und den jüdischen Führern zusätzlich zu seinem politischen Vorteil nutzen. Er startete eine Hetzkampagne gegen Christen und ging schon bald zum Morden über. Als er sah, wie sehr es den jüdischen Führern gefiel, entschied er sich, auch Petrus festzunehmen.

Petrus konnte durch ein Wunder entkommen, und Herodes starb wenig später durch ein Gericht Gottes. Die Schrift sagt, dass Herodes die Gefängniswachen nach Petrus' Flucht töten ließ und nach Cäsarea ging (Apg 12,19). Dort nahm er für sich die Verehrung in Anspruch, die allein Gott zusteht. »Das Volk aber rief ihm zu: Eines Gottes Stimme und nicht eines Menschen! Sogleich aber schlug ihn ein Engel des Herrn, dafür, dass er nicht Gott die Ehre gab; und von Würmern zerfressen, verschied er« (V. 22-23). Damit endete die direkte Bedrohung der Gemeinde durch Herodes.

Allerdings ist es bezeichnend, dass gerade Jakobus der erste Apostel war, der getötet wurde. (Jakobus ist der einzige Apostel, dessen Tod in der Schrift beschrieben wird.) Nach wie vor war Jakobus ein Mann voller Eifer. Sein Eifer, der nun unter der Kontrolle des Heiligen Geistes stand, war bei der Verbreitung des Evangeliums so ausschlaggebend, dass er Herodes' Zorn hervorrief. Offenbar war Jakobus nun an dem Punkt angelangt, wo er immer sein wollte und wofür Christus ihn ausgebildet hatte – an vorderster Front, als sich das Evangelium ausbreitete und die Gemeinde wuchs.

Dieser Sohn des Donners wurde von Christus gefördert; er wurde vom Heiligen Geist bevollmächtigt; und er wurde zu einem Mann geformt, dessen Eifer und Ehrgeiz in den Händen Gottes brauchbare Werkzeuge zur Ausbreitung seines Reiches waren. Er war noch immer couragiert, eifrig und der Wahrheit verpflichtet und hatte anscheinend gelernt, diese Eigenschaften im Dienst für den Herrn einzusetzen, anstatt sie für seine eigene Selbstverherrlichung zu gebrauchen. Und nun hatte Jakobus eine solch große Wirkung, dass er als Erster starb, als Herodes die Gemeinde aufhalten wollte. So trank er den Kelch, den Christus ihm gab. Sein Leben war kurz, aber sein Einfluss hält bis zum heutigen Tag an.

Die Geschichtsschreibung hält fest, dass sein Zeugnis bis

zum Augenblick seiner Hinrichtung Frucht brachte. Eusebius, ein Historiker der frühen Kirche, gibt einen Bericht über Jakobus' Tod weiter, der von Klemens von Alexandria stammt: »[Klemens] sagt, dass die Person, die Jakobus zur Hinrichtungsstätte führte, von seinem Zeugnis bewegt wurde und bekannte, selbst auch Christ zu sein. Deshalb wurden sie, so sagt er, dort zusammen hingeführt, und auf dem Weg bat er Jakobus um Vergebung. Und nachdem Jakobus kurz überlegte, sagte er: ›Friede sei mit dir‹; dann küsste er ihn. Und so wurden sie beide gleichzeitig enthauptet.«[7] Somit hatte Jakobus am Ende seines Lebens gelernt, ähnlich wie Andreas zu handeln und Menschen zu Christus zu führen, anstatt anderen das Gericht zu wünschen.

Jakobus ist der Prototyp einer leidenschaftlichen, eifrigen Führungsperson, die dynamisch, stark und ehrgeizig ist. Letzten Endes wurde seine Leidenschaft durch Sensibilität und Gnade gemäßigt. Mit der Zeit hatte er gelernt, seinen Zorn zu kontrollieren, seine Zunge im Zaum zu halten, seinen Eifer zu bändigen, sein Verlangen nach Rache auszuschalten und seine egoistischen Ambitionen vollständig aufzugeben. Und der Herr gebrauchte ihn zu einem wunderbaren Werk in der frühen Gemeinde.

Für einen Mann mit dem Eifer eines Jakobus sind solche Lektionen manchmal schwer zu lernen. Doch müsste ich wählen zwischen einem Mann mit einem brennenden, glühenden und leidenschaftlichen Enthusiasmus und seinem Potenzial, Fehler zu machen, einerseits und einem Mann mit einer kühl berechnenden Kompromissbereitschaft andererseits, so würde ich mich jedes Mal für den ersten entscheiden. Ein solcher Eifer muss immer durch Liebe gemäßigt und brauchbar gemacht werden. Doch wenn er erst einmal der Kontrolle des Heiligen Geistes unterstellt ist und mit Geduld und Langmut vermischt ist, ist ein solcher Eifer ein großartiges Werkzeug in den Händen Gottes. Das Leben von Jakobus ist ein deutlicher Beweis dafür.

---

7 Eusebius, *Ecclesiastical Church History* 2.9.2-3.

Johannes – Der Apostel der Liebe

Einer von seinen Jüngern, den Jesus liebte,
lag zu Tisch an der Brust Jesu.
Johannes 13,23

Der Apostel Johannes ist uns deshalb so vertraut, weil er so viele neutestamentliche Bücher schrieb. Er verfasste ein Evangelium und drei Briefe, die seinen Namen tragen, sowie das Buch der Offenbarung. Abgesehen von Lukas und dem Apostel Paulus war Johannes mehr an der Entstehung des Neuen Testaments beteiligt als jeder andere menschliche Verfasser. Daher gibt die Schrift uns viele Einblicke in seine Persönlichkeit und seinen Charakter. Die meisten Informationen über ihn stammen aus seinen eigenen Schriften. Sein Evangelium vermittelt uns seine Sicht von Christus. Aus seinen Briefen erfahren wir etwas über seinen Umgang mit der Gemeinde. Und das Buch der Offenbarung gewährt uns durch die Visionen, die Gott ihm gab, einen Blick in die Zukunft.

Sowohl die Schrift als auch die Geschichtsschreibung berichten, dass Johannes in der frühen Gemeinde eine wesentliche Rolle spielte. Natürlich gehörte auch er zum vertrautesten Kreis des Herrn, doch war er keineswegs ein dominierendes Mitglied dieser Gruppe. Er war der jüngere Bruder von Jakobus, und obwohl er in den ersten zwölf Kapiteln der Apostelgeschichte häufig mit Petrus unterwegs war, stand dieser stets im Vordergrund, während Johannes im Hintergrund blieb.

Aber auch für Johannes sollte eine Zeit kommen, in der er eine Führungsposition übernahm. Da er alle anderen überlebte, kam ihm in der frühen Gemeinde eine einzigartige und patriarchalische Rolle zu, die fast bis zum Ende des ersten Jahrhunderts andauerte und weit nach Kleinasien hineinreichte. Daher drückte er der Urgemeinde seinen unauslöschlichen persönlichen Stempel auf – bis weit in die nachapostolische Zeit hinein.

Nahezu alles, was wir über Jakobus' Persönlichkeit und Charakter herausfanden, trifft auch auf Johannes zu, dem jüngeren der Boanerges-Brüder. Die beiden Männer besaßen ähnliche Veranlagungen, und wie wir im vorherigen Kapitel feststellten, waren sie in den Evangelien untrennbar miteinander verbunden. Genauso wie Jakobus wollte auch Johannes Feuer vom Himmel auf die Samariter herabfallen lassen. Er war mittendrin, als es um die Frage ging, wer von ihnen der Größte sei. Sein Eifer und Ehrgeiz spiegelte die Eigenschaften seines älteren Bruders wider.

Deshalb ist es umso bemerkenswerter, dass Johannes oft als »Apostel der Liebe« bezeichnet wurde. Tatsächlich schrieb er mehr über die Bedeutung der Liebe als jeder andere neutestamentliche Verfasser. Insbesondere betonte er die Liebe der Gläubigen zu Christus, Christi Liebe zu seiner Gemeinde und die Liebe unter Christen, die das Kennzeichen echter Gläubiger sein sollte. Das Thema Liebe zieht sich wie ein roter Faden durch all seine Schriften.

Liebe war ein Charakterzug, den er von Christus *lernte*, und nicht etwas, das er von Natur aus bekam. In jungen Jahren war er ebenso ein Sohn des Donners wie Jakobus. Vergessen Sie die Vorstellung von Johannes, wie er in der mittelalterlichen Kunst häufig dargestellt wird: als sanftmütige, blasshäutige, feminine Person, die sich an Jesu Schulter lehnt und mit zartem Blick zu ihm aufschaut. Nein, er war ein rauer und kantiger Typ, genauso wie die übrigen Fischer unter den Jüngern. Um es noch einmal zu betonen: Er war ebenso intolerant, ehrgeizig, eifernd und aufbrausend wie sein älterer Bruder. Bei der einzigen Begebenheit in den synoptischen Evangelien, in der Johannes allein spricht, zeigt er seine ihn kennzeichnende unverschämte Intoleranz.

In den Evangelien von Matthäus, Markus und Lukas wird Johannes fast immer in Verbindung mit einer anderen Person genannt – mit Jesus, Petrus oder Jakobus. Nur einmal tritt Johannes allein auf und äußert sich. An dieser Stelle bekannte er dem Herrn, einen Mann zurechtgewiesen zu haben, der im Namen Jesu Dämonen austrieb, aber nicht zu den Jüngern gehörte (Mk 9,38). Wir wollen die Begebenheit einmal kurz untersuchen.

Die Evangelien machen mit diesem Ereignis deutlich, dass Johannes zu einem äußerst sektiererischen, engstirnigen, unnachgiebigen und rücksichtslosen Verhalten fähig war. Er war impulsiv, dreist, ungestüm, leidenschaftlich und ehrgeizig – genauso wie sein Bruder Jakobus. Sie waren aus dem gleichen Holz geschnitzt.

Aber mit der Zeit änderte sich Johannes und entwickelte sich unter dem Wirken des Heiligen Geistes zum Vorteil. Vergleicht man seine frühe Nachfolge mit dem Leben des betagten Patriarchen, so stellt man fest, dass aus seinen Schwachpunkten mit fortschreitender Reife seine Stärken wurden. Er ist ein erstaunliches Beispiel dafür, was aus uns werden soll, wenn wir in Christus wachsen – wie die Kraft des Herrn in Schwachheit zur Vollendung kommt.

Wenn wir heutzutage an Johannes denken, haben wir für gewöhnlich einen gutherzigen, älteren Apostel vor Augen. Kurz vor Ende des ersten Jahrhunderts wurde er als erfahrener Apostel in der Gemeinde geliebt und für seine Hingabe an Christus und seine große Liebe für alle Heiligen respektiert. Genau aus diesem Grund verdiente er sich den Beinamen »Apostel der Liebe«.

Wie wir noch sehen werden, hob seine Liebe nicht seine Leidenschaft für die Wahrheit auf. Vielmehr verschaffte sie ihm das Gleichgewicht, das er benötigte. Bis zum Lebensende bewahrte er sich eine tiefe und bleibende Liebe zu Gottes Wahrheit und verkündigte sie mutig bis zum Schluss.

Johannes' Eifer für die Wahrheit hat seinen Schreibstil geprägt. Von allen neutestamentlichen Verfassern kann sein Denken am ehesten als Schwarzweiß-Denken bezeichnet werden. Er denkt und schreibt in absoluten Begriffen. Er behandelt Gewissheiten. Bei ihm ist alles eindeutig. In seinen Lehren gibt es kaum Grauzonen, da er dazu neigt, die Dinge durch Gegensätze darzustellen.

In seinem Evangelium setzt er z.B. Licht und Finsternis einander gegenüber, außerdem Leben und Tod, das Reich Gottes und das Reich des Bösen, die Kinder Gottes und die Kinder des Teufels, das Urteil über die Gerechten und das Urteil über die Ungerechten, die Auferstehung zum Leben und die Auferstehung zum Gericht, die Annahme Christi und die Ablehnung Christi, Frucht und Fruchtlosigkeit, Gehorsam und Ungehorsam, Liebe und Hass. Er liebt es, die Wahrheit mit absoluten und gegensätzlichen Begriffen zu beschreiben. Ihm ist die Notwendigkeit einer klaren Trennungslinie bewusst.

Der gleiche Ansatz findet sich auch in seinen Briefen wieder. Johannes sagt uns, dass wir entweder im Licht oder in der Finsternis wandeln. Wenn wir aus Gott geboren sind, sündigen wir nicht – ja, wir *können* nicht sündigen (1Jo 3,9). Entweder sind wir »aus Gott« oder »aus der Welt« (1Jo 4,4-5).

Wenn wir lieben, sind wir aus Gott geboren; lieben wir aber nicht, sind wir auch nicht aus Gott geboren (V. 7-8). Johannes schreibt: »Jeder, der in ihm bleibt, sündigt nicht; jeder, der sündigt, hat ihn nicht gesehen noch ihn erkannt« (1Jo 3,6). All das sagt er ohne Einschränkung und ohne die klaren Abgrenzungen aufzuweichen.

In seinem zweiten Brief ruft er zur vollständigen Trennung von allen falschen Lehren auf: »Jeder, der weitergeht und nicht in der Lehre des Christus bleibt, hat Gott nicht; wer in der Lehre bleibt, der hat sowohl den Vater als auch den Sohn. Wenn jemand zu euch kommt und diese Lehre nicht bringt, so nehmt ihn nicht ins Haus auf und grüßt ihn nicht! Denn wer ihn grüßt, nimmt teil an seinen bösen Werken« (V. 9-11). Seinen dritten Brief beendet er in Vers 11 mit folgenden Worten: »Wer Gutes tut, ist aus Gott; wer Böses tut, hat Gott nicht gesehen.«

Johannes denkt immer nur schwarz-weiß. Auch wenn er solche Dinge schreibt, weiß Johannes natürlich sehr wohl, dass Gläubige *sündigen* (vgl. 1Jo 2,1; 1,8.10), aber er geht nicht näher auf dieses Thema ein. In erster Linie beschäftigt er sich mit dem allgemeinen Lebensmuster eines Menschen. Er möchte die Tatsache unterstreichen, dass Gerechtigkeit und nicht Sünde das vorherrschende Prinzip im Leben eines wahren Gläubigen ist. Liest man Johannes gedankenlos oder oberflächlich, so könnte man denken, dass er sagt, es gäbe keine Ausnahmen.

Paulus ist der Apostel der Ausnahmen. Er nahm sich Zeit, um die Kämpfe zu erklären, die jeder Gläubige mit der Sünde in seinem Leben hat (Röm 7). Während auch Paulus angibt, dass die aus Gott Geborenen nicht an der Sünde als Lebensmuster festhalten würden (Röm 6,6-7), so erkennt er dennoch an, dass wir noch gegen die Überreste der Sünde in unseren Gliedern zu kämpfen haben, unseren fleischlichen Neigungen widerstehen müssen und den alten Menschen ausziehen sowie den neuen anziehen sollten. Bei Johannes könnte man denken, Gerechtigkeit käme auf eine so einfache und natürliche Weise zu einem Christen, dass jedes Versagen ausreichen würde, um unsere Zuversicht vollständig zu vernichten. Aus diesem Grund muss ich manchmal zu den Paulusbriefen greifen, wenn ich vorher längere Zeit Johannes gelesen habe.

Natürlich sind sowohl die Briefe von Paulus als auch die von Johannes das inspirierte Wort Gottes und somit gleichermaßen wichtig. Die Ausnahmen in den Paulusbriefen heben somit die von Johannes so deutlich dargestellten Wahrheiten nicht auf. Und ebenso wenig erklären Johannes' unnachgiebige und eindeutige Feststellungen die vorsichtigen Einschränkungen von Paulus nicht für ungültig. Beides sind notwendige Aspekte von Gottes geoffenbarter Wahrheit.

Johannes' Schreibstil reflektiert seine Persönlichkeit. Die Wahrheit war seine Leidenschaft, und er schien alles zu tun, um sie nicht verschwommen darzustellen. Er schilderte sie in schwarz-weißen und absoluten Begriffen, ohne Tinte für Grauzonen zu verschwenden. Er lieferte Faustregeln, ohne alle Ausnahmen aufzuführen. Auch Jesus sprach oft in absoluten Dimensionen, und ohne jeden Zweifel hatte Johannes seinen Lehrstil vom Herrn. Obgleich Johannes immer in einem warmen, persönlichen Ton eines Hirten geschrieben hat, sind seine Inhalte nicht immer zum entspannenden Lesen geeignet. Sie geben jedoch stets seine tiefsten Überzeugungen und seine absolute Hingabe an die Wahrheit wieder.

Wahrscheinlich können wir durchaus mit Recht behaupten, dass ein Mann mit Johannes' Persönlichkeit zu der Gefahr neigt, Dinge bis ins Extrem zu überziehen. Und tatsächlich scheint es, als ob Johannes in jüngeren Jahren etwas von einem Extremisten an sich hatte. Ihm schien es an geistlichem Gleichgewicht zu fehlen. Sein Eifer, sein Hang zum Sektierertum, seine Intoleranz und sein egoistischer Ehrgeiz sind Sünden, die auf dieses *Ungleichgewicht* zurückzuführen sind. Es waren alles potenzielle Tugenden, die ins sündige Extrem überzogen wurden. Daher *verursachten* seine größten Charakterstärken gelegentlich seine offensichtlichsten Fehler. Petrus und Jakobus zeigten eine ähnliche Neigung, ihre größten Stärken in Schwächen zu verwandeln. Häufig wurden ihnen ihre *besten* Eigenschaften zum Fallstrick.

Von Zeit zu Zeit sind wir alle Opfer dieses Prinzips. Dies ist eine der Folgen der menschlichen Verderbtheit. Durch die Sünde verdorben, geben uns selbst unsere besten Eigenschaften manchmal Anlass zum Straucheln. Es ist eine wunderbare Sache, der Wahrheit mit Achtung zu begegnen, doch muss der Eifer für sie im Gleichgewicht mit der Liebe zu den Menschen stehen, ansonsten besteht die Gefahr von selbstgerechtem Richten, von Härte und von mangelnder Barmherzigkeit. Hart zu arbeiten und ehrgeizig zu sein, ist gut, aber wenn dies nicht durch Demut ausgewogen wird, entsteht daraus ein sündiger Stolz – ein Weiterkommen auf Kosten anderer. Auch Vertrauen ist eine wunderbare Tugend, aber wenn es zu sündigem *Selbst*vertrauen wird, werden wir selbstgefällig und geistlich nachlässig.

Natürlich ist am Eifer für die Wahrheit an sich nichts Falsches, ebenso wenig wie am Wunsch nach Erfolg oder einem Gefühl von Sicherheit. All das hat seine Berechtigung. Aber selbst eine aus dem Gleichgewicht geratene Tugend kann geistlicher Gesundheit abträglich sein – so wie eine unausgewogene Wahrheit zu ernsten Irrtümern führen kann. Ein unausgeglichener Mensch ist unbeständig. Ein charakterliches Ungleichgewicht ist eine Form von Unmäßigkeit – ein Mangel an Selbstbeherrschung – und somit Sünde. Daher ist es gefährlich, einen einzelnen Aspekt der Wahrheit oder eine einzige Charaktereigenschaft bis ins Extrem zu treiben.

Das sehen wir im Leben des jungen Johannes. Manchmal

war sein Verhalten extrem, eifernd, hart und rücksichtslos, und er war in seiner eigenen egoistischen Wahrnehmung der Wahrheit gefangen. In seinen jungen Jahren war er wohl kaum ein Kandidat für den Beinamen »Apostel der Liebe«.

Doch die drei Jahre mit Jesus verwandelten einen egozentrischen Fanatiker in einen reifen, ausgewogenen Mann. Für diesen Sohn des Donners bedeutete die Zeit mit Jesus den Anfang des Prozesses, um zum Apostel der Liebe zu werden. Christus glich seine Schwachpunkte aus, und Johannes verwandelte sich von einem eifernden Hitzkopf zu einem liebevollen und gottesfürchtigen Ältesten und erfahrenen Ratgeber der frühen Gemeinde.

Er lernte das Gleichgewicht zwischen Liebe und Wahrheit

Johannes schien sich schon früh in seinem Leben der Wahrheit verpflichtet zu haben. Von Anfang an sehen wir ihn als geistlich interessierten Mann, der nach Wahrheit suchte und ihr folgte. Bei seinem ersten Auftreten (Joh 1,35-37) sind er und Andreas Jünger von Johannes dem Täufer. Wie Andreas folgte auch Johannes sofort Jesus nach, als Johannes der Täufer diesen als den wahren Messias vorstellte. Sie waren weder unbeständig noch dem Täufer untreu. Selbst Johannes der Täufer sagte über Jesus: »Er muss wachsen, ich aber abnehmen« (Joh 3,30). Der Jünger Johannes war an der Wahrheit interessiert; er war nicht aus einem Personenkult heraus dem Täufer gefolgt. Deshalb verließ er Johannes, um Jesus nachzufolgen, sobald der Täufer ihn deutlich als das Lamm Gottes auswies.

Johannes' Liebe zur Wahrheit zeigt sich in all seinen Schriften. 25-mal benutzt er das griechische Wort für *Wahrheit* in seinen Evangelien und weitere 20-mal in seinen Briefen. Er schrieb: »Eine größere Freude habe ich nicht als dies, dass ich höre, dass meine Kinder in der Wahrheit wandeln« (3Jo 4). Jemanden, der behauptete, ein Gläubiger zu sein, aber dies nicht durch sein Leben bewies, bezeichnete er als »Lügner, und in dem ist nicht die Wahrheit« (1Jo 2,4; vgl. 1,6.8). Außer dem Herrn sprach in der Schrift sonst niemand so viel über Wahrheit.

In seinen jüngeren Jahren mangelte es Johannes in seinem Eifer für die Wahrheit manchmal an Liebe und Barmherzigkeit für andere. Er musste Ausgewogenheit lernen. Die Begebenheit in Markus 9, als Johannes einem Mann verwehrte, im Namen Jesu Dämonen auszutreiben, ist ein gutes Beispiel dafür.

In den synoptischen Evangelien ist das die einzige Stelle, wo Johannes allein handelt und spricht. Da er hier ohne Jakobus und Petrus auftritt, erhalten wir einen wichtigen und seltenen Einblick in seinen Charakter. Das ist der wirkliche Johannes. Auch Lukas 9 berichtet von dieser Begebenheit, unmittelbar bevor er den Vorfall in Samaria beschreibt, als Jakobus und Johannes Feuer vom Himmel herabfallen lassen wollten. Diese beiden Situationen sind auffallend ähnlich. In beiden Fällen zeigt Johannes Intoleranz, elitäres Denken und mangelnde Menschenliebe. Gegenüber den Samaritern bewiesen Jakobus und Johannes fehlende Liebe zu Ungläubigen. Und hier macht sich Johannes einer ähnlich lieblosen Einstellung gegenüber Mitchristen schuldig. Er hinderte den Mann daran, in Jesu Namen zu dienen, »weil er uns nicht nachfolgt« (Mk 9,38) – weil er nicht offiziell zur Gruppe gehörte.

Diese Begebenheit ereignete sich kurz nach Jesu Verklärung. Diese wunderbare Erfahrung auf dem Berg, die nur die Drei des inneren Kreises (Petrus, Jakobus und Johannes) machten, bildet den Kontext für die nachfolgenden Ereignisse dieses Kapitels. Wie immer ist es wichtig, den Zusammenhang zu verstehen.

In Markus 9,1 spricht Jesus zu seinen Jüngern: »Wahrlich, ich sage euch: Es sind einige von denen, die hier stehen, die den Tod nicht schmecken werden, bis sie das Reich Gottes in Kraft haben kommen sehen.« Natürlich klang das für die Jünger wie eine Verheißung, dass das Tausendjährige Reich noch zu ihren Lebzeiten anbrechen würde. Doch selbst heute, mehr als eintausendneunhundert Jahre nach dem Tod des letzten Jüngers, warten wir immer noch auf den Beginn des irdischen Tausendjährigen Reiches. Worauf bezog sich diese Verheißung also?

Die Ereignisse, die unmittelbar danach geschahen, geben eine deutliche Antwort auf diese Frage. Jesus verhieß ihnen eine Vorausschau auf zukünftige Ereignisse. Drei von ihnen bekämen einen Vorgeschmack auf Gottes Herrlichkeit. Ihnen würde ein Blick auf die Herrlichkeit und Macht des zukünftigen Reiches gewährt werden. Weniger als eine Woche nach seiner Verheißung würden einige von ihnen die Macht des Reiches bezeugen können: »Und nach sechs Tagen nimmt Jesus Petrus und Jakobus und Johannes mit und führt sie für sich allein auf einen hohen Berg. Und er wurde vor ihnen umgestaltet« (V. 2).

Christus nahm seine drei vertrautesten Freunde und Jünger auf einen Berg mit, wo er den Vorhang seines Menschseins beiseite zog und wo die Schechina-Herrlichkeit – das innerste Wesen des ewigen Gottes – in leuchtendem Glanz erstrahlte. »Seine Kleider wurden glänzend, sehr weiß, so wie kein Walker auf der Erde weiß machen kann« (V. 3). Matthäus schreibt, der Anblick wäre so Furcht einflößend gewesen, dass die Jünger auf ihr Angesicht fielen (Mt 17,6). Nicht im Entferntesten hatte ein Mensch etwas Vergleichbares erlebt, seit Mose, in einer Felsspalte versteckt, Gottes Herrlichkeit von hinten sah (2Mo 33,20-23). Es war eine überirdische Erfahrung, die sich die Jünger in einem solchen Ausmaß nicht einmal hätten träumen lassen.

Um dem Ganzen die Krone aufzusetzen, »erschien ihnen Elia mit Mose, und sie unterredeten sich mit Jesus« (Mk 9,4). Vers 6 erklärt, dass die Jünger sich so sehr fürchteten, dass sie nicht wussten, was sie sagen sollten.

In seiner typischen Art sprach Petrus dennoch: »Rabbi, es ist gut, dass wir hier sind; und wir wollen drei Hütten machen, dir eine und Mose eine und Elia eine« (V. 5). Wahrscheinlich dachte Petrus, das Erscheinen von Elia und Mose bedeutete den Beginn des Reiches, und das wollte er festhalten. Irrtümlicherweise schien er die drei für eine Art gleichwertiges Triumvirat gehalten zu haben, anstatt zu erkennen, dass Mose und Elia auf Christus hingewiesen und ihn über sich gestellt hatten. Genau in diesem Augenblick (»Während er noch redete« – Mt 17,5) »kam eine Wolke, die sie überschattete; und eine Stimme kam aus der Wolke: Dieser ist mein geliebter Sohn, ihn hört!« (Mk 9,7). Es waren fast dieselben Worte, die bei Jesu Taufe aus dem Himmel kamen (Mk 1,11).

Für Petrus, Jakobus und Johannes war es ein erstaunliches Erlebnis. Ihnen wurde ein einmaliges Privileg zuteil, das in der ganzen Heilsgeschichte beispiellos ist. Doch in Markus 9,9 lesen wir: »Und als sie von dem Berg herabstiegen, gebot er [Jesus] ihnen, dass sie niemand erzählen sollten, was sie gesehen hatten, ehe nicht der Sohn des Menschen aus den Toten auferstanden sei« (Mk 9,9).

Können Sie sich vorstellen, wie schwer das gewesen sein musste? Gerade noch waren sie Zeugen der unglaublichsten Sache gewesen, die je ein Mensch gesehen hatte, und nun sollten sie niemandem davon erzählen. Von ihnen wurde eine ungeheure Beherrschung verlangt.

Und schließlich stritten sich die Jünger ständig – und diese drei ganz besonders –, wer der Größte unter ihnen sei. Dieses Thema schien ihnen nicht aus dem Sinn zu gehen (und nur einige Verse später im Markus-Evangelium bewiesen sie das). So muss es für sie überaus schwer gewesen sein, diese Erfahrung nicht als Argument für ihre Zwecke zu gebrauchen. Sie hätten vom Berg herabkommen und zu den übrigen Jüngern sagen können: »Leute, was glaubt ihr, wo wir waren? Wir waren auf dem Berg dort und was glaubt ihr, wer vorbei kam? Elia und Mose!« Ihnen war ein Blick ins Reich gestattet worden. Sie hatten Dinge gesehen, die sonst niemand hätte sehen oder wissen können. Sie bekamen eine Vorschau auf die kommende Herrlichkeit. Wie schwer muss es doch gewesen sein, diese Erfahrung für sich zu behalten!

Sie schien der Debatte, wer der Größte sei, noch Auftrieb gegeben zu haben. Einige Verse später schreibt Markus, dass sie nach Kapernaum kamen. »Und als er im Hause war, fragte er sie: Was habt ihr unterwegs besprochen?« (Mk 9,33). Jesus fragte sie nicht, weil ihm die *Information* fehlte; vielmehr wollte er von ihnen ein *Bekenntnis*. Er wusste genau, worüber sie gesprochen hatten.

Doch sie waren beschämt, »denn sie hatten sich auf dem

Weg untereinander besprochen, wer der Größte sei« (V. 34). Man kann sich leicht vorstellen, wie die Diskussion begann. Petrus, Jakobus und Johannes, die nach ihrem Gipfelerlebnis nur so strotzten vor Selbstsicherheit, glaubten nun erst recht, einen Vorsprung vor den anderen zu haben. Sie hatten so wunderbare Dinge gesehen, dass sie nicht einmal darüber reden durften. Und jeder von ihnen hielt wahrscheinlich nach einem Zeichen Ausschau, das ihm mitteilte, dass er der Größte von den dreien sei. Möglicherweise stritten sie untereinander darüber, wer Jesus bei der Verklärung am nächsten stand; oder Petrus wurde von den anderen beiden daran erinnert, dass ihn eine Stimme aus dem Himmel zurechtgewiesen hatte – und so weiter.

Aber als Jesus sie fragte, worüber sie redeten, wurden sie sofort still. Sie erkannten, dass es falsch war, über diese Dinge zu diskutieren. Offenbar traf es ihr Gewissen. Deshalb konnten sie nicht zugeben, weshalb sie so viel Aufhebens machten.

Jesus wusste es natürlich. Und er ergriff die Gelegenheit, um sie ein weiteres Mal zu belehren. »Er setzte sich, rief die Zwölf, und er spricht zu ihnen: Wenn jemand der Erste sein will, soll er der Letzte von allen und aller Diener sein. Und er nahm ein Kind und stellte es in ihre Mitte; und er nahm es in seine Arme und sprach zu ihnen: Wer eins von solchen Kindern aufnehmen wird in meinem Namen, nimmt mich auf; und wer mich aufnehmen wird, nimmt nicht mich auf, sondern den, der mich gesandt hat« (V. 35-37).

Sie hatten es sich genau andersherum gedacht! Wollten sie also die Ersten im Reich Gottes sein, so mussten sie zu Dienern werden. Wenn sie wirklich groß sein wollten, mussten sie einem Kind ähnlicher werden. Anstatt miteinander zu streiten, sich gegenseitig zu bekämpfen, den anderen zu erniedrigen und sich selbst zu erhöhen, mussten sie die Rolle eines Dieners einnehmen.

Es war eine Lektion über Liebe. »Die Liebe tut nicht groß, sie bläht sich nicht auf, sie benimmt sich nicht unanständig, sie sucht nicht das Ihre« (1Kor 13,4-5). Liebe zeigt sich im Dienst an anderen – und nicht, indem sie über andere herrscht.

Das hat Johannes anscheinend ins Herz geschnitten. Es war ein ernster Tadel, und Johannes hatte ihn offensichtlich verstanden. Und genau hier folgt die einzige Stelle in den synoptischen Evangelien, wo Johannes allein spricht: »Johannes sagte zu ihm: Lehrer, wir sahen jemand Dämonen austreiben in deinem Namen; und wir wehrten ihm, weil er uns nicht nachfolgt« (Mk 9,38). Es war Sektiererei, einen Mann im Dienst für den Herrn zurechtzuweisen, nur weil er nicht der Jüngergruppe angehörte. Es zeigt die Intoleranz von Johannes, dem Sohn des Donners. Dadurch bewies er Engstirnigkeit, Ehrgeiz und den Wunsch, seinen Status ganz für sich allein zu haben und ihn mit niemandem teilen zu wollen – all das charakterisierte den jungen Johannes nur allzu oft.

Hier sehen wir deutlich, dass Johannes kein passiver Mensch war. Er war dynamisch und konkurrenzfähig. Er verurteilte einen Mann, der im Namen Jesu diente, nur weil dieser nicht zur Gruppe der Jünger zählte. Aus keinem anderen Grund hatte sich Johannes eingemischt und versucht, den Dienst dieses Mannes aufzuhalten.

Ich schätze, dass Johannes von seinem falschen Handeln überführt war und es deshalb Jesus erzählte. Anscheinend fühlte er die Schärfe von Jesu Tadel und bereute sein Tun. In Johannes begann sich etwas zu verändern, und langsam betrachtete er seinen Mangel an Liebe als etwas Unwünschenswertes. Dass Johannes dieses Bekenntnis ablegte, zeigt die Veränderung, die sich in ihm abspielte. Sein Gewissen beunruhigte ihn. Er wurde empfindsamer. Für die Wahrheit hatte er schon immer Eifer und Leidenschaft, aber jetzt brachte der Herr ihm Liebe bei. Das war ein wichtiger Wendepunkt in seinem Leben und Denken. Er begann, das notwendige Gleichgewicht zwischen Liebe und Wahrheit zu verstehen.

Das Reich Gottes benötigt Männer, die Mut, Ehrgeiz, Elan, Leidenschaft, Kühnheit und Eifer für die Wahrheit mitbringen. Mit Sicherheit besaß Johannes all diese Dinge. Doch um sein ganzes Potenzial auszuschöpfen, musste er ein Gleichgewicht zwischen diesen Eigenschaften und der Liebe herstellen. Ich glaube, dass diese Begebenheit eine entscheidende Zurechtweisung darstellte, die ihn langsam zu dem Apostel der Liebe formte, zu dem er letzten Endes wurde.

Johannes war immer der Wahrheit verpflichtet. Daran ist sicherlich nichts Falsches, aber es reicht nicht aus. Eifer für die Wahrheit muss mit der Liebe zu den Menschen im Gleichgewicht stehen. Wahrheit ohne Liebe fehlt der Anstand – sie ist nichts anderes als *brutal*. Liebe ohne Wahrheit besitzt hingegen keinen Charakter – sie ist *Heuchelei*.

Viele Menschen sind genauso unausgeglichen, wie Johannes es war, allerdings in der entgegengesetzten Richtung. Sie betonen die Liebe zu stark. Einige sind einfach nur unwissend, andere wurden getäuscht, wiederum andere scheren sich einfach nicht um die Wahrheit. In jedem Fall mangelt es an Wahrheit – und alles, was bleibt, ist Irrtum, gekleidet in oberflächliche, tolerante Sentimentalität. Das ist ein armseliger Ersatz für echte Liebe. Sie reden viel von Liebe und Toleranz, aber es fehlt ihnen jegliches Interesse an der Wahrheit. Daher ist selbst die »Liebe«, von der sie sprechen, keine echte Liebe. Wirkliche Liebe »freut sich nicht über die Ungerechtigkeit, sondern sie freut sich mit der Wahrheit« (1Kor 13,6).

Auf der anderen Seite gibt es viele Menschen, die eine Menge theologisches Wissen besitzen und die Lehre sogar auswendig kennen, aber lieblos und selbstdarstellerisch sind. Für sie besteht die Wahrheit aus kalten Fakten, die erdrückend und unattraktiv sind. Ihr Mangel an Liebe nimmt der Wahrheit, zu deren Verehrung sie sich bekennen, die Kraft.

Ein wirklich gottesfürchtiger Mensch muss beide Tugenden in gleichem Maße pflegen. Wenn Sie sich in Ihrer Heiligung etwas wünschen, dann sollte es in erster Linie dieses Gleichgewicht sein. Wenn Sie im geistlichen Bereich nach etwas streben, dann sollten Sie vor allem nach einem vollkommenen Gleichgewicht zwischen Wahrheit und Liebe streben. Sie sollten die Wahrheit kennen – und sie in Liebe bewahren.

In Epheser 4 beschreibt der Apostel Paulus dieses Gleichgewicht zwischen Wahrheit und Liebe als den Höhepunkt geistlicher Reife: Er schreibt von der »vollen Mannesreife, zum Vollmaß des Wuchses der Fülle Christi« (V. 13). Er spricht von voller Reife und vollkommener Christus-Ähnlichkeit. So schildert er das Ziel, das wir anstreben sollten: »Lasst uns aber die Wahrheit reden in Liebe und in allem hinwachsen zu ihm, der das Haupt ist, Christus« (V. 15). Das bedeutet Christus-Ähnlichkeit. Christus ist der vollkommene Ausdruck von Wahrheit und Liebe. Er ist unser Vorbild.

Nur der reife Gläubige, der »zum Vollmaß des Wuchses der Fülle Christi« gelangt ist, kann sowohl Wahrheit als auch Liebe zeigen. So ist wahre geistliche Reife definiert. Der christus-ähnliche Mensch kennt die Wahrheit und gibt sie in Liebe weiter. Er kennt die Wahrheit, wie Christus sie geoffenbart hat, und er liebt wie Christus.

Als reifer Apostel lernte Johannes diese Lektion. Sein kurzer zweiter Brief beweist, wie gut er es schaffte, Wahrheit und Liebe ins Gleichgewicht zu bekommen. Im ganzen Brief verbindet Johannes wiederholt die beiden Begriffe Wahrheit und Liebe. Er schreibt »der auserwählten Herrin und ihren Kindern, die ich liebe in der Wahrheit« (V. 1) und sagt: »Ich habe mich sehr gefreut, dass ich von deinen Kindern einige gefunden habe, die in der Wahrheit wandeln« (V. 4). Anschließend bittet er sie alle in der ersten Hälfte des Briefs inständig, auch in der Liebe zu leben. Er erinnert sie an das neue Gebot, das natürlich nicht wirklich neu ist, sondern nur noch einmal das Gebot betont, das wir von Anfang an gehört haben: »dass wir einander lieben« (V. 5).

Somit handelt die erste Hälfte dieses kurzen Briefs von der Liebe. Er bittet diese Frau und ihre Kinder nicht nur, weiter in Wahrheit zu wandeln, sondern sich auch daran zu erinnern, dass Gottes Gesetz im Wesentlichen *Liebe* ist. Daher gibt es keine größere Wahrheit als die Liebe. Die beiden sind untrennbar miteinander verbunden. Schließlich lautet das erste und größte Gebot: »Du sollst den Herrn, deinen Gott, lieben mit deinem ganzen Herzen und mit deiner ganzen Seele und mit deinem ganzen Verstand« (Mt 22,37). Und das zweite ist ihm gleich: »Du sollst deinen Nächsten lieben wie dich selbst« (V. 39). Mit anderen Worten: Echte Wahrheit handelt letzten Endes von der Liebe.

In der zweiten Hälfte des Briefs setzt Johannes ein Gegengewicht zur Liebe, indem er die Frau bittet, in ihrer Liebe keine Kompromisse einzugehen und keine falschen Lehrer, die die Wahrheit angreifen, aufzunehmen oder zu grüßen. Echte Liebe ist kein zuckersüßes Gefühl, das die Wahrheit missachtet und alles toleriert:

> *Denn viele Verführer sind in die Welt hinausgegangen, die nicht Jesus Christus, im Fleisch gekommen, bekennen; dies ist der Verführer und der Antichrist. Seht auf euch selbst, damit ihr nicht verliert, was wir erarbeitet haben, sondern vollen Lohn empfangt! Jeder, der weitergeht und nicht in der Lehre des Christus bleibt, hat Gott nicht; wer in der Lehre bleibt, der hat sowohl den Vater als auch den Sohn. Wenn jemand zu euch kommt und diese Lehre nicht bringt, so nehmt ihn nicht ins Haus auf und grüßt ihn nicht! Denn wer ihn grüßt, nimmt teil an seinen bösen Werken.* (V. 7-11)

Johannes will nicht länger Feuer vom Himmel auf die Feinde der Wahrheit herabrufen, sondern warnt diese Dame davor, nicht ins andere Extrem zu verfallen. Menschen, die ihren Lebensunterhalt damit verdienen, die Wahrheit zu verdrehen und ihr zu trotzen, soll sie weder bei sich aufnehmen noch grüßen.

Natürlich drängt der Apostel diese Frau nicht dazu, unfreundlich zu sein. Wir sollen unseren Verfolgern Gutes tun, zu denen freundlich sein, die uns hassen, jene segnen, die uns ablehnen, und für die beten, die uns beleidigen (Lk 6,27-28). Doch darf unsere Feindesliebe nicht so weit gehen, dass wir falsche Lehrer, die das Evangelium verdrehen, ermutigen oder unterstützen.

Liebe und Wahrheit müssen in einem vollkommenen Gleichgewicht zueinander gehalten werden. Die Wahrheit darf niemals im Namen der Liebe aufgegeben werden. Und Liebe darf nicht um der Wahrheit willen vernachlässigt werden. Johannes lernte das von Christus, und dies gab ihm die Ausgewogenheit, die er so dringend brauchte.

Er lernte das Gleichgewicht zwischen Ehrgeiz und Demut

In jungen Jahren hatte Johannes ehrgeizige Pläne für sich selbst. Es ist an sich ja nicht schlecht oder falsch, sich Einfluss oder Erfolg zu wünschen. Schlecht sind solch egoistische Motive, wie Johannes sie hatte. Und besonders schlecht ist Ehrgeiz ohne Demut.

Hier finden wir ein weiteres Gleichgewicht, das erreicht werden muss, damit nicht aus einer Tugend eine Untugend wird. Ehrgeiz ohne Demut wird zu Ichbezogenheit oder gar Größenwahn.

Kurz nachdem Johannes einen Mann tadelte, weil er im Namen Jesu diente, beschreibt Markus im zehnten Kapitel, wie Jakobus und Johannes mit der Bitte an Jesus herantraten, in seinem Reich zur Rechten und zur Linken Jesu sitzen zu dürfen. Gerade noch hatte Jesus über die Wichtigkeit von Demut gesprochen. In Markus 10,31 erzählte er ihnen: »Aber viele Erste werden Letzte und Letzte Erste sein.« (Das waren praktisch dieselben Worte, die Johannes zu seinem Bekenntnis in Markus 9 veranlasst haben. Jesus hatte ein Kind in ihre Mitte gestellt, um ihnen eine Lektion über Demut zu erteilen. Er sagte: »Wenn jemand der Erste sein will, soll er der Letzte von allen und aller Diener sein« [Mk 9,35].) Jesus wiederholte einfach nur dieselbe Lektion, die er ihnen immer und immer wieder über Demut erteilte.

Trotzdem berichtet Markus ein paar Verse später (10,35-37), dass Jakobus und Johannes zu Jesus kamen, um ihn um die wichtigsten Throne zu bitten. Im Kapitel über den Apostel Jakobus haben wir uns Matthäus' Schilderung der Begebenheit angeschaut. Dort erfuhren wir, dass Jakobus und Johannes ihre Mutter veranlassten, für sie zu bitten. Hier sehen wir, dass sie diese Gunst im Geheimen erbaten, denn die anderen Jünger hörten erst später davon (V. 41).

Dass sie ihre Bitte fast direkt im Anschluss an wiederholte Belehrungen des Herrn über Demut vortrugen, offenbart eine erstaunliche Unverfrorenheit. Es zeigt, wie sehr es ihnen an wahrer Demut fehlte.

Um es noch einmal zu betonen: Ehrgeiz ist nicht falsch. An sich war es völlig in Ordnung, dass sie im Reich Gottes neben Jesus sitzen wollten. Wer würde sich das nicht wünschen? Die anderen Jünger wollten das mit Sicherheit auch, denn genau das war der Grund, weshalb sie über Jakobus und Johannes verärgert waren. Jesus tadelte sie nicht wegen ihres Wunsches.

Ihr Fehler bestand darin, dass sie sich mehr wünschten, diese Position zu bekommen, als einer solchen Position würdig zu sein. Ihr Ehrgeiz war unverhältnismäßig größer als ihre Demut. Und Jesus hatte wiederholt deutlich gemacht, dass die höchsten Positionen im Reich Gottes für die demütigsten Heiligen auf Erden reserviert sind. In den Versen 42-45 finden wir seine Reaktion:

> *Und Jesus rief sie zu sich und spricht zu ihnen: Ihr wisst, dass die, welche als Regenten der Nationen gelten, sie beherrschen und ihre Großen Gewalt gegen sie üben. So aber ist es nicht unter euch; sondern wer unter euch groß werden will, soll euer Diener sein; und wer von euch der Erste sein will, soll aller Sklave sein. Denn auch der Sohn des Menschen ist nicht gekommen, um bedient zu werden, sondern um zu dienen und sein Leben zu geben als Lösegeld für viele.*

Wer groß sein will, muss zuerst Demut lernen. Christus selbst verkörperte wahre Demut in Vollendung. Außerdem breitet sich sein Reich durch demütiges Dienen aus, nicht durch Politik, Prestige, Macht oder Herrschaft. Das wollte Jesus deutlich machen, als er das Kind in ihre Mitte stellte und ihnen sagte, der wahre Gläubige müsse wie ein Kind werden. An einer anderen Stelle sagt er: »Jeder, der sich selbst erhöht, wird erniedrigt werden; wer aber sich selbst erniedrigt, wird erhöht werden« (Lk 18,14). Schon früher hatte er gesagt:

> *Wenn du von jemandem zur Hochzeit eingeladen wirst, so lege dich nicht auf den ersten Platz, damit nicht etwa ein Geehrterer als du von ihm geladen sei und der, welcher dich und ihn eingeladen hat, komme und zu dir spreche: Mach diesem Platz!*

> *Und dann wirst du anfangen, mit Schande den letzten Platz einzunehmen. Sondern wenn du eingeladen bist, so geh hin und lege dich auf den letzten Platz, damit, wenn der, welcher dich eingeladen hat, kommt, er zu dir spricht: Freund, rücke höher hinauf! Dann wirst du Ehre haben vor allen, die mit dir zu Tisch liegen. Denn jeder, der sich selbst erhöht, wird erniedrigt werden, und wer sich selbst erniedrigt, wird erhöht werden.* *(Lk 14,8-11)*

Ein ums andere Mal hatte Christus diese Wahrheit hervorgehoben: Wer im Reich Gottes groß sein will, muss ein Diener von allen werden.

Es ist erstaunlich, wie wenig diese Wahrheit in den drei Jahren mit Jesus in das Bewusstsein der Jünger eingedrungen war. Doch in der letzten Nacht seines irdischen Wirkens war kein Einziger so demütig, Handtuch und Schüssel zu nehmen, um die Aufgabe eines Dieners zu erfüllen (Joh 13,1-17). Deshalb tat der Herr das selbst.

Johannes lernte schließlich eine Ausgewogenheit zwischen Ehrgeiz und Demut. Demut ist eine der großen Tugenden, die in seinen Schriften durchscheint.

Im ganzen Johannes-Evangelium erwähnt er kein einziges Mal seinen eigenen Namen. (Der einzige »Johannes«, der in seinem Evangelium mit Namen genannt wird, ist Johannes der Täufer.) Der Apostel Johannes vermeidet es, sich auf sich selbst zu beziehen. Vielmehr erwähnt er sich in Bezug auf Jesus. Nirgendwo spielt er sich als Held in den Vordergrund, sondern erwähnt seine Person nur, um Christus zu ehren. Anstatt seinen Namen zu benutzen, was die Aufmerksamkeit auf ihn lenken könnte, spricht er von sich als dem »Jünger, den Jesus lieb hatte« (Joh 13,23; 20,2; 21,7.20). Dadurch gibt er dem Herrn die Ehre, der einen solchen Mann liebte. In der Tat scheint ihn das Wunder, dass Christus ihn liebte, mit ehrfürchtigem Staunen erfüllt zu haben. Natürlich liebte Jesus *alle* seine Apostel mit vollkommener Liebe (vgl. Joh 13,1-2). Doch Johannes schien diese Realität auf eine einzigartige Weise ergriffen zu haben, und das machte ihn demütig.

Nur das Johannes-Evangelium schildert detailliert, wie Jesus seinen Jüngern die Füße wusch. Dadurch wird deutlich, dass Jesu Demut in der Nacht seines Verrats bei Johannes einen bleibenden Eindruck hinterlassen hatte.

Johannes' Demut zeigt sich auch in der zarten Art und Weise, wie er den Leser in jedem seiner Briefe anspricht. Er nennt sie »Kinder« und »Geliebte« – gleichzeitig schließt er sich selbst als Bruder und Kind Gottes mit ein (vgl. 1Jo 3,2). In diesen Ausdrücken schwingt eine Zartheit und Barmherzigkeit mit, die seine Demut erkennen lassen. Sein letzter Beitrag zum Kanon war das Buch der Offenbarung. Dort bezeichnet er sich als »euer Bruder und Mitgenosse in der Bedrängnis und dem Königtum und dem Ausharren in Jesus« (Offb 1,9). Obwohl er der letzte verbliebene Apostel und der Patriarch der Gemeinde war, finden wir nirgendwo, dass er über andere herrschen wollte.

Auf seinem Weg mit Jesus wurde sein Ehrgeiz durch Demut ausgeglichen. Johannes war gereift – und blieb dennoch mutig, zuversichtlich, kühn und leidenschaftlich.

Er lernte das Gleichgewicht zwischen Leiden und Herrlichkeit

Wie bereits erwähnt, strebte der Apostel Johannes in jungen Jahren nach Herrlichkeit und wollte Leiden vermeiden. Sein Verlangen nach Herrlichkeit ist in seinem Wunsch zu erkennen, auf dem bedeutendsten Thron sitzen zu dürfen. Seine Abneigung gegen Leiden sehen wir in der Tatsache, dass er und die anderen Apostel in der Nacht von Jesu Festnahme ihren Herrn verließen und flohen (Mk 14,50).

Beides ist durchaus verständlich. Auf dem Berg der Verklärung hatte Johannes Jesu Herrlichkeit schließlich aus nächster Nähe gesehen, und er schätzte seine Verheißung, diese Herrlichkeit mit ihm zu teilen, sehr (Mt 19,28-29). Wie sollte er sich auch *nicht* nach einem solchen Segen sehnen? Andererseits hat auch nur ein Verrückter an Leiden Gefallen.

Am Wunsch, an der Herrlichkeit des ewigen Reiches teilzuhaben, war an sich nichts Sündiges. Christus hatte ihm einen Thron und ein Erbteil in der Herrlichkeit verheißen. Außerdem: Wenn wir erst einmal Christi Herrlichkeit in ihrer ganzen Fülle sehen werden, dann werden wir verstehen, weshalb sie die größte Belohnung in der Ewigkeit sein wird. Davon bin ich überzeugt! Ein Blick auf Jesus in seiner ganzen Herrlichkeit wird all die Schmerzen und Leiden wert sein, die wir hier auf Erden ertragen haben (vgl. Ps 17,15; 1Jo 3,2). An Christi Herrlichkeit teilzuhaben, ist daher für jedes Kind Gottes ein angemessener Wunsch.

Doch wenn wir uns nach der himmlischen Herrlichkeit sehnen, müssen wir auch bereit sein, an den irdischen Leiden teilzuhaben. Das war der Wunsch des Apostels Paulus: »Um ihn und die Kraft seiner Auferstehung und die Gemeinschaft seiner Leiden zu erkennen, indem ich seinem Tod gleichgestaltet werde« (Phil 3,10). Paulus sagte nicht, er habe eine geradezu masochistische Lust auf Schmerzen, vielmehr erkannte er an, dass Herrlichkeit und Leiden nicht voneinander zu trennen sind. Ersehnt man sich den Lohn der Herrlichkeit, so muss man auch bereit sein, Leiden zu ertragen.

Leiden sind der Preis der Herrlichkeit. Wir sind »Erben Gottes und Miterben Christi, wenn wir wirklich mitleiden, damit wir auch mitverherrlicht werden« (Röm 8,17). Immer wieder lehrte Jesus diesen Grundsatz. »Wenn jemand mir nachkommen will, der verleugne sich selbst und nehme sein Kreuz auf und folge mir nach! Denn wenn jemand sein Leben erretten will, wird er es verlieren; wenn aber jemand sein Leben verliert um meinetwillen, wird er es finden« (Mt 16,24-25). »Wenn das Weizenkorn nicht in die Erde fällt und stirbt, bleibt es allein; wenn es aber stirbt, bringt es viel Frucht. Wer sein Leben liebt, verliert es; und wer sein Leben in dieser Welt hasst, wird es zum ewigen Leben bewahren« (Joh 12,24-25).

Leiden bilden den Auftakt zur Herrlichkeit. Das Leiden der Gläubigen ist die Zusicherung der zukünftigen Herrlichkeit (1Petr 1,6-7). Und »die Leiden der jetzigen Zeit fallen nicht ins Gewicht gegenüber der zukünftigen Herrlichkeit, die an uns geoffenbart werden soll« (Röm 8,18). Bis dahin müssen diejenigen, die sich nach Herrlichkeit sehnen, diesen Wunsch mit der Bereitschaft zum Leiden ins Gleichgewicht bringen.

Alle Jünger mussten das lernen. Immerhin wollten sie *alle* die bedeutendsten Throne in der Herrlichkeit einnehmen. Doch Jesus sagte, dass diese ihren Preis hätten. Es ist nicht nur so, dass diese Throne für die Demütigen reserviert sind, sondern ihre Inhaber werden außerdem zuerst einmal auf diesen Ehrenplatz vorbereitet, indem sie Leiden demütig ertragen. Deshalb sagte Jesus zu Jakobus und Johannes, sie müssten vorher »den Kelch trinken, den ich trinke, oder mit der Taufe getauft werden, mit der ich getauft werde« (Mk 10,38).

Voller Eifer und Naivität versicherten Jakobus und Johannes ihm, sie könnten seinen Kelch trinken und mit der Taufe seiner Leiden getauft werden! »Sie aber sprachen zu ihm: Wir können es« (V. 39). In diesem Augenblick hatten sie keine Vorstellung davon, wozu sie sich gerade freiwillig bereit erklärt hatten. Sie waren wie Petrus und rühmten sich, Jesus bis in den Tod zu folgen – doch als sich die Gelegenheit dazu bot, verließen sie ihn alle und flohen.

Aber Jesus beließ es nicht bei ihrem Versagen. Alle elf Jünger flohen in der Nacht, als Jesus verraten und festgenommen wurde. Doch jeder von ihnen wurde wiederhergestellt und lernte letzten Endes, für Christus zu leiden.

Außer Johannes litten und starben sie alle um ihres Glaubens willen. Einer nach dem anderen erlitt in der Blüte seines Lebens den Märtyrertod. Johannes war der einzige Jünger, der ein hohes Alter erreichte. Aber auch er musste leiden – obschon anders als die Übrigen. Lange nachdem die anderen Jünger in die Herrlichkeit eingegangen waren, musste er noch irdische Leiden und Verfolgung ertragen.

Als Jesus in jener Nacht festgenommen wurde, begann Johannes wahrscheinlich die Bitterkeit des Kelchs zu verstehen, den er trinken müsste. Aus seinem Evangelium wissen wir, dass er und Petrus dem Herrn bis zum Haus des Hohenpriesters folgten (Joh 18,15). Dort sah er, wie Jesus gefesselt und geschlagen wurde. Soweit wir wissen, war Johannes der einzige Jünger, der Augenzeuge der Kreuzigung Jesu war. Er stand in der Nähe des Kreuzes, sodass Jesus ihn sehen konnte (Joh 19,26). Wahrscheinlich konnte er erkennen, wie die Soldaten die Nägel einschlugen. Er war dort, als ein Soldat die Seite des Herrn mit einem Speer durchbohrte. Und dabei erinnerte er sich vielleicht daran, dass er seine Zustimmung zu der gleichen Taufe gegeben hatte. Da erkannte er mit Sicherheit, wie furchtbar der Kelch war, den zu trinken er sich so leichtfertig bereit erklärt hatte!

Als sein Bruder Jakobus zum ersten Märtyrer der Gemeinde wurde, war Johannes' persönlicher Verlust größer als der der anderen Jünger. Als einer nach dem anderen den Märtyrertod starb, widerfuhr ihm zusätzliches Leid. Sie waren seine Freunde und Gefährten gewesen. Bald schon blieb nur noch er allein übrig. In gewisser Hinsicht mag dies das größte Leid gewesen sein.

Praktisch alle verlässlichen Quellen der frühen Kirchengeschichte bezeugen die Tatsache, dass Johannes der Pastor der Gemeinde wurde, die der Apostel Paulus in Ephesus gründete. Während einer großen Verfolgung der Gemeinde unter dem römischen Kaiser Domitian (Bruder und Thronfolger von Titus, der Jerusalem zerstörte) wurde Johannes von dort nach Patmos verbannt, einer kleinen dodekanischen Insel in der Ägäis vor der Westküste der heutigen Türkei. Dort lebte er in einer Höhle und empfing die apokalyptischen Visionen, die im Buch der Offenbarung beschrieben sind (vgl. Offb 1,9). Ich war in der Höhle, von der man annimmt, dass er in ihr lebte, als er die Apokalypse schrieb. Eine raue Umgebung für einen älteren Mann. Abgeschnitten von den Menschen, die er liebte, wurde er schlecht behandelt und besaß eine Steinplatte als Bett und ein Stück Fels als Kissen, während die Jahre nur langsam vorübergingen.

Aber Johannes lernte, seine Leiden bereitwillig zu ertragen. In seinen Briefen und in der Offenbarung finden wir keine Klagen über seine Umstände. Sicher ist, dass er die Offenbarung unter extremsten Entbehrungen und Verlusten schrieb. Doch erwähnt er seine Schwierigkeiten kaum und spricht von sich nur als »euer Bruder und Mitgenosse in der Bedrängnis und dem Königtum und dem Ausharren in Jesus« (Offb 1,9). Im gleichen Atemzug wie »Bedrängnis« erwähnt er auch das Ausharren, das ihn seine Leiden bereitwillig ertragen lässt. Still freute er sich auf den Tag, an dem er an der verheißenen Herrlichkeit des Reiches teilhaben würde. Das ist das richtige Gleichgewicht und eine gesunde Perspektive. Er hatte gelernt, über die irdischen Leiden hinauszusehen und die himmlische Herrlichkeit zu erwarten.

Johannes verstand die Botschaft. Er lernte die Lektionen. Indem er sich von Christus umformen ließ, wurde er zu einem menschlichen Vorbild eines gerechten, christus-ähnlichen Charakters.

Bei der Kreuzigung zeigt sich das auf überzeugende Weise. Johannes war der einzige Apostel, der nach biblischen Berichten ein Augenzeuge der Kreuzigung war. Johannes selbst schrieb, wie Jesus vom Kreuz auf seine Mutter Maria, deren Schwester Maria (die Frau von Klopas), Maria Magdalena und Johannes herabblickte (Joh 19,25). Er schreibt: »Als nun Jesus die Mutter sah und den Jünger, den er liebte, dabeistehen, spricht er zu seiner Mutter: Frau, siehe, dein Sohn! Dann spricht er zu dem Jünger: Siehe, deine Mutter! Und von jener Stunde an nahm der Jünger sie zu sich« (V. 26-27).

Offensichtlich hatte Johannes die nötigen Lektionen gelernt. Er wurde zu einem demütigen, liebevollen Diener. Anderenfalls hätte Jesus ihm nicht die Fürsorge für seine eigene Mutter anvertraut. Zu Petrus sagte Jesus: »Weide meine Schafe!« (Joh 21,17). Und zu Johannes: »Sorge für meine Mutter.« Mehrere Zeugen der frühen Kirchengeschichte berichten, dass Johannes bis zu Marias Tod Jerusalem nie verlassen und sich immer um sie gekümmert habe.

Johannes erinnert mich an viele Absolventen des theologischen Seminars – darunter auch an mich selbst als jungen Mann. Nach meinem Abschluss war ich bis über beide Ohren mit Wahrheit gefüllt, besaß aber nur wenig Geduld. Es war eine starke Versuchung, in die Gemeinde hineinzustürmen, jeden mit der Wahrheit zu überschütten und eine unmittelbare Reaktion zu erwarten. Ich musste Geduld lernen, Toleranz,

Gnade, Vergebungsbereitschaft, Güte, Barmherzigkeit – ja, alle Merkmale der Liebe. Es ist wunderbar, mutig und dynamisch zu sein, aber Liebe verleiht diesen Eigenschaften den nötigen Ausgleich. Johannes ist ein ausgezeichnetes Vorbild für solche jungen Männer.

Es mag erstaunen, dass Jesus einen Mann liebte, der die Samariter verbrennen wollte. Er liebte einen Menschen, der vom Gedanken an Status und Stellung besessen war; jemanden, der ihn im Stich ließ und die Flucht ergriff, anstatt für ihn zu leiden. Doch seine Liebe machte aus Johannes einen anderen Menschen – einen Mann, der ein Vorbild für die Liebe wurde, die Jesus ihm gab.

Wir haben bereits festgestellt, dass Johannes in seinem Evangelium und in den Briefen das Wort *Wahrheit* etwa 45-mal gebrauchte. Interessanterweise benutzte er auch das Wort *Liebe* sehr häufig – über 80-mal. Er hatte das Gleichgewicht, das Jesus ihn lehrte, verstanden. Er lernte, andere so zu lieben, wie der Herr ihn geliebt hatte. Die Liebe wurde zum Mittelpunkt der Wahrheit, die ihm so wichtig war.

Seine Theologie kann man am besten als die Lehre von der Liebe bezeichnen. Er lehrte, dass Gott ein Gott der Liebe ist, Gott seinen eigenen Sohn liebte, Gott die Welt liebte, Gott von Christus geliebt wird, Christus seine Jünger liebte, seine Jünger ihn liebten, alle Menschen Christus lieben sollen, wir einander lieben sollen und die Liebe die Erfüllung des Gesetzes ist. Liebe war ein entscheidender Bestandteil jeder seiner Lehren – das herausragende Thema seiner Theologie.

Und trotzdem glitt seine Liebe niemals ins Sentimentale ab. Auch gegen Ende seines Lebens war Johannes noch immer ein kraftvoller Streiter für die Wahrheit. Er hatte nichts von seiner Intoleranz gegenüber der Lüge verloren. In seinen Briefen, die er gegen Ende seines Lebens schrieb, wandte er sich weiterhin gegen Irrlehren, antichristliche Täuschungen, Sünde und Unmoral. In dieser Hinsicht war er bis zum Ende ein Sohn des Donners. Ich denke, der Herr wusste genau, dass der stärkste Verfechter für die Liebe ein Mann sein musste, der keine Kompromisse hinsichtlich der Wahrheit einging.

Ein weiteres Lieblingswort von Johannes war *Zeugnis*. Er gebrauchte es fast 70-mal. Er spricht vom Zeugnis Johannes' des Täufers, vom Zeugnis der Schrift, vom Zeugnis des Vaters, vom Zeugnis Christi, vom Zeugnis der Wunder, vom Zeugnis des Heiligen Geistes und vom Zeugnis der Apostel. In allen Fällen waren es Zeugnisse der *Wahrheit*. Seine Liebe zur Wahrheit blieb unverändert.

Ich bin davon überzeugt, dass Johannes nicht nur an Jesu Schulter lehnte (Joh 13,3), weil er die reine Liebe des Herrn genoss, sondern auch, um jedes Wort der Wahrheit hören zu können, das Christus redete.

Die meisten frühkirchlichen Berichte geben an, Johannes sei während der Herrschaft des Kaisers Trajan um 98 n. Chr. gestorben. Hieronymus sagt in seinem Kommentar über den Galaterbrief, der betagte Apostel Johannes sei in seinen letzten Tagen in Ephesus so gebrechlich gewesen, dass er in die Gemeinde getragen werden musste. Eine Redewendung sei beständig auf seinen Lippen gewesen: »Meine Kinder, liebt einander.« Als man ihn fragte, wieso er dies immer sagen würde, antwortete er: »Es ist das Gebot des Herrn, und wenn ihr nur das befolgt, dann reicht das aus.«

So wurden die galiläischen Fischer – Petrus, Andreas, Jakobus und Johannes – zu Menschenfischern im großen Stil und brachten Seelen für die Gemeinde ein. Durch ihr Zeugnis in den Evangelien und ihren Briefen werfen sie in gewisser Weise auch heute noch ihre Netze im Weltmeer aus. Noch immer führen sie die Menschen scharenweise zu Christus. Obwohl sie gewöhnliche Männer waren, hatten sie eine außergewöhnliche Berufung.

Philippus – Der Beamte

Philippus antwortete ihm: »Für zweihundert Denare Brote reichen nicht für sie hin, dass jeder auch nur ein wenig bekomme.«
Johannes 6,7

In den vier biblischen Auflistungen der zwölf Apostel steht Philippus immer an fünfter Stelle. Wie in Kapitel 2 herausgestellt, bedeutet dies anscheinend, dass Philippus der Anführer der zweiten Vierergruppe war. Nimmt man die biblischen Berichte als Grundlage, so spielt Philippus im Vergleich zu den vier Männern der ersten Gruppe eine untergeordnete Rolle, dennoch wird er in mehreren Begebenheiten erwähnt und sticht aus der Gesamtgruppe als eigenständige Persönlichkeit hervor.

Philippus ist ein griechischer Name und bedeutet »Pferdefreund«. Zudem wird er auch einen jüdischen Namen gehabt haben, da alle zwölf Apostel Juden waren. Allerdings wird dieser nirgends erwähnt. Nach den Eroberungen Alexanders des Großen im vierten Jahrhundert vor Christus hatte sich die griechische Zivilisation im Mittelmeerraum ausgebreitet, und im Nahen Osten hatten viele Menschen Sprache, Kultur und Brauchtum der Griechen angenommen. Sie waren als »Hellenisten« bekannt (vgl. Apg 6,1). Möglicherweise stammte Philippus aus einer jüdisch-hellenistischen Familie. Das Brauchtum sah auch einen hebräischen Namen vor, doch scheint Philippus, aus welchem Grund auch immer, ausschließlich seinen griechischen Namen benutzt zu haben. Daher kennen wir ihn nur als Philippus.

Er ist nicht zu verwechseln mit dem Diakon Philippus aus Apostelgeschichte 6, der Evangelist wurde und den äthiopischen Kämmerer zu Christus führte. Der Apostel Philippus ist eine andere Person.

Der Apostel Philippus »war von Betsaida, aus der Stadt des Andreas und Petrus« (Joh 1,44). Da sie alle gottesfürchtige Juden waren, besuchte er wahrscheinlich dieselbe Synagoge wie Petrus und Andreas. Aufgrund der Beziehung dieser beiden zu den Söhnen des Zebedäus kannte Philippus möglicherweise alle vier. Der Bibel könnte man entnehmen, dass auch Philippus, Nathanael und Thomas Fischer aus Galiläa waren, denn als die Apostel nach der Auferstehung nach Galiläa zurückkehrten und Petrus fischen ging, sagten die anderen: »Auch wir gehen mit dir« (Joh 21,3). Laut Johannes 21,2 waren »Simon Petrus und Thomas, genannt Zwilling, und Nathanael, der von Kana in Galiläa war, und die Söhne des Zebedäus und zwei andere von seinen Jüngern zusammen.« Die »zwei anderen« waren höchstwahrscheinlich Philippus und Andreas, da sie sich auch sonst immer in der Gesellschaft der anderen hier erwähnten Personen befanden.

Sollten alle sieben Männer Berufsfischer gewesen sein, so waren sie sehr wahrscheinlich Freunde und arbeiteten schon lange Zeit zusammen, bevor sie Christus nachfolgten. Das zeigt, was für eine eng zusammengewachsene Gruppe die Apostel waren. Mindestens die Hälfte, einschließlich aller Hauptpersonen, stammte aus einem kleinen Gebiet, sie übten aller Wahrscheinlichkeit nach denselben Beruf aus und waren wohl schon miteinander befreundet, bevor sie zu Jüngern wurden.

In gewisser Weise überrascht uns das ein wenig. Wir hätten erwartet, dass Jesus die Auswahl der Zwölf anders angegangen wäre. Schließlich berief er sie zu der enormen Aufgabe, Apostel, d.h. seine Stellvertreter nach seiner Himmelfahrt zu sein, die mit seiner Vollmacht reden und handeln sollten. Man hätte annehmen können, er hätte die ganze Erde durchsucht, um die begabtesten und qualifiziertesten Männer zu finden. Doch stattdessen wählte er eine kleine Gruppe von Fischern, verschiedenartige, aber normale Männer mit durchschnittlichen Begabungen und Fähigkeiten, die einander bereits kannten – und sagte: »Das sind die Richtigen.«

Alles, was er wirklich von ihnen verlangte, war, dass sie sich ihm zur Verfügung stellten. Er würde sie zu sich ziehen, sie ausbilden, mit Gaben ausstatten und sie zum Dienst bevollmächtigen. Da sie *seine* Botschaft predigen und Wunder in *sei-*

ner Kraft wirken sollten, eigneten sich diese groben Fischer besser als eine Gruppe glanzvoller Persönlichkeiten, die entsprechend ihrer eigenen Begabungen gehandelt hätten. Schließlich benahmen sich sogar diese Männer manchmal wie Primadonnen. So könnte einer der Gründe, weshalb Jesus diese spezielle Gruppe auswählte und berief, darin zu finden sein, dass sie größtenteils schon längere Zeit miteinander ausgekommen waren. Nachdem er bereits Petrus, Andreas und Johannes erwählt hatte, berief er nun Philippus, der aus demselben kleinen Dorf stammte wie ursprünglich auch Petrus und Andreas.

Was wissen wir über Philippus? Matthäus, Markus und Lukas berichten überhaupt keine Einzelheiten. Die einzigen detaillierten Beschreibungen von Philippus finden wir im Johannes-Evangelium. Aus ihnen können wir entnehmen, dass Philippus eine völlig andere Persönlichkeit als Petrus, Andreas, Jakobus oder Johannes war. Im Johannes-Evangelium finden wir Philippus oft zusammen mit Nathanael (auch als Bartholomäus bekannt), sodass wir annehmen können, dass sie gute Kameraden waren. Doch selbst von seinem besten Freund unterscheidet sich Philippus auf seine Weise. Fügen wir alles zusammen, was der Apostel Johannes über ihn schreibt, scheint Philippus eine klassische »analytische Person« gewesen zu sein. Er war ein Mensch der Zahlen und Fakten – ein praktischer Typ, der sich an die Vorschriften hält, aber nicht vorausschaut. Er gehörte zu den Menschen, die sich zum Spielverderber eignen und eher pessimistisch und alles andere als weitsichtig sind. Er war mehr damit beschäftigt, Gründe zu finden, weshalb etwas nicht zu schaffen ist, anstatt nach Möglichkeiten zur Problemlösung zu suchen. An Stelle von Visionen besaß er eine Neigung zum Pragmatismus und Zynismus – und manchmal zur Miesmacherei.

Seine Berufung

Ein Tag nach der ersten Berufung von Andreas, Johannes und Petrus durch Jesus begegnen wir Philippus zum ersten Mal (in Johannes 1). Sie erinnern sich sicherlich daran, dass Jesus diese ersten drei Jünger in der Wüste berufen hatte, wo sie zu den Füßen Johannes' des Täufers saßen. Johannes wies sie auf den Messias hin, und sie verließen ihn, um Jesus nachzufolgen.

Johannes schreibt: »Am folgenden Tag wollte er nach Galiläa aufbrechen, und er findet Philippus; und Jesus spricht zu ihm: Folge mir nach!« (Joh 1,43). Anscheinend befand sich auch Philippus bei Johannes dem Täufer in der Wüste, und bevor Jesus nach Galiläa zurückkehrte, forderte er ihn auf, sich den anderen Jüngern anzuschließen.

Petrus, Andreas und Johannes (und wahrscheinlich auch Jakobus) hatten Jesus mehr oder weniger gefunden. Um genau zu sein, Johannes der Täufer hatte sie zu Jesus geführt. Somit lesen wir jetzt zum ersten Mal, dass Jesus einen von ihnen suchte und fand.

Damit will ich nicht sagen, er habe die Übrigen nicht in seiner Souveränität gesucht und gerufen. Wir wissen, dass er sie alle vor Grundlegung der Welt ausgewählt hatte. In Johannes 15,16 sagte Jesus ihnen: »Ihr habt nicht mich erwählt, sondern ich habe euch erwählt und euch dazu bestimmt.« Doch von allen Erstbegegnungen der Jünger mit Jesus ist diese Art des Vorgehens Jesu allein der Berufung von Philippus vorbehalten. Er ist der Erste, den Jesus physisch suchte, und der Erste, zu dem er sagte: »Folge mir nach.«

Interessanterweise musste Jesus am *Ende* seines irdischen Dienstes zu Petrus sagen: »Folge mir nach« (Joh 21,19.22). Nachdem er Jesus in der Nacht des Verrats verleugnet hatte, benötigte Petrus diese Ermutigung anscheinend noch. Doch Philippus war der Erste, der diese Worte hörte und ihnen nachkam. Von Anfang an suchte Jesus Philippus aktiv. Er fand ihn und forderte ihn zur Nachfolge auf. Und Philippus war ein eifriger und bereitwilliger Jünger.

Offenbar hatte Philippus bereits ein suchendes Herz. Natürlich ist ein suchendes Herz immer ein Beweis dafür, dass Gottes Souveränität einen Menschen zu sich zieht, denn Jesus sagte: »Niemand kann zu mir kommen, wenn nicht der Vater, der mich gesandt hat, ihn zieht« (Joh 6,44) und »niemand kann zu mir kommen, es sei ihm denn von dem Vater gegeben« (V. 65).

Das suchende Herz von Philippus zeigt sich in der Art und Weise, wie er auf Jesus reagierte. »Philippus findet den Nathanael und spricht zu ihm: Wir haben den gefunden, von dem Mose in dem Gesetz geschrieben und die Propheten, Jesus, den Sohn des Josef, von Nazareth« (Joh 1,45).

Genauso wie die ersten vier Jünger hatten offenbar auch Philippus und Nathanael das Gesetz erforscht und den Messias gesucht. Aus diesem Grund waren sie alle in die Wüste gegangen, um Johannes den Täufer zu hören. Als Jesus Philippus begegnete und zu ihm sagte: »Folge mir nach«, waren seine Ohren, seine Augen und sein Herz schon geöffnet und auf die Nachfolge vorbereitet.

Philippus wählte gegenüber Nathanael eine interessante Ausdrucksweise: »*Wir* haben den gefunden.« Nach seinen Worten hatte Philippus den Messias gefunden, anstatt von ihm gefunden zu werden. Hier sehen wir das klassische Spannungsfeld zwischen der souveränen Erwählung und der menschlichen Entscheidung. Die Berufung von Philippus ist eine gute Illustration dafür, wie diese beiden Wahrheiten in vollkommener Harmonie nebeneinander existieren. Der Herr fand Philippus, dieser aber hatte den Eindruck, den Herrn gefunden zu haben. Vom menschlichen Standpunkt aus betrachtet sind beide Seiten richtig. Aber die biblische Sicht vermittelt uns, dass Gottes Erwählung ausschlaggebend ist. »Ihr habt nicht mich erwählt, sondern ich habe euch erwählt und euch dazu bestimmt« (Joh 15,16).

Aus menschlicher Sicht – der von *Philippus* – war dies dennoch das Ende seiner Suche. Durch Gottes Gnade war er ein aufrichtig Suchender. Er war dem Wort Gottes ergeben und glaubte der alttestamentlichen Verheißung auf einen Messias. Jetzt hatte er ihn gefunden – oder vielmehr, wurde er von ihm gefunden.

Philippus hatte nicht nur ein suchendes Herz, sondern auch das Herz eines Evangelisten, der einzelnen Menschen nachging. Nachdem er Jesus begegnet war, suchte er als Erstes seinen Freund Nathanael auf und erzählte ihm vom Messias.

Übrigens bin ich der Überzeugung, dass Freundschaften der fruchtbarste Boden zum Evangelisieren sind. Christus einem Menschen vorzustellen, zu dem man bereits eine gefestigte freundschaftliche und vertrauensvolle Beziehung pflegt, hat eine starke Wirkung. Wenn jemand Christ wird, scheint er unweigerlich zuerst zu einem Freund zu gehen und ihm von Christus zu erzählen. Diese Dynamik sehen wir in Philippus' spontanem Impuls, Nathanael aufzusuchen und ihm vom Messias zu berichten.

Seine Worte verraten sein Erstaunen, als er erkannte, wer der Messias war. Derjenige, von dem Mose geschrieben und den die Propheten vorhergesagt hatten, war niemand anderes als »Jesus, Sohn des Josef, von Nazareth« – der Sohn eines einfachen Zimmermanns.

Wie wir im nächsten Kapitel sehen werden, zeigte sich Nathanael zunächst wenig beeindruckt: »Nathanael sprach zu ihm: Kann aus Nazareth etwas Gutes kommen?« (Joh 1,46). Betsaida lag etwas nördlich von Nazareth; beide Ortschaften befanden sich in Galiläa. Nathanael selbst kam aus Kana (Joh 21,2), einem Dorf nördlich von Nazareth. Nazareth war in jeder Hinsicht bedeutender als Kana, somit könnte sich in Nathanaels Skepsis örtliche Rivalität widergespiegelt haben.

Doch Philippus ließ sich nicht entmutigen: »Komm und sieh!« (Joh 1,46). Die Leichtigkeit, mit der Philippus glaubte, ist bemerkenswert. Aus menschlicher Sicht hatte ihn keiner zu Jesus geführt. Er war wie Simeon, der »auf den Trost Israels wartete; und der Heilige Geist war auf ihm« (Lk 2,25). Er kannte die alttestamentlichen Verheißungen. Er war bereit und voller Erwartung. Sein Herz war vorbereitet. Und er nahm Jesus freudig und ohne Zögern als Messias auf. Kein Widerwille oder Unglaube. Für ihn spielte es keine Rolle, in was für einer Art von Stadt der Messias aufgewachsen war. Ihm war augenblicklich bewusst, dass seine Suche ein Ende gefunden hatte.

Das entspricht, offen gesagt, ganz und gar nicht dem Wesen von Philippus, und zeigt, wie sehr der Herr sein Herz vorbereitet hatte. Seine *natürliche* Neigung wäre eher von Zurückhaltung, Zweifeln, Nachfragen, Abwarten und Sehen, was passiert, geprägt gewesen. Wie wir noch sehen werden, war er nicht gerade ein entschlussfreudiger Mensch. Doch in diesem Fall hatte der Vater ihn bereits zu Christus gezogen. Und wie

Jesus sagte: »Alles, was mir der Vater gibt, *wird* zu mir kommen« (Joh 6,37; Hervorhebung hinzugefügt).

Die Speisung der Fünftausend

Das nächste Mal begegnet uns Philippus in Johannes 6 bei der Speisung der Fünftausend. Diese Begebenheit haben wir bereits im ersten Kapitel erwähnt und im Kapitel über Andreas genauer untersucht. Jetzt wollen wir sie noch einmal betrachten, diesmal aus der Perspektive von Philippus. Hier entdecken wir, wie Philippus von Natur aus war. Wir wissen bereits, dass er sich mit dem Alten Testament befasste, es wörtlich auslegte und an den Messias glaubte. Als der Messias auf ihn zukam und sagte: »Folge mir nach«, nahm er Jesus sofort in sein Leben auf und folgte ihm ohne Zögern nach. Das war Philippus' geistliche Seite. Sein Herzenszustand war in Ordnung. Er war ein Mann des Glaubens – doch allzu oft eines *schwachen* Glaubens.

Hier beginnt sich seine Persönlichkeit zu zeigen. Johannes beschreibt, wie Jesus von einer großen Menschenmenge gesucht wurde, die ihn und seine Jünger schließlich auf einem Berg fand. Wie wir im ersten Kapitel dieses Buchs feststellten, müsste die Menge aus weit mehr als fünftausend Menschen bestanden haben. Johannes 6,10 berichtet von fünftausend *Männern*. Wahrscheinlich befanden sich in der Menge auch noch mehrere Tausend Frauen und Kinder. (Insgesamt sind zehntausend oder zwanzigtausend Menschen nicht auszuschließen.) Auf jeden Fall war es eine sehr große Menschenmenge, und aus Matthäus 14,15 erfahren wir, dass es bereits Abend war. Die Leute brauchten also etwas zum Essen.

In Johannes 6,5 lesen wir: »Als nun Jesus die Augen aufhob und sah, dass eine große Volksmenge zu ihm kommt, spricht er zu Philippus: Woher sollen wir Brote kaufen, dass diese essen?«

Warum wandte er sich mit seiner Frage ausgerechnet an Philippus? Johannes gibt die Antwort: »Dies sagte er aber, um ihn zu prüfen; denn er selbst wusste, was er tun wollte« (V. 6).

Unter den Aposteln war Philippus anscheinend derjenige, der mit Verwaltungsaufgaben betraut war – der Beamte. Wahrscheinlich war ihm die Verantwortung für Mahlzeiten und Logistik übertragen worden. Wir wissen, dass Judas das Geld hatte (Joh 13,29), so macht es Sinn, dass auch jemand für den Erwerb und die Verteilung von Mahlzeiten und Vorräten verantwortlich war. Sicherlich kam diese Aufgabe Philippus' Persönlichkeit entgegen. Ob nun offiziell oder inoffiziell, er schien jedenfalls derjenige gewesen zu sein, der sich stets um die Organisation kümmerte. Er gehörte zu den Personen, die in jeder Sitzung sagen: »Ich glaube nicht, dass wir es schaffen« – der Meister des Unmöglichen. Und was ihn betraf, so fiel anscheinend alles in diese Kategorie.

Nun prüfte Jesus ihn. Nicht, um seine Gedanken herauszufinden, denn diese kannte er bereits (vgl. Joh 2,25). Auch nicht, um einen Plan von ihm zu bekommen, denn Johannes schreibt, dass Jesus schon genau wusste, was er tun würde. Er prüfte Philippus, um ihm deutlich zu machen, wie er war. Aus diesem Grund wandte sich Jesus an Philippus, den klassischen Verwaltungsmenschen, und fragte ihn: »Wie willst du all diesen Menschen Essen geben?«

Natürlich wusste Jesus genau, was Philippus dachte. Ich glaube, dass Philippus bereits dabei war, die Leute zu zählen. Als sich die Menge näherte, begann er mit seinen Schätzungen. Es war spät am Tag, und die Menge war groß und hungrig. Zu jener Zeit war es nicht so einfach, an Lebensmittel zu kommen. Am Berg gab es keine Fast-Food-Restaurants. Als Jesus ihn fragte, hatte Philippus seine Berechnungen bereits abgeschlossen: »Philippus antwortete ihm: Für zweihundert Denare Brote reichen nicht für sie hin, dass jeder auch nur ein wenig bekomme« (Joh 6,7). Seit dem Augenblick, als er die Menschenmenge erblickte, dachte er anscheinend über die Schwierigkeit nach, sie mit Lebensmitteln zu versorgen. Anstatt zu denken: *»Was für eine herrliche Möglichkeit! Jesus wird diese Menge belehren. Was für eine großartige Gelegenheit für den Herrn!«*, hatte der durch und durch pessimistische Philippus nur die Unmöglichkeit der Situation vor Augen.

Philippus war anwesend, als der Herr Wasser in Wein verwandelte (Joh 2,2). Schon oft hatte er gesehen, wie der Herr Menschen heilte und Wunder tat. Doch als er diese große Menge sah, wurde er von dem Gedanken an die Unmöglichkeit überwältigt und nahm Zuflucht zu einer materiellen Denkweise. Als Jesus seinen Glauben prüfte, reagierte er mit offenem Unglauben. *»Es ist nicht zu schaffen.«*

Aus rein menschlicher Sicht hatte er Recht. Ein Denar war der Tageslohn eines einfachen Arbeiters (vgl. Mt 20,2). Mit anderen Worten: Alle Jünger – mindestens zwölf, wahrscheinlich aber mehr – hatten für ihre Bedürfnisse zusammen nicht mehr als den achtfachen Monatslohn eines einzigen Tagelöhners. Zieht man in Betracht, was die Jünger für Essen und Unterkunft benötigten, ist das nicht viel. Mit so wenig Geld konnten sie der Menschenmenge nicht einmal einen dürftigen Imbiss anbieten. Wahrscheinlich dachte Philippus: *Mit einem Denar könnten wir zwölf Weizenfladen kaufen. Gerste ist billiger. Dann reicht ein Denar für zwanzig Gerstenfladen. Wenn wir die kleinen Fladen nehmen und sie halbieren? … Nein, es ist einfach nicht zu schaffen.* Er hatte bereits ausgerechnet, dass viertausend Gerstenfladen niemals für alle ausreichten. Seine Gedanken waren pessimistisch, analytisch und pragmatisch – vollkommen aufs Materielle und Irdische konzentriert.

Einer der wichtigsten und unbedingt notwendigen Grundzüge der Leiterschaft ist ein Gespür für Vision – und das gilt insbesondere für Christen. Aber Philippus beschäftigte sich mit irdischen Dingen und wurde daher von der Unlösbarkeit des Problems überwältigt. Er rechnete zu viel, um etwas zu wagen. Die bloßen Fakten vernebelten seinen Glauben. Die gegenwärtige Ausweglosigkeit hatte ihn so gefangen genommen, dass er Jesu Macht vergaß. Verstandesmäßige Kalkulationen hatten ihn so gefesselt, dass er die Möglichkeiten, die diese Situation mit sich brachte, nicht sah. Stattdessen hätte er sagen *sollen*: »Herr, wenn du willst, dass sie Essen bekommen, dann gib du es ihnen. Ich trete zurück und schaue zu, wie du es machst. Ich weiß, du kannst es, Herr. In Kana hast du aus Wasser Wein gemacht, und in der Wüste hast du deinen Kindern Manna gegeben. Tu es. Wir sagen jedem, dass er sich anstellen soll, und du sorgst für die Lebensmittel.« Das wäre die richtige Reaktion gewesen. Aber Philippus war der Überzeugung, es könne einfach nicht geschafft werden. Jesu grenzenlose Macht war ihm völlig aus dem Blick geraten.

Andererseits schien Andreas zu ahnen, was möglich war. Er fand einen kleinen Jungen mit zwei Fischen und fünf Gerstenbroten und brachte ihn zu Christus. Angesichts des riesigen logistischen Problems stand sogar der Glaube von Andreas vor einer Herausforderung. Er sagte zu Jesus: »Es ist ein kleiner Junge hier, der fünf Gerstenbrote und zwei Fische hat. Aber was ist dies unter so viele?« (V. 9). Entweder besaß Andreas einen schwachen Hoffnungsschimmer, dass Jesus *etwas* ausrichten konnte (denn er brachte den Jungen trotzdem zu Jesus), oder er wurde von Philippus' Pessimismus beeinflusst und unterstützte durch sein Handeln die Behauptung, dass es eine ausweglose Situation war.

Wie dem auch sein mag: Philippus verpasste die Gelegenheit, den Lohn des Glaubens davonzutragen. Stattdessen fiel Andreas die Ehre zu (der durch sein Handeln wahrscheinlich einen Funken Glauben zeigte). Wie Jesus sie auch an anderer Stelle lehrte: »Wenn ihr Glauben habt wie ein Senfkorn, so werdet ihr zu diesem Berg sagen: Hebe dich weg von hier dorthin! und er wird sich hinwegheben. Und nichts wird euch unmöglich sein« (Mt 17,20).

Philippus musste diese Lektion lernen. Ihm schien *alles* unmöglich. Er musste seine materiellen, pragmatischen und verstandesmäßigen Bedenken beiseite legen und lernen, sich auf die übernatürlichen Möglichkeiten des Glaubens zu stützen.

Der Besuch der Griechen

Johannes 12 gibt uns einen weiteren Einblick in seinen Charakter. Wieder sehen wir seine äußerst analytische Veranlagung. Er war zu sehr mit Methoden und Äußerlichkeiten beschäftigt.

Jesus aber antwortet ihnen und spricht: »Die Stunde ist gekommen, dass der Sohn des Menschen verherrlicht werde. Wahrlich, wahrlich, ich sage euch: Wenn das Weizenkorn nicht in die Erde fällt und stirbt, bleibt es allein; wenn es aber stirbt, bringt es viel Frucht. Wer sein Leben liebt, verliert es; und wer sein Leben in dieser Welt hasst, wird es zum ewigen Leben bewahren. Wenn mir jemand dient, so folge er mir nach! Und wo ich bin, da wird auch mein Diener sein. Wenn mir jemand dient, so wird der Vater ihn ehren.«
(12,23-26)

Kurz gesagt: Er predigte ihnen das Evangelium und forderte sie auf, seine Jünger zu werden.

War es richtig, diese Griechen zu Jesus zu bringen? Absolut! Jesus heißt jeden willkommen, das Wasser des Lebens umsonst zu nehmen (Offb 22,17). Es wäre falsch gewesen, diese Männer abzuweisen. Philippus schien es in seinem Herzen gewusst zu haben, auch wenn sein Kopf voller Protokolle und Vorschriften war.

Im Obersaal

Einen letzten Einblick in den Charakter von Philippus erhalten wir kurze Zeit später im Obersaal, wo er mit den anderen Jüngern das letzte Passahmahl einnahm. Bezeichnenderweise war das in der letzten Nacht des irdischen Wirkens Jesu – am Vorabend seiner Kreuzigung. Die offizielle Ausbildung der Zwölf war abgeschlossen. Und dennoch war ihr Glaube erschreckend schwach. Noch am selben Abend stritten sie am Tisch, wer von ihnen der Größte sei, anstatt Handtuch und Schüssel zu nehmen und Jesu Füße zu waschen. Viele der wichtigsten Lektionen, die er ihnen beigebracht hatte, schienen unbeachtet geblieben zu sein. Wie Jesus zu ihnen sagte: »Ihr Unverständigen und im Herzen zu träge, an alles zu glauben« (Lk 24,25).

Das traf insbesondere auf Philippus zu. Von allen törichten, impulsiven, herzzerreißenden, ignoranten Bemerkungen, die den Jüngern hin und wieder über die Lippen kamen, war keine enttäuschender als Philippus' Bemerkung im Obersaal.

In dieser Nacht war Jesu Herz sehr beschwert. Ihm war bewusst, was ihm am nächsten Tag bevorstand. Er wusste, dass seine Zeit mit den Jüngern zu Ende war, und obwohl sie aus menschlicher Sicht immer noch schlecht vorbereitet schienen, würde er den Heiligen Geist senden, um ihnen Vollmacht zu geben, seine Zeugen zu sein. Sein irdischer Dienst an ihnen war nahezu beendet. Er würde sie als Schafe mitten unter Wölfe aussenden (vgl. Mt 10,16). So tröstete er sie und machte ihnen Mut durch den Heiligen Geist, der kommen und sie bevollmächtigen würde.

Er bat sie, nicht bestürzt zu sein, und versprach ihnen, für sie eine Stätte im Himmel vorzubereiten (Joh 14,1-2). Außerdem gab er ihnen die Verheißung seiner Rückkehr, um sie zu sich zu holen, sodass sie dahin kämen, wo er hinging (V. 3). Anschließend sagte er Folgendes: »Und wohin ich gehe, dahin wisst ihr den Weg« (V. 4). Offensichtlich war mit *wohin* der Himmel gemeint, und den *Weg* dorthin hatte er in den Evangelien aufgezeigt.

Aber sie verstanden es nur langsam, und Thomas sprach wahrscheinlich für alle, als er sagte: »Herr, wir wissen nicht, wohin du gehst. Und wie können wir den Weg wissen?« (V. 5).

Jesus sagte zu ihm: »Ich bin der Weg und die Wahrheit und das Leben. Niemand kommt zum Vater als nur durch mich« (Joh 14,6). Es sollte mittlerweile deutlich geworden sein, was er meinte. Er ging zum Vater in den Himmel, und der einzige Weg dorthin war der Glaube an Christus. Natürlich ist dies einer der biblischen Schlüsseltexte über den Absolutheitsanspruch Christi. Er lehrte sie ausdrücklich, dass niemand in den Himmel kommen kann, der ihm nicht vertraut und ihn allein als seinen Erlöser annimmt. Er ist der Weg – der *einzige* Weg – zum Vater.

Anschließend fügte Jesus einen klaren Anspruch seiner eigenen Gottheit hinzu: »Wenn ihr mich erkannt habt, werdet ihr auch meinen Vater erkennen; und von jetzt an erkennt ihr ihn und habt ihn gesehen« (Joh 14,7). In den deutlichsten Worten sagte er, dass er Gott ist. Christus und sein Vater sind von ihrem Wesen her identisch. Christus zu kennen, bedeutet, den Vater zu kennen, denn die verschiedenen Personen der Dreieinheit sind in ihrem tiefsten Wesen eins. Jesus *ist* Gott. Ihn zu sehen, heißt, Gott zu sehen. Sie sahen und kannten ihn – und das bedeutete, dass sie auch den Vater kannten.

An diesem Punkt meldete sich Philippus zu Wort: »Philippus spricht zu ihm: Herr, zeige uns den Vater, und es genügt uns« (V. 8).

»Zeige uns den Vater«? Wie konnte Philippus so etwas sagen, direkt nachdem Jesus diese Worte gesprochen hatte? Das ist äußerst traurig. Man könnte annehmen, Philippus hätte es mittlerweile besser wissen müssen, nachdem er Jesus schon so lange nachgefolgt war. Die ganze Zeit hatte er Jesu Lehren gehört. Er hatte unzählige Wunder gesehen. Vor seinen Augen wurden viele Menschen von den schlimmsten Krankheiten geheilt und von körperlichen Verunstaltungen befreit. Er hatte gesehen, wie Jesus Dämonen austrieb. Tag für Tag verbrachte er seine Zeit in vertrauter Gemeinschaft mit Christus – vierundzwanzig Stunden am Tag, sieben Tage in der Woche, und das über viele Monate hinweg. Hätte er Christus wirklich gekannt, dann hätte er auch den Vater gekannt (V. 7). Wie konnte er jetzt sagen: »Zeige uns den Vater«? Wo war er die ganze Zeit?

»Jesus spricht zu ihm: So lange Zeit bin ich bei euch, und du hast mich nicht erkannt, Philippus? Wer mich gesehen hat, hat den Vater gesehen. Und wie sagst du: Zeige uns den Vater?« (V. 9). Was glaubte Philippus eigentlich, was in den letzten zwei oder drei Jahren geschehen war? Wie konnte Philippus, der zu Beginn eine so begeisterte Reaktion zeigte, am Ende eine derartige Bitte äußern? Wo war sein Glaube?

Jesus fragte ihn: »Glaubst du nicht, dass ich in dem Vater bin und der Vater in mir ist? Die Worte, die ich zu euch rede, rede ich nicht von mir selbst; der Vater aber, der in mir bleibt, tut seine Werke. Glaubt mir, dass ich in dem Vater bin und der Vater in mir ist; wenn aber nicht, so glaubt um der Werke selbst willen!« (V. 10-11). Im Grunde sagte Jesus: »Ich bin für den Vater, was ihr für mich seid. Ich bin der Apostel des Vaters. Ich bin sein *Schaliah*. Ich handle mit seiner absoluten Vollmacht.

Mehr als das: Ich bin eins mit dem Vater. Ich bin in dem Vater, und der Vater ist in mir. Wir teilen dasselbe göttliche Wesen.«

Beachten Sie den Appell: »Glaubst du nicht …? … *Glaubt mir*«! Philippus hatte Jesus bereits als Messias aufgenommen. Nun bat Christus ihn, die logische Schlussfolgerung seines Glaubens zu ziehen: Philippus befand sich bereits in der Gegenwart des lebendigen und ewigen Gottes. Es waren keine größeren Wunder erforderlich. Er benötigte keine zusätzlichen dramatischen Beweise. »Zeige uns den Vater«? Was sagte er da? Was glaubte er, was Jesus getan hatte?

Drei Jahre lang hatte Philippus Gott ins Angesicht gesehen, und noch immer war ihm das nicht bewusst. Sein irdisches, materielles Denken, seine Skepsis, seine Gefangenheit in weltlichen Dingen, seine zu intensive Beschäftigung mit Einzelheiten und seine Engstirnigkeit hatten ihn blind gemacht, sodass er nicht vollends verstehen konnte, wessen Gegenwart er die ganze Zeit genoss.

Wie die anderen Jünger auch war Philippus ein Mann mit begrenzten Fähigkeiten. Er hatte einen schwachen Glauben und ein mangelhaftes Verständnis. Er war skeptisch, analytisch, pessimistisch, unwillig und unsicher. Er wollte sich jederzeit an die Vorschriften halten. Zahlen und Fakten füllten seine Gedanken. So war er nicht in der Lage, das Gesamtbild von Christi göttlicher Macht, Person und Gnade zu begreifen. Er verstand und vertraute nur langsam und durchschaute die Umstände nicht sofort. Er wollte mehr Beweise.

Würden wir mit Philippus ein Bewerbungsgespräch über die Position führen, zu der Jesus ihn berief, würden wir möglicherweise sagen: »Er wird abgelehnt. Man kann ihn nicht zu einem der zwölf wichtigsten Männer der Weltgeschichte machen.«

Aber Jesus sagte: »Er ist genau das, wonach ich suche. Meine Kraft kommt in Schwachheit zur Vollendung. Ich werde ihn zu einem Prediger machen. Er wird zu den Gründern der Gemeinde gehören. Er wird im Reich Gottes herrschen und einen ewigen Lohn im Himmel bekommen. Und ich werde seinen Namen auf einen der zwölf Grundsteine der Stadtmauern des

Neuen Jerusalems schreiben.« Dankbarerweise gebraucht der Herr viele Menschen wie Philippus.

Die Überlieferung berichtet uns, dass Philippus bei der Ausbreitung der frühen Gemeinde sehr nützlich war und zu den ersten Aposteln gehörte, die den Märtyrertod starben. Nach den meisten Berichten wurde er in Hierapolis in Phrygien (Kleinasien) gesteinigt, acht Jahre nach dem Märtyrertod von Jakobus. Vor seinem Tod kamen durch seine Predigten viele Menschen zum Glauben.

Offenbar überwand Philippus seine menschlichen Neigungen, die seinem Glauben so oft im Weg standen. Zusammen mit den anderen Aposteln wurde er zu einem Beweis dafür, dass Gott das Törichte der Welt auserwählt hat, »damit er die Weisen zuschanden mache; und das Schwache der Welt hat Gott auserwählt, damit er das Starke zuschanden mache. Und das Unedle der Welt und das Verachtete hat Gott auserwählt, das, was nicht ist, damit er das, was ist, zunichtemache, dass sich vor Gott kein Fleisch rühme« (1Kor 1,27-29).

Nathanael – Der Truglose

Nathanael antwortete und sprach:
»Rabbi, du bist der Sohn Gottes, du bist der König Israels.«
Johannes 1,49

Philippus' engster Gefährte, Nathanael, wird in allen vier Apostellisten als Bartholomäus aufgeführt. Im Johannes-Evangelium wird er dagegen stets Nathanael genannt. *Bartholomäus* ist ein hebräischer Nachname und bedeutet »Sohn des Talmai.« *Nathanael* bedeutet »Gott hat gegeben.« Somit ist er also Nathanael, Sohn des Talmai, oder Nathanael Bar-Talmai.

Die synoptischen Evangelien und die Apostelgeschichte geben uns keine Details über Nathanaels Hintergrund, Charakter oder Persönlichkeit. Dort wird er jeweils nur einmal erwähnt – in der Auflistung der zwölf Jünger. Im Johannes-Evangelium taucht Nathanael nur an zwei Stellen auf: in Johannes 1 bei seiner Berufung und in Johannes 21,2, wo er zu denen gehörte, die nach Jesu Auferstehung und vor seiner Himmelfahrt nach Galiläa zurückkehrten und mit Petrus fischen gingen.

Laut Johannes 21,2 kam Nathanael aus dem kleinen Ort Kana in Galiläa, wo Jesus sein erstes Wunder tat und Wasser in Wein verwandelte (Joh 2,11). Kana lag in unmittelbarer Nähe zu Jesu eigener Heimatstadt Nazareth.

Wie wir im vorangegangenen Kapitel gesehen haben, brachte Philippus ihn zu Jesus, direkt nachdem er von Jesus gefunden und berufen wurde. Anscheinend waren Philippus und Nathanael gute Freunde, denn in den Apostellisten der drei synoptischen Evangelien sind ihre beiden Namen immer miteinander verbunden. Auch in den frühesten Aufzeichnungen der Kirchengeschichte und in vielen der frühen Legenden über die Apostel werden ihre Namen oftmals zusammen genannt. In den Jahren, die sie mit Christus verbrachten, waren sie anscheinend Freunde gewesen. Ähnlich wie Petrus und Andreas (die häufig als Brüder zusammen genannt werden) sowie Jakobus und Johannes (die ebenfalls Brüder waren) finden wir diese beiden immer Seite an Seite – nicht als Brüder, sondern als enge Gefährten.

Nahezu alles, was wir über Nathanael Bar-Talmai wissen, stammt aus Johannes' Bericht über seine Berufung zum Jünger. Diese Begebenheit ereignete sich in der Wüste, kurz nach Jesu Taufe, als Johannes der Täufer auf Christus als das Lamm Gottes hinwies, das die Sünde der Welt wegnimmt (Joh 1,29). Andreas, Johannes und Petrus (und möglicherweise auch Jakobus) waren die ersten Berufenen (V. 35-42). Am nächsten Tag, als er nach Galiläa gehen wollte, fand Jesus Philippus und berief auch ihn (V. 43).

Laut Vers 45 »findet Philippus den Nathanael.« Offenbar waren sie Freunde. Ob es eine Geschäftsbeziehung, ein familiäres Verhältnis oder lediglich eine soziale Beziehung war, berichtet die Schrift nicht. Aber offenbar war Philippus eng mit Nathanael verbunden, und er wusste: Nathanael würde an der Neuigkeit interessiert sein, dass der lang erwartete Messias gefunden wurde. Er konnte es gar nicht erwarten, ihm dies mitzuteilen. Deshalb suchte er ihn sofort auf und brachte ihn zu Jesus.

Anscheinend fand Philippus ihn in der Nähe desselben Ortes, wo auch er vom Herrn gefunden wurde. Die kurze Schilderung, wie Nathanael zu Jesus kam, bietet uns einen tiefen Einblick in seinen Charakter. Wir erfahren aus ihr, was für eine Art Mensch er war.

Seine Liebe zur Schrift

Eine bemerkenswerte Tatsache über Nathanael wird deutlich, als Philippus ihm sagte, dass er den Messias gefunden hatte: »Philippus findet den Nathanael und spricht zu ihm: Wir haben den gefunden, von dem Mose in dem Gesetz geschrieben und die Propheten, Jesus, den Sohn des Josef, von Nazareth« (Joh 1,45). Die Wahrheit der Schrift schien Nathanael offensichtlich etwas zu bedeuten. Da Philippus ihn kannte, war ihm klar, dass Nathanael von der Neuigkeit fasziniert sein würde, dass Jesus die Person war, die von Mose und den Propheten in der Schrift vorausgesagt wurde. Als Philippus ihm vom Messias erzählte, bezog er sich auf die alttestamentliche Prophetie. Dass Philippus Jesus auf diese Weise vorstellte, deutet an, dass Nathanael die Prophetien des Alten Testaments *kannte*.

Das lässt möglicherweise darauf schließen, dass Nathanael und Philippus das Alte Testament gemeinsam studierten. Aller Wahrscheinlichkeit nach waren sie in die Wüste gegangen, um gemeinsam Johannes dem Täufer zuzuhören. Sie hatten ein gemeinsames Interesse an der Erfüllung alttestamentlicher Prophetien. Offenbar wusste Philippus, dass die Neuigkeit über Jesus Nathanael begeistern würde.

Beachten Sie, dass er nicht zu ihm sagte: »Ich habe einen Mann gefunden, der einen wunderbaren Plan für dein Leben hat.« Oder: »Ich habe einen Mann gefunden, der deine Ehe in Ordnung bringt, deine persönlichen Probleme löst und deinem Leben Sinn gibt.« Er versuchte Nathanael nicht zu überzeugen, indem er ihm ausmalte, wie Jesus sein Leben verbessern würde. Philippus sprach von Jesus als der Erfüllung der alttestamentlichen Prophetien, weil er wusste, dass dies Nathanaels Interesse wecken würde. Als eifriger Schüler des Alten Testaments war Nathanael bereits auf der Suche nach Gottes Wahrheit.

Übrigens scheint es, als wären alle Apostel, außer Judas Iskariot, bereits auf der Suche nach göttlicher Wahrheit gewesen, bevor Jesus ihnen begegnete. Gottes Geist wirkte bereits an ihnen und zog sie. Ihre Herzen waren offen für die Wahrheit und hungerten nach ihr. Sie besaßen eine aufrichtige Liebe zu Gott und ein tiefes Verlangen danach, die Wahrheit kennen zu lernen und den Messias aufzunehmen. In dieser Hinsicht unterschieden sie sich sehr vom religiösen Establishment, das von Heuchelei und falscher Frömmigkeit beherrscht wurde. Die Jünger waren echt.

Sehr wahrscheinlich hatten Philippus und Nathanael viele Stunden gemeinsam über der Schrift gesessen und das Gesetz und die Propheten erforscht, um die Wahrheit über das Kommen des Messias herauszufinden. Dass sie sich in der Schrift so gut auskannten, erklärt zweifelsfrei, weshalb sie so schnell auf Jesus reagierten. In Nathanaels Fall fiel dies besonders auf. Eindeutig und sofort erkannte er Jesus, da er ein klares Verständnis von den Aussagen der Schrift über ihn besaß. Nathanael wusste, was die Verheißungen besagten, sodass er ihre Erfüllung erkannte, als er sie sah. Er kannte den, von dem Mose und die Propheten geschrieben hatten, und nach einem kurzen Gespräch mit ihm wusste er, dass Jesus diese Person war. Nathanael schätzte ihn schnell ein und nahm ihn auf der Stelle an. Das war möglich, weil Nathanael ein eifriger Schüler der Schrift war.

Philippus erzählte ihm: »[Es ist] Jesus, der Sohn des Josef, von Nazareth.« »Jesus« war ein geläufiger Name – *J'shua* in seiner aramäischen Form. Der gleiche Name wird im Alten Testament mit »Josua« wiedergegeben. Bezeichnenderweise bedeutet er: »Jahwe ist Rettung« (»denn er wird sein Volk erretten von seinen Sünden« – Mt 1,21). Philippus gebrauchte den Ausdruck »Sohn des Josef« als eine Art Nachnamen – »Jesus Bar-Josef«, so wie sein Freund »Nathanael Bar-Talmai« hieß. Auf diese Weise wurden Menschen für gewöhnlich identifiziert. (Es war das hebräische Pendant zu heutigen Nachnamen wie Josephson oder Johnson. So wurde durch alle Zeitalter hindurch die Identität eines Menschen bestimmt – durch Nachnamen, die sich von ihren Vätern ableiteten.)

In Philippus' Stimme klang bestimmt eine gewisse Überraschung mit, so als würde er sagen: »Du wirst es nicht glauben, aber Jesus, der Sohn Josefs, der Sohn des Zimmermanns aus Nazareth, ist der Messias!«

Seine Voreingenommenheit

Vers 46 gibt uns einen weiteren Einblick in Nathanaels Charakter. Obwohl er ein Schüler der Schrift war, der die Wahrheit Gottes suchte, ein starkes geistliches Interesse besaß und dem Wort Gottes treu und aufrichtig hingegeben war, so war er doch nur ein Mensch mit gewissen Vorurteilen. Seine Reaktion war: »Kann aus Nazareth etwas Gutes kommen?«

Er hätte sagen *können*: »Im Alten Testament sagt der Prophet Micha, dass der Messias aus Bethlehem kommt (Mi 5,1), nicht aus Nazareth.« Oder: »Aber Philippus, der Messias wird mit Jerusalem assoziiert, denn dort wird er herrschen.« Doch wie tief seine Vorurteile saßen, machen seine Worte deutlich: »Kann aus Nazareth etwas Gutes kommen?«

Das war kein rationaler oder biblischer Einwand, vielmehr basierte er auf bloßen Gefühlen und eifernder Borniertheit. Er zeigt seine Verachtung für ganz Nazareth. Offen gesagt: Auch Kana war keine besondere Stadt! Bis heute ist sie nur durchschnittlich. Wäre da nicht das Heiligtum, das an der Stelle errichtet wurde, von der man annimmt, dass Jesus dort Wasser in Wein verwandelte, so gäbe es dort überhaupt keinen Anziehungspunkt. Kana war abgelegen, während sich Nazareth wenigstens an einer Kreuzung befand. Die Menschen passierten Nazareth, wenn sie vom Mittelmeer nach Galiläa reisten. Niemand reiste durch Kana; es lag abseits von allem. Dass es in Nazareth keinen Anziehungspunkt gab, erklärt Nathanaels Vorurteil nicht vollständig. Wahrscheinlich spiegelt seine Bemerkung eine Art städtische Rivalität zwischen Nazareth und Kana wider.

Nazareth war eine raue und unkultivierte Stadt. (Ganz ähnlich wie heute.) Es ist kein besonders malerischer Ort. Obwohl sie an den Hängen der galiläischen Hügel gelegen ist, ist es keine Stadt, an die man sich gern erinnert – zur Zeit Jesu war es sogar noch schlimmer. Die Judäer schauten auf alle Galiläer herab, und diese wiederum auf die Bewohner von Nazareth. Obgleich er aus einer noch niedrigeren Ortschaft kam, gab Nathanael einfach die allgemeine Verachtung der Galiläer für Nazareth wieder. Es war die gleiche Art von regionalem Stolz, der jemanden, sagen wir einmal, aus Cleveland, dazu veranlasst, verächtlich über Buffalo zu sprechen.

Hier sehen wir wieder, dass es Gott gefällt, das Gewöhnliche, Schwache und Niedrige dieser Welt zu gebrauchen, um das Weise und Mächtige zuschanden zu machen (vgl. 1Kor

1,27). Selbst aus den verachtetsten Orten ruft Gott Menschen. Auch einen fehlerhaften Menschen, der von seinen Vorurteilen geblendet ist, kann er nehmen und zu einem Menschen machen, durch den er die Welt verändert. Letzten Endes ist das nur durch Gottes Macht zu erklären, sodass alle Ehre ihm zufällt.

Für Nathanael war es undenkbar, dass der Messias aus einer so schäbigen Stadt wie Nazareth kommen würde. Das war ein unkultivierter Ort, voll von bösen und sündigen Menschen. Nathanael erwartete einfach nicht, dass aus dort etwas Gutes stammen könnte. Und er war sich auch nicht der augenfälligen Tatsache bewusst, dass er aus einer ähnlich verachtenswerten Ortschaft kam.

Voreingenommenheit ist etwas Schlimmes. Verallgemeinerungen, die auf Überlegenheitsgefühlen und nicht auf Fakten basieren, können geistlich lähmend wirken. Vorurteile sperren viele Menschen von der Wahrheit aus. Im Grunde genommen lehnten die meisten Israeliten ihren Messias aufgrund von Vorurteilen ab. Auch sie glaubten nicht, dass ihr Messias aus Nazareth kommen würde. Dass der Messias und all seine Apostel aus Galiläa kommen würden, war für sie unvorstellbar. Sie verspotteten die Apostel als ungebildete Galiläer. Die Pharisäer machten sich über Nikodemus lustig, als sie sagten: »Bist du etwa auch aus Galiläa? Forsche und sieh, dass aus Galiläa kein Prophet aufsteht!« (Joh 7,52). Sie mochten es nicht, wenn Jesus gegen das religiöse Establishment in Jerusalem sprach. Egal, ob es nun die religiösen Führer oder die normalen Menschen in den Synagogen waren: Es waren zu einem großen Teil ihre Vorurteile, welche sie dazu veranlassten, ihn abzulehnen. Selbst in Jesu eigener Heimatstadt. Sie verspotteten Jesus als Sohn Josefs (Lk 4,22). Auch in seinem eigenen Land war er ohne Ehre, weil er nichts anderes war als der Sohn eines Zimmermanns (V. 24). Und die ganze Synagoge in Nazareth – seine Synagoge, in der er aufgewachsen war – war so voller Vorurteile, dass sie ihn über eine Klippe stürzen und töten wollten, nachdem er zu ihnen gepredigt hatte (V. 28-29).

Voreingenommenheit verzerrte ihr Bild vom Messias. Das

Volk Israel hatte Vorurteile gegen ihn als Galiläer und Nazarener, als ungebildete Person außerhalb des religiösen Establishments. Insbesondere gegenüber seiner Botschaft waren sie voreingenommen, was sie jedoch vom Evangelium ausschloss. Sie wollten ihn nicht hören, weil sie kulturelle und religiöse Eiferer waren.

John Bunyan verstand die Gefahr von Vorurteilen. In seiner berühmten Allegorie *Der Heilige Krieg* beschreibt er, wie Immanuels Truppen zu der Stadt Menschenseele kommen, um ihr das Evangelium zu bringen. Sie richteten ihren Angriff auf das Ohr-Tor von Menschenseele, da der Glaube durch das Hören kommt. Aber Diabolus, der Feind Immanuels und seiner Streitkräfte, wollte Menschenseele für die Hölle gefangen halten. Deshalb entschloss sich Diabolus, dem Angriff durch eine spezielle Wache am Ohr-Tor entgegenzutreten. Die Wache, die er auswählte, war der »alte Herr Vorurteil, ein zorniger und krankhafter Bursche.« Laut Bunyan machten sie Herrn Vorurteil »zum Hauptmann der Wache an diesem Tor, und unterstellten ihm sechzig Mann, die ›die tauben Männer‹ genannt wurden. Sie waren für diesen Dienst insofern geeignet, als dass sie sich weder um die Worte der Hauptmänner noch um die der Soldaten scherten.« Das beschreibt sehr anschaulich, in welcher Weise viele Menschen für die Wahrheit des Evangeliums unzugänglich gemacht werden. Durch ihre eigenen Vorurteile werden sie für die Wahrheit taub.

Vielerlei Vorurteile verschließen die Ohren der Menschen für das Evangelium – Rassenvorurteile, soziale Vorurteile, religiöse und intellektuelle Vorurteile. Vorurteile ließen die Mehrheit des jüdischen Volkes für den Messias taub bleiben. Satan stationierte Herrn Vorurteil und seine Schar tauber Männer an Israels Ohr-Tor. Deshalb »nahmen die Seinen ihn nicht an«, als »er in das Seine kam« (Joh 1,11).

John Bunyan gebrauchte das Bild der Taubheit, der Apostel Paulus das der Blindheit: »Wenn aber unser Evangelium doch verdeckt ist, so ist es nur bei denen verdeckt, die verloren gehen, den Ungläubigen, bei denen der Gott dieser Welt den Sinn verblendet hat, damit sie den Lichtglanz des Evangeliums von der Herrlichkeit des Christus, der Gottes Bild ist, nicht sehen« (2Kor 4,3-4). Durch Vorurteile für die Wahrheit taub und blind gemacht, verstanden sie die Botschaft nicht. So ist es auch heute noch.

Nathanael lebte in einer Gesellschaft, die von Natur aus mit Vorurteilen behaftet war. Alle sündigen Menschen sind das. Wir stellen voreingenommene Behauptungen auf und ziehen voreilige Schlüsse über andere Menschen, Bevölkerungsschichten und sogar ganze Gesellschaften. Wie wir alle besaß auch Nathanael diese sündige Neigung. Und seine Voreingenommenheit veranlasste ihn zunächst zur Skepsis, als Philippus ihm erzählte, der Messias sei Nazarener.

Zum Glück waren seine Vorurteile nicht stark genug, um ihn von Christus fern zu halten. »Philippus spricht zu ihm: Komm und sieh!« (Joh 1,46). Das ist die richtige Art, mit Vorurteilen umzugehen: Mit den Fakten konfrontieren! Vorurteile basieren auf Gefühlen. Sie sind subjektiv und spiegeln nicht zwangsläufig die Realität einer Sache wider. Daher ist das Gegenmittel gegen Vorurteile ein ehrlicher Blick auf die objektive Realität – »komm und sieh.«

Und Nathanael kam. Seine Vorurteile waren glücklicherweise nicht so stark wie sein suchendes Herz.

Sein aufrichtiges Herz

Den wichtigsten Aspekt von Nathanaels Charakter bringt Jesus selbst zum Ausdruck. Er kannte Nathanael bereits. Er »hatte nicht nötig, dass jemand Zeugnis gebe von dem Menschen; denn er selbst wusste, was in dem Menschen war« (Joh 2,25). Als er Nathanael sah, lobte er seinen Charakter: »Jesus sah den Nathanael zu sich kommen und spricht von ihm: Siehe, wahrhaftig ein Israelit, in dem kein Trug ist!« (Joh 1,47).

Können Sie sich etwas Schöneres vorstellen als diese Worte aus dem Mund Jesu? Es wäre wunderbar, dies am Lebensende hören zu dürfen, zusammen mit den Worten: »Recht so, du guter und treuer Knecht! Über weniges warst du treu, über vieles werde ich dich setzen; geh hinein in die Freude deines Herrn« (vgl. Mt 25,21.23). Auf Beerdigungen hören wir oft Lobesreden, in denen die Tugenden des Verstorbenen gerühmt werden. Doch was würden Sie davon halten, wenn Jesus so etwas schon von Anfang an über Sie sagen würde?

Das spricht Bände über Nathanaels Charakter. Er hatte von Anbeginn ein reines Herz. Natürlich war auch er ein sündiger Mensch. Seine Gedanken waren zum Teil von Vorurteilen geprägt. Aber in seinem Herzen fand sich kein Trug. Er war kein Heuchler. Seine Liebe zu Gott und sein Wunsch, den Messias zu sehen, waren echt. Er hatte ein aufrichtiges Herz ohne Arglist.

Jesus sagt über ihn: »Wahrhaftig ein Israelit.« Das griechische Wort hier, *alethos,* bedeutet »wahrhaft, wirklich, echt.« Er war ein echter Israelit.

Das ist kein Verweis auf seine physische Abstammung von Abraham. Jesus sprach nicht über Genetik. Er verband Nathanaels Status als wahrhaftiger Israelit mit der Tatsache, dass in ihm kein Trug war. Seine Truglosigkeit machte ihn zu einem echten Israeliten. Zur Zeit Jesu waren die meisten Israeliten nicht echt, sondern heuchlerisch. Sie waren Schwindler. Sie pflegten einen schönen, aber unechten geistlichen Schein in ihrem Leben; daher waren sie in Wirklichkeit keine geistlichen Kinder Abrahams. Aber Nathanael war echt.

In Römer 9,6-7 sagt der Apostel Paulus: »Denn nicht alle, die aus Israel sind, die sind Israel, auch nicht, weil sie Abrahams Nachkommen sind, sind alle Kinder.« Und in Römer 2,28-29: »Denn nicht der ist ein Jude, der es äußerlich ist, noch ist die äußerliche Beschneidung im Fleisch Beschneidung; sondern der ist ein Jude, der es innerlich ist, und Beschneidung ist die des Herzens, im Geist, nicht im Buchstaben. Sein Lob kommt nicht von Menschen, sondern von Gott.«

Hier war ein echter Jude, ein wahrer geistlicher Nachkomme Abrahams. Jemand, der den wahren und lebendigen Gott anbetete – ohne Trug und Heuchelei. Später würde Jesus in Johannes 8,31 sagen: »Wenn ihr in meinem Wort bleibt, so seid ihr wahrhaft meine Jünger.« Dabei verwendete er dasselbe griechische Wort: *alethos*.

Nathanael war ein wahrer Jünger von Anfang an. In ihm war keine Heuchelei. Das ist sehr ungewöhnlich, besonders im Israel des ersten Jahrhunderts. Jesus beschuldigte das ganze religiöse Establishment seiner Zeit der Heuchelei. Matthäus 23,13-33 enthält eine erstaunliche Schmährede gegen die Schriftgelehrten und Pharisäer, in der Jesus sie in jeglicher Hinsicht als Heuchler bezeichnete. Auch die Synagogen waren voller Heuchler. Von den höchsten Führern bis zu den Menschen auf der Straße war Heuchelei eine Seuche in diesem Volk. Aber hier war ein wahrhafter Jude ohne Heuchelei. Ein Mann, dessen Herz beschnitten und von Verunreinigung gesäubert war. Sein Glaube und seine Hingabe an Gott waren echt. Er war ohne Trug – nicht wie die Schriftgelehrten und Pharisäer. Er war ein wahrhaft gerechter Mann: Mit Sünde behaftet wie wir alle, aber vor Gott durch einen aufrichtigen und lebendigen Glauben gerechtfertigt.

Sein Glaubenseifer

Weil sein Herz aufrichtig und sein Glaube echt war, überwand Nathanael seine Vorurteile. Seine Reaktion auf Jesus und die darauf folgende Schilderung zeigen seinen wahren Charakter. Zunächst war er einfach erstaunt, dass Jesus alles über ihn zu wissen schien. »Nathanael spricht zu ihm: Woher kennst du mich?« (Joh 1,48).

Wir müssen annehmen, dass Nathanael noch immer unschlüssig war, ob dieser Mann wirklich der Messias sein konnte. Nicht, dass er Philippus' Urteil infrage stellte; Philippus war sein Freund, von dem er wusste, dass er keine vorschnellen Urteile fällte. Mit Sicherheit stellte er weder die Schrift infrage noch neigte er im Allgemeinen zu Skepsis. Doch dieser Mann aus Nazareth schien nicht in sein Bild vom Messias zu passen. Jesus war der Sohn eines Zimmermanns, ein namenloser, unauffälliger Mann aus einer Stadt, die mit keiner Prophetie in Verbindung stand. (Nazareth kommt im Alten Testament nicht einmal vor.) Und nun hatte Jesus zu ihm gesprochen, als wüsste er alles über ihn und könnte sogar in sein Herz sehen. Nathanael versuchte, das alles irgendwie zusammenzubringen.

»Woher kennst du mich?« Er könnte gemeint haben: »Willst du mir etwa schmeicheln? Versuchst du, mich durch deine Komplimente zu einem deiner Nachfolger zu machen? Wie kannst du nur wissen, was in meinem Herzen ist?«

»Jesus antwortete und sprach zu ihm: Ehe Philippus dich rief, als du unter dem Feigenbaum warst, sah ich dich« (V. 48). Das ließ die Dinge in einem ganz anderen Licht erscheinen. Das war keine Schmeichelei, sondern Allwissenheit! Jesus war nicht körperlich anwesend, um Nathanael unter dem Feigenbaum sehen zu können. Nathanael wusste das. Plötzlich erkannte er, dass er sich in der Gegenwart einer Person befand, die mit einem allsehenden Auge in das Innerste seines Herzens blicken konnte.

Welche Bedeutung hatte der Feigenbaum? Höchstwahrscheinlich war dort die Stelle, an der Nathanael über die Schrift nachdachte. Damals waren die meisten Häuser klein, manchmal bestanden sie sogar nur aus einem einzigen Raum. Häufig wurde im Haus gekocht, sodass selbst im Sommer ein Feuer brannte. Innen war es stickig und voller Rauch. Um die Häuser herum pflanzte man Bäume, die die Häuser kühl hielten und Schatten spendeten. Feigenbäume waren besonders geeignet, da sie herrliche Früchte trugen und viel Schatten gaben. Sie werden nur etwa viereinhalb Meter groß. Ihr Stamm ist recht kurz und knorrig, und ihre Äste hängen tief herab und breiten sich siebeneinhalb bis neun Meter weit aus. Ein Feigenbaum in Hausnähe sorgte für einen großen schattigen und geschützten Ort draußen. Wollte man dem Lärm und der stickigen Atmosphäre des Hauses entkommen, konnte man nach draußen gehen und unter seinem Schatten ausruhen. Es war eine Art privater Platz an der frischen Luft, wo man in Ruhe nachdenken und für sich allein sein konnte. Nathanael ging dort zweifellos hin, um die Schrift zu studieren und zu beten.

Im Grunde sagte Jesus: »Ich kenne deinen Herzenszustand, denn ich sah dich unter dem Feigenbaum. Ich weiß, was du dort gemacht hast. Es ist deine private Kammer, wo du zum

Studieren und Beten hingehst. Dort denkst du über die Schrift nach. Und ich habe dich an diesem geheimen Ort gesehen. Ich weiß, was du gemacht hast.« Jesus sah nicht nur den *Ort*, an dem er sich aufhielt, er sah auch sein *Herz*. Er kannte Nathanaels aufrichtigen Charakter, weil er direkt in ihn hineinblicken konnte, während er unter dem Feigenbaum saß.

Das reichte Nathanael. Er »antwortete und sprach: Rabbi, du bist der Sohn Gottes, du bist der König Israels« (V. 49).

Das ganze Johannes-Evangelium wurde geschrieben, um zu beweisen, dass Jesus der Sohn Gottes ist (Joh 20,31). Die ersten Worte von Johannes erklären auf überzeugende Weise Jesu Gottheit (»Im Anfang war das Wort, und das Wort war bei Gott, und das Wort war Gott.«) Alles in seinem Evangelium ist auf den Beweis hin ausgerichtet, dass Jesus der Sohn Gottes ist und dasselbe Wesen wie Gott besitzt: Johannes hebt seine Wunder hervor, sein sündloses Wesen, die göttliche Weisheit seiner Lehren und seine Wesensmerkmale, die dieselben sind wie die des Vaters. Er beschreibt, wie Jesus auf vielerlei Weise seine Gottheit bewies. Und das erste Kapitel enthält Nathanaels Zeugnis, dass dieser Jesus der allwissende Sohn Gottes ist. Er besitzt dasselbe Wesen wie Gott.

Genau diese Wahrheit hatte Nathanaels Freund Philippus zwei Jahre später immer noch nicht verstanden, als er Jesus im Obersaal bat: »Zeige uns den Vater« (Joh 14,8-9). Was Philippus bis zum Schluss nicht erfasst hatte, begriff sein Freund Nathanael direkt zu Beginn.

Nathanael kannte das Alte Testament. Er war mit den Propheten vertraut. Er wusste, wen er suchte. Jesu Allwissenheit, sein geistliches Verständnis und seine Fähigkeit, in Nathanaels Herz zu schauen, überzeugten ihn davon, dass Jesus wirklich der Messias war – obwohl er aus Nazareth kam.

Dass Nathanael mit den messianischen Verheißungen des Alten Testaments vertraut war, zeigt sich an seiner Reaktion (»Du bist der Sohn Gottes, du bist der König Israels«). Psalm 2 lässt deutlich erkennen, dass der Messias der Sohn Gottes sein würde. Viele alttestamentliche Prophetien sprachen von ihm als dem »König Israels«, einschließlich Zefanja 3,15 (»Der HERR hat deine Strafgerichte weggenommen, deinen Feind weggefegt. Der König Israels, der HERR, ist in deiner Mitte, du wirst kein Unglück mehr sehen«) und Sacharja 9,9 (»Juble laut, Tochter Zion, jauchze, Tochter Jerusalem! Siehe, dein König kommt zu dir: Gerecht und siegreich ist er, demütig und auf einem Esel reitend, und zwar auf einem Fohlen, einem Jungen der Eselin«). Derselbe Vers, in dem seine Geburt in Bethlehem vorausgesagt wird, spricht von ihm als dem »Herrscher über Israel«, dessen »Ursprünge sind von der Urzeit, von den Tagen der Ewigkeit her« (Mi 5,1). Hier wird er nicht nur als Herrscher beschrieben, sondern auch als der Ewige. Als Nathanael den Beweis seiner Allwissenheit sah, erkannte er Jesus augenblicklich als den verheißenen Messias, als Gottes Sohn und als König Israels an.

Nathanael war wie Simeon, der das Kind Jesus in die Arme nahm und sagte: »Nun, Herr, entlässt du deinen Knecht nach deinem Wort in Frieden; denn meine Augen haben dein Heil gesehen, das du bereitet hast im Angesicht aller Nationen: ein Licht zur Offenbarung für die Nationen und zur Herrlichkeit deines Volkes Israel« (Lk 2,29-32). Auch er erkannte Jesus sofort als denjenigen, auf den er gewartet hatte. Nathanael – ein Mensch, der die Schrift sorgfältig studierte – war ein wahrer Jude, der auf den Messias wartete und wusste, dass dieser der Sohn Gottes und König Israels sein würde. Er gehörte nicht zu denen, die mit einer halben Hingabe zufrieden waren. Gleich am ersten Tag kam er zu vollem Verständnis und ganzer Hingabe.

»Jesus antwortete und sprach zu ihm: Weil ich dir sagte: Ich sah dich unter dem Feigenbaum, glaubst du? Du wirst Größeres als dies sehen. Und er spricht zu ihm: Wahrlich, wahrlich, ich sage euch: Ihr werdet den Himmel geöffnet sehen und die Engel Gottes auf- und niedersteigen auf den Sohn des Menschen« (Joh 1,50-51). Er bestätigte Nathanaels Glauben und gab ihm die Verheißung, dass er noch größere Dinge sehen würde als eine einfache Demonstration seiner Allwissenheit. Wenn eine Aussage über den Feigenbaum ausreichte, um Nathanael zu überzeugen, dass er der Sohn Gottes und König Israels war, dann hatte er noch nicht viel gesehen. Von nun an würde alles, was ihm begegnete, seinen Glauben bereichern und vergrößern.

Die meisten Jünger hatten schon zu kämpfen, um überhaupt dort hinzukommen, wo Nathanael nach seiner ersten Begegnung mit Christus bereits war. Aber für Nathanael war das Wirken Jesu nur eine Bestätigung dessen, was er sowieso schon für wahr hielt. Es ist wunderbar, jemanden zu sehen, der Jesus gleich von Anbeginn vertraute. Für ihn waren die drei Jahre mit Jesus ein sich entfaltendes Panorama einer übernatürlichen Realität!

Im Alten Testament hatte Jakob einen Traum, in dem eine Leiter auf die Erde gestellt war, »und ihre Spitze berührte den Himmel; und siehe, Engel Gottes stiegen darauf auf und nieder« (1Mo 28,12). Im Gespräch mit Nathanael nahm Jesus Bezug auf diese alttestamentliche Begebenheit. *Er* war die Leiter. Und Nathanael würde die Engel Gottes auf ihn auf- und niedersteigen sehen. Mit anderen Worten: Jesus *ist* die Leiter, die Himmel und Erde miteinander verbindet.

Das ist alles, was wir aus der Schrift über Nathanael wissen. Frühe Kirchenberichte deuten darauf hin, dass er in Persien und Indien diente und das Evangelium bis nach Armenien trug. Über seinen Tod gibt es keine verlässlichen Aufzeichnungen. Eine Überlieferung schildert, wie er in einen Sack gesteckt und ins Meer geworfen wurde. Eine andere berichtet, er wäre gekreuzigt worden. Alle Berichte stimmen darin überein, dass er wie die anderen Jünger – außer Johannes – den Märtyrertod starb.

Allerdings wissen wir, dass Nathanael vom Anfang bis zum Ende treu blieb. Alles, was er mit Jesus in dessen irdischem Dienst und nach der Geburt der neutestamentlichen Gemeinde erlebte, machte seinen Glauben letzten Endes nur stärker. Wie alle anderen Jünger ist auch Nathanael ein Beweis dafür, dass Gott die gewöhnlichsten Menschen aus den unbedeutendsten Orten nehmen und sie zu seiner Verherrlichung gebrauchen kann.

Matthäus – Der Zöllner
Thomas – Der Zwilling

Und als Jesus von dort weiterging, sah er einen Menschen mit Namen Matthäus am Zollhaus sitzen, und er spricht zu ihm: »Folge mir nach!« Und er stand auf und folgte ihm nach.
Matthäus 9,9

Da sprach Thomas, der auch Zwilling genannt ist, zu den Mitjüngern: »Lasst auch uns gehen, dass wir mit ihm sterben.«
Johannes 11,16

Wie wir schon die ganze Zeit gesehen haben, sticht eine Tatsache im Leben aller zwölf Apostel besonders hervor: dass sie so normal und unkultiviert waren, als Jesus ihnen begegnete. Außer Judas Iskariot stammten sie alle aus Galiläa. Diese ganze Region war vorwiegend ländlich geprägt und mit kleinen Städten und Dörfern übersät. Ihre Bevölkerung gehörte nicht zur Elite. Sie waren nicht für ihre Bildung bekannt. Sie waren die Gewöhnlichsten der Gewöhnlichen – Fischer und Bauern.

Aus diesem Umfeld kamen auch die Jünger. Mit Absicht überging Christus vornehme und einflussreiche Menschen und erwählte stattdessen Männer, die größtenteils zum Abschaum der Gesellschaft gehörten.

So lief es bei Gott schon immer. Er erhöhte die Demütigen und erniedrigte die Stolzen: »Aus dem Munde der Kinder und Säuglinge hast du Macht gegründet« (Ps 8,3). »Denn die, die in der Höhe wohnen, hat er niedergeworfen, die hochragende Stadt; er hat sie niedergestürzt, hat sie zu Boden niedergestürzt, hat sie niedergestoßen bis in den Staub. Es zertritt sie der Fuß, die Füße der Elenden, die Tritte der Geringen« (Jes 26,5-6). Zu Israel sagte Gott: »Und ich werde in deiner Mitte ein demütiges und geringes Volk übrig lassen, und sie werden beim Namen des HERRN Zuflucht suchen« (Zef 3,12). »So spricht der Herr, HERR: Weg mit dem Kopfbund, und fort mit der Krone! Nichts bleibt, wie es ist. Das Niedrige soll erhöht und das Hohe erniedrigt werden!« (Hes 21,31).

Somit sollte es auch nicht überraschen, dass Christus religiöses Elitedenken verachtete. Die religiösen Führungspersonen seiner Zeit (wie auch die große Mehrheit der religiösen Berühmtheiten unserer Tage) waren blinde Leiter der Blinden. Die meisten Mitglieder des jüdischen Establishments waren geistlich so blind, dass sie Jesus nicht als Messias erkannten, als er kam und vor ihren Augen Wunder tat. Vielmehr sahen sie in ihm einen Eindringling. Sie hielten ihn für einen Feind. Und von Anfang an, schon als er zum ersten Mal öffentlich predigte, suchten sie nach einer Möglichkeit, ihn zu töten (Lk 4,28-29).

Letzten Endes waren es die Hohenpriester und Israels Hoher Rat, die die Menge dazu brachte, nach seinem Blut zu verlangen. Das religiöse Establishment hasste ihn. So verwundert es nicht, dass Jesus die religiöse Elite überging und stattdessen einfache gläubige Männer nahm, die in jeglicher Hinsicht alles andere als außergewöhnlich waren.

Nicht, dass die selbstgerechten religiösen Führer nicht an Jesu Wunder geglaubt hätten. In keinem Evangelium lesen wir, dass die *Realität* seiner Wunder jemals abgestritten wurde. Wer könnte das auch? Es waren zu viele, die außerdem in aller Öffentlichkeit getan wurden, um sie einfach abzutun. Natürlich versuchten einige Leute, sie der Macht Satans zuzuschreiben (Mt 12,24). Doch niemand leugnete ihre Realität. Jeder konnte sehen, dass er Macht besaß, nach seinem Willen Dämonen auszutreiben und Wunder zu wirken. Niemand konnte ernsthaft seine Macht über alles Übernatürliche infrage stellen.

Doch es waren nicht die Wunder, worüber sich die religiösen Führer ärgerten. Sie hätten mit der Tatsache leben können, dass er auf dem Wasser gehen und Tausende von Menschen mit Nahrung versorgen konnte. Sie konnten jedoch nicht hinnehmen, dass er sie Sünder nannte. Sie hielten sich nicht für Arme, Gefangene, Blinde und Zerschlagene (Lk 4,18). Sie waren zu selbstgerecht. Als Jesus Buße predigte (so wie auch Johannes der Täufer vor ihm) und sagte, sie seien sündige, arme, blinde und verlorene Menschen unter der Knechtschaft ihrer eigenen Missetaten und bräuchten Vergebung und Reinigung, da konnten und wollten sie das nicht wahrhaben. So war letzten Endes seine *Botschaft* der Grund, weshalb sie ihn hassten, verleumdeten und schließlich töteten.

Genau aus diesem Grund ernannte er einfache, gewöhnliche Männer zu seinen Aposteln. Sie weigerten sich nicht, ihre Sündhaftigkeit anzuerkennen.

Matthäus, der Zöllner

Aller Wahrscheinlichkeit nach war keiner von den Zwölfen mehr als Sünder verschrien als Matthäus. In Markus 2,14 finden wir seinen jüdischen Namen – »Levi, Sohn des Alphäus«. In Lukas 5,27-29 nennt der Schreiber ihn »Levi« und in den Apostellisten in Lukas 6,15 und Apostelgeschichte 1,13 »Matthäus«.

Matthäus hat natürlich auch das Evangelium geschrieben, das seinen Namen trägt. Daher könnten wir annehmen, eine Menge Details über diesen Mann und seinen Charakter zu besitzen. Doch Tatsache ist, dass wir sehr wenig über Matthäus wissen. Das Einzige, was wir mit Sicherheit sagen können, ist, dass er ein bescheidener, zurückhaltender Mann war, der sich in seinem ausführlichen Bericht über Leben und Wirken Jesu fast gänzlich im Hintergrund hält. Nur zweimal erwähnt er in seinem Evangelium seinen Namen. (Das erste Mal bei seiner Berufung und das zweite Mal bei der Auflistung aller zwölf Apostel.)

Als Jesus ihn berief, war Matthäus ein Steuereintreiber, ein Zöllner. Das ist die *schlechteste* Empfehlung, die wir für einen Apostel Christi erwarten würden, der zu einem der wichtigsten Führer der Gemeinde und Prediger des Evangeliums werden sollte. Schließlich waren Zöllner die verachtetsten Menschen in ganz Israel. Sie wurden von der ganzen jüdischen Gesellschaft gehasst und geschmäht. Sie waren sogar noch verhasster als die Herodianer (Juden, die der idumäischen Dynastie von Herodes gegenüber loyal waren) und wurden noch mehr verspottet als die römischen Besatzer. Zöllner hatten vom römischen Kaiser eine Lizenz zur Steuereintreibung gekauft und erpressten von den Israeliten Geld, um die römische Staatskasse und ihre eigenen Taschen zu füllen. Oft quetschten sie sogar mit Hilfe von Schlägern das Geld aus den Menschen heraus. Viele von ihnen waren widerliche, gemeine und charakterlose Schurken.

Matthäus 9,9 berichtet von der Berufung dieses Mannes. Sie taucht aus dem Nichts auf und trifft den Leser völlig unvorbereitet: »Und als Jesus von dort weiterging, sah er einen Menschen mit Namen Matthäus am Zollhaus sitzen, und er spricht zu ihm: Folge mir nach! Und er stand auf und folgte ihm nach.« Das ist der einzige Blick, den uns Matthäus in seinem Evangelium auf sich gewährt.

Im nächsten Vers schreibt Matthäus weiter: »Und es geschah, als er in dem Haus zu Tisch lag, und siehe, da kamen viele Zöllner und Sünder und lagen zu Tisch mit Jesus und seinen Jüngern« (V. 10). Lukas zeigt, dass es sich hier im Grunde um ein riesiges Festessen handelte, das Matthäus zu Jesu Ehren in seinem Haus abhielt. Anscheinend lud er viele seiner Zöllner-Kollegen und verschiedene andere Schurken und soziale Außenseiter ein, denen er Jesus vorstellen wollte. Wie Philippus und Andreas verspürte auch Matthäus gleich zu Beginn einen großen Drang, seine engsten Freunde mit dem Heiland bekannt zu machen. Er war so sehr davon ergriffen, den Messias gefunden zu haben, dass er ihn all seinen Bekannten vorstellen wollte. Deshalb richtete er zu Jesu Ehren ein großes Bankett aus und lud sie alle ein.

Lukas beschreibt dieses Ereignis wie folgt: »Und Levi machte ihm ein großes Mahl in seinem Haus; und da war eine große Menge von Zöllnern und anderen, die mit ihnen zu Tisch lagen. Und die Pharisäer und ihre Schriftgelehrten murrten gegen seine Jünger und sprachen: Warum esst und trinkt ihr mit den Zöllnern und Sündern? Und Jesus antwortete und sprach zu ihnen: Nicht die Gesunden brauchen einen Arzt, sondern die Kranken; ich bin nicht gekommen, Gerechte zu rufen, sondern Sünder zur Buße« (Lk 5,29-32).

Warum lud Matthäus Steuereintreiber und andere Außenseiter ein? Weil das die einzigen Menschen waren, die er kannte und die mit einem Mann wie Matthäus verkehrten. Aus der gesellschaftlichen Elite kannte er niemanden gut genug, um ihn einzuladen. Er war ein Zöllner und hatte somit den gleichen sozialen Stand wie Huren (Mt 21,32). Für einen *Juden* war es sogar noch schlimmer, Zöllner zu sein. Seine Tätigkeit machte ihn zu einem Volksverräter, einem sozial Ausgestoßenen, zum Übelsten der Üblen. Außerdem war er von religiöser Betätigung ausgeschlossen; das Betreten der Synagoge war ihm untersagt.

Daher gehörten Matthäus' einzige Freunde zum Pöbel der Gesellschaft – Kleinkriminelle, Ganoven, Prostituierte und ihresgleichen. Diese lud er in sein Haus ein, um ihnen Jesus vorzustellen. Wie Matthäus selbst berichtet, kamen Jesus und seine Apostel gerne in sein Haus und aßen mit diesen Leuten.

Natürlich waren die religiösen Führer darüber empört und schockiert. Sie verschwendeten keine Zeit, ihre Kritik den Jüngern mitzuteilen. Aber Jesus antwortete ihnen, dass es die Kranken sind, die den Arzt benötigen. Er war nicht gekommen, um Selbstgerechte zu rufen, sondern Sünder zur Buße. Mit anderen Worten: Es gab nichts, was er für die religiöse Elite tun konnte, solange diese an ihrem heuchlerischen Schein festhielt. Aber Menschen wie Matthäus, die auf ihr Sündenbekenntnis vorbereitet waren, konnten Vergebung und Erlösung empfangen.

Interessanterweise wird allen drei Zöllnern, die in den Evangelien ausdrücklich erwähnt werden, vergeben. Diese drei waren Zachäus in Lukas 19,2-10, der Zöllner im Gleichnis in Lukas 18,10-14 und eben Matthäus. Außerdem heißt es in Lukas 15,1: »Es nahten sich aber zu ihm alle Zöllner und Sünder, ihn zu hören.« Nachdem Jesus den Dienst von Johannes dem Täufer gelobt hatte, finden wir in Lukas 7,29 Folgendes: »Und das ganze Volk, das zuhörte, und die Zöllner haben Gott Recht gegeben, indem sie sich mit der Taufe des Johannes taufen ließen.« Die religiösen Führer dagegen ermahnte Jesus mit folgenden Worten: »Wahrlich, ich sage euch, dass die Zöllner und die Huren euch vorangehen in das Reich Gottes. Denn Johannes kam zu euch im Weg der Gerechtigkeit, und ihr glaubtet ihm nicht; die Zöllner aber und die Huren glaubten ihm; euch aber, als ihr es saht, gereute es auch danach nicht, sodass ihr ihm geglaubt hättet« (Mt 21,31-32).

Das Gleichnis vom Pharisäer und vom Zöllner in Lukas 18,10-14 könnte durchaus auch auf einer wahren Begebenheit beruhen. Jesus sagte:

> *Zwei Menschen gingen hinauf in den Tempel, um zu beten, der eine ein Pharisäer und der andere ein Zöllner. Der Pharisäer stand und betete bei sich selbst so: Gott, ich danke dir, dass ich nicht bin wie die übrigen der Menschen: Räuber, Ungerechte, Ehebrecher oder auch wie dieser Zöllner. Ich faste zweimal in der Woche, ich verzehnte alles, was ich erwerbe. Der Zöllner aber stand weitab und wollte sogar die Augen nicht aufheben zum Himmel, sondern schlug an seine Brust und sprach: Gott, sei mir, dem Sünder, gnädig! Ich sage euch: Dieser ging gerechtfertigt hinab in sein Haus im Gegensatz zu jenem; denn jeder, der sich selbst erhöht, wird erniedrigt werden; wer aber sich selbst erniedrigt, wird erhöht werden.*

Beachten Sie, dass der Zöllner »weitab« stand. Das musste er auch. Ihm war es nur erlaubt, den Vorhof der Heiden zu betreten, nicht aber den Tempel. Da sie so verhasst waren, mussten sich Zöllner von jeder Gruppe fern halten. Der jüdische Talmud lehrte, dass es rechtlich in Ordnung sei, einen Zöllner zu belügen und zu betrügen, denn genau das verdiente ein professioneller Erpresser.

Offenbar sollten Zöllner eine gewisse Summe für die Regierung eintreiben (vgl. Mt 22,21; Röm 13,7). Doch bestand mit dem römischen Kaiser eine stillschweigende Vereinbarung, dass der Zöllner genauso auch höhere Gebührensätze und zusätzliche Steuern veranschlagen konnte. Darüber hinaus war es ihm gestattet, einen bestimmten Anteil für sich zu behalten.

Es gab zwei Arten von Zöllnern, die *Gabbai* und die *Mokhes*. Die Gabbai waren allgemeine Steuereintreiber. Sie nahmen Besitz-, Einkommens- und Kopfsteuern ein. Diese Steuern waren von offizieller Seite festgesetzt, sodass es dabei wenig Spielraum für sie gab. Die Mokhes hingegen kassierten Abgaben für Im- und Exporte, für Waren, die für den Binnenhandel bestimmt waren, und für praktisch alles, was auf der Straße transportiert wurde. Sie erhoben Straßen- und Brückenzölle, besteuerten Lasttiere und die Achsen von Transportfahrzeugen und veranschlagten Tarife für Pakete, Briefe und was immer sie finden konnten. Die Festsetzung dieser Tarife geschah oft willkürlich und war von ihrer Laune abhängig.

Die Mokhes konnten noch einmal in Große Mokhes und Kleine Mokhes unterteilt werden. Ein Großer Mokhes hielt sich im Hintergrund und stellte andere ein, die für ihn die Steuern eintrieben. (Zachäus war anscheinend ein Großer Mokhes, ein »Oberzöllner« – Lk 19,2). Matthäus war offenbar ein Kleiner Mokhes, der allein im Zollhaus saß und persönlich mit den Menschen zu tun hatte (Mt 9,9). Somit sahen ihn die Menschen und ärgerten sich über ihn. Er war der Schlechteste der Schlechten. Kein Jude, der etwas auf sich hielt, wäre jemals Zöllner geworden. Denn dies hätte ihn nicht nur von seinem eigenen Volk getrennt, sondern auch von Gott. Da er aus der Synagoge ausgeschlossen war und im Tempel nicht opfern oder anbeten durfte, erging es ihm in religiöser Hinsicht sogar schlechter als einem Heiden.

Daher muss es für Matthäus ein überwältigendes Ereignis gewesen sein, als Jesus ihn erwählte. Es geschah aus heiterem Himmel. Matthäus berichtet, dass Jesus ihn in seinem Zollhaus sitzen sah und einfach zu ihm sagte: »Folge mir nach!« (Mt 9,9).

Ohne Zögern »stand [Matthäus] auf und folgte ihm nach.« Er verließ sein Zollhaus und gab seine verrufene Tätigkeit auf.

Jetzt, wo diese Entscheidung erst einmal getroffen war, war sie auch nicht mehr rückgängig zu machen. Es gab keinen Mangel an geldgierigen Haien, die eine Lizenz zur Steuereintreibung begehrten. Mit Sicherheit kam nach seinem Weggang sofort ein anderer und übernahm seine Geschäfte. Nachdem Matthäus erst einmal weg war, konnte er auch nicht mehr zurückkommen. Er bereute seine Entscheidung aber auch nicht.

Was brachte einen Mann wie Matthäus dazu, sofort alles stehen und liegen zu lassen? Wahrscheinlich war er ein Materialist. Zumindest muss er das irgendwann einmal gewesen sein, ansonsten wäre er nie in eine solche Position gekommen. Weshalb ließ er also alles hinter sich und folgte Jesus nach, ohne zu wissen, was die Zukunft bringen würde?

Die beste Antwort, die wir geben können, ist die, dass Matthäus – trotz allem, was er in seinem gewählten Beruf getan hatte – in seinem tiefsten Inneren ein Jude war, der das Alte Testament kannte und liebte. Er verspürte geistlichen Hunger. An einem Punkt in seinem Leben, höchstwahrscheinlich, *nachdem* er seinen widerwärtigen Beruf gewählt hatte, suchte ihn ein quälender geistlicher Hunger heim, und er wurde zu einem aufrichtig Suchenden. Natürlich suchte und zog Gott *ihn*, und seinem Ziehen konnte Matthäus nicht widerstehen.

Wir wissen, dass Matthäus das Alte Testament sehr gut kannte, denn in seinem Evangelium finden wir neunundneunzig alttestamentliche Zitate. Das sind mehr als bei Markus, Lukas und Johannes zusammen. Offensichtlich war Matthäus mit dem Alten Testament sehr vertraut. Er zitierte aus dem Gesetz, den Psalmen und den Propheten – aus jedem Teil des Alten Testaments. Er besaß also eine gute Kenntnis der ganzen Schrift, die ihm zur Verfügung stand. Er muss sein alttestamentliches Studium selbst betrieben haben, da er vom gepredigten Wort Gottes in den Synagogen ausgeschlossen war. Um die geistliche Leere seines Lebens zu füllen, hatte er sich anscheinend der Schrift zugewandt.

Er glaubte an den wahren Gott. Und weil er die Offenbarung Gottes kannte, verstand er die Verheißungen, die auf den Messias hindeuteten. Auch Jesus dürfte ihm nicht unbekannt gewesen sein. Während er in seinem Zollhaus saß, hörte er wahrscheinlich des Öfteren von den Taten dieses Wunderwirkers, der in ganz Palästina Krankheiten heilte, Dämonen austrieb und Wunder tat. Als Jesus ihm begegnete und ihn in seine Nachfolge rief, besaß er genügend Glauben, um alles aufzugeben und ihm nachzufolgen. Nicht nur die Unmittelbarkeit seiner Reaktion verdeutlichte seinen Glauben, sondern genauso auch die Tatsache, dass er im Anschluss daran in seinem Haus ein Gastmahl ausrichtete.

Das ist praktisch alles, was wir über Matthäus wissen: Er kannte das Alte Testament, glaubte an Gott, hielt nach dem Messias Ausschau, gab augenblicklich alles auf, als er Jesus begegnete, und stellte ihn voller Freude den Ausgestoßenen seines Lebensumfelds mit Freuden vor. Er wurde ein Mann der stillen Demut, der die Außenseiter liebte und religiöser Heuchelei keinen Raum ließ – ein Mann mit einem großen Glauben und einer völligen Hingabe an Christus. Seine Erfahrungen mit Jesus erinnern uns daran, dass der Herr oft die verachtetsten Leute erwählt, sie erlöst, ihnen ein neues Herz gibt und sie auf außergewöhnliche Weise gebraucht.

Vergebung ist der rote Faden, der sich nach seiner Bekehrung durch Matthäus 9 zieht. Gerade als Zöllner kannte Matthäus seine Sünde und seine Habgier, und merkte den Verrat an seinem eigenen Volk. Ihm war bewusst, dass er sich der Bestechung, Erpressung und Unterdrückung schuldig gemacht hatte. Aber als Jesus zu ihm sagte: »Folge mir nach«, wusste Matthäus, dass diese Aufforderung das Versprechen auf Sündenvergebung mit einschloss. Sein Herz sehnte sich schon lange nach dieser Vergebung. Und deshalb stand er ohne Zögern auf und widmete den Rest seines Lebens der Nachfolge Christi.

Wir wissen, dass Matthäus eine jüdische Leserschaft im Sinn hatte, als er sein Evangelium schrieb. Laut Überlieferung diente er viele Jahre den Juden in Israel und im Ausland, bevor er wegen seines Glaubens den Märtyrertod erlitt. Es existiert kein verlässlicher Bericht über seine Todesart, allerdings lassen die frühesten Aufzeichnungen darauf schließen, dass er auf dem Scheiterhaufen verbrannt wurde. Nachdem er ohne weiteres seine lukrative Karriere hinter sich gelassen hatte, war dieser Mann bereit, alles für Christus zu geben – bis zum Ende.

Thomas, der Pessimist

Der letzte Apostel der zweiten Vierergruppe ist uns ebenfalls vertraut: Thomas. Normalerweise ist er auch als »zweifelnder« oder »ungläubiger Thomas« bekannt, obgleich es nicht die passendste Bezeichnung für ihn zu sein scheint. Er war ein besserer Mann, als der Volksmund erahnen lässt.

Allerdings können wir durchaus mit Recht behaupten, dass Thomas ein pessimistischer Mensch war. Er war ein Schwarzseher, ein Grübler, und neigte zu Sorgen und Ängstlichkeit. Er rechnete immer mit dem Schlimmsten. Eher sein Pessimismus als sein Zweifeln scheint seine ständige Untugend gewesen zu sein.

Laut Johannes 11,16 wurde Thomas auch »Zwilling« (griech.: *didymos*) genannt. Anscheinend hatte er einen Zwillingsbruder oder eine Zwillingsschwester, doch die Schrift erwähnt den anderen Zwilling nicht.

Wie Nathanael taucht Thomas in den synoptischen Evangelien nur jeweils einmal auf. Er wird nur zusammen mit den anderen elf Aposteln aufgeführt. Matthäus, Markus und Lukas nennen keine Einzelheiten über ihn. Alles, was wir über seinen Charakter wissen, erfahren wir aus dem Johannes-Evangelium.

Johannes macht seine Neigung deutlich, nur die dunklen Seiten des Lebens zu sehen. Bei allem schien er immer nur mit dem Schlimmsten zu rechnen. Trotz seines Pessimismus schimmern im Johannes-Evangelium auch erneuerte Wesenszüge durch.

Das erste Mal wird Thomas in Johannes 11,16 erwähnt. Es ist nur ein einziger Vers, aber dieser spricht Bände über seinen wirklichen Charakter.

Kurz bevor Lazarus aus den Toten auferweckt wurde, meldete sich Thomas zu Wort. Jesus hatte Jerusalem verlassen, weil sein Leben dort in Gefahr war: »Und er ging wieder weg jenseits des Jordan an den Ort, wo Johannes zuerst taufte, und er blieb dort« (Joh 10,40). Viele Menschen kamen zu Jesus, um ihn predigen zu hören. Johannes sagt: »Und es glaubten dort viele an ihn« (Joh 10,42). Möglicherweise erlebten die Jünger die fruchtbringendste Zeit, seitdem sie Jesus nachfolgten. Menschen bekehrten sich. Und Jesus konnte seinen Dienst ohne den Widerstand der religiösen Führer in Jerusalem ausüben.

Doch dann geschah etwas, das ihren Aufenthalt in der Wüste beendete. Johannes schreibt: »Es war aber einer krank, Lazarus, von Betanien, aus dem Dorf der Maria und ihrer Schwester Marta. Maria aber war es, die den Herrn mit Salböl salbte und seine Füße mit ihren Haaren abtrocknete; deren Bruder Lazarus war krank« (Joh 11,1-2). Betanien lag am Stadtrand von Jerusalem. Und Jesus hatte eine enge und liebevolle, von einer besonderen Zuneigung geprägte Beziehung zu der dort lebenden kleinen Familie. Sie nahmen ihn auf und kümmerten sich um seine Bedürfnisse.

Nun war sein lieber Freund Lazarus krank, und Maria und Marta ließen Jesus die Nachricht überbringen: »Herr, siehe, der, den du lieb hast, ist krank!« (V. 3). Sie wussten: Wenn Jesus zu Lazarus kommen würde, dann könnte er ihn heilen.

Es war eine unglückliche Situation. Würde Jesus in die Nähe von Jerusalem kommen, dann würde er sich ärgster Feindschaft aussetzen. In Johannes 10,39 wird berichtet, dass die jüdischen Führer ihn ergreifen wollten. Sie hatten sich bereits entschieden, ihn zu töten. Schon einmal war er ihrem Zugriff entwichen, doch wenn er nach Betanien zurückkehren würde, würden sie ihn sicherlich aufspüren und wieder ergreifen wollen.

Die Jünger müssen vor Erleichterung aufgeatmet haben, als Jesus sagte: »Diese Krankheit ist nicht zum Tode, sondern um der Herrlichkeit Gottes willen, damit der Sohn Gottes durch sie verherrlicht werde« (Joh 11,4). Natürlich *meinte* er, Lazarus' Tod sei nicht das *endgültige* Ergebnis seiner Krankheit. Der Sohn Gottes würde sich durch Lazarus' Auferweckung aus den Toten verherrlichen. Jesus wusste, dass Lazarus sterben würde. Er kannte sogar seine genaue Todesstunde.

Johannes schreibt: »Jesus aber liebte die Marta und ihre Schwester und den Lazarus. Als er nun hörte, dass er krank sei, blieb er noch zwei Tage an dem Ort, wo er war« (V. 5-6). Auf den ersten Blick erscheint die Gegenüberstellung der beiden Aussagen hier seltsam: Jesus liebte Lazarus und seine Familie, doch blieb er, wo er war, während Lazarus starb. Er zögerte, um Lazarus sterben zu lassen. Aber es *war* ein Akt der Liebe, da der Segen, den sie durch Lazarus' Totenauferweckung empfingen, größer war, als wenn er von seiner Krankheit geheilt worden wäre. Es war eine größere Verherrlichung für Jesus und stärkte ihren Glauben an ihn viel mehr. Deshalb wartete Jesus einige Tage, sodass Lazarus bei seiner Ankunft bereits vier Tage tot war (V. 39).

Aufgrund seines übernatürlichen Wissens war ihm der genaue Todeszeitpunkt bekannt. Aus diesem Grund wartete er. »Danach erst spricht er zu den Jüngern: Lasst uns wieder nach Judäa gehen« (V. 7).

Die Jünger hielten das für unvernünftig. Sie sagten: »Rabbi, eben suchten die Juden dich zu steinigen, und wieder gehst du dahin?« (V. 8). Ehrlich gesagt wollten sie nicht zurück nach Jerusalem. Der Dienst in der Wüste war fantastisch. In Jerusalem riskierten sie dagegen alle, gesteinigt zu werden. Es war kein guter Zeitpunkt für einen Besuch in Betanien, das praktisch in Sichtweite des Tempels lag, wo die erbittertsten Feinde Jesu ihren Sitz hatten.

Seine Antwort darauf ist interessant. Er gibt ihnen ein anschauliches Beispiel. »Hat der Tag nicht zwölf Stunden? Wenn jemand am Tag umhergeht, stößt er nicht an, weil er das Licht dieser Welt sieht; wenn aber jemand in der Nacht umhergeht, stößt er an, weil das Licht nicht in ihm ist« (V. 9-10). Er musste also nicht herumschleichen wie ein gewöhnlicher Verbrecher. Er war entschlossen, seine Aufgabe am helllichten Tag zu tun, weil man dann *nicht* anstößt. Diejenigen, die in der Dunkelheit unterwegs sind, laufen Gefahr, anzustoßen – insbesondere die religiösen Führer, die heimlich nach einer Möglichkeit suchten, ihn zu töten.

Dies sagte er den Jüngern, um sie zu beruhigen. Es war offensichtlich, dass sie nicht zurückgehen und sterben wollten. Aber Jesus versicherte ihnen, dass sie nichts zu befürchten hätten. Und natürlich wusste er, dass seine Todesstunde in den Händen Gottes und nicht in den Händen seiner Feinde lag. Unser Herr gab seine Absicht zu erkennen, als er sagte: »Lazarus, unser Freund, ist eingeschlafen; aber ich gehe hin, damit ich ihn aufwecke« (V. 11).

Die Jünger verstanden ihn nicht und erwiderten: »Herr, wenn er eingeschlafen ist, so wird er geheilt werden« (V. 12). Warum sollte man ihm nicht Ruhe gönnen, wenn er nur eingeschlafen war? Schließlich hatte Jesus bereits gesagt, dass diese Krankheit nicht zum Tode wäre. Die Jünger konnten die Dringlichkeit der Situation nicht erkennen. Für sie klang es so, als wäre Lazarus schon auf dem Weg der Besserung.

»Jesus aber hatte von seinem Tod gesprochen: sie aber meinten, er rede von der Ruhe des Schlafes. Dann nun sagte ihnen Jesus gerade heraus: Lazarus ist gestorben; und ich bin froh um euretwillen, dass ich nicht dort war, damit ihr glaubt; aber lasst uns zu ihm gehen« (V. 13-15).

Jetzt verstanden sie. Jesus *musste* zurückkehren. Er war fest dazu entschlossen. Sie hätten es ihm nicht ausreden können. Für sie muss es wie die größtmögliche Katastrophe ausgesehen haben. Sie waren starr vor Angst. Sie waren überzeugt: Würde Jesus nach Betanien zurückgehen, dann würde er getötet werden. Aber sein Entschluss stand fest.

Nun meldete sich Thomas zu Wort. An dieser Stelle begegnen wir ihm zum ersten Mal in den Evangelien: »Da sprach Thomas, der auch Zwilling genannt ist, zu den Mitjüngern: Lasst auch uns gehen, dass wir mit ihm sterben« (V. 16).

Das war pessimistisch und außerdem typisch für Thomas. Aber es ist ein heroischer Pessimismus. Er sah nichts anderes als eine Katastrophe vor sich liegen und war überzeugt, dass Jesus direkt in seine Steinigung hineinlief. Doch wenn es das war, was der Herr tun wollte, war Thomas entschlossen, ihm zu folgen und mit ihm zu sterben. Dieser Mut ist bewundernswert.

Es ist nicht leicht, Pessimist zu sein. Vielmehr ist es eine sehr unglückliche Lebenseinstellung. Ein Optimist hätte vielleicht gesagt: »Lasst uns gehen; es wird schon. Der Herr weiß, was er tut. Er sagt, dass er nicht ins Stolpern geraten wird. Er wird es schaffen.« Aber der Pessimist sagt: »Er wird sterben, und wir mit ihm.« Wenigstens hatte Thomas den Mut zur Treue – trotz seines Pessimismus. Für einen Optimisten ist es wesentlich einfacher, loyal zu sein. Er rechnet immer mit dem Besten. Für einen Pessimisten hingegen ist es schwer, da er vom Schlimmsten überzeugt ist. Was wir hier bei Thomas sehen können, ist also ein heroischer Pessimismus – wahrer Mut.

Thomas hatte sich Christus ausgeliefert. In dieser Hinsicht könnte man ihn mit Johannes vergleichen. Denken wir an jemanden, den der Herr liebte und der mit ihm eine vertraute Beziehung pflegte, dann kommt uns normalerweise immer Johannes in den Sinn, weil er Jesus immer nahe war. Aber diese Schilderung macht klar, dass Thomas nicht ohne Jesus leben wollte. Sollte Jesus sterben, so war Thomas bereit, mit ihm zu sterben. Im Grunde sagt er: »Jungs, schluckt es; lasst uns gehen und sterben. Besser zu sterben und bei Christus zu sein, als allein zurückzubleiben.«

Für die restlichen Apostel war Thomas ein Beispiel von Stärke. An diesem Punkt folgten anscheinend alle seiner Führung und sagten: »O.K., lasst uns gehen und sterben« – denn sie folgten Jesus tatsächlich nach Betanien.

Offensichtlich besaß Thomas eine tiefe Hingabe an Christus, die selbst sein Pessimismus nicht aufhalten konnte. Er unterlag nicht der Illusion, dass Jesu Nachfolge leicht sei. Alles, was er sehen konnte, waren die Klauen des Todes, die ihn ergreifen wollten. Dennoch folgte er Jesus mit unerschütterlichem Mut. Er hatte beschlossen, notfalls eher mit dem Herrn zu sterben, als ihn zu verlassen. Er würde lieber sterben, als ohne Christus zurückzubleiben.

Seine tiefe Liebe für den Herrn zeigt sich auch in Johannes 14. Aus unserem Studium über Philippus wissen wir, dass Jesus ihnen von seinem bevorstehenden Weggang erzählt hatte. »Ich gehe hin, euch eine Stätte zu bereiten« (Joh 14,2). »Und wohin ich gehe, dahin wisst ihr den Weg« (V. 4).

In Vers 5 sagt Thomas: »Herr, wir wissen nicht, wohin du gehst. Und wie können wir den Weg wissen?« Hier sehen wir wieder seinen Pessimismus. Im Grunde sagte er: »Du verlässt uns. Und wir kommen nie dahin, wo du hingehst. Wir wissen nicht einmal, *wie* wir dahin kommen können. Wie sollen wir dorthin kommen? Es wäre besser für uns, wenn wir mit dir sterben würden, dann würden wir nicht von dir getrennt werden. Würden wir zusammen sterben, so blieben wir auch zusammen. Aber wenn nur du gehst, wie sollen wir dich je finden? Wir wissen nicht einmal, wie wir dahin kommen.«

Er besaß eine tiefe Liebe. Er war ein Mann, dessen Beziehung zu Christus so stark war, dass er nicht von ihm getrennt sein wollte. Sein Herz zerbrach, als er hörte, wie Jesus von seinem Abschied sprach. Er war erschüttert. Der Gedanke, Christus verlieren zu können, lähmte ihn. In all den Jahren war er mit Jesus so sehr verbunden gewesen, dass er froh gewesen wäre, mit ihm sterben zu können. Aber ein Leben ohne ihn wollte er sich nicht vorstellen. Seine Hingabe an Christus ist bewundernswert.

Das war fast zu viel für Thomas. Und seine schlimmsten Befürchtungen erfüllten sich auch noch. Jesus starb, er aber nicht.

Johannes 20 gibt uns einen weiteren Einblick in seinen Charakter. Nach Jesu Tod waren alle Jünger in tiefer Trauer. Aber sie trafen sich, um einander zu trösten. Außer Thomas. In Johannes 20,24 heißt es: »Thomas aber, einer von den Zwölfen, genannt Zwilling, war nicht bei ihnen, als Jesus kam.«

Leider war er nicht anwesend, als Jesus kam und den anderen Jüngern erschien. Sie hatten sich in irgendeinem Raum eingesperrt (höchstwahrscheinlich im Obersaal in Jerusalem). Johannes schreibt: »Die Türen, wo die Jünger waren, waren aus Furcht vor den Juden verschlossen« (V. 19). Obwohl Türen und Fenster fest verschlossen waren, »kam Jesus und trat in die Mitte und spricht zu ihnen: Friede euch! Und als er dies gesagt hatte, zeigte er ihnen die Hände und die Seite. Da freuten sich die Jünger, als sie den Herrn sahen« (V. 19-20).

Thomas verpasste diese Begegnung. Warum war er nicht dort? Möglicherweise war er so pessimistisch und so melancholisch, dass er völlig am Boden zerstört war. Wahrscheinlich hielt er sich von ihnen fern und wälzte sich in seinem Elend. Er konnte in allem nur das Schlimmste sehen. Jetzt waren seine ärgsten Befürchtungen eingetroffen. Jesus war weg, und Thomas war sich sicher, dass er ihn nie wieder sehen würde. Vielleicht dachte er immer noch, er würde den Weg zu Jesus niemals finden. Ohne Zweifel bereute er, nicht mit Jesus gestorben zu sein, wozu er doch anfangs so fest entschlossen war.

Möglicherweise fühlte sich Thomas im Stich gelassen, abgelehnt, verlassen. Es war vorbei. Der, den er so sehr liebte, war gegangen, und es riss ihm das Herz aus dem Leib. Er war nicht in der richtigen Stimmung, um sich unter Menschen zu begeben. Er war untröstlich, niedergeschlagen, am Boden zerstört. Er wollte nur allein sein. Er konnte das ganze Gerede einfach nicht aushalten. Im Moment konnte er keine Menschen um sich haben, nicht einmal seine Freunde.

»Da sagten die anderen Jünger zu ihm: Wir haben den Herrn gesehen« (V. 25). Sie sprudelten über, waren außer sich und wollten die gute Neuigkeit mit Thomas teilen.

Aber jemand, der gerade in einer solchen Stimmung wie er war, konnte nicht so einfach aufgeheitert werden. Noch immer war er ein hoffnungsloser Pessimist. Er konnte nur das Schlechte an den Dingen erkennen, und diese Nachricht war zu gut, um wahr zu sein. »Er aber sprach zu ihnen: Wenn ich nicht in seinen Händen das Mal der Nägel sehe und meine Finger in das Mal der Nägel lege und lege meine Hand in seine Seite, so werde ich nicht glauben« (V. 25).

Aufgrund dieser Worte bekam er seinen Spitznamen »ungläubiger Thomas«. Doch sollten wir nicht zu hart mit Thomas sein. Auch die anderen Jünger glaubten nicht an die Auferstehung, bis sie Jesus sahen. Nachdem Maria Magdalena ihn gesehen hatte, berichtet Markus 16,10-11: »Die ging hin und verkündete es denen, die mit ihm gewesen waren und trauerten und weinten. Und als jene hörten, dass er lebe und von ihr gesehen worden sei, glaubten sie nicht.« Die beiden Emmaus-Jünger waren schon eine ganze Weile mit ihm unterwegs gewesen, bevor sie überhaupt erkannten, wer er war. Und dann »gingen jene hin und verkündeten es den übrigen; auch jenen glaubten sie nicht« (V. 13). Als Jesus den Raum betrat, in dem sich die Jünger befanden, »zeigte er ihnen die Hände und die Seite« (Joh 20,20). *Erst jetzt* glaubten sie. *Alle* begannen nur sehr langsam zu glauben. Was Thomas von den anderen zehn Jüngern unterschied, war nicht sein Zweifel, sondern seine größere Trauer.

Johannes 20,26 berichtet uns, dass acht Tage vergingen, bevor sich Jesus den Jüngern erneut zeigte. Mittlerweile hatte sich sein nagender Kummer anscheinend etwas gelegt. Denn als die Apostel in den Raum zurückkehrten, wo Jesus ihnen erschienen war, war Thomas bei ihnen. »Da kommt Jesus, als die Türen verschlossen waren, und trat in die Mitte und sprach: Friede euch!« (V. 26).

Natürlich musste niemand Jesus erzählen, was Thomas gesagt hatte. Er schaute Thomas direkt an und sagte: »Reiche deinen Finger her und sieh meine Hände, und reiche deine Hand her und lege sie in meine Seite, und sei nicht ungläubig, sondern gläubig!« (V. 27). Der Herr war äußerst freundlich zu ihm. Thomas irrte sich, weil er ein mehr oder weniger großer Pessimist war. Aber es war der Irrtum einer tiefen Liebe. Ihn plagten Kummer, Untröstlichkeit, Unsicherheit und Einsamkeit. Niemand konnte so fühlen wie Thomas, solange er Jesus nicht auch so sehr liebte wie er. Deshalb ging Jesus liebevoll mit ihm um. Er kennt unsere Schwachheiten (Hebr 4,15) und versteht daher unsere Zweifel. Er hat Verständnis für unsere Unsicherheit und Geduld mit unserem Pessimismus. Wenn wir seine Schwächen sehen, dann müssen wir genauso auch Thomas' heroische Hingabe an Christus anerkennen, die ihm zeigte, dass Sterben besser wäre, als von seinem Herrn getrennt zu sein. Seine tiefe Verzweiflung bewies seine Liebe.

Anschließend sprach Thomas die größten Worte, die den Aposteln wahrscheinlich je über die Lippen kamen: »Mein Herr und mein Gott!« (V. 28). Jemand, der Christi Gottheit anzweifelt, sollte einmal Thomas begegnen!

Plötzlich vertrieb die Gegenwart Jesu Christi seinen Hang zum Melancholischen, zu Untröstlichkeit, Pessimismus und Verdrießlichkeit für immer. In diesem Augenblick wurde aus ihm ein großer Evangelist. Kurze Zeit später wurde er zu Pfingsten gemeinsam mit den anderen Aposteln vom Heiligen Geist erfüllt und zum Dienst bevollmächtigt. Wie seine Kameraden trug auch er das Evangelium an die Enden der Erde.

Bemerkenswert viele alte Zeugnisse legen nahe, dass Thomas das Evangelium bis nach Indien brachte. In der Nähe des Flughafens von Chennai (Madras), Indien, gibt es dort, wo Thomas angeblich beerdigt wurde, noch heute einen kleinen Hügel. Die Ursprünge einiger Gemeinden in Süd-Indien lassen sich auf die Anfänge des Zeitalters der Gemeinde zurückführen, und die Überlieferung besagt, dass sie durch den Dienst von Thomas gegründet wurden. Die glaubhaftesten Überlieferungen berichten, er sei wegen seines Glaubens mit einem Speer durchbohrt worden. Ein passender Märtyrertod für jemanden, dessen Glaube zur vollen Entfaltung kam, als er das Mal des Speeres an der Seite seines Herrn sah, und der sich danach sehnte, wieder mit ihm vereint zu sein.

Zwei verwandelte Männer

Interessanterweise gebrauchte Gott einen Zöllner wie Matthäus und einen Pessimisten wie Thomas. Matthäus gehörte einst zu den schlimmsten Sündern – er war ein elender, verachtenswerter Ausgestoßener. Thomas war ein empfindsamer, stimmungsabhängiger, melancholischer Mensch. Aber Christus veränderte sie auf die gleiche Weise wie die anderen. Verstehen Sie allmählich, welche Menschen Gott gebraucht? Er kann *jeden* gebrauchen. Persönlichkeit, Status und familiärer Hintergrund sind allesamt nebensächlich. Das, was außer Judas alle gemeinsam hatten, war die Bereitschaft, ihre eigene Sündhaftigkeit anzuerkennen und bei Christus nach Gnade zu suchen. Er begegnete ihnen mit Gnade, Barmherzigkeit und Vergebung und veränderte sie so, dass ihr Leben ihn verherrlichte. Dies tut er mit allen, die ihm wirklich vertrauen.

Jakobus – Der Kleine
Simon – Der Zelot
Judas (nicht der Iskariot) –
Der Apostel mit den drei Namen

Jakobus, den Sohn des Alphäus, und Simon, genannt Zelotes,
Judas, den Sohn des Jakobus …
Lukas 6,15-16 (Schlachter 2000)

Die letzte Vierergruppe der Apostel ist uns am unbekanntesten, außer Judas Iskariot, der durch seinen Verrat an Christus in Verruf kam. Diese Gruppe scheint in einer weniger vertrauten Beziehung zu Christus gestanden zu haben als die anderen acht Jünger. In den Evangelien bleiben sie nahezu unerwähnt. Außer der Tatsache, dass sie zu Aposteln ernannt wurden, ist nur sehr wenig über jeden Einzelnen bekannt. In diesem Kapitel wollen wir uns mit drei Jüngern befassen; Judas Iskariot, den Verräter, werden wir uns für das letzte Kapitel aufheben.

Man muss bedenken, dass die Apostel alles aufgaben, um Christus nachzufolgen. Petrus sprach für alle, als er sagte: »Siehe, wir haben alles verlassen und sind dir nachgefolgt« (Lk 18,28). Für die Nachfolge gaben sie ihre Häuser auf, ihre Arbeit, ihren Grundbesitz, ihre Familien und ihre Freunde. Sie brachten ein heroisches Opfer. Mit Ausnahme von Judas Iskariot wurden sie zu mutigen und unerschrockenen Zeugen.

In den Evangelien finden wir allerdings kaum etwas von ihrer Kühnheit, da die Verfasser der Evangelien – zwei Apostel (Matthäus und Johannes) und zwei gute Freunde der Apostel (Markus und Lukas) – ihre Schwächen ebenso ehrlich darstellten wie ihre Stärken. Die Apostel werden uns nicht als mythische Gestalten vorgestellt, sondern als echte Menschen. Sie werden nicht als berühmte Persönlichkeiten beschrieben, sondern vielmehr als ganz normale Männer. Deshalb verleihen die Apostel den Beschreibungen des Lebens Jesu in den Evangelien Farbe, sie stehen jedoch nur recht selten im Vordergrund und spielen nie eine Hauptrolle.

Wenn sie in den Vordergrund treten, dann häufig durch Zweifel, Unglaube oder Verwirrung. Manchmal sehen wir, wie sie von sich selbst besser denken, als sie sollten. Ein anderes Mal reden sie, wo sie besser geschwiegen hätten, oder wirken ratlos, obwohl sie es verstanden haben müssten. Gelegentlich lassen sie mehr Vertrauen in ihre eigenen Fähigkeiten und Stärken erkennen, als sie sollten. Daher werden ihre Fehler und Schwächen häufiger deutlich als ihre Stärken. In dieser Hinsicht ist die unverblümte Ehrlichkeit der Evangelien erstaunlich.

Unterdessen finden sich nur wenige große Taten der Apostel. Wir lesen, dass ihnen Vollmacht zum Heilen, zur Totenauferweckung und zum Austreiben von Dämonen gegeben wurde, aber selbst dies wird in einer Art und Weise geschildert, die die Unvollkommenheit der Apostel hervorhebt (vgl. Mk 9,14-29). In den Evangelien sehen wir nur ein einziges Mal, dass ein Apostel etwas wirklich Außergewöhnliches tat: als Petrus auf dem Wasser ging – doch er begann sofort zu sinken.

Die Evangelien stellen diese Männer einfach nicht als Helden dar. Ihr Mut kam zum Tragen, nachdem Jesus in den Himmel aufgefahren war und dann den Heiligen Geist gesandt hatte, damit sie Vollmacht erhielten. Plötzlich handelten sie anders. Sie waren auf einmal stark und couragiert, wirkten große Wunder und predigten mit ganz neuem Mut. Aber selbst hier hält sich der biblische Bericht zurück. In erster Linie sehen wir Petrus, Johannes und später den Apostel Paulus (der zu ihnen hinzukam als »unzeitige Geburt« – 1Kor 15,8). Alle anderen bleiben ungenannt.

Das Vermächtnis ihrer wahren Größe ist die Gemeinde, ein lebendiger, atmender Organismus, bei dessen Gründung sie halfen und dessen Grundlage sie wurden (»wobei Christus Jesus selbst Eckstein ist« – Eph 2,20). Heute existiert die Gemeinde etwa zweitausend Jahre – weil diese Männer das Evangelium von Jesus Christus bis an die Enden der Erde trugen. Im

Neuen Jerusalem wird ihr Mut belohnt werden durch ein ewiges Gedenken an sie, weil ihre Namen im Fundament dieser Stadt eingeprägt sein werden.

Die Evangelien berichten uns davon, wie Jesus sie ausbildete. Ganz bewusst enthält die Schrift mehr über Jesus und seine Lehren als über das Leben dieser Männer. Das alles soll uns daran erinnern, dass der Herr es liebt, schwache und gewöhnliche Menschen zu gebrauchen. Haben Sie Mut, wenn Ihnen die Fehler und Charakterschwächen der Apostel wie ein Spiegel Ihrer eigenen Schwachpunkte erscheinen. Das sind solche Menschen, die der Herr gerne gebraucht.

Das, was diese Männer von anderen Menschen in den Evangelien unterschied, war die Ausdauer ihres Glaubens. Nirgendwo wird dies deutlicher als in Johannes 6 kurz nach der Speisung der Fünftausend, wo sich die Menschenmengen in der Hoffnung auf kostenloses Essen um Jesus scharten. Genau an diesem Punkt hielt Jesus eine Predigt, die viele als schockierend und abstoßend empfanden. Er bezeichnete sich als das wahre Manna vom Himmel (V. 32). *Das* war schockierend genug, denn als er sagte, er wäre aus dem Himmel herabgekommen (V. 41), behauptete er im Grunde genommen, Gott zu sein. Die jüdischen Führer und das Volk verstanden das ganz richtig als Anspruch auf seine Gottheit (V. 42). Daraufhin sagte Jesus, er sei das wahre Brot des Lebens (V. 48). Dann fügte er hinzu, dass er sein Fleisch für das Leben der Welt geben würde: »Wer mein Fleisch isst und mein Blut trinkt, hat ewiges Leben, und ich werde ihn auferwecken am letzten Tag; denn mein Fleisch ist wahre Speise, und mein Blut ist wahrer Trank. Wer mein Fleisch isst und mein Blut trinkt, bleibt in mir und ich in ihm« (V. 54-56). Ganz offensichtlich sprach er nicht von Kannibalismus, sondern gebrauchte eine anschauliche Metaphorik, um die absolute Hingabe anzudeuten, die er von seinen Nachfolgern erwartete.

Johannes schreibt: »Viele nun von seinen Jüngern, die es gehört hatten, sprachen: Diese Rede ist hart. Wer kann sie hören?« (V. 60). Das Wort »Jünger« bezieht sich in diesem Vers auf eine Gruppe von Nachfolgern und nicht speziell auf die Zwölf. Weiter schreibt Johannes: »Von da an gingen viele seiner Jünger zurück und gingen nicht mehr mit ihm« (V. 66). An diesem Tag verließen ihn viele Jünger, die zuvor seinen Belehrungen zuhörten und seine Wunder sahen. Für sie waren seine Reden zu hart und seine Forderungen zu streng. Aber nicht die Zwölf. Sie blieben entschlossen bei Jesus.

Und während sich die Menge schockiert auflöste, schaute Jesus zu den Zwölfen und fragte: »Wollt ihr etwa auch weggehen?« (V. 67). Wenn sie wollten, dann war jetzt die Zeit zum Abschied.

Petrus sprach für die ganze Gruppe, als er antwortete: »Herr, zu wem sollten wir gehen? Du hast Worte ewigen Lebens« (V. 68). Sie blieben bei ihm, egal was kommen würde. Außer Judas Iskariot waren es wahre Glaubensmänner.

Die ganze Zeit wusste Jesus, dass einige seiner Jünger keine echten Gläubigen waren und Judas ihn sogar verraten würde. Er sagte zu ihnen: »Aber es sind einige unter euch, die nicht glauben. Denn Jesus wusste von Anfang an, welche es waren, die nicht glaubten, und wer es war, der ihn überliefern würde« (V. 64). In Vers 70 antwortete er Petrus: »Habe ich nicht euch, die Zwölf, erwählt? Und von euch ist einer ein Teufel.« Er kannte ihre Herzen. Außer Judas hatten sie mit ihrer Vergangenheit für immer gebrochen. Sie hatten alles aufgegeben, um Jesus nachzufolgen.

Das ist die heldenhafteste Tatsache, die in den Evangelien über sie berichtet wird. Was Judas so verachtenswert machte, war seine geheuchelte Hingabe.

Wenn wir diese letzte Apostelgruppe untersuchen, stellen wir fest, dass sich die einzelnen Personen durchaus voneinander unterscheiden, obgleich die Schrift nur sehr wenig über sie aussagt.

Jakobus, der Sohn des Alphäus

Der neunte Name in Lukas' Apostelliste (Lk 6,14-16) ist »Jakobus, des Alphäus Sohn« (V. 15). Das *Einzige*, was uns die Schrift über diesen Mann mitteilt, ist sein Name. Sollte er jemals etwas geschrieben haben, so ist es für die Geschichte verloren gegangen. Die Bibel erzählt uns nicht, ob er Jesus jemals eine Frage stellte oder etwas tat, was ihn aus der Gruppe hervorhob. Er gelangte weder zu Ruhm und Ehre noch zu trauriger Berühmtheit. Er gehörte nicht zu den auffälligen Menschen. Seine Person und sein Leben bleiben völlig im Dunkeln. Er hatte sogar einen ziemlich häufigen Namen.

Im Neuen Testament gibt es mehrere Männer mit Namen *Jakobus*. Jakobus, dem Sohn des Zebedäus, sind wir ja bereits begegnet. Es gab noch einen anderen Jakobus; er war der Sohn von Maria und Josef und somit Jesu Halbbruder (Gal 1,19). Dieser Jakobus wurde anscheinend zu einer Führungsperson in der Jerusalemer Gemeinde. Er war der Sprecher, der den Beschluss des Jerusalemer Apostelkonzils verkündete (Apg 15,13-21). Darüber hinaus wird angenommen, dass dieser Jakobus den neutestamentlichen Brief mit seinem Namen verfasste. Dabei handelt es sich jedoch nicht um den Jakobus, der in der dritten Vierergruppe der Apostel erwähnt wird.

Eigentlich wissen wir von dem Jakobus, mit dem wir uns in diesem Kapitel befassen wollen, fast nur, dass er der Sohn des Alphäus war (Mt 10,3; Mk 3,18; Lk 6,15; Apg 1,13). In Markus 15,40 erfahren wir, dass Jakobus' Mutter Maria hieß. Sowohl dieser Vers als auch Matthäus 27,56 und Markus 15,47 erwähnen noch einen weiteren ihrer Söhne, Joses. Da sein Name wiederholt genannt wird, muss Joses als Nachfolger Jesu bekannt gewesen sein (auch wenn er kein Apostel war). Auch ihre Mutter, Maria, war offenbar eine ergebene Nachfolgerin Christi. Sie war Augenzeugin der Kreuzigung und gehörte zu den Frauen, die Jesu Leib salben wollten (Mk 16,1).

Außer diesen wenigen Details über seine Familie bleibt dieser Jakobus völlig unbekannt. Seine Unbekanntheit wird sogar in seinem Namenszusatz deutlich. In Markus 15,40 wird von ihm als »Jakobus dem Kleinen« gesprochen.

Das griechische Wort für »Kleinen« ist *mikros,* was buchstäblich »klein« bedeutet. Eigentlich meint es »klein an Statur« und könnte sich auch auf seine körperlichen Merkmale beziehen. Vielleicht war er ein kleiner Mann.

Das Wort kann aber auch für einen jungen Menschen gebraucht werden. Möglicherweise war er jünger als Jakobus, der Sohn des Zebedäus, sodass ihn dieser Namenszusatz als den jüngeren der beiden kennzeichnete. Selbst wenn das nicht der Grund für seinen Spitznamen war, so stimmt es wahrscheinlich, dass er jünger war als der andere Jakobus; andernfalls wäre er wohl als »Jakobus, der Ältere« bekannt geworden.

Doch höchstwahrscheinlich bezieht sich der Name auf seinen Einfluss. Wie wir bereits gesehen haben, war Jakobus, der Sohn des Zebedäus, ein wichtiger Mann. Seine Familie war dem Hohenpriester bekannt (Joh 18,15-16). Er gehörte zum vertrautesten, innersten Kreis um den Herrn. Er war der bekanntere dieser beiden Männer. Deshalb kannte man Jakobus, den Sohn des Alphäus, als »Jakobus, den Kleinen.« *Mikros.* »Der kleine Jakobus.«

Es könnte durchaus sein, dass alle soeben genannten Dinge auf Jakobus zutrafen, sodass er eine kleine, junge und stille Person war, die größtenteils im Hintergrund blieb. Das würde mit dem geringen Profil übereinstimmen, das er unter den Zwölfen hatte. Wir könnten sagen: Sein Unterscheidungsmerkmal war seine Unbekanntheit.

Das ist an sich schon eine bedeutende Tatsache. Anscheinend suchte er keine Anerkennung. Er bewies keine großen Führungsqualitäten, stellte keine entscheidenden Fragen und zeigte kein außergewöhnliches Verständnis. Nur sein Name bleibt, während sein Leben und seine Arbeit im Dunkeln bleiben.

Dennoch gehörte er zu den Zwölfen. Seine Erwählung, Ausbildung und Bevollmächtigung erhielt er genauso wie die anderen vom Herrn, der ihn als seinen Zeugen aussandte. Er erinnert mich an die ungenannten Menschen in Hebräer 11,33-38:

> *… die durch Glauben Königreiche bezwangen, Gerechtigkeit wirkten, Verheißungen erlangten, der Löwen Rachen verstopften, des Feuers Kraft auslöschten, des Schwertes Schärfe entgingen, aus der Schwachheit Kraft gewannen, im Kampf stark wurden, der Fremden Heere zurücktrieben. Frauen erhielten ihre Toten durch Auferstehung wieder; andere aber wurden ge-*

foltert, da sie die Befreiung nicht annahmen, um eine bessere Auferstehung zu erlangen. Andere aber wurden durch Verhöhnung und Geißelung versucht, dazu durch Fesseln und Gefängnis. Sie wurden gesteinigt, zersägt, starben den Tod durch das Schwert, gingen umher in Schafpelzen, in Ziegenfellen, Mangel leidend, bedrängt, geplagt. Sie, deren die Welt nicht wert war, irrten umher in Wüsten und Gebirgen und Höhlen und den Klüften der Erde.

Die Ewigkeit wird die Namen und Zeugnisse dieser Menschen offenbaren, z.B. auch von Jakobus dem Kleinen, an den sich die Welt kaum erinnert und von dem sie nichts weiß.

Auch aus der frühen Kirchengeschichte ist nicht viel über diesen Mann bekannt. Einige der frühesten Legenden verwechseln ihn mit Jakobus, dem Bruder des Herrn. Ein paar Anhaltspunkte lassen darauf schließen, dass Jakobus der Kleine das Evangelium nach Syrien und Persien brachte. Über seinen Tod gibt es unterschiedliche Berichte. Einige berichten von seiner Steinigung; andere sagen, er wurde totgeschlagen; wieder andere behaupten, dass er wie sein Herr gekreuzigt wurde.

Wie dem auch sei, wir können davon ausgehen, dass er wie die anderen zu einem kraftvollen Prediger wurde. Mit Sicherheit tat er »die Zeichen des Apostels … in Zeichen und Wundern und Machttaten« (2Kor 12,12). Und sein Name wird auf einen der zwölf Grundsteine der Stadtmauern der himmlischen Stadt eingraviert.

Noch ein weiterer interessanter Gedanke über Jakobus, den Sohn des Alphäus: Laut Markus 2,14 hieß auch Levis (Matthäus') Vater Alphäus. Es könnte daher sein, dass dieser Jakobus der Bruder von Matthäus war. Schließlich waren auch Petrus und Andreas Brüder, genauso Jakobus und Johannes. Warum nicht auch diese beiden? Die Schrift nimmt keine Unterscheidung der beiden Männer namens Alphäus vor. Andererseits werden Matthäus und Jakobus an keiner Stelle als Brüder ausgewiesen. Uns ist nicht bekannt, ob sie es waren.

Eine andere interessante Frage über Jakobus' Abstammung taucht auf, wenn wir Markus 15,40 mit Johannes 19,25 vergleichen. Beide Verse erwähnen zwei andere Frauen namens Maria, die mit Maria, der Mutter des Herrn, am Kreuz Jesu standen. Markus 15,40 nennt »Maria Magdalena und Maria, Jakobus des Kleinen und Joses' Mutter.«. Johannes 19,25 nennt »[Jesu] Mutter und die Schwester seiner Mutter, Maria, des Klopas Frau, und Maria Magdalena«. Es ist daher möglich, vielleicht sogar wahrscheinlich, dass die Schwester der Mutter Jesu (»Maria, des Klopas Frau«) und »Maria, Jakobus des Kleinen und Joses' Mutter« ein und dieselbe Person ist. (»Klopas« könnte ein anderer Name für Alphäus gewesen sein, oder Jakobus' Mutter hatte nach dem Tod seines Vaters wieder geheiratet.) Dann wäre Jakobus der Kleine also Jesu Cousin gewesen.

War Jakobus der Cousin unseres Herrn? War er der Bruder von Matthäus? Wir wissen es nicht. Es wird uns in der Schrift nicht ausdrücklich mitgeteilt. Die Bedeutung der Jünger geht aber nicht auf ihren Stammbaum zurück. Wäre er wichtig, würde die Schrift ihn uns mitteilen. Der Herr, dem sie dienten, und die Botschaft, die sie verkündeten, war das, was diesen Männern Bedeutung verlieh. Wenn uns Einzelheiten über die Männer selbst fehlen, ist das schon in Ordnung. Der Himmel wird die ganze Wahrheit über ihre Person offenbaren. Bis dahin reicht uns das Wissen, dass der Herr sie erwählte, der Heilige Geist sie bevollmächtigte und Gott sie gebrauchte, um das Evangelium in die damals bekannte Welt zu tragen.

Einige Jahre nach Pfingsten verschwanden alle Jünger mehr oder weniger aus den biblischen Berichten. Von keinem liefert uns die Schrift eine vollständige Biografie. Denn sie konzentriert sich immer auf die Macht Christi und seines Wortes, nicht aber auf die Männer, die lediglich Werkzeuge dieser Macht waren. Diese Männer wurden mit dem Geist erfüllt und predigten das Wort. Das ist eigentlich alles, was wir wissen müssen. Nicht das Werkzeug ist das eigentliche Thema, sondern der Herr.

Niemand verkörperte diese Wahrheit besser als Jakobus der Kleine, der Sohn des Alphäus. Vielleicht konnte er behaupten, Matthäus' Bruder oder Jesu Cousin zu sein, doch er ging still und unbemerkt durch die Evangelien. Diese Welt erinnert sich an fast gar nichts über ihn. Aber in der Ewigkeit wird er seinen vollen Lohn erhalten (Mk 10,29-31).

Simon, der Zelot

Der nächste Name in Lukas 6,15 ist »Simon, genannt Eiferer«. In Matthäus 10,4 und Markus 3,18 wird er »Simon, der Kananäer« genannt. Der Namenszusatz bezieht sich hier nicht auf das Land Kanaan oder die Stadt Kana, sondern leitet sich vom hebräischen Wortstamm *qanna* ab und bedeutet »eifrig sein«.

Anscheinend gehörte Simon früher der politischen Partei der Zeloten an. Die Tatsache, dass er diesen Titel sein Leben lang trug, könnte auch darauf schließen lassen, dass er ein hitziges, eiferndes Temperament besaß. Doch zur Zeit Jesu bezeichnete dieser Ausdruck eine bekannte und weithin gefürchtete politische Sekte, der Simon anscheinend angehörte.

Der Historiker Josephus beschrieb vier wesentliche jüdische Gruppierungen zu jener Zeit. Die *Pharisäer* nahmen es mit dem Gesetz ganz genau; sie waren die religiösen Fundamentalisten ihrer Zeit. Die *Sadduzäer* waren religiöse Liberale; sie leugneten alles Übernatürliche. Zudem waren sie reich, adlig und mächtig. Ihnen oblag die Verantwortung für den Tempel. Die *Essener* werden in der Schrift überhaupt nicht erwähnt, aber sowohl Josephus als auch Philon von Alexandria beschreiben sie als asketisch und zölibatär. Sie lebten in der Wüste und widmeten ihr Leben dem Studium des Gesetzes. Die vierte Gruppe, die *Zeloten*, hatten in erster Linie eine politische Ausrichtung – mehr als jede andere Gruppierung außer den Herodianern. Die Zeloten hassten die Römer, und ihr Ziel war der Sturz der römischen Besatzungsmacht. Die Umsetzung ihrer Pläne geschah vor allem durch Terrorismus und hinterhältige Gewalttaten.

Sie waren in jeder Hinsicht Extremisten. Wie die Pharisäer legten sie das Gesetz wörtlich aus. Aber anders als sie (die Pharisäer waren aus politischen Gründen zu Kompromissen bereit) waren die Zeloten aufgrund ihrer Gewalttätigkeit und ihrer militanten Einstellung geächtet. Sie glaubten, dass nur Gott das

Recht habe, über die Juden zu herrschen. Und daher meinten sie, sie würden das Werk Gottes tun, wenn sie römische Soldaten, politische Führer und auch jeden anderen, der ihnen entgegenstand, einfach ermordeten.

Die Zeloten hofften auf einen Messias, der sie beim Sturz der Römer anführen und das Reich Israel in seiner salomonischen Herrlichkeit wiederherstellen würde. Sie waren glühend heiße Patrioten, bereit, auf der Stelle für ihre Überzeugungen zu sterben. Josephus schreibt über sie:

> *Urheber der vierten Sekte der jüdischen Philosophie war Judas der Galiläer. Diese Männer stimmen in allen anderen Dingen mit den pharisäischen Vorstellungen überein, doch besitzen sie einen unantastbaren Freiheitsdrang und sagen, dass Gott ihr einziger Herrscher und Herr ist. Sie scheuen weder den eigenen Tod – durch welche Todesart auch immer – noch den von Verwandten und Freunden. Aus diesem Grund gibt es auch nichts, was sie dazu bringen könnte, einen Menschen Herr zu nennen. Und da ihre feste Entschlossenheit vielen bekannt ist, werde ich nicht weiter darüber sprechen. Ich fürchte auch nicht, dass irgendetwas, was ich über sie gesagt habe, nicht geglaubt werden könnte, sondern vielmehr, dass ihre Entschlossenheit sogar noch darüber hinausgeht, wenn ihnen Schmerzen zugefügt werden. Unser Prokurator, Gessius Florus, missbrauchte seine Autorität, sodass die Verstimmung des Volkes noch zunahm, sodass es sich gegen die Römer auflehnte.*[8]

Der Aufstand unter »Gessius Florus«, den Josephus hier beschreibt, ereignete sich 6 n. Chr., als eine Gruppe von Zeloten einen gewaltsamen Aufstand gegen eine römische Volkszählungssteuer anführte. Der Zelotenführer und -gründer, den Josephus ebenfalls erwähnt, war Judas der Galiläer, der in Apostelgeschichte 5,37 genannt wird.

Die Zeloten waren davon überzeugt, dass Tributzahlungen an einen heidnischen König dem Verrat an Gott gleichkamen.

8 Josephus, *Antiquities* 18.6.

Diese Auffassung stieß vor allem bei jenen Menschen auf breite Akzeptanz, die durch die römische Besteuerung bereits überbelastet waren. Judas der Galiläer ergriff die Gelegenheit, organisierte Streitkräfte und initiierte Mord, Plünderung und Zerstörung. Von ihren Hauptquartieren in Galiläa aus führten Judas und seine Anhänger einen Guerillakrieg gegen die Römer. Schon bald schlugen die Römer den Aufstand gewaltsam nieder, töteten Judas den Galiläer und kreuzigten seinen Sohn.

Die Partei der Zeloten ging daraufhin in den Untergrund. Ihre Terroranschläge wurden gezielter und geheimer. Wie schon im zweiten Kapitel beschrieben wurde, bildeten sie eine Gruppe von geheimen Attentätern namens *Sikarier* (»Dolchmänner«), die ihre Bezeichnung aufgrund ihrer tödlichen, gebogenen Klingen bekamen, welche sie in den Falten ihrer Gewänder versteckten. Sie schlichen sich von hinten an römische Soldaten und Politiker heran und stachen ihnen in den Rücken, mitten durch die Rippen ins Herz.

Mit Vorliebe brannten sie römische Objekte in Judäa nieder und zogen sich dann in abgelegene Gebiete Galiläas zurück. Wie Josephus in diesem Zitat beschreibt, war ihre Bereitschaft bekannt, jede Todesart und jegliche Schmerzen in Kauf zu nehmen – einschließlich der Folter ihrer eigenen Verwandten. Die Römer mochten sie foltern und töten, aber ihre Leidenschaft konnten sie nicht auslöschen.

Viele Historiker glauben, dass der schreckliche Massenmord, den die Römer 70 n. Chr. bei der Plünderung Jerusalems unter Titus Vespasian begangen, durch die Zeloten noch beschleunigt wurde. Als die Römer die Stadt belagerten und die Vorratswege abschnitten, begannen die Zeloten, jüdische Mitbürger zu töten, die mit Rom über das Ende der Belagerung verhandeln wollten. Sie hielten jeden, der sein eigenes Leben retten wollte, von der Kapitulation ab. Als Titus die hoffnungslose Situation sah, zerstörte er die Stadt, massakrierte Tausende ihrer Einwohner und raubte die Tempelschätze. So führte der blinde Hass der Zeloten auf Rom und alles Römische zur Zerstörung ihrer eigenen Stadt. Ihre Bewegung war von einem wahnsinnigen und letzten Endes selbstzerstörerischen Fanatismus geprägt.

Josephus schreibt, dass der Name *Zeloten* eine unzutreffende Bezeichnung sei, »so als wären sie eifrig in guten Taten gewesen und nicht in schlechten – stattdessen übertrafen sie in ihren schlechten Taten alle anderen.«[9]

Und Simon gehörte zu ihnen. Interessanterweise nennen ihn Matthäus und Markus in der Auflistung der Zwölf direkt vor Judas Iskariot. Als Jesus die Jünger in Markus 6,7 jeweils zu zweit aussandte, bildeten Simon und Judas Iskariot wahrscheinlich ein Team. Möglicherweise folgten sie Jesus zunächst aus ähnlichen politischen Motiven heraus. Doch irgendwann wurde Simon ein echter Gläubiger, den Jesus veränderte. Judas Iskariot war dagegen nie wirklich gläubig.

Als Jesus nicht Rom zu Fall brachte, sondern stattdessen von seinem Sterben sprach, hätten manche Simon für den Verräter halten können – war er doch ein Mann mit einer solch tiefen Leidenschaft, einem solchen Eifer und einer solchen politischen Überzeugung, dass er sich mit Terroristen zusammentat. Doch das war alles vor seiner Begegnung mit Jesus.

Als einer der Zwölf hatte Simon natürlich auch mit Matthäus zu tun, der vom anderen Ende des politischen Spektrums kam und für die römische Regierung Steuern eintrieb. Wahrscheinlich hätte Simon Matthäus zu irgendeinem Zeitpunkt gern getötet. Am Ende wurden sie jedoch geistliche Brüder, arbeiteten Seite an Seite für dieselbe Sache – die Ausbreitung des Evangeliums – und beteten denselben Herrn an.

Es ist schon erstaunlich, dass Jesus einen Mann wie Simon zum Apostel ernannte. Aber er war ein Mann von entschlossener Loyalität und beachtlicher Leidenschaft, voller Mut und Eifer. Simon glaubte der Wahrheit und nahm Christus als seinen Herrn an. Der feurige Enthusiasmus, den er einst für Israel besaß, kam nun in seiner Hingabe an Christus zum Ausdruck.

Mehrere frühe Aufzeichnungen berichten, dass Simon nach der Zerstörung Jerusalems das Evangelium nach Norden

9 Josephus, *Wars of the Jews* 4.3.9.

brachte und auf den Britischen Inseln predigte. Genauso wie viele andere Jünger verschwand auch Simon aus der biblischen Berichterstattung. Kein verlässlicher Bericht schildert uns, was genau mit ihm geschah, aber alle Aufzeichnungen berichten, dass er getötet wurde, weil er das Evangelium predigte. Dieser Mann, der einst bereit war, für seine politische Überzeugung zu töten und getötet zu werden, fand einen viel lohnenswerteren Grund, sein Leben zu geben – in der Verkündigung der Heilsbotschaft für Sünder aus allen Nationen, Sprachen und Stämmen.

Judas, der Sohn des Jakobus

Der letzte Name der treuen Jünger lautet »Judas, der Sohn des Jakobus« (Apg 1,13, Schlachter 2000; in der Elberfelder Übersetzung steht hier »Bruder des Jakobus«, während in den meisten anderen deutschen Übersetzungen hier »Sohn« steht [Anmerkung des Übersetzers]). *Judas* ist an sich ein schöner Name. Er bedeutet »der Herr führt«. Aber durch den Verrat von Judas Iskariot wird der Name *Judas* immer negative Assoziationen hervorrufen. Johannes spricht von ihm als »Judas, nicht der Iskariot« (Joh 14,22).

Judas, der Sohn von Jakobus hatte drei Namen. (Hieronymus nennt ihn deshalb »Trinominus« – der Mann mit drei Namen.) In Matthäus 10,3 heißt er »Lebbäus, mit dem Beinamen Thaddäus« (Schlachter 2000). Der Name *Judas* wurde ihm wahrscheinlich bei seiner Geburt gegeben. *Lebbäus* und *Thaddäus* waren eigentlich Spitznamen. *Thaddäus* bedeutet »Brustkind« und lässt an ein säugendes Baby denken. Dieser Name hat fast schon einen hämischen Beiklang wie etwa »Mamasöhnchen«. Vielleicht war er der Jüngste in seiner Familie – und daher unter mehreren Geschwistern das Kind, das die Mutter besonders liebevoll umsorgte. Sein anderer Name, *Lebbäus,* hat eine ähnliche Bedeutung. Er leitet sich von der hebräischen Sprachwurzel für »Herz« ab – wörtlich bedeutet er »Herzenskind«.

Beide Namen legen nahe, dass er ein empfindsames, kindliches Herz besaß. Interessanterweise befand er sich in derselben Vierergruppe wie Simon der Zelot. Aber unser Herr kann beide Menschentypen gebrauchen. Aus Zeloten können große Prediger werden. Genauso wie aus empfindsamen, mitfühlenden und zarten Seelen wie Lebbäus Thaddäus. Gemeinsam leisteten sie ihren Beitrag zu einer sehr vielschichtigen und faszinierenden Gruppe von zwölf Aposteln. In ihr können wir mindestens einen Vertreter jeder erdenklichen Persönlichkeit finden.

Wie die anderen beiden treuen Mitglieder der dritten Gruppe ist auch Lebbäus Thaddäus mehr oder weniger in Dunkelheit eingehüllt, was unseren Respekt für sie jedoch nicht trüben sollte. Sie alle wurden zu mächtigen Predigern.

Das Neue Testament berichtet von einer Begebenheit, an der Judas Lebbäus Thaddäus beteiligt war. Sie fand im Obersaal statt und wird nur im Johannes-Evangelium erwähnt. In Johannes 14,21 sagt Jesus: »Wer meine Gebote hat und sie hält, der ist es, der mich liebt; wer aber mich liebt, wird von meinem Vater geliebt werden; und ich werde ihn lieben und mich selbst ihm offenbaren.«

Dann fügt Johannes hinzu: »Judas, nicht der Iskariot, spricht zu ihm: Herr, wie kommt es, dass du dich uns offenbaren willst und nicht der Welt?« (V. 22). Hier sehen wir die sanfte Demut dieses Mannes. Seine Aussage war nicht aufdringlich oder gar dreist, auch nicht übertrieben selbstbewusst. Er tadelte den Herrn nicht wie einst Petrus. Seine Frage ist voller Liebenswürdigkeit und Sanftmut und ohne jeglichen Stolz. Er konnte nicht glauben, dass Jesus sich dieser Elfergruppe offenbaren würde und nicht der ganzen Welt.

Schließlich war Jesus der Heiland der Welt. Er war der rechtmäßige Erbe der Erde – der König der Könige und Herr der Herren. Die ganze Zeit hatten sie angenommen, dass er gekommen wäre, um sein Reich aufzurichten und sich alle Dinge zu unterwerfen. Das Evangelium der Vergebung und des Heils war gewiss eine gute Nachricht für die ganze Welt. Die Jünger kannten es gut, aber der Rest der Welt war im Großen und Ganzen ahnungslos. So wollte Lebbäus Thaddäus wissen: »Warum wirst du dich uns offenbaren und nicht der ganzen Welt?«

Er war ein gottesfürchtiger, gläubiger Jünger, der seinen Herrn liebte und die Macht der Erlösung in seinem Leben erfuhr. Er war voller Hoffnung für die Welt, und in seiner eigenen gutherzigen, kindlichen Art wollte er wissen, weshalb sich Jesus nicht jedem zu erkennen geben würde. Offenbar hoffte er darauf, dass er noch die Aufrichtung des irdischen Königreichs miterleben würde. Das können wir ihm nicht verdenken, denn Jesus lehrte seine Jünger, dafür zu beten (Lk 11,2).

Jesus gab ihm eine wunderbare Antwort, die so zart war wie Judas' Frage. »Jesus antwortete und sprach zu ihm: Wenn jemand mich liebt, so wird er mein Wort halten, und mein Vater wird ihn lieben, und wir werden zu ihm kommen und Wohnung bei ihm machen« (Joh 14,23). Christus würde sich jedem offenbaren, der ihn liebt.

Judas Lebbäus Thaddäus dachte noch in politischen und materiellen Zusammenhängen. »Warum hast du noch nicht die Macht über die Welt übernommen? Warum offenbarst du dich nicht der Welt?«

Jesus meinte mit seiner Antwort: »Nicht äußerlich werde ich die Macht über die Welt übernehmen, sondern in den Herzen der Menschen, in einem Herzen nach dem anderen. Wenn mich jemand liebt, wird er mein Wort halten. Und wenn er mein Wort hält, werden mein Vater und ich zu ihm kommen und gemeinsam das Reich in seinem Herzen aufrichten.«

Die meisten frühen Überlieferungen deuten an, dass Lebbäus Thaddäus das Evangelium nach Edessa brachte, einer Königsstadt in Mesopotamien auf dem Gebiet der heutigen Türkei. Es gibt zahlreiche alte Berichte, die schildern, wie er Edessas König heilte, einen Mann namens Abgar. Im vierten Jahrhundert berichtet der Historiker Eusebius, dass Edessas Archive (mittlerweile zerstört) voller Aufzeichnungen über Thaddäus' Besuch und Abgars Heilung waren.[10]

Das traditionelle apostolische Symbol für Judas Lebbäus

10 Eusebius, *Ecclesiastical History* 1.13.5.

Thaddäus war ein Knüppel, da die Überlieferung besagt, dass er für seinen Glauben erschlagen wurde.

So folgte dieser empfindsame Mann seinem Herrn treu bis zum Ende. Sein Zeugnis war ebenso kraftvoll und weit reichend wie das seiner bekannteren und direkteren Mitjünger. Wie sie ist auch er ein Beweis dafür, dass Gott völlig normale Menschen auf erstaunliche Weise gebraucht.

Judas – Der Verräter

Judas aber, der ihn überlieferte, antwortete und sprach:
»Ich bin es doch nicht, Rabbi?«
Matthäus 26,25

Der verachtetste aller Jünger ist Judas Iskariot, der Verräter. In jeder biblischen Apostelliste steht sein Name am Schluss, außer in Apostelgeschichte 1, wo er überhaupt nicht aufgeführt wird. Immer wenn die Schrift seinen Namen erwähnt, wird ein Hinweis auf seinen Verrat angehängt. Er war der größte Versager der ganzen Menschheitsgeschichte und verübte die schrecklichste, abscheulichste Tat, die ein Einzelner jemals beging. Er verriet den vollkommenen, sündlosen, heiligen Sohn Gottes für eine Hand voll Geld. Seine finstere Geschichte ist ein schmerzliches Beispiel dafür, wie tief das menschliche Herz sinken kann. Drei Jahre verbrachte er mit Jesus Christus, doch die ganze Zeit über war sein Herz hart und voller Hass.

Die anderen elf Apostel sind für uns eine große Ermutigung, da sie veranschaulichen, wie normale Menschen mit ihren typischen Schwachpunkten von Gott auf außergewöhnliche Weise gebraucht werden können.

Auf der anderen Seite ist das Leben von Judas eine Warnung vor geistlicher Sorglosigkeit, verpassten Gelegenheiten, sündigen Begierden und einem harten Herz. Er war dem Herrn so nahe, wie es einem Menschen überhaupt nur möglich sein kann. Er genoss jedes Privileg, das Christus ihnen gab. Ihm waren alle Lehren Jesu vertraut. Dennoch verharrte er im Unglauben und ging ohne Hoffnung in die Ewigkeit.

Judas war eine genauso normale Person wie alle anderen Jünger, ohne irdische Referenzen und ohne besondere Merkmale, die ihn aus der Gruppe hervorgehoben hätten. Sein Anfang glich dem der anderen. Allerdings machte er sich nie die Wahrheit durch Glauben zu Eigen und wurde daher auch nicht verändert wie die anderen. Während jene als Söhne Gottes im Glauben wuchsen, wurde er mehr und mehr zu einem Kind der Hölle.

Das Neue Testament liefert uns reichlich Information über Judas – genug, um zwei Dinge zu begreifen: Erstens erinnert uns sein Leben daran, dass es möglich ist, Christus nahe und mit ihm (oberflächlich) verbunden zu sein, und dennoch von der Sünde völlig verhärtet zu werden. Zweitens erinnert es uns daran, dass Gottes Absichten nicht vereitelt werden können, ganz gleich, wie sündig ein Mensch auch sein mag oder wie verräterisch er sich gegen Gott auch stellen mag. Selbst der schlimmste Verrat trägt zur Erfüllung des göttlichen Plans bei. Gottes souveräner Plan kann nicht umgestoßen werden, nicht einmal durch die listigsten Intrigen derer, die ihn hassen.

Sein Name

Judas' Name ist eine Form von *Juda*. Er bedeutet »der Herr führt«, was die große Hoffnung seiner Eltern bei der Geburt andeutet, dass er von Gott geführt würde. Die Ironie seines Namens liegt darin, dass kein Mensch deutlicher von Satan geführt wurde als Judas.

Sein Nachname, *Iskariot*, lässt seine Heimatregion erkennen. Er leitet sich von dem hebräischen *iysh* (»Mann«) und dem Namen der Stadt Kariot ab – »Mann aus Kariot.« Wahrscheinlich kam Judas aus Kerijot-Hezron (vgl. Jos 15,25), einer kleinen Ortschaft im Süden Judäas. Anscheinend war er der einzige Apostel, der nicht aus Galiläa stammte. Wie wir wissen, waren viele der anderen Brüder, Freunde und Arbeitskollegen, schon bevor sie Jesus begegneten. Judas war ein Einzelgänger, der von weither zu ihnen dazustieß. Obwohl es in der Schrift keine Anhaltspunkte dafür gibt, dass die Gruppe ihn ausschloss oder auf ihn herabsah, mag er sich selbst für einen Außenseiter gehalten haben, was ihm möglicherweise bei der Legitimation seines Verrats geholfen haben könnte.

Dass Judas den galiläischen Jüngern fremd war, könnte ihn in seinem Lebenswandel noch bestärkt haben. Die anderen wussten wenig über seine Familie, seinen Hintergrund und sein Leben vor der Erwählung zum Jünger. Daher konnte er ihnen leicht etwas vorheucheln. Er schaffte es, sich die vertrauensvolle Position des Schatzmeisters der Gruppe zu erarbeiten und nutzte diese, um Geld in seine eigene Tasche zu stecken (Joh 12,6).

Judas' Vater hieß Simon (Joh 6,71). Ansonsten wissen wir nichts über diesen Mann. Offenbar war es ein häufig anzutreffender Name, den auch zwei Jünger trugen (Petrus und der Zelot). Darüber hinaus wissen wir über Judas' Familie und sozialen Hintergrund nichts.

In jeder Hinsicht war Judas eine ganz normale Person – so wie die anderen. Bezeichnenderweise deutete niemand mit dem Finger auf Judas, als Jesus vorhersagte, dass einer von ihnen ihn verraten würde (Mt 26,22-23). Er war ein so raffinierter Heuchler, dass ihm niemand Misstrauen entgegenbrachte. Aber Jesus kannte sein Herz von Anfang an (Joh 6,64).

Seine Berufung

Die Schrift sagt nichts über Judas' Berufung. Allerdings ist klar, dass er Jesus bereitwillig folgte. Er lebte in einer Zeit erhöhter messianischer Erwartung, und wie die meisten Israeliten sehnte er das Kommen des Messias herbei. Als er von Jesus hörte, muss er zu der Überzeugung gelangt sein, dass dies der wahre Messias sei. Wie die übrigen Elf gab auch er alles auf und begann, Jesus vollzeitig nachzufolgen. Judas blieb auch dann noch bei Jesus, als weniger hingegebene Jünger die Gruppe verließen (Joh 6,66-71). Er hatte sein Leben der Nachfolge Jesu gewidmet. Aber nie sein Herz.

Judas war wahrscheinlich ein junger, eifriger, patriotischer Jude, der die römische Herrschaft nicht wollte und darauf hoffte, dass Christus die ausländischen Unterdrücker stürzen und das Reich Israel wiederherstellen würde. Es war ihm völlig klar, dass Jesus Macht besaß wie kein anderer Mann. Es gab genügend Gründe, die einen Mann wie Judas anzogen.

Doch ebenso deutlich ist, dass Judas in geistlicher Hinsicht nicht von Christus angezogen wurde. Er folgte Jesus aus egoistischem Gewinndenken, weltlichen Ambitionen und Habgier heraus. Er erkannte Jesu Macht und wollte sie für sich selbst eingesetzt sehen. Er war nicht um der Errettung oder Christi willen am Reich Gottes interessiert. Ihm war nur wichtig, was er für sich rausholen konnte. Reichtum, Macht und Prestige speisten seine Ambitionen.

Einerseits ist klar, dass er die Entscheidung traf, Christus nachzufolgen. Selbst als die Nachfolge schwierig wurde, verließ er ihn nicht. Um andere darüber hinwegzutäuschen, wie es wirklich in ihm aussah, musste er seine Heuchelei noch klüger tarnen.

Andererseits war es auch Jesu Entscheidung, ihn auszuwählen. Die Spannung zwischen göttlicher Souveränität und menschlicher Entscheidung wird in Judas' Berufung genauso sichtbar wie bei den anderen Jüngern. Sie alle hatten sich für Jesus entschieden, aber er hatte sie zuerst erwählt (Joh 15,16). Auch Judas hatte sich für die Nachfolge Jesu entschieden. Und dennoch wurde er auch *von* Jesus erwählt, aber nicht zur Errettung. Seine Rolle als Verräter wurde vor Grundlegung der Welt festgelegt und im Alten Testament sogar vorhergesagt.

In Psalm 41,10, einer messianischen Prophetie, heißt es: »Selbst mein Freund, auf den ich vertraute, der mein Brot aß, hat die Ferse gegen mich erhoben.« Jesus zitierte diesen Vers in Johannes 13,18 und sagte, dass er sich in seinem Verrat erfüllen würde. In Psalm 55,13-15 lesen wir: »Denn nicht ein Feind höhnt mich, sonst würde ich es ertragen; nicht mein Hasser hat großgetan gegen mich, sonst würde ich mich vor ihm verbergen; sondern du, ein Mensch meinesgleichen, mein Freund und mein Vertrauter, die wir die Süße der Gemeinschaft miteinander erlebten, ins Haus Gottes gingen in festlicher Unruhe!« Auch diese Stelle sagte Judas' Verrat voraus. Und in Sacharja 11,12-13 heißt es: »Und sie wogen meinen Lohn ab: dreißig Silberschekel. Da sprach der HERR zu mir: Wirf ihn dem Töpfer hin, den herrlichen Wert, den ich ihnen wert bin! Und ich nahm die dreißig Silberschekel und warf sie in das Haus des HERRN dem Töpfer hin.« Aus Matthäus 27,9-10 wird deutlich, dass dies eine weitere Prophetie in Bezug auf Judas war. Somit war seine Rolle vorherbestimmt.

Die Schrift sagt sogar, dass Jesus schon bei der Erwählung *wusste*, dass Judas derjenige sei, der die Prophetien über seinen Verrat erfüllen würde. Wissentlich erwählte er ihn, um den Plan zu erfüllen.

Und trotzdem wurde Judas auf keinen Fall zu seiner Tat gezwungen. Keine unsichtbare Hand drängte ihn zum Verrat an Christus. Er handelte freiwillig und ohne Druck von außen. Er war für sein Handeln selbst verantwortlich. Jesus sagte, dass er die Schuld seiner Tat in Ewigkeit tragen würde. Seine Habgier, sein Ehrgeiz und seine bösen Begierden waren die einzigen Kräfte, die ihn zum Verrat an Christus zwangen.

Wie können wir die Tatsache, dass Judas' Verrat vorhergesagt und im Voraus festgelegt wurde, mit dem Umstand vereinbaren, dass er aus freiem Willen handelte? Es ist überhaupt nicht nötig, diese beiden Fakten miteinander in Einklang zu bringen. Denn sie widersprechen sich nicht. Gottes Plan und Judas' böse Tat stimmen perfekt überein. Judas' Tat entsprang seinem bösen Herzen. Gott, der alle Dinge nach dem Rat seines Willens tut (Eph 1,11), hatte Jesu Verrat genauso vorherbestimmt wie sein Tragen der Sünden der ganzen Welt. In Lukas 22,22 bestätigte Jesus diese beiden Wahrheiten: »Und der Sohn des Menschen geht zwar dahin, wie es beschlossen ist. Wehe aber jenem Menschen, durch den er überliefert wird!«

Spurgeon sagte über den Zusammenhang zwischen göttlicher Souveränität und menschlicher Entscheidung Folgendes:

> *Wenn … eine Bibelstelle lehrt, dass alles vorherbestimmt ist, dann ist das wahr; und wenn ich an einer anderen Stelle finde, dass der Mensch für all seine Taten selbst verantwortlich ist, so stimmt das ebenfalls. Nur meine Torheit lässt mich annehmen, dass sich diese beiden Wahrheiten widersprechen könnten. Ich glaube nicht, dass ein irdischer Amboss sie jemals zusammen-*

> *schweißen könnte, aber in der Ewigkeit werden sie gewiss eins sein. Sie sind wie zwei Linien, die so dicht parallel verlaufen, dass der Mensch niemals wahrnehmen kann, wo sie zusammentreffen, aber dennoch tun sie es. Irgendwo in der Ewigkeit, in der Nähe von Gottes Thron, wo alle Wahrheit entspringt, laufen sie zusammen.*[11]

Gott bestimmte die Ereignisse, die zu Jesu Tod führten, und dennoch war es Judas' eigene Entscheidung, seine böse Tat auszuführen – frei und ungezwungen von jeglichem äußeren Einfluss. Beides ist wahr. Gottes vollkommener Wille und Judas' böse Absichten stimmten überein, um den Tod Christi herbeizuführen. Judas beabsichtigte Böses, aber Gott wendete es zum Guten (vgl. 1Mo 50,20). Hier gibt es keinen Widerspruch.

Aus menschlicher Sicht hatte Judas die gleiche Chance wie alle anderen – nur mit dem Unterschied, dass ihn die Person Jesu Christi niemals anzog. Er sah in ihm nur das Mittel zum Zweck. Judas' geheimes Ziel war sein persönlicher Reichtum. Er nahm Jesu Lehren nie im Glauben an und verspürte nicht einen einzigen Funken echter Liebe für ihn. Sein Herz war unverändert, weshalb ihn das Licht der Wahrheit nur verhärtete.

Judas hatte viele Gelegenheiten, sich von seiner Sünde abzuwenden. Christus bat ihn mehrfach, seine geplante Tat *nicht* auszuführen. Ihm entging keine Lektion, die Jesus während seines Dienstes lehrte. Viele dieser Lektionen wandten sich direkt an ihn: das Gleichnis vom ungerechten Verwalter (Lk 16,1-13), die Botschaft vom Hochzeitskleid (Mt 22,11-14) und Jesu Predigten über Geldliebe (Mt 6,19-34), Habgier (Lk 12,13-21) und Stolz (Mt 23,1-12). Jesus hatte den Zwölfen sogar offen gesagt, dass »einer von euch ein Teufel ist« (Joh 6,70). Er sprach ein Wehe über seinen Verräter aus (Mt 26,24). Judas hörte alldem ungerührt zu. Er wandte diese Lehren nicht auf sich an und hielt seine Heuchlerei aufrecht.

---

11 Charles H. Spurgeon, »A Defense of Calvinism« in Susannah Spurgeon und Joseph Harrald, Hrsg., *The Autobiography of Charles H. Spurgeon*, 4 Bände (Philadelphia: American Baptist Publication Society, 1895), 1:177.

Seine Desillusionierung

Mit der Zeit wurde Judas in Bezug auf Christus zunehmend desillusionierter. Am Anfang dachten zweifellos *alle* Jünger, der jüdische Messias sei ein orientalischer Monarch, der Judäas Feinde besiegen, Israel von der heidnischen Besatzung befreien und Davids Königreich in einer noch nie da gewesenen Herrlichkeit aufrichten würde. Sie wussten, dass Jesus Wunder tat. Offensichtlich hatte er Macht über das Reich der Finsternis. Auch über die physische Welt besaß er Autorität. Niemand zuvor lehrte, sprach und lebte wie er. Für die Jünger war er die Erfüllung der alttestamentlichen messianischen Verheißungen.

Aber nicht immer erfüllte Jesus ihre persönlichen Erwartungen und Pläne. Um ehrlich zu sein: Hinter ihren Erwartungen standen nicht immer geistliche Motive. Ab und zu gibt es dafür Hinweise, beispielsweise, als Jakobus und Johannes um die wichtigsten Plätze im Reich baten. Die meisten machten sich Hoffnung auf ein irdisches, materielles, politisches, militärisches und wirtschaftliches Reich. Obwohl sie alles verlassen hatten, um Jesus nachzufolgen, so taten sie dies in der Erwartung, Lohn zu empfangen (Mt 19,27). Der Herr versicherte ihnen, dass sie belohnt würden, aber ihren vollen und endgültigen Lohn bekämen sie erst im zukünftigen Zeitalter (Lk 18,29-30). Wenn sie mit einer sofortigen materiellen Belohnung rechneten, würden sie enttäuscht werden.

Die übrigen Apostel begannen langsam zu begreifen, dass der wahre Messias anders war, als sie anfangs dachten. Sie machten sich das höhere Verständnis der biblischen Verheißungen zu Eigen, die Jesus ihnen darlegte. Ihre Liebe zu Christus überwand ihre weltlichen Ambitionen. Sie nahmen seine Lehre über die geistliche Dimension des Reiches an und hatten daran mit Freude Anteil.

Judas hingegen wurde einfach desillusioniert. Meistens versteckte er seine Enttäuschung unter einem Mantel von Heuchelei, wahrscheinlich, weil er nach einer Möglichkeit suchte, etwas Geld aus den Jahren zu schlagen, die er in Jesus investiert hatte. Die Weltlichkeit in seinem Herzen wurde nie besiegt. Zu keiner Zeit nahm er das geistliche Reich Christi an. Er blieb ein Außenseiter, wenn auch im Geheimen.

Wir können in den Evangelien nur an wenigen Stellen einen Blick auf Judas werfen. Aber all diese Stellen lassen darauf schließen, dass er schon lange zunehmend desillusionierter und verbitterter wurde, dies aber vor allen versteckte. Schon in Johannes 6, während seines Wirkens in Galiläa, sprach Jesus von Judas als einem »Teufel«. Jesus wusste, was sonst niemand wusste: Judas war bereits verstimmt. Noch immer war er ungläubig, ohne Reue und nicht wiedergeboren; in der ganzen Zeit verhärtete sich sein Herz mehr und mehr.

Als Jesus und die Jünger im letzten Jahr seines irdischen Wirkens zum Passahfest nach Jerusalem gingen, hatte Judas seinen geistlichen Tiefpunkt erreicht. Irgendwann in diesen letzten Tagen wurde aus seiner Desillusionierung Hass, und schließlich mischte sich Habsucht unter den Hass, was dann zum Verrat führte. Wahrscheinlich redete sich Judas ein, dass Jesus ihm sein Leben gestohlen habe – ihm zwei Jahre raubte, in denen er Geld hätte machen können. Diese Gedanken nagten an ihm, bis er schließlich zum Verräter Christi wurde.

Seine Habgier

Kurz nach Lazarus' Auferweckung und direkt vor Jesu triumphalem Einzug in Jerusalem gingen Jesus und seine Jünger nach Betanien am Stadtrand Jerusalems. Dort wurde Lazarus auferweckt, und dort lebten dessen Schwestern Maria und Marta. Jesus war im Haus »Simons, des Aussätzigen« (Mt 26,6) zum Abendessen eingeladen. Anwesend waren auch sein Freund Lazarus sowie Maria und Marta, die beim Servieren halfen. Johannes 12,2-3 berichtet, was geschah: »Sie machten ihm nun dort ein Abendessen, und Marta diente; Lazarus aber war einer von denen, die mit ihm zu Tisch lagen. Da nahm Maria ein Pfund Salböl von echter, sehr kostbarer Narde und salbte die Füße Jesu und trocknete seine Füße mit ihren Haaren. Das Haus aber wurde von dem Geruch des Salböls erfüllt.«

Ihre Tat war außerordentlich kostspielig. Sie beinhaltete nicht nur offene Verehrung, sondern hatte ebenso den Anschein von Verschwendung. Parfüm, insbesondere ein so teures wie dieses, wird normalerweise in kleinen Dosen verwendet. Ist es erst einmal ausgegossen, kann es kein zweites Mal benutzt werden. Ein Pfund dieses teuren Parfüms auszugießen und damit die Füße eines anderen zu salben, wirkte wie grobe Verschwendung.

»Es sagt aber Judas, der Iskariot, einer von seinen Jüngern, der ihn überliefern sollte: Warum ist dieses Salböl nicht für dreihundert Denare verkauft und den Armen gegeben worden?« (V. 4-5). Dreihundert Denare für Parfüm war in jeder Hinsicht viel Geld. Ein Arbeiter bekam im Allgemeinen einen Denar als Tageslohn (Mt 20,2). Dreihundert Denare waren also ein voller Jahreslohn (wenn man am Sabbat und an Feiertagen nicht arbeitet). Ich habe meiner Frau zwar schon teures Parfüm gekauft, aber ich würde nie auf die Idee kommen, für ein einziges Fläschchen Parfüm ein ganzes Jahresgehalt auszugeben! Das war eine überaus großzügige Tat einer Familie, die vermögend gewesen sein musste.

Judas' Reaktion war ein raffinierter Trick. Er täuschte Sorge für die Armen vor. Auch den anderen Jüngern schien sein Einwand berechtigt, denn Matthäus 26,8 berichtet, dass sie ebenso entrüstet waren wie Judas. Judas war bereits zu einem Experten in Heuchlerei geworden! Jahre später schrieb der Apostel Johannes über diese Begebenheit: »Er sagte dies aber nicht, weil er für die Armen besorgt war, sondern weil er ein Dieb war und die Kasse hatte und beiseite schaffte, was eingelegt wurde« (Joh 12,6). Aber zum damaligen Zeitpunkt erkannten weder Johannes noch die anderen Apostel seinen Betrug; erst im Rückblick, als Johannes sein Evangelium durch die Inspiration des Heiligen Geistes schrieb, teilte er uns das Motiv mit: reine Habsucht.

Jesus antwortete auf Judas' Einwand: »Lass sie! Möge sie es aufbewahrt haben für den Tag meines Begräbnisses! Denn die Armen habt ihr allezeit bei euch, mich aber habt ihr nicht allezeit« (V. 7-8). Angesichts der momentanen Umstände, und weil Jesus genau wusste, was im Herzen von Judas war, scheint es eine eher leichte Zurechtweisung zu sein. Er hätte Judas aufs Schärfste verurteilen und seine wahren Motive aufdecken können, aber er tat es nicht.

Dennoch scheint dieser milde Tadel Judas' Groll gegen Jesus noch vergrößert zu haben. Er tat keine Buße. Er prüfte nicht einmal sein Herz. Anscheinend war diese Begebenheit sogar der Wendepunkt in seinem Denken. Dreihundert Denare wären viel Geld für die Kasse der Jünger gewesen und hätten Judas eine erstklassige Möglichkeit geboten, Geld in die eigene Tasche zu stecken. Sie entging ihm jedoch, da Jesus eine solch großzügige Verehrung bereitwillig annahm.

Für Judas schien es der Tropfen gewesen zu sein, der das Fass zum Überlaufen brachte, denn direkt nach Jesu Salbung schreibt Matthäus: »Dann ging einer von den Zwölfen, Judas Iskariot mit Namen, zu den Hohenpriestern und sprach: Was wollt ihr mir geben, und ich werde ihn euch überliefern? Sie aber setzten ihm dreißig Silberlinge fest. Und von da an suchte er Gelegenheit, ihn zu überliefern« (Mt 26,14-16). Er schlich sich weg, verließ Betanien, ging den etwa zweieinhalb Kilometer langen Weg nach Jerusalem, traf sich mit den Hohenpriestern und verkaufte Jesus für eine Hand voll Münzen an dessen Feinde. Dreißig Silberlinge. Das ist alles, was er bekommen konnte. Laut 2. Mose 21,32 war es der Preis für einen Sklaven. Das war nicht viel Geld. Aber mehr konnte er nicht aushandeln.

Der Gegensatz raubt einem den Atem: Unser Herr wird von Maria mit einer überwältigenden Liebe gesalbt und gleichzeitig von Judas' tiefstem Hass verraten.

Das ist das erste Mal, dass Judas sein wahres Gesicht zeigt. Bis dahin hatte er sich der Gruppe vollkommen angepasst. Hier wird zum ersten Mal berichtet, dass er sich zu Wort meldete und Jesu direkten Tadel einstecken musste. Anscheinend reichte das schon aus, um seinen Verrat auszulösen. So lange wie möglich hatte er seine Bitterkeit und Desillusionierung in sich hineingefressen. Nun kamen sie durch seinen geheimen Verrat zum Vorschein.

Seine Heuchelei

In Johannes 13,1 beginnt der Apostel Johannes mit seinem ausführlichen Bericht der Dinge, die sich in der Nacht, als Jesus festgenommen wurde, im Obersaal ereigneten. Nachdem er das Geld für den Verrat bereits erhalten hatte, kam Judas zurück, mischte sich unter die anderen Jünger und tat, als wäre nichts Ungewöhnliches geschehen. Johannes sagt, dass der Teufel es Judas ins Herz gab, Jesus zu verraten (V. 2). Das überrascht nicht. Um es noch einmal zu betonen, Judas tat es freiwillig – ohne jeden Zwang. Satan konnte ihn nicht *zwingen*, Jesus zu verraten. Aber Satan initiierte die Verschwörung, verleitete Judas zur Ausführung und pflanzte den Samen des Verrats in sein Herz. Das Herz von Judas stand der Wahrheit so feindlich gegenüber und war so sehr mit Bösem erfüllt, dass er ein williges Instrument Satans wurde.

Genau an diesem Punkt gab Jesus den Aposteln eine Lektion in Demut, indem er ihre Füße wusch. Er wusch die Füße von allen zwölf Jüngern – sogar die von Judas. Dieser saß da, ließ Jesus seine Füße waschen und blieb zutiefst ungerührt. Der schlimmste Sünder der Welt war also auch der allerbeste Heuchler der Welt.

Andererseits wurde Petrus durch Jesu demütige Tat tief bewegt. Zunächst war er beschämt und weigerte sich sogar, sich von Jesus die Füße waschen zu lassen. Doch als Jesus ihm sagte: »Wenn ich dich nicht wasche, so hast du kein Teil mit mir« (V. 8), meinte Petrus: »Herr, nicht meine Füße allein, sondern auch die Hände und das Haupt!« (V. 9).

Jesus erwiderte: »Wer gebadet ist, hat nicht nötig, sich zu waschen, ausgenommen die Füße, sondern ist ganz rein; und ihr seid rein, *aber nicht alle*« (V. 10; Hervorhebung hinzugefügt). Als er dies sagte, musste ein Raunen durch den Raum gegangen sein. Sie waren doch nur zu zwölft, und nun sagte Jesus, dass einer aus der Gruppe nicht rein war. Johannes fügt hinzu: »Denn er kannte den, der ihn überlieferte; darum sagte er: Ihr seid nicht alle rein« (V. 11).

In den Versen 18-19 wurde Jesus sogar noch direkter: »Ich

rede nicht von euch allen, ich weiß, welche ich erwählt habe; aber damit die Schrift erfüllt würde: ›Der mit mir das Brot isst, hat seine Ferse gegen mich aufgehoben.‹ Von jetzt an sage ich es euch, ehe es geschieht, damit ihr, wenn es geschieht, glaubt, dass ich es bin.« Damit sagte er, dass sich durch Judas' Verrat Psalm 41,10 erfüllte.

All das schien über die Köpfe der meisten Apostel hinweggegangen zu sein. In Vers 21 sagte Jesus seinen bevorstehenden Verrat noch deutlicher voraus: »Als Jesus dies gesagt hatte, wurde er im Geist erschüttert und bezeugte und sprach: Wahrlich, wahrlich, ich sage euch: Einer von euch wird mich überliefern.« Mit Ausnahme von Judas waren alle Jünger verblüfft und zutiefst beunruhigt. Anscheinend prüften sie ihre Herzen, denn Matthäus 26,22 berichtet: »Und sie wurden sehr betrübt, und jeder von ihnen fing an, zu ihm zu sagen: Ich bin es doch nicht, Herr?« Selbst Judas, der stets bemüht war, den Schein zu wahren, fragte: »Ich bin es doch nicht, Rabbi?« (V. 25). Aber in seinem Fall fand keine ernsthafte Selbstprüfung statt. Er stellte die Frage nur, weil er sich Sorgen machte, was die anderen über ihn dachten – er wusste bereits, dass er derjenige war, von dem Jesus sprach.

Der Apostel Johannes beendet seinen Bericht über diese Begebenheit wie folgt:

> *Einer von seinen Jüngern, den Jesus liebte, lag zu Tisch an der Brust Jesu. Diesem nun winkt Simon Petrus zu erfragen, wer es wohl sei, von dem er rede. Jener lehnt sich an die Brust Jesu und spricht zu ihm: Herr, wer ist es? Jesus antwortete: Der ist es, für den ich den Bissen eintauchen und ihm geben werde. Und als er den Bissen eingetaucht hatte, nimmt er ihn und gibt ihn dem Judas, Simons Sohn, dem Iskariot. Und nach dem Bissen fuhr dann der Satan in ihn. Jesus spricht nun zu ihm: Was du tust, tu schnell! Keiner aber von den zu Tisch Liegenden verstand, wozu er ihm dies sagte: Denn einige meinten, weil Judas die Kasse hatte, dass Jesus zu ihm sage: Kaufe, was wir für das Fest benötigen, oder dass er den Armen etwas geben solle. Als nun jener den Bissen genommen hatte, ging er sogleich hinaus. Es war aber Nacht.* (Joh 13,23-30)

Für Judas ging damit der Tag des Heils zu Ende. Gottes Gnade machte dem göttlichen Gericht Platz. Judas wurde Satan übergeben. In seinem Herzen hatte die Sünde gesiegt. Satan fuhr in ihn.

Obwohl Jesus vom Verräter gesprochen hatte und Judas den Bissen gab, um ihn als diese Person zu identifizieren, verstanden es die Jünger *noch immer* nicht. Anscheinend rechnete niemand damit, dass Judas der Verräter war. Seine Heuchelei war so perfekt, dass er sie alle – außer Jesus – bis ganz zum Schluss täuschte.

Jesus schickte ihn weg. Das ist nur allzu verständlich. Jesus ist rein, sündlos, makellos und heilig. Auf der anderen Seite stand jedoch dieser elende, böse Mensch, in den buchstäblich der Satan hineingefahren war. Jesus wollte nicht das erste Abendmahl halten, während der Teufel und Judas im Raum waren. *Geh raus.*

Erst nachdem Judas gegangen war, setzte unser Herr das Mahl des Herrn ein. Wenn wir zum Tisch des Herrn kommen, sind wir auch heute noch aufgefordert, uns selbst zu prüfen, um sicherzugehen, dass wir nicht heucheln und Gericht über uns bringen (1Kor 11,27-32).

Der Apostel Johannes sagt, dass Jesus während der ganzen Zeit »im Geist erschüttert« war (Joh 13,21), bis Judas ihre Gemeinschaft verlassen hatte. Natürlich war er erschüttert! Diese niederträchtige, erbärmliche und vom Satan besessene Existenz vergiftete die Gemeinschaft der Apostel. Judas' Undankbarkeit, seine Ablehnung der Freundlichkeit Jesu, sein verborgener Hass auf ihn, die widerwärtige Gegenwart Satans, die Abscheulichkeit der Sünde, der furchtbare Gedanke, dass die Klauen der Hölle auf einen seiner engsten Gefährten warteten – all das erschütterte Jesus. Kein Wunder also, dass er Judas wegschickte.

Sein Verrat

Anscheinend ging Judas vom Obersaal direkt zum Sanhedrin. Er berichtete ihnen, dass er den endgültigen Bruch vollzogen hatte und nun wusste, wo sie Jesus im Schutz der Dunkelheit ergreifen konnten. Seitdem er den Handel mit dem Sanhedrin gemacht hatte, suchte Judas nach einer passenden Gelegenheit, um Jesus zu verraten (Mk 14,11). Jetzt war der Augenblick gekommen.

Wir sollten uns daran erinnern, dass Judas nicht in einem Anflug von Wahnsinn handelte. Seine Tat entsprang nicht einem Gefühl. Vielmehr war sie durchdacht und tagelang geplant, wenn nicht sogar schon seit Wochen oder Monaten. Das Geld dafür hatte er schon bekommen (Mt 26,15). Er hatte nur noch auf den geeigneten Augenblick gewartet. Die ganze Zeit hatte er Gelder unterschlagen, seine heuchlerische Fassade aufrechterhalten und sich zu den übrigen Aposteln gehalten, so als wäre er einer von ihnen. Jetzt aber hatte Jesus den anderen Jüngern offen gesagt, dass Judas ihn verraten würde. Beinahe wurde Judas in Gegenwart der anderen entlarvt. Nun war es Zeit für ihn zu handeln.

Worauf hätte er auch noch warten sollen? Laut Lukas 22,6 hatte Judas nach einer Gelegenheit gesucht, »um ihn *ohne Volksauflauf* an sie zu überliefern« (Hervorhebung hinzugefügt). Er war ein Feigling. Er wusste, wie beliebt Jesus war, und fürchtete die Menschenmenge. Wie jeder Heuchler dachte er nur daran, was die Leute von ihm hielten, deshalb wollte er Jesus so unauffällig wie möglich verraten. Er suchte den angenehmsten Weg in die Hölle. Und als er ihn fand, ging er ihn auch.

In dem Augenblick, als Jesus das Mahl des Herrn im Obersaal einsetzte, traf Judas Vereinbarungen zu seiner Festnahme. Er wusste, dass Jesus mit seinen Jüngern regelmäßig zum Beten nach Gethsemane ging. Lukas 22,39 berichtet, dass Jesus »der Gewohnheit nach« dorthin ging. In Johannes 18,2 heißt es: »Aber auch Judas, der ihn überlieferte, wusste den Ort, weil Jesus dort oft mit seinen Jüngern zusammen war.« Judas wusste also ganz genau, wo er Jesu Feinde hinführen musste, damit sie ihn festnehmen konnten.

Das nächste Mal begegnet uns Judas in Johannes 18, wo sein Komplott den Höhepunkt erreicht. Der Abend war zu Ende. Jesus war vom Obersaal zu seinem gewohnten Gebetsort, dem kleinen Olivenhain Gethsemane, gegangen. Dort schüttete er vor seinem Vater sein Herz in einer solchen Seelenangst aus, dass sein Schweiß wie große Blutstropfen herabfiel. Acht Jünger hatte er in einiger Entfernung zurückgelassen und war mit Petrus, Jakobus und Johannes tiefer in den Garten hineingegangen (Mk 14,32-33).

»Als nun Judas die Schar und von den Hohenpriestern und Pharisäern Diener genommen hatte, kommt er dahin mit Leuchten und Fackeln und Waffen« (Joh 18,3). Die »Schar« war wahrscheinlich eine römische Kohorte von der Festung Antonia, die an den Tempel angrenzte. Eine vollständige Kohorte bestand aus etwa sechshundert Soldaten. Es wird hier zwar keine genaue Zahl genannt, aber alle Evangelien sprechen von einer großen Menge (Mt 26,47; Mk 14,43; Lk 22,47) – wahrscheinlich waren es Hunderte von Soldaten. Offenbar rechneten sie mit dem Schlimmsten und waren bis an die Zähne bewaffnet.

»Jesus nun, der alles wusste, was über ihn kommen würde, ging hinaus und sprach zu ihnen: Wen sucht ihr?« (Joh 18,4). Er wartete nicht, bis Judas auf ihn zeigte. Er versuchte nicht, sich zu verstecken, sondern »ging hinaus«, um sich ihnen zu zeigen, und sagte: »Ich bin es« (V. 5).

Judas hatte zuvor ein Zeichen vereinbart, um Jesus zu identifizieren: »Wen ich küssen werde, der ist es, den ergreift!« (Mt 26,48). Was für eine teuflische Art, um auf Jesus aufmerksam zu machen! Aber er war ein so elender und listiger Heuchler, dass er scheinbar kein Gewissen besaß. Außerdem wäre das Zeichen überflüssig gewesen, da Jesus freiwillig hervortrat und sich selbst zu erkennen gab, aber Judas – zynisch und schlecht, wie er war – küsste ihn trotzdem (Mk 14,45).

»Jesus aber sprach zu ihm: Judas, überlieferst du den Sohn des Menschen mit einem Kuss?« (Lk 22,48). Küssen ist ein Kennzeichen von Ehrerbietung, Liebe, Zuneigung, Zärtlichkeit, Respekt und Vertrautheit. Judas' geheuchelte Gefühle für Christus machten seine Tat nur noch schlimmer. Es war eine hinterhältige Heuchelei, weil er versuchte, den Anschein von Achtung bis zum bitteren Ende zu wahren.

Selbst in dieser Situation blieb Jesus liebenswürdig und sprach ihn mit »Freund« an (Mt 26,50). Jesus war immer freundlich zu Judas, aber Judas war kein echter Freund Jesu (vgl. Joh 15,14). Er war ein Verräter und Betrüger. Seine Küsse standen für die schlimmste Art von Verrat.

In dieser Nacht entweihte Judas das Passah, das Lamm Gottes, den Sohn Gottes und dessen Gebetsort. Er verriet seinen Herrn mit einem Kuss.

Sein Tod

Judas verkaufte Jesus für einen Hungerlohn. Doch sobald der Handel abgeschlossen war, regte sich sein Gewissen. Er fand sich in seiner selbst gemachten Hölle wieder; seine Tat nagte an seinem Gewissen. Das Geld, das ihm zunächst so wichtig war, zählte jetzt nicht mehr. Matthäus 27,3-4 berichtet: »Als nun Judas, der ihn überliefert hatte, sah, dass er verurteilt wurde, reute es ihn, und er brachte die dreißig Silberlinge den Hohenpriestern und den Ältesten zurück und sagte: Ich habe gesündigt, denn ich habe schuldloses Blut überliefert.«

Seine Reue war nicht dasselbe wie Buße, wie die nachfolgenden Ereignisse deutlich zeigen. Es tat ihm nicht Leid, weil er gegen Christus gesündigt hatte, sondern weil seine Sünde ihn nicht wie erhofft zufrieden stellte.

Die Hohenpriester und Ältesten waren jedoch abweisend. »Sie aber sagten: Was geht das uns an? Sieh du zu!« (V. 4). Sie hatten bekommen, was sie wollten. Judas konnte mit dem Geld nun tun, was er wollte. Nichts würde seinen Verrat ungeschehen machen.

Matthäus sagt: »Und er warf die Silberlinge in den Tempel und machte sich davon und ging hin und erhängte sich« (V. 5). Judas saß bereits in seiner selbst gemachten Hölle. Sein Gewissen würde niemals zum Schweigen gebracht werden, und das ist das Wesen der Hölle. Sünde führt zu Schuld, und Judas' Sünde brachte ihm unerträgliche Qualen ein. Ich sage es noch einmal: Seine Reue war keine echte Buße. Wäre das der Fall gewesen, hätte er sich nicht selbst getötet. Ihm tat es nur Leid, weil er seine Gefühle nicht ertragen konnte.

Leider suchte er nicht Gottes Vergebung. Er bat weder um Gnade noch um Befreiung vom Teufel. Stattdessen versuchte er sein Gewissen durch Selbstmord zum Schweigen zu bringen. Es war die schmerzliche Verzweiflung eines Verrückten, der die Beherrschung verloren hatte.

Matthäus beendet seinen Bericht über Judas wie folgt: »Die Hohenpriester aber nahmen die Silberlinge und sprachen: Es ist nicht erlaubt, sie in den Tempelschatz zu werfen, weil es Blutgeld ist. Sie hielten aber Rat und kauften dafür den Acker des Töpfers zum Begräbnis für die Fremden. Deswegen ist jener Acker Blutacker genannt worden bis auf den heutigen Tag« (Mt 27,6-8).

In Apostelgeschichte 1,18-19 wird dem tragischen Leben von Judas eine abschließende Bemerkung hinzugefügt, die Details über seinen Tod und den Kauf des Blutackers enthält: »Dieser nun hat zwar von dem Lohn der Ungerechtigkeit einen Acker erworben, ist aber kopfüber gestürzt, mitten entzweigeborsten, und alle seine Eingeweide sind ausgeschüttet worden. Und es ist allen Bewohnern von Jerusalem bekannt geworden, sodass jener Acker in ihrer eigenen Mundart Hakeldamach, das ist Blutacker, genannt worden ist.«

Einige haben einen Widerspruch zwischen Matthäus und der Apostelgeschichte vermutet, aber alle scheinbaren Diskrepanzen sind leicht auszuräumen. Matthäus gibt zu verstehen, dass die Priester den Acker mit Judas' Blutgeld kauften. Somit erwarb Judas den Acker mit dem »Lohn der Ungerechtigkeit.« Die Hohenpriester kauften ihn *für* Judas, aber es war sein Geld. Der Acker gehörte ihm. Seinen Erben – wenn er denn welche hatte – hätte dieser Acker zugestanden. Daher ist es richtig zu sagen, er habe »von dem Lohn der Ungerechtigkeit einen Acker erworben«, obwohl das Feld von einem Stellvertreter *für* ihn gekauft wurde.

Warum gerade dieser Acker? Weil es der Ort war, an dem Judas sich erhängte. Anscheinend nahm er einen Baum an einem felsigen Überhang. (In den Feldern von Jerusalem gibt es einen Ort, der genau zu dieser Beschreibung passt; der Überlieferung nach soll sich Judas dort erhängt haben.) Entweder riss der Strick, oder der Ast brach ab, sodass Judas kopfüber auf die Felsen fiel. Die biblische Beschreibung ist anschaulich und abstoßend zugleich: Er ist »mitten entzweigeborsten, und alle seine Eingeweide sind ausgeschüttet worden« (Apg 1,18). Judas war eine so tragische Gestalt, dass er sich nicht einmal wie beabsichtigt töten konnte. Dennoch starb er.

Das ist praktisch das letzte Wort der Schrift über Judas: »Seine Eingeweide sind ausgeschüttet worden.« Sein Leben und sein Tod waren groteske Tragödien. Er war ein Kind der Hölle und ein Sohn des Verderbens, und er ging an seinen eigenen Ort, wo er hingehörte. Jesus sagte diese erschütternden Worte über ihn: »Es wäre jenem Menschen gut, wenn er nicht geboren wäre« (Mk 14,21).

Die Moral seines Lebens

Aus seinem Leben können wir einige wichtige Lehren ziehen.

Erstens: Judas ist ein tragisches Beispiel für ungenutzte Gelegenheiten. Zwei Jahre lang hörte er tagaus, tagein die Lehren Jesu. Er hätte Jesus jede beliebige Frage stellen können. Er hätte den Herrn um jede benötigte Hilfe bitten und sie empfangen können. Die erdrückende Last seiner Sünde hätte er gegen ein leichtes Joch eintauschen können. Christus hatte jedem diese Möglichkeit angeboten (Mt 11,28-30). Doch am Ende wurde Judas verdammt, weil er dem, was er hörte, keine Beachtung schenkte.

Zweitens: Judas ist der Inbegriff der verschwendeten Privilegien. Von allen Nachfolgern des Herrn gehörte er zu dem Kreis, der die größten Vorrechte erhielt, doch er verschwendete diese Privilegien; er löste es für eine Hand voll Münzen ein, die er letzten Endes nicht mehr haben wollte. Ein wirklich dummes Geschäft!

Drittens: Judas ist das klassische Beispiel dafür, dass Geldliebe eine Wurzel alles Bösen ist (1Tim 6,10).

Viertens: Judas veranschaulicht, wie abstoßend und gefährlich geistlicher Verrat ist. Wäre Judas doch nur der einzige Heuchler gewesen, der je den Herrn verriet! Aber das war er nicht. Es gibt diese Personen in jedem Alter – Menschen, die echte Jünger und treue Nachfolger Christi zu sein scheinen, die sich dann aber aus finsteren und egoistischen Gründen gegen ihn wenden. Judas' Leben ist für jeden von uns eine Erinnerung daran, dass wir uns selbst prüfen sollen (vgl. 2Kor 13,5).

Fünftens: Judas ist ein Beweis für die geduldige Güte und Barmherzigkeit Christi. »Der HERR ist gut gegen alle, sein Erbarmen ist über alle seine Werke« (Ps 145,9). Selbst einem so ruchlosen Menschen wie Judas erwies er seine Güte. Jesus nannte ihn sogar noch »Freund«, als Judas gerade dabei war, ihn zu verraten. Jesus erwies Judas nie etwas anderes als Freundlichkeit und Barmherzigkeit, obwohl der Herr die ganze Zeit wusste, was Judas plante. Von Christus wurde Judas in keiner Weise zu seiner Tat getrieben.

Sechstens: Judas beweist, dass Gottes souveräner Plan durch nichts vereitelt werden kann. Auf den ersten Blick schien sein Verrat an Christus wie Satans größter Triumph. Doch in Wirklichkeit brachte er die endgültige Niederlage für den Teufel und all seine Werke mit sich (Hebr 2,14; 1Jo 3,8).

Siebtens: Judas ist ein anschaulicher Beweis für die Falschheit und Fruchtlosigkeit der Heuchelei. Er ist wie die Rebe in Johannes 15,6, die nicht am wahren Weinstock bleibt. Diese Rebe bringt keine Frucht, wird abgeschnitten und zur Vernichtung ins Feuer geworfen. Judas war ein so raffinierter Heuchler, dass die übrigen Elf ihn nie im Verdacht hatten. Doch Jesus konnte er nicht täuschen. Ebenso wenig wie jeder andere Heuchler. Und Christus ist der gerechte Richter über jeden einzelnen Menschen (Joh 5,26-27). Heuchler wie Judas werden keinem anderen die Schuld für die ewige Verdammnis ihrer Seelen geben können – nur sich selbst.

Als Judas Christus verriet, verkaufte er in Wirklichkeit seine eigene Seele an den Teufel. Die Tragödie seines Lebens hatte er selbst geschaffen. Er ignorierte das Licht, das er jahrelang an seiner Seite hatte, und verbannte sich selbst in die ewige Finsternis.

Nach Jesu Auferstehung wurde Judas' Amt von Matthias übernommen (Apg 1,16-26). Der Apostel Petrus sagte: »Denn es steht im Buch der Psalmen geschrieben: ›Seine Wohnung werde öde, und es sei niemand, der darin wohne‹! und: ›Sein Aufseheramt empfange ein anderer!‹« (V. 20). Ausgewählt wurde Matthias, weil dieser mit Jesus und den anderen Jüngern zusammen war, »angefangen von der Taufe des Johannes bis zu dem Tag, an dem er von uns hinweg aufgenommen wurde« (V. 22).

Ansonsten ist nichts über Matthias bekannt. Sein Name erscheint in der Schrift nur an zwei Stellen – beide Male bei seiner Erwählung in Apostelgeschichte 1. Somit wurde am Ende ein weiterer ganz gewöhnlicher Mann ausgewählt, um den Platz eines außergewöhnlich schlechten Menschen einzunehmen. Und so wurde Matthias zusammen mit den anderen ein kraftvoller Zeuge der Auferstehung Jesu (V. 22) – ein weiterer ganz normaler, gewöhnlicher Mann, den der Herr zu einer außergewöhnlichen Berufung erhob.

John F. MacArthur

Zwölf außergewöhnliche Frauen

224 Seiten, Paperback
ISBN 978-3-86699-223-8

Ihr Mut, ihre Hingabe, ihre Gastfreundschaft und ihre geistliche Energie waren beeindruckend. Kein Wunder, dass Frauen in Gottes geoffenbartem Plan eine so wichtige Rolle spielten.
Dabei waren es nicht ihre natürlichen Begabungen und Eigenschaften, welche diese Frauen außergewöhnlich machten, sondern die Macht und Größe des einen, wahren Gottes, den sie liebten, den sie ehrten und dem sie dienten.
Das Buch »Zwölf außergewöhnliche Frauen« vermittelt nicht nur faszinierende Informationen über diese Frauen. Es zeigt auch die fehlerlose Chronologie von Gottes Erlösungswerk in der Geschichte, wie sie im Leben der Frauen zum Ausdruck kommt – sie standen im Mittelpunkt von Gottes Plan.
Ihre Kämpfe, Versuchungen und Herausforderungen entsprechen denen, mit welchen Gläubige zu allen Zeiten konfrontiert werden. Und auch der Gott, dem sie vertrauten und dem sie sich hingaben, ist derselbe Gott, der auch heute noch ganz gewöhnliche Menschen wie uns formen, verändern und zu seiner Ehre gebrauchen will.

Thomas Kruchem
Brücken über die Apartheid

Serie Piper
Band 349

Zu diesem Buch

Über Südafrika scheint jeder Bescheid zu wissen. Über die Köpfe der dort Lebenden hinweg wird munter eine wohlfeile Politik gemacht, die sich idealistisch gibt, nichtsdestotrotz aber weder die reale Situation genügend berücksichtigt, noch sich die Mühe macht, das komplizierte Raster der politischen Forderungen aller Beteiligten aufzuschlüsseln. Denn so hat es sich eingebürgert: Was gut für Südafrika ist, weiß das Ausland ohnehin besser als die Südafrikaner.

Der Journalist Thomas Kruchem hat es anders angefangen.

Ein Jahr vor der Verkündung des Ausnahmezustands und mitten in diesem Ausnahmezustand ist Kruchem durch Südafrika gereist – auf der Suche nach der politischen Zukunft am Kap der Guten Hoffnung.

Das Mikrophon in der Hand, fragte er nach – in den Büros schwarzer Gewerkschaften ebenso wie in dem der weißen »Konserwatiewe Party«. Mit schwarzen Studenten flüchtete er vor der Polizei, mit deren Chef er sich am nächsten Tag zusammensetzte. Kruchem traf im Exil den ANC-Sprecher Joe Jele und in einem der Homelands den Führer der Bewegung »Inkatha«, Gatsha Buthelezi. Gediegene Ministerbüros in Kapstadt waren Schauplatz seiner Gespräche mit politischen Führern – und das Hinterhofbüro der Hilfsorganisation »Black Sash«.

Das Ergebnis sind die Gespräche, die dieser Band vereinigt. Sie dokumentieren Widersprüche und Komplexität. Vor dem Hintergrund knapp und unterkühlt gestellter Fragen entsteht das facettenreiche Südafrika derer, die ihm ihren Stempel aufdrücken werden.

Die in dem Band aufgenommenen Essays des Zeithistorikers Prof. Arnulf Baring und Walter Hättigs von der »Aktionsgemeinschaft Solidarische Welt« sollen in ihrer Gegensätzlichkeit zu einem eigenen Urteil anregen.

Das als Anhang beigegebene umfangreiche Glossar des Afrika-Experten Robert von Lucius vertieft mit seinen informativen, analytischen Stichworten die Lektüre der Gespräche.

Thomas Kruchem, geboren 1954, Studium der Politikwissenschaft und Geschichte an der Universität Heidelberg; danach freie journalistische Tätigkeit für die deutsch- und englischsprachige Presse, Rundfunk und Fernsehen; ausgedehnte Reisen in die Dritte Welt, insbesondere durch das südliche Afrika; Mitarbeit an wissenschaftlichen Publikationen, u. a. am »Handbuch der Dritten Welt«.

Thomas Kruchem

Brücken über die Apartheid

Gespräche im Südafrika des Ausnahmezustands

Mit Essays
von Arnulf Baring und Walter Hättig

sowie einem Glossar
von Robert von Lucius

Piper
München Zürich

ISBN 3-492-00649-3
Originalausgabe
Januar 1986

Umschlag: Federico Luci
Umschlagphoto: Andrej Reiser / Bilderberg
Gesamtherstellung: Clausen & Bosse, Leck
Printed in Germany

Für Marion und Martin

Inhalt

Vorwort

Ziel dieses Buches ist es, in der hitzig geführten Südafrika-Debatte die Südafrikaner selbst zu Wort kommen zu lassen. Dafür gibt es im Prinzip zwei Konzepte: »Volkes Stimme« und »Führende Persönlichkeiten«. Da man mit dem ersten alles und sein Gegenteil dokumentieren kann, habe ich mich für das zweite entschieden.

Die Gespräche führte ich – mit wenigen Ausnahmen – unter dem Ausnahmezustand des zweiten Halbjahres 1985. In nicht immer gemütlicher Atmosphäre bemühte ich mich, ein breites Spektrum von Positionen einzufangen – was natürlich nur begrenzt gelang: Etliche potentielle Gesprächspartner saßen im Gefängnis; andere waren im Untergrund, auf Reisen oder nicht willens, mit mir zu sprechen. Auswahl und Gestaltung der Gespräche wurden überdies – bei aller Mühe, fair zu sein – durch eigene politische und persönliche Präferenzen beeinflußt. Schließlich mußte ich – um des Lesers willen – die Gespräche auch noch durch den Fleischwolf der Übersetzungen, Kürzungen und (vorsichtigen) Umstellungen drehen.

Daß ich nur eine Minderheit der hier abgedruckten Gespräche mit Schwarzen geführt habe, ist mir peinlich, spiegelt jedoch die Realität wider – die Realität eines südafrikanischen Bildungssystems, das die Schwarzen nach wie vor stark benachteiligt. Die Folge, daß nämlich die meisten politischen »Köpfe« (auch z. B. im »Südafrikanischen Kirchenrat«) bis heute weiß sind, mußte ich zur Kenntnis nehmen.

Gespräche lesen sich besser, wenn die Sinne dafür geschärft sind. Dem dienen zwei Essays, die das Problem Südafrika aus deutscher Sicht beleuchten. Der Zeithistoriker Prof. Arnulf Baring und der Südafrika-Experte der Berliner »Aktionsgemeinschaft Solidarische Welt« Walter Hättig kommen – aus intimer Kenntnis des Landes heraus – zu einer sehr unterschiedlichen Einschätzung der Lage vor Ort. Ihnen danke ich ebenso sehr wie Robert von Lucius, der in kürzester Zeit ein umfangreiches Glossar aus dem Boden gestampft hat, das – zusätzlich ausgestattet mit Querverweisen – die Lektüre der Interviews erleichtern und vertiefen soll.

Robert von Lucius gehört zu den vier Personen, ohne die dieses Buch nicht zustande gekommen wäre. Er hat vor vielen Jahren mein Interesse für Südafrika geweckt und es seitdem mit einer Fülle sachkundiger Ratschläge begleitet. Inka Mars, die aus Hamburg stammt und in Durban lebt, hat mich – wie auch Paul, ihr Mann – immer wieder herzlich in ihr Haus aufgenommen und mich auf mannigfache Weise in die ihr so vertraute Welt der Zulus eingeführt. Horst-Klaus Hofmann, der mit seiner »Offensive Junger Christen« engagierte und effiziente Entwicklungsarbeit in KwaZulu leistet, hat meine Aufmerksamkeit auf die politische Rolle der Kirchen in Südafrika gelenkt und mich mit der Führung der Bewegung Inkatha bekannt gemacht. Bei allem Engagement für Inkatha hat er seine Hilfe nie davon abhängig gemacht, ob ich von den gleichen theologischen Prämissen ausging bzw. zu den gleichen politischen Schlußfolgerungen kam wie er. Dr. Rudolf Gruber schließlich hat keine Mühe gescheut, den Apparat der »South Africa Foundation« für mich zu mobilisieren. Durch die Vermittlung der »Foundation« konnte ich so unterschiedliche Gesprächspartner wie Percy Qoboza und F.A.H. van Staden an einem Tag treffen.

Neben diesen vieren, die wissen, wie dankbar ich ihnen bin, haben eine Vielzahl weiterer Südafrikaner und in Südafrika engagierter Ausländer dem neugierigen Deutschen bei seiner Arbeit und den damit verbundenen sonderbaren Anliegen geholfen – unter ihnen Sue Griffin, Jinny Bailes, Ina Perlman, Isaac Gumede, Christa und Friedrich von Fintel sowie Dörte und Gerd Bossen. Sie alle haben mir gezeigt, wie sehr der Südafrikaner von heute die Herausforderung zum Wandel annimmt, wie gern er dem Fremden sein Land erklärt – und wie entgeistert er vor der Tatsache steht, daß man »overseas« offenbar nichts kapiert. Ich danke ihnen dafür.

Dank gebührt schließlich auch denen, die hierzulande zum Entstehen dieses Buches beitrugen. Während der Arbeit daran haben mich die Mitarbeiterinnen unseres Büros Rita Geiger und Viola Rönsch sowie mein Partner Bernd Girrbach von anderen Aufgaben entlastet. Der Lektor des Piper-Verlags Ralf-Peter Märtin hat die bisweilen hektische Zusammenarbeit mit mir geduldig ertragen und durch fruchtbare Ratschläge bereichert. Maria Beck-Kilinçvuran hat – Streß hin, Streß her – unendlich viele Manuskriptseiten in Englisch und Deutsch getippt. Nicht zuletzt haben Marion und Martin ertragen, daß sich ein »Workaholic« viel zu wenig um sie kümmerte. Es bleibt die Hoffnung, daß all die, die in diesem Buch zu Worte kommen (und ihre Anhänger), auch miteinander sprechen. Bislang sollen ja immer die anderen Brücken über die Apartheid bauen.

Heidelberg, im Dezember 1985 Thomas Kruchem

Arnulf Baring *

Von der Schwierigkeit, die Macht zu teilen, ohne die Kontrolle zu verlieren

»Ich bin überzeugt, daß Gott wußte, was er tat, als er uns hierher an die Südspitze Afrikas setzte. Es muß einen Sinn haben«, meinte an einem sonnigen, windigen Spätsommertag 1985 in Kapstadt der Direktor der regionalen Entwicklungsbehörde, also gewissermaßen der Leiter der Filiale des südafrikanischen Entwicklungshilfe-Ministeriums für die Schwarzen des eigenen Landes. Schon die Existenz eines solchen Ministeriums zeigt die einmalige Sonderlage der südafrikanischen Republik, die in Touristenprospekten gern mit dem Slogan wirbt, eine ganze Welt in einem Land zu sein. Wirtschaftlich, sozial und politisch ist das allerdings eher ein Fluch als eine Verheißung – beherbergt doch Südafrika in den eigenen Grenzen nebeneinander unsere moderne, hochentwickelte Erste Welt (in den größeren Städten Wolkenkratzerviertel, Autobahnenbündel, auf denen in den Hauptverkehrszeiten die Wagenschlangen im Schritt fahren; das Gemisch der Hautfarben, das Sprachengewirr in den Einkaufszentren; breitgelagerte Villenvororte im Grünen) und dicht daneben die armen, elenden, weithin chancenlosen Dritten oder sogar Vierten Welten in den riesigen Slums am Rande der Industriegebiete, in den – meist ländlichen – Homelands und erst recht in den nördlichen Anrainerstaaten Südafrikas, aus denen Hunderttausende in die

---

* Arnulf Baring studierte Jura und Politische Wissenschaften; danach war er an der Fondation Nationale des Sciences Politiques der Pariser Universität und am Center for International Affairs an der Harvard University tätig; er arbeitete mehrere Jahre als Journalist beim Westdeutschen Rundfunk in Köln und ist jetzt Professor für Zeitgeschichte und Internationale Beziehungen an der Freien Universität Berlin.

Republik strömen. Zahlen beweisen, daß Südafrika tatsächlich ein Spiegelbild unserer Erde im kleinen ist: In Südafrika wie in der Welt als ganzer erwirtschaftet ein reichliches Viertel der Bevölkerung drei Viertel des jeweiligen Bruttosozialprodukts. Das Einkommensgefälle zwischen Weiß und Schwarz in Südafrika beträgt 19 zu eins, zwischen westlichen und schwarzafrikanischen Staaten sogar 23 zu eins.

Afrika südlich der Sahara ist besonders schlimm dran. Es stagniert nicht nur, es fällt zurück, steht vor großen Hungerkatastrophen: Afrikas Bevölkerung wird bis zum Jahre 2000 von heute 450 Millionen auf 850 Millionen anwachsen. Gleichzeitig wächst die Wüste in Afrika täglich um 16 Quadratkilometer: im Jahre 2000 werden 45 Prozent Afrikas Wüsten sein. Wenn Südafrika eine friedliche, gemeinsame Zukunft haben soll, muß es vor diesem drohenden Hintergrund um jeden Preis versuchen, den Ausgleich im Innern zu bewerkstelligen, also die Integration der Schwarzen in die neuzeitliche Industriegesellschaft – die hier bisher nur in Ansätzen existiert: Südafrika exportiert noch immer, wie alle Entwicklungsländer, im wesentlichen Rohstoffe und Landwirtschaftsprodukte.

Zweierlei Maß

Die Aufgabe, eine weiß-schwarze, dann schwarz-weiße Industriegesellschaft aufzubauen, ist gewaltig, fast unlösbar; sie wird womöglich über die Kräfte Südafrikas gehen. Weniger entschlossene, weniger dickköpfige Regierungen als die burische Führungsschicht Südafrikas würden wahrscheinlich resignierend die Hände sinken, alles fahren lassen, an Abzug, Flucht denken.

Denn Südafrika ist wirtschaftlich keine Großmacht. Sein Bruttosozialprodukt beläuft sich nur auf ein Fünftel des kanadischen, und ein Land wie Kanada wird von den Vereinigten Staaten als kleiner Bruder, als armer Verwandter im Norden empfunden.

Mit Südfrüchten allein läßt sich kein Staat machen. Eher schon ließe er sich auf Gold bauen, mit dem diese Republik so reich gesegnet ist, ehe der Goldpreis fiel und der auswärtige Absatz des Krüger-Rand auf politische Schwierigkeiten stieß. Bodenschätze finden im übrigen nach wie vor willige Abnehmer auf den Märkten der Welt, ohne freilich die Handelsbilanz ausgleichen zu können.

Südafrikas Defizit rührt vom immensen Import industrieller Güter her, Maschinen vor allem: Autark ist das Land, gezwungenermaßen, nämlich wegen westlicher Embargos, lediglich in der Rüstungsproduktion. Südafrika gehört eben noch immer nicht zu den hochindustrialisierten Gesellschaften der Erde. Bezogen auf das Bruttoinlandsprodukt ist das Verhältnis von primärem zu sekundärem Sektor, also von Landwirtschaft, Bergbau und Fischerei zu Industrie, hier zwei zu drei, in der Bundesrepublik aber zwei zu 42. Auch der Arbeitsmarkt Südafrikas weist diese frühindustrielle Struktur auf: In Landwirtschaft und Bergbau sind ebenso viele Menschen beschäftigt wie in der verarbeitenden Industrie. Der tertiäre Sektor hingegen (Handel, Banken, Verkehr, die öffentliche Hand) hat die in der Ersten Welt übliche Größe.

Mit Hilfe der natürlichen Reichtümer des Landes konnte man also lange die Wohltaten einer Dienstleistungsgesellschaft genießen, ohne eine hinreichende industrielle Grundlage zu besitzen. Dieses Fundament versucht man sich jetzt erst nachträglich zuzulegen.

Trotz großer Anstrengungen und beachtlicher Erfolge konnte bisher allerdings ein entscheidendes Wachstumshindernis nicht überwunden werden: Da der Boykott südafrikanischer Produkte in vielen Teilen der Welt Exportindustrien unmöglich, weil unrentabel macht, müßte der Binnenmarkt gewaltig vergrößert, also der schwarze Markt erschlossen werden. Angesichts der Massenarmut, auch des Analphabetismus, kommt das viel zu langsam voran. Die Lösung der gewaltigen Aufgabe, die Schwarzen in die entstehende südafrikanische Industriegesellschaft zu integrieren, steckt noch immer in den Anfängen. Kein Wunder: auch ohne Apartheid ist es vom Kral zum Wolkenkratzer ein sehr, sehr weiter, schwerer Weg. Schon wegen der Zahlenverhältnisse. Denn die Schwarzen sind in Südafrika ja keine kleine Minderheit wie in den Vereinigten

Staaten. Die Schwarzen sind vielmehr die rasch wachsende, geradezu überwältigende Mehrheit der Bevölkerung. Schon heute stellen sie zwischen 70 und 80 Prozent der Bewohner Südafrikas, »Farbige«, also Mischlinge, und Inder nicht mitgerechnet. Bei einer Gesamtbevölkerung von etwa 30 Millionen sind nur viereinhalb Millionen weiß, zweieinviertel farbig, 800000 indisch – aber 22 bis 23 Millionen schwarz. In den ersten Jahrzehnten unseres Jahrhunderts war das Verhältnis zwischen Weiß und Schwarz noch eins zu drei. Heute ist es eins zu fünf, wenn man alle dunkleren Hautfarben zusammennimmt, sogar bald eins zu sieben. Man rechnet damit, daß in 15 Jahren zehn Schwarze auf einen Weißen kommen werden. Im Jahr 2030 werden es nach Hochrechnungen 80 Millionen Schwarze sein.

Doch Mr. Timo Bezuidenhoud gab sich gelassen und zuversichtlich. Schließlich hat er in 37 Jahren Zähigkeit und Geduld zu erwerben und zu beweisen gelernt: So lange schon sucht er der Aufgabe gerecht zu werden, den Schwarzen in und um Kapstadt zu besseren Lebensbedingungen, vor allem zu annehmbaren Wohnverhältnissen, zu verhelfen. Er hatte uns gerade Pläne von Khayelitsha gezeigt, einer neuen, riesigen Satellitensiedlung 29 Kilometer von Kapstadt entfernt, die mit atemberaubender Geschwindigkeit aus dem Boden wächst; sie soll aus 40000 Häusern bestehen und 250000 bis 300000 Menschen beherbergen, verteilt auf vier Städte aus je vier Dörfern, alle mit Supermärkten, Kindergärten, Schulen, Hospitälern, Spiel- und Sportplätzen, vor allem auch Bademöglichkeiten (denn Khayelitsha liegt am Meer, an der False Bay, östlich vom Kap der Guten Hoffnung), mit Kirchen, Postämtern, asphaltierten Straßen, Buslinien, das alles entlang einer neuen Bahnlinie in die Stadt, an der gebaut wird und die in anderthalb Jahren fertig sein soll.

Bezuidenhoud, ein Bure, einer dieser Friesen Afrikas, sieht zufrieden aus – wie einer, der mit sich und der Welt im reinen ist. The white man's burden, la mission civilisatrice de l'Occident – hier trägt und erfüllt sie einer ganz selbstverständlich, nüchtern, unsentimental. Natürlich dürfe man, sagt er, von niemandem Dank erwarten. Weder Weißen noch Schwarzen werde man es je recht machen.

Gewiß, die Häuser in Khayelitsha sind sehr klein. Der Grund dort ist reiner Sand – also wenig geeignet für Gras und Gärten, für Beete, Büsche und Bäume. Inzwischen ist der Staat, dieser Vater, allerdings dabei, um jedes Häuschen Betonzäune gegen Sandverwehungen, gegen drohende Dünen, aufzurichten, und im Schutz dieser kleinen Mauern haben die ersten schwarzen Siedler mit fröhlichem Optimismus Wüstengras gepflanzt, auch Kieferngebüsch. Aber den Eindruck monotoner Trostlosigkeit, die diesen Ort wie alle neuen Reißbrettstädte umfängt, verstärken solche schütteren Anpflanzungen eher, als daß sie ihn aufheben. Kein Zweifel, niemand von uns würde dort wohnen wollen. Aber ist das der richtige Maßstab für unser Urteil? Alles hier in Südafrika ist eine Frage der gerechten, der angemessenen Vergleiche.

Wir waren von Crossroads nach Khayelitsha gekommen, aus jenem furchtbaren Crossroads, das jüngst oft in den Zeitungen war, das verlegt, abgerissen werden sollte, wo es Demonstrationen und Tote gab. Crossroads ist eine wildwuchernde, ausgedehnte Slumansammlung mit 80000, vielleicht 100000 oder auch 120000 Schwarzen (keiner kann das genau sagen), die großenteils ohne Erlaubnis aus den Homelands kamen, in der vagen Hoffnung, irgendwelche Arbeit zu ergattern, irgendeine Existenzmöglichkeit für ihre Familie zu finden, und nun, eng zusammengepfercht, von Armut, Schmutz und Kriminalität gezeichnet, mit Mafia-Methoden manipuliert, durch Terrorbanden der eigenen Leute ausgebeutet, in selbstgebastelten Hütten leben, in zusammengeflickten Bretter- und Wellblechverschlägen, ohne alle sanitären Vorkehrungen.

Die rührige, privat finanzierte »Urban Foundation« (eine Pionier-Initiative liberaler, rassisch gemischter Wirtschaftskreise, eine der seit den Soweto-Unruhen 1976 immer häufigeren Privatstiftungen, die an vielen Stellen im Lande modellhaft Nothilfen und neue Formen der Entwicklung erproben, um sie dann dem Staat, den Behörden nahezulegen, zur Übernahme im größeren Maßstab anzuempfehlen) hat kürzlich um Crossroads herum wie einen Palisadenring eine dichte Kette moderner, chemischer Desinfektionsklosetts in der Form der traditionellen Rundhütten errichten lassen: Vorposten der Zivilisation am Rande dieser Wildnis des Elends, dessen Ausmaße, dessen Wachstumsgeschwindigkeit die Lösungskapazität, ja schon die Vorstellungskraft der Bürger jeder halbwegs entwickelten Gesellschaft übersteigen. An Crossroads gemessen, ist Khayelitsha großartig.

Auch gemessen an anderen schwarzafrikanischen Staaten Afrikas, wo Bulldozer, etwa in Nairobi oder Harare, Elendsquartiere einfach plattgewalzt, dem Erdboden gleichgemacht haben, ohne den heimatlos Gewordenen den geringsten Ersatz in Aussicht zu stellen. Überall in Afrika strömen eben heute die Massen in die Städte, weil auf dem Lande die Lebensmöglichkeiten schwinden, seit die Sterblichkeit sinkt, die Kinderzahlen steigen, die Landwirtschaft zurückgeht.

Was in allen diesen schwarzen Staaten geschieht, interessiert den Westen freilich selten. Auch viele Schwarzafrikaner sehen die Situation dort gleichmütig, resigniert. Afrika war immer ein harter Kontinent. Allein schon das Klima! Mitleidslos – wie, immer wieder, auch die an sich gutmütigen Menschen. Vor dem Kolonialismus wie im Zeitalter des Imperialismus hat es Ausrottungskriege gegeben. Weshalb sollte es jetzt anders werden? Täglich liest man, wie grausam sie sich überall gegenseitig umbringen: in Stücke hacken, lebendig verbrennen, nach unseren Maßstäben: oft wegen Nichtigkeiten.

In Afrika gelten offensichtlich überhaupt verschiedene Maßstäbe. Unsere westliche moralische Entrüstung richtet sich gegen weiße Machtmißbräuche, Versäumnisse, Rassenvorurteile, während uns weit weniger erregt, wenn schwarze Führer und Regierungen – nicht nur aus Unfähigkeit, nein, ganz bewußt und geplant – Zehntausende, Hunderttausende, Millionen ihrer schwarzen Landsleute, Angehörige anderer Stämme, Minderheiten, elend umkommen lassen, ja gewaltsam zu Tode bringen – etwa in Nigeria, Uganda, Äquatorial-Guinea, Ruanda und Burundi. Genau wird man wohl nie wissen, wie viele Millionen Schwarzafrikaner seit der Unabhängigkeit von mächtigeren Stämmen ausgerottet worden sind. Man weiß immerhin, daß zwölf Millionen Menschen in andere afrikanische

Staaten geflohen sind, um die eigene Haut zu retten. Und man weiß auch, daß viele weitere Millionen in den nächsten Jahren in Afrika umkommen werden – teils aus bösem Willen der Mächtigen, teils wegen alter oder neuer Mißwirtschaft, Inkompetenz, Korruption. Ganz Schwarzafrika treibt einer großen Krise entgegen. Die Sahel-Hungerzone, der Tod in Tigre sind nur erste Anfänge.

Viele lehnen den Aufruhr ab

Vor diesem Hintergrund muß man Südafrika sehen. An diesem Maßstab sind seine Versäumnisse und Leistungen zu messen – auch wenn P. W. Botha, Südafrikas Staatspräsident, kürzlich mit bitterem Unterton meinte, solange die Weißen Südafrika regierten, werde die Weltmeinung wohl niemals zufriedenzustellen sein.

Dabei sieht die Lage der südafrikanischen Schwarzen im Vergleich mit den fürchterlichen Verhältnissen in großen Teilen Afrikas schon heute nicht schlecht aus, die medizinische Versorgung beispielsweise, selbst Bildung und Erziehung – auch wenn natürlich auf allen diesen Gebieten unendlich viel noch zu tun bleibt. Es geht den südafrikanischen Schwarzen – trotz ihrer vielfältig schikanösen Reglementierung und der verbreiteten Rechtlosigkeit, in der sie leben müssen, trotz der oft skandalösen Lebensbedingungen, unter denen allzu viele noch immer zu leiden haben – weitaus besser als vielen ihrer Brüder in den entkolonialisierten Nachbarstaaten – und sie wissen es.

Nicht nur in der Republik. Die Regierung behauptet, schon jetzt seien anderthalb Millionen illegaler Einwanderer aus den nördlichen Anrainerstaaten im Lande auf Arbeitssuche, und man fürchtet, es könnten leicht fünf Millionen werden, falls es nicht bald gelingt, in Ländern wie Moçambique, Sambia und Angola die wirtschaftliche Lage zu stabilisieren. Alle schwarzen Gesprächspartner, auch solche, die sich öffentlich weitaus radikaler äußern, betonten unter vier Augen besorgt, daß es eine Katastrophe, besonders für die Schwarzen, wäre, wenn die weiße Minderheit aufgäbe, losließe, also von ihrer Furcht überwältigt würde und dann in großen Teilen fluchtartig das Land verließe. Denn dann brächen gleichzeitig für die Schwarzen alle Hoffnungen auf eine schrittweise Besserung ihrer Lage zusammen.

Schon heute haben offenbar genug Schwarze in Südafrika genug zu verlieren. Sie rechnen sich zu den Mittelschichten (wobei ihre Selbsteinschätzung nicht unbedingt unseren Maßstäben entspricht), lehnen daher den Aufruhr ab. Und doch gehen in den schwarzen Stadtteilen immer wieder Läden und Häuser in Flammen auf. Viele Schwarze, die ihre Zuversicht auf Wachstum setzen, sprechen sich gegen die gegenwärtige amerikanische Disinvestment-Kampagne gegen Südafrika aus, da diese ihre Belange nicht fördern, sondern schädigen werde. Außerdem richte, das lehre die Geschichte dieses Landes, Druck bei den sturen Buren das Gegenteil aus, führe also zur Verhärtung statt zum Wandel. Dem widersprechen die jungen Schwarzen, oft die wortgewandten Kinder ihrer arrivierten Eltern: Ohne Revolte, ohne Gewalt, das zeige die Erfahrung der letzten Jahrzehnte, komme nichts vom Fleck. Ohne Soweto 1976 wären viele Reformprojekte nicht in Gang gekommen (was stimmt). Bloßes Zuwarten, sagen sie ungeduldig, helfe überhaupt nichts.

Bei hitzigen Unterredungen hört man immer wieder scharfe Kritik an den früheren Kolonialmächten. Ebenso verantwortungslos wie ihre Ausbeutung sei es gewesen, plötzlich die Flinte ins Korn zu werfen und den unvorbereiteten, unausgebildeten Schwarzen die komplizierten Aufgaben des Aufbaus einer modernen Industriegesellschaft zu hinterlassen. Am schlimmsten seien da die Portugiesen gewesen. Aber auch die Briten hätten nicht viel mehr getan, als beim raschen Abzug den freundlichen, unverbindlichen Schein zu wahren. Auch vielen Schwarzen ist somit bewußt, daß die Weißen in Südafrika noch lange eine ausschlaggebende Rolle spielen müssen – so heftig sie gleichzeitig davor warnen, dies als billige Entschuldigung tatenlosen Abwartens zu nehmen, also – wie allzulange in der Vergangenheit – gar nichts, zumindest nichts Durchgreifendes, zu tun.

Auf ihre eigene Weise machen sich die Buren, seit 1948 in

Südafrika an der Macht, alle Vorwürfe gegen die Briten und ihren Imperialismus gern zu eigen. Sie betonen bis heute oft, wie schwer sie selbst unter der hochmütigen Verständnislosigkeit, ja dem rücksichtslosen Egoismus der Briten lange zu leiden hatten. Ihre fast 200 Jahre alte Rivalität mit den englischsprachigen Südafrikanern ist bis in unsere Tage der Grundkonflikt dieses Landes gewesen, über dem man die Schwarzen vergaß, beiseite schob. Den Südafrikanern mit englischem Hintergrund und besonders ihrer einflußreichen Presse werfen die Buren die nur scheinbar philanthropische Neigung vor, sie malten den Schwarzen alles erdenklich Gute aus, zeigten aber niemals konkret auf, wie es denn bewerkstelligt werden solle. Statt dessen wären diese Leute im Grunde bereit, sobald es ungemütlich wird, alles sausen zu lassen und sich aus dem Staub zu machen.

Da sind die Buren von anderer Art, aus anderem, härterem Holz. Sie haben, noch immer, eine Bauernmentalität: langsam von Entschluß, zähe im Festhalten, im Standhalten; bedächtig, mißtrauisch – auch unsicher im Auftreten, beim Umgang mit der englischen Sprache, mit der Welt. Aber innerlich ganz fest, von eiserner Beharrlichkeit. Stählern, zumal die Jungen (der Sportteil der Zeitungen ersetzt das Feuilleton), überhaupt tüchtig. Wenn sie so gern sagen, sie hätten keinen Platz, wohin sie gehen könnten, denn schließlich seien sie seit 300 Jahren hier, länger als die meisten Schwarzen, wollen sie vor allem betonen, daß sie – mit allen Mitteln, unter allen Umständen – ihre Stellung zu halten entschlossen sind. Der Mythos ihrer Voortrekker-Zeit, ihrer Laager in der Not, der bergenden Wagenburg, in der sich alle verschanzten, mit Frauen und Kindern, ist noch immer lebendig, ist allgegenwärtig. Damals war man auf der Flucht vor der philanthropischen Leidenschaft der Briten, die den Buren die Sklavenhaltung verboten, das eigene Selbstgefühl zu rauben versuchten, Sprache, Schule und Recht nahmen. So emigrierten die Buren nach 1836 aus der Kapkolonie, zogen nach Osten, nach Norden, gründeten die Republik Natal, den Oranje-Vrystaat, Transvaal. Diese Wanderung durch die Wüste wurde die Grundlage eines Sonderbewußtseins, das sich in den Burenkriegen um die Jahrhundertwende gegen die Übermacht der Engländer behauptete und nach 1948 zur Staatsphilosophie wurde. Zu ihm gehört die Bereitschaft, wenn es denn sein muß, von aller Welt mißverstanden zu werden, gehört der Wille, sich dem Zeitgeist zu widersetzen, einsam allen zu trotzen. Diese Buren werden sich niemals durch volltönende Gremien wie die »Vereinten Nationen« irgendwo hinauskomplimentieren lassen. Erst recht werden sie nicht der Gewalt weichen.

Ihre Armee ist, wie die Israels, eine der besten der Welt. Auch die Möglichkeiten der Polizei, die Reichweite der glänzend informierten Sicherheitspolizei sind in diesem Lande enorm, ihre Methoden für unsere Begriffe und Verhältnisse unerträglich. An der Fähigkeit wie am Willen der Buren, sich in Südafrika zu behaupten, kann kein Zweifel bestehen. In ihrem eisernen Willen zur Macht unterscheiden sie sich von den meisten Völkern und Herrschaftssystemen zumindest der westlichen Welt; er schließt die Bereitschaft ein, Ruhe und Ordnung im Lande mit allen Mitteln aufrechtzuerhalten, also bei der Niederschlagung schwarzen Aufruhrs mit vielen Toten zu rechnen, auch die Massaker der Schwarzen untereinander achselzuckend hinzunehmen. Dabei ist Südafrika, zumindest für Weiße, eine freie Demokratie britischen Musters. In Lebensstil, Tüchtigkeit und Denkungsart ist es teils den Vereinigten Staaten, dem bewunderten Vorbild, ähnlich, teils Israel, dem gleichermaßen Eingekreisten, seelenverwandt und vergleichbar.

Jedoch darf man »at the end of the day«, wie man in Südafrika sagt, nicht die fundamentale Veränderung übersehen, die sich in den letzten fünf Jahren im Lande vollzogen, schon in den letzten beiden Jahrzehnten bei den Buren angebahnt hat. Sie sind, wenn auch anfangs nur widerstrebend, mehr und mehr in die Industriegesellschaft hineingewachsen, spielen heute in ihr eine bedeutsame Rolle, zumal sie seit 37 Jahren die Regierung fest in der Hand haben. Das hat ihr Selbstbewußtsein dynamischer gemacht, ein verbreitetes Umdenken, eine Neudefinition der eigenen Aufgaben mit sich gebracht. Die öffentliche Meinung, auch unter den Buren, hat sich gewandelt: Fast jeder im Lande betont heute mit der gegenwärtigen Regierung die

Notwendigkeit von Reformen: zielstrebiger, wenn auch nur schrittweiser Veränderungen in der rechtlichen Lage der Schwarzen. Jede große Reform braucht Zeit – und wer wollte bestreiten, daß die Beseitigung der Apartheid eine gewaltige Veränderung ist. Wenn sich Südafrika von der nervösen, oft innenpolitisch motivierten Ungeduld einiger westlicher Demokratien irremachen ließe und sich zu überstürztem Wandel entschlösse, liefe es Gefahr, daß alles ins Rutschen käme, der Regierung die Kontrolle über den Gang der Entwicklung entglitte. In Afrika können nur stabile Herrschaftsverhältnisse darauf rechnen, die Anerkennung der Schwarzen zu finden. »To promote dynamism is to invite chaos«, wird immer wieder Paul Johnsons stimulierende neue Studie »History of the Western World« zitiert, der geschrieben hat, daß »the central lesson of the British Empire was that the best any possessing power could hope to settle for is stability, however imperfect.«

»Sharing power without losing control« heißt daher, Professor Hermann Giliomee zufolge, die Devise Südafrikas für die nächsten Jahre und Jahrzehnte – eine Aufgabe, die freilich der Quadratur des Kreises nahekommt. Doch gibt es keinen anderen Weg, meint die gegenwärtige Regierung. Gehe man nämlich zu rasch vor, werde man auch im eigenen, weißen Lager die Stabilität untergraben, den »verkrampten« Konservativen, einem 1982 nach rechts abgewanderten Flügel der regierenden »National Party«, in die Hände arbeiten. Ist doch die »Conservative Party« schon heute felsenfest überzeugt, bei den nächsten Parlamentswahlen 1988 die Mehrheit zu erringen. Das dürfte, nach dem gegenwärtigen Stand der Dinge, eine übertriebene Hoffnung sein, obwohl viele damit rechnen, sie könnte tatsächlich 15 bis 20 Sitze zu ihren 18 hinzugewinnen, was der Regierung, die heute 125 von insgesamt 178 Abgeordneten im weißen Parlament stellt, eine komfortable Mehrheit lassen würde.

Man sollte nie vergessen: Letzten Endes hängt es von weißen Wählern ab, ob die Regierung den Schwarzen die Gleichberechtigung zugestehen darf.

Südafrika rechnet in langen Zeiträumen

Die Regierung Botha kann darauf verweisen, daß ökonomische Zwänge die Wendung unabweislich machen. Immer mehr findet die Wirtschaft, seit Jahren die eigentliche Oppositionspartei, eine vorwärtstreibende Kraft im Lande, mit ihren Argumenten Gehör: Der Gedanke, die Schwarzen mit Hilfe der Homelands von der Industriegesellschaft fernzuhalten, ja deren Entwicklung in Südafrika überhaupt möglichst zu bremsen, sei von Anfang an romantischer Unsinn gewesen. Apartheid sei nicht nur inhuman, sondern vor allem töricht, schädlich, nämlich viel zu teuer und dabei unproduktiv; die Homelands hätten das Land ohne sichtbare Resultate ein Vermögen gekostet. Die gemeinsame Erklärung sechs wichtiger Industrieverbände Südafrikas, die sich für 80 Prozent der Beschäftigten im Land zuständig fühlen, am Vorabend des Besuchs Senator Edward Kennedys im Januar 1985 enthielt ein Programm sozialer und politischer Umgestaltung des Landes, auf das sich weite Kreise der politisch einflußreichen Öffentlichkeit der Republik heute verständigen können – bis weit in die schwarze Mehrheit einerseits, in die regierende »National Party« des Staatspräsidenten P. W. Botha andererseits hinein. Seit sich 1982 die Konservativen von der Nationalpartei getrennt haben (genauer: von ihr ausgeschlossen worden sind), ist auch unter früher scharfen Kritikern der Nationalen wie zum Beispiel dem ehrwürdigen, noch immer agilen Alan Paton die Zuversicht gewachsen, daß diese Regierung heute den Wandel will. Paton, der als Führer der Liberalen Partei in den 50er Jahren erbittert (und erfolglos) die Apartheid bekämpfte, sieht heute in P. W. Botha den intelligentesten Politiker, den die Nationalpartei bisher hervorgebracht habe. Botha habe die wirklichen Probleme erkannt, suche nach Lösungen, müsse freilich gleichzeitig seinen Laden beisammen halten. Bothas programmatische Rede bei der Parlamentseröffnung am 25. Januar 1985, in der er die Grundsätze der künftigen Verfassungsumgestaltung im Umriß andeutete, vor allem das Prinzip des »Government by consensus«, der künftigen Konkordanzdemokratie, reiche an die wenigen großen Reden heran, die er, Paton, in seinem

Leben gehört habe (die anderen seien übrigens alle von Schwarzen gehalten worden, von Luthuli bis Mandela).

Worauf wird der Verfassungsumbau am Ende hinauslaufen? Das weiß bisher niemand genau; denn man rechnet in Südafrika – wie auf dem ganzen Kontinent – in langen Zeiträumen. Verfassungsreform werde in Südafrika, sagte mit erstaunlicher Selbstsicherheit und Zuversicht ein hoher Beamter Pretorias, ein Prozeß der nächsten tausend Jahre sein. Bei so langfristigen Perspektiven wird die Ungeduld all derer verständlich, die den Wandel noch zu Lebzeiten bewerkstelligt sehen wollen – auch jener übrigens, die Bothas Willen zur Wende ernst nehmen. Widerstreitende interne Zwänge und wachsender internationaler Druck aber zwingen Botha zu einer Gratwanderung; man wird immer mehr von ihm erwarten, als er tatsächlich versprechen kann. Südafrika ist ein aktuelles Beispiel für die Gefahren einer Revolution rasch wachsender Erwartungen.

Bei realistischen Forderungen muß man zugeben, daß sich die Dinge vom Fleck bewegen. Viele Diskriminierungen sind schon verschwunden, andere sollen folgen. Eine gemeinsame Staatsbürgerschaft für alle Bewohner Südafrikas ist natürlich dringend; sie wäre auch symbolisch sehr wichtig. Sie wird sich wegen der Komplexität des Problems nicht sofort, sondern nur schrittweise verwirklichen lassen; die Ankündigung des Staatspräsidenten vom 11. September 1985 markierte eine wichtige Etappe. Ganz allmählich wird ein Bundesstaat eigener Prägung, ein den besonderen Verhältnissen Südafrikas angemessenes föderatives Modell, umrißhaft sichtbar, das P. W. Botha bereits am 25. Januar 1985 programmatisch skizziert hat. Damals sagte er, es gehe um »a system in which there is no domination of one population group over another, which in turn requires self-determination for each group over its own affairs and joint responsibility for and cooperation on common interests«. Alle künftige Verfassungsentwicklung werde dieser Leitlinie folgen.

Um dieses Prinzip in die Tat umzusetzen, müssen die Schwarzen natürlich endlich eine eigene Vertretung erhalten. Vermutlich wird daher in absehbarer Zukunft eine neue Versammlung, eine Art Forum, geschaffen werden, in der die

Homelands, dann die sogenannten »national« oder »independent states« Südafrikas und drittens die schwarzen Townships, also Vorstädte wie Soweto mit seinen eineinhalb bis zwei Millionen Menschen, durch eigene Repräsentanten vertreten sein sollen. Aus dieser lockeren Gesprächsrunde wird sich im Laufe der Zeit ein neues, viertes Parlament entwickeln – neben den 1983/84 für Farbige und Inder geschaffenen Häusern, die grundsätzlich gleichberechtigt neben die bisherige, allein weiße Versammlung getreten sind.

Beim jetzigen Bildungs- und Zivilisationsstand der schwarzen Massen läßt sich dieses parlamentarische Modell allerdings weder heute noch morgen auf die schwarzen Gemeinschaften übertragen. Südafrika kennt heute sieben teilweise miteinander verfeindete Hauptstämme mit vier Hauptsprachen, die wiederum in mehrere Dialekte zerfallen. Aufgrund der bisherigen politischen Rechtlosigkeit der Schwarzen, auch aufgrund der von den Weißen verfolgten altrömischen Devise des »divide et impera«, gibt es vorerst kaum allgemein anerkannte schwarze Führer, schon gar nicht erfahrene schwarze Politiker im Lande. Kann man voraussagen, wer in nationweiten Wahlen, die ja bis jetzt in Südafrika für Schwarze noch nie stattgefunden haben, sich durchsetzen, den Sieg davontragen würde – Gatsha Buthelezi, Nelson Mandela, Desmond Tutu, um nur diese Namen zu nennen? Nein, niemand kann das momentan wissen. Dabei liegt jeder dieser drei Fälle anders.

Buthelezi, der erfahrene, langjährige Führer der Zulus, spielt schon heute eine überregional eindrucksvolle Rolle. Aber ob die als besonders energisch, besonders tapfer geltenden Zulus, der größte Stamm Südafrikas, aufgrund ihrer Ambitionen in Zukunft der zweite tragende Pfeiler des südafrikanischen Staatsbaus (neben dem burischen) werden können, wie man in der CSU anzunehmen scheint, oder aber als Preußen Südafrikas ungewollt eine Koalition aller anderen Stämme gegen ihr (vermeintliches?) Vormachtstreben zustande bringen werden, scheint mir zur Stunde eine offene Frage.

Mandela ist wesentlich ein Symbol – und als solches für seine Leute am nützlichsten, am wirksamsten, solange er im Gefängnis sitzt. Wäre er in Freiheit, würde sofort schonungslos offenbar werden, welche Führungsqualitäten ihm fehlen. Überdies müßte er unvermeidlich Farbe bekennen, Positionen beziehen, dabei Optionen ausschließen, also seine heute breitgelagerte Gefolgschaft zwangsläufig enttäuschen und spalten.

Im Falle Tutus spricht einiges dafür, daß er das Schicksal seines rhodesischen Amtsbruders, des Bischofs Abel Muzorewa, kopieren könnte. Zwar brachte Muzorewa es 1979, in einer Zeit krisenhaften Übergangs, mit 64 Prozent der Stimmen und 51 Sitzen zum Führer einer absoluten Mehrheit und Ministerpräsidenten. Aber bereits 1980 konnte er nur noch drei Parlamentsmandate ergattern und sah sich seither auf eine ganz marginale Rolle im neuen Zimbabwe reduziert.

Eines ist jedenfalls ziemlich sicher: Ohne lange Eingewöhnung in rechtsstaatlich garantierte demokratische Prozeduren, ohne eine ausgedehnte politische Übergangszeit wird die Schaffung schwarzer National-Parteien und Parlamente desaströse Folgen für ganz Südafrika haben, nämlich Manipulationen der armen, illiteraten Massen Tür und Tor öffnen. Leicht könnte beispielsweise das eben erwähnte vierte Parlament der Schwarzen angesichts der Zahlenverhältnisse in der Bevölkerung (um der schwarzen Mehrheit Rechnung zu tragen, müßte der gegenwärtige Schlüssel der Abgeordnetenzahlen von vier zu zwei zu eins für Weiße, Farbige und Inder an sich ja durch einen Schlüssel zwanzig zu vier zu zwei zu eins zugunsten der Schwarzen ersetzt werden) nach dem Vorbild des Dritten Standes in der Französischen Revolution auf den Gedanken verfallen, sich zum eigentlichen, einzig relevanten Parlament, zum alleinigen Inhaber der Volkssouveränität zu erklären.

Dies aber widerspräche dem neuen, weithin noch gar nicht voll verstandenen Verfassungsgrundsatz, der bedeutsamsten Verfassungsabänderung seit der Gründung der Union im Jahre 1910, daß künftig keine Gruppe die andere soll majorisieren können. »Government by consensus«, Konkordanzdemokratie, erhebt das Einvernehmen aller Gruppen zum Grundprinzip. Nach gut afrikanischer Art (»und die Buren legen nun einmal Wert darauf, der einzige weiße Stamm Afrikas zu sein – das wollen wir ihnen auch lassen«, sagte, nachsichtig lächelnd, in Durban ein Sprecher der Zulus) soll künftig von Abgesandten der Parlamente so lange im »President's Council« miteinander diskutiert werden, bis Einigkeit erreicht ist. Es wird freilich noch Jahrzehnte dauern, bis das wechselseitige Vertrauen und die Kompromißfähigkeit aller so fest verwurzelt sind, daß man sich diesem Mechanismus voll anvertrauen kann. Bis dahin wird es in Krisenfällen immer wieder ausschlaggebend auf die Weißen ankommen.

Rassenproblem: im Kern ein Klassenproblem

Vorerst muß man sich also Südafrika wie eines jener von der Decke herabbaumelnden Mobile vorstellen, bei denen alles an einem weißen Faden in der Mitte hängt, lange und kurze Verbindungsstäbe horizontal höchst kunstvoll mit diesem verknüpft sind und die an ihnen befestigten Gebilde so wohldurchdacht um den Faden kreisen, daß die Balance des Ganzen nicht erschüttert wird. Denn sobald sich ein Mobile verhakt, ist das Gleichgewicht leicht endgültig dahin, weil sich der Schwebezustand, einmal gestört, nur sehr schwer wiederherstellen, kaum neu ins Lot bringen läßt.

Der Lieblingsbegriff der Regierung Botha zur Beschreibung des in Südafrika angestrebten gemischtrassigen, weißen, braunen, schwarzen Staatsgebildes heißt demgemäß »Constellation«, knüpft also an das astronomische Bild der Sterne an, die, harmonisch um eine zentrale Sonne kreisend, ihre eigene Bahn ziehen.

Eine eigene Bahn. Die Perspektiven der Constellation gehen denn auch weit über die Landesgrenzen Südafrikas hinaus. Wer weiß: Vielleicht werden die Buren, diese verbissenen Konkurrenten und Nachahmer der Briten, am Ende ihre Lehrmeister tatsächlich übertrumpfen und beschämen, indem sie geduldig zustande bringen, woran das Empire scheiterte: einen dauerhaften, prosperierenden Staatenbund oder Bundesstaat über das ganze südliche Afrika hinweg. Dieses Gebilde könnte also im Interesse aller Bewohner dieser Gebiete eines Tages auch Staaten wie Moçambique, Zimbabwe, Zambia, Angola auf die eine oder andere Weise einbeziehen, zunächst eine Art Wirtschaftsgemeinschaft nach westeuropäischem Vorbild werden, dann vielleicht sogar größere, politische Ambitionen und Perspektiven entwickeln. »Commonwealth« wäre ein noch besserer Ausdruck für das Angestrebte – »common« klingt gut, »wealth« noch besser –, wenn er nicht durch den britischen Versuch (und Fehlschlag) gleichen Namens bereits okkupiert und diskreditiert wäre. Wie auch immer: es gibt zwischen Mailand und Johannesburg kein weiteres industrielles Zentrum. Afrika ist ein Hohlraum, ein Machtvakuum – das dann schon lieber von Südafrika als von der Sowjetunion gefüllt werden sollte; für die Vereinigten Staaten war der Schwarze Kontinent immer marginal. Aber all das sind verschwimmende Visionen in der Ferne. Hochfliegende Zukunftspläne und entmutigende Endzeitgespräche folgen in diesem Lande am gleichen Abend oft rasch hintereinander.

Denn jede konstruktive, positive Lösung in und für Südafrika, das gegenwärtig schwer unter einer Depression, nicht einer Rezession, leidet, hängt langfristig entscheidend von der Wirtschaftskraft des Landes ab: ob es die gewaltigen Mittel aufbringen kann, die zur Entwicklung der Schwarzen innerhalb, dann vielleicht auch außerhalb der eigenen Grenzen erforderlich sein werden. Im Kern ist das Rassenproblem ein Klassenproblem; würden über Nacht alle Schwarzen durch ein Wunder weiß, gliche die Situation exakt der Englands oder Deutschlands im 19. Jahrhundert – ähnlich übrigens auch darin, daß die Schwarzen wie unsere Arbeiterbewegung damals zwar eine radikale Sprache führen, in ihren konkreten Erwartungen und Forderungen aber moderat, kompromißbereit, überhaupt friedfertig und im Grunde konservativ sind. Revolutionäres Vokabular, aber reformistische Praxis – man kennt das ja. Professor Lawrence Schlemmer hat wohl immer noch recht, wenn er aufgrund neuerer Meinungsbefragungen zu dem Schluß kommt, das wirtschaftliche Vorankommen sei der Masse der Schwarzen auf absehbare Zeit wichtiger, erscheine ihnen vordringlicher als umfassende politische Konzessionen der Weißen.

Man darf nicht vergessen Südafrika ist, was man von weiten Teilen des Kontinents heute nicht sagen kann, ein Land ohne

Hunger, ohne häufige, blutige Putsche, ohne Massenmorde, ohne vom Elend Vertriebene, ohne Flüchtlingsströme, die anderswo eine neue Heimat suchen müssen. Die Chancen Südafrikas, die Integration der Schwarzen in einem Prozeß geordneten Wandels zuwege zu bringen, sind also noch immer nicht ungünstig. Freilich sind Voraussagen hier besonders heikel. Alles kann in Südafrika (man darf diese durchaus denkbare Alternative nie außer acht lassen) über Nacht zusammenbrechen – vielleicht gerade wegen der umfassenden Reformen, die unvermeidlich die Strukturen des Staates zeitweilig destabilisieren.

Das Kap der Guten Hoffnung kann eins der Stürme werden – es muß nicht. Die gegenwärtige Hektik, ja Hysterie in Teilen der westlichen Welt wird sich möglicherweise wieder legen; die Entwicklung mag viel länger dauern, als man heute für vorstellbar hält: Wir sollten uns daran gewöhnen, daß Afrika einem anderen Rhythmus folgt, den unsere westliche Unrast nicht kennt. Hier zählen selbst Jahrzehnte wenig. So sehr sich vieles ändert, so sehr ist es immer wieder das Gleiche – an diese alte Wahrheit fühlt man sich auf Schritt und Tritt erinnert. In einer Analyse Südafrikas vom Jahre 1926 in *Foreign Affairs*, also vor fast sechzig Jahren, lautete der Schluß, der in seinen wesentlichen Passagen ebensogut heute geschrieben sein könnte: »In der Politik kann den Schwarzen eine Stimme in der Regierung des Landes auf Dauer nicht verwehrt bleiben. Allerdings muß ihre Partizipation an den politischen Rechten stufenweise mit ihrer Ausbildung und kulturellen Entwicklung einhergehen, damit die Vorherrschaft der weißen Kultur und Führung nicht gefährdet wird. Zusätzlich müssen wirkungsvolle Maßnahmen zur Verstärkung der europäischen Bevölkerung ergriffen werden, indem man die Einwanderung von Leuten ermutigt, die sich mit ihresgleichen assimilieren und hier auf Dauer ein Heim finden wollen.

Ob Südafrika mit einer derartigen Politik einen friedlichen und dauerhaften Ausgleich in den Beziehungen zwischen seinen schwarzen und weißen Bevölkerungsgruppen herstellen kann, ist eine Frage der fernen Zukunft. Es gibt keine ›Lösung‹ oder Abkürzung für solche Probleme. Wir wissen heute über viele Gegebenheiten noch nicht in angemessener Weise Bescheid, die für diese Fragen äußerst bedeutungsvoll sind. Wir haben keine Vergleichszahlen über den Bevölkerungszuwachs dieser beiden Gruppen, geschweige denn das Wissen, wie sie aussehen werden, wenn die Schwarzen immer mehr in Berührung mit Kultur und industriellen Verhältnissen kommen. Auf diesem Sachverhalt allein schon beruht jedoch der Wert jeder Prognose für die Zukunft.

Dies ist in groben Umrissen das Problem, mit dem Südafrika in den Beziehungen zwischen seinen weißen und schwarzen Bevölkerungen konfrontiert wird. Es berührt mehr oder weniger direkt fast jede wichtige Frage des öffentlichen Lebens. Das Problem ist nahezu einzigartig in seiner Schwierigkeit – der Schwierigkeit, unter den Institutionen der Volkssouveränität eine Vielfalt von Völkern mit so unterschiedlichen Voraussetzungen und abweichenden Ansichten als organische Bestandteile eines einzigen Staates zusammenzuhalten. Von der erfolgreichen Bewältigung dieser Schwierigkeit hängt Südafrikas eigene Existenz als nationale Heimstatt für Weiße ab; damit verbunden sind Fragen von schwerwiegendster Bedeutung für den gesamten afrikanischen Kontinent wie für die Beziehungen der weißen und farbigen Rassen untereinander in der ganzen Welt.«

Berlin, im Oktober 1985 — Arnulf Baring

I.
Basis

Mama Sibia, schwarze Lehrerin

Mama Sibia ist Lehrerin und Dozentin am »Funda Teachers' Centre«, einem Ausbildungszentrum für schwarze Lehrer in Soweto. Sie hat drei Kinder. Unmittelbar vor diesem Gespräch war ihr von der weißen Verwaltungsbehörde die Abschiebung ins Homeland angedroht worden.

Frage: Wie ist die Lage in Soweto – von hier, vom »Funda Teachers' Centre« aus betrachtet?

Mama Sibia: Nicht besonders gut. Lehrern, die hierherkommen, werden die Autos mit Steinen beworfen; Schüler von fünf Schulen im näheren Umkreis sind im Ausstand. Von einem Treffpunkt aus sind sie losmarschiert, um gegen die Festnahme einiger Kameraden zu protestieren und um ihre allgemeine Unzufriedenheit zu zeigen. Sogar Erstkläßler sind mitgegangen.

Frage: Können Sie Ihre Lehrerfortbildung ungestört weiterbetreiben?

Mama Sibia: Viele Kollegen haben mich gebeten, früher nach Hause gehen zu dürfen. Eine Lehrerin erzählte mir, daß ihre siebenjährige Tochter heute morgen angerannt kam; das Kind hatte eine Menge Tränengas eingeatmet; es zitterte am ganzen Körper, konnte kaum atmen, und das Wasser lief ihm das Gesicht herab. Sie können sich vorstellen, wie besorgt die Mutter war. Natürlich mußte ich unter diesen Umständen meinen Kurs vorzeitig abbrechen.

Frage: Kommt es zu Gewalttaten seitens demonstrierender Schüler?

Mama Sibia: Ich kenne mehrere Fälle. Ein Gymnasiast aus der Nachbarschaft zum Beispiel hatte das ganze Wochenende getrunken und dann einen Streit angezettelt. Er wurde umgebracht, offenbar vom Besitzer des Lokals. Als die Schulkameraden dieses Jungen von dem Mord hörten, nahmen sie das Gesetz in ihre Hände. Sie zogen los, um sich an dem Lokalbesitzer zu rächen. Als der floh, brannten sie sein Haus nieder. Noch jetzt liegen sie auf der Lauer, weil sie ihn unbedingt ergreifen und verbrennen wollen.

Frage: Sind auch Lehrer unter den Opfern des Mobs?

Mama Sibia: Der Leiter einer höheren Schule hier wurde gerade gestern ermordet – von seinen eigenen Schülern. Weil er irgend etwas mit dem System zu tun hatte, deshalb – glaube ich – mußte er umgebracht werden.

Frage: Was tut die Polizei gegen solche Vorfälle?

Mama Sibia: Nichts, wie mir scheint. Man hat das Gefühl, sie läßt die Dinge einfach geschehen. Gestern zum Beispiel zündeten Schüler ein Haus in unserem Viertel an; und kein Polizist tauchte auf. Bis heute war keiner da. Es ist komisch: Überall dort, wo man sie nicht braucht – an den Schulen vor allem – treibt sich die Polizei herum; das brennende Haus eines Schwarzen jedoch sieht sie nicht.

Frage: Denkt man bei der Polizei vielleicht: Die Schwarzen sollen sich gegenseitig rösten, solange sie lustig sind?

Mama Sibia: Ich glaube schon. Sonst gäbe es nicht dieses Maß an Zerstörung. Die Polizei ist ja so effizient und brutal, wenn sie es mit Schulkindern zu tun hat. Die Bullen wissen im voraus, was die Kinder tun werden; und je nach Einschätzung der Lage lassen sie es geschehen – damit wieder einmal jeder sagen kann: »Die Schwarzen sind verrückt.«

Frage: Verschwinden Kinder während der Unruhen?

Mama Sibia: Ja, aber vorwiegend ältere. Die Kleinen – die um fünf Jahre – werden meistens von der Straße geholt; hinterher findet man sie bei Nachbarn oder im Krankenhaus. Manchmal allerdings verschwinden auch kleine Kinder. Man nimmt an, daß sie gestohlen wurden – weil jemand Teile ihres Körpers braucht, für die Beschwörung von Geistern und so weiter. Genaues kommt da nie ans Tageslicht.

Frage: Was hat der Ausnahmezustand für Sie als Bewohnerin von Soweto geändert?

Mama Sibia: Der Ausnahmezustand hat keine Bedeutung für den normalen Einwohner von Soweto. Seine Kinder werden – wie eh und je – von der Polizei tyrannisiert; nichts hat sich da geändert. Zu spüren bekommt der einzelne die neue Rechtslage allenfalls, wenn in seiner Gegenwart auch seine Kinder festgenommen werden und niemand ihm sagt, was mit den Kindern geschieht.

Frage: Gibt die Presse realistisch wieder, was hier geschieht?

Mama Sibia: Ich lese die Zeitungen nur, weil ich sie lesen muß. Sie berichten sowieso nicht, was vor unseren Augen geschieht. Vor zwei Wochen zum Beispiel wurde ein Fünfjähriger erschossen; keine Zeitung brachte etwas darüber. Auch die Schulboykotts werden von der Presse vielfach unterschlagen. Es kann in der Tat ein schwarzer Arbeiter in Johannesburg die Zeitung lesen und denken: »Alles ist okay«; fährt er jedoch abends nach Hause, dann kommt ihm das Desaster entgegen.

Frage: Haben Sie selbst Kinder?

Mama Sibia: Ja, drei. Meine Älteste ist 14. Heute morgen weigerte sie sich, die Schuluniform anzuziehen; sie hat Angst, zur Schule zu gehen, weil man sie und ihre Klassenkameraden bedroht hat. Andererseits greift die Polizei mit Vorliebe junge Mädchen auf, die keine Schuluniform tragen. Ich bin wirklich besorgt – zumal auch meine zweite Tochter – sie ist zwölf – nicht mehr zur Schule geht. Seit gestern wird bei ihr der Unterricht boykottiert. Es ist schlimm, Teenager-Töchter zu haben in diesen Zeiten.

Frage: Worunter leiden die Kinder mehr – unter der Bedrohung durch Aufständische oder unter der durch die Polizei?

Mama Sibia: Sie leiden unter beidem – und unter der Ausweglosigkeit. Nie wissen die Kinder, was von der Polizei kommt; nie wissen sie, ob man innerhalb des Schulgebäudes auf sie schießt oder außerhalb. Die Kinder können Häuser anzünden oder vor Unruhestiftern davonlaufen – ihre Chance, erschossen zu werden, bleibt gleich. Und natürlich haben sie

Angst vor Schülern anderer Schulen. Wann immer die auf ihrem Schulhof auftauchen, weiß niemand, was geschieht. Immer haben die Kinder Angst.

Frage: Welche psychischen Auswirkungen wird all das auf die Entwicklung dieser Kinder haben?

Mama Sibia: Ich wage kaum, mir diese Frage zu stellen. Ich weiß nicht, was für Persönlichkeiten aus diesen Kindern hervorgehen sollen. Mein eigener dreijähriger Sohn sagte gestern: »Morgen zünden wir den Kindergarten an.« Wenn er das in seinem Alter sagt, dann kann ich selbst nur noch Angst empfinden.

Arthur, Joseph, Moses und Robert, schwarze Studenten

Arthur, Joseph, Moses und Robert sind Studenten am »Soweto Teachers' Training College«. Das Gespräch mit ihnen kam zustande, nachdem der Autor zufällig von der gerade erfolgten Schließung des College's erfahren hatte. Unter Inkaufnahme der damit verbundenen Risiken fuhr ihn der Fahrer der »South Africa Foundation«, Arthur Monnakgotla, unverzüglich zum College. Die vier Studenten, Führer einer größeren Demonstrantengruppe, erklärten sich nach einiger Überredung bereit, in den Wagen einzusteigen und vor der anrückenden Polizei in eine Seitenstraße zu flüchten. Hier fand das Gespräch statt.

Frage: Könnt ihr mir sagen, weswegen ihr hier demonstriert?

Arthur: Wir sind Studenten vom »Soweto Teachers' Training College«, und unser Problem ist, daß wir zwei Dozenten nicht mögen.

Frage: Warum nicht?

Joseph: Weil wir die beiden – die Englischdozentin und den Sportdozenten – des Rassismus überführt haben. Sie behandeln uns nicht wie normale Studenten, sondern schauen auf die Farbe. Weil sie weiß sind und wir schwarz, tyrannisieren sie uns. Sie behandeln uns unfair.

Frage: Was meinst du damit?

Joseph: Ich meine, daß wir auch Menschen sind – genauso wie sie. Immer wenn es ein Problem gibt, behandeln sie es nicht wissenschaftlich, sondern bringen die Rasse hinein. Die Englischdozentin zum Beispiel sagt immer: »Ich bin nicht die Amme der schwarzen Studenten.« Lauter solche Dinge haben sich im Laufe der Jahre angesammelt.

Frage: Inwiefern verhält sich denn der Sportdozent rassistisch?

Joseph: Der hat uns schon als Paviane, als Affen bezeichnet. Weil er von der Armee ist, müssen wir all die Übungen machen, die er an der angolanischen Grenze gelernt hat – salutieren, strammstehen und so weiter. Wir sind aber keine Soldaten; wir sind zukünftige Lehrer. Und ich habe noch keinen Lehrplan gesehen, nach dem die Kinder so unterrichtet werden sollen, wie man es vielleicht in Sparta tat.

Frage: Und was hat jetzt das Faß zum Überlaufen gebracht?

Joseph: Wir hatten Englischprüfungen, bei denen wir fast alle durchfielen, nur zwei von 36 bestanden. In der Prüfung wurden Dinge abgefragt, die man uns nie zuvor beigebracht hatte und zu denen auch nichts in unserer Bibliothek steht. Wir baten die Englischdozentin, uns die Bücher zu zeigen, aus denen wir für die Prüfung hätten lernen können. Sie zeigte uns kein Buch. Daraufhin beschloß der Studentenrat, daß diese Dozentin das College zu verlassen hat. Der Beschluß wurde schriftlich festgehalten und in Form einer Petition den Behörden zugeleitet. Die aber verweigerten ihre Zustimmung. Statt dessen nahmen sie heute morgen sechs unserer Kommilitonen fest.

Frage: Wie habt ihr reagiert?

Joseph: Vor wenigen Minuten faßten wir bei einer Versammlung in der Aula den Beschluß, keine Lehrveranstaltung mehr zu besuchen, bis unsere Kommilitonen frei sind. Sogar der College-Direktor hat uns seine Unterstützung angeboten; er hat in einer eigenen Petition Pretoria darum gebeten, die Studenten sofort freizulassen. Das allein allerdings wird das Problem nicht lösen. Wir wollen auch die beiden Dozenten weg haben vom College.

Frage: Protestiert ihr auch gegen die Verhängung des Ausnahmezustands?

Joseph: Der Ausnahmezustand hat uns bislang nicht betroffen. Jetzt aber hindert er uns daran, unsere Beschwerden vorzutragen. Deshalb werden wir überlegen, wie wir – gemeinsam mit den Massen – die Regierung zur Rücknahme des Ausnahmezustands veranlassen können. Wir könnten uns gezwungen sehen, zu Gewalt zu greifen, damit man unsere Stimme hört.

Frage: Gewalt in welcher Form?

Joseph: Vor allem die beiden rassistischen Dozenten werden wir uns vornehmen. Auch das Problem einer Studentenvertretung mit demokratischen Rechten werden wir jetzt notfalls mit Gewalt lösen.

Frage: Gewalt heißt manchmal auch Verbrennen von sogenannten Kollaborateuren.

Joseph: Für mich ist es ein Fehler, Menschen zu verbrennen. Man muß uns ja für Barbaren halten angesichts solcher Akte. Die Schwarzen, die andere verbrennen, sollten merken, daß sie nichts Gutes tun. Sie sollten ihre Gefühle kontrollieren lernen.

Frage: Würde keiner von euch bei Auseinandersetzungen mit der Obrigkeit töten?

Arthur: Ich würde einen Weißen töten.

Joseph: Wer auch immer unter dem Verdacht steht, ein Spion zu sein, muß liquidiert werden. Ich halte nichts davon, Menschen zu verbrennen; für Agitatoren jedoch und Kollaborateure gibt es nur die Liquidation. Ich glaube, da stimmst du mir zu.

Frage: Was ist für euch – in einem Satz – der wichtigste Schritt zu einer besseren Zukunft Südafrikas?

Joseph: Es sollte Verhandlungen geben zwischen den Völkern Südafrikas – und keine Gewalt. Nur dann gehen wir einer besseren Zukunft entgegen.

Arthur: Der Präsident sollte sofort alle schwarzen Führer freilassen und mit ihnen verhandeln. Der Rest wird sich finden.

Moses: Das System der Apartheid muß umgewandelt werden in einen demokratischen Einheitsstaat. Dort sollen alle Rassen gleichermaßen an der Macht teilhaben – nach dem Prinzip »Ein Mensch – eine Stimme«. Ich glaube, dann wird es ein ideales Südafrika geben.

Robert: Nur wenn die Weißen zulassen, daß wir an der Regierung teilhaben, wird sich die Situation normalisieren.

Barbara, Mitarbeiterin von »Black Sash«

Barbara, geboren ca. 1962, studiert Rechtswissenschaften an der »University of the Witwatersrand« in Johannesburg. Sie ist ehrenamtliche Mitarbeiterin der Hilfsorganisation »Black Sash«.

Frage: Ihr habt offenbar 'ne Menge zu tun hier im »Black Sash«-Büro.

Barbara: Manchmal ist es sehr schlimm. Vor einem Monat reichten – wenn ich mich richtig erinnere – die Schlangen bis vor die Eingangstür. Um sieben Uhr abends saß ich noch hier.

Frage: Warum kommen jetzt mehr Leute als früher?

Barbara: Weil sich die Bedingungen verschlechtert haben. Die Verwaltung wendet wegen Rezession und Arbeitslosigkeit die Zuzugskontrolle weit rigoroser an als sonst. Sie wollen wirklich alle »illegalen« Leute hinauswerfen aus der Stadt.

Frage: Was machen sie im Einzelfall?

Barbara: Eine beliebte Methode, Leute »illegal« zu machen, ist es, Kontraktarbeiter, deren Vertrag ausgelaufen ist, nicht weiter zu registrieren.

Frage: Welches Problem hat dieser Herr hier, mit dem du dich gerade unterhalten hast?

Barbara: Dieser Mann – Moses – fragt nach seinem Status gemäß Paragraph 10, Absatz 1b des Wohngesetzes für Städte. Es geht um sein Recht, auf Dauer in einer Stadt leben zu dürfen. Dieses Recht kann er auf zweierlei Art erwerben. Erste Möglichkeit: er hat zehn Jahre lang ununterbrochen für denselben Arbeitgeber gearbeitet – ohne Gefängnisstrafe und ohne eine Geldbuße über 500 Rand, also 500 Mark. Zweite Möglichkeit: er hat nach Maßgabe der diversen Paß- und sonstigen Gesetze 15 Jahre lang legal in der Stadt gelebt.

Frage: Und wie sieht's da bei Moses aus?

Barbara: Moses muß wohl zurück – ins Homeland Transkei. Er hat nur neun Jahre und elf Monate für denselben Arbeitgeber gearbeitet. Tricks mit den Papieren, mittels derer wir früher gelegentlich helfen konnten, solche Tricks sind heute kaum mehr möglich.

Frage: Warum?

Barbara: Alle diese Vorgänge sind im staatlichen Computer gespeichert. Das heißt: von dem Moment an, in dem ein Schwarzer seinen Paß, sein Lebensbuch, erhält, wird jeder Orts- und Arbeitsplatzwechsel festgehalten. Die Verwaltung kann jederzeit seinen gesamten Lebenslauf auf den Bildschirm holen und feststellen, welche Bestimmungen auf ihn zutreffen. Es bleibt dem Mann gar keine andere Möglichkeit, als den Behörden stets die Wahrheit zu sagen. Jede Aussage kann ja mit der Datei im Computer verglichen werden.

Mark Steward, Arzt

Mark Steward ist ein aus Großbritannien stammender Arzt. Er arbeitet am Baragwanath-Hospital von Soweto, um seine Kenntnisse im Bereich der Chirurgie zu vertiefen.

Frage: Wie arbeitet es sich in einem südafrikanischen Krankenhaus für Schwarze?

Steward: Gut, ziemlich gut. In diesem Krankenhaus sind wir hervorragend ausgestattet – wenn auch überfüllt. Das führt ab und zu zu logistischen Problemen: Sie machen ein Röntgenbild und finden es dann nicht wieder im Gewühl der riesigen Röntgenabteilung. Aber – ganz offen: wenn ich einen Autounfall hätte oder einen Herzschuß, dann würde ich hierherkommen. Die Behandlung im Baragwanath-Hospital ist einfach schneller und besser als in den weißen Krankenhäusern.

Frage: Was sind denn die Stärken und Schwächen dieses Riesen-Krankenhauses?

Steward: Den lieben langen Tag haben wir es hier mit Schwerverletzten und akut Kranken zu tun; was die angeht, sind wir denn auch gut. Unsere Veröffentlichungen in den internationalen Fachzeitschriften belegen es. Probleme haben wir mit chronischen Krankheiten – den Folgen des Townshiplebens und so weiter. Da hätten wir gerne Hausversorgung, Bezirkskrankenschwestern, »Essen auf Rädern« und all die

Dinge, die Sie in einem Wohlfahrtsstaat finden. Aber ein solcher ist Südafrika natürlich nicht.

Frage: Sie haben sehr viel mit Verletzungen zu tun?

Steward: Ja; wir haben eine bunte Vielfalt von Krankheiten hier; zu 50% jedoch kommen die Leute wegen schwerer Verletzungen – ein in der Tat fast groteskes Mißverhältnis.

Frage: Warum ist das so?

Steward: Weiß ich nicht. Das hängt wahrscheinlich mit der sozioökonomischen Situation in den Townships zusammen, mit der Überbevölkerung und dem Frust. Was ich direkt sehe, ist Alkohol. Die meisten Leute kommen betrunken und total von der Rolle.

Frage: Massenhafter Frust-Alkoholismus also?

Steward: Wahrscheinlich. Die Leute trinken halt – in den Homelands und in den Townships, seit vielen Jahren schon. Die meisten meiner Betrunkenen hier sind chronische Alkoholiker; Leute, die schon seit Urzeiten trinken. Das ist einfach ihre Lebensweise.

Frage: Haben die politischen Unruhen die Zahl der Verletzten hochgetrieben?

Steward: Nein, erstaunlicherweise nicht. Die Zahl ist gesunken, wahrscheinlich, weil überall Polizei herumsteht. Sie sehen ja, hier im OP-Komplex: keine Wiederbelebung, wenige Schwerverletzte, fast alles »kalte« Fälle. Die Lage ist eindeutig: Wir haben friedliche Zeiten, wenn die Zeiten draußen schlimmer werden.

Frage: Spiegeln neben den durch Gewalt verursachten Verletzungen auch andere Krankheiten die sozialen Verhältnisse wider?

Steward: Glaube ich schon. Wir haben zum Beispiel eine Menge unnötiger Verbrennungen – durch Paraffinöfen und explodierende Herde; alles Verbrennungen, die unter anderen sozialen Bedingungen nicht vorkommen würden. Dann die vielen kranken Lungen – die sind Ergebnis der Luftverschmutzung und der schier unglaublichen Raucherei. Fast jeder erwachsene Mann zieht hier täglich 20 bis 30 Sargnägel in sich hinein. Ich weiß nicht, was schlimmer ist: die dicken schwarzen Wolken in der Luft oder die Qualmerei. Von den Verletzungen haben wir ja schon gesprochen; die reflektieren eine überaus gewalttätige Gesellschaft.

Frage: Sie halten die südafrikanische Gesellschaft für gewalttätig?

Steward: Ja, sowohl die schwarze als auch die weiße. Das ist Afrika. Ein Leben ist eben weniger wert in Afrika – Ihres, meins und das aller anderen. Auch im weißen Krankenhaus hier finden Sie weit mehr Gewaltopfer als in Europa. Die Zahl der Leute, die sich erschießen oder andere – das können Sie mit Europa gar nicht vergleichen.

Frage: Was sind für Sie die Gründe?

Steward: Südafrika ist halt ein junges Land – mit weit mehr Spannungen als Europa, mit einer unsicheren Zukunft und einer problematischen Vergangenheit. Als die Amerikaner Amerika bauten, gab es auch eine Menge Schießereien und Gewalt. Europa ist ein unvergleichlich sanfter Kontinent im Vergleich zu Afrika, Asien und Lateinamerika. An den Ländern dort müssen Sie Südafrika messen.

Karel le Roux, weißer Polizist

Karel le Roux, geboren ca. 1953, arbeitet als Warrant Officer bei der »Soweto Police Division«.

Frage: Wenn du mit deinen Leuten zu Unruhen geschickt wirst – was machst du dann zuerst?

le Roux: Zunächst einmal müssen wir uns über die Situation klarwerden. Die ist immer wieder neu. Mal treffen wir auf aggressive Leute, dann müssen wir Schrot einsetzen; mal rennt alles weg, dann reicht Tränengas, um den Mob zu zerstreuen. Haben die Randalierer einen Lieferwagen angezündet, heißt es zunächst »Löschen«; gleichzeitig gilt es, die Unruhestifter im Auge zu behalten – damit die keinen Überraschungsangriff landen können.

Frage: Mit wie großen Gruppen habt ihr es bei den Unruhen zu tun?

le Roux: In diesem Jahr hatten wir vor allem kleine, isolierte Gruppen – weit kleinere Mobs als während der Unruhen von 1976. Damals stand ich Massen von 5000 bis 6000 Demonstranten gegenüber – mit vielleicht 30, 32 Kollegen an meiner Seite.

Frage: Wie hart sind die Auseinandersetzungen im Vergleich zu damals?

le Roux: Insgesamt ist es nicht so schlimm wie 1976. Aber

auch die kleinen Gruppen mit ihrer Nadelstichtaktik können einen ziemlich beschäftigt halten.

Frage: Wie machen die das?

le Roux: »Hit and run« – das ist ihre Taktik. Sie schlagen zu, rauben zum Beispiel einen Lieferwagen aus, zünden ihn an und verschwinden. 15 bis 20 Minuten später sind wir da und finden nichts als den Fahrer vor seinem ausgebrannten Lkw. Nur ausnahmsweise geht uns mal einer der Kerle, die das zu verantworten haben, ins Netz.

Frage: Frustriert das nicht?

le Roux: Nein, man gewöhnt sich dran. Manchmal trifft man Unruhestifter an am Einsatzort, manchmal nicht. So ist das halt.

Frage: Hast du nie Angst?

le Roux: Manchmal kriegt man schon Angst. Wenn man in einer kleinen Polizistengruppe 3000 bis 4000 Leuten gegenübersteht, dann muß man schon klar denken, bevor man handelt.

Frage: Du bist ein erfahrener Polizist. Aber was ist mit den 18jährigen? Können die nicht mal falsch reagieren?

le Roux: Das hängt meines Erachtens nicht vom Alter ab. Jeder Polizist – ob alt und erfahren oder jung und unerfahren – hat bisweilen Angst und kann in Panik geraten. Jeder von uns ist schließlich nur ein Mensch; die Tatsache, daß man eine Uniform trägt, macht einen nicht zum »Superman«.

Frage: Was tut ihr gegen Fehlreaktionen unter euren Leuten?

le Roux: Auf jedem Wagen fährt mindestens ein erfahrener Mann mit. Der sorgt dafür, daß niemand wild um sich schießt. Jeder Todesfall muß hinterher erklärt werden; da gibt es eine Menge Papierkrieg – den keiner mag.

Frage: In euren Mannschaftsbus kann niemand eindringen. Was macht ihr, wenn die Demonstranten ihn einfach umkippen?

le Roux: Das dürfte ihnen schwerfallen: An der Unterkante hat jeder Bus rundum scharfe Kanten. Selbst 50, 60 Leute können ihn nicht umkippen; sie würden sich zu sehr verletzen.

Frage: Sie könnten Stangen benutzen.

le Roux: Sicherlich. Aber meine Männer im Bus können auch angemessen reagieren.

Frage: In welchen Fällen benutzt ihr Gummigeschosse?

le Roux: Manchmal fängt der Mob an, den Bus mit Steinen zu bewerfen. Dann muß man reagieren, sich verteidigen – was man am besten mit Gummigeschossen tut. Die haben eine enorm beeindruckende Wirkung.

Frage: ... treffen aber immer nur einzelne.

le Roux: Ja; aber das Problem ist oft auch der einzelne, der Aufrührer, der die Jugendlichen dazu anstachelt, Busse anzuzünden und uns mit Steinen zu bewerfen. Wenn man den Aufrührer mit einem Gummigeschoß erwischt, dann hat das eine große Wirkung auch auf den Rest der Gruppe.

Frage: Wann kommt es zu Todesfällen?

le Roux: Fast nie. Manchmal überraschen wir Randalierer, die, sobald sie uns sehen, natürlich blitzartig davonlaufen. Um nun einige Festnahmen zu machen – sonst brandstiften, plündern und rauben die ja weiter –, müssen wir Schrot einsetzen. Dabei kann es vorkommen, daß man seinen Mann aus der Nähe an einem sehr empfindlichen Körperteil trifft und er stirbt. Meistens aber reichen die Verletzungen gerade dafür, daß er ins Krankenhaus geht. Dort können wir ihn dann einsammeln.

Jean, weiße Sekretärin

Jean, geboren 1953, ist Sekretärin in Kapstadt.

Frage: Du wolltest mir über eure Hausangestellte erzählen.

Jean: Ja. Wir haben eine Frau im Haus, der mußten wir alles zeigen – vom Staubwischen bis zum Badreinemachen. Am Anfang wollte sie den Toaster in der Spülschüssel waschen. Und sie zerbrach alles, was sie in die Finger bekam. Da war ein bemaltes Porzellanei, das mir mein Bruder aus Hongkong mitgebracht hatte; Sally – unsere Hausangestellte – nahm es, wollte es vom Schrank auf den Fernseher stellen – und hatte schon die Scherben in der Hand. Wenn sie eine Lampe ausmachte, drückte sie nicht auf den Knopf, sondern zog den Stecker raus – am Kabel versteht sich, so daß alles auseinanderflog. Sally verstand einfach nicht, was Elektrizität ist. – Zwei Jahre lang hat meine Mutter ihr alles gezeigt; jetzt kommt sie ganz gut selbst zurecht.

Frage: Dein Freund Patty, der Bauunternehmer, ist offenbar nicht besonders gut auf die Schwarzen zu sprechen.

Jean: Patty hat ein kleines Bauunternehmen. Er verdient eine Menge Geld, hat ein schönes Haus und ein gutes Leben. Das jedoch hat er sich schwer verdient. Patty ging sieben Jahre lang zur Abendschule, arbeitete Tag und Nacht und trug am Anfang jeden Stein selbst. Jetzt beschäftigt er 20 oder 30 Arbeiter. Nach Pattys Meinung kann jeder Schwarze das gleiche erreichen wie er. Er muß es nur wollen. Und wenn ihm die Apartheid dazwischenfunkt, dann soll er in Soweto bauen und dort reich werden. Zunächst aber muß der Schwarze hart arbeiten; und das will er nach Pattys Meinung nicht.

Frage: Ist Patty mit seinen schwarzen Arbeitern zufrieden?

Jean: Nein, man kann sich einfach nicht auf sie verlassen. Manche von Pattys Leuten arbeiten zwei, drei Wochen lang, kriegen dann ihr erstes Geld – und verschwinden auf Nimmerwiedersehen. Was Kündigung heißt, wissen die gar nicht. Eines Tages sind sie einfach weg.

Frage: Klopft Patty deshalb seine Sprüche über die Schwarzen?

Jean: Ja, er ist verdammt konservativ. Patty würde keinem Schwarzen irgendeine Verantwortung übertragen, weil er sie alle für total ineffizient hält. Immer hat er das Gefühl, sie überwachen zu müssen.

Frage: Hältst auch du sie für ineffizient?

Jean: Ach, red' doch nicht. Heute im Restaurant wurdest sogar du ungeduldig, als man dir das Frühstück im Zeitlupentempo servierte.

Frage: Woher kommt denn deiner Meinung nach die Ineffizienz der Schwarzen?

Jean: Es ist nicht in erster Linie ihr Fehler. Man muß auch die Familie und den kulturellen Hintergrund sehen, aus dem sie kommen. Wenn sie nie etwas mit Elektrizität zu tun hatten, dann müssen sie eben lernen, Knöpfe zu drücken – was unsere Kinder mit der Muttermilch aufsaugen. – Überhaupt gibt es kaum Schwarze, die sich mit Naturwissenschaften beschäftigen. Wenn sie studieren, dann belegen sie Kunst oder Geisteswissenschaften, werden Pfarrer und Psychologen. Einen schwarzen Ingenieur habe ich noch nie gesehen.

Frage: Vielleicht sind den meisten Schwarzen die Naturwissenschaften zu kalt und menschenfremd?

Jean: Das kann sein. In ihrer Kultur gibt es nicht diese westliche Eile und Hast, diesen Kampf und die typisch kapitalistische Geldgier – Dinge, mit denen wir aufwachsen. Die Schwarzen sind eher langsam und gelassen – nach dem Motto »Morgen ist auch noch ein Tag«. Sie werden sich das abgewöhnen müssen. Sie werden lernen müssen, schneller, viel schneller zu arbeiten. Vielleicht werden es die Jungen schaffen – diejenigen, die in der Stadt leben, die dort zur Schule gehen und zur Universität.

Frage: Hältst du Schwarze für weniger begabt als Weiße?

Jean: Nein, viele sind zweifellos sehr talentiert. Es fehlt nur an der Motivation – wegen des kulturellen Hintergrunds.

Frage: Ist es wegen dieses Hintergrunds auch so schwierig, aus einem Schwarzen herauszubekommen, was er eigentlich will?

Jean: Natürlich. Wir zum Beispiel hatten sechs Jahre lang dieses Mädchen im Haus. Sie hatte einen guten Job, bekam Frühstück, Mittagessen und alles, was sie sonst noch brauchte. Eines Tages aber kam sie zu meiner Mutter und sagte, sie wolle nicht mehr bei uns arbeiten; die Marmelade auf dem Frühstücksbrot schmecke ihr nicht. Erst nach langem Hin und Her fand meine Mutter heraus, daß die Frau eine Lohnerhöhung wollte – die sie dann auch bekam. Es ist verrückt – nie sagen einem die Schwarzen direkt, was sie wollen.

Frage: Glaubst du, daß die Weißen weiter in diesem Lande herrschen sollten?

Jean: Ich bin keine Rassistin – was du auch daran merkst, daß ich dir nur die Tatsachen des Lebens erzähle, die ich täglich vor Augen habe. Wenn du lange genug hier bist, wirst auch du merken, daß sich die Schwarzen unter ihrer eigenen Regierung zurückentwickeln würden. Es ist immer noch der weiße Mann, der ihnen die Ziele setzt; und nur wenn er sie kontrolliert, werden sie diese Ziele auch erreichen. Verlangt er keine Effizienz mehr und gibt kein Beispiel, dann entwickeln sich die Schwarzen zurück. Es ist schade, daß du Zimbabwe nicht gesehen hast, als es noch Rhodesien war; dann könntest du das »Damals« mit dem »Heute« vergleichen. Keine Straße zum Beispiel ist in den letzten fünf Jahren repariert worden. Und weißt du, was die Schwarzen jetzt – wo die Straßen in einem schlechten Zustand sind – sagen? Sie sagen, die Weißen hätten sie nicht gut genug gebaut.

II.
Opposition

Joe Jele, »African National Congress«

Joe Jele mußte Anfang der 60er Jahre mit anderen Angehörigen des »African National Congress« (ANC) Südafrika verlassen und baute mit ihnen im Exil den Auslandsflügel dieser Organisation auf. Er war bis zum 25. 6. 85 Leiter der Abteilung »Internationales« des ANC.

Frage: Sie, Herr Jele, und der ANC mußten nach dem Vertrag von Nkomati Moçambique verlassen. Wie hat sich das auf Ihre Schlagkraft ausgewirkt?

Jele: Der ANC hat den für Moçambique erniedrigenden Vertrag vorausgesehen; er hat rechtzeitig eine umfassende Strategie entwickelt, den Kampf für Freiheit und Frieden innerhalb Südafrikas fortzusetzen. Südafrika ist ohnehin kein Land, das man – wie Angola oder Zimbabwe – vom Ausland her in Verlegenheit bringen kann; es ist wirtschaftlich und militärisch zu stark. Unsere Stützpunkte in Moçambique waren deshalb sowieso nur Transitstationen. Unsere Basen liegen im Lande – unter den Menschen, die die Apartheid bekämpfen und das auch in Zukunft tun werden.

Frage: Welche Ziele verfolgen Sie, und mit welchen Mitteln wollen Sie diese Ziele durchsetzen?

Jele: Der ANC kämpft für die Errichtung eines rassenlosen, demokratischen Einheitsstaates, eines Staates, in dem Rassendiskriminierung strafbar sein wird. Die Strategie des ANC liegt darin, zunächst die Massen zu mobilisieren, um auf dieser Basis den bewaffneten Kampf aufzubauen. Schwarz und Weiß müssen mit aller Kraft gegen das Regime aufstehen und es in die bewaffnete Konfrontation hineinzwingen. Nur so wird das System stürzen. Was den bewaffneten Kampf selbst angeht, haben wir uns in der Vergangenheit auf sogenannte »bewaffnete Propaganda-Aktionen« beschränkt, die darauf gerichtet waren, der Bevölkerung politisches Bewußtsein zu vermitteln und sie zur Teilnahme am Kampf zu gewinnen. Diese Phase ist abgeschlossen. Wir befinden uns jetzt in einer neuen Phase, in der Phase direkter Konfrontation mit den Soldaten Südafrikas, in der Phase groß angelegten Guerillakampfes auf südafrikanischem Boden. Soweit unsere interne Strategie ...

Frage: Was machen Sie international? Wer hilft Ihnen?

Jele: International suchen wir gute Beziehungen zu all denen, die gegen die Apartheid sind und den ANC bei seinem Befreiungskampf unterstützen wollen – egal ob es sich um Kapitalisten handelt oder um Sozialisten. Wir bekommen eine gewisse Hilfe von den demokratischen Kräften Westeuropas, besonders aus Schweden. Die bei weitem großzügigste und regelmäßigste Unterstützung aber – das muß ich sagen – erhalten wir von den sozialistischen Ländern. Diese Länder stehen uns seit vielen Jahren bei.

Frage: Wie kann sich der Bürger innerhalb Südafrikas an Ihrem Befreiungskampf beteiligen?

Jele: Er soll politische Streiks organisieren und an Konsumentenboykotts teilnehmen; er soll gegen Mieterhöhungen revoltieren und für die Freilassung Nelson Mandelas demonstrieren. All diese Aktionen schwächen das Regime in Südafrika und erhöhen unsere Chancen, den Feind militärisch zu stellen und ihm durch Sabotage Schaden zuzufügen.

Frage: Welche Rolle spielen die internen Oppositionskräfte, zum Beispiel der »Südafrikanische Kirchenrat«?

Jele: Der SACC spielt eine wichtige Rolle bei der moralisch-politischen Mobilisierung von Schwarzen gegen die Apartheid. Das gleiche gilt für viele andere Kirchen. Die Katholiken unter Erzbischof Hurley zum Beispiel haben sehr klare Resolutionen herausgebracht – Resolutionen, die den Menschen Mut zum Weiterkämpfen vermitteln.

Frage: Welche Beziehungen hat der ANC zum SACC?

Jele: Der ANC hat als verbotene und dem bewaffneten Kampf verschriebene Organisation keinerlei Beziehungen zum SACC, der legal und mit gewaltlosen Mitteln operiert. Nichtsdestoweniger unterstützen wir natürlich jeden, der gegen die Apartheid kämpft – sei es mit oder ohne Gewalt. In seiner derzeitigen Lage muß der SACC wahrscheinlich sogar für friedliche Mittel optieren.

Frage: Eine Frage nebenbei: Sie haben auch Kontakt zur »Evangelischen Kirche in Deutschland«?

Jele: Ja, es hat uns moralisch sehr gestärkt, daß die protestantische Kirche Ihres Landes unseren Kampf unterstützt. Konkret haben die Vertreter der EKD dem ANC moralische, politische und materielle Hilfe zugesichert – damit er seinen Befreiungskampf fortsetzen und intensivieren kann. Die deutschen Christen stehen wohl auch deshalb so fest in ihrer Opposition gegen die Apartheid, weil sie aus eigener bitterer Erfahrung wissen, was ihr Volk unter der Herrschaft der Nationalsozialisten erleiden mußte.

Frage: Welches Verhältnis haben Sie zur UDF?

Jele: Auch die UDF ist eine legale Organisation, die keine Beziehungen zum ANC unterhält. In einigen Fragen allerdings stimmen die politischen Positionen überein: Auch die UDF kämpft – wie der ANC – für eine rassenlose, demokratische Gesellschaft in Südafrika und gegen das Bantustan-System.

Frage: Wie steht der ANC zu Inkatha, einer Bewegung, die innerhalb des Systems arbeitet?

Jele: Lange Zeit suchte der ANC enge Beziehungen zur Inkatha-Führung; wir wollten sie vom Irrweg einer Homeland-verwurzelten Stammesbewegung abbringen. Deshalb trafen wir uns mehrere Male mit dem Inkatha-Zentralkomitee. Wir forderten es auf, sich den Kräften der wirklichen Opposition anzuschließen. Doch unsere Versuche scheiterten. Wir brachen die Beziehungen zu Inkatha ab – vor allem deshalb, weil Buthelezi keine Probleme hat, sich mit dem rassistischen System zu arrangieren. Inzwischen hat Inkatha im Lande erheblich an Boden verloren, auch unter den Zulus. Völlig diskreditiert hat sich Buthelezi, als er seinen Jugendbrigaden befahl, mehrere Studenten der Universität von Zululand zu töten, die es wagten, gegen Inkatha zu opponieren. Seit diesem Blutbad sind wir im ANC davon überzeugt, daß Gatsha Buthelezi ein williges Werkzeug in den Händen des Apartheidregimes ist; wir werden es nicht dulden, daß er weiterhin Gewalt gegen das Volk anwendet und das Bantustan-System konservieren hilft.

Frage: Unter welchen Voraussetzungen würden Sie Ihren bewaffneten Kampf einstellen?

Jele: Der bewaffnete Kampf kann nicht aufhören, solange die Apartheid fortbesteht. Er kann nur aufhören, wenn wir die Macht übernommen und den Frieden in der Region gesichert haben.

Frage: Wie stehen Sie zu den Aufforderungen westlicher Führer, etwa des deutschen Außenministers Genscher, mit friedlichen Mitteln zu kämpfen?

Jele: Zunächst: der ANC hat von 1912 bis 1960 mit friedlichen Mitteln gekämpft; diese friedlichen Mittel jedoch wurden im Blut ertränkt; der ANC wurde vom rassistischen Regime in den Untergrund gezwungen. Seit dieser Zeit hat die Geschichte des südafrikanischen Rassismus wieder und wieder gezeigt, daß Frieden nur durch die gewaltsame Entfernung des Regimes möglich ist. Wenn Herr Genscher jetzt für friedliche Reformen plädiert, dann vertritt er eine Strategie, die die Leiden der Schwarzen nur verlängert, eine Strategie, die Apartheid und weiße Vorherrschaft konserviert. Herr Genscher sollte einsehen, daß friedlicher Wandel nicht mehr möglich ist in Südafrika.

Frage: Warum plädiert Ihrer Ansicht nach der Westen für friedlichen Wandel?

Jele: Die Ziele dieser Politik liegen auf der Hand: Sie soll den wirtschaftlichen Interessen vor allem der multinationalen Konzerne dienen; sie soll die militärische Zusammenarbeit zwischen der Bundesrepublik und Südafrika fördern; sie soll nicht zuletzt auch der atomaren Kooperation Flankenschutz bieten, die die Bundesrepublik – wie Israel und die USA – zu Südafrika unterhält. Kurz: diese »Politik der friedlichen Mittel« ist eine eigensüchtige Politik des Herrn Genscher sowie seiner amerikanischen und israelischen Kollegen.

Frage: Haben Sie auch für das »constructive engagement« Chester Crockers wenig übrig?

Jele: In der Tat hat die Regierung Reagan seit ihrem Machtantritt offen und kaltschnäuzig den Rassismus in Südafrika verteidigt. Der Präsident selbst nannte Südafrika einen Alliierten, auf den man nicht verzichten könne. Vor diesem Hintergrund wurde die Politik des »constructive engagement« formuliert. Im Rahmen dieser Politik zwingen die USA die Nachbarn Südafrikas, mit Pretoria zu kooperieren; sie zementieren die weiße Vorherrschaft in der Region, weil sie glauben, nur so ihre Schäfchen ins trockene bringen zu können. Crocker selbst hat ganz freimütig erklärt, er sei nicht bereit, die strategischen Interessen seines Landes auf dem Altar einer Befreiung durch den ANC zu opfern. Die USA sind jedoch bereit, das Leben der Schwarzen in unserem Lande zu opfern. Sie beweisen das, indem sie dem Regime die Waffen für seine Verbrechen liefern. Die Amerikaner helfen den Rassisten, unser Volk und seinen Kampf im Blut zu ertränken.

Frage: Was sollte der Westen Ihrer Meinung nach tun?

Jele: Der Westen sollte unseren Kampf in jeder möglichen Form unterstützen. Er sollte ANC und SWAPO bei ihrem bewaffneten Kampf beistehen, sie auf diesem einzigen Weg zum Frieden in Südafrika begleiten. Wirtschaftlich sollte der Westen alle Investitionen aus Südafrika abziehen. Nur so trägt er zu einer Situation bei, in der irgendwann das jetzige Regime hinweggefegt wird und die Freiheit eine Chance erhält – früher oder später.

Frage: Manche Leute sagen, der ANC, der vom Exil aus operiert, habe den Kontakt zur südafrikanischen Realität verloren.

Jele: Ich finde, die Leute in Südafrika, die die Zeichen der Zeit nicht erkennen, haben den Kontakt zur Realität verloren. Sie leben im Exil. Der ANC dagegen ist tief verwurzelt in den Herzen der südafrikanischen Massen. Das zeigt sich zum Beispiel, wenn bei Demonstrationen das Banner des ANC weht – in stolzer Verachtung der rassistischen Gesetze. Das Volk hat das Verbot des ANC aufgehoben und ihn legalisiert. Überall kennt man heute den ANC; seine Freiheitscharta ist zur Richtschnur der Massenmobilisierung geworden, zur Richtschnur für ein demokratisches Südafrika der Zukunft. Nein, der ANC operiert nicht vom Exil aus; seine Führer leben vielleicht im Exil, aber ihre Ideen und Strategien werden von den Menschen im Lande verwirklicht.

Archibald Gumede, »United Democratic Front«

Archibald Gumede, geb. am 1. 3. 1914 als Sohn des ANC-Präsidenten (1927–30) Joseph Tshangana Gumede, nahm 1932 ein Medizinstudium an der Missionarsuniversität von Fort Hare auf, das er wegen seiner politischen Aktivitäten im Rahmen des ANC nach zwei Jahren abbrach. Nach langjähriger Tätigkeit in Rechtsanwaltspraxen wurde er 1967 – nach Bestehen der notwendigen Examina – als Rechtsanwalt zugelassen. Von 1951–60 war er Sekretär des ANC in Natal. 1956 schloß er sich der »Liberalen Partei« Alan Patons an. Er war 1956, 1963 und 1985 für mehrere Monate inhaftiert, von 1963–68 »gebannt«. Anklagen gegen ihn – u. a. wegen Hochverrats – wurden jedoch stets wieder fallengelassen. Im August 1983 wurde er, der fast 40 Jahre lang unzählige Kampagnen gegen die Politik der Apartheid initiiert hatte, zum Präsidenten der UDF gewählt. Er ist verheiratet und hat sieben Kinder.

Frage: Was, Herr Gumede, war das Ziel der UDF-Gründung im August 1983?

Gumede: Die UDF wurde als Zusammenschluß von inzwischen mehr als 600 Organisationen gegründet, um den Widerstand des Volkes gegen die neue Verfassung zu organisieren. Die Regierung soll gezwungen werden, alle Südafrikaner die Zukunft dieses Landes mitgestalten zu lassen. Daneben kämpfen wir besonders gegen die Umsiedlungspolitik Pretorias, in deren Rahmen Menschen wie Vieh von einem Wohnort zum nächsten verfrachtet werden.

Frage: Hat Pretoria mit den bisherigen Reformen einige Ihrer Erwartungen erfüllt?

Gumede: Vielleicht wird der Regierung in der Krise allmählich klar, daß sie Reformen durchführen muß. Praktisch alles jedoch, was Pretoria bislang verkündet hat, rüttelt nicht an den Grundpfeilern der Apartheid. Was nützen begrenzte Grundbesitzrechte für städtische Schwarze, wenn der »Land Act« fortbesteht, der Schwarzen jeden Landbesitz verbietet? Dieser »Land Act« muß abgeschafft werden, und es darf keine Zwangsumsiedlungen mehr geben. Was nützt die Aufhebung des »Mixed Marriages Act«, wenn es weiterhin getrennte Wohngebiete gibt? Der »Group Areas Act« muß verschwinden. Und was schließlich soll das leere Gerede über die Beseitigung »diskriminierender« Aspekte der »influx control«, wenn doch diese »influx control« als solche fortbesteht – und zwar ausschließlich für Schwarze? – Ich sehe noch keine echten Reformen seitens dieser Regierung.

Frage: Warum tut die Regierung nicht mehr, wenn sie die Notwendigkeit von Reformen erkannt hat?

Gumede: Sie ist zu ängstlich gegenüber den Konservativen im eigenen Lager. Deshalb kann man ihr auch nicht vertrauen.

Frage: Warum arbeiten Inkatha und UDF nicht zusammen für die Befreiung der Schwarzen in Südafrika?

Gumede: Es ist keineswegs so, daß sich die UDF prinzipiell weigert, mit Inkatha zusammenzuarbeiten. Das Problem liegt darin, daß wir die Probleme von völlig unterschiedlichen Ausgangspositionen her angehen. Die UDF umfaßt Organisationen in ganz Südafrika, Inkatha operiert hauptsächlich in Natal/KwaZulu und Teilen Johannesburgs. Die UDF hat sich in vielfacher Form an Aktionen des zivilen Ungehorsams beteiligt, Inkatha nie. Und als wir den Widerstand gegen die Bantu-Erziehung organisierten, stand Inkatha ebenso auf der Seite der Regierung wie während des letzten Busboykotts – was niemanden überraschte angesichts der Tatsache, daß

Busse der Regierung von KwaZulu boykottiert wurden. Selbst in mehreren Fällen von Zwangsumsiedlungen hat Inkatha keine klare Position bezogen.

Frage: Hat Buthelezi nicht zum Beispiel ...

Gumede: Es sind Mitgliedsorganisationen der UDF, die in Durban und Umgebung die Stadt-Komitees und den kommunalen Widerstand organisieren. Inkatha dagegen hat sich bislang hauptsächlich darauf konzentriert, die Regierung von KwaZulu zu etablieren, die Staatsmaschinerie in diesem Gebiet in die Hand zu bekommen. Bis heute hat sich diese Organisation an keiner Widerstandsaktion beteiligt – weder gegen die Paßgesetze noch gegen irgendeine andere Maßnahme der weißen Staatsgewalt.

Frage: Sie streiten also Inkatha den Titel einer »Befreiungsbewegung« ab?

Gumede: Inkatha nennt sich immer wieder eine »Befreiungsbewegung«, verweigert jedoch den Menschen das Recht, sich zu versammeln. In der Township Empangeni zum Beispiel wollten wir vor einigen Monaten eine Versammlung abhalten; der Bürgermeister jedoch – ein Inkatha-Mitglied – weigerte sich, den Saal zur Verfügung zu stellen. Auch an den Schulen heißt die einzige erlaubte Organisation Inkatha. Die Pfadfinder vielleicht noch, aber sonst keine Organisation darf an den Schulen operieren. In der Township Umlazi zum Beispiel ist es für UDF-Mitglieder unmöglich, sich in einer Schulaula zu versammeln. Sofort kommt Inkatha und sagt zum Schulleiter: »Wage es, der UDF diese Aula zu geben, und du bekommst Ärger.« Da sehen Sie es – eine Befreiungsbewegung, die den Menschen die Versammlungsfreiheit verweigert, eines der Grundelemente jeder Demokratie.

Frage: Wie stehen Sie zu Investitionen des Auslands in Südafrika?

Gumede: Soweit diese Investitionen es der Regierung ermöglichen, sich weiter zu bewaffnen und das Volk sowie die Nachbarstaaten zu unterjochen, sind wir dagegen. Ohne all die Investitionen hätte Südafrika längst nicht seine heutige militärische Macht. Wir wollen, daß Investitionen dem Volk zugute kommen.

Frage: Verfolgen Sie Ihre Ziele mit ausschließlich gewaltlosen Mitteln?

Gumede: Die Gewalt in Südafrika ist im uns aufgezwungenen System begründet; die Regierung propagiert den Weg der Gewalt, indem sie ihre politischen Ziele mit Waffengewalt durchsetzt. Unmittelbar nach diesem Gespräch treffe ich zum Beispiel Leute, die von der Polizei verhört wurden, weil sie Plakate durch die Straßen trugen. – Sollen wir tatsächlich der südafrikanischen Regierung erlauben, gewalttätig zu sein, wann immer sie will? Und sollen wir zugleich den Opfern verbieten, sich zur Wehr zu setzen? Ich glaube nicht, daß Sie das von uns verlangen.

Frage: Was soll die Regierung jetzt tun?

Gumede: Sie darf sich nicht weiterhin echten Verhandlungen widersetzen. Sie muß anerkannte schwarze Führer wie Nelson Mandela freilassen und sich mit ihnen an einen Tisch setzen. Nur dann werden Schwarz und Weiß friedlich in Südafrika zusammenleben können. Die UDF ist zur Versöhnung bereit; auf dem Verhandlungswege will sie eine demokratische Gesellschaft mit Rechten für Schwarz und Weiß erreichen; sie will nicht die Weißen aus Südafrika hinauswerfen – wie andere schwarze Organisationen.

Monaqanta Molefe, »Azanian People's Organization«

Monaqanta Molefe lebt in Soweto. Sie spielt eine führende Rolle in der Frauenarbeit der »Azanian People's Organization« (AZAPO). Im November 1984 besuchte sie Europa.

Frage: Wie, Frau Molefe, ist Ihre Organisation »Black Women United« entstanden?

Molefe: Einige von uns Frauen in AZAPO hatten gemerkt, daß wir zu wenig in die Organisation des Befreiungskampfes einbezogen werden und man überdies auf frauenspezifische Probleme kaum Rücksicht nimmt. Deshalb schlossen wir uns zusammen und begannen zunächst in Soweto und dem East Rand mit Projekten. Inzwischen haben wir uns mit Frauengruppen in anderen Landesteilen zusammengetan und eine nationale Organisation gegründet.

Frage: Inwiefern sind die Probleme schwarzer Frauen anders als die schwarzer Männer?

Molefe: Wir schwarze Frauen werden doppelt unterdrückt – zum einen als Schwarze, zum anderen als Frauen. Wir müssen die meiste Arbeit tun und werden vom Gesetz als minderwertig angesehen. Keine verheiratete schwarze Frau zum Beispiel darf einen Vertrag abschließen. Sie braucht die Zustimmung ihres Mannes. Und eine alleinstehende Frau muß, wenn sie ein Haus kaufen will, den Bruder, Vater oder Onkel mitbringen.

Frage: Welche Arbeit leistet Ihre Organisation an der Basis?

Molefe: Viele Organisationen kommen in ein armes Wohngebiet, bieten finanzielle Hilfe an und starten Projekte, mit denen sich die Leute dann nicht identifizieren – weil man sie nicht gefragt hat. Wir dagegen setzen uns mit den Menschen zusammen, lassen sie ihre Probleme definieren und nennen ihnen schließlich mögliche Lösungen, die sie selbst verwirklichen müssen. Das ist Hilfe zur Selbsthilfe.

Frage: Bei welcher Art von Problemen helfen Sie?

Molefe: In den Homelands haben wir viel mit Menschen zu tun, die zwangsumgesiedelt wurden und jetzt kein ordentliches Dach über dem Kopf haben, keine Gesundheitsversorgung, ja nicht einmal sauberes Wasser. Dann gibt es natürlich die Frauen der Wanderarbeiter; sie müssen meist ganz allein für Ernährung und Schulbesuch ihrer Kinder aufkommen. Wir reden mit diesen Frauen darüber, wie man sich richtig ernährt, für seine Gesundheit sorgt und eigene Schulen organisiert. Oft kommen die Frauen auch zusammen und lernen, wie man Kleider für die Familie näht, Brot bäckt und kunsthandwerkliche Gegenstände herstellt – die dann vielleicht ein bißchen Geld bringen.

Frage: Wie sorgen die Wanderarbeiter für ihre Familien?

Molefe: Manchmal schicken die Männer Geld – wenn sie genügend Verantwortungsgefühl besitzen. Aber in den Minen, in denen sie arbeiten, haben sie natürlich gar keine Abwechslung. Sie haben lediglich Trinkhallen, wo sie sich jeden Tag besaufen – ihr einziges Vergnügen zwischen den Schichten unter Tage. Viele Wanderarbeiter – sie sind auch Menschen – gehen in die Stadt und suchen sich eine Frau. Vielfach endet das mit Kindern, mit einer zweiten Familie – die natürlich auch versorgt sein will.

Frage: Wie kamen Sie zur Politik?

Molefe: Ich habe in den 70er Jahren studiert – an der »University of the Witwatersrand«. Nach zwei Jahren jedoch warf man mich raus.

Frage: Warum?

Molefe: Ich war engagiert in der Studentenbewegung gegen die Paßgesetze und all die anderen diskriminierenden Verordnungen der Behörden. Weil ich einer Organisation angehörte, die 1977 »gebannt« wurde, mußte ich die Universität verlassen. Ich versuchte zunächst weiterzustudieren – an der Fernuniversität UNISA. Dann jedoch kam das Verbot aller »Black Consciousness«-Organisationen; die Polizei suchte mich, und ich mußte untertauchen. Mit dem Examen war es natürlich vorbei; ich gab das Studium auf.

Frage: Was ist der Unterschied zwischen den Organisationen des »Black Consciousness Movement« auf der einen und denen der UDF auf der anderen Seite?

Molefe: Die schwarzen Organisationen kommen den Leuten nicht mit Theorien; sie sprechen die Sprache der Menschen. Sie setzen sich zu ihnen in die Eisenbahnen, hören ihnen zu und diskutieren mit ihnen über die rassistischen Gesetze, Landbesitz und all die anderen Dinge, die uns Schwarze unmittelbar betreffen. Bei der UDF dagegen ist viel vom Klassenkampf die Rede, in dem der Arbeiter den Bourgeois bekämpft; das interessiert die Massen weniger.

Frage: Die größte Vereinigung von »Black Consciousness«-Organisationen ist das »National Forum Committee«. Wie würden Sie das politische Selbstverständnis dieses Zusammenschlusses definieren?

Molefe: Das »National Forum Committee« ist ein Zusammenschluß von mehr als 400 schwarzen Organisationen – Gewerkschaften, kommunalen Vereinigungen und so weiter. All diese Organisationen operieren im Rahmen der »Black Consciousness«-Philosophie; das heißt sie definieren das südafrikanische Problem als ein Problem von uns Schwarzen. Die Schwarzen sollen sich vereinigen, auf ihre eigenen Kräfte vertrauen und sich das Land zurückholen, das ihnen die Weißen seit 1652 geraubt haben. Weiße haben nach unserer Meinung auch nicht in schwarze Organisationen hineinzuregieren. Sie sollen nicht kommen und uns erzählen, wir seien unterdrückt; statt dessen sollen sie sich um ihre eigenen Angelegenheiten kümmern. Das ist der Kern unseres politischen Selbstverständnisses.

Frage: Welches Verhältnis haben Sie zur UDF und zum »Südafrikanischen Kirchenrat«?

Molefe: Wir erkennen ihre Arbeit an; wir arbeiten – wo es

nötig ist – auch mit ihnen zusammen. Aber wir halten es für völlig falsch, daß sie Weiße in ihren Organisationen mitarbeiten lassen. Wir glauben nicht an weiße Einmischung in schwarze Politik.

Frage: Wie stehen Sie zu Inkatha?

Molefe: Inkatha lehnen wir total ab, weil diese Organisation aus einem Denken in ethnischen Kategorien heraus entstanden ist und weil sie im Rahmen des Homeland-Systems arbeitet. Inkatha fördert die »Teile-und-Herrsche«-Politik der Regierung, nach der die Menschen sich selbst als Zulus, Sothos oder Xhosas ansehen sollen und nicht ausschließlich als Schwarze. In Inkatha-Chef Gatsha Buthelezi sehen wir einen Feind des Volkes; er unterscheidet sich in nichts von Botha oder dessen Polizeiminister le Grange; er ist eine Marionette, die für die Weißen arbeitet.

Frage: Warum gibt es keine Einigkeit in der schwarzen Opposition gegen die Apartheid?

Molefe: Das Hauptproblem liegt darin, daß Weiße uns Schwarzen erzählen, welche Probleme wir haben und wie wir sie lösen müssen. Viele schwarze Organisationen haben kein Geld, nehmen welches von Weißen und müssen dann natürlich auch deren Meinung übernehmen. Das verursacht die Spaltung unter uns Schwarzen. Ich glaube, daß wir dringend zur Einheit finden müssen. UDF und »National Forum Committee« müssen – auf der Basis der richtigen Politik – zusammen kämpfen. Inzwischen kooperieren wir ja bei vielen Projekten.

Frage: Andererseits werden auch viele Schwarze von anderen Schwarzen umgebracht.

Molefe: Es ist nicht wahr, daß sich die Schwarzen gegenseitig umbringen. Sicher – bei einem Streik zum Beispiel gibt es einige Leute, die trotzdem zur Arbeit gehen, weil sie um ihren Job bangen; und es gibt andere, die das verhindern. Getötet jedoch werden die Menschen fast immer von der Polizei. Diese Polizei schießt auf uns Schwarze, schlägt uns zusammen und hetzt ihre Hunde auf uns. Und dann gibt es natürlich einige Schwarze, die in Armee und Polizei dienen und die man mit Vorliebe gegen uns einsetzt. Diese Schwarzen meinen Sie wahrscheinlich, wenn Sie sagen, Schwarze töten Schwarze.

Rowley Arenstein

Rowley Arenstein, geboren am 09. 07. 1918, begann 1937 mit dem Jura-Studium. Er unterbrach das Studium, um in Italien am Zweiten Weltkrieg teilzunehmen. Nach dem Examen 1946 arbeitete er als Rechtsanwalt. Seit 1938 Mitglied der 1950 verbotenen »Südafrikanischen Kommunistischen Partei«, wurde er 1953 erstmals für zwei Jahre »gebannt«. Seit 1960 steht er ständig unter »Bann«. Von 1966 bis 1970 verbrachte er wegen »kommunistischer Aktivitäten« vier Jahre im Gefängnis und darf seitdem den Anwaltsberuf nicht mehr ausüben. Mit der Veröffentlichung dieses Gesprächs ist für ihn das Risiko der Strafverfolgung verbunden.

Frage: Die Zeit der Unruhen und des Ausnahmezustands, die Sie und Ihre Landsleute jetzt erleben, sind nur zum Teil erklärt durch aktuelle Anlässe, durch Sturheit auf der einen, Ungeduld und Agitation auf der anderen Seite. Diese Situation ist vorläufiges Ergebnis einer langen Geschichte, die Sie als Führer der »Kommunistischen Partei« mitgestaltet haben. Sie sind heute der am längsten gebannte Südafrikaner, haben für Ihre Überzeugung im Gefängnis gesessen. Wie sind Sie eigentlich an das für Sie so undankbare Geschäft der Politik gekommen?

Arenstein: An politischen Dingen war ich schon als kleiner Junge interessiert. Zuerst, in den 20er Jahren, bewunderte ich – dem Beispiel meines Vaters folgend – General Smuts und Jan Hofmeyr. Sehr früh aber kam ich auch mit sozialistischen Ideen in Berührung. Meine Mutter, die aus Rußland stammte, war Sozialistin. Ihre Schwestern hatten bei den Menschewiki mitgearbeitet. Auch sie war eine demokratische Sozialistin; sie hielt nichts von den Bolschewiki – wenngleich sie Lenin bewunderte. – Ich schmökerte schon früh in allen möglichen sozialistischen Büchern herum, in George Bernard Shaws Werken zum Beispiel, bis ich irgendwann die Theorien von Marx in die Finger bekam. Als ich die gelesen hatte, wußte ich: Das war die Erklärung, die ich suchte. Ich wurde Marxist. Kurz darauf – es war 1938, und ich hatte in Johannesburg mit dem Jurastudium begonnen – schloß ich mich der »Kommunistischen Partei« an. Ich wollte mithelfen, den weltweiten Faschismus zu bekämpfen.

Frage: Waren Sie damals für den Kriegseintritt Südafrikas?

Arenstein: Als der Krieg begann, waren wir Kommunisten zunächst gegen eine Beteiligung Südafrikas an der Seite Englands. Viele von uns wanderten in Internierungslager. Auch ich – der ich etliche Reden gegen den Krieg gehalten hatte – wäre beinahe dort gelandet. 1941 jedoch, als Hitler die Sowjetunion angriff, beschlossen wir, unsere Bedenken gegen die herrschenden Klassen in England, Frankreich und den USA zurückzustellen. Wir wollten das sozialistische Vaterland verteidigen. Ich persönlich habe damals mein Studium abgeschlossen und dann hauptsächlich innerhalb der »Kommunistischen Partei« für diese Ziele gearbeitet.

Frage: Wie groß war denn diese »Kommunistische Partei«?

Arenstein: Wir waren zunächst nur wenige, 200 vielleicht, anfangs der 40er Jahre circa 2000. Aber unser Einfluß war enorm. Die meisten indischen Arbeiter standen hinter uns und viele Schwarze – hauptsächlich deshalb, weil wir mit aller Kraft die Gewerkschaftsbewegung unterstützten. Die Gewerkschaften hatten es bei uns immer schwer. Sie waren nie richtig verboten, aber auch nie richtig anerkannt. Es gab frustrierende gesetzliche Hürden bei der Organisation von Arbeitern. Immerhin: während des Krieges hat die Bewegung einen gewissen Aufschwung erlebt.

Frage: Nach dem Krieg entfielen für Sie als Kommunisten und Gewerkschafter die Rücksichten auf die »Herrschenden Klassen«. Was hatte das für Konsequenzen?

Arenstein: Wir fingen an, das ganze kapitalistische System zu bekämpfen. Wir thematisierten die Frage des Imperialismus, warfen den USA, England und Frankreich vor, den »Kalten Krieg« begonnen zu haben. In Südafrika selbst forderten wir das Ende der »Kalaba«. Der Rassismus hieß damals »Kalaba«. Er hatte noch nicht den offiziellen Namen der »Apartheid«.

Frage: Wann und wie hatten Sie als Jude eigentlich Ihren ersten Kontakt mit dem Rassismus oder irgendeiner Form von Rassendiskriminierung?

Arenstein: Meine Mutter hat nie einen Hauch von Rassismus in ihrem Haus geduldet. Sie schockte die jüdische Gemeinde in unserer kleinen Stadt regelrecht, indem sie sagte, jede Diskriminierung nach Hautfarbe sei exakt das gleiche wie Antisemitismus. Alle Juden verdammten damals den Antisemitismus – was viele nicht daran hinderte, selber Rassisten zu sein. Meine Mutter ging energisch dagegen an. Wohl deshalb hatte ich schon als kleiner Junge nichts für Rassendiskriminierung übrig. Die Wurzeln von Rassismus und Faschismus begann ich allerdings erst zu verstehen, als ich Marx gelesen hatte.

Frage: Wo sehen oder sahen Sie denn die Wurzeln der südafrikanischen Rassendiskriminierung, der Apartheid?

Arenstein: Wie Sie wohl wissen, hatten wir in Südafrika lange eine Agrargesellschaft, die auf Subsistenzniveau lebte. Die Leute ernteten gerade so viel, daß sie davon leben konnten – bis zur Entdeckung des Goldes und der Diamanten in den 70er und 80er Jahren des letzten Jahrhunderts. Seit dieser Zeit brauchten die Minenbesitzer Arbeitskräfte: billige ungelernte – die sie aus den Schwarzen rekrutierten; qualifizierte – die sie aus dem weißen Südafrika und aus Europa holten. Irgendwann dann bekamen die weißen Arbeiter Angst, von den Schwarzen verdrängt zu werden. Sie kämpften – besonders in den großen Streiks Anfang der 20er Jahre – für eine Rassentrennung am Arbeitsplatz, für die »Job Reservation«. Seit dieser Zeit tun Weiße die qualifizierte Arbeit und Schwarze die unqualifizierte.

Frage: Zu dieser Diskriminierung am Arbeitsplatz kam dann ja die Wanderarbeit als weiterer Grundpfeiler der späteren Apartheid.

Arenstein: Ja, natürlich. Die Minenbesitzer wollten schließlich ihr Gold und ihre Diamanten so billig wie möglich fördern. Von Anfang an akzeptierten sie deshalb das System der Wanderarbeit, also die Regelung, daß Frauen und Kinder in den Reservaten – so hießen die Homelands damals – blieben. Nur die Männer kamen in die Stadt oder die Bergwerke, um zu arbeiten. Diese Männer konnten in Massenlagern extrem billig untergebracht und verpflegt werden; sie brauchten kaum Kleidung und waren bereit, für einen minimalen Lohn zu arbeiten; die Frauen und Kinder mußten sich irgendwie durchschlagen, im Reservat.

Frage: Hat andererseits nicht die mit der Wanderarbeit verbundene Fluktuation der Arbeitskräfte den Interessen der Minenbesitzer widersprochen?

Arenstein: Nein, zunächst nicht. Das System der Wanderarbeit paßte bestens zum wirtschaftlichen System. Man hatte es ja mit ungelernten Arbeitskräften zu tun. Erst in den 30er Jahren erreichte die industrielle Revolution Südafrika. Besonders in den Kriegsjahren wuchs die Industrie rapide; wir konnten keine Waren importieren. Damals gingen viele weiße Arbeiter in die Armee; nur Weiße durften ja Waffen tragen. In den Fabriken wurden zum ersten Mal schwarze Fachkräfte gebraucht, die natürlich nicht mehr ständig in die Homelands zurückgeschickt werden konnten. Im Gegenteil: das Wachstum der Kriegsindustrie zog immer mehr Schwarze in die Städte – Schwarze, für die es aber keine Wohnungen gab. Man hatte weder Zement noch Ziegelsteine oder sonst etwas, um ihnen Häuser zu bauen. Die Folge war, daß die Schwarzen sich Bretterbuden bauten, daß um die Industriestädte herum Slums entstanden.

Frage: Wie waren denn die Lebensbedingungen in diesen Slums?

Arenstein: Schrecklich. Aber schon damals galt, was heute auch gilt: Es gibt mehr Freiheit in den Slums als in den Wohngebieten mit festen Häusern. In diesen Wohngebieten war es schwierig, die Familie unterzubringen; man durfte nur so und so viele Leute im Haus haben. Die Slums aber konnte die Polizei nicht kontrollieren. Ja, es ist schon eine komische Sache: Freiheit im Slum ... Doch, als der Krieg aus war, wollte Premierminister Smuts eine Lösung finden für die Abertausenden von Schwarzen, die inzwischen illegal in den Städten lebten. Smuts setzte eine Kommission ein – die zu dem Schluß kam, daß man den Schwarzen einen dauerhaften Aufenthalt in den Städten erlauben müsse, daß man für sie und ihre Familien Wohnungen bauen müsse, Schulen, Krankenhäuser und so weiter.

Frage: Dazu kam es dann ja nicht mehr. Smuts, Führer der gemäßigten »United Party« verlor die Wahl von 1948. Die radikale »Nasionale Party« übernahm das Ruder. Was erlebten Sie eigentlich als die Hauptunterschiede zwischen diesen beiden Parteien?

Arenstein: Oh, da gab es viele. Smuts hatte z. B. stets die Briten unterstützt – vor allem weil sie nach dem Burenkrieg den Afrikaanern die politische Kontrolle Südafrikas überlassen hatten; weil sie sich mit dem Profit aus den Gold- und Diamantenminen zufriedengaben. Ganz anders die »Nats«: sie waren immer gegen den Kriegseintritt Südafrikas gewesen. Bis 1942 hatten sie erwartet, daß Deutschland den Krieg gewinnt. Sie sagten, wir müßten neutral bleiben; aber sie hofften auf den Sieg der Deutschen. Der Afrikaaner – das müssen Sie wissen – hat schon immer sehr pro-deutsch empfunden. Zum Teil wohl deshalb, weil die Deutschen während des Burenkriegs England kritisierten – wenn auch aus ureigenen Interessen heraus. Der Afrikaaner hat diese Gesten der Sympathie bis heute nicht vergessen: Im Ersten Weltkrieg war er gegen den Kriegseintritt, und im Zweiten Weltkrieg auch.

Frage: Was meinten denn die »Nats« zum Bericht der Kommission, die Smuts eingesetzt hatte?

Arenstein: Für die »Nats« war dieser Bericht ein Kapitalverbrechen. Sie sagten, wenn man den Schwarzen erlaube, in die Städte zu kommen, wenn man ihnen Schulen und Wohnungen gebe, dann sei es lediglich eine Frage der Zeit, bis sie auch gleiche politische Rechte verlangten. Als Strategie dagegen entwarf die »Nasionale Party« das System der Apartheid. Das war keine Trennung mehr in dem halbherzigen Sinn, wie sie die Regierung Smuts betrieb; das war knallharte Rassentrennung, keine Vermischung wo auch immer. Und sie sagten: »Es leben heute schon viel zu viele Schwarze in den Städten; die müssen zurückgeschickt werden in die Reservate.« Drei Millionen städtische Schwarze gab es, als 1948 die »Nats« an die Macht kamen.

Frage: Was waren die Gründe, daß die »Nats«, die bis dahin ja eher bescheidene Erfolge hatten, so plötzlich nach oben kamen?

Arenstein: Dafür gab es mehrere Gründe. Einer war die Unzufriedenheit der zurückkehrenden Soldaten. Ihnen hatte man den Himmel auf Erden versprochen; die Wirklichkeit hieß Wirtschaftskrise. Hinzu kam, daß Smuts Krach mit den Maisfarmern – einer ungeheuer mächtigen Lobby – hatte; Mais ist bis heute das wichtigste Agrarprodukt Südafrikas. Der Hauptfaktor für den Wahlsieg der »Nasionale Party« jedoch war, daß der burische Nationalismus einen ungeheuren Aufschwung erlebt hatte. Warum? Nun, die Afrikaaner waren anfangs fast ausschließlich Bauern. Die Landwirtschaft jedoch ist ein schwieriges Geschäft in Südafrika, weshalb immer mehr Afrikaaner in die Städte strömten. Dort jedoch hatten sie wirtschaftlich keine Chance gegen die englischsprachigen Weißen – gegen die Juden, die die Geschäftswelt beherrschten, und gegen die Britischstämmigen, die die Minen kontrollierten. Nur langsam wuchs dann eine kleine burische Kapitalistenklasse heran, die irgendwann die Parole verbreitete: Afrikaaner müssen Afrikaanern helfen, Afrikaaner müssen bei Afrikaanern kaufen. Ein leidenschaftlicher Nationalismus wuchs heran, der vor allem in der Jugend einen fruchtbaren Nährboden fand. Ausschlaggebend war schließlich die damalige Wahlkreiseinteilung, die ländliche Gebiete, also die Afrikaaner, begünstigte.

Frage: Was waren denn die Kernelemente des neuen Regierungsprogramms?

Arenstein: Die Politik der neuen Regierung war ein einziges Förderprogramm für die Afrikaaner. In den 30er Jahren waren noch 40 % von ihnen sogenannte »poor whites« gewesen, hatten keinen Arbeitsplatz. Jetzt bekamen ausschließlich ihre Unternehmen öffentliche Aufträge, sie bekamen die guten Jobs, der öffentliche Dienst wurde zu ihren Gunsten aufgebläht. Afrikaaner übernahmen die Vorherrschaft in Polizei und Armee. Nie mehr wollten sie sich von den Englischsprachigen beherrschen lassen. Gegenüber den Schwarzen ließ sich die Regierung dann auf den großen Widerspruch ein: Sie wollte zugleich eine wachsende Wirtschaft und Apartheid, Rassentrennung. Das konnte nicht gutgehen. Aber sie haben es versucht, sie verabschiedeten Gesetz nach Gesetz: »Mixed Marriages Act«, »Pass Laws«, »Group Areas Act« und so weiter.

Frage: Wie haben denn Sie und die »Kommunistische Partei« damals reagiert?

Arenstein: Ich persönlich wurde 1947 aus der Armee entlassen und eröffnete in Durban eine Rechtsanwaltspraxis, eine von Anfang an politische Praxis. Wir kämpften für Schwarze, denen man ihr Vieh wegnehmen wollte, für ihre Gewerkschaften, ihre Wohnrechte. Wo immer Schwarze diskriminiert wurden, zogen wir vor Gericht, suchten nach Lücken in den neuen Gesetzen.

Frage: War Ihnen Erfolg beschieden?

Arenstein: Manchmal hatten wir Erfolg, manchmal nicht. Eine Chance besaßen wir deshalb, weil unsere Gerichte sich eine gewisse Unabhängigkeit von der Regierung bewahrten. Es ist nicht leicht zu erklären: Die Grundlage unseres Rechts ist nicht das geschriebene Gesetz, sondern ein »Common Law«, abgeleitet aus dem römisch-niederländischen Recht, einem sehr demokratischen und fortschrittlichen Rechtssystem. Diskriminierung nach Hautfarbe z. B. ist nach diesem Recht verboten. Die Regierungsmehrheit im Parlament aber verabschiedete immer neue Gesetze, die die römisch-niederländischen Prinzipien rasch aushöhlten. Unsere Chance lag in der Interpretation der Gesetze und in der Neigung der Gerichte, im Zweifel zugunsten des »Common Law« zu entscheiden. Das brachte uns von Zeit zu Zeit einen Sieg ein – worauf die Regierung dann flugs ein neues Gesetz erließ. Es war ein endloses Spiel: neues Gesetz, neue Lücke, neues Gesetz, neue Lücke.

Frage: Inwiefern waren die Kommunisten von den neuen Gesetzen betroffen?

Arenstein: 1950 wurde der »Suppression of Communism Act« verabschiedet. Die »Kommunistische Partei« wurde für illegal erklärt und jeder bekannte Kommunist auf eine Liste gesetzt, ich natürlich auch. Ich durfte für kein Amt in der Legislative mehr kandidieren, nur noch wählen. 1953 wurde ich dann zum erstenmal gebannt; für zwei Jahre durfte ich keine Versammlungen mehr besuchen. Und sie gaben mir eine Liste von 17 Organisationen, denen ich für den Rest meines Lebens nicht beitreten durfte. Alle Gewerkschaften gehörten dazu und natürlich der ANC. Inkatha gab es zum Glück damals noch nicht.

Frage: Das Karussell der Repression gegen Sie war damals – wenn ich es recht sehe – gerade erst angelaufen?

Arenstein: Ja, 1960 bekam ich die nächste »Banning Order«. Seitdem stehe ich – bis heute – ununterbrochen unter Bann. Die Regierung war damals bitterböse darüber, daß ich sie ständig mit Prozessen überhäufte – und Politik machte. Zwar durfte ich seit 1953 nirgendwo mehr Mitglied sein, aber ich vertrat den ANC und die Gewerkschaften als Anwalt. In dieser Funktion nahm ich auch an ihren Versammlungen teil. 1960 schlug die Regierung zurück. Im September noch konnte ich nach einem Bauernaufstand in Pondoland (Transkei) die Sache der Bauern vor den dortigen Gerichten vertreten; ab Oktober durfte ich Durban nicht mehr verlassen, mußte andere Juristen nach draußen schicken.

Frage: Stichwort Aufstand. 1960/61 entschieden sich ja – vor dem Hintergrund blutig niedergeschlagener Unruhen und des Verbots von ANC und PAC – einige Gruppen für die Strategie der Gewalt. Wie haben Sie die Zeit erlebt?

Arenstein: Das stimmt, damals griffen – entgegen meinem Rat – bestimmte Gruppen zur Sabotage, nicht jedoch der ANC, wie immer gesagt wird. Der ANC – der bis 1960 legal arbeitete und bis dahin enorm an Einfluß gewonnen hatte – hat nie einen Beschluß gefaßt, Sabotage anzuwenden. Das tat eine militante Minderheit, die der Polizei damit die Gelegenheit gab, die ganze Organisation zu zerschlagen. Nelson Mandela gehörte zu dieser Minderheit.

Frage: Wie haben Sie persönlich Mandela erlebt?

Arenstein: Ich habe ihn in den 50er Jahren kennengelernt. Seitdem halte ich ihn für eine integre Persönlichkeit, sehr klug, sehr mutig. Mit einer Einschränkung: er gehörte damals zu den

Leuten, die fälschlicherweise glaubten, Südafrika sei ein faschistisches Land. Diese Leute verstanden nicht, daß die Wirtschaft auf dem besten Wege war, die Apartheid niederzubrechen.

Frage: Mandela, heute wohl der prominenteste politische Gefangene der Welt, sitzt inzwischen fast ein Vierteljahrhundert im Gefängnis. Was hat man ihm denn damals alles vorgeworfen?

Arenstein: Mandela wurde zunächst nur verfolgt, weil er zum Generalstreik aufgerufen und das Land ohne Paß verlassen hatte. Man schnappte ihn dann in der Nähe von Pietermaritzburg. Als Chauffeur verkleidet war er auf dem Weg von Durban nach Johannesburg. Irgend jemand mußte der Polizei einen Tip gegeben haben. Mandela war dann gerade zu fünf Jahren Haft verurteilt worden, als die Polizei das ANC-Hauptquartier auf einer Farm nahe Johannesburg auffliegen ließ. Dort fand sie Material, das Mandela einwandfrei der Sabotage überführte. Mit anderen ANC-Führern – Walter Sisulu zum Beispiel – wurde er 1964 im berühmten Rivonia-Prozeß verurteilt – zu lebenslänglicher Haft.

Frage: Was geschah mit Ihnen in dieser Repressionsphase der 60er Jahre?

Arenstein: Die Regierung war absolut sicher, daß auch ich hinter den Sabotageakten steckte und belegte mich mit Hausarrest – was mich nicht daran hinderte, weiterhin politisch zu arbeiten. 1963 – einige Zeit vor den großen Prozessen (das ist wichtig, um deren Zustandekommen zu erklären) – führten sie die Haft ohne richterliches Verfahren ein. Bis dahin konnte man sich sofort nach der Festnahme seinen Anwalt ins Gefängnis holen und jede Aussage verweigern. Der Staatsanwalt mußte die Anklage beweisen – was ihm in den Sabotagefällen zunächst fast nie gelang. Deshalb begann die Regierung 1963, die Menschen in richterlich nicht sanktionierter Haft zu brechen.

Frage: Wie ging das – Menschen brechen?

Arenstein: Ich war selber lange genug in Haft und habe viele Leute verteidigt, die durch dieses Martyrium gegangen sind. Deshalb weiß ich, wovon ich spreche. Zunächst: Einzelhaft.

Die meisten von uns sind Menschen, die soziale Kontakte brauchen wie die Luft zum Leben. Sie werden es nicht glauben, wie einsam und hilflos Sie sich fühlen, wenn Sie von sämtlicher Kommunikation abgeschnitten sind; wenn Sie niemanden außer Ihren Wachen sehen, wenn Sie in der Zelle sitzen und den ganzen Tag nichts zu tun haben. Einziger Lesestoff – die Bibel. Diese totale Isolation können einige Menschen aushalten, andere nicht. Manch einer kann es einfach nicht aushalten, völlig allein eingeschlossen zu sein.

Frage: Wie lange wurde man denn in Einzelhaft gehalten?

Arenstein: Zunächst für 90 Tage; aber das konnten sie problemlos um weitere 90 Tage verlängern, und nochmals um 90 Tage – unbegrenzt. Normalerweise jedoch brachen sie die Menschen sehr schnell. Wenn die Isolationshaft nicht reichte, dann fanden sie halt andere Mittel, zum Beispiel das Stehen. Sie zeichneten einen Kreidekreis auf den Zellenboden, in dem man zu stehen hatte, ohne sich an die Wand zu lehnen. Viele standen 20 Stunden, andere 40 oder 50, einige sogar 70 Stunden. Schlief einer ein, dann schütteten sie kaltes Wasser über ihn. So brachen sie praktisch jeden. Denn – wenn man nicht schläft – dann verliert man irgendwann die Kontrolle über seinen Geist; dann sagt man Dinge, die man nie sagen wollte. Mit diesen Methoden kriegten sie auch Bram Fischer zu fassen. Sie brachten einen Mann dazu, den Verbindungsmann zu ihm preiszugeben.

Frage: Bram Fischer, einer der Begründer Ihrer Partei, gehört ja noch heute zu den bestgehaßten Leuten unter den Buren.

Arenstein: Bram Fischer gilt unter den Buren als der Verräter par excellence. Er kam aus der Elite der Afrikaaner. Seine Frau war eine Nichte von General Smuts' Frau. Sein Großvater war führendes Kabinettmitglied im Oranje-Vrystaat; er spielte eine wichtige Rolle im Burenkrieg. Fischers Vater war Präsident des Obersten Gerichtshofs im Oranje-Vrystaat. Auch sonst war die Familie voll prominenter Politiker, sie gehörte zur Aristokratie der Afrikaaner. Bram Fischer selbst war dann nicht nur ein führender Kommunist – er bekam zuletzt den Lenin-Preis der Sowjetunion –, er war auch in Sabotageaktionen verwickelt. Irgendwann tauchte er unter, und die Polizei suchte ihn lange vergeblich. Sie kriegten ihn schließlich, indem sie einen Mann – wie gesagt – 48 Stunden lang stehen ließen. Der war danach immer noch nicht bereit, seinen Kontaktmann zu Fischer zu nennen. Doch dann setzte er sich hin, trank eine Tasse Tee, rauchte eine Zigarette – und nannte den Namen. Später hat er nie verstanden, warum er das tat. Er hatte einfach die Kontrolle über seinen Geist verloren – nach 48 Stunden ohne Schlaf, in denen er sich wahrscheinlich immer wieder eingehämmert hatte: »Du darfst den Namen nicht nennen, du darfst den Namen nicht nennen.« Fischer wurde später zu »lebenslänglich« verurteilt; im Gefängnis bekam er Krebs und wurde kurz vor seinem Tod auf Bewährung entlassen. Seine Leiche allerdings wurde sofort konfisziert; sie erlaubten seiner Familie nicht, ihn zu beerdigen.

Frage: Warum?

Arenstein: Nun, weil die Afrikaaner ihn, den Verräter, haßten wie die Pest. Er war der größte Verräter von allen, weil er aus ihren führenden Kreisen stammte. Das haben sie ihm nie verziehen.

Frage: Irgendwann in dieser Zeit sind ja auch Sie im Gefängnis gelandet.

Arenstein: Ja, 1964. Die kommunistische Bewegung war damals durch Folter und ähnliche Methoden längst zerschlagen worden. Ich wurde – wie viele andere – ohne richterlichen Beschluß verhaftet. Als einziges Mittel zur Gegenwehr sah ich den Hungerstreik an. Für 19 Tage aß ich nichts. Zwischendurch ließen sie mich stehen, für fünf Stunden. Dann bekamen sie Angst, weil meine Frau ihnen von meinem hohen Blutdruck erzählt hatte. Sie riefen einen Arzt, der sie zur Vorsicht mahnte. Nach 19 Tagen Hungerstreik ließen sie mich frei. Aber sie klagten mich an. In der Verhandlung – die war im Dezember 1965 – wurde ich dann freigesprochen.

Frage: ... womit die Apartheidjustiz Sie aber noch lange nicht aus ihren Klauen entlassen hatte.

Arenstein: Durchaus nicht. Im Juli 1966 nahmen sie mich erneut fest. Ich wurde verurteilt und saß vier Jahre lang im Gefängnis, zum Teil zusammen mit Bram Fischer. Als ich 1970 rauskam, war ich natürlich weiterhin »gebannt«. Meine »Banning Order« wurde übrigens erst kürzlich bis 1988 verlängert. Während meiner Gefängniszeit, 1967, hatten sie – speziell für mich – ein Gesetz verabschiedet, das ihnen ein Berufsverbot ermöglichte. Ich durfte nicht mehr als Anwalt praktizieren. Ich wich dem aus, indem ich mich in einer Kanzlei anstellen ließ. Und die kriegte auch prompt einen politischen Fall, einen Fall von Terrorismus. Obwohl ich nicht vor Gericht auftreten durfte, leistete ich die ganze Arbeit an diesem Fall – wodurch die Regierung erneut in Rage geriet. Jetzt verboten sie mir jede Arbeit für einen Anwalt; ich darf bis heute nicht einmal mehr ein Anwaltsbüro betreten – womit ich tatsächlich kaum noch eine Chance besitze, meinen Beruf auszuüben.

Frage: Was stand oder steht denn noch alles in Ihrer »Banning Order« drin?

Arenstein: Von 1962 bis 1980 stand ich – unterbrochen nur durch den Gefängnisaufenthalt – unter Hausarrest. Werktags von sieben Uhr abends bis sieben Uhr früh, an Wochenenden von samstags 14 Uhr bis montags sieben Uhr durfte ich mein Haus nicht verlassen – an Feiertagen natürlich auch nicht. Bis heute darf ich kein Wohngebiet von Indern, Mischlingen oder Schwarzen betreten. Büros von Gewerkschaften und Anwälten sind ebenso Tabuzonen für mich wie Schulen, Universitäten oder Häfen. Ich darf Durban nicht verlassen; nichts publizieren und nicht zitiert werden.

Frage: Was passiert Ihnen denn, wenn ich Sie zitiere?

Arenstein: Nichts.

Frage: Warum nicht?

Arenstein: Weil es ihnen schwerfallen dürfte, mich anzuklagen. Sie müssen beweisen, daß ich das Zeug publiziert habe. Sie können mich nicht dafür verurteilen, daß Sie mich zitieren. Ein Beispiel: als ich 1964 verhaftet wurde, rief eine Zeitung meine Frau an. Die konnten sie jedoch nicht zitieren, weil sie auch »gebannt« war. Daraufhin ging meine Tochter ans Telefon und sagte: »Mein Vater hat gesagt, daß er einen Hungerstreik beginnt, weil er Haft ohne richterliches Verfahren nicht anerkennt.« Die Zeitung druckte es genau so. Am nächsten Tag stand die Polizei in der Redaktion und sagte, die Redakteure hätten das Gesetz gebrochen, weil sie mich zitiert hätten. Die Zeitung kam damals mit einer Verwarnung davon; mir konnten sie nichts anhängen.

Frage: Führen die vielfältigen Verbote, denen Sie unterliegen, nicht auch zu allerlei anderen Absurditäten?

Arenstein: Durchaus. Zum Beispiel war und ist es mir ja verboten, an einer Versammlung teilzunehmen. Versammlung nun ist bei uns definiert als ein Treffen mit gemeinsamer Absicht. Wir zum Beispiel, die wir hier sitzen, haben keine gemeinsame Absicht. Ich erzähle, Sie hören zu. Würde ich mit Ihnen einen Spaziergang zum Strand planen, dann bräche ich technisch meine »Banning Order«. Ich erzähle Ihnen auch dazu einen Fall: Vor Jahren vertrat ich einen »Gebannten«, der an einer Tanzveranstaltung teilgenommen hatte und dafür verurteilt worden war. Das oberste Berufungsgericht hob das Urteil auf – mit der Begründung, daß Teilnahme an einer Tanzveranstaltung nicht notwendig ein gemeinsames Ziel beinhalte: Einer kann von seiner Frau dorthin geschleppt worden sein; einer ist nur zum Zuschauen gekommen; ein anderer zum Kartenspielen. – Kurz nach diesem Prozeß erließ die Regierung ein neues Gesetz. Sie kreierte den Begriff des »Geselligen Beisammenseins«, bei dem es nicht auf gemeinsame Absichten ankommt. Mir haben die Behörden sicherheitshalber ausdrücklich in die »Banning Order« hineingeschrieben, daß ich niemanden unterrichten darf außer meinen beiden Kindern. Nicht einmal meinen Enkeln darf ich laut »Banning Order« etwas beibringen, oder meiner Frau – die darüber allerdings nicht unglücklich ist.

Frage: Verlassen wir dieses Feld des Irrwitzes und machen abschließend einen Ausflug in die aktuelle Politik. Glauben Sie, daß die Regierung sich trotz des Ausnahmezustands auf dem Reformpfad befindet – sei es freiwillig oder gezwungenermaßen?

Arenstein: Die Regierung ist zu Reformen gezwungen – wegen der enormen wirtschaftlichen Entwicklung bei uns. Solange unsere Wirtschaft unterentwickelt war, konnten die Weißen die Schlüsselpositionen besetzen. Inzwischen haben die Schwarzen in großem Stil diese Positionen übernommen. Die weitere Entwicklung hängt von ihnen ab. Wenn die Wirtschaft wachsen soll, dann kann sie es nur mit den Schwarzen. Deshalb wird die Regierung von inneren und äußeren Wirtschaftskräften gezwungen, immer mehr – auch politische – Konzessionen zu machen. Es gibt jetzt kein Halten mehr; sie wird die Macht teilen müssen.

Frage: Welche Organisationen, welche Führer könnten denn momentan wirksam schwarze Interessen vertreten?

Arenstein: Den klarsten Blick für das, was Südafrika braucht, hat zur Zeit Inkatha. Leider sind die Führer des externen ANC-Flügels von der Entwicklung in Südafrika abgeschnitten; sie verstehen nicht mehr, was hier vorgeht; sie geben entsprechend falsche Anweisungen. Aber – wenn Mandela freikäme und wieder politisch arbeiten dürfte, dann würde er den Weg, den Buthelezi geht, für den richtigen Weg halten. Ich glaube, daß er diesen Weg mitgehen würde. Und mit zwei so herausragenden Führern wie Buthelezi und Mandela könnten wir eine Menge tun für eine schwarz-weiße Zukunft.

Frage: Worin liegen Ihrer Meinung nach die Ursachen für die derzeitigen Unruhen und den Ausnahmezustand?

Arenstein: Nun, die Hauptursachen für den Ausnahmezustand liegen natürlich darin, daß den Schwarzen politische Rechte verweigert werden und sie unter bedrückenden Bedingungen leben müssen. Andererseits: in den schwarzen Wohngebieten sind absolut inakzeptable Dinge geschehen. Schwarze ermorden reihenweise Schwarze; Banditen sind auf der Bildfläche erschienen und schlachten die Situation zu ihren Gunsten aus. Die Regierung mußte Maßnahmen ergreifen, um die Situation wieder unter Kontrolle zu bekommen.

Frage: Sie halten also die Verhängung des Ausnahmezustandes für gerechtfertigt?

Arenstein: Nein, nicht für gerechtfertigt. Denn die Regierung trägt ja die Hauptverantwortung für die Ursachen. Sie ist auf die berechtigten Forderungen der Menschen nicht eingegangen. Jetzt bekämpft sie ein Feuer, das sie selber angefacht hat. Der Ausnahmezustand wird und kann den Reformprozeß aber nicht stoppen. Die Regierung wird die berechtigten Forderungen der Schwarzen erfüllen müssen.

Frage: Sehen Sie vor diesem Hintergrund noch irgendeine Zukunft für die Homeland-Politik der Regierung?

Arenstein: Nein, die Homeland-Politik der Regierung ist längst gescheitert. Daran gibt es keinen Zweifel. Immer mehr Schwarze werden in die Städte strömen. Momentan leben bereits 40 % von ihnen in der Stadt, im Jahre 2000 werden es 75 % sein – was eine Schätzung der Regierung ist, nicht meine. Schon heute sind 90 % der Weißen, Inder und Mischlinge urbanisiert. Wir in Südafrika vollziehen im Moment einen Teil der westeuropäischen Entwicklung nach: rapide Industrialisierung und Urbanisierung. In einer solchen Entwicklung ist für Homelands kein Platz.

Frage: Die wirtschaftliche Entwicklung, von der Sie reden, hat bislang ja kräftige Impulse durch ausländische Investitionen erhalten. Über diese Investitionen tobt derzeit ein weltweiter Streit. Helfen sie oder hilft ein Investitionsboykott der Emanzipation der Schwarzen?

Arenstein: Der Westen sollte weiter investieren. Denn je schneller die Wirtschaft wächst, desto schneller bricht das System der Apartheid zusammen. Die Kaufkraft der Schwarzen ist schon heute so groß, daß die Weißen arge Angst haben vor den Konsumentenboykotts, die etliche Firmen buchstäblich in den Ruin treiben. Die Kaufkraft der Schwarzen ist mittlerweile eine reale politische Kraft geworden; und dies ist ein Ergebnis der industriellen Entwicklung. Durch diese Entwicklung sind auch der schwarze Industriearbeiter und seine Gewerkschaften zu einer mächtigen Kraft herangewachsen, zu einer Kraft, die von den Weißen nicht mehr ignoriert werden kann. In der Metallindustrie kämpfen mittlerweile Schwarz und Weiß für die gleichen Forderungen. Überall können Sie es sehen: Das Wirtschaftswachstum zerstört die Apartheid. Eine Rezession dagegen raubt den Schwarzen ihre Machtmittel.

Frage: Als was würden Sie das, was in Südafrika momentan abläuft, bezeichnen – als Reform oder als Revolution?

Arenstein: Es ist zweifelsfrei eine Revolution. Wissen Sie, eine Revolution kann man verschieden definieren: Es gibt gewalttätige und es gibt friedliche Revolutionen. Der Kern der Definition aber lautet: Die Machtverhältnisse ändern sich radikal. Und das geschieht derzeit in Südafrika. Im Sog der wirtschaftlichen Entwicklung ändert sich das System. Der Kapitalismus mag vorerst bleiben, aber die Apartheid verschwindet zugunsten einer Demokratie – welcher Art auch immer.

Frage: Eine dumme Frage zum Schluß: Warum sind Sie immer noch »gebannt«?

Arenstein: Sie haben mich »gebannt«, weil ich ein Kommunist bin. Und das bin ich bis heute; dafür bin ich vier Jahre lang ins Gefängnis gegangen. Für die Regierung ist mein Bekenntnis zum Kommunismus eine Todsünde, aber ich werde sie niemals bitten, meine »Banning Order« aufzuheben. Man würde verlangen, daß ich meine Prinzipien aufgebe. Dazu aber bin ich nicht bereit.

Mangosuthu Gatsha Buthelezi, Inkatha

Mangosuthu Gatsha Buthelezi, geboren am 27.08.1928 als Urenkel des Zulu-Königs Cetshwayo, studierte Geschichte und Verwaltungswissenschaften an der Missionars-Universität von Fort Hare. Seit 1951 unter der Herrschaft der Zentralregierung in der Verwaltung der Zulus tätig, wurde er 1976 Premierminister des Homelands KwaZulu. 1975 rief er die 1928 gegründete Bewegung »Inkatha yeNkululeko yeSizwe« als politisch-kulturelle Befreiungsbewegung (heute über eine Million Mitglieder) ins Leben. Er ist Präsident dieser Bewegung, Initiator mehrerer Einigungsversuche innerhalb der schwarzen Opposition Südafrikas und Begründer der Buthelezi-Kommission, die die Vereinigung der Provinz Natal mit dem Homeland KwaZulu vorgeschlagen hat. Er ist verheiratet und hat sieben Kinder.

Frage: Wie, Herr Ministerpräsident, würden Sie die aktuelle Situation in Südafrika charakterisieren?

Buthelezi: Der Zorn der Schwarzen hat ein historisch nie dagewesenes Ausmaß erreicht; in oft entsetzlichen Szenen der Gewalt macht er sich Luft. Als völlig wirkungslos haben sich die Maßnahmen der Regierung erwiesen, die derzeit neun Millionen Südafrikanern die Lebensbedingungen eines Polizeistaats zumutet. Dem Chaos allgegenwärtiger Gewalt wird Südafrika nur entgehen, wenn die Regierung sehr schnell die zentralen Themen angeht, daß heißt die Schwarzen an der Regierung des Landes beteiligt.

Frage: Was halten Sie von den bisherigen Reformen der weißen Regierung?

Buthelezi: Wenn man über Reformen spricht, muß man unterscheiden zwischen Reformen, die nur das Elend mildern, und solchen, die tatsächlich Schritte verkörpern auf dem Weg zu Demokratie und Machtteilung. Einige Reformen der jüngsten Zeit sind immerhin mehr als kosmetisch – wenngleich sie ökonomischen und politischen Zwängen entspringen: Südafrikas Wirtschaft steckt in der Krise und steht unter massivem Druck von innen und außen; außerdem will der weiße Wähler, der jetzt die Folgen der Apartheid-Politik zu spüren bekommt, den Wandel.

Frage: Welche Reformen sind auf wirtschaftliche Zwänge zurückzuführen?

Buthelezi: Die tatsächlich beträchtlichen Rechte schwarzer Gewerkschaften zum Beispiel entspringen einem weißen Interesse an gesunden Arbeitsbeziehungen sowie der Notwendigkeit, Schwarze an qualifizierten Arbeitsplätzen zu beschäftigen und ihre Produktivität zu erhöhen. Auch die Gewährung von Grundbesitzrechten an eine Minderheit städtischer Schwarzer spiegelt weiße Bedürfnisse wider; das Bedürfnis besonders, eine schwarze Mittelschicht aus Unternehmern, Freiberuflern, Managern und Facharbeitern zu etablieren – was ohne ein Mindestmaß an materiellen Anreizen, Freiheit und sozialer Sicherheit nicht möglich ist.

Frage: Ist auch die Aufhebung des Verbots rassischer Mischehen ökonomisch begründet?

Buthelezi: Nein, das war aus der Sicht der Regierung eine »sichere« und imagefördernde Reform – weil ja zwei viel wichtigere Gesetze, der »Population Registration Act« und der »Group Areas Act« in Kraft blieben. Auch die Abschaffung des »Prohibition of Political Interference Act«, der die Zusammenarbeit verschiedener Rassen in einer Partei verbot, war politisch motiviert: Die Regierung hatte bei den Wahlen zum Drei-Kammern-Parlament liberalen Einfluß auf farbige und indische Kandidaten diagnostiziert; diese Kandidaten will sie in Zukunft für die »Nasionale Party« kooptieren können.

Frage: Warum will die Regierung den Bürgern der sogenannten »unabhängigen« Homelands die südafrikanische Staatsbürgerschaft zurückgeben?

Buthelezi: Die meisten Bewohner dieser Homelands wohnen und arbeiten permanent in Südafrika. Sollte man ihnen die Rechte, die anderen Schwarzen zugestanden werden, verweigern, dann hätte Pretoria enorme Probleme mit den Regierungen dieser Leute.

Frage: Gibt es keine Reformen, die schlicht dem Wunsch nach Frieden zwischen den Rassen entspringen?

Buthelezi: Wenn die Regierung – wie angekündigt – die Paßgesetze abschafft, die es für Schwarze zum Verbrechen machen, ohne spezielle Erlaubnis 87 % ihres Landes zu betreten; wenn sie überdies radikale Änderungen an der »influx control« vornimmt – dann könnte man vielleicht etwas weniger zynisch über die Reformpolitik dieser Regierung urteilen.

Frage: Aber zufrieden wären Sie mit dem Tempo des Wandels auch dann nicht?

Buthelezi: Nein, keine der bisherigen Reformen berührt die Machtfrage oder stellt zumindest die neue Verfassung in Frage. Diese Verfassung ist ein jeden Demokraten anwiderndes Gebilde – nicht nur, weil sie uns Schwarze ausschließt, sondern weil sie auch den Mischlingen und Indern so gut wie keine Macht einräumt. Ihre Kammern können kein Gesetz verhindern, das die weiße Kammer annimmt. Und der Präsident allein entscheidet, was sogenannte »gemeinsame« oder »eigene« Angelegenheiten der Rassen sind. Kein Wunder, daß die Kontrolle von Armee und Polizei, die Kontrolle des Budgets, der Post, des Transportwesens und der Außenpolitik – daß all das »eigene« Angelegenheiten der weißen Rasse sind. Diese Verfassung, die 72 % der Bevölkerung als nicht existent ansieht, macht die Demokratie zum Scherzartikel. Sie ist zutiefst rassistisch.

Frage: Es ist eine vierte Kammer für städtische Schwarze im Gespräch.

Buthelezi: Eine vierte Kammer für Schwarze ändert nichts am Charakter dieser Verfassung. Ich habe immer vor ihr gewarnt; ich habe Weißen und Schwarzen gesagt, daß sie ein Rezept für das Desaster verkörpert, daß sie polarisiert und die Herzen von uns Schwarzen verhärtet. Ich habe vorausgesagt, daß diese Verfassung zu einem dramatischen Anstieg der Gewalt in Südafrika führen würde. Das ist jetzt geschehen. Wir stehen vor der ganzen Tragödie dieser Mißgeburt von Verfassung. Und der Staatspräsident ist verantwortlich dafür, daß die Menschen in diesem Lande jetzt so entsetzlich leiden.

Frage: Sie haben vom Präsidenten eine Absichtserklärung

verlangt, in der er seine grundsätzliche Bereitschaft zur Machtteilung in einem demokratischen Staatswesen als Grundlage von Verhandlungen zusagt.

Buthelezi: Der Staatspräsident hat vehement jede Absichtserklärung verweigert. Er schreit nach Verhandlungen mit uns Schwarzen, will jedoch keine Tagesordnung annehmen, die für uns akzeptabel ist. Auf die bisherigen Versuche Bothas, allerlei Komitees zu etablieren, konnte kein glaubwürdiger schwarzer Führer eingehen. Ich persönlich habe auch nichts mit Botha zu bereden, wenn er nicht die Machtteilung zwischen Schwarz und Weiß zum Thema macht.

Frage: Geht es Ihnen um »Ein Mensch – eine Stimme« hier und heute?

Buthelezi: Ich bin davon überzeugt, daß die Weißen Südafrikas lieber eine Politik der verbrannten Erde betreiben und damit die Zukunft für uns alle zerstören würden, als jetzt ein »Ein Mensch – eine Stimme«-System in einem Einheitsstaat zuzulassen. Deshalb sage ich meinen schwarzen Landsleuten, daß wir uns um unserer Zukunft willen zunächst auf Verhandlungen einlassen und vorläufige Kompromisse akzeptieren müssen. Das Prinzip »Ein Mensch – eine Stimme« in einem Einheitsstaat jedoch wird immer unser Endziel bleiben.

Frage: Aber will Botha überhaupt ernsthaft verhandeln?

Buthelezi: Der Staatspräsident besitzt in der Tat keine überzeugenden Pläne für die Zukunft Südafrikas. Sein entschlossenes Auftreten in der Öffentlichkeit, mit dem er das Image des starken Mannes pflegt, verbirgt lediglich seine Unfähigkeit, wirklich zu handeln. Bothas Vorstellung auf dem Parteitag der NP von Natal hat dies deutlicher denn je gezeigt. Damals – am 12. August 1985 – schockte er jeden nachdenklichen Südafrikaner und die internationale Öffentlichkeit – die mit harten Maßnahmen reagierte. Zum ersten Mal in der Geschichte mußte Südafrika seinen Gläubigern erklären, daß es nicht zahlen kann, was es ihnen schuldet.

Frage: Sollen an den Verhandlungen, die Sie fordern, auch Leute wie Nelson Mandela teilnehmen?

Buthelezi: Schon seit langem fordere ich die Regierung auf, Nelson Mandela bedingungslos freizulassen. Er muß sich als freier Mann entscheiden, ob er vom Ausland aus den bewaffneten Kampf führen oder in Südafrika für Wandel durch Verhandlungen arbeiten will. Und das Volk muß frei entscheiden können, welchen Führern es vertraut – Nelson Mandela, Oliver Tambo, mir oder wem auch immer.

Frage: Über Ihre Geschichte als politischer Führer kursieren viele Gerüchte. Wie und wann sind Sie eigentlich zum Widerstandskämpfer gegen die Apartheid geworden?

Buthelezi: Anfang der 50er Jahre erklärte die »Nasionale Party« ganz unverblümt, daß sie die weiße rassistische Vorherrschaft auszubauen gedenke, und zwar mit allen Mitteln. Dies führte zu einer massiven schwarzen Reaktion, an der ich als Mitglied des ANC beteiligt war. Damals absolvierte ich meine Lehrzeit in der Politik – in engem Kontakt zu Chief Albert Luthuli und anderen Führern des ANC. Luthuli war es dann auch, der mich dazu brachte, meine ererbte Führungsposition als Chief der Buthelezi anzutreten. Die Regierung tat alles, um dies zu verhindern; sie entzog mir den Paß und ignorierte mich dann neun Jahre lang. Als Pretoria schließlich – auf internen und internationalen Druck hin – die offene Unterdrückung modifizieren mußte und die weiße Vorherrschaft per Homeland-Politik zu stabilisieren versuchte, mobilisierte ich die Schwarzen in Natal. Ich führte sie zur totalen Verweigerung gegenüber dem System der »territorialen Verwaltung«, das dann ins Homeland-System mündete.

Frage: Es kam dann ja tatsächlich zu diesem Homeland-System, und Sie wurden Ministerpräsident des Homelands KwaZulu.

Buthelezi: Wir Zulus waren die einzigen, denen die Regierung die Maschinerie ihrer Homeland-Politik aufzwängen mußte – unter Einsatz der gesamten Staatsmacht. Weil ich mein Volk damals so erfolgreich gegen das Diktat Pretorias mobilisiert hatte, bat mich dieses Volk, die Führung zu übernehmen in dem politischen Minenfeld, vor dem wir standen. Seitdem habe ich alles getan, um die Homeland-Politik scheitern zu lassen. Ich habe das Parlament von KwaZulu zu einer Bastion des Widerstands gemacht und so Pretoria mit seinen eigenen Waffen bekämpft. Ich habe die Regierung derart erzürnt, daß sie ihren Geheimdienst auf mich ansetzte und versuchte, eine Opposition gegen mich aufzubauen.

Frage: Was ist das bisherige Ergebnis Ihres Kampfes gegen die sogenannte »Unabhängigkeit«?

Buthelezi: KwaZulu ist das größte, bevölkerungsreichste und am stärksten politisierte der sogenannten Homelands. Hätte ich dem enormen Druck, die »Unabhängigkeit« anzunehmen, nachgegeben, dann sähe Südafrika heute völlig anders aus. Es gäbe bereits die von Botha erträumte »Constellation of Southern African States« – eine politische Basis, von der aus die NP mindestens eine Generation lang hätte operieren können. Wir in KwaZulu haben die Regierung zur Revision der Homeland-Politik gezwungen. Ich persönlich habe dem Minister Koornhof gesagt, wenn er KwaZulu mit Waffengewalt zur »Unabhängigkeit« zwinge, dann werde KwaZulu mit Waffengewalt antworten. Immer war ich darauf gefaßt, mein Volk in den bewaffneten Kampf für unsere Rechte als südafrikanische Staatsbürger führen zu müssen.

Frage: Haben Sie sich nicht trotzdem als Homeland-Premier zum Diener des Systems gemacht?

Buthelezi: Es wird immer wieder vergessen, daß nicht die Weißen dieses Land zu unserer Heimat gemacht haben. Mein Volk hat hier gelebt, meine Ahnen haben hier gelebt – lange bevor die Weißen unser Land okkupierten. Das einzige, was Pretoria tat, war, uns einige Stückchen unseres Landes zuzuweisen, mit denen wir uns begnügen sollen. Dagegen kämpfen wir. Aber natürlich können wir nicht in der Luft leben und diese Gebiete verlassen, bloß weil die Regierung sie zu »unabhängigen« Homelands machen will. Nein, die einzig wirksame Waffe gegen die Homeland-Politik ist es, sich der Institutionen zu bemächtigen und so zu verhindern, daß Pretoria willige Marionetten an die Spitze KwaZulus stellt. Indem ich das getan habe, habe ich auch die Arbeit der Buthelezi-Kommission ermöglicht, die ein vereintes KwaZulu/Natal vorschlägt und jetzt – widerwillig – auch von der Regierung zur Kenntnis genommen wird.

Frage: Das Instrument Ihrer Politik ist die Bewegung Inkatha.

Buthelezi: Inkatha ist die größte politische Organisation in der Geschichte Südafrikas. Sie hat mehr als eine Million beitragzahlende Mitglieder, die sich dem Kampf gegen die Apartheid und für radikalen Wandel verschrieben haben. Inkatha ist eine echte Stimme des Volkes, eine Organisation, die von ihrer Mitgliederstruktur her die demographischen Realitäten im Lande widerspiegelt: Es herrschen zahlenmäßig Arbeiter und Bauern vor; es ist jede Klasse schwarzer Südafrikaner vertreten, und die Anhängerschaft kommt sowohl vom Land als auch aus der Stadt. Zu meinen Massenveranstaltungen in Soweto beispielsweise kommen zwischen 30000 und 40000 Menschen.

Frage: Wer legt die politische Linie von Inkatha fest?

Buthelezi: Inkatha ist eine zutiefst demokratische Massenbewegung, eine Graswurzelbewegung sozusagen. Unsere Politik und die Formen ihrer Durchsetzung werden von der alljährlich tagenden Generalversammlung festgelegt. Ich sage nichts und tue nichts ohne die massive Unterstützung der Inkatha-Mitgliedschaft.

Frage: Viele Ihrer Kritiker bezeichnen Inkatha als eine Organisation der Zulus.

Buthelezi: Es ist Unsinn, Inkatha als Zulu-Organisation zu bezeichnen. Inkatha ist eine Organisation schwarzer Südafrikaner. In der Tat weiß ich nicht einmal, wie viele unserer Mitglieder Zulus und wie viele Nicht-Zulus sind: wir registrieren derlei nicht. Das Arnold-Bergstraesser-Institut in Freiburg hat vor Jahren einmal die Zahl der Nicht-Zulus in Inkatha auf fast 40 % geschätzt. – Letztlich entspringt es dem bloßen Haß meiner politischen Gegner, Inkatha als Stammesorganisation und mich als Stammesführer abzuqualifizieren. Sicher, Inkatha ist von mir, einem Zulu, gegründet worden; aber auch der ANC ist von Zulus gegründet worden.

Frage: Wie ist Ihr Verhältnis zum ANC?

Buthelezi: Bis 1980 hatte ich gute Beziehungen zur ANC-Exilorganisation. In meinen ersten fünf Jahren als Präsident von Inkatha und Premier von KwaZulu hat man meine Politik auch nie in Frage gestellt. Im Gegenteil: die alte ANC-Führung drängt mich, zu tun, was ich tat. Heute allerdings werde ich mehr gehaßt als Botha. Den Delegationen von Geschäftsleuten und PFP-Vertretern, die sich kürzlich mit der Führung der

ANC-Exilorganisation trafen, wurde ich als einzige Person genannt, mit der man nichts zu tun haben wolle.

Frage: Warum?

Buthelezi: Wir verfolgen eine sehr unterschiedliche Strategie. In einer Rundfunksendung nach der anderen fordert die ANC-Exilorganisation schwarze Südafrikaner auf, sich für die Revolution zu bewaffnen. Sie sollen den Weißen Gewehre stehlen und – mit dem Ziel, die Arsenale der Sicherheitskräfte zu plündern – Polizeiposten überfallen. Zugleich aber bietet der ANC nichts, aber auch gar nichts an Infrastruktur für diesen bewaffneten Kampf.

Frage: Vertreten Sie eine prinzipielle Position für oder gegen den bewaffneten Kampf?

Buthelezi: Ich lehne den bewaffneten Kampf ab, weil mein Volk es jetzt so will. Ich lehne ihn ab, weil zum einen gute moralische Gründe gegen die Anwendung von Gewalt in der Politik sprechen und weil zum anderen strategische und logistische Gründe den bewaffneten Kampf als aussichtslos erscheinen lassen. Die vergangenen 25 Jahre haben es gezeigt, und die aktuelle Lage bestärkt mich in meiner Einschätzung: Erstens können wegen ihrer Armut und politischen Instabilität die Nachbarstaaten kein Sprungbrett mehr bieten für Angriffe gegen Südafrikas Regierung; zweitens gibt es keine Zonen in diesem Lande, die man befreien und als Brückenkopf für den weiteren Kampf benützen könnte. Drittens schließlich ist auch der Transport von Kämpfern und Nachschub durch Südafrika völlig unmöglich.

Frage: Dennoch hat der ANC offenbar ein beträchtliches Potential gewaltsamen Widerstands mobilisiert.

Buthelezi: Die Exilorganisation des ANC handelt aus höchster Verzweiflung heraus. Sie kann nicht überleben als Organisation, die mit ihrer Strategie immer wieder scheitert. Deshalb wird jetzt soviel Gewalt wie möglich mobilisiert – ohne jedes Konzept, ohne Rücksicht auf Verluste und bar jeden Verantwortungsbewußtseins. Viele hundert Menschen sind im vergangenen Jahr gestorben – unter ihnen nur eine Handvoll Weiße. Die Brutalität der Polizei ist für viele Tote verantwortlich; aber sehr viele der ermordeten Schwarzen wurden von anderen Schwarzen zu Tode gehackt oder bei lebendigem Leib verbrannt.

Frage: Wie ist das Verhältnis zwischen Inkatha und der UDF, die ja offiziell jede Gewalt ablehnt?

Buthelezi: Die UDF will dieses Land unregierbar machen – durch Nötigung und offene Gewalt. UDF-Mitglieder greifen jeden an, den sie als »Kollaborateur« oder »Handelnden innerhalb des Systems« verdächtigen. Die UDF-Führung stachelt mit ihren offiziellen Verlautbarungen die Gewalt an und wird dabei von der ANC-Exilorganisation unterstützt. Einer Politik strikter Gewaltlosigkeit dagegen hat sich Inkatha verschrieben.

Frage: Seitens der UDF wirft man Ihnen das Gegenteil vor.

Buthelezi: Die toten Inkatha-Mitglieder und die Zerstörung ihres Eigentums werden stets schnell unter den Teppich gekehrt und vergessen. Und dann wird Inkatha – zumindest in den Townships um Durban – für die Gewalttaten verantwortlich gemacht, die UDF-Mitglieder angezettelt haben.

Frage: Wer macht Inkatha verantwortlich?

Buthelezi: Es ist ein ganzer Chor vor allem kirchlicher Organisationen wie »Black Sash«, »Women für Peace«, »Diakonia« und andere. Daß es sich hier um Kirchenleute handelt, heißt noch lange nicht, daß sie nicht lügen. Im Gegenteil: weil sie uns nicht anders bekämpfen können, basteln sie all ihre Lügen zusammen und verbreiten sie über den »Südafrikanischen Kirchenrat« und dessen Kontakte in Europa. Dort glaubt man offenbar, daß alles, was von Kirchenleuten kommt, die heilige Wahrheit ist.

Frage: Haben Sie sich irgendwann um einen Ausgleich Ihrer Differenzen mit der UDF bemüht?

Buthelezi: Ich schrieb einen Brief an Archie Gumede, den Präsidenten der UDF. Darin schlug ich ihm vor, sich mit mir zu treffen. Inkatha und die UDF – so glaubte ich – sollten gemeinsam für die Befreiung der Schwarzen Südafrikas kämpfen. Gumede allerdings antwortete erst nach sieben Monaten. Seine Freunde würden ihm nicht erlauben, mich zu treffen, schrieb er. Nichtsdestoweniger bleibt meine Hand ausgestreckt – nicht aus der Position eines Bettlers, sondern aus der der Stärke heraus.

Frage: Auch die UDF sagt, sie sei stark – mit 600 Organisationen, die zwei Millionen Mitglieder repräsentieren.

Buthelezi: Sie können diese Organisation mit Inkatha gar nicht vergleichen. Inkatha besteht aus Mitgliedern, die freiwillig eingetreten sind und ihren Beitrag bezahlen. Die UDF dagegen besteht aus Organisationen, deren Mitglieder oft gar nicht wissen, daß sie zur UDF gehören. Das gleiche gilt für den »Südafrikanischen Kirchenrat«, der ja immer behauptet, für die Mehrheit der Christen Südafrikas zu sprechen.

Frage: SACC und UDF plädieren mehr oder weniger offen für das Disinvestment als Druckmittel gegenüber der weißen Regierung.

Buthelezi: Es gibt eine Sorte schwarzer Politiker in Südafrika, die entweder ideologisch so verbohrt oder so machtgierig sind, daß sie unsere Wirtschaft zerstören und unser Land unregierbar machen wollen. Diese schwarzen Politiker sind es, die für die wirtschaftliche Isolation Südafrikas eintreten, für eine Strategie, die eng verbunden ist mit der des bewaffneten Kampfes. Diese Leute wollen nicht verstehen, daß man wirtschaftliches Wachstum nicht an- und ausknipsen kann wie eine Lampe; sie wollen nicht verstehen, daß die Zukunft Südafrikas abhängt vom Zufluß von Kapital und Technologie aus dem Westen. Diese schwarzen Politiker sind bereit, die Lebensadern Südafrikas um ihres politischen Vorteils willen zu kappen. Mehr menschliches Elend verspricht ihnen mehr Unterstützung für ihre Politik der Gewalt und Konfrontation; menschliches Leben und Wohlergehen interessiert sie nicht bei der Verfolgung ihrer Ziele. Man kann mit diesen Leuten weder reden noch argumentieren; sie werfen einem ihre ideologischen Tagträume an den Kopf und dreschen leere Phrasen über das Volk, das endlich sein Land besitzen soll.

Frage: Was sollte der Westen tun?

Buthelezi: Von den vielleicht 22 Millionen Schwarzen in Südafrika sind über 50 % 15 Jahre alt und jünger. Diese Menschen werden irgendwann ihre Forderungen an die Gesellschaft stellen; Forderungen, die nur befriedigt werden können, wenn die Wirtschaft Tritt faßt und phänomenale Wachstumsraten produziert. Nur dann können Lebensstandard, Erziehung und

Wohnverhältnisse für Schwarze substantiell verbessert werden. Vor diesem Hintergrund sollten die Regierungen des Westens endlich verstehen, daß wir für unseren Kampf einen maximalen Input in die südafrikanische Wirtschaft benötigen. Sollte der Westen trotzdem Investitionen verbieten oder gar abziehen, dann tritt er den Freiheitskampf der Arbeiter und Bauern mit Füßen und fällt ihm in den Rücken.

Frage: Würde bei ernsthaften Sanktionen Pretoria die 1,5 Millionen Gastarbeiter heimschicken?

Buthelezi: Wahrscheinlich. Präsident Kaunda von Sambia und Präsident Banda von Malawi haben bereits die Anwerbung von Minenarbeitern in ihren Ländern gestoppt. Sollte die südafrikanische Regierung tatsächlich alle ausländischen Arbeiter repatriieren, dann müßten mehr als eine Million Familien Hunger leiden. Ich bitte den Westen inständig, nicht das ganze südliche Afrika ins Elend zu stoßen; ich bitte ihn auch, nicht die Brutalität Pretorias zu Zeiten echter Bedrängnis zu unterschätzen.

Frage: Auf Ihre Warnungen wird im Westen bislang wenig gehört.

Buthelezi: Bei meinem letzten Besuch habe ich es wieder einmal gemerkt. Ich wurde von den Schweizer Kirchen boykottiert. Die wenigen Kirchenvertreter, die ich traf, sagten mir, wegen meines Engagements für ausländische Investitionen in Südafrika müßten sie jetzt wählen zwischen mir einerseits und Bischof Tutu, Allan Boesak sowie der UDF andererseits. Und die Anti-Apartheid-Bewegung schickte Briefe an wichtige Leute mit der Aufforderung, mich nicht zu empfangen. Ähnliches habe ich in anderen Ländern erfahren – in den USA zum Beispiel.

Frage: Worauf führen Sie diese Haltung der Europäer und Amerikaner zurück?

Buthelezi: Wann auch immer ich durch Europa reise und mit Kirchenleuten spreche – die sich ja besonders um Südafrika bemühen –, habe ich den Eindruck, daß ein Schuldgefühl mitschwingt – ein Schuldgefühl, das aus der Vergangenheit der Europäer als Kolonialherren herrührt. In Deutschland kommt die Beschäftigung mit der eigenen Nazi-Vergangenheit hinzu. All dies hat – so glaube ich – dazu geführt, daß europäische Kirchenleute vorzugsweise Südafrikanern im Exil oder ihren Platzhaltern die Hand reichen, besonders dem ANC, der UDF und dem SACC also. Gegen Informationen von anderer Seite haben sich die Kirchen abgeschottet; nur ANC, UDF und SACC werden angehört und bekommen Geld von ihnen.

Frage: Über welchen Apparat verfügt Inkatha in Europa?

Buthelezi: Inkatha ist in Europa kaum präsent. Wir werden unterstützt von der »Offensive Junger Christen« in Bensheim, haben eine Partnerschaft mit der »Konrad-Adenauer-Stiftung« und eine einzige Repräsentantin in Holland. Mit dieser bescheidenen Infrastruktur und fast ohne Geld versuchen wir, den Europäern das Südafrika zu vermitteln, das mehr als eine Million Inkatha-Mitglieder und ungezählte Anhänger unseres Freiheitskampfes vor Augen haben. Europa sollte endlich verstehen, daß nicht im Exil, sondern von den Massen in Südafrika der eigentliche Freiheitskampf geführt wird. Es ist – ich bedaure es zu sagen – arrogant, allein die im Exil Agierenden und ihre Platzhalter als authentische Sprecher der Schwarzen in Südafrika anzusehen. Aber wir Schwarzen sind es ja gewohnt, daß uns Weiße diktieren, was wir zu tun und zu denken haben. Warum – frage ich – sind die Europäer immer wieder beleidigt, wenn ich ihnen sage, daß die Vorschriften, die sie uns machen, sich in nichts unterscheiden von den Vorschriften, die man uns aufgrund der Apartheid macht?

Frage: Wo sehen Sie die Zukunft Südafrikas?

Buthelezi: Wenn Südafrika überhaupt eine Zukunft hat, dann auf der Basis einer Verfassung, die demokratische Prinzipien festschreibt und für eine Regierung bürgt, die ausschließlich dem Willen des Volkes und der Verbesserung seiner Lebensqualität verpflichtet ist. Nach dem Befreiungskampf nämlich wird Südafrika zunächst das Erbe der Massenarmut zu bewältigen haben, das uns die Apartheid hinterlassen wird. Um das zu schaffen, dürfen wir Schwarze uns auch auf keinen Fall auf Taktiken und Strategien einlassen, die Demokratie und wirtschaftliche Entwicklung verhindern. Das sage ich meinen Leuten immer wieder. Ich sage ihnen auch, daß es keine einfache Lösung des Problems Südafrika geben wird und keinen Sieg über Nacht. Nach dem politischen Sieg werden wir nur allmählich die Armut hinter uns lassen. Utopia ist nicht in Sicht.

Helen Suzman, »Progressive Federal Party«

Helen Suzman, geboren 1917, studierte Wirtschaftswissenschaften und lehrte von 1944 bis 1952 Wirtschaftsgeschichte an der »University of the Witwatersrand« in Johannesburg. 1953 zog sie für die liberal-konservative englischsprachige »United Party« ins Parlament ein. Von 1958 bis 1974 war sie als einzige Abgeordnete der neu gegründeten »Progressive Party« zugleich die einzige Frau im Parlament und das einzige Parlamentsmitglied, das sich entschieden gegen die Apartheid wandte. Seit 1977 für die aus der »Progressive Party« hervorgegangene »Progressive Federal Party« (PFP) im Parlament, wurde sie inzwischen überhäuft mit internationalen Ehrungen und Ehren-Doktortiteln.

Frage: Die noch immer anhaltenden Unruhen, Frau Suzman, gehen vor allem von schwarzen Schülern aus ...

Suzman: Ja, das ist heute so und war schon 1976 so – weil eben die Bildung der Schwarzen so sehr im argen liegt. Die Regierung – besonders der stellvertretende Minister Sam de Beer – hat den Ernst der Lage inzwischen erkannt. Sie gibt mehr Geld aus für schwarze Erziehung und baut bessere Schulen. Die Radikalen unter den Schülern jedoch wollen jetzt ein Erziehungssystem für alle. Als Druckmittel setzen sie den Unterrichtsboykott ein.

Frage: Sind die Boykotts reiner Ausdruck der Unzufriedenheit oder werden viele Schüler dazu genötigt?

Suzman: Die Unterrichtsboykotts haben zwei Quellen. Die eine liegt im echten Protest gegen eine minderwertige Erziehung; die andere in blanker Nötigung. Viele Schüler wollen weiterlernen, um nicht ein oder zwei Jahre zu verlieren; sie werden jedoch von politisch organisierten Gruppen davon abgehalten. Diese Gruppen wollen Südafrika unregierbar machen und treiben deshalb Tausende junger Menschen auf die

Straße. Wer trotzdem zur Schule geht, dem droht man, das Haus seiner Mutter anzuzünden.

Frage: Glauben Sie, daß die Aktivisten vom kommunistischen Ausland gesteuert werden?

Suzman: Nein, ich glaube nicht, daß der Kreml dahintersteckt. Die marxistische Theorie wird den Aufständischen eher von südafrikanischen Intellektuellen eingeimpft. Da den Schwarzen ganz offensichtlich die Früchte der Marktwirtschaft vorenthalten wurden, versprechen sich viele nur noch von einer sozialistischen schwarzen Regierung echte Lebenschancen. Überdies haben sie gesehen, daß den Befreiungsbewegungen in Moçambique und Zimbabwe fast ausschließlich der Ostblock half; sie haben auch gesehen, daß für die weiße Regierung Kommunismus und Apartheid-Kritik das gleiche sind – was natürlich den Kommunismus in einem sehr attraktiven Licht erscheinen läßt.

Frage: War vor diesem Hintergrund die Verhängung des Ausnahmezustands eine richtige Maßnahme?

Suzman: Mit der Erklärung des Ausnahmezustands hat die Regierung ihr Versagen eingestanden. Entspannen kann sie die Lage nur, wenn sie an den Wurzeln ansetzt, das heißt eine klare Absichtserklärung abgibt und den verkündeten Zielen durch sofortiges Handeln Glaubwürdigkeit verleiht. Statt dessen aber hat Pretoria der Polizei Blankovollmachten ausgestellt. Besonders die im Rahmen des Ausnahmezustands garantierte Straflosigkeit für alle Staatsbediensteten, die »in gutem Glauben« handeln, besorgt mich zutiefst. Denn einem widerrechtlich handelnden Beamten seinen »guten Glauben« abzusprechen, dürfte vor Gericht sehr schwer fallen.

Frage: Kennen Sie konkrete Beispiele für Übergriffe der Polizei?

Suzman: Ich habe oft genug erlebt, wie hemmungslos die Polizei Gewalt anwendet. Das Massaker von Uitenhage zum Beispiel kann ich nur als barbarischen Akt beschreiben. Immer wieder höre ich auch, daß Polizisten Tränengas-Kanister in Kirchen werfen, in Schulen und Privathäuser; daß sie rücksichtslos von der Peitsche Gebrauch machen. Die vielen Toten und Verletzten sind trauriger Beweis für den polizeilichen Machtmißbrauch. – Natürlich, das gebe ich zu, ist es sehr schwierig, einen wütend mit Steinen werfenden Mob unter Kontrolle zu bekommen; aber die Polizei in anderen Ländern schafft das auch, ohne um sich zu schießen. In England zum Beispiel wurden während des gewalttätigen Bergarbeiteraufstands ganze zwei Menschen getötet – und die nicht von der Polizei, sondern von Streikenden. Wenn man damit unsere 700 Tote binnen eines Jahres vergleicht, dann ist das schon ziemlich erschreckend.

Frage: Werden unter dem Ausnahmezustand auch die Paßgesetze verschärft angewandt?

Suzman: Nein, sie haben die Paßgesetze immer in vollem Umfang angewandt. Jedes Jahr gibt es rund 200000 Festnahmen aufgrund dieser Gesetze, die ausschließlich Schwarze diskriminieren. Angehörige aller Rassen dürfen – mit der Ausnahme, daß Inder den Oranje-Vrystaat meiden müssen – überall im Lande arbeiten; nur für Schwarze ist es ein Verbrechen, ohne spezielle Erlaubnis einen Job anzunehmen. Die Gefängnisse sind voll von Paßgesetz-Verbrechern; Familien werden deswegen auseinandergerissen und der Rassenkonflikt natürlich geschürt. Meine Partei fordert seit Jahrzehnten die ersatzlose Abschaffung der Paßgesetze.

Frage: Das gleiche gilt für den »Group Areas Act«. Glauben Sie, daß Sie den in nächster Zeit loswerden?

Suzman: Nein, die rassische Trennung von Wohngebieten gehört zu den Säulen der Regierungspolitik. Man wird allenfalls einzelne Gebiete für alle öffnen – sogenannte »graue« Gebiete. Außerdem werden in den zentralen Geschäftsbezirken demnächst alle Rassen Handel treiben dürfen – ein wichtiger Schritt auf einer anderen Ebene.

Frage: Heißt »Fortbestehen getrennter Wohnbezirke« auch weitere Zwangsumsiedlungen?

Suzman: Da sind sie ein bißchen zögerlich geworden. Sie haben die Zwangsumsiedlungen vorläufig ausgesetzt. Und der zuständige Minister, Dr. Viljoen, weiß, daß sich Südafrika gerade mit den Zwangsumsiedlungen im Ausland sehr unbeliebt gemacht hat. Die Szenen, in denen Menschen mit Hilfe von Polizeihunden und Gewehren von ihrem Grund und Boden vertrieben und auf Lastwagen verladen wurden, waren schlicht widerwärtig. Ich kann dem Minister nur dringend empfehlen, die sogenannten »schwarzen Flecken« in »weißen« Gebieten zukünftig in Ruhe zu lassen. Viele Schwarze dort beackern ihren seinerzeit legal erworbenen Boden schon seit der Jahrhundertwende. Und sie haben immer friedlich mit ihren weißen Nachbarn zusammengelebt.

Frage: Ihre Homeland-Politik setzt die Regierung offenbar unbeirrt fort. Ist da ein Ende absehbar?

Suzman: »Unabhängig« sind bis jetzt Transkei, Ciskei, Venda und Bophuthatswana. Als fünftes Homeland wird zum Jahresende KwaNdebele die »Unabhängigkeit« annehmen – ein wirtschaftlich nicht lebensfähiges Gebilde mit einer halben Million Menschen, die jetzt ihre südafrikanische Staatsbürgerschaft verlieren. Es bleiben dann noch Gazankulu, QwaQwa, Lebowa, KaNgwane und – als größtes Homeland von allen – KwaZulu. Dessen Premier, Chief Buthelezi, jedoch lehnt entschieden jede »Unabhängigkeit« ab. Er weiß, daß das den Verlust der südafrikanischen Staatsbürgerschaft und aller Zukunftsperspektiven für seine fünfeinhalb Millionen Zulus bedeuten würde.

Frage: Die Regierung hat in letzter Zeit rassisch gemischte Parteien erlaubt und auch das Verbot von Ehen zwischen den Rassen aufgehoben. Sind das für Sie wichtige Reformschritte?

Suzman: Abgesehen von der Aufhebung des »Prohibition of Political Interference Act«, die die Bildung multirassischer Parteien erlaubt, berühren die jüngsten Reformen in keiner Weise die Struktur dieser Gesellschaft. Es haben nie Tausende von Menschen darauf gewartet, über die Rassengrenzen hinweg einander in die Arme zu stürzen. Wenn ich auch die Abschaffung dieser jeden Menschen beleidigenden Gesetze begrüße – das gleiche gilt für die Öffnung von Hotels, Restaurants und Sport für alle Rassen –, so sehe ich darin doch nur einen symbolischen Akt. Unter echten Reformen verstehe ich: eine Staatsbürgerschaft für alle Südafrikaner, das Recht zu wohnen, wo man will, das Recht, Eigentum zu besitzen, wo man es sich leisten kann, gleichwertige Erziehung und politische Rechte für jedermann.

Frage: Was ist denn bezüglich dieser echten Reformen zu erwarten?

Suzman: Die Regierung erwägt derzeit Änderungen der Paßgesetze und eine einheitliche Staatsbürgerschaft für alle Südafrikaner – auch für die Einwohner der »unabhängigen« Homelands. Sollte dies realisiert werden, dann ist das vor allem dem Druck der einheimischen Wirtschaft zu verdanken. Die hat schon immer den – nicht nur kosmetischen – Wandel durchgesetzt. Daß heute Schwarze qualifizierte Arbeit tun dürfen, daß ihre Gewerkschaften und ihre ständige Präsenz in den Städten anerkannt wurden – das beruht vor allem auf dem Drängen der Wirtschaft.

Frage: Steht Südafrikas Wirtschaft – vereinfacht ausgedrückt – »links« von der Regierung?

Suzman: Sicherlich propagieren die Wirtschaftsverbände nicht den Sozialismus und die staatliche Kontrolle der Produktionsmittel. Aber sie haben in den letzten Jahren mehr und mehr gemerkt, daß ihre Vorstellungen von einer freien Marktgesellschaft durch all die diskriminierenden Gesetze konterkariert werden. Deshalb betreibt die Wirtschaft mit zunehmendem Erfolg den Abbau dieser Gesetze. Angeregt durch den »Sullivan Code« und den »EG-Verhaltenskodex« nimmt der südafrikanische Unternehmer immer mehr auch seine soziale Verantwortung wahr. Er steckt viel Geld in schwarze Ausbildung, in Kindergärten für den Nachwuchs seiner Beschäftigten, in Wohnungsbaudarlehen für Schwarze und so weiter. Die Amerikaner haben in Soweto sogar ein Wirtschafts-College gebaut. – Ich nenne das »aufgeklärtes Eigeninteresse«.

Frage: Warum kann das so mächtige Unternehmertum keinen schnelleren Wandel bewirken?

Suzman: In Südafrika verfügt die Wirtschaft über weit weniger Macht und Einfluß auf die Regierung als etwa in den USA. Dort weiß man den Rat und die Warnungen der straff organisierten Lobbies zu beherzigen. Unser Land dagegen wird von Leuten regiert, die für Wirtschaftsprobleme kein Verständnis haben; von Leuten, die den Widerwillen gegen ihre Bürokratie einfach nicht verstehen wollen. Auf Unverständnis stößt die Wirtschaft auch in breiten Teilen der schwarzen Öffentlichkeit, besonders unter den jungen Radikalen. Dort wächst die Überzeugung, daß Apartheid und Kapitalismus Hand in Hand gehen, daß man das eine nur mit dem anderen beseitigen kann. Der reformfreudige Geschäftsmann sitzt – so kann man es sehen – zwischen den Stühlen.

Frage: Ist die PFP der politische Arm der Wirtschaft?

Suzman: Meine Partei kämpft gegen jede Diskriminierung, gegen sämtliche Rassengesetze und für das gleiche Wahlrecht in einem – nach geographischen Gesichtspunkten – föderal organisierten Staatswesen. Minderheiten sollen durch begrenzte Vetorechte und eine möglichst weitgehende Dezentralisierung der Macht geschützt werden. Dieser Politik stimmen Teile der Wirtschaft zu, andere nicht.

Frage: Ihre Forderungen sehen denen Chief Buthelezis sehr ähnlich.

Suzman: Sie sind ihnen sehr ähnlich.

Frage: Welches Verhältnis hat Ihre Partei zu Inkatha?

Suzman: Keine formelle Beziehung. Wir treffen uns gelegentlich. Einige meiner Parteifreunde und ich haben – völlig informell – das zehnte Jahrestreffen von Inkatha besucht. Wir halten viel vor allem von den Empfehlungen der Buthelezi-Kommission und glauben, daß Chief Buthelezi der richtige Mann für Verhandlungen mit der Regierung wäre. Leider besteht er bislang auf der Formel »Ein Mensch – eine Stimme in einem Einheitsstaat«. Einem föderalen System mißtraut er offenbar noch.

Frage: Wie über Inkatha scheint es auch über Wirtschaftssanktionen unterschiedliche Meinungen in Ihrer Partei zu geben. Molly Blackburn zum Beispiel ist für Sanktionen.

Suzman: Das ist Molly Blackburns Sache. Die Position der Partei ist klar: Wir lehnen alles ab, was dem Wirtschaftswachstum in diesem Lande schadet. Wachstum ist der Schlüssel zu schwarzer Emanzipation – wirtschaftlich wie politisch. Deshalb halten wir nichts von Sanktionen und Disinvestment. Überhaupt ist da auf seiten der Amerikaner und Europäer viel Heuchelei im Spiel. Sicher: es gibt Leute, die moralisch entrüstet sind über das System der Apartheid; aber die sollen nicht uns belehren, die wir seit über 30 Jahren dagegen ankämpfen.

Frage: Welche Folgen hätten Sanktionen für Südafrika?

Suzman: Alle würden leiden – und die Schwarzen am meisten. Die wenigen Schwarzen, die die Position vertreten »Das macht nichts, wir leiden ohnehin«, sind entweder schon arbeitslos oder sehen ihren Job nicht gefährdet. Den Arbeitsplatz tatsächlich zu verlieren, ist eine Katastrophe in diesem Lande, wo es kein soziales Netz gibt und keine Arbeitslosenhilfe. Genau 26 Wochen bekommt man Arbeitslosengeld – wenn man vorher einbezahlt hat. Danach muß man sehen, wie man durchkommt. Ich sage Ihnen: Es ist eine Sache, leichtfertig daherzuschwätzen, und eine andere, zuzusehen, wie Menschen ihr Heim und ihre gesamte Habe verlieren – bloß weil einige Leute draußen glauben, so könne man die südafrikanische Regierung in die Knie zwingen. Diese Leute haben im übrigen keine Ahnung von der Reaktionsweise dieser Regierung.

Frage: Was halten Sie vom Sportboykott?

Suzman: Der Sportboykott hatte das Ziel, die Rassentrennung im südafrikanischen Sport zu beenden. Das ist erreicht. Wenn auch ungleiche Trainings- und Schulsporteinrichtungen fortbestehen und nach dem Wettkampf jeder zurückgeht in sein Wohngebiet, so gibt es doch keine Rassentrennung mehr auf dem Fußballplatz, beim Boxen und in der Leichtathletik. Dies sollte die Weltöffentlichkeit honorieren. Es ist nicht fair, jetzt die völlige Abschaffung der Apartheid zu verlangen, bevor man wieder Sport mit uns treibt.

Frage: Was ist Ihr dringendstes Anliegen an die Regierung?

Suzman: Die Regierung muß mit den schwarzen Führern sprechen. Bislang sprach sie nur mit den Homeland-Führern, die jedoch kaum für die politisch fortgeschrittensten, die städtischen Schwarzen sprechen können. Solange Pretoria nicht mit den anerkannten Führern dieser Schwarzen spricht, werden wir nicht sehr weit kommen in Südafrika.

F. A. H. van Staden, »Konserwatiewe Party«

F. A. H. van Staden, geboren am 15.01.1927 im Oranje-Vrystaat, schloß sein Theologiestudium an der Universität von Pretoria mit der Promotion ab. Nach längerer Tätigkeit für die »Nederduitse Gereformeerde Kerk« zog er 1981 für die »Nasionale Party« ins Parlament ein. Als führendes Mitglied der Parlamentarier-Fraktion, die sich 1982 von der »Nasionale Party« abspaltete und die »Konserwatiewe Party« gründete, wurde er erster Generalsekretär der neuen Partei. Er ist verheiratet und hat vier Kinder.

Frage: Wann und warum wurde die »Konserwatiewe Party« gegründet?

van Staden: Die Gründung der »Konserwatiewe Party« geht auf den 22. Februar 1982 zurück. Damals verließen P. W. Botha und die »Nasionale Party« den bisherigen Kurs der getrennten Entwicklung und gingen über zur Politik der Machtteilung mit den nicht-weißen Volksgruppen. Wir stellten uns dem entgegen, verloren jedoch die Abstimmung und gründeten daraufhin, um das Prinzip der getrennten Entwicklung zu wahren, am 20. März 1982 die »Konserwatiewe Party«.

Frage: Was heißt »getrennte Entwicklung« für Sie?

van Staden: »Getrennte Entwicklung« heißt anzuerkennen, daß es in Südafrika unterschiedliche Rassen und Völker gibt: Weiße, Inder, Mischlinge und Schwarze. Die Weißen sind historisch als eine Gruppe anzusehen – egal, ob sie Afrikaans, Englisch oder Griechisch sprechen. Das gleiche gilt für Mischlinge und Inder – trotz der vorhandenen religiösen und sprachlichen Verschiedenheiten. Unter den Schwarzen dagegen muß man – obwohl sie zur gleichen Rasse gehören – zehn verschiedene Volksgruppen unterscheiden. – Jede Volksgruppe nun hat das Recht auf Selbstbestimmung; sie muß sich selbst regieren dürfen. Dazu braucht sie ein eigenes Parlament, eine eigene Verwaltung und natürlich ein eigenes Land. Inzwischen ist Südafrika schon so weit aufgeteilt, daß die zehn schwarzen Volksgruppen ihr Territorium haben. Der Rest muß unter Weißen, Farbigen und Indern aufgeteilt werden, in drei weitere Länder.

Frage: Wäre es nicht schon aus geographischen Gründen sehr schwierig, die Mischlinge und Inder auch noch auszusortieren?

van Staden: Für die Mischlinge gibt es 638 Wohnbezirke; mehr als 300 in der Kap-Provinz sind bereits konsolidiert. 23 ländliche Gebiete kommen hinzu. Das ist die Grundlage eines Mischlings-Homelands. Mehr als 70 % der südafrikanischen Mischlinge leben mittlerweile auf ihrem eigenen, konsolidierten Territorium; ein höherer Anteil als unter den Schwarzen. Bei den Indern sieht es ähnlich aus. Auf dem Wege des Landkaufes oder -tausches kann man später die Territorien dieser Gruppen konsolidieren.

Frage: Was machen Sie mit den städtischen Schwarzen, Menschen aller Volksgruppen ohne Bindungen zu irgendwelchen Homelands?

van Staden: Die Menschen in Soweto – seien sie nun Tswanas oder Zulus – besitzen echte Bindungen zu ihren Homelands; ihre Häuptlinge leben dort und so weiter. Politische Rechte kann man ihnen auf zweierlei Art geben: Entweder sie üben ihre Rechte im Homeland aus, oder wir machen Soweto selbst zu einem unabhängigen Stadtstaat.

Frage: In einem solchen Stadtstaat könnten doch die Zulus den Tswanas die Selbstbestimmung rauben.

van Staden: Die Schwarzen können selber beschließen, was sie tun – ob sie einen Staat behalten, ob sie ihn aufteilen oder ob jeder seine politischen Rechte im Homeland ausübt. Das zu entscheiden, ist nicht Sache der Weißen.

Frage: Die Weißen haben immerhin die Grenzen abgesteckt, auch die der Homelands. 75 % aller Südafrikaner werden dort mit 15 % des Landes abgespeist.

van Staden: Es ist nicht die Größe des Landes, die zählt; es ist die Qualität. Vor zwölf Jahren wurde wissenschaftlich festgestellt, daß KwaZulu zum Beispiel mit einer intensivierten Landwirtschaft 15 Millionen Menschen ernähren könnte. Vom Land der Weißen aber ist der größte Teil Wüste oder Halbwüste. Die Schwarzen können diese Wüste haben; sie wollen sie nur nicht. Sehen Sie: Erst bekommen die Schwarzen, die Inder und die Mischlinge ihr Land – insgesamt zwölf Stücke. Dann müssen wir Weiße nehmen, was übrigbleibt. Das ist vielleicht etwas mehr, aber von schlechterer Qualität.

Frage: Immerhin gibt es ein paar Goldminen und ...

van Staden: Die reichste Mangan-Mine des südlichen Afrika liegt in Bophuthatswana. Und Mangan ist doch auch ein wichtiger Rohstoff – oder nicht?

Frage: Sicher. – Nach den großen Entwürfen einige Fragen zum Rassenalltag. Was denken Sie über die Abschaffung des »Mixed Marriages Act«?

van Staden: Wir sind strikt gegen diese Politik, weil der »Mixed Marriages Act« eine Säule der »getrennten Entwicklung« verkörpert. Er ist nötig, um unsere Identität zu sichern. Mehr als 30 Jahre lang hat auch die »Nasionale Party« so gedacht. Plötzlich ändert sie alles. Bloß weil die Mischlinge und Inder es verlangen.

Frage: Warum darf nicht jeder den lieben, den er lieben mag?

van Staden: Das würde unendliche Probleme erzeugen in einem Land wie Südafrika – mit seinen unterschiedlichen Völkern, Rassen, Hautfarben und Kulturen. Ein weißer Vater etwa und eine indische Mutter hätten Kinder, die Mischlinge wären. Es würden drei Rassen unter einem Dach leben. Stellen Sie sich vor, was das für Probleme gäbe – in der Schule und so weiter. Wie sollte man dann noch sinnvollerweise den »Group Areas Act« anwenden?

Frage: Vielleicht gar nicht. Es gibt ja schon sogenannte »graue« Gebiete – Hillbrow zum Beispiel –, wo die Rassen ganz friedlich miteinander leben.

van Staden: In Hillbrow hat die Regierung zugelassen, daß Nicht-Weiße in einem Gebiet siedelten, das ihnen nicht gehört. Es sind jetzt schon so viele, daß es schwer ist, sie wieder rauszubekommen. Dennoch: sobald wir an der Macht sind, werden die Leute sofort umgesiedelt. Man muß in einem Land wie Südafrika mit seinen unterschiedlichen Volksgruppen Recht und Ordnung aufrechterhalten. Die Leute können nicht einfach tun, was sie wollen.

Frage: Dürfen sie auch nicht in denselben Bussen und Zügen fahren, dieselben Aufzüge und Toiletten benutzen?

van Staden: Nein. Diese Einrichtungen müssen getrennt sein. Um des Friedens willen. Sobald man nämlich alle Rassen dieselben Einrichtungen benutzen läßt, kommt es zu Spannungen. Immer mehr Schwarze würden die Züge benutzen, wir Weiße würden verdrängt; wir würden die Züge einfach nicht mehr benutzen.

Frage: Gilt das gleiche für die Schulen?

van Staden: Ja. Wir wollen nicht das gleiche Erziehungssystem für verschiedene Völker mit verschiedenen Sprachen und Kulturen. Jedes Volk soll sich im Rahmen seiner Selbstbestimmung ein eigenes System schaffen. Die Zulus zum Beispiel sollen – wenn sie wollen – in Zulu unterrichten; wir Weiße werden uns da nicht einmischen.

Frage: Wie würden Sie das Problem wachsender schwarzer Arbeitslosigkeit in den Städten lösen?

van Staden: Es gibt auch viele weiße Arbeitslose. Vielleicht haben Sie im Fernsehen die weißen Kinder gesehen, die jeden Tag ohne Essen zur Schule gehen müssen, die auf Schulspeisungen angewiesen sind. Es sind nicht nur Schwarze, die leiden, auch Weiße; die Regierung muß allen helfen.

Frage: Wie?

van Staden: Wie? Es gibt doch 1,5 Millionen schwarze Ausländer, die in Südafrika arbeiten. Sollten wir nicht für unsere eigenen Leute zuerst sorgen?

Frage: Wollen Sie die Arbeiter aus Moçambique und Lesotho rauswerfen?

van Staden: Die haben ihr eigenes Land und kommen nach Südafrika, um ihre Arbeitskraft zu verkaufen. In die Schweiz lassen sie doch auch nur eine ganz bestimmte Anzahl Arbeiter hinein – genau so viele, wie sie brauchen. Dort lassen sie es nicht zu, daß Ausländer den eigenen Leuten die Arbeit wegnehmen. Und wenn das in der Schweiz gut und moralisch ist, dann ist es das auch in Südafrika.

Frage: Unzufrieden wie Sie mit den Rassenbeziehungen sind auch die städtischen Schwarzen. Was bedingt aus Ihrer Sicht die Unruhen in den Townships?

van Staden: Als die Regierung beschloß, die Macht mit den Indern und Mischlingen zu teilen, da haben wir sie gewarnt. Wir haben gesagt: »Die Inder sind nach den Schwarzen in dieses Land gekommen. Ihr könnt nicht sie beteiligen und die Schwarzen ausschließen. Das erzeugt Unruhe.« Dann hat die Regierung Erwartungen bei den Schwarzen geweckt; sie hat deren dauerhafte Präsenz in Südafrika anerkannt und ihnen politische Rechte auf höchster Ebene versprochen. Jetzt wollen die Schwarzen alles – und zwar schnell. Mit Hilfe der »Progressive Federal Party« und des linken Flügels der »Nasionale Party« werden sie die Regierung zu einem höheren Tempo zwingen.

Frage: Sehen Sie eine unheilige Allianz zwischen weißen Geschäftsleuten und zum Beispiel schwarzen Gewerkschaften?

van Staden: Die meisten Geschäftsleute stehen ziemlich links und unterstützen die PFP. Jetzt benutzen sie ihre wirtschaftliche Macht, um die Regierung zur Rassenintegration zu zwingen. Wir würden die Geschäftsleute radikal aus der Politik heraushalten. Die sollen sich um ihre Angelegenheiten kümmern. Das gleiche gilt für die schwarzen Gewerkschaften, die jede Gelegenheit nutzen, die Unruhe zu schüren. Wenn die »Konserwatiewe Party« an der Macht wäre, würde sie die Gesetze benutzen, um diese Leute niederzuhalten.

Frage: Und die Kirche, Bischof Tutu zum Beispiel?

van Staden: Tutu muß gestoppt werden. Er ist Priester und soll seine Arbeit tun; wenn er Politiker werden will, muß er die Kirche verlassen und sich einer Partei anschließen.

Frage: Tut die Regierung immer noch zuwenig gegen die Unruhen und ihre Urheber?

van Staden: Inzwischen tut sie das Richtige – wenn auch ein bißchen spät. Sie hätte den Ausnahmezustand viel früher ausrufen müssen; viel zu lange hat sie die Zügel schleifen lassen.

Frage: Sollte man auch gegen die Bewegung Inkatha, die die Unruhen ablehnt, schärfer vorgehen?

van Staden: Das Problem mit Inkatha ist, daß die Regierung ihre eigene Homeland-Politik untergräbt, indem sie den Schwarzen Machtbeteiligung im weißen Südafrika zusagt. Sie zwingt die Schwarzen nicht mehr zu Unabhängigkeit, sondern weckt in ihnen die Erwartung, gemeinsam mit den Weißen, den Mischlingen und Indern in einem Land leben zu können. Genau diese Erwartung machen Inkatha und Gatsha Buthelezi sich zunutze.

Frage: Gibt es für die Regierung noch einen Weg zurück?

van Staden: Nein, nicht für diese Regierung; sie hat mit Integration und Machtteilung angefangen. Jetzt hat sie keine andere Wahl, als den Weg zu Ende zu gehen – hin zu einem »Ein Mensch – eine Stimme«-Einheitsstaat mit schwarzer Mehrheitsherrschaft.

Frage: Das sind ja nicht gerade rosige Perspektiven für Sie.

van Staden: Ich glaube nicht, daß die Mehrheitsherrschaft so schnell über uns hereinbrechen wird. Denn die Regierung befürchtet einen Aufstand unter den weißen Wählern. Je mehr sie die Macht teilt, desto mehr Wähler verliert die »Nasionale Party« an die »Konserwatiewe Party«. Wir merken das schon jetzt sehr deutlich.

Frage: Was machen Sie, wenn Sie nicht rechtzeitig an die Macht kommen?

van Staden: Wissen Sie, die Weißen sind auch Menschen. Auch sie haben Rechte in diesem Land, nicht nur Mischlinge, Inder und Schwarze. Überall in der Welt haben weiße Menschen Rechte. Und ich kann Ihnen versichern: Wenn es zu einer schwarzen Mehrheitsherrschaft kommt, dann werden die Weißen für ihre Rechte aufstehen und kämpfen. Sie werden ihr Eigentum verteidigen; sie werden nicht dulden, daß andere Leute die Regierung übernehmen und sie beherrschen.

Frage: Mit welchen Mitteln wollen Sie kämpfen, wenn Ihnen die Regierungsgewalt fehlt?

van Staden: Es gibt andere Machtmittel. Glauben Sie denn, daß eine weiße Mehrheit in Polizei und Armee sich – mir nichts, dir nichts – mit einer schwarzen Mehrheitsherrschaft abfindet?

Frage: Was machen Sie, wenn ausländische Truppen – Russen, Kubaner und Nordkoreaner – den Schwarzen helfen?

van Staden: Wir werden sie bekämpfen auf dem Lande; wir werden sie bekämpfen in der Stadt; wir werden sie bekämpfen an der Küste; mit all unserer Kraft werden wir unser Land verteidigen. Es wäre nicht das erste Mal, daß der Afrikaaner einen Krieg durchzustehen hätte. Wir haben drei Jahre lang gegen die seinerzeit stärkste Macht der Welt gekämpft; und – obwohl wir unsere Unabhängigkeit verloren – haben wir sie binnen weniger Jahre zurückerobert. Nie allerdings hat der Afrikaaner einen Krieg angefangen; er hat sich immer nur verteidigt.

Frage: Wie blicken Sie von heute aus in die Zukunft?

van Staden: Wenn die jetzige Regierung an der Macht bleibt, dann wird dieses Land unter das Joch einer schwarzen Mehrheitsherrschaft geraten – eine schreckliche Situation für die Weißen. Dann werden wir Weiße für unsere Rechte und unsere Zukunft zu kämpfen haben. Wenn jedoch die »Konserwatiewe Party« an die Macht kommt, dann wird es »getrennte Entwicklung« geben, unter dem Motto »Gerechtigkeit, Freiheit und Selbstbestimmung für jeden« – auf seinem Territorium. Es wird 13 verschiedene Länder mit 13 verschiedenen Völkern geben, zwischen ihnen enge Wirtschaftsbeziehungen und vielleicht sogar militärische Zusammenarbeit – um das südliche Afrika gegen den Rest der Welt zu verteidigen.

III.
Kirchenführer

Wolfram Kistner, »Südafrikanischer Kirchenrat«

Wolfram Kistner, 1923 als Sohn eines Pfarrers und Privatschulleiters in Südafrika geboren, ging von 1934 bis 1938 in Deutschland zur Schule. In Pretoria, Honingen (Niederlande) und der Bundesrepublik studierte er Theologie. Nach Abschluß seiner Studien mit der Promotion trat er 1955 die berufliche Nachfolge seines Vaters an. Ab 1965 übernahm er in Südafrika und der Bundesrepublik verschiedene Funktionen für die lutherische Kirche. Seit 1975 ist er Leiter der Abteilung für Gerechtigkeit und Versöhnung des »Südafrikanischen Kirchenrats«.

Frage: Sie und andere Mitglieder des Kirchenrats definieren das südafrikanische Herrschaftssystem gelegentlich als »National Security State«. Was meinen Sie mit diesem Begriff?

Kistner: Die derzeitige wirtschaftliche Entwicklung in Südafrika ist dadurch bestimmt, daß die regierende »Nasionale Party« sich mit dem Großunternehmertum verbündet hat, wohingegen sie sich früher vorwiegend auf die Weißen – besonders die weißen Farmer – mit geringem Einkommen gestützt hat. Die Kontrolle der Wirtschaft konzentriert sich in den Händen weniger Menschen, während die Masse verarmt. Einer bestimmten Schicht – zu ihr gehören auch Schwarze – geht es besser; die Masse aber verarmt, und die Armut wird immer größer. Wegen dieser Entwicklung müssen die Herrschenden sich schützen: durch Militär, durch einen Sicherheitsapparat, durch Sicherheitsgesetzgebung. Es wird ungeheuer viel Geld ausgegeben für das Militär; die ganze Wirtschaft hat sich darauf und auf den Waffenexport eingestellt, was natürlich zu einer weiteren Verarmung führt. Auch der Geheimdienst spielt eine sehr besorgniserregende Rolle; der Staatssicherheitsdienst hat ja überall in den Schlüsselstellungen seine Leute sitzen. Und man hält es für nötig, durch die Massenmedien den Eindruck zu erwecken, der Grund für die Unzufriedenheit liege nicht im Lande, sondern bei einem Feind außerhalb, der die Unruhe künstlich anfache. Das sind die Hauptelemente des »Security State«, in dem wir leben.

Frage: ... eines »Security State«, der alle Merkmale eines Rechtsstaats verloren hat?

Kistner: Wir sind davon überzeugt, daß in diesem System das Recht zur Legalisierung von Unrecht gebraucht wird. Es geschieht nicht nur Unrecht, es ist ein Unrechtssystem. Und dieses System wird auch noch christlich legitimiert.

Frage: Wie stehen denn Sie als Christ zur theologischen Rechtfertigung der Apartheid, die ja lange Zeit die Lehre der weißen niederländisch-reformierten Kirchen bestimmt hat?

Kistner: Wir halten die theologische Rechtfertigung der Apartheid für eine Häresie. Nun behauptet sicherlich die NG Kerk, daß sie die Apartheid nicht rechtfertigt; und die Regierung behauptet, daß sie sich von der Apartheid wegbewegt. Wir meinen, daß das nicht der Fall ist. Es finden zwar Änderungen statt, die jedoch nur eine kleine Gruppe betreffen. Die Mehrheit der Schwarzafrikaner wird ihrer Staatsangehörigkeit beraubt. Und wenn die große Not und das Elend, die durch eine solche Politik herbeigeführt werden, eine Kirche nicht betreffen, wenn sie das nicht als Angriff auf sich selbst versteht, dann verleugnet diese Kirche das Evangelium.

Frage: Glauben Sie denn nicht, daß sich innerhalb dieser weißen reformierten Kirchen ein gewisser Wandlungsprozeß abspielt?

Kistner: Das muß man abwarten. Es gibt einzelne Leute, die zur Besinnung kommen; in der Kirche als ganzer ist das wohl noch nicht zu sehen.

Frage: Zurück zum »Security State«. Mich wundert es ein bißchen, daß Sie als »Südafrikanischer Kirchenrat« trotz allem immer noch Ihre Konferenzen abhalten können, daß Bischof Tutu im Stadion von Soweto die Regierung attackieren darf und nicht zuletzt wir hier in Ruhe unser Gespräch führen können.

Kistner: Dieser Staat unterscheidet sich in bestimmter Weise von anderen totalitären Staaten. Er will ja den Westen verteidigen, das christliche und demokratische Erbe des Westens. Von daher muß er bestimmte demokratische Formen aufrechterhalten, wenn auch unterhöhlt. Uns gibt das einen gewissen Spielraum, innerhalb dessen man sich bewegen kann, den es auszunutzen gilt, so gut wie eben möglich. Aber man muß sich darüber klar sein, daß der Staat jederzeit zuschlagen kann; und das passiert auch.

Frage: Sie sind Leiter der Abteilung für Gerechtigkeit und Versöhnung innerhalb des »Südafrikanischen Kirchenrats«. Was heißt in dieser Funktion für Sie »Ausnutzung des Spielraums«?

Kistner: Wir gehen davon aus, daß es in Südafrika ohne Gerechtigkeit keine Versöhnung geben kann. Daran anschließend stellen wir Fragen, zum Beispiel: Hat die Kirche in Fragen des Rechts, der Gerechtigkeit eine Verantwortung? Und wenn, wie unterscheidet sich diese Verantwortung von der der Parteipolitiker? Für welche Grundrechte müssen wir entsprechend der Bibel auf jeden Fall eintreten? Dann greifen wir konkrete Fragen auf, von denen die Menschen hier ganz besonders betroffen sind – die Zwangsumsiedlungen zum Beispiel, die Frage der Homelands, die Ausbürgerung der Schwarzafrikaner (was ja schon in über acht Millionen Fällen geschehen ist), die neue Verfassung. Wir deuten die Pläne der Regierung. Nach unserer Auffassung handelt es sich bei diesen Plänen nicht um Reformen, sondern um die Einleitung der letzten Stufe der Apartheidpolitik: Man entledigt sich seiner Verantwortung für die Schwarzafrikaner und schafft ein südafrikanisches Staatswesen, in dem es keine Schwarzafrikaner mehr gibt.

Frage: Was muß Ihrer Meinung nach die Kirche dagegen tun?

Kistner: Zunächst einmal muß die Kirche ganz offen darstellen, was im Lande passiert. Sie muß auch das enthüllen, was die Propaganda verheimlicht, auf das Unrecht aufmerksam machen. In ihrer Verkündigung muß sie dazu Stellung nehmen. Daneben muß die Kirche sehen, daß diejenigen, die Unterdrückung praktizieren, letztlich von Angst besessen sind. Sie muß die Menschen von der Angst voreinander befreien. Sie muß Wege aufzeigen – in ihrem Zeugnis und in ihrem Handeln –, daß Menschen verschiedener Hautfarbe, verschiedenster Gruppen und Klassen miteinander leben können, daß sie gemeinsam bestehen und sich gegenseitig helfen können. Weiter muß die Kirche dafür eintreten, daß das Land allen gemeinsam gehört. Es geht nicht an, daß eine kleine Gruppe den größten Teil des Landes besitzt und viele wirtschaftliche Möglichkeiten der Bevölkerungsmehrheit verschlossen sind. Die Kirche muß für Gerechtigkeit eintreten, und zwar aufgrund ihrer biblisch-theologischen Erkenntnisse.

Frage: Was sind das für biblisch-theologische Erkenntnisse?

Kistner: Wir glauben, daß das Evangelium gar nicht verkündigt und verstanden werden kann, wenn man die Verhältnisse nicht berücksichtigt, unter denen die Menschen leben. Und wir befinden uns in einer Lage, in der Widerstand gegen das System nicht nur ein Recht, sondern eine Pflicht für jeden Christen ist. Dabei bin ich mir durchaus darüber im klaren, wie gefährlich es ist, so etwas zu sagen. Gefährlich in dem Sinne, daß man einerseits für Recht und Ordnung eintritt, andererseits als Christ einem Staat gegenübersteht, der das Recht bricht.

Frage: Ein Beispiel dafür sind ja die Zwangsumsiedlungen, gegen die der »Südafrikanische Kirchenrat« – und gerade Ihre Abteilung – besonders energisch angegangen ist. Könnten Sie an diesem Beispiel einmal aufzeigen, wie sich Ihre Handlungsmaximen in der konkreten Praxis ausdrücken?

Kistner: Zunächst machen wir aufmerksam auf das Ausmaß der Umsiedlungen, auf die Not und die Verarmung, die dadurch entstehen, auf das politische Ziel, aus dem heraus man möglichst viele Leute in Homelands abschiebt, die man dann selbständig macht. Wir lenken die nationale und internationale Aufmerksamkeit darauf. Dann kümmern wir uns um die Leute, die von solchen Umsiedlungsmaßnahmen betroffen sind. Einmal um diejenigen, die schon umgesiedelt worden sind. Ihre ganzen Gemeinschaftsstrukturen sind vielfach zerstört; sie sollen sich wieder erholen können, Initiativen sollen sich entfalten. Zum anderen kümmern wir uns um die von Umsiedlung Bedrohten. Wo in einer solchen Gemeinschaft der

Wille zum Widerstand besteht, da stärken wir ihn. Rechtlich ist gegen die Umsiedlungen an sich wenig zu machen, sie sind gesetzlich erlaubt. Aber man kann darauf achten, daß die vorgesehenen Entschädigungen auch bezahlt werden. Und man kann die Pläne des Staates an die Öffentlichkeit bringen, so daß der politische Preis für eine solche Umsiedlung möglichst hoch wird und man sie vielleicht doch nicht durchführt. Manchmal scheut der Staat ja die internationale Öffentlichkeit.

Frage: Reicht der kirchliche Widerstand auch so weit, die Machtverhältnisse im Lande ändern zu wollen?

Kistner: Ja, die Kirche muß dafür eintreten, daß die Menschen mitbestimmen können bei den Gesetzen, die sie betreffen. Wir müssen dafür sorgen, daß die Mehrheit der Bevölkerung, die zur Zeit ausgeschlossen ist von der Gesetzgebung, beteiligt wird.

Frage: Wohl auch wegen dieser Ihrer Meinung hat die von der Regierung eingesetzte Eloff-Kommission Sie besonders aufs Korn genommen. Können Sie bitte kurz umreißen, was das Fazit der Eloff-Kommission war und was Sie darauf zu entgegnen haben?

Kistner: Die Eloff-Kommission kommt zu dem Schluß, daß der »Südafrikanische Kirchenrat« und besonders unsere Abteilung die Sicherheit des Staates untergraben. Wir dagegen sagen, daß wir, indem wir auf das Unrecht hinweisen, den Staat gerade vor seiner Selbstzerstörung schützen wollen. Wir greifen da auf Bonhoeffer zurück, der ja schon 1933 Stellung genommen hat zur Verfolgung der Juden und der zur Rechtfertigung seines Widerstandes genau dies hervorhob. Wir möchten, daß in Südafrika Menschen miteinander leben können und auch die, die jetzt an der Regierung sind, befreit werden – von ihrer Angst.

Frage: Bonhoeffer war ja – wenn man so will – Vorreiter der »Bekennenden Kirche« in Deutschland, einer Kirche, auf die sich der »Südafrikanische Kirchenrat« heute beruft.

Kistner: Es gibt Ähnlichkeiten mit der Situation der evangelischen Kirche zur Zeit des Nationalsozialismus, es gibt aber auch Unterschiede. Unter dem Nationalsozialismus sind die evangelischen Kirchen ja erst dann zu Widerstand und Protest übergegangen, als der Staat – als ein totalitärer Staat – in die Angelegenheiten der Kirche eingriff. Es gab zur Zeit der »Bekennenden Kirche« eben Leute, die den Übergriff des Staates auf die Kirche zwar verurteilten, aber nach wie vor Nationalsozialisten blieben, insofern, als sie die politischen Ziele des Nationalsozialismus durchaus akzeptierten, jedenfalls eine Weile lang. Bei uns in Südafrika dagegen handelt es sich von vornherein um den Widerstand gegen ein politisches System. Wir haben erkannt, daß die Kirche dadurch gefährdet ist, daß der Staat in einem Unrechtssystem Menschenrechte verletzt, daß er durch die bestehenden Gesetze Unrecht legitimiert und dies sogar christlich rechtfertigt. In dieser anderen Sichtweise liegt ein Hauptunterschied zur »Bekennenden Kirche«.

Frage: Von seiten des »Südafrikanischen Kirchenrats« hört man immer häufiger die Auffassung, daß die Chancen, mit friedlichen Mitteln einen grundlegenden Wandel herbeizuführen, bald ausgeschöpft seien. Wie ist Ihr Verhältnis zur Anwendung von Gewalt im südafrikanischen Befreiungskampf?

Kistner: Diese Frage ist sehr schwer zu beantworten. Was heißt zum Beispiel »friedliche Mittel«? Wir befinden uns in einer Situation der Gewalt; und die Gewalt kommt von oben, von den Behörden. Wenn Sie zum Beispiel eine friedliche Demonstration veranstalten, dann wissen Sie nie, was passieren wird. Sehr leicht kann von der anderen Seite geschossen werden. Man kann nicht ohne weiteres von »friedlichen« oder »gewaltsamen« Mitteln sprechen, sondern nur relativ. Uns geht es um einen Widerstand, der menschliches Leben möglichst schont. Unter diesem Aspekt erwägen wir auch die Frage, ob man durch wirtschaftlichen Druck – besonders von außen – auf die Behörden einwirken kann.

Frage: Im Gegensatz zu Ihnen, dem »Südafrikanischen Kirchenrat«, tritt die Bewegung Inkatha von Chief Buthelezi eindeutig gegen Wirtschaftssanktionen ein. Auch sonst vertritt Buthelezi eine andere, mehr innerhalb des Systems ansetzende Oppositionsstrategie. Der Kirchenrat und besonders Bischof Tutu haben ihn deshalb vehement angegriffen. Glauben Sie nicht, daß eine einige Opposition nützlicher wäre?

Kistner: Inkatha ist eine Bewegung, die sich stark anlehnt an die Strukturen eines Homelands und von den Mitgliedern der einzelnen Kirchen sehr verschieden gesehen wird. Seit den Unruhen von 1976 ist – so sehe ich es – immer mehr die Erkenntnis gewachsen, daß die Homelands als von der Regierung geschaffene Plattformen untauglich dafür sind, das jetzige Herrschaftssystem zu unterminieren. Gerade bei den jungen Leuten in den städtischen Gebieten ist man heute der Meinung, daß der Staat Druck auf die Homelands ausübt, um sie allmählich in die Knie zu zwingen oder die Leute zu kooptieren. Inkatha wird deshalb von vielen Schwarzen nicht mehr als eine Bewegung angesehen, die zu einem Wandel beitragen kann. Diese Meinung finden Sie hier beim Kirchenrat sehr stark. Andererseits finden Sie in den Kirchen Leute, die zur Inkatha-Bewegung gehören; und das verursacht natürlich Spannungen.

Christiaan Beyers Naudé, »Südafrikanischer Kirchenrat«

Christiaan Beyers Naudé, geboren am 10.05.1915 als Sohn eines Pfarrers und Mitbegründers des »Afrikane Broederbond«, studierte Theologie an der Universität von Stellenbosch. Als Pfarrer und Funktionär der »Nederduitse Gereformeerde Kerk« stellte er das System der Rassentrennung zunächst nicht in Frage. Erst nach dem Massaker von Sharpeville (1960) wurde er zum radikalen Gegner der Apartheid. Seine Kirche und der »Broederbond« stießen ihn daraufhin aus. 1963 gründete er das überkonfessionelle »Christian Institute«, das junge schwarze Kirchen im Sinne friedlichen politischen Wandels beriet. 1977 wurde er »gebannt« und sein Institut von der Regierung geschlossen. Nach Aufhebung des »Banns« am 05.10.1984 wurde er im Dezember 1984 für zwei Jahre zum Generalsekretär des »Südafrikanischen Kirchenrats« gewählt.

Frage: Glauben Sie, Herr Naudé, daß sich die Regierung auf Reformkurs befindet?

Naudé: Ich hatte immer den Eindruck, daß es die Regierung ernst meint mit diesem Reformkurs – mit zwei Einschränkungen: Erstens ist das, was die Weißen als Reform ansehen, in vielen Beziehungen sehr weit entfernt von schwarzen Hoffnungen und Erwartungen – eine Kluft, die durch die langsamen Maßnahmen der Regierung niemals überbrückt werden kann, sondern – im Gegenteil – immer tiefer und weiter wird. Zweitens muß ich betonen, daß die gleichzeitigen Polizeimaßnahmen der Regierung jede Reform in den Augen der schwarzen Gesellschaft scheitern lassen. Auch das Gute, das die Regierung erreichen will, wird aus Sicht der schwarzen Gesellschaft völlig ausgelöscht.

Frage: Betrachten Sie die vorläufige Aussetzung der Zwangsumsiedlungen als Erfolg Ihrer Arbeit?

Naudé: Ich bin überzeugt, daß zwei Faktoren erfolgreich dazu beigetragen haben: erstens ständige Veröffentlichungen durch zum Beispiel den »Südafrikanischen Kirchenrat« und

»Black Sash«; diese Veröffentlichungen haben das ganze Ausmaß der Umsiedlungen und die mit ihnen verbundene Not ins Bewußtsein der südafrikanischen und der Weltöffentlichkeit gerufen. Zweitens hat sich auch der Druck seitens des Auslands als wirksam erwiesen; besonders in den USA hat man verstanden, daß man Südafrika nicht verteidigen kann, solange man dort weitermacht mit einer Politik von Zwangsumsiedlungen von Millionen Menschen.

Frage: Wie hat sich aus Ihrer Sicht die Anwendung der Paßgesetze entwickelt?

Naudé: Aufgrund all dessen, was ich weiß, kann ich nur sagen, daß sich die Situation in verschiedener Hinsicht verschärft hat. Durch die hohe Arbeitslosigkeit in den Städten sieht sich die Regierung gezwungen, mehr und mehr Arbeitslose in die Homelands zurückzuzwingen.

Frage: Was kann der »Südafrikanische Kirchenrat« machen?

Naudé: Wir können das nur bekanntmachen; wir können nur auf die Bitterkeit hinweisen, die in den Herzen der Schwarzen entsteht. Aber wir haben nicht die Macht, etwas zu ändern. Nur die Regierung kann sagen: »Wir ändern diese Paßgesetze; wir ziehen sie zurück und überlegen uns eine neue Methode; wir schaffen zum Beispiel Arbeitsmöglichkeiten auf dem Lande.«

Frage: Was ist der theologische Hintergrund Ihrer Oppositionsarbeit, im Rahmen derer Sie politischen Gefangenen beistehen, Stipendien bereitstellen und vor allem die Öffentlichkeit mobilisieren?

Naudé: Gegenüber der Eloff-Kommission hat der SACC ausführlich dargelegt, daß den Grund seiner Arbeit vor allem das Evangelium Jesu Christi darstellt. Da, wo Menschen in Elend, Unterdrückung und Ungerechtigkeit leben, müssen wir ihnen beistehen, wie Jesus solchen Menschen beigestanden hat. Gleichzeitig müssen wir alles in unserem Vermögen tun, um Versöhnung zu erreichen zwischen Unterdrückern und Unterdrückten. Dabei müssen wir auch die Angst und die Unsicherheit der weißen Minderheit hier in Südafrika zur Kenntnis nehmen. Das Königreich Gottes konkret in unserer

Lage zum Ausdruck zu bringen – das, so glaube ich, ist unser Ziel und unsere Verantwortung.

Frage: Gibt es Versöhnung auch mit den weißen niederländisch-reformierten und lutherischen Kirchen?

Naudé: Die weißen niederländisch-reformierten Kirchen hat der SACC vor etwa zehn Jahren herzlich eingeladen, Mitglieder zu werden. Leider hat man uns niemals geantwortet. Um Beobachterstatus beim Kirchenrat hat dagegen die lutherische Kirche gebeten. Wir prüfen derzeit – unter Berücksichtigung der Budapester Beschlüsse des »Lutherischen Weltbundes« – dieses Ersuchen.

Frage: Enge Verbindungen unterhält der SACC zur UDF ...

Naudé: Nicht wir offiziell. Wir sind nur ein Rat von Mitgliedskirchen und arbeiten im kirchlichen Bereich. Selbstverständlich jedoch hat jeder Pfarrer oder Laie das Recht, persönliche Kontakte zur UDF und anderen Organisationen zu haben.

Frage: Hat der Kirchenrat auch keine Beziehungen zu Inkatha?

Naudé: Nein, Inkatha ist keine christliche Organisation und kein Mitglied des »Südafrikanischen Kirchenrats«. Deswegen hat dieser Rat auch keine besonderen Beziehungen zu Inkatha.

Frage: Finanziert wird der Rat vor allem von der »Evangelischen Kirche in Deutschland«. Wie hat sich diese Zusammenarbeit zuletzt entwickelt?

Naudé: Auch im Namen von Bischof Tutu kann ich antworten, daß die Zusammenarbeit und das gegenseitige Verständnis sehr gut sind. Wir überlegen gemeinsam die verschiedenen Programme und Projekte; die EKD ist informiert über all das, was wir tun; wir sind sehr froh, daß diese Unterstützung da ist.

Frage: Zusammen mit Teilen der EKD plädiert der SACC für Wirtschaftssanktionen gegen Südafrika.

Naudé: Auf seiner letzten Konferenz im Juni hat der Kirchenrat beschlossen, diese Sanktionen im Prinzip zu unterstützen. Es gab eine lange Debatte, in der sich die Schwarzen ganz klar und deutlich äußerten. Ich glaube, auch vielen Südafrikanern sind da die tiefsten Gefühle und Überzeugungen vieler schwarzer Christen deutlich geworden.

Frage: Wie stehen Sie zum Sportboykott?

Naudé: Der »Südafrikanische Kirchenrat« hat sich bereits vor Jahren zugunsten eines Sportboykotts geäußert. Wir haben darauf hingewiesen, daß – auch wenn die Regierung ihn anbietet – man von einem nicht-rassistischen Sport nicht sprechen kann, solange die Politik der Apartheid weitergeht.

Frage: Der Widerstand gegen diese Politik wächst. Glauben Sie, daß die Regierung den schwarzen Aufstand noch über zehn, 15 Jahre unter Kontrolle halten kann?

Naudé: Einerseits hat die Regierung eine ungeheuer große militärische, wirtschaftliche und politische Macht. Andererseits hat sich – wenn man analysiert, was sich seit nunmehr vielen Monaten abspielt – eine neue Lage entwickelt. Tausende von Jugendlichen haben in ihrem Widerstand gegen das Unrechtssystem die Furcht verloren; sie sind bereit, immer radikalere Maßnahmen zu ergreifen. Meine Frage ist: Wie lange kann irgendeine Regierung standhalten, wenn schließlich 50-, 100-, ja 500000 junge Leute gegen das System aufstehen? Nein, da kann eine Regierung noch so stark und mächtig sein – es wird der Augenblick kommen, wo alles scheitert und kaputtgeht.

Erzbischof Denis Hurley, Katholische Kirche

Denis Hurley ist katholischer Erzbischof von Durban. Er war Mitglied des »Christian Institute« und der Buthelezi-Kommission sowie Präsident des »South African Institute of Race Relations«. Für seine Verdienste um ein dem christlichen Glauben entsprechendes Zusammenleben in Südafrika wurde er mit der Ehrendoktorwürde der »University of Natal« ausgezeichnet.

Frage: Wann, Eminenz, hat Ihr Widerstand gegen die Politik der Apartheid begonnen?

Hurley: Mehr als 20 Jahre lang haben wir uns – in vielleicht naivem Glauben an die Wirkung – auf allgemeine Erklärungen und Briefe an die Verantwortlichen beschränkt. Erst Anfang der 70er Jahre begannen wir, unserer Ablehnung der Apartheid konkreten Ausdruck zu verleihen. Wir integrierten zunächst unsere beiden – bis dahin nach Rassen getrennten – Priesterseminare. 1976 öffneten wir die katholischen Privatschulen für alle Rassen – eine Entscheidung, die uns allerhand Publizität und Ärger einbrachte, in der Folge jedoch andere Schulträger zur Nachahmung anregte.

Frage: Mit welcher Aktion traten Sie erstmals an eine breitere Öffentlichkeit?

Hurley: Im September 1981 besuchte eine Delegation von Bischöfen Namibia; auf der Basis ihres Berichts verabschiedete die »Konferenz Katholischer Bischöfe im Südlichen Afrika« ein Papier, das die Besetzung Namibias durch südafrikanische Streitkräfte heftig kritisierte. Das Papier betonte das Recht des namibischen Volkes auf Selbstbestimmung und Unabhängigkeit, nannte vor allem jedoch die brutalen Exzesse der südafrikanischen Streitkräfte beim Namen. Der Zorn der Regierung war uns daraufhin sicher.

Frage: Hielten Sie sich diesen Zorn warm?

Hurley: Ja, zusammen mit dem »Südafrikanischen Kirchenrat« erstellten wir wenig später einen Bericht über die Zwangsumsiedlungen, deren einziger Zweck es ist, sogenannte »weiße« Gebiete von Schwarzen zu säubern. Wir legten die ganze Grausamkeit dieser Prozeduren, die mit sehr viel Leid und Elend einhergehen, auf den Tisch. Eine Delegation protestantischer, anglikanischer und katholischer Kirchenleute verbreitete den Bericht dann in Amerika und Westeuropa. Die Wirkung war so durchschlagend, daß die Regierung kurz darauf die Umsiedlungen aussetzte.

Frage: Haben Sie auch die neue Verfassung aufs Korn genommen?

Hurley: Die »Katholische Bischofskonferenz« hat deutlich die Hauptdefizite der Verfassung herausgestellt, insbesondere den völligen Ausschluß der Schwarzen und die Tatsache, daß die Parlamentskammern der Inder und Mischlinge praktisch ohne jede Macht bleiben.

Frage: Aktuellstes Thema für Sie dürften die Unruhen sein.

Hurley: Im Dezember 1984, nach den schweren Unruhen in Transvaal und im Ostkap, publizierten wir einen Bericht über das Polizeiverhalten dabei. Erneut ernteten wir viel Ärger, weil wir die überzogenen Reaktionen der Polizei brandmarkten. Wir kamen zu dem Schluß, daß die Polizei sich eher wie eine Armee verhielt, die gegen das schwarze Volk kämpft, als wie eine Kraft, die Recht und Ordnung aufrechterhalten soll. Die Regierung forderten wir auf, ihre Polizei zu mehr Disziplin anzuhalten; aber – wie Sie ja wissen – im März kam es dann zu jenem Massaker von Uitenhage, das unseren Bericht auf das blutigste bestätigte.

Frage: Was ist der theologische Hintergrund für Ihren Kampf gegen die Apartheid?

Hurley: Der theologische Hintergrund liegt in unserem christlichen Glauben, daß Gott den Menschen nach seinem

Ebenbild geschaffen hat. Darauf gründet sich die Würde des Menschen – verbunden mit seiner Fähigkeit zu denken, zu lieben, zu arbeiten und Freiheit zu verwirklichen. Die Erschaffung des Menschen nach dem Ebenbild Gottes begründet auch das Recht jedes einzelnen auf Respekt und Liebe. Dies aber verweigert die Apartheid dem Menschen. Protestantische Theologen haben sie deshalb als Häresie bezeichnet; ich teile diese Meinung – wenngleich sich die »Katholische Bischofskonferenz« dem noch nicht offiziell angeschlossen hat. Die Apartheid ist eine Häresie, weil sie den Menschen nicht so akzeptiert, wie es der christliche Glaube von uns verlangt.

Frage: Finden Sie Ihre Auffassungen in der »Theologie der Befreiung«, wie sie etwa von Leonardo Boff vertreten wird, wieder?

Hurley: Mit Sicherheit: ja. Die »Theologie der Befreiung« ist für mich die Anwendung des Glaubens auf die sozialen Beziehungen. Diese Theologie fordert Gerechtigkeit und Respekt für alle Menschen; sie hilft ihnen, sich auszudrücken und die gesellschaftliche Rolle, zu der sie berufen sind, zu finden.

Frage: Kann man die Forderung nach Demokratie theologisch begründen?

Hurley: In früheren Jahren hatte die katholische Kirche ihre Probleme mit der Demokratie – während der Französischen Revolution noch und auch noch während der revolutionären Phasen, die danach Europa erschütterten. Rapide zu wachsen begann das kirchliche Verständnis für soziale Fragen erst nach Leo XIII. Dieser Papst – er regierte von 1878 bis 1903 – verkörperte eine Art Wasserscheide im katholischen Denken. Er lenkte den Blick auf soziale Realitäten, auf das Verhältnis zwischen Kapital und Arbeit etwa und auf das zwischen Herrschaft und Demokratie. Seitdem hat sich die Theologie immer stärker der christlichen Verantwortung für diese Erde angenommen. In diesem Rahmen wurde die Demokratie als bestmögliche Form der Regierung akzeptiert – nicht strikt theologisch zwar, aber als notwendiges Fazit menschlicher Erfahrung.

Frage: Was verstehen Sie – im Unterschied zu den niederländisch-reformierten Kirchen – unter nationaler Selbstbestimmung?

Hurley: Ein Hauptunterschied liegt darin, daß ich für Selbstbestimmung auf einem Territorium eintrete, das eben diese Selbstbestimmung ermöglicht. Auf den Homeland-Territorien ist Selbstbestimmung unmöglich. Stellen Sie sich KwaZulu vor – 40 in der Provinz Natal zerstreute Fetzen Land. Wie soll da nationale Selbstbestimmung wachsen? Da wächst allenfalls die Berufsgruppe der Paßkontrolleure.

Frage: Ist aus diesem Verständnis nationaler Selbstbestimmung auch Ihr Engagement für Namibia gewachsen?

Hurley: Natürlich. Zur Selbstbestimmung einer Gesellschaft gehört doch wohl, daß sie selbst über ihre Zukunft und ihre Regierung entscheidet. Oder nicht?

Frage: Halten Sie Disinvestment für ein Mittel zur Durchsetzung von Selbstbestimmung?

Hurley: Da kann ich mir nur schwer eine Meinung bilden. Ich bin kein Wirtschaftsexperte, und mich verwirren die enormen Implikationen von Wirtschaftssanktionen. Erstens: sind sie überhaupt möglich, wenn doch so viele Länder sich ohnehin nicht daran halten? Zweitens: soll man tatsächlich den Ruin eines Landes anstreben, um die politischen Verhältnisse dort zu ändern? Sicher, es könnte der einzige Weg sein; aber er würde schwerstes Leid für Menschen aller Rassen bedeuten. Stellen Sie sich vor, die Arbeitslosigkeit der Schwarzen wüchse von 25 auf 50 %. In was für einem Land würden wir dann leben? Nein, ich kann – was das Disinvestment angeht – keine Entscheidung fällen.

Frage: Wie stehen Sie zur Gewaltanwendung seitens des ANC?

Hurley: Fast 50 Jahre lang – von 1912 bis 1960 – hat der ANC keine Gewalt angewendet, sondern seine Forderungen mit friedlichen Mitteln vorgetragen. Erst nach dem Massaker von Sharpeville und den anschließenden Unruhen suchte er Zuflucht in begrenzter Gewalt, in Sabotage. Daß Nelson Mandela und etliche seiner Mitkämpfer dafür zu lebenslanger Haft verurteilt wurden, hatte die Folge, daß der ANC schließlich die unbegrenzte Gewalt als Mittel des Befreiungskampfes akzeptierte. – Als christlicher Führer beklage ich natürlich die Anwendung von Gewalt, als Mensch aber verstehe ich sie. Als

Mensch mit irischen Vorfahren verstehe ich sie sogar sehr gut. Auch die Iren haben sich wieder und wieder gewaltsam erhoben, um das Joch der englischen Fremdherrschaft abzuschütteln. Den ANC-Mitgliedern jetzt irgendeine besondere Schuld zuzuweisen, halte ich für falsch. Sie handeln wie andere normale Menschen. Und wenn sie ihre Zuflucht in der Gewalt suchen, dann tun sie, was fast jede menschliche Gesellschaft tut, die Unterdrückung erfährt.

Frage: Nimmt Ihrer Meinung nach die Unterdrückung in Südafrika allmählich ab?

Hurley: Ich finde, wir sollten der Regierung zugestehen, daß sie die Notwendigkeit des Wandels erkannt hat. Aber sie steht vor einem immensen Problem: Nach Jahrhunderten der Rassentrennung, nach 35 Jahren intensiver Apartheidpropaganda und dem Aufbau eines Apartheidstaates – wie soll man da die Uhr zurückdrehen? Wie soll die Regierung den Leuten sagen, daß alles falsch war? Wie soll sie radikal die Richtung der Politik ändern und doch wiedergewählt werden? Das ist das Dilemma dieser Regierung – ihr Handikap, was das Tempo des Wandels angeht.

Frage: Was sollte Ihrer Meinung nach Ziel des Wandels sein?

Hurley: Am Ende muß natürlich »Ein Mensch – eine Stimme« herauskommen; es muß Gleichheit herrschen in Südafrika. Aber ich glaube nicht, daß wir das sehr schnell – sagen wir in den nächsten 25 Jahren – erreichen können. Die Weißen werden es nicht zulassen. Man wird eine allmähliche Entwicklung in Richtung »Ein Mensch – eine Stimme« aushandeln müssen. Wie das allerdings funktionieren soll, weiß ich auch nicht. Stets werden einige Gruppen unzufrieden sein, weil der erreichte Zustand eben nicht ihrem Endziel entspricht.

Pierre Rossouw, »Nederduitse Gereformeerde Kerk«

Pierre Rossouw, geboren am 21.12.1925, schloß seine Studien mit Promotionen in Theologie und Philosophie ab. Nach längerer Tätigkeit als Pfarrer und Geschäftsführer der Synode der »Nederduitse Gereformeerde Kerk« im West-Transvaal ist er heute »Generaldirektor für Ökumenische Fragen und Information« bei der Generalsynode der »NG Kerk«. In dieser Funktion ist er verantwortlich vor allem für die Auslandskontakte seiner Kirche.

Frage: Man wirft Ihrer Kirche vor, die ideologische Grundlage für die Apartheid geliefert zu haben.

Rossouw: Die »Nederduitse Gereformeerde Kerk« glaubt an das Recht eines jeden Volkes, zu existieren und sich voll zu entwickeln – dies jedoch stets in Harmonie mit anderen Völkern. Kein Unrecht darf einem anderen Volk angetan werden; kein Volk darf sich über ein anderes erheben und dieses als minderwertig ansehen. Das wäre Rassismus, den wir vehement ablehnen, weil er gegen die Grundsätze der Bibel verstößt und eine Sünde ist. In Südafrika müssen wir eine friedliche Koexistenz aller Völker anstreben. Deshalb hat meine Kirche immer dann sehr kritische Fragen an die Regierung gestellt, wenn sie glaubte, daß mit der Anwendung der Gesetze Unrecht verbunden war. Wir haben wahrscheinlich einen Fehler gemacht, als wir diese Fragen nicht veröffentlichten; wir werden das zukünftig tun. Die Welt soll wissen, daß wir keine Staatskirche sind und als Kirche die gegenwärtigen Verhältnisse auch nicht zu verantworten haben.

Frage: Eine andere niederländisch-reformierte Kirche, die

»Nederduitsch Hervormde Kerk«, schließt Schwarze von ihren Gottesdiensten aus. Wie stehen Sie dazu?

Rossouw: Der offizielle Standpunkt der NG Kerk ist, daß wir keine geschlossene Kirche sind. Menschen aller Völker können eintreten, solange sie ihren Glauben an Jesus Christus, unseren Herrn, bekennen. Darüber hinaus verweigern wir auch niemandem das Recht, zusammen mit uns Weißen am Tisch des Herrn zu sitzen. Wir sind keine rassistische Kirche, und wir werden es nie sein.

Frage: Wie steht Ihre Kirche zu den kürzlich wieder erlaubten rassischen Mischehen?

Rossouw: Meine Kirche hat zu dieser Frage ihre Meinung geändert. Der momentane Standpunkt der NG Kerk ist, daß es keine biblische Grundlage für oder gegen rassische Mischehen gibt, obwohl wir der Ansicht sind, daß solche Ehen unerwünscht sind. Meine Kirche vertritt die Position, daß es Sache der Regierung ist, die entsprechenden Gesetze zu ändern oder abzuschaffen. Und wenn sie diese Gesetze abschafft, wird die NG Kerk dies mit Sicherheit akzeptieren.

Frage: Wir beurteilen Sie die Zwangsumsiedlungen?

Rossouw: Jeder Wandel in diesem Lande sollte den Wert und die Würde von Mensch und Familie respektieren. Familienleben und sozio-ökonomische Lage einer Bevölkerungsgruppe dürfen keinesfalls in einer Weise verändert werden, die ihrer positiven Entwicklung schadet. In diesem Zusammenhang glaube ich heute, daß es in der Vergangenheit einzelne Umsiedlungsprogramme gab, die diesen hohen Idealen nicht entsprachen. Es hat jedoch auch viele gute Umsiedlungen gegeben. Schauen Sie sich Crossroads an – am Kap, wo Schwarze und Mischlinge unter hygienisch, soziologisch und wirtschaftlich absolut menschenunwürdigen Bedingungen leben. Wenn dort die Regierung die Leute in bessere Verhältnisse umsiedelt, kann ich kein Argument dagegen sehen.

Frage: Die Regierung gibt immer noch viel mehr für die Erziehung eines weißen Kindes aus als für die eines schwarzen. Halten Sie das für richtig?

Rossouw: Wir glauben an das Prinzip sozialer Gerechtigkeit und damit an die Notwendigkeit, die Kluft zwischen den Bildungschancen der verschiedenen Volksgruppen zu schließen. Ich bin sehr erfreut darüber, daß die Regierung inzwischen ihr Bestes tut, diese Lücke zu schließen. Leider ist das Geld knapp. Viele wichtige Dinge können derzeit – auch zu Lasten der Weißen übrigens – nicht angemessen finanziert werden. Dessenungeachtet muß eine bessere Erziehung der Schwarzen höchste Priorität genießen; auch sie sollen in die Lage versetzt werden, ihre Fähigkeiten zum Besten aller Menschen in diesem Lande einzusetzen.

Frage: Wie sehen Sie ganz allgemein das Verhältnis zwischen Kirche und Staat?

Rossouw: Ich glaube, die Kirche sollte niemals die Augen verschließen vor dem, was die Regierung tut. Die Kirche muß die Bedürfnisse der Menschen sehen; sie muß das soziale Gewissen des Landes sein; sie muß ihre Stimme erheben, wo immer bei der Anwendung von Gesetzen Unrecht geschieht. Sie sollte aber auch gute Entwicklungen fördern, ohne allzusehr die Nähe der Regierung zu suchen.

Frage: Warum haben Sie keine Beziehungen zum »Südafrikanischen Kirchenrat«?

Rossouw: Wir meinen, daß die Kirche sozial wachsam sein muß. Andererseits jedoch sind wir davon überzeugt, daß die Kirche niemals politisiert werden darf. Aus unserer Sicht hat sich der SACC für die Politisierung der Kirche entschieden; er hat damit die Grenzen kirchlicher Zuständigkeit überschritten. Das ist der Grund, warum wir keinerlei Beziehungen zum SACC unterhalten.

Frage: Welche Beziehungen haben Sie zu ausländischen Kirchen, speziell zur EKD?

Rossouw: Persönlich habe ich ausgesprochen gute Beziehungen zu vielen Mitgliedern der EKD – wofür ich sehr dankbar bin. Ich kann nur nicht verstehen, warum die EKD Informationen vom SACC völlig kritiklos akzeptiert, uns jedoch mit äußerstem Mißtrauen begegnet. Ich finde, die EKD sollte die Standpunkte aller Seiten hören und so ihre eigene Glaubwürdigkeit erhöhen. Die NG Kerk war immer bereit, über ihre Haltung zu informieren und sich auch mit ausländischer Kritik auseinanderzusetzen.

Frage: Die NG Kerk hat ihre Haltung zu rassischen Mischehen geändert. Wird sich der immer raschere Wandel in Südafrika auch auf Ihre Position zu anderen Fragen auswirken?

Rossouw: Derzeit überprüft ein Komitee – mit Blick auf die Synode von 1986 – unsere Haltung zu sämtlichen Fragen des menschlichen Zusammenlebens in Südafrika. Wir überprüfen, was »Rasse« in der Bibel heißt und was »Rassenbewußtsein« bedeutet; wir prüfen, was »Kirche« in der Welt von heute heißt, wie wir die Lage der Menschenrechte zu beurteilen haben und was das Verhältnis zwischen Staat und Kirche sein soll. All diese Dinge überprüfen wir auf der Basis unseres Glaubens, daß Gott den Menschen nach seinem Ebenbild geschaffen hat, daß folglich alle Menschen und Völker gleich sind und gleich behandelt werden müssen. Der Bericht des Komitees – das kann ich Ihnen versichern – wird völlig neue Positionen enthalten; unter Berücksichtigung vielfältiger in- und ausländischer Anregungen wird sich die NG Kerk den Herausforderungen der Zukunft stellen.

IV.
Journalisten

Percy Qoboza, »City Press«

Percy Qoboza arbeitete seit 1963 als Reporter für die vorwiegend schwarze Leser ansprechende Johannesburger Zeitung »The World«, deren Chefredakteur er 1974 wurde. 1977 schloß die Regierung seine Zeitung und hielt ihn fünfeinhalb Monate lang in Haft. Er wurde freigelassen, ohne jemals angeklagt worden zu sein, und übernahm die Leitung der neu gegründeten »Post«. Während er sich auf Einladung des »Washington Star« ein Jahr lang in den USA aufhielt, mußte auch seine zweite Zeitung – angeblich aufgrund von Repressalien seitens der Regierung – schließen. Er ist heute Chefredakteur der schwarzen Wochenzeitung »City Press« und hat etliche internationale Auszeichnungen sowie Ehren-Doktortitel erhalten. Unmittelbar vor diesem Gespräch wurde einer seiner Söhne festgenommen.

Frage: Welche gesetzlichen Beschränkungen machen Ihnen, Herr Qoboza, als schwarzem Journalisten besonders zu schaffen?

Qoboza: Wir als schwarze Journalisten unterliegen denselben gesetzlichen Beschränkungen wie unsere weißen Kollegen. Der Unterschied ist, daß uns die Regierung – wegen unseres Adressatenkreises – besonders aufmerksam liest. Aber eine Zeitung in Südafrika zu betreiben, gleicht ohnehin einem Marsch durch ein Minenfeld – mit verbundenen Augen. Die Gesetze, die uns behindern, sind kaum zählbar.

Frage: Können Sie Beispiele nennen?

Qoboza: Der »Prisons Act« zum Beispiel entzieht fast alles, was hinter Gefängnismauern geschieht, den Blicken der Öffentlichkeit. Wir wissen nicht, wie die Gefangenen behandelt werden; wir wissen nicht, unter welchen Bedingungen sie leben. Ein Verrückter kann ein Gefängnis leiten und jahrelang ungestört vor sich hin walten. Vor einigen Monaten erst deckten wir Vorgänge im Gefängnis von Barberton auf – aber nur deswegen, weil uns ein Brief zugeleitet worden war und wir einen Anwalt hinschicken konnten. Tatsächlich waren in diesem Gefängnis mehrere Häftlinge zu Tode schikaniert worden.

Frage: Was war geschehen?

Qoboza: Die Gefängnisleitung hatte diese Gefangenen unter der brütenden Sommersonne so lange Steine schleppen lassen, bis sie starben. Glücklicherweise besaßen wir in diesem Fall so viele Beweise, daß wir eine Veröffentlichung wagen konnten. Der Gefängnisdirektor und einige Wärter wurden daraufhin festgenommen und selbst zu hohen Haftstrafen verurteilt.

Frage: Wie wirkt sich der Ausnahmezustand auf Ihre Berichterstattung aus?

Qoboza: Ich weiß nicht, warum sie den Ausnahmezustand verhängt haben; sie hatten doch auch so genügend Vollmachten. Die Bedrohung der Pressefreiheit jedoch ist einmal mehr sichtbar geworden. Die Regierung sagt jetzt ganz offen, daß sie harte Maßnahmen ergreifen wird, sobald sie unsere Berichterstattung als unruhefördernd ansieht.

Frage: Betreiben Sie auch zu sogenannten »normalen« Zeiten Selbstzensur?

Qoboza: Die Selbstzensur gehört auch außerhalb des Ausnahmezustands zum täglichen Spiel – zum Teil wegen der vielen Gesetze, besonders der sogenannten Gesetze gegen die Aufwiegelei. Wenn Sie zum Beispiel sehen, wie auf der Straße ein weißer Mann einen schwarzen zu Tode tritt, und das in seiner ganzen Widerwärtigkeit an die Öffentlichkeit bringen, dann kommt die Polizei und sagt: »Sie machen die schwarzen Leute wütend. Damit wiegeln Sie sie gegen die Weißen auf.« – Man muß folglich derart vorsichtig formulieren, daß der gesamte Kern vieler Stories verlorengeht. Das nenne ich Selbstzensur.

Frage: Wie fließt in Ihre Arbeit die Tatsache ein, daß Ihre Leser keinerlei politische Rechte genießen?

Qoboza: Die Weißen haben – wie Sie wissen – ein Parlament und können dort ihre Anliegen vorbringen. Diese Möglichkeit ist den Schwarzen verwehrt. Deshalb tragen wir schwarze Journalisten besondere Verantwortung dafür, dem Leser verständlich zu machen, was Schwarze sagen, was sie denken und warum sie sich so verhalten, wie sie sich verhalten.

Frage: Haben Sie als schwarzer Journalist einen anderen Begriff von »Wahrheit« als Ihre weißen Kollegen?

Qoboza: Wenn Sie als weißer Journalist in den großzügig angelegten Vororten des Johannesburger Nordens leben, dann wird Ihre Wahrnehmungsweise durch diese schöne Umgebung geprägt. Meine Wahrnehmungsweise wird geprägt von Elend und Erniedrigung, von Armut, Verbrechen und Unterdrückung – in die ich jede Nacht hineingehe und aus der ich jeden Morgen herauskomme. Insofern unterscheidet sich natürlich meine Sicht Südafrikas von der meiner weißen Kollegen.

Frage: Hält die Mehrheit Ihrer Leser Wirtschaftssanktionen gegen Südafrika für sinnvoll?

Qoboza: Ja, viele Schwarze halten ausländischen Druck für nützlich. Über Disinvestment kann ich leider nicht sprechen, da ich – wie Sie ja wissen – einen Standpunkt vertreten müßte, den die Regierung will, aber nicht die meisten meiner Leute.

Frage: Wer sind für Sie die schwarzen Führer, mit denen die Regierung reden sollte?

Qoboza: In dieser Zeitung haben wir immer gesagt, daß wir Südafrikas Probleme nur dann lösen werden, wenn die Regierung mit dem ANC spricht. Die Mehrheit der Schwarzen hier sieht den ANC als ihre Organisation und Nelson Mandela als ihren Führer an.

Frage: Welche Auswüchse der Apartheid klagt Ihre Zeitung am meisten an?

Qoboza: Einer liegt darin, daß sie uns eine minderwertige Erziehung geben, weil sie uns am Boden halten wollen. Viele unserer Kinder starben 1976 aus Protest gegen diese Erziehung; und auch heute gibt es keinen Frieden in unseren Schulen, weil unsere Kinder jede minderwertige Erziehung zurückweisen.

Frage: Ihr Sohn ist vor einigen Tagen verschwunden. Wissen Sie inzwischen, wo er ist?

Qoboza: Ich weiß sehr wenig. Am Mittwoch soll es an seiner Schule Unruhen gegeben haben; sie wurde daraufhin geschlossen. Gestern nacht dann erhielt ich einen anonymen Anruf – von einem Jungen, glaube ich, der mit meinem Sohn zur Schule geht. »Er ist von der Polizei geschnappt worden«, sagte der Junge und hängte sofort ein. Seitdem bin ich auf der Suche – die ganze Nacht, den ganzen Morgen, auf Polizeiwachen, am Telephon.

Nigel Bruce, »Business Day«

Nigel Bruce begann 1962 als Wirtschaftsjournalist beim »Natal Mercury« in Durban. Nach kurzer Tätigkeit im Bank- und Börsenwesen ist er heute Chefredakteur des Johannesburger »Business Day«, einer aus dem Wirtschaftsteil der eingestellten »Rand Daily Mail« hervorgegangenen, täglich erscheinenden Wirtschaftszeitung. Er war 1984 »Rosholt Fellow« der »Oxford University« und gewann mehrere Preise für Wirtschaftsjournalismus.

Frage: Wie, Herr Bruce, hat sich der Ausnahmezustand auf die Pressefreiheit in Südafrika ausgewirkt?

Bruce: Am Montag nach der Verkündung des Ausnahmezustands wurde ich – wie alle Chefredakteure – nach Pretoria bestellt – zum Chef der Polizei, General Jan Coetzee. Der sagte, daß er keine offene Zensur einführen, die Berichterstattung über die Unruhen jedoch deutlich herunterfahren wolle. Dafür erbitte er unsere Mithilfe. Im einzelnen ersuchte Coetzee uns, erstens ihn sämtliche Artikel über die Unruhen vor der Veröffentlichung lesen und zweitens keine Horden von Reportern mehr durch die schwarzen Townships streifen zu lassen; statt dessen solle jede Zeitung einen oder zwei Spezialisten ernennen, die in enger Zusammenarbeit mit der Polizei und unter ihrem Schutz aus den Townships berichten. Den ersten Vorschlag – er ist praktisch undurchführbar – konnten wir dem General ausreden; den zweiten versprachen wir – um die Situation nicht künstlich anzuheizen – ernstlich zu erwägen. Dabei blieb es zunächst.

Frage: Welchen gesetzlichen Beschränkungen unterliegen Sie auch zu sogenannten »normalen« Zeiten?

Bruce: Nach dem Polizeigesetz darf man über die südafrikanische Polizei und das Gefängniswesen nur berichten, was nachgewiesenermaßen wahr ist. Das klingt auf den ersten Blick unproblematisch, heißt aber in der Praxis, daß wir so gut wie nie etwas über die Polizei veröffentlichen können, was wir nicht vorher mit derselben Polizei abgesprochen haben; es ist eben – das werden Sie als Journalist wissen – selten möglich, vertrauliche Informationen präzise zu verifizieren. Den gleichen Beschränkungen sind wir bezüglich der Streitkräfte unterworfen. Bis vor einem Jahr durften wir nicht einmal veröffentlichen, was längst in ausländischen Zeitungen stand. Inzwischen sieht die Armee das lockerer. Betroffen von den Gesetzen – speziell dem »Police Act« – sind in erster Linie schwarze Journalisten. Vor ihrer Haustür passieren ja die Unruhen, über die der schwarze Leser alles wissen will – ungeschminkt und en detail. Eine Zeitung wie meine dagegen schildert von sich aus weniger konkrete Übergriffe der Sicherheitskräfte, als daß sie Hintergründe ausleuchtet und darüber spekuliert, wie wir das politische Klima in diesem Land ändern können. Der »Business Day« hat einfach einen anderen Markt als die schwarzen Blätter.

Frage: Steht ein kritischer südafrikanischer Journalist stets mit einem Bein im Gefängnis?

Bruce: Wenn ein Journalist das Gesetz bricht, dann wird er – gemeinsam mit seinem Chefredakteur und dem Verleger – zur Verantwortung gezogen; das Strafmaß reicht bis zu zehn Jahren Gefängnis. Davon kaum betroffen ist der normale politische Korrespondent – seine Berichterstattung über das Parlamentsgeschehen und die zugelassenen Parteien ist rechtlich unproblematisch. Weit gefährlicher lebt der Reporter, der sich mit politischen Aktivitäten in schwarzen Townships beschäftigt. Zwangsweise muß er sich mit starken – vor allem vom ANC geförderten – kommunistischen Tendenzen auseinandersetzen. Und das ist, da der Kommunismus verboten ist, ein riskantes Spiel. Ich kenne viele schwarze Kollegen, die – aus bewundernswertem beruflichen Selbstverständnis heraus – die Wahrheit schreiben und dafür erbarmungslos verfolgt werden. Sehr schnell findet sich hierzulande ein schwarzer Journalist unter Hausarrest und »Bann« wieder.

Frage: Aber auch Sie als Wirtschaftsjournalist haben es doch mit sensiblen Themen zu tun?

Bruce: Was den Finanzjournalismus angeht, gehören wir wahrscheinlich zu den kritischsten Journalisten der westlichen Welt. Es gibt im finanzwirtschaftlichen Bereich so gut wie keine Beschränkungen für uns. Die vorhandenen Bestimmungen schreiben lediglich unerhebliche Formalien vor – zum Beispiel, daß, wer eine bestimmte Firma kritisiert, auch seinen Namen nennen muß. Für einen anderen Bereich des Wirtschaftsjournalismus allerdings gilt der »National Key Points Act«, der sich auf »strategische« Rohstoffe und Gebiete bezieht. Über Öl und Uran etwa dürfen wir nur mit dem Segen der Behörden berichten. Tabu ist die Versorgung unseres Atomkraftwerkes mit angereichertem Uran: Weil die Anreicherung im Lande – zu der wir technologisch durchaus fähig sind – zu teuer ist, beziehen wir das Zeug im Ausland – eine politisch extrem sensible Angelegenheit. – Gefängnis riskiert davon abgesehen, wer über bestimmte »strategische« Gebiete schreibt. Der Haken ist, daß uns nie jemand diese Gebiete genannt hat. Mittlerweile wissen wir immerhin, daß Ölraffinerien und Radareinrichtungen (Südafrika ist durch ein lückenloses Radarnetz gesichert) dazugehören.

Frage: Wie frei ist Ihre Presse im Vergleich zu der der westlichen Industrieländer?

Bruce: Aus langjähriger eigener Arbeit in Großbritannien weiß ich, daß auch die britische Regierung – was strategische Fragen angeht – über erhebliche Mittel verfügt, die Presse zu beeinflussen. Wir Journalisten hier sind da bestimmt nicht schlechter gestellt als unsere britischen Kollegen. Was die Freiheit, über Polizei- und Rassenfragen zu berichten, angeht, halten wir dem Vergleich mit dem westlichen Ausland natürlich nicht stand. Dennoch: unterm Strich gibt es in Südafrika eine relativ freie Presse – was kein anderes Land auf dem afrikanischen Kontinent für sich beanspruchen kann.

Frage: Warum wurde im April 1985 die in Ihrem Verlag erscheinende, sehr kritische »Rand Daily Mail« eingestellt?

Bruce: Die Gründe für die Einstellung der »Rand Daily Mail« reichen zehn Jahre zurück. Damals wollte ein der Regierung nahestehender Düngerproduzent ein Anteilepaket des Verlags, der »South African Associated Newspapers« (SAAN) kaufen; er hätte damit die Kontrolle über die »Mail« gewonnen. Um diesen Deal zu verhindern, kaufte eine Gruppe von Geschäftsleuten unter Führung Harry Oppenheimers das Paket. Von nun an brauchte sich der Verlagsdirektor – den man von der Konkurrenz, dem »Argus«-Verlag abgeworben hatte – um den Profit nicht mehr zu sorgen. Anstatt die Gewinne, die andere Blätter des Verlages abwarfen, in die Verbesserung aller Produkte zu reinvestieren, verpulverte er viele Millionen in einem sinnlosen Konkurrenzkampf zwischen »Rand Daily Mail« und »Star«, dem Flaggschiff von »Argus«. Der Kollege von der anderen Seite tat das gleiche. Nach zehn Jahren erst stellte man erstaunt fest, daß keine Seite an Marktanteilen gewonnen hatte, beide jedoch große Zeitungen mit erheblichen Verlusten betrieben. Als 1984 schließlich SAAN mit der »Mail« und dem kleinen »Sunday Express« 16 Millionen Rand verlor, hatte man die spaßige Dimension hinter sich gelassen.

Frage: Waren allein die Eskapaden des Verlagsdirektors für das Scheitern der »Mail« verantwortlich?

Bruce: Nein, die »Rand Daily Mail« hatte sich obendrein von dem Markt entfremdet, der allein für ihre Inserenten interessant war – vom wohlhabenden liberalen Mittelstand im Norden Johannesburgs. Die Auflage in Soweto und anderen schwarzen Wohngebieten wuchs zwar; doch dafür zahlt kein Inserent höhere Anzeigenpreise. – Warum hatte sich die liberale Leserschaft von der »Mail« abgewandt? Zum größten Teil – so sehe ich es – wegen des immer schlechter werdenden Journalismus. Die »Mail« ruhte sich auf ihren Lorbeeren aus und hatte einen Chefredakteur, der predigte. Ein Chefredakteur jedoch, der predigt, ist Gift für die Auflage. Wir hatten Allister Sparks, der Tag für Tag die Missetaten der Regierung und der weißen Südafrikaner aufzählte. Nichts, was ein weißer Südafrikaner tat, war gut. Das Leben jedoch – wie ernst die Lage auch immer ist – geht weiter; die Menschen besuchen Restaurants, trinken Wein und spielen Golf. Und wenn ihnen trotzdem ihre Zeitung endlose Untergangsprophezeiungen serviert, dann bestellen sie diese Zeitung ab. Diese simple wirtschaftliche Tatsache hat

Sparks nie kapiert; über Jahre ignorierte er die Abwanderung der wirtschaftlich relevanten Leserschaft.

Frage: Auch Untergangsjournalismus kann gut sein.

Bruce: Nicht bei Sparks. Als er anfing, bekam er so viel Geld, wie er wollte – und gab es mit vollen Händen aus. Nie wußten seine Kollegen, wo er gerade war; nie hielt er Redaktionskonferenzen ab; er merkte nicht einmal, daß ein Sportredakteur drei Monate lang nicht zur Arbeit kam. Sparks verstand einfach nicht, daß eine Zeitung auch ein Geschäftsbetrieb ist, daß der Chef nicht nur Journalist, sondern auch ein halbwegs anständiger Manager sein muß. Er hätte Hoher Priester werden sollen, nicht Chefredakteur einer Zeitung. Nach meiner Meinung hat Sparks, der Prediger und schlechte Journalist, gemeinsam mit dem inkompetenten Verlagsdirektor die »Mail« ruiniert.

Frage: Vor einigen Jahren hat Allister Sparks die »Mail« verlassen, um fortan vor allem für englischsprachige und deutsche Zeitungen zu schreiben.

Bruce: Als Sparks vor fünf Jahren gefeuert wurde, ist den Verlagsbossen eine Grunderkenntnis nicht gekommen: Wer eine Zeitung ändern will, muß nicht nur den Chefredakteur auswechseln, sondern – wegen des gewachsenen esprit de corps – die ganze Führungsmannschaft. Genau das geschah nicht; Sparks' Vertreter wurde Chef und damit Leichenbestatter einer Zeitung, die auch in den letzten Jahren stetig an Qualität verlor und an Verlusten zulegte. Die guten Journalisten verließen das sinkende Schiff; und es war kaum noch eine Überraschung, als »Anglo American«, der größte Anteilseigner, schließlich mit dem Daumen nach unten zeigte. Wir, die Redakteure der anderen Blätter, trugen diese Entscheidung mit, hätten es allerdings lieber gesehen, wenn die Eigentümer vor mehreren Jahren ein Machtwort gesprochen hätten.

Frage: Hat nicht auch die kritische Linie der »Mail« zum Todesurteil beigetragen?

Bruce: Es ist absolut falsch zu sagen, daß die politische Linie der »Rand Daily Mail« verantwortlich für ihren Untergang war. Der »Business Day« – meine Zeitung –, die »Financial Mail« und die »Sunday Times« sind genauso wie sie aus britisch-liberaler Tradition hervorgegangen. Wir alle sind gegen die Apartheid, unterstützen mehr oder weniger die PFP und finden unsere Leser unter den Liberalen der nördlichen Vorstädte. Nein, es war nicht ihre politische Linie, an der die »Mail« scheiterte, es war der Dilettantismus, mit dem man diese Linie zu gestalten suchte.

Frage: Beeinträchtigt die in Südafrika so augenfällige Pressekonzentration Ihre Freiheit zu schreiben?

Bruce: Nein, das sehe ich nicht. In einer kleinen, hochentwickelten Volkswirtschaft finden Sie fast überall einen hohen Grad an Konzentration, bei Banken, Versicherungen und Bauunternehmen ebenso wie im Zeitungswesen. Es gibt nur noch wenige unabhängige Zeitungen in Südafrika, den »Eastern Daily Dispatch« in East London etwa oder den »Natal Witness« in Pietermaritzburg. Die meisten anderen Blätter konzentrieren sich in jeweils zwei großen englisch- und afrikaanssprachigen Verlagen. Die afrikaanssprachigen Zeitungen – besonders »Beeld« und andere Blätter des »Nasionale Pers«-Verlags – waren lange regierungstreu, sind jedoch in letzter Zeit kritischer und damit profitabler geworden.

Frage: Welche Rolle spielen staatlicher Rundfunk und Fernsehen in der Medienlandschaft Ihres Landes?

Bruce: Die SABC wurde ursprünglich nach dem Vorbild der britischen BBC gestaltet. Detaillierte Schutzbestimmungen sollten den staatseigenen Sender von staatlichen Einflüssen freihalten. Diese Bestimmungen jedoch hat die Regierung durch willkürliche Änderungen derart ausgehöhlt, daß die SABC heute einen Arm des Informationsministeriums verkörpert. Dort werden auch die zentralen Personalentscheidungen gefällt: Der Generaldirektor ist ein Ministerialbürokrat, der Präsident unser ehemaliger Botschafter in Washington. Schamlos nutzt die Regierung den Sender als Propagandavehikel. Meine Kollegen und ich sähen ihn gern privatisiert.

Frage: Glauben Sie die relative Pressefreiheit in Südafrika auch über die kommenden Turbulenzen hinweg retten zu können?

Bruce: Ich glaube nicht, daß unser Land am Rande einer Revolution steht. Es steht an der Schwelle zu entscheidendem politischen Wandel, den der Ausnahmezustand nur verzögert. Für uns Journalisten dürfte sich die Lage nicht weiter verschlechtern. Die vernünftige Entscheidung der Regierung gegen eine offene Zensur bestätigt das. Südafrika – wissen Sie – wird weltweit für alles mögliche geprügelt; auf eines jedoch hat die Regierung immer wieder hinweisen können: auf eine ziemlich kritische und freie Presse in diesem Lande. Dies galt sogar in den 50er und 60er Jahren, als der Druck der Apartheid von Monat zu Monat wuchs. Wie damals wird die Regierung auch heute versuchen, Journalisten für sich zu gewinnen. Das aber geschieht auch seitens der Wirtschaft. Mit Druck und Verlokkungen von allen Seiten müssen Journalisten fertig werden. Einige widerstehen, andere werden zu Hofberichterstattern.

V.
Wirtschaft / Gewerkschaften

Gavin Relly, »Anglo American Corporation«

Gavin Relly, geboren am 06. 02. 1926, studierte mehrere Fächer an Universitäten in Südafrika sowie am »Trinity College« der »Oxford University«. Als Nachfolger Harry Oppenheimers ist er Vorsitzender des Vorstands der »Anglo American Corporation« sowie zahlreicher Tochtergesellschaften. Er war von 1981 bis 1982 Präsident der »South Africa Foundation«, ist verheiratet und hat drei Kinder.

Frage: »Anglo American« – so hört man gelegentlich – sei der Hecht im Karpfenteich der südafrikanischen Wirtschaft. Was ist da dran, Herr Relly?

Relly: »Anglo American« beherrscht einen großen Teil der südafrikanischen Wirtschaft. Wir sind deswegen schon oft angegriffen worden. Leider haben wir als südafrikanisches Unternehmen weder freien Zugang zu den internationalen Kapitalmärkten noch die Möglichkeit, unsere Gewinne im Ausland anzulegen – mit der Konsequenz, daß wir unser Geld in Südafrika ausgeben müssen und hier immer mehr gewachsen sind. Unsere beherrschende Rolle beruht auf der Tatsache, daß wir 35 % des südafrikanischen Goldes fördern und De Beers, unsere Schwesterfirma, praktisch alle Diamanten. Darüber hinaus fördern wir 25 % der Kohle und haben natürlich unsere Profite aus dem Bergbau in die Stahl-, Chemie-, Holz- oder Papierindustrie gesteckt. Vor allem unser Erfolg im Goldbergbau hat dazu geführt, daß 50 % der an der Johannesburger Börse notierten Werte zu Firmen gehören, an denen wir beteiligt sind. Sehr viel stolzer bin ich allerdings auf die Tatsache, daß 25 % der an der Börse notierten Werte von Unternehmen stammen, die wir selbst gegründet haben – im Gegensatz zu denen, wo wir uns eingekauft oder die wir aufgekauft haben.

Frage: Trotz des Erfolgs Ihrer Firma ist die südafrikanische Wirtschaft – nach einem trügerischen Zwischenhoch 1983 bis Anfang 1984 – in eine schwere Depression geraten. Wie beurteilen Sie die Lage?

Relly: Der Schlüssel zu wirtschaftlicher Stabilität in Südafrika heißt Ausgabendisziplin seitens der Regierung. Sie muß ihre Ausgaben für den Beamtenapparat herunterfahren und sie in Bereiche lenken, die produktiv sind, nicht ideologisch bestimmt. Unsere Ressourcen sind nicht so riesig, daß wir uns Monumente für die Vergangenheit oder eine imaginäre Zukunft leisten können. – Wenn ich ein vernünftiges Finanzgebaren der Regierung voraussetze – und da besteht Hoffnung –, dann sehe ich die Hauptprobleme unserer Wirtschaft in drei Bereichen: im niedrigen Rand, einer ungünstigen Struktur unserer Auslandsverschuldung und in einer Entwicklung der Weltwirtschaft, die uns den Export für eine Weile erschweren dürfte. Hinzu kommen die Unruhen in den schwarzen Wohngebieten, die es für die Regierung unabweisbar machen, offensichtliche Fehler zu korrigieren. Bessere Wohnungen und öffentliche Dienste in diesen Wohngebieten sollten für unser Land erste Priorität genießen. Es ist gut möglich, daß das zu einem größeren Haushaltsdefizit führt und daß die Inflationsrate nicht im erwünschten Maße sinkt. Aber das richtige Verhältnis zwischen Inflation und höheren Steuern kann nicht absolut gesehen werden. Es kann nötig sein, ein höheres Haushaltsdefizit zu riskieren, um die soziale Lage der Schwarzen zu verbessern. Vor einem solchen Dilemma stehen viele Länder – sie kommen damit allerdings besser zurecht, wenn sie wohlhabend sind.

Frage: Kann Südafrika die nötigen sozialen Investitionen aus eigener Tasche finanzieren?

Relly: Unter den obwaltenden Umständen hat Südafrika kaum eine Chance, langfristige Kredite aus dem Ausland zu bekommen – wenngleich das die richtige Finanzierungsform für die nötigen infrastrukturellen Investitionen wäre. Deshalb muß unsere Volkswirtschaft der Notwendigkeit ins Auge sehen, aus sich selbst heraus die Lebensqualität in den schwarzen Wohngebieten zu heben.

Frage: Einer der Faktoren, die diese Lebensqualität niedrig halten, heißt Arbeitslosigkeit, und zwar wachsende Arbeitslosigkeit schwarzer Arbeitnehmer.

Relly: Über die Arbeitslosigkeit bin ich in der Tat sehr besorgt. 40% unserer Bevölkerung sind unter 20; und diese Bevölkerung wächst pro Jahr um 2,7%. Es dürfte schwer sein, ein Wirtschaftswachstum von jährlich sechs Prozent zu erreichen, mit dem allein diese Menschen in das Erwerbsleben eingegliedert werden könnten. Sicher, die Wirtschaft könnte sich ein wenig wegbewegen von der Kapitalintensität der letzten 20 Jahre; da und dort könnte man arbeitsintensiver produzieren. Andererseits leben wir in einer Welt des Wettbewerbs; wir müssen mit unseren Produkten weltweit konkurrieren; und das tut man nicht, indem man mehr Leute einstellt, sondern indem man neue Techniken und Kapital einsetzt. Dieses Dilemma haben Sie in allen Ländern mit hohem Bevölkerungswachstum, besonders in Afrika. Eine Lösung hat noch niemand gefunden.

Frage: Sehen Sie eine Lösung für das Problem der Wanderarbeit, dessentwegen Südafrika ja immer wieder angegriffen wird?

Relly: Ich glaube nicht, daß die südafrikanische Industriegesellschaft schon so weit entwickelt ist, daß sie einen plötzlichen Zuwachs von 5–700000 Leuten in ihren Städten verkraften könnte – die Kosten für Wohnungen, öffentliche Dienstleistungen und so weiter würden die Kräfte der Minengesellschaften und der Gesellschaft insgesamt übersteigen. Ich habe wirklich nichts übrig für Wanderarbeit, man muß eine Menge Zeit investieren, um die Leute immer wieder neu auszubilden. Andererseits tragen die Wanderarbeiter einen Teil des Wohlstands aus Industrie und Bergbau in die entlegenen Gebiete des südlichen Afrika, wo dieses Geld zur Entwicklung und Stabilität beiträgt.

Frage: Viele der bei Ihnen beschäftigten Wanderarbeiter sind Mitglieder schwarzer Gewerkschaften, speziell der »National Union of Mineworkers« (NUM). Was für ein Verhältnis hat »Anglo« zur NUM?

Relly: Nun, wie Sie sehen, ist die NUM in fast allen »Anglo American«-Minen vertreten. Der Grund dafür ist, daß wir ein gut entwickeltes Gewerkschaftswesen als notwendig erachten – für Stabilität und fruchtbare Arbeitsbeziehungen in diesem Lande. Wir haben es deshalb für die Gewerkschaften leichter gemacht, sich zu etablieren. Es ist nicht einfach für sie – zum Teil, weil wir noch immer das System der Wanderarbeit haben, und damit Leute aus allen möglichen Volksgruppen, ohne gemeinsame Sprache und Kultur. Da wir jedoch eine starke Gewerkschaftsführung einer schwachen vorziehen, haben wir ausgiebig deutsche, skandinavische und britische Gewerkschaften konsultiert und versuchen, von ihnen zu lernen – beide Seiten, Management und Gewerkschaften.

Frage: ... was die NUM nicht daran gehindert hat, kräftig auf den Putz zu hauen und des öfteren zu Streiks aufzurufen. In »Vaal Reefs«, Ihrer größten Mine, haben Sie dann 14000 Kumpel vorübergehend gefeuert.

Relly: Ja, wir hatten es bereits mit ernsten Streiks zu tun – im Laufe dieses Lernprozesses. Das größte Problem dabei ist, daß die Gewerkschaften wohl einen Streik beginnen können, dann aber nicht die Macht besitzen, ihn zu beenden. Das verschlimmert die Lage oft; es führt zu wilden Streiks. Im Falle von »Vaal Reefs«, wo wir im Mai 1985 vorübergehend 14000 Arbeiter entließen, mußten wir eine völlig außer Kontrolle geratene Situation wieder in den Griff bekommen – und zwar hauptsächlich deshalb, weil die NUM nicht in der Lage dazu war. Wir mußten zu radikalen Maßnahmen greifen. Glücklicherweise konnten wir die meisten der Entlassenen später wieder einstellen.

Frage: Wie kommen Sie mit politischen Forderungen der Gewerkschaften zurecht, die ja angesichts fehlender politischer Rechte der Schwarzen fast zwangsläufig auftreten?

Relly: Wir machen uns schon lange Sorgen über eine Gewerkschaftsentwicklung, der nicht eine entsprechende Entwicklung der politischen Repräsentation gegenübersteht. So was belastet das Gewerkschaftswesen – wenngleich auch in parlamentarischen Demokratien wie England Gewerkschaften ja durchaus gewichtige politische Rollen spielen. Ich persönlich glaube, daß eine wachsende politische Repräsentation der südafrikanischen Schwarzen vor der Tür steht und daß dies die Gewerkschaften in gewisser Weise depolitisieren wird. In den USA, Kanada und Europa haben sie inzwischen ein semi-kooperatives Verhältnis zum Management entwickelt; beide wollen das gleiche: Profitabilität und Produktivität. Wir sind noch 1000 Meilen davon entfernt; wir müssen noch durch unsere Perioden der Stürme gehen.

Frage: Wie steht es denn mit dem Sturm gegen die Apartheid – seitens der Wirtschaft? Es gab ja Hoffnungszeichen in jüngster Zeit, daß man wirtschaftliche auch in politische Macht umsetzt.

Relly: Lange Zeit haben wir eine sehr geringe Rolle in der Politik Südafrikas gespielt. Es existierte ein tiefer Graben zwischen der »Nasionale Party« einerseits und der Geschäftswelt andererseits. Premierminister Vorster etwa sagte ganz klar, daß wir fürs Geldverdienen zuständig seien und er für die Politik. Das hat sich seit Bothas Amtsantritt geändert. Botha bemüht sich, die Geschäftsleute zu verstehen, und sucht ihre Mitarbeit beim Reformprozeß. Die Wirtschaft hat die Gelegenheit wahrgenommen und spielt inzwischen eine beachtliche Rolle als Reform-Lobby. Davon abgesehen, hat in den letzten 35 Jahren die »Anglo American Corporation« – speziell Harry Oppenheimer – ganz offen gegen die Apartheid opponiert – aus moralischen, wirtschaftlichen und sozialen Gründen. Es ist schwierig zu sagen, in welchem Maße man auf uns gehört hat; es war wohl eher der stete Tropfen, der den Stein ausgehöhlt hat. Falsch indes ist die Behauptung, daß in Südafrika wirtschaftliche Macht auch politische Macht bedeutet. Die Struktur unserer Gesellschaft war sehr lange so beschaffen, daß diese beiden Dinge radikal getrennt wurden und wenig miteinander zu tun hatten. Natürlich, wir konnten Geld ausgeben für soziologische Forschung, für städtische Entwicklung und Erziehung; in vielfältiger Form haben wir versucht, Fehler der Regierung auszubügeln. Aber das hat nichts mit direkter politischer Machtausübung zu tun.

Deshalb kann die konventionelle Gleichsetzung von wirtschaftlicher und politischer Macht nicht auf Südafrika angewandt werden.

Frage: Kämpfen Sie persönlich für eine freiere Gesellschaft?

Relly: Ich glaube an eine freie Marktwirtschaft; und das heißt für mich, daß das ganze Dickicht von Apartheid-Regeln, die den einzelnen daran hindern, sich frei zu bewegen und nach seinem Geschmack etwas zu unternehmen, endlich verschwinden muß. Wenn ich mit aller Kraft für die freie Marktwirtschaft kämpfe, dann kämpfe ich zugleich für eine sozial und politisch freie Gesellschaft.

Frage: Wie beurteilen Sie den Ausnahmezustand?

Relly: Die Regierung mußte einfach außerordentliche Maßnahmen ergreifen, um der Unruhen in den schwarzen Wohngebieten Herr zu werden. Man kann die Leute nicht einfach sich gegenseitig umbringen lassen. Die Frage ist, ob man im Ausnahmezustand auch deutliche Reformfortschritte erzielen kann; ich sehe da einen gewissen Widerspruch. Dennoch – man muß Präsident Botha seinen Reformwillen abnehmen. Er will, daß die Schwarzen zukünftig nicht nur ihre sogenannten »eigenen« Angelegenheiten regeln, sondern das Schicksal ganz Südafrikas mitbestimmen. Sicher, Botha zögert. Aber die Prinzipien stehen; jetzt gilt es, die Praxis abzuwarten.

Frage: Einige schwarze Führer hier und vor allem das Ausland scheinen es etwas eiliger zu haben.

Relly: Das Ausland sollte begreifen, daß die Apartheid eigentlich nicht mehr relevant ist in diesem Lande. Andere Formen des politischen Miteinanders sind grundsätzlich akzeptiert. Die Abschaffung des Mischehenverbots und ähnliche Maßnahmen zeigen das. Man kann keine Apartheid haben, wenn Menschen verschiedener Rasse einander heiraten und irgendwo leben müssen. Die Außenwelt hat sich in eine schwierige Position manövriert angesichts all dessen, was Südafrika tut, um seine Respektabilität wiederzugewinnen. Will die Welt etwa »Ein Mensch – eine Stimme« in einem Einheitsstaat? Das lehnen sowohl ich als auch die meisten Schwarzen entschieden ab. »Ein Mensch – eine Stimme« ist nur für den eine gute Lösung, dessen Volksgruppe die ewige Hegemonie garantiert bekommt. Das System ist unattraktiv für diejenigen, denen dann die Beherrschung durch andere, größere Volksgruppen droht. Nein, »Ein Mensch – eine Stimme« – das wird die Welt nicht bekommen.

Frage: Wie soll sich die Weltöffentlichkeit denn verhalten?

Relly: Die Weltöffentlichkeit muß verstehen, daß hier bei uns ein radikaler Wandel stattfindet. Sie können es sehen an den burischen Wissenschaftlern, Journalisten und Geistlichen, von denen immer mehr unsere Gesellschaft für inakzeptabel halten und gleichfalls Wandel fordern. Wandel indes ist ohne Revolution nur möglich, wenn die nötige Finanzkraft dahintersteht. Mit Wandel meinen doch – zynisch ausgedrückt – die meisten Leute ein größeres Stück vom wirtschaftlichen Kuchen. Und wenn das Ausland mit seiner Haltung diesen Kuchen verkleinert, dann gibt es eben keinen Wandel. – Wandel ist nun mal Funktion einer wachsenden und sich entwickelnden Wirtschaft, keine intellektuelle Übung. Es geht um einen praktischen Prozeß – abhängig davon, daß die Leute spüren, wie es ihnen besser geht, auch politisch natürlich.

Frage: Aber ...

Relly: Die Weltöffentlichkeit ist irregeführt von denen, die vielleicht das Beste wollen für Südafrika, denen es aber egal ist, ob unsere Wirtschaft zusammenbricht. Von diesen Leuten gibt es allzu viele; es ist ein heiliger Kreuzzug geworden – ich weiß nicht, für welchen Zweck; vielleicht, um einfach ein Ende zu sehen von dem, was derzeit in Südafrika passiert. Was Südafrika jedoch braucht, ist Hilfe beim Reformprozeß, keine blinden Angriffe. Die Leute drüben müssen sich entscheiden, ob sie einen Reformprozeß wollen, im Zuge dessen eine gesunde Wirtschaft sukzessive den Schwarzen anvertraut wird, oder ob sie die Zerstörung wollen, aus der heraus die Schwarzen nichts erben werden außer einem weiteren Stück der Armut auf dem ganzen afrikanischen Kontinent. Die internationale Öffentlichkeit sollte innehalten und emotionslos darüber nachdenken. Derzeit bestimmen zuviel politischer Opportunismus sowie europäische und amerikanische Innenpolitik die Diskussion. Das Problem Südafrika jedoch ist kompliziert; in seiner Komplexität ist es ein Modell der Weltprobleme. Die Weltöffentlichkeit muß dies erkennen und verstehen. Nur dann kann sie zu einer Lösung beitragen.

Lucy Mvubelo, »National Union of Clothing Workers«

Lucy Mvubelo, geboren am 20.01.1920, leitet seit 1953 als Generalsekretärin die »National Union of Clothing Workers of South Africa« (22000 Mitglieder). Sie ist aktives Mitglied in mehreren Bürgerrechtsorganisationen und der Bewegung Inkatha, ist verheiratet und hat vier Kinder. Wenige Tage nach diesem Gespräch wurde ihr Haus in Orlando / Soweto von Unbekannten angezündet und brannte bis auf die Grundmauern nieder.

Frage: Wieviel verdient eine junge Textilarbeiterin in Südafrika?

Mvubelo: Eine Anfängerin kriegt derzeit 36 Rand pro Woche – wozu noch ein Bonus von drei Rand kommt, wenn sie früh arbeitet und nicht fehlt. Ein paar Rand für Sozialleistungen werden abgezogen. Nach sechs Monaten gibt es eine erste Lohnerhöhung von fünf Rand.

Frage: Kann eine alleinstehende Mutter mit Kindern davon leben?

Mvubelo: Sie kann es nicht – angesichts der rasant steigenden Lebenshaltungskosten und angesichts der Verantwortungslosigkeit vieler schwarzer Männer. Zwar verdienen viele Frauen, die schon länger arbeiten, drei- bis vierhundert Rand im Monat; die Anfängerinnen aber haben zu kämpfen. Es ist unglaublich, wie manche von ihnen leben. Hunderte von Arbeiterinnen kommen zu mir und bitten um Hilfe. Wir haben einen Kredit-Fonds, aus dem wir zumindest die ärgsten Notfälle lindern können. Wir legen das Geld für die Miete aus, für die Stromrechnung und so weiter.

Frage: Besitzen schwarze Männer Ihrer Ansicht nach kein Verantwortungsgefühl?

Mvubelo: Nein, besonders die in den unteren Lohngruppen kümmern sich um nichts. Nie legen sie genug Geld auf den Tisch, um ihre fünf Kinder – so viele oder mehr haben sie meistens – ernähren zu können. Da sitzt dann die arme Frau mit ihren vielleicht 50 Rand und muß die Kinder füttern, das Schulgeld bezahlen, Schuluniformen, Schulbücher – wir Schwarze zahlen ja für alles in diesem Lande. Es ist schon hart, wenn in einer solchen Situation die Kinder nach Hause kommen und sagen: »Mama, gib uns Geld für die Schule; sonst dürfen wir nicht mehr am Unterricht teilnehmen.« Oft wochenlang sitzen die Kinder zu Hause herum, weil das Geld einfach nicht reicht für die Schule. Täglich bekomme ich solche Dinge erzählt in diesem Büro.

Frage: Hungern die Leute manchmal?

Mvubelo: Nein, hier in der Stadt nicht. Sie finden immer irgend etwas, mit dem sie sich über Wasser halten; sie verkaufen Gemüse und so weiter. Echten Hunger haben wir ab und zu in den ländlichen Gebieten – zuletzt während der großen Dürre.

Frage: Wann ist Ihre Gewerkschaft, die »National Union of Clothing Workers«, entstanden?

Mvubelo: 1953 haben wir angefangen. Damals mußten wir Schwarze die gemischtrassische »Garment Workers' Union« verlassen. Ich wurde Generalsekretärin der neuen »Garment Workers' Union of African Women«. Dieser nicht anerkannten, aber auch nicht illegalen Gewerkschaft durften Männer nicht beitreten; die Paßgesetze verboten es. Auf der Basis informeller Abmachungen mit einzelnen Arbeitgebern gelang es uns Frauen deshalb, vorübergehend mehr zu verdienen als die armen Männer. Auch eine 40-Stunden-Woche und gewisse Sozialleistungen genossen wir – im Gegensatz zu unseren männlichen Kollegen.

Frage: Bis 1979 mußten Sie ohne Anerkennung operieren.

Mvubelo: Ja, bis dahin mußten wir mit den informellen Abmachungen auskommen. Immer wieder habe ich in den 60er und 70er Jahren an den Arbeitsminister geschrieben und ihn ersucht, uns anzuerkennen. Wir taten doch die gleiche Arbeit wie jede andere Gewerkschaft. Obwohl nie eine positive Antwort kam, behielt ich die Hoffnung, daß die Regierung auch uns Schwarze irgendwann als vollwertige Menschen anerkennen wird.

Frage: Wie sind Sie organisiert? Zahlen Ihre Mitglieder regelmäßig einen Beitrag?

Mvubelo: Viele Gewerkschaften existieren nur auf dem Papier. Gerade die jedoch erhalten Hilfe aus dem Ausland – aus Deutschland zum Beispiel –, von wo uns noch kein Cent erreichte. Ich finde, jede Gewerkschaft sollte eine Liste ihrer Mitglieder führen, und diese Mitglieder sollten einen Beitrag zahlen. Wir gehören – begünstigt durch das System des »closed shop« in der Textilindustrie – zu den wenigen Gewerkschaften, wo das tatsächlich der Fall ist.

Frage: Welche Streikerfahrungen haben Sie?

Mvubelo: Der Streik ist immer das letzte Mittel. Wir verhandeln, erreichen bisweilen einen toten Punkt, sprechen dann mit unseren Mitgliedern und verhandeln weiter – bis wir einen Kompromiß erreichen. Das Leben besteht aus Kompromissen. Bis heute hat meine Gewerkschaft nie für höhere Löhne gestreikt, lediglich 1957 gegen die »Job Reservation«.

Frage: Was erbringen Sie an sozialen Leistungen für Ihre Mitglieder?

Mvubelo: Wir haben vor allem an der Verankerung öffentlicher und betrieblicher Sozialleistungen mitgewirkt. Die Gewerkschaft selbst zahlt zum Beispiel eine kleine Rente an die Hinterbliebenen verstorbener Mitglieder; sie kümmert sich um Tuberkuloseopfer und finanziert aus einem speziellen Topf Päckchen für unsere Waisen und pensionierten Mitglieder. Darüber hinaus beleben wir den grauen Alltag unserer Mitglieder mit gesellschaftlichen Veranstaltungen und haben natürlich unseren Stipendien-Fonds.

Frage: Was machen Sie mit diesem Stipendien-Fonds?

Mvubelo: 1975 haben wir ihn gegründet; bis heute haben wir daraus Hunderten von Kindern unserer Mitglieder Zuschüsse zum Universitätsstudium finanziert. Jedes Mitglied zahlt für diesen Zweck fünf Cent pro Woche; Mittel aus dem Ausland haben wir bislang leider nicht erhalten.

Frage: Gibt es in den Fabriken, in denen Ihre Mitglieder arbeiten, noch immer getrennte Toiletten?

Mvubelo: Nicht mehr in der Textilindustrie. Lediglich da und dort gibt es noch speziell reservierte Toiletten für Weiße. Aber wissen Sie, wie viele Weiße überhaupt in der Textilindustrie arbeiten? Nicht mehr als 200 – gegenüber 18000 Schwarzen allein im Transvaal. Die Textilindustrie ist heute eine fast völlig schwarze Industrie.

Frage: Hat sich Ihre Gewerkschaft jemals gegen die Rassengesetze zur Wehr gesetzt?

Mvubelo: Wir haben stets gegen das »Lebensbuch« und die »influx control« protestiert. Ein erst 1968 gegründetes gemischtrassisches »Training College« mußten wir wegen des »Group Areas Act« wieder schließen. Weil die Regierung alle Schwarzen in ein Ausbildungszentrum außerhalb der Innenstadt verbannte, machten wir gleich den ganzen Laden dicht. 1978 haben wir das College wiedereröffnet – und 1980 ein zweites.

Frage: Was halten Sie von den Absichten der Regierung, gerade die Textilindustrie in die Homelands zu verlagern?

Mvubelo: Die Regierung ist sehr erpicht darauf, die Textilfabriken in die Homelands zu verlagern, um den Menschen dort einen Broterwerb zu geben. Wir sind nicht gegen diese Dezentralisierung; wir protestieren nur dagegen, daß in diesen Homeland-Fabriken die Arbeiter keinerlei Sozialleistungen erhalten und einen Lohn, der oft bei gerade 15 Rand pro Woche liegt. Das halten wir für nicht tragbar.

Frage: Fühlen Sie als Gewerkschafterin sich auch dem allgemeinpolitischen Wandel verpflichtet?

Mvubelo: Einige unserer Gewerkschaftsführer halten die Politik für wichtiger als die wirtschaftlichen Interessen ihrer Mitglieder. Ich glaube, der Arbeiter ist mehr an seiner Bezahlung, am Lohn interessiert. Die nationale Politik sollten wir den Parteien überlassen. Auch Südafrikas weiße Gewerkschaften dürfen sich ja nicht politisch betätigen. Jeder Bürger kann als einzelner einer Partei beitreten – auch dem »Black Consciousness Movement« oder der UDF. Das halte ich für besser, als ganze Gewerkschaften auf bestimmte politische Linien einzuschwören.

Frage: Welche internationalen Verbindungen haben Sie?

Mvubelo: Wir gehören der »International Textile, Garment and Leather Workers' Federation« an und besuchen alle uns betreffenden internationalen Konferenzen. Bei einer dieser Konferenzen – es war 1976 – hatte ich ein bitteres Erlebnis: Sämtliche schwarze Delegierte aus Afrika wollten den Saal verlassen, sobald ein Südafrikaner zu sprechen begänne. Schließlich blieben sie doch; sie blieben sitzen und hörten zu. Seitdem habe ich viele Freunde unter den afrikanischen Delegierten. Enge Zusammenarbeit pflegen wir auch mit dem Weltgewerkschaftsbund AFL/CIO und mit dem DGB. Ich kenne viele DGB-Leute in Düsseldorf; und wenn sie nach Südafrika kommen, besuchen sie mich in meinem Büro.

Frage: Wie stehen Sie zu den jetzt so umstrittenen ausländischen Investitionen in Südafrika?

Mvubelo: Wenn ich den ausländischen Firmen sagen würde, sie sollen verschwinden aus Südafrika, wo sollten dann meine Leute arbeiten? Die ausländischen Firmen sind doch die Pioniere gewesen bei der Beschäftigung Schwarzer an qualifizierten Arbeitsplätzen, an Facharbeiter-Arbeitsplätzen, in Management-Positionen und so weiter. Das ist der Grund, warum ich für Investitionen kämpfe und auch in Zukunft kämpfen werde.

Manoko Nchwe, »National Union of Mineworkers«

Manoko Nchwe ist Sprecherin der »National Union of Mineworkers« (ca. 170000 Mitglieder).

Frage: Wer, Frau Nchwe, kann Mitglied werden in der »National Union of Mineworkers«?

Nchwe: Wir sind in erster Linie eine Organisation der Bergarbeiter, haben jedoch Mitglieder in allen der Bergbau-Kammer angeschlossenen Einrichtungen – in den Minenhospitälern ebenso wie in den Raffinerien. Den stärksten Rückhalt besitzt die NUM in den Gold- und Kohleminen Südafrikas. In 29 Minen sind wir anerkannt und haben mittlerweile fast 170000 Mitglieder. Damit sind wir die bei weitem größte Gewerkschaft des Landes – was natürlich auch seine Wachstumsprobleme mit sich bringt.

Frage: Wie kommen Sie zu Ihren Mitgliedsbeiträgen?

Nchwe: Ein Teil unserer Mitglieder zahlt seinen Beitrag freiwillig – an den »Shop Steward« oder an das Regionalbüro der NUM. Den anderen Mitgliedern wird der Beitrag direkt vom Lohn abgezogen und an uns abgeführt; jeden Monat gehen auf diese Weise rund 80000 Rand bei uns ein.

Frage: Wie viele Wanderarbeiter aus dem Ausland haben Sie unter Ihren Mitgliedern?

Nchwe: Die Mehrheit unserer Mitglieder kommt aus den Nachbarstaaten – aus Lesotho, Botswana und Moçambique. Viele kommen auch aus den sogenannten Homelands.

Frage: Welche Rolle spielen die Wanderarbeiter in der NUM?

Nchwe: Die Wanderarbeiter werden am meisten ausgebeutet und bekommen die politische Realität Südafrikas am stärksten zu spüren. Wenn der Minenbesitzer sie ausgesaugt hat, dürfen sie nicht in der Stadt wohnen, sondern werden abgeschoben ins Homeland oder in die Nachbarstaaten. Deshalb sind die Wanderarbeiter die militantesten unter den Bergleuten; sie sind sehr gute Gewerkschafter und haben sich ganz der Sache der Arbeiter verschrieben.

Frage: Wie ist Ihr Verhältnis zum größten Minen-Arbeitgeber Südafrikas, zu »Anglo American«?

Nchwe: Das Verhältnis entspricht dem zu den anderen Minengesellschaften. Sie alle beuten den schwarzen Arbeiter nach Kräften aus. Es gibt keinen besseren oder schlechteren Ausbeuter.

Frage: Gegen diese Ausbeutung gestreikt haben im Frühjahr die Bergarbeiter von »Vaal Reefs«, der größten Goldmine Südafrikas. Wie kam es zu diesem Streik?

Nchwe: Die Ursache dieses Streiks war ein Beschluß des Managements, 700 Arbeiter zu entlassen. Diese Arbeiter hatten sich geweigert, Tätigkeiten auszuführen, die laut Gesetz nur Weiße ausführen dürfen. Etliche Schwarze waren bis dahin gezwungen worden, diese Tätigkeiten zu übernehmen – ohne die entsprechende Ausbildung und Bezahlung. Beschwerden hatte das Management ignoriert. Die Entlassungen waren dann der Tropfen, der das Faß zum Überlaufen brachte. Unsere Mitglieder sahen sich gezwungen, gegen das Management von »Vaal Reefs« zu streiken.

Frage: Es war ein illegaler Streik. Wie haben Sie und das Management sich verhalten?

Nchwe: Wir waren zunächst nicht über diesen Streik informiert. Er begann an einem Freitag; und am Samstag verkündete das Management ein Ultimatum, nach dem alle Arbeiter gefeuert würden, wenn sie nicht wieder an die Arbeit gingen.

Tatsächlich wurden dann am Samstag nachmittag 14500 Arbeiter entlassen.

Frage: Was geschah mit den Entlassenen?

Nchwe: Die entlassenen Arbeiter wurden von den Sicherheitskräften der Mine aus ihren Wohnheimen geholt und auf Busse verladen, die sie in die verschiedenen Homelands bringen sollten. Das Management gebrauchte Gewalt, um die Leute vom Minengelände zu schaffen – ein Verhalten, das uns als Gewerkschaft zutiefst erschreckt hat; ein Verhalten der »Anglo American Corporation«, einer Gesellschaft, die doch immer ihre Offenheit gegenüber den Gewerkschaften betont hat.

Frage: Gab es bei den Auseinandersetzungen Tote oder Verletzte?

Nchwe: Ein Arbeiter erstickte an Tränengas, ein anderer starb an einer Schußwunde.

Frage: Ihre Gewerkschaft hat dann mit der »Anglo American Corporation«, der Eignerin der Mine, verhandelt. Was haben Sie erreicht?

Nchwe: Wir erreichten eine Vereinbarung, in der steht, daß die Mine alle entlassenen Arbeiter wieder einstellt. Die Prozedur der Wiedereinstellung wurde zwischen Gewerkschaft und Management ausgehandelt. Gleich in ihren Wohnheimen bleiben durften die Arbeiter, die sich bei Verhandlungsschluß noch auf dem Minengelände befanden.

Frage: Momentan befindet sich die NUM-Mitgliedschaft wieder in Streikvorbereitungen?

Nchwe: Ja, bei den jährlichen Lohnverhandlungen mit der Bergbau-Kammer haben wir trotz mehrfacher Schlichtungsversuche einen toten Punkt erreicht. Deshalb sehen wir keine andere Möglichkeit mehr, als einen legalen Lohnstreik zu beginnen. Weil wir eine demokratische Gewerkschaft sind, haben wir Urabstimmungen in allen 29 Minen, in denen wir vertreten sind, durchgeführt. Dabei haben 92 % unserer Mitglieder für den Streik gestimmt. Auf einer speziellen Konferenz werden wir jetzt mit unseren »Shop Stewards« über die genaue Streik-Strategie beraten. Unmittelbar nach der Konferenz wird der Streik beginnen – sowohl im Kohle- als auch im Goldbergbau.

Frage: Verfolgen Sie auch politische Ziele?

Nchwe: Ja, natürlich haben wir auch politische Ziele – wenngleich wir uns momentan auf den Kampf im Betrieb konzentrieren. Dieser Kampf läßt sich indessen nicht von der gesamtgesellschaftlichen Auseinandersetzung trennen. Gerade in diesem Jahr haben wir die »Job Reservation« aufs Korn genommen, die noch immer in den Gesetzen Südafrikas verankert ist. Noch immer gibt es im Bergbau elf Job-Kategorien, die Schwarzen nicht zugänglich sind. Die NUM wird unter Einsatz all ihrer Macht die Minenbesitzer dazu zwingen, die »Job Reservation« abzuschaffen.

Frage: Was bedeutet der Ausnahmezustand für den schwarzen Arbeiter?

Nchwe: Der Ausnahmezustand wird ihn nicht davon abhalten, weiter für seine Ziele zu kämpfen. Das südafrikanische Volk lebt ohnehin schon lange unter einem Belagerungszustand. Mit der Verkündung dieses Ausnahmezustands hat die Regierung lediglich der internationalen Öffentlichkeit gezeigt, daß sie einen Krieg führt – gegen ihr eigenes Volk.

Frage: Was empfinden die Arbeiter?

Nchwe: Die Arbeiter hier sind sehr selbstbewußt geworden. Sie wollen Wandel. Zu lange sind sie unterdrückt worden, zu lange hatten sie keine Stimme. Jetzt empfinden sie jede Maßnahme der weißen Herrscher als Betrug am schwarzen Arbeiter.

VI.
Hilfsorganisationen

Molly Blackburn, »Black Sash«

Molly Blackburn erwarb einen »Bachelor of Arts« an der »Rhodes University« von Grahamstown und leitete bis 1981 ihre eigene Immobilien-Agentur in Port Elizabeth. Für die »Progressive Federal Party« ist sie Mitglied des Provinzrates. Sie leitet das Büro der Hilfsorganisation »Black Sash« in Port Elizabeth, ist mit einem Arzt verheiratet und hat sieben Kinder.

Frage: Was, Frau Blackburn, machen Sie eigentlich in diesem Büro?

Blackburn: Hier vor mir sitzt eine Frau aus Uitenhage. Ihr 16jähriger Sohn besuchte am Freitag einen Freund im Krankenhaus. Vor der Tür des Krankenhauses wurde er festgenommen. Die Mutter ist völlig verzweifelt, weil sie ihren Sohn nirgends finden kann; sie ist vollgepumpt mit Beruhigungsmitteln. Eben habe ich dann einen Anruf aus Cradock erhalten; ein 14jähriger ist dort letzte Nacht verschwunden; niemand weiß, wo er ist. Und der Anruf, den Sie gerade miterlebt haben, bezieht sich auf einen besonders grauenhaften Vorfall: Zwei junge Männer errichteten in einer der Townships gerade eine Baracke, als ein Polizei-»Hippo« vorbeikam. Es muß einen Wortwechsel gegeben haben; irgendwann jedenfalls schrie einer der Polizisten: »Botha sagt, wir können tun, was wir wollen«, nahm sein Gewehr und schoß einen der Jungen tot. Obwohl Botha tatsächlich der Polizei Straffreiheit zugesichert hat, hoffen wir, in diesem Fall die Gerichte anrufen zu können. Es gab keine Unruhen weit und breit; der junge Mann war völlig unschuldig.

Frage: Könnten Sie, bevor wir in die Details gehen, kurz die Aufgaben des »Black Sash«-Büros umreißen?

Blackburn: Das »Black Sash«-Büro ist eine Art Zuflucht für Menschen, die nicht wissen, wo auf der Welt sie noch hingehen sollen. Hierher kommen Frauen, deren Kinder hungern, weil der Vater nicht zahlt; Leute, die Scheidungsprobleme haben, arbeitslos sind, keine Rente bekommen oder keine Wohnung – und natürlich die Opfer von Paßgesetzen und Polizeiwillkür. Zum Glück haben wir gute Kontakte in den Behörden; oft schickt man uns sogar Problemfälle.

Frage: Seit wann gibt es das »Black Sash«-Beratungsbüro in Port Elizabeth?

Blackburn: Vor zwei Jahren haben wir angefangen – mit einem Sprechtag pro Woche. Inzwischen haben wir jeden Tag geöffnet. Von den Frauen hier werden nur eine Bürokraft und eine Dolmetscherin bezahlt. Wir anderen arbeiten vollständig ehrenamtlich. Wir sind Frauen, die sich dem Kampf gegen das Unrecht verschrieben haben; Frauen, die es nicht länger mit ansehen wollen, wie die kleinen Leute von Bürokraten herumgestoßen werden. Und wir glauben, daß der Brückenbau zwischen den Menschen auf einer niedrigen Ebene beginnt. Dazu müssen wir uns mit dem anderen zusammensetzen und seine Probleme aus seinen Augen sehen. Wir müssen mit ihm leiden. Das – in groben Zügen – ist die Aufgabe von »Black Sash« hier unten. In Johannesburg arbeiten wir natürlich auch politisch. Unser Büro hat eine Reihe kritischer Berichte zu aktuellen Mißständen veröffentlicht.

Frage: Zu den gravierendsten sozialen Mißständen gehört in Port Elizabeth offensichtlich das fehlende Dach über dem Kopf vieler Schwarzer.

Blackburn: Wir haben hier einen schier unglaublichen Wohnungsmangel, nicht nur in den schwarzen Townships, sondern auch in denen der Mischlinge. Die meisten Leute wohnen in selbstgebauten Baracken – die zwar ein Dach über dem Kopf geben, aber doch eine vorübergehende Lösung sein sollten. Schauen Sie sich mal »Little Soweto« an. Dort leben rund 160000 Menschen in Hütten aus Holz und Pappkartons; gerade 143 Wasserhähne gibt es.

Frage: Bei meinem Besuch in den Townships habe ich auch diese langgestreckten rötlichen Gebäude gesehen.

Blackburn: Sie meinen die »Rote Siedlung«? Das ist ein besonders heruntergekommenes Wohngebiet. Es besteht aus langen Eisen-Baracken – gebaut während des Burenkriegs für britische Truppen. Damals erhielten diese Baracken offenbar ihren letzten Anstrich. Sie werden heute bewohnt von sehr, sehr armen Menschen, die keine Miete bezahlen, jedoch 18 Rand pro Monat für sogenannte öffentliche Dienste – öffentliche Toiletten, die in einem ekelerregenden Zustand sind, Wasserhähne und manchmal Müllabfuhr. Würden die Behörden Miete verlangen, dann – das wissen sie – müßten sie die Wohnbedingungen für die 10000 Leute dort erheblich verbessern.

Frage: Was kann man denn als »gute« Wohnbedingungen für Schwarze ansehen?

Blackburn: Die berühmten Zündholzschachteln – winzige Häuser mit Wohnraum, zwei Schlafräumen und Küche. Ein Bad gibt es nicht; die Toilette ist draußen; Wasser holt man sich am öffentlichen Wasserhahn. Für 700 Rand kann man sich seit einiger Zeit ans Stromnetz anschließen lassen. Unter diesen Bedingungen leben die privilegierten Schwarzen aller sozialen Schichten: Ärzte, Rechtsanwälte, Lehrer und Fabrikarbeiter.

Frage: Tut die Regierung etwas gegen die Wohnungsnot hier?

Blackburn: Wenig. Ich glaube, man will die Schwarzen bewußt davon abhalten, in die Stadt zu gehen – zum Teil wegen der hohen Arbeitslosigkeit. Nach Schätzungen gibt es rund 150000 Arbeitslose allein in Port Elizabeth. Zuzugskontrollen und Paßgesetze werden hier besonders scharf angewandt. Allein im letzten Jahr wanderten 2700 Schwarze wegen Paßvergehen ins Gefängnis.

Frage: Kommt man wegen eines Verstoßes gegen die Paßgesetze immer gleich ins Gefängnis?

Blackburn: Normalerweise heißt das Urteil »30 Rand oder 30 Tage«; wer die 30 Rand nicht hat, sitzt halt 30 Tage.

Frage: Der Protest gegen diese Schikanen und gegen die schlechte Erziehung für Schwarze ist in Port Elizabeth besonders heftig. Es sollen kaum noch Schüler zur Schule gehen.

Blackburn: Ja, die Schüler glauben: »Je länger wir unter dem derzeitigen System zur Schule gehen, desto länger werden wir auf eine richtige Ausbildung warten müssen.« Ihren Boykott betrachten sie als eine legitime Form des gewaltlosen Protests. Sie sitzen in ihren Schuluniformen auf dem Schulhof, spielen friedlich vor sich hin und tun niemandem etwas zuleide. Die Regierung – außer vielleicht Vizeminister Simon de Beer – versteht das nicht. Ihre Sicherheitskräfte blockieren die Schulen; sie lassen niemanden hinein, der sich nicht als Schüler oder Lehrer ausweisen kann.

Frage: Wie geht die Polizei gegen die Schüler vor?

Blackburn: Mit äußerster Brutalität. Allein in der letzten Woche wurden mir drei Fälle kaltblütigen Mordes gemeldet. Den ersten hat mir der Vater eines getöteten Jungen berichtet: Die Schüler der High School, die auch sein Sohn besuchte, saßen draußen auf dem Rasen, wie sie es dieser Tage überall tun. Plötzlich kam ein Junge von der Nachbarschule angerannt und sagte: »Die Armee und die Polizei haben uns auf unserem Schulhof verprügelt. Ihr müßt euch verstecken oder sonst irgend etwas tun.« Die Kinder rannten daraufhin ins Schulgebäude und riefen einen Lehrer. Sie beschlossen, das Schultor mit einem Vorhängeschloß zu verschließen. Kurz darauf tauchten drei Polizisten in Zivil auf, vom Morddezernat – glaube ich. Einer von ihnen befahl, die Tür aufzuschließen. Offenbar schickte dann der Lehrer einen Schüler den Schlüssel holen. Bevor jedoch dieser Schüler zurückkam, waren die drei Polizisten über den Zaun gesprungen und hatten begonnen, auf die Kinder zu feuern. Da waren zwei Jungen, beide 16 Jahre alt; einer – der Sohn des Mannes, der mir alles erzählt hat – wurde auf der Stelle erschossen; ob der andere noch auf dem Schulrasen starb, weiß ich nicht. Auch der Lehrer erhielt einen Schuß ins Bein. Gestern rief mich dieser Lehrer an und bestätigte, daß alles, was der Vater mir erzählt habe, wahr sei. Inzwischen war ich mit dem Mann bei einem Rechtsanwalt. Sein Sohn und der andere Junge werden am Samstag beerdigt. Ich schaudere bei dem Gedanken, daß die Polizei dann die neuen Verordnungen anwendet, mit denen sie die Kameraden dieser Jungen von der Beerdigung fernhalten kann. Ich weiß nicht, was in diesem Falle geschieht. (Unterbrechung durch Anruf). Das war Timothy. 20 Jahre lang saß er auf Robben Island. Seit seiner Entlassung hat er uns hier im Büro geholfen – ein Super-Kerl. Vorsichtshalber ist er jetzt untergetaucht. Ich muß ihm Geld schicken. Aber zurück zu den Beerdigungen ...

Frage: Trauerprozessionen unter freiem Himmel sind von Minister le Grange verboten worden.

Blackburn: Ja, das Verbot zeigt, wie total der Minister den Kontakt zur schwarzen Bevölkerung verloren hat. Er weiß offenbar nicht, wie wichtig diese Beerdigungen für die Menschen sind. Außerdem verkörpern sie die einzige Möglichkeit der Schwarzen, sich politisch zu artikulieren. Alle normalen politischen Versammlungen sind ja ohnehin verboten.

Frage: Welche politischen Meinungen äußern denn die Leute auf den Beerdigungen?

Blackburn: Vor allem wollen sie »Ein Land, ein Volk, eine Staatsbürgerschaft«. Seit Jahresbeginn ist überdies der ANC immer stärker in Erscheinung getreten. Im April, als 70000 Schwarze 14 Opfer polizeilicher Gewalt zu Grabe trugen, hißte man neben den Särgen die ANC-Flagge. Sie sollte den Leuten zeigen, daß die, die sie als ihre wirklichen Führer ansehen, im Geiste mit ihnen sind. Die nächste ANC-Aktion erlebte ich in einer kleinen Stadt, deren Namen ich nicht nennen möchte, weil ich Repressalien befürchte. Ich nahm – es muß vier Wochen her sein – an der Beisetzung eines Jungen teil, den sie im Gefängnis auf brutalste Weise umgebracht hatten. Während der Beerdigung stand ein junger Mann auf und sagte, er überbringe die Grüße von »Umkhonto we Sizwe«, dem bewaffneten Arm des ANC. Er erklärte, Weiße gäben zwei Jahre ihres Lebens her, um für das zu kämpfen, was die Regierung »Vaterland« nenne. Der ANC erwarte von jungen Schwarzen, daß sie dasselbe für die Freiheit täten; sie seien eingeladen, in Lusaka eine militärische Ausbildung zu absolvieren. Dies war meines Wissens das erste Mal, daß öffentlich zur Teilnahme am bewaffneten Kampf vom Ausland her aufgefordert wurde. – Auf der nächsten Beerdigung sah ich zu meinem Erstaunen die russische Flagge und die der »South Afrikan Communist Party« wehen. Nach Meinung einiger Leute hatte die Regierung diese Flaggen gehißt; sie paßten nur zu gut zur Verkündung des Ausnahmezustands am selben Abend. Die ausgiebige Präsentation der Banner im Fernsehen hat jedenfalls die Furcht der Weißen angeheizt – ganz im Sinne der Regierung.

Frage: Was wird denn das Verbot der öffentlichen Beerdigungen bei den Schwarzen auslösen?

Blackburn: Sie werden außer sich sein vor Zorn. Einige junge Schwarze – Leute von einem intellektuellen Kaliber übrigens, das ich meinen Kindern wünschen würde – haben zu mir gesagt: »Wir sind jetzt bereit, unser Leben zu opfern. Wir sehen keine andere Möglichkeit mehr.« Jetzt könnten sie den Zeitpunkt gekommen sehen, ihre Einsichten in die Tat umzusetzen. Sie werden die Konfrontation suchen mit dem, was sie als unterdrückerische Besatzungsmacht ansehen, mit den südafrikanischen Sicherheitskräften. Das Verbot der Beerdigungen können sie einfach nicht hinnehmen. Seit meiner Kindheit habe ich von unseren Hausangestellten gehört, wie wichtig die Beerdigung für die schwarze Gemeinschaft ist. Es ist die Zeit, in der die Schwarzen den Toten ihren Respekt zollen, die Zeit, in der sie der Seele des soeben Verstorbenen beistehen, und die Zeit schließlich der Freude, daß diese Seele ins ewige Leben eingegangen ist. Sie halten Totenwache, singen und sind ganz nahe beieinander; dabei empfinden sie die für uns so schwer verständliche Wärme der Gemeinschaft. Es ist fast unmöglich, das einem Weißen zu erklären, der Beerdigungen als Inbegriff der Trauer ansieht; die Schwarzen empfinden eine Mischung aus Trauer und Freude. Mir persönlich haben sich die schwarzen Beerdigungen, die ich miterleben durfte, als sehr erhebende Erfahrungen eingeprägt. Der Himmel weiß, wie die Schwarzen reagieren, wenn die Regierung ihnen das wegnimmt. Ich kann mir keine Maßnahme dieser Regierung vorstellen, die mehr dazu geeignet wäre, das Pulverfaß zur Explosion zu bringen.

Frage: Bei den bisherigen Explosionen habe ich sehr wenige erwachsene Leute gesehen.

Blackburn: Sie haben Angst. Aber ich kann Ihnen sagen, daß bei den Beerdigungen Mütter und Väter, Großmütter und

Großväter die Freiheitslieder ebenso laut singen wie alle anderen. Der einzige Unterschied ist vielleicht, daß die Jugendlichen sehr ausdrucksvolle Tänze aufführen – was ihren Eltern als zu wenig würdevoll vorkommen mag. In der Sache jedoch stehen sie absolut hinter ihren Kindern.

Frage: Wieviel Polizei ist denn bei diesen Beerdigungen und auch sonst in den Townships präsent?

Blackburn: Wenn ich könnte, würde ich es Ihnen zeigen. Leider jedoch darf ich die Townships nicht betreten. Fahren Sie selbst die Straße nach Uitenhage entlang; links sehen Sie die hiesige Militärbasis. Bei Unruhen ist sie leer; alle Panzerwagen sind dann im Einsatz. Zu ruhigeren Zeiten jedoch wird Ihnen allein die Anzahl der Militärfahrzeuge das Ausmaß der militärischen Besetzung hier vor Augen führen. Und die Polizeistation – die werden Sie kaum als solche erkennen. Sie sieht eher aus wie ein Fort in der Sahara – mit Maschinengewehren auf dem Dach und Stacheldraht überall. Ich weiß nicht, ob sich so der Steuerzahler seinen Schutz vorstellt. (Älterer schwarzer Herr, der sich als Isaac vorstellt, tritt ein und erzählt sein Problem.)

Isaac: Mein 14jähriger Sohn ist letzten Donnerstag auf dem Heimweg von der Schule festgenommen worden. Die Patrouillen nahmen alle Kinder fest, die auf der Straße herumliefen. Ich bin danach bei allen Polizeistationen und Gefängnissen gewesen. Erst am Samstag morgen fand ich einen netten Polizisten. Er sagte zu mir: »Mein Freund, das ist der Ausnahmezustand. Da können wir nichts machen.« Er schickte mich zu einem Kollegen, der dann über eine Stunde lang telefonierte. Zuletzt sagte er, daß mein Sohn im Gefängnis von St. Albans sitzt und nächste Woche rauskommt. Jetzt weiß ich nicht, wie ich ihn besuchen kann. (Wird an Mitarbeiterin verwiesen.)

Frage: Dieser Fall ist ja noch glimpflich ausgegangen. Vorhin haben Sie, Frau Blackburn, von ganz anderen Übergriffen, ja sogar von Morden seitens der Polizei berichtet.

Blackburn: Nicht nur seitens der Polizei, auch seitens der Armee. Gestern abend kam ein Vater zu mir, dessen Sohn sich am letzten Freitag mit einem Freund unterhalten hatte. Die beiden Jungen standen wirklich nur herum und sprachen miteinander. Dann tauchte ein Panzerwagen der Armee auf. Und die Soldaten – so der Vater – fragten seinen Sohn: »Wo ist Mandela?« Sie meinten einen Burschen aus der Gegend, der als Mandela bekannt war. Der Junge sagte, er wüßte nichts. Dann bekam er Angst und rannte in das nächstbeste Haus. Er verriegelte die Tür und versteckte sich unter dem Bett. Die Soldaten schossen zunächst die Tür auf. Dann schossen sie auf ihn, der noch immer unter dem Bett lag. Die Frau, die in dem Haus wohnt, sagte mir, daß sie den Jungen anschließend wie einen Stein in den Panzerwagen warfen. Der Vater hat inzwischen alle Polizeireviere nach ihm abgesucht und alle Krankenhäuser. Ich habe mich nicht getraut, ihn zu fragen, ob er auch im Leichenschauhaus nachgesehen hat. Vier Tage sind jetzt vergangen und keine Spur von seinem Sohn.

Frage: Wie alt sind denn die Jugendlichen, die so verschwinden?

Blackburn: Die Mädchen hier im »Black Sash«-Büro werden Ihnen von Kindern erzählen, die verschwanden. Ich erinnere mich gerade an den 14jährigen Patrick. Patrick war von seiner Großmutter zum Einkaufen geschickt worden. Kurz darauf kamen Mutter und Großmutter zu mir. Die alte Dame, die am Stock geht, zitterte von Kopf bis Fuß. Während ich telefonisch nach dem Jungen suchte, weinte sie still vor sich hin. Sie war es ja gewesen, die das Kind zum Einkaufen geschickt hatte. Sie hatte mit angesehen, wie der Polizeiwagen kam, wie die Polizisten ihren Enkel zusammenschlugen und in den Wagen warfen. Und die Mutter dieses Jungen – ich kann sie nur als grau vor Kummer beschreiben. Können Sie sich die Freude auf dem Gesicht dieser Mutter vorstellen, als wir herausfanden, daß ihr Sohn im Gefängnis sitzt? – Es ist kaum faßbar: Eine Mutter freut sich, weil ihr Sohn im Gefängnis sitzt. Aber das ist so viel besser als die Alternative – daß er nämlich vermißt ist oder tot.

Frage: Was, glauben Sie, empfinden die weißen Polizisten, die zum Kampf gegen schwarze Jugendliche abkommandiert werden?

Blackburn: Mir tun diese Polizisten in gewisser Weise sehr leid. Sie müssen Gesetze erzwingen, in denen kein Recht liegt. Ich glaube auch, daß viele dieser jungen Männer durch die

Aktionen, an denen sie teilnehmen, einer dauerhaften Verrohung ausgesetzt werden. Mit barbarischer Gewalt müssen sie die Mehrheit des Volkes unterdrücken. (Schwarzer Herr mittleren Alters tritt ein.)

Frage: Könnten Sie mir Ihren Namen nennen und den Grund, warum Sie zu Frau Blackburn kommen?

Moses: Ich heiße Moses und bin wegen der Festnahme meines Bruders zu Frau Blackburn gekommen.

Frage: Was geschah mit Ihrem Bruder?

Moses: Er ist Pfarrer und predigt wie jeder andere Pfarrer. Er tut sein Bestes, soweit es die Religion betrifft. Jetzt aber ist er festgenommen worden. Ich mache mir sehr große Sorgen um ihn. Er ist nämlich krank; er hat die Grippe; am Tag vor seiner Festnahme lag er noch im Bett.

Frage: War er schon mal im Gefängnis?

Moses: Ja, vor einigen Jahren, als er noch Leiter der High School hier war. Ich weiß nicht, warum sie das machen. Mein Bruder hat doch gar nichts gegen die Regierung; er tut nur seine Arbeit und möchte den Menschen helfen, wo immer er kann. (Verläßt den Raum.)

Blackburn: Furchtbar viele Leute werden im Moment festgenommen. Drei meiner Freunde wurden gestern wieder freigelassen. Einer, Daniel, kommt nachher. Er war mit 42 anderen in einer Zelle; für alle zusammen gab es eine Toilette. Wenn Sie wollen, können Sie ihn später selbst befragen.

Frage: Funktioniert unter diesen Umständen die von Pretoria verordnete Lokalverwaltung der Townships noch?

Blackburn: Nein, ich kann mir auch niemanden vorstellen, der für diese praktisch machtlosen Gremien kandidieren würde. Fast alle Stadträte sind zurückgetreten; die 13 verbliebenen können nicht in ihren Häusern leben; sie können keine öffentlichen Versammlungen abhalten; sie haben eigentlich keine Funktion.

Frage: Warum sind die anderen zurückgetreten?

Blackburn: Einige, glaube ich, aus Angst vor der Straße; die anderen dürften den Sinn der Parolen an den Mauern erkannt haben. Sie haben erkannt, daß man sie getäuscht und in eine Position manövriert hat, die die Bevölkerung als die eines Kollaborateurs empfindet. Diese Bevölkerung sagt: »Bis zur Machtübernahme wollen wir lieber die weißen Bürokraten haben, die vor 1983 unsere Townships verwalteten.«

Frage: Sie erwähnten eben den Minister für Recht und Ordnung, Louis le Grange, den Sie diese Woche trafen. Wie beeindruckt zeigte sich der Minister von der Lage vor Ort?

Blackburn: Als wir le Grange an diesem Dienstag trafen, meinte er, er wolle gern unsere Beschwerden anhören; wir jedoch sollten verstehen, daß er das, was er »Normalität« nannte, wiederherstellen müsse. Wir versuchten, ihm zu zeigen, daß es keine Wiederherstellung von Normalität gibt – solange die Grundprobleme nicht angegangen werden. Le Grange jedoch wollte erst gar nicht über politische Fragen reden. Es war eine höchst oberflächliche Diskussion, die wir mit ihm führten. Er verstand einfach nicht, was man ihm sagte. (Unterbrechung durch eintretende schwarze Sekretärin einer der UDF angehörenden, nicht registrierten Gewerkschaft – Jenny. Erzählt Vorfall in ihrem Büro.)

Jenny: Am Montag kamen zwei AZAPO-Leute in unser Büro. Sie befahlen mir, das Büro zu schließen, weil einer ihrer Funktionäre von unseren Mitgliedern bedroht worden sei. Ich sollte mir am Samstag meinen Lohn auszahlen lassen und dann schließen. Falls ich nicht gehorchte, wollten sie mein Haus anzünden. Das von Mr. Duza, unserem Organisator, haben sie schon angezündet. (Verläßt nach kurzer Beratung den Raum.)

Frage: Wie beurteilen Sie, Frau Blackburn, den Konflikt zwischen UDF und AZAPO?

Blackburn: Ich glaube, daß sie insgesamt ein sehr gutes Verhältnis haben. UDF und AZAPO teilen das Endziel, nur nicht die Strategien. Deshalb sprechen sie verschiedene Gruppen der Bevölkerung an: die UDF die Anti-Rassisten, AZAPO die Anhänger des »Black Consciousness Movement«. Für beide ist Platz in der politischen Landschaft. Ich glaube nicht, daß die eine Organisation die andere eliminieren will.

Frage: Warum kommt es dann zu solchen Vorfällen, wie sie uns Jenny eben erzählt hat?

Blackburn: In Port Elizabeth haben wir eine besondere Situation. Hier ist AZAPO von einem Mann übernommen worden, der quasi unabhängig operiert. Er hat mit seinen widerwärtigen Methoden schon viele Leute vor den Kopf gestoßen. Es gehen sogar Gerüchte um, daß einige AZAPO-Mitglieder hier für die Geheimpolizei arbeiten. Mir tut das sehr leid, weil es viele gute Leute bei AZAPO gibt, die sich jetzt mit solchen Vorwürfen herumschlagen müssen.

Frage: Glauben Sie, die Sie das Elend Tag für Tag vor Augen haben, an den Nutzen von Wirtschaftssanktionen?

Blackburn: Es ist unmöglich für mich, diese Frage zu beantworten. Mein Mann ist Arzt mit einer eigenen, gutgehenden Praxis; unsere Familie wird mit einiger Wahrscheinlichkeit niemals hungern. Kann ich da mit vollem Magen mich hinstellen und sagen: »Tut es!« – obwohl viele Menschen ihre Arbeit verlieren würden, hungern müßten und eine verdammt schlimme Zeit vor sich hätten? Andererseits: die Betroffenen selbst kommen derzeit zu mir und sagen: »Wir liegen bereits am Boden. Es kann uns nicht mehr schlechter gehen. Deshalb wollen wir Disinvestment.« Die Schwarzen weisen auch darauf hin, daß während der 70er Jahre unzählige amerikanische Firmen ins Land strömten. Diese Firmen jedoch investierten in Maschinen; Arbeitsplätze schufen sie nur wenige. Die Schwarzen sind – wie mir scheint – wirklich bereit, die Folgen von Sanktionen auf sich zu nehmen.

Frage: Eine Umfrage Professor Schlemmers unter schwarzen Industriearbeitern hat ergeben, daß 75 % dieser Arbeiter gegen Sanktionen sind.

Blackburn: Obwohl ich für Professor Schlemmer höchsten Respekt hege, kann ich nicht darüber hinweggehen, daß Umfragen bisweilen Manipulationen unterliegen. Außerdem arbeitet Schlemmer für Inkatha, eine Bewegung, die gegen Disinvestment ist. Vor diesem Hintergrund liegt nahe, daß er Inkatha-Positionen ein wenig bevorzugt. Dennoch dürften die Umfrageergebnisse für Natal/KwaZulu zutreffen. Aber Sie kennen die enormen regionalen Unterschiede in Südafrika. Hier am Ostkap herrschen völlig andere Verhältnisse als in KwaZulu. Hier gilt, was der ANC sagt.

Frage: Ihre Partei, die PFP, hat sehr enge Verbindungen zu Inkatha geknüpft. Wie stehen Sie dazu?

Blackburn: Ich finde, eine Partei wie die PFP sollte Verbindung halten zu allen politischen Gruppen im Lande. Trotzdem hat die enge Verbindung meiner Partei mit Inkatha meine Rolle hier am Ostkap sehr schwierig gemacht. Der ANC – oder ich sollte lieber sagen, die UDF – hat eben sehr große Vorbehalte gegenüber Inkatha. Da ich mich jedoch als Brückenbauerin fühle, glaube ich nicht, mich bei der UDF für die PFP entschuldigen zu müssen.

Frage: Was kritisiert man hier in Port Elizabeth an Inkatha?

Blackburn: Man sagt, daß Buthelezis Einfluß auf seiner Rolle als Zulu-Chief beruht. Dies verleihe seiner Position ein ethnisches Attribut – das man hier nicht akzeptiert. Die UDF will auf keinen Fall entlang ethnischer Linien Politik machen. Daneben kritisiert man Buthelezis sogenannte »Wachbrigaden« und behauptet, daß – wer in KwaZulu ein Haus mieten wolle – zunächst bei Inkatha eintreten müsse. Die hohe Mitgliederzahl der Bewegung reflektiere nicht die wahre Unterstützung des Volkes für Buthelezi. Ich persönlich habe den Chief als sehr interessanten Menschen kennengelernt; über Inkatha möchte ich momentan kein Urteil fällen.

Robin Herbert Lee, »Urban Foundation«

Robin Herbert Lee, geboren am 23. 02. 1939, lehrte an der »University of the Witwatersrand« technische Erziehung und war im Planungsbereich für mehrere Unternehmen tätig, bevor er 1977 die Leitung der »Urban Foundation« übernahm.

Frage: Was, Herr Lee, ist eigentlich die »Urban Foundation«?

Lee: Die »Urban Foundation« wurde als private Organisation 1977 gegründet. Ihr Hauptziel ist es, die Lebensqualität der Menschen in den Städten – besonders in den benachteiligten schwarzen Städten – Südafrikas zu verbessern. Die »Foundation« versucht, den ärmeren Einwohnern dieser Städte Zugang zu verschaffen zu ordentlichen Wohnungen, zu guter Erziehung und – nicht zuletzt – zu selbstbestimmter wirtschaftlicher Tätigkeit. Davon abgesehen rücken wir natürlich den Strukturen der Rassendiskriminierung zu Leibe.

Frage: Das meiste Geld verwenden Sie für den Bau von Wohnungen. Was ist da Ihre Ausgangsbasis?

Lee: Die wenigsten Schwarzen können sich moderne Häuser nach unseren Maßstäben leisten. Die meisten wohnen bis heute in Häuschen einfachster Bauweise oder eben selbsterrichteten Baracken. Allein in der Gegend um Durban – über die wir gerade eine Studie erstellt haben – leben rund 1,25 Millionen Schwarze in Baracken, in sogenannten »shack areas«. Bei unseren Erhebungen dort haben wir überaus interessante Einsichten gewonnen: Zunächst sind die meisten Unterkünfte zwar einfach, aber recht solide gebaut; die Bewohner sind mit ihnen relativ zufrieden. Viele sind sogar ganz bewußt aus offiziellen Townships ausgezogen, weil sie in den informellen Barackensiedlungen weniger bürokratischen Ärger bei der Unterbringung ihrer Familie haben. Des weiteren bevorzugen 90% der Bewohner die »shack areas« auch deshalb, weil sie sich dort freier fühlen. Am meisten überrascht hat uns, daß die Gemeinschaften relativ stabil sind. Viele Familien leben schon seit mehreren Jahren in derselben Gegend, haben ausgeprägte Formen der Selbstverwaltung entwickelt und durchaus auch Dinge wie die Kriminalitätsrate in den Griff bekommen.

Frage: Was heißt Selbstverwaltung in den »shack areas«?

Lee: In einigen Fällen hat sie sich um einen Stammesführer herum entwickelt, in anderen verkörpert den Bezugspunkt eine religiöse Sekte. Auch die Inkatha-Bewegung spielt eine wichtige Rolle; sie hat sehr viele – meist nach bestimmten Regeln gewählte – Lokalverwaltungen etabliert. Überhaupt herrscht eine erfrischende Vielfalt von Formen der Selbstorganisation in den »shack areas« – von der Ein-Mann-Herrschaft bis hin zur totalen Demokratie.

Frage: Soll man die Bewohner dieser »shack areas« einfach vor sich hinwursteln lassen?

Lee: Nein, es gibt etliche Dinge, in die wir und vor allem die Regierung investieren sollten – in Wasserleitungen, Strom, Straßen und Müllabfuhr beispielsweise. Was das Wohnen selbst angeht, gewährt man in anderen Entwicklungsländern – in Lateinamerika zum Beispiel – vielen Barackenbewohnern Kredite; sie können ihre Unterkunft verbessern und mit der Zeit eine Baracke in ein ordentliches Haus umwandeln. Der Schlüssel zu solchen Kreditprojekten allerdings heißt Wohneigentum. Niemand investiert in ein Haus, das ihm nicht gehört. Es ist an der Regierung, hier die Verhältnisse zu ändern. Desgleichen muß sie für Schulen, Gesundheitsversorgung und öffentlichen Nahverkehr Sorge tragen.

Frage: Die Kriminalität, die Sie eben erwähnten, scheint man in den offiziellen Townships nicht im Griff zu haben. Auch die zerstörerische Gewalt meist politisch motivierter Jugendlicher ist dort gewachsen.

Lee: Das ist ganz natürlich angesichts all der überfüllten Häuser. Die Jugendlichen verbringen den größten Teil ihrer Zeit auf der Straße; das führt zur Cliquenbildung sowie zu Konflikten untereinander und mit den Behörden. Die Überbevölkerung der Townships ist eine unmittelbare Ursache des Gewaltproblems, mit dem wir uns momentan herumschlagen.

Frage: Was tut die »Urban Foundation« im Erziehungsbereich?

Lee: Wir konzentrieren unsere Bemühungen auf Bereiche außerhalb des normalen Schulwesens – auf Erwachsenenbildung, Lehrerfortbildung, Vorschulen für kleine Kinder und technische Ausbildung. Darüber hinaus versuchen wir auf der Basis unserer Forschungsergebnisse die Regierung dazu zu bewegen, mehr Geld für Erziehung auszugeben und dies Geld auch in die richtigen Kanäle zu lenken. Seit nunmehr drei Jahren liegt – zum Teil dank unserer Arbeit – das südafrikanische Erziehungsbudget über dem für Verteidigung. Dieses Verhältnis bessert sich von Jahr zu Jahr.

Frage: Ihr dritter Arbeitsbereich ist die Förderung kleiner Unternehmen.

Lee: Weit mehr als wir kümmert sich die gleichfalls private »Small Business Development Corporation« um den Aufbau kleiner Geschäfte. Wir helfen – um keine Doppelstrukturen zu schaffen – ausschließlich kleinsten Hinterhofbetrieben. Diese Betriebe des informellen Sektors haben einerseits – weil sie illegal sind – ständig Ärger mit den Behörden; andererseits befriedigen sie – oft schon seit Jahren – einen lokalen Bedarf und ernähren – was entscheidend ist – den Inhaber und seine Familie. Wir versuchen, diese Betriebe durch fachliche und finanzielle Unterstützung aus der Schattenwirtschaft herauszuholen und sie in das ordentliche Wirtschaftssystem zu integrieren. Immer wieder gilt es dabei zu prüfen, ob Legalisierung nicht Zerstörung des Unternehmens heißt und Förderung nicht Überforderung des Inhabers.

Frage: Sehen Sie ein für die zukünftige Beschäftigungslage relevantes Unternehmerpotential bei den Schwarzen?

Lee: Nach unseren Erfahrungen ist dieses Potential gigantisch. Schon heute existiert ein starkes schwarzes Unternehmertum. Die »National African Federated Chambers of Commerce« zum Beispiel haben – trotz aller bürokratischen Auflagen für schwarze Geschäftsleute – heute 4000 Mitglieder; pro Jahr kommen weitere 20% hinzu. Wenn die Regierung endlich all die überflüssigen Gesetze abschaffte, könnte auch der schwarze Unternehmer seinen Beitrag zur Entwicklung Südafrikas leisten.

Frage: Größere Produktions- und Dienstleistungsbetriebe wachsen vor allem in den Städten. Sehen Sie in der Verstädterung der südafrikanischen Schwarzen eine Gefahr oder eine Chance?

Lee: Wir sehen darin eindeutig eine Chance. In den meisten entwickelten Ländern – in den USA und Westeuropa etwa – war die Phase schnellsten wirtschaftlichen Wachstums eng verbunden mit einer Phase ebenso schneller Urbanisierung. Südafrika nun verfügt heute über die nötigen industriellen, infrastrukturellen und natürlichen Ressourcen, um rapide Urbanisierung in Wachstum umzusetzen. Seit Jahren verlangt deshalb die »Urban Foundation« von der Regierung, schwarze Urbanisierung in vollem Umfange nicht nur zuzulassen, sondern darüber hinaus zu fördern. So könnten wir die nötigen städtischen Märkte schaffen und auch mehr Menschen mit unserer Erziehungs- und Gesundheitsinfrastruktur erreichen.

Frage: Würde nicht eine Überzahl Alter, Kinder und Frauen auf dem flachen Lande verbleiben?

Lee: Weil diese Gefahr besteht, müssen wir das Land attraktiv halten, das heißt, wir müssen städtische und ländliche Entwicklung verbinden. Das Land jedoch können wir nur entwikkeln, wenn wir den Bevölkerungsdruck dort mindern; dann können sich die Landbewohner wieder von ihrer Scholle ernähren.

Frage: Einige Leute sagen, daß die Überbevölkerung in den Townships die Unruhen herbeigeführt hat.

Lee: Ich glaube, diese Leute verwechseln Ursache und Wirkung. Sicher, die Townships sind überbevölkert – aber nicht, weil zu viele Schwarze in die Städte gekommen sind, sondern weil die Regierung sie draußen halten wollte. Diese Regierung hat jahrzehntelang so gut wie keine Häuser gebaut für schwarze Stadtbewohner – und keine Schulen. Ich sage nicht, daß Urbanisierung – von heute aus gesehen – eine einfache Aufgabe darstellt; aber wenn wir unsere Politik an ihr ausrichten, dann birgt sie eine Chance.

VII.
Regierungsvertreter

Brigadier Jan Coetzee, Polizeikommandant von Soweto

Jan Coetzee wuchs im nördlichen Transvaal auf und schloß sich 1947 der südafrikanischen Polizei an. 1962 wurde er Leutnant, im April 1984 Brigadier. Seit August 1984 ist er Kommandeur der »Soweto Police Division«.

Frage: Was sind denn für Sie, Herr Brigadier, die Ursachen der Unruhen, mit denen Sie hier zu schaffen haben?

Coetzee: Die Ursachen sind überall gleich. Die Welt muß erkennen, daß wir es nicht mit einfachen Anti-Apartheid-Unruhen zu tun haben, sondern mit einem offenen kommunistischen Angriff auf Südafrika, organisiert und geplant von der »South African Communist Party« und vom ANC. Der Hauptarchitekt dieses Angriffs heißt Joe Slovo, seines Zeichens Militärstratege des ANC. Slovo hat lange von Moçambique aus operiert, bis die dortige Regierung ihn hinauswarf.

Frage: Wie beurteilen Sie das Verhältnis zwischen ANC und UDF?

Coetzee: Ich kann nur kategorisch feststellen, daß die UDF der interne Flügel des ANC ist. Beweise dafür müssen Sie von meinem Sicherheits-Hauptquartier erfragen.

Frage: Sind die Unruhen, für die Sie hauptsächlich den ANC verantwortlich machen, nicht auch auf soziale Probleme zurückzuführen?

Coetzee: Wie jedes andere Land hat auch Südafrika seine

sozialen Probleme. Ich sage ja nicht, daß zum Beispiel Soweto eine Modellstadt ist. Dennoch: in Soweto liegt der Lebensstandard selbst für den ärmsten Schwarzen noch wesentlich höher als irgendwo sonst in Afrika. Wir haben unsere Probleme – Wohnungsmangel, Arbeitslosigkeit, Schulprobleme; aber im Vergleich mit dem Rest von Afrika oder sogar mit südamerikanischen Ländern brauchen wir uns nicht zu schämen. Außerdem tut die Regierung ihr Bestes, um den Lebensstandard aller Südafrikaner zu heben. Und wenn die westlichen Länder ihre Unterstützung fortsetzen, das heißt nicht disinvestieren, dann wird es – da bin ich sicher – rasche Verbesserungen geben.

Frage: Können denn Sie, die Polizei hier in Soweto, die dafür nötige Sicherheit garantieren?

Coetzee: Die Bevölkerung der drei als Soweto bekannten schwarzen Wohngebiete umfaßt 1,5 Millionen Menschen. Hinzu kommen die nahebei liegenden Wohngebiete der Mischlinge und Inder. Für diese insgesamt 1,878 Millionen Menschen kann die »Soweto Police Division« gerade 1500 Polizisten aufbieten. Sie werden mir zustimmen, daß man mindestens 3000 braucht, um fast zwei Millionen Menschen ordentlich zu schützen. Trotzdem liegt die Kriminalitätsrate bei uns niedriger als zum Beispiel im West Rand. Soweto ist kein zweites New York oder Chicago – wenngleich ich eine hohe Zahl – vorwiegend durch Alkoholmißbrauch verursachter – Gewaltverbrechen nicht bestreiten kann – Morde, Raubüberfälle, Vergewaltigungen und so weiter.

Frage: Wo ordnen Sie denn das Problem »Schülerunruhen« ein?

Coetzee: In Soweto haben wir 367 Schulen, Universitäten und technische Colleges mit insgesamt einer Viertelmillion Schüler und Studenten. Davon haben sich bislang höchstens 3000 an gewalttätigen Ausschreitungen beteiligt – eine extrem kleine Minderheit also. Lediglich an einer Schule sowie am »Soweto Teachers' Training College« wird der Unterricht momentan völlig boykottiert. Mit der Situation an zehn weiteren Schulen sind wir nicht zufrieden. An über 355 Schulen jedoch ist die Lage mehr oder weniger normal: Die Lehrer sind da, die Schüler sind da, alles geht seinen Gang.

Frage: Wer steckt Ihrer Meinung nach hinter den Unruhen?

Coetzee: Die meisten Rädelsführer gehören zum »Congress of South African Students« (CoSAS), einer UDF-Mitgliedsorganisation. Ich habe keinen Zweifel, daß CoSAS vom ANC kontrolliert wird, damit von der Kommunistischen Partei. Die CoSAS-Mitglieder bezeichnen sich selbst als Kader des ANC, in anderen Worten: als Kader der Revolution. Eine andere – mehr panafrikanistisch ausgerichtete – Studentenorganisation ist das »Azanian Students' Movement«. Die Führer dieser Organisationen zwingen Schüler, an Gewalttaten teilzunehmen. In Rotten von 50 bis 200 Mann ziehen die dann los, werfen Steine auf Busse und Lieferwagen, stecken sie – vorwiegend mit Molotow-Cocktails – in Brand. Und die Gewalt erschöpft sich nicht in Angriffen auf Busse, Lieferwagen und Schulen; hinzu kommt ein sehr starkes kriminelles Element. Um sich an irgend jemandem zu rächen, begehen Jugendliche Morde und zünden Häuser an. Sehr häufig werden unter dem Deckmantel politischer Motive auch Lieferwagen ausgeraubt; man hat es einzig auf die Ladung, also Eß- und Schmuckwaren, Spirituosen und Bier, abgesehen.

Frage: Was unternehmen Sie gegen die Unruhen an den Schulen?

Coetzee: Wir patrouillieren regelmäßig in der Gegend der betroffenen Schulen und versuchen, die Jugendlichen von der Straße fernzuhalten. Wenn sie Ärger machen, dann zerstreuen wir sie mit der geringstmöglichen Gewalt; normalerweise benutzen wir Schlagstöcke, Tränengas, Gummigeschosse, Schrot und so weiter. Aber wir überlegen weitere Maßnahmen, die wir im Rahmen des Ausnahmezustands verhängen können.

Frage: An was für Maßnahmen denken Sie dabei?

Coetzee: Wir wollen anordnen, daß sich jeder Schüler während der Schulzeit entweder auf dem Gelände seiner Schule oder zu Hause aufhält; er wird nur noch an von der Schulleitung genehmigten Aktivitäten teilnehmen dürfen. Niemand, der nicht Schüler oder Mitarbeiter einer Schule ist, wird mehr ein Schulgelände betreten dürfen. Für Ausnahmefälle werde ich spezielle Genehmigungen ausstellen lassen.

Frage: Warum kommen Sie nicht – wie die Polizei in den meisten europäischen Ländern – ohne Gummigeschosse und Schrot aus?

Coetzee: Ein Bergarbeiteraufstand in England oder Studentenunruhen in Deutschland sind völlig verschieden von dem, was wir hier erleben. Drüben haben Sie es mit großen Ansammlungen zu tun, die Sie mit Tränengas und Gummiknüppeln zerstreuen können. Was wir hier erleben, sind kleine Gruppen, die Autos angreifen – mit Steinen, Stöcken und Messern. Sobald die Polizei auf der Bildfläche erscheint, rennen sie davon, wie von der Tarantel gestochen. Diese Burschen kann man einfach nicht wirksam mit Tränengas und Niespulver bekämpfen. Im Gegenteil: die rennen weg, und der gesetzestreue und friedliebende Bürger hat unter den Tränengasschwaden zu leiden. Deshalb gebrauchen wir Gummigeschosse und Schrotgewehre. Nur so können wir die Kerle zerstreuen und einige von ihnen festnehmen – mit den geringstmöglichen Unannehmlichkeiten für die Bürgerschaft von Soweto.

Frage: ... aber mit einer doch erheblichen Zahl von Todesfällen unter den Demonstranten.

Coetzee: Natürlich, wenn Sie nahe genug dran sind am Ziel und dann Ihr Gummigeschoß abschießen, dann können Sie die betreffende Person schon ernsthaft verletzen oder sogar töten. Das gleiche gilt für den Umgang mit Schrot. Bis jetzt allerdings hatten wir sehr wenige Todesfälle in Soweto.

Frage: War es nötig, weit über 1000 Menschen vorläufig festzunehmen?

Coetzee: Niemand wird – auch nicht unter dem Ausnahmezustand – einfach so festgenommen. Es gibt immer wichtige Gründe. Und vom Moment der Festnahme an werden Nachforschungen angestellt über die tatsächliche Verwicklung der betreffenden Person in die Unruhen. Sobald wir die Beweismittel sichergestellt haben, wird der Betreffende fast immer freigelassen und in der gesetzlich vorgesehenen Weise für seine Taten belangt. Wer offensichtlich unschuldig ist, wird so schnell wie möglich aus dem Gefängnis entlassen.

Frage: Ein rotes Tuch für die Polizei war bisher Bischof Tutu. Hat sich das geändert, seit er kürzlich gemeinsam mit einem

Ihrer Kollegen für Ruhe und Ordnung bei einer Demonstration sorgte?

Coetzee: Ich persönlich habe mit Bischof Tutu noch keinen Kontakt gehabt. Sein Verhalten bei jenem Begräbnis am East Rand jedoch, als er gemeinsam mit der Polizei für einen ruhigen Verlauf sorgte, fand ich sehr gut. Übrigens schicken wir regelmäßig Patrouillen zu seinem Haus, um sicherzustellen, daß er nicht Opfer eines Anschlags wird. Gern würde ich Tutu mal persönlich treffen, um mit ihm die Situation in Soweto zu diskutieren; aber das ist eine Sache, die meine Vorgesetzten entscheiden müssen.

Frage: Ich bin etwas überrascht. Ist Tutu nicht ein Freund der UDF, die Sie als internen Flügel des ANC bezeichnen?

Coetzee: Ich glaube, Bischof Tutu hat dasselbe Problem wie die Länder des Westens. Auch die unterstützten die UDF und dachten, daß sie einen Engel umarmten; nun allmählich merken sie, daß sie einen kommunistischen Teufel beim Schwanz erwischt haben.

Frage: Wie lange wird der Ausnahmezustand noch dauern?

Coetzee: Die gesetzestreuen und friedliebenden Bürger von Soweto haben inzwischen gemerkt, daß wir versuchen, Recht und Ordnung vollständig wiederherzustellen, die Situation nicht nur zu stabilisieren, sondern sie zu normalisieren. Da dafür 1500 Polizisten zuwenig sind, haben wir die Armee um Hilfe gebeten. Wenn nun auch die Eltern ihre Kinder zu Disziplin anhalten, dann wird an den wenigen von Unruhe betroffenen Schulen bald wieder Ruhe einkehren. Binnen sehr kurzer Zeit wird man in Soweto wieder ganz normal leben können.

Frage: Was halten Sie von der gegenteiligen Perspektive – daß 100000 Demonstranten ins Zentrum von Johannesburg marschieren?

Coetzee: Ich bin überzeugt, daß die ganz große Mehrheit der Menschen in Soweto friedliebend und gesetzestreu ist. Deshalb dürfte es den Unruhestiftern kaum gelingen, 100000 oder noch mehr Gewalttäter auf die Straße zu bekommen. Sollte das allerdings geschehen, dann – das gebe ich zu – hätten wir erhebliche Schwierigkeiten, sie zu stoppen, bevor sie das Zentrum von Johannesburg erreichen.

Barend du Plessis, südafrikanischer Finanzminister

Barend du Plessis, geboren am 19.01.1940, studierte an der Pädagogischen Hochschule von Potchefstroom und lehrte ab 1962 Mathematik an mehreren High Schools und Colleges in Johannesburg. Von 1968 bis 1974 arbeitete er für IBM Südafrika. Seit 1972 Bürgermeister einer Kleinstadt im Transvaal, kam er 1974 für die »Nasionale Party« ins Parlament und wurde 1982 Stellvertretender Außenminister Südafrikas. 1983 übernahm er das Ministerium für schwarze Erziehung, im Juli 1984 das Finanzministerium. Er ist verheiratet und hat vier Kinder.

Frage: Was, Herr Minister, gibt Ihre Regierung durchschnittlich für die Schulerziehung eines Kindes aus?

du Plessis: Es ist völlig verfehlt, die Ausgaben für weiße Kinder mit denen für schwarze zu vergleichen – aus einem einfachen Grund: Weiße Erziehung in diesem Lande ist über Jahrhunderte gewachsen; mit der schwarzen haben wir – auf einer ordentlichen Grundlage – erst vor wenigen Jahrzehnten begonnen. Bis 1954 unterrichteten lediglich Missionare kleine schwarze Eliten; die dann begonnene Massenerziehung leidet heute unter ähnlichen Mängeln wie die in jedem Entwicklungsland.

Frage: Warum geben Sie dennoch für diese schwarze Erziehung weniger aus als für die weiße?

du Plessis: Im schwarzen Erziehungssystem haben wir momentan einen Anteil von 78% unterqualifizierter Lehrer – nicht weil wir das wollen, sondern weil es keine qualifizierten Leute gibt – auch keine überschüssigen weißen Lehrer übrigens. Die geringe Qualifikation schwarzer Lehrer nun bedingt, daß wir sie auch geringer bezahlen, also ein kleineres Budget pro Schüler benötigen. Zum zweiten besuchen heute unter den weißen Kindern 50% Grund- und 50% weiterführende Schulen. Von den Schwarzen jedoch erreichen nur 18% überhaupt eine weiterführende Schule. Die Folge ist – wegen der höheren Ausbildungskosten an weiterführenden Schulen –, daß weiße Kinder auch hier stärker zu Buche schlagen. Ich könnte fortfahren, Ihnen anhand vieler struktureller Gegebenheiten aufzuzeigen, wie unsinnig es ist, schwarze und weiße Erziehung in Südafrika vom finanziellen Aufwand her zu vergleichen.

Frage: Könnte man nicht zumindest mehr Geld in schwarze Schulbauten investieren?

du Plessis: Das Budget des Ministeriums für schwarze Erziehung stieg 1983/84 um 26%, der Gesamtetat der Regierung nur um 18%. Dies dokumentiert den hohen Stellenwert schwarzer Erziehung für uns. Pro Werktag bauen wir 11 bis 14 Klassenzimmer. Für 14 Klassenzimmer jedoch braucht man auch 14 Lehrer – die wir so schnell wie möglich ausbilden. Leider ist das Potential, aus dem wir schöpfen können, begrenzt und wird per Abwanderung in die Privatwirtschaft weiter verringert – Probleme, die mit Geld allein kaum zu lösen sind.

Frage: Warum gibt es für weiße Kinder Schulpflicht und Schulbuchfreiheit, für schwarze aber nicht?

du Plessis: Es besteht Schulpflicht an vielen hundert schwarzen Schulen. Um sie an den übrigen einzuführen, müssen wir uns mit den betroffenen Eltern einigen. Was die Schulbuchfreiheit angeht, erwägen wir, auch von weißen Eltern einen Beitrag zu den Kosten zu erheben.

Frage: Was ist das Hauptproblem bei der flächendeckenden Einführung der Schulpflicht für schwarze Kinder?

du Plessis: Das Hauptproblem liegt darin, daß wir einen beängstigend hohen Zuwachs schwarzer Schulkinder zu verzeichnen haben. Pro Jahr kommen 60000 hinzu.

Frage: Wie bewältigen Sie die hohe Abbruchquote unter schwarzen Schülern?

du Plessis: Wir sind darüber in der Tat sehr besorgt und haben die Ursachen untersucht. Dabei haben wir entdeckt, daß wir uns zunächst an die eigene Nase fassen müssen. Wir müssen die Kontroll- und Managementfähigkeiten unserer Schulleiter verbessern und unsere Lehrer regelmäßiger den Fortschritt der Schüler überwachen lassen. Zum zweiten müssen die Schüler erkennen, daß sie nur mit einer bestimmten Lernzeit pro Tag ihre Prüfungen bestehen können. Drittens schließlich gilt es die Eltern in die Schulerziehung einzubeziehen. Sie sollten Interesse entwickeln sowohl an der Lerndisziplin als auch an einem ordentlichen Verhalten ihrer Kinder.

Frage: Welche kulturellen Probleme haben Sie bei der Schulerziehung von Schwarzen zu bewältigen?

du Plessis: Mit diesen kulturellen Problemen werden wir noch sehr lange zu kämpfen haben. Sie stellen sich vor allem auf drei Ebenen: Erstens ist das Erziehungssystem, das Südafrika seinen Bürgern anbietet, das einer westlichen Industriegesellschaft. Es baut darauf auf, was ein weißes Kind zu Hause lernt; es ist Produkt einer stark rational und an der Schriftform orientierten Kultur. Die Schwierigkeiten Schwarzer, sich da hineinzufinden, müssen groß sein – wenn man sich vergegenwärtigt, daß es noch vor 150 Jahren keine schwarze Schriftsprache gab in Südafrika, keine überlieferte Geschichte, keine Mathematik, keine Geographie und kein geschriebenes Recht. Folgerichtig empfinden südafrikanische Schwarze auch die freie Marktwirtschaft und -gesellschaft, in der wir Weiße leben, als ihnen aufgezwungen. Drittens schließlich sind westliches Demokratie- und Geschichtsverständnis völlig fremd für den traditionell erzogenen Afrikaner. Seine Kinder müssen sich denn auch enorm anstrengen, um den Anforderungen westlicher Erziehung zu genügen.

Frage: Muß es eine westliche Erziehung sein?

du Plessis: Ja, weil nur sie zu einem Arbeitsplatz führt – in Industrie und Handel. Ohne westliche Erziehung gibt es nur Armut – wie im Rest von Afrika.

Frage: Welche Universitätsausbildung bieten Sie den Schwarzen an?

du Plessis: Wir besitzen drei normale Universitäten sowie eine medizinische Hochschule für Schwarze. Darüber hinaus studieren mehrere hundert Schwarze an weißen Hochschulen –

Fächer wie Medizin, Ingenieurwesen, Architektur und so weiter. Neben diesen 15000 vom Ministerium für schwarze Erziehung betreuten Studenten ist eine hohe Zahl schwarzer Studenten an den Universitäten der unabhängigen Homelands Bophuthatswana, Transkei und Venda eingeschrieben; mehr als 12000 schließlich studieren an der Fernuniversität UNISA – womit wir auf insgesamt 40000 schwarze Universitätsstudenten in Südafrika kommen.

Frage: ... was immer noch sehr wenig ist.

du Plessis: Um dem zu begegnen, haben wir Anfang 1983 das dezentrale System der »VISTA-University« eingeführt – ein System, das die Universität zu den Studenten bringt und mit Tutoren arbeitet. An unseren bislang sechs VISTA-Einheiten studieren mittlerweile weit über 6000 junge Leute. Wir hoffen auf einen großen Erfolg dieses neuen Systems der Hochschulausbildung.

Frage: Sie könnten auch alle Universitäten für Schwarze öffnen.

du Plessis: Wir können nicht alle Universitäten für alle Leute öffnen. An bestimmten Universitäten haben wir mehrheitlich Studenten einer bestimmten Bevölkerungsgruppe – ohne allerdings auf wasserdichten Hochschulen zu bestehen.

Frage: Was tun Sie gegen den Mangel an technischen Fachkräften in Südafrika?

du Plessis: Wir besitzen inzwischen drei »Technikons« – technische Fachhochschulen – für Schwarze. Das Ministerium für Arbeit bildet Tausende schwarzer Arbeitnehmer in Sonderkursen fort; und auf Schulebene betreiben wir »technische Orientierungszentren«, wo schwarze Kinder zweieinhalb Stunden lang pro Woche technische Grundbegriffe erlernen. Überall im Lande schließlich entstehen für diese Kinder neue technische Colleges. Leider sind auch dafür die Ressourcen knapp – nicht die an Ziegelsteinen für Gebäude, sondern die an Dozenten. Fast alle guten Leute schnappt uns die Privatwirtschaft weg.

Frage: Werden Schwarz und Weiß jemals gleiche Bildungschancen besitzen in Südafrika?

du Plessis: Diese Regierung hat das Ziel gleicher Bildungschancen auf ihre Fahnen geschrieben. Es wird jedoch nicht einfach sein, es zu erreichen vor dem Hintergrund des Erste-/ Dritte-Welt-Gegensatzes in diesem Lande.

Frage: Sie haben mit anhaltenden Unruhen an den schwarzen Schulen zu kämpfen. Warum, glauben Sie, greifen schwarze Schüler zur Gewalt?

du Plessis: Ich weiß es nicht. Ich weiß nur, daß wir an unseren schwarzen Schulen darunter leiden. Gerade heute las ich einen Bericht, demzufolge letzte Woche eine Horde junger Leute in ein Klassenzimmer eindrang. Mit Messern in der Hand warfen die Unruhestifter den Lehrer hinaus und zerrissen die Prüfungsunterlagen der Kinder, die gerade eine Arbeit schrieben. Ich weiß nicht, was Jugendliche zu einem solchen Verhalten motiviert. Ich sähe es lieber, wenn sie die Messer hinlegen und mit dem Füllhalter in der Hand für ihre Zukunft arbeiten würden.

Dawid de Villiers, südafrikanischer Minister für Handel und Industrie

Dawid de Villiers, geboren am 07.10.1940, schloß sein Philosophie- und Theologiestudium mit der Promotion in Philosophie ab. Ab 1963 zunächst Philosophiedozent, dann Pfarrer der »Nederduitse Gereformeerde Kerk«, machte er Karriere als Rugby-Spieler und wurde 1972 für die »Nasionale Party« ins Parlament gewählt. 1979 wurde er südafrikanischer Botschafter in Großbritannien, am 07.10.1980 Minister für Handel und Industrie. Er ist verheiratet und hat vier Kinder.

Frage: Die USA und jetzt auch Japan, Herr Minister, haben ein begrenztes Computer-Embargo gegen Ihr Land verhängt. Wird Südafrika selber Computer produzieren müssen?

de Villiers: Diese Sanktionen seitens der USA und Japan betreffen lediglich Computer, die von den südafrikanischen Sicherheitskräften und der Regierung benutzt werden können. Die Maßnahmen beeinträchtigen unsere wirtschaftliche Entwicklung nicht im geringsten.

Frage: Die USA und andere Länder lassen auch keine »Krügerrand« mehr die Grenze passieren.

de Villiers: Mit Sicherheit begrüßen wir dies nicht. Die Politisierung des internationalen Handels schadet kurzfristig Südafrika, langfristig jedoch dem Handel insgesamt. Davon abgesehen: neben dem »Krügerrand« gibt es andere Münzen aus südafrikanischem Gold – und Goldbarren. Wir werden auch weiterhin viel Gold verkaufen in der Welt.

Frage: Fließen wegen der politischen Entwicklung der letzten Monate weniger Investitionen nach Südafrika?

de Villiers: Die Investitionsentscheidung eines Unternehmens wird nicht von politischen, sondern von wirtschaftlichen Erwägungen bestimmt. Wenn man einen wachsenden Markt und gute Ertragschancen sieht, dann investiert man, sonst nicht. Diese Tatsache gilt auch 1985/86.

Frage: Welche soziale Rolle spielen ausländische Firmen in Ihrem Land?

de Villiers: Ausländische und gerade deutsche Investoren haben erheblich zur Entwicklung Südafrikas und seiner Wirtschaft beigetragen. Sie haben Arbeitsplätze geschaffen und die Lebensqualität besonders der schwarzen Bevölkerung verbessert. Durch ihre fortdauernde Präsenz werden sie helfen, die wirtschaftliche Basis zu legen für fortdauernde Reformen seitens der Regierung. Eins ist doch klar: Nur wenn die Wirtschaft läuft, wächst der Spielraum für Reformen. Eine gesunde Wirtschaft ist geradezu unabdingbar für Reform und Entwicklung.

Frage: Die jüngsten Aktionen einiger amerikanischer Banken haben zu einer gesunden südafrikanischen Wirtschaft nicht gerade beigetragen.

de Villiers: Die Art, wie einige amerikanische Banken – trotz aller Kreditwürdigkeit der südafrikanischen Wirtschaft – auf der Rückzahlung ihrer kurzfristigen Kredite bestanden, hat Probleme verursacht für uns. Kein Land – wie gesund auch immer – kann sofort alle seine Schulden zurückzahlen. Deshalb mußte die südafrikanische Regierung ein Moratorium verhängen. Mit Hilfe des als Vermittler eingesetzten Schweizer Bankiers Leutwiler hoffen wir, vernünftige Vereinbarungen mit den betreffenden Banken zu erreichen.

Frage: Braucht Südafrika auf Dauer ausländisches Kapital?

de Villiers: Jedes Entwicklungsland braucht ausländisches Kapital, um ein akzeptables Wirtschaftswachstum zu erzielen. Südafrika kann seinen Bedarf zum großen Teil selbst decken. Ohne ausländisches Kapital jedoch würde die jährliche Wachstumsrate um rund ein bis zwei Prozent pro Jahr niedriger ausfallen. Das würde heißen: weniger Jobs für die rasant wachsende Zahl vor allem schwarzer Arbeitsuchender.

Frage: Werden Sie wegen Ihrer Währungsprobleme den Wechselkurs des Rand kontrollieren müssen?

de Villiers: Wir würden uns gern an den Markt halten – auch was den Wechselkurs angeht. Manchmal jedoch zwingen einen Geschehnisse außerhalb der eigenen Kontrolle zu Schritten, die man im Grunde nicht will – zum Beispiel zu einem Moratorium gegenüber bestimmten Banken.

Frage: Befindet sich die südafrikanische Wirtschaft insgesamt auf Erholungskurs?

de Villiers: Unsere Zahlungsbilanz – lange eine Achillesferse der südafrikanischen Wirtschaft – befindet sich in ausgezeichnetem Zustand. Sie weist einen Überschuß von fünf Milliarden Rand im laufenden Jahr aus. Auch der Export ist im ersten Halbjahr 1985 gestiegen – um 43 % dem Umsatz, um zwölf bis 14 % dem Volumen nach. In allen Bereichen profitiert dieser Export vom derzeitigen Wechselkurs des Rand. Davon abgesehen sind die Zinsen gesunken – was, wie wir hoffen, auch die lokale Nachfrage stimulieren und damit zu Wachstum führen wird. Angesichts der derzeit vorliegenden Indikatoren erwarten wir einen allmählichen Aufschwung ab dem ersten Quartal 1986.

Frage: Eine strukturelle Schwäche der südafrikanischen Wirtschaft liegt in ihrer enormen Abhängigkeit vom Goldexport.

de Villiers: In einem Weißbuch, das sie 1985 vorgelegt hat, hat die Regierung diese Herausforderung angenommen. Es stimmt: Unsere Abhängigkeit vom Gold, das 50 % der südafrikanischen Exporterlöse einfährt, ist extrem hoch. Daß die südafrikanische Wirtschaft die Goldpreisschwankungen und die Dürre der letzten Jahre verkraftet hat, beweist zwar ihre Robustheit, ändert jedoch nichts daran, daß wir den Export auf eine breitere Basis stellen müssen. Auch mit Halbfertig- und Fertiggütern werden wir auf den Weltmärkten antreten müssen. Schon jetzt laufen mehrere erfolgreiche Programme zur Veredelung metallischer Rohstoffe. Auch die Verbesserung der Produktivität und des Technologietransfers haben wir in Angriff genommen.

Frage: Was tun Sie, um die so überaus niedrige Produktivität Ihrer Industrie zu erhöhen?

de Villiers: Das Problem der niedrigen Arbeitsproduktivität ist uns seit langem bewußt. Da ein Großteil der südafrikanischen Arbeitnehmer noch immer einen viel zu geringen Bildungsstand aufweist, müssen wir auf allen Ebenen ansetzen: Von der Schule über die technischen Colleges bis hin zum Arbeitsplatz versuchen wir, die Qualifikation der Leute zu verbessern und ihnen einen Sinn für Produktivität zu vermitteln – sowohl dem einfachen Arbeiter als auch dem Manager. Eine eigene Einrichtung, das »National Productivity Institute«, haben wir speziell auf die Verbesserung der industriellen Produktivität angesetzt.

Frage: Die Südafrikaner neigen dazu, mehr auszugeben, als sie verdienen. Wie versucht die Regierung, dieses Problem in den Griff zu bekommen?

de Villiers: Im zweiten Halbjahr 1984 mußten wir, um als Land nicht weiterhin über unsere Verhältnisse zu leben, die öffentlichen und privaten Ausgaben drastisch beschneiden. Das Ziel der Maßnahmen, die wir zum ersten Oktober 1984 ergriffen, war, die Inflation zu verringern und so den Weg für den nächsten Aufschwung zu bereiten. Das haben wir im wesentlichen erreicht. Nicht nur im privaten, sondern auch im öffentlichen Sektor sind die Ausgaben gesunken – was schwierig war angesichts all der sozialpolitischen Forderungen, die an die Regierung herangetragen werden. Trotz aller Forderungen wird diese Regierung jedoch auch in Zukunft den Pfad der Haushaltsdisziplin beschreiten.

Frage: Der Sparkurs hat auch eine Menge – vor allem schwarzer – Jobs gekostet.

de Villiers: Das ist richtig; schwere Nebenwirkungen konnten nicht vermieden werden. Die Schaffung neuer Arbeitsplätze hat denn auch aus heutiger Sicht eine mindestens ebenso hohe Bedeutung gewonnen wie die Bekämpfung der Inflation.

Frage: Glauben Sie nicht, daß die laufende Erhöhung der Steuern, besonders der Umsatzsteuer, jede wirtschaftliche Erholung im Keim erstickt?

de Villiers: Steuern sind eine Quelle staatlichen Einkommens. Und der südafrikanische Staat braucht Einkommen, um den vielfältigen Anforderungen, die an ihn gestellt werden, gerecht zu werden. Nichtsdestoweniger durchleuchtet derzeit eine spezielle Kommission unser Steuersystem – mit dem Ziel, es zukünftig möglichst gerecht und praktikabel zu gestalten. Schon heute sind zum Beispiel Grundnahrungsmittel von der Umsatzsteuer ausgenommen – die insofern auch ein Mittel der Einkommensumverteilung verkörpert.

Frage: Neben dem Steuersumpf behindert ein Wust von Bürokratie die Entwicklung der Wirtschaft. Vor allem der für Schwarze so wichtige informelle Sektor ist betroffen.

de Villiers: Die Bürokratie ist immer ein Sack, auf den man gern einschlägt. – Ja, wir haben zu viele Gesetze und Verordnungen in Südafrika, die gerade die kleinen Geschäfte des informellen Sektors behindern. Diese Bürokratie jedoch ist keineswegs immer auf dem Mist der Zentralregierung gewachsen. Sehr oft sind es die lokalen Behörden, die die private Initiative drangsalieren. Meine Regierung hat sich entschlossen, drastische Schritte dagegen zu unternehmen. Sie will, daß sich der informelle Sektor entwickelt – sowohl im Rahmen häuslicher Werkstätten als auch im Kleinhandel. Die Leute sollen die Chancen des Marktes wahrnehmen – ohne über die Barrieren überflüssiger Lizenzen und zu hoher Standards zu stolpern. Südafrika ist schließlich kein Land der Ersten Welt, sondern ein Entwicklungsland mit einer riesigen unterentwickelten Bevölkerungsgruppe. Diesen Menschen Maßstäbe der Industrieländer aufzuzwingen, halte ich für abwegig.

Frage: Halten Sie es nicht auch für abwegig, daß der südafrikanische Staat – fast wie im Sozialismus – jede Menge Industrien kontrolliert?

de Villiers: Wir sind sehr daran interessiert, zu privatisieren. Allerdings dürfen wir nicht bloß Staatsmonopole in private Monopole verwandeln. Die Gefahr dazu besteht angesichts der schon heute hohen Konzentration in unserer Wirtschaft. Wenn wir privatisieren, dann soll das kleinen und mittleren Geschäftsleuten nutzen sowie Arbeitsplätze schaffen. Unabhängig davon verbessern wir laufend die Wettbewerbsfähigkeit der staatlich kontrollierten Industrien – zum Beispiel im Stahlbereich. Den ISCOR-Konzern etwa haben wir jetzt der Konkurrenz von Stahlimporten ausgesetzt – was den Produktivitätszuwachs hoffentlich weiter beschleunigen wird.

Frage: Wie beurteilen Sie die Rolle schwarzer Gewerkschaften in der südafrikanischen Wirtschaft?

de Villiers: Ich glaube, die südafrikanischen Gewerkschaften operieren heute in einem gesetzlichen Rahmen, der dem der meisten Industrieländer entspricht. Die Arbeitsgesetzgebung bietet den Gewerkschaften optimale Möglichkeiten, bessere Löhne und Arbeitsbedingungen durchzusetzen. All das gilt auch für die schwarzen Gewerkschaften.

Frage: Lange Zeit hat Ihre Regierung überaus umstrittene und erfolglose Konzepte wirtschaftlicher Dezentralisierung und regionaler Entwicklung vorangetrieben ...

de Villiers: Vor dem Hintergrund erheblicher regionaler Ungleichgewichte in Südafrika halten wir die regionale Entwicklung für ein sehr wichtiges Element sowohl der Wirtschafts- und Arbeitsmarkt- als auch der Siedlungspolitik. Ein erster Versuch wirtschaftlicher Dezentralisierung, der 1960 einsetzte, war nicht besonders erfolgreich. 1982 jedoch haben wir ein neues Konzept in Kraft gesetzt – ein Konzept, das sich aus heutiger Sicht sehr vielversprechend ausnimmt. Das neue Maßnahmenpaket ist nicht auf die schwarzen Staaten oder – wie Sie sagen – Homelands begrenzt, sondern findet Anwendung in neun regionenübergreifenden Entwicklungszonen innerhalb Südafrikas. Potentiellen Investoren werden zunächst kurzfristige Anreize geboten – bar auf die Hand auszuzahlende Lohnsubventionen zum Beispiel; langfristig offerieren wir – um für den schlechten Zugang zum Markt zu entschädigen – auch Sondertarife beim Eisenbahntransport.

Frage: Führer der südafrikanischen Wirtschaft sprachen vor kurzem mit Vertretern des ANC. Glauben Sie nicht, daß dieses Gespräch mit einer zweifellos einflußreichen Organisation überfällig war?

de Villiers: Dieses Treffen war – wie sie selbst ausdrücklich betonten – eine Privatveranstaltung der betreffenden Wirtschaftsführer. Diese Leute hatten kein Mandat der Geschäftswelt als ganzer. Wir, die südafrikanische Regierung, haben immer wieder hervorgehoben, daß wir alle schwarzen Führer, die ein neues Südafrika durch Verhandlungen aufbauen wollen, zu eben diesen Verhandlungen einladen – mit offener Tagesordnung. Mit Leuten jedoch, die Gewalt als einziges Mittel zum Wandel in Südafrika ansehen, mit solchen Leuten hat es keinen Sinn zu sprechen.

VIII.
Experten

Prof. Lawrence Schlemmer, Soziologe

Lawrence Schlemmer studierte Soziologie und lehrte von 1961 bis 1964 an der »University of the Witwatersrand« in Johannesburg. Nach acht Jahren als »Research Fellow« an der »University of Natal« wurde er 1972 als Professor Direktor des »Centre for Applied Social Studies« dieser Hochschule. Er ist Mitglied des »Human Sciences Research Council«, Direktor des »Inkatha-Institute« und seit 1983 Präsident des »South African Institute of Race Relations«. Von 1980 bis 1982 führte er das Sekretariat der Buthelezi-Kommission. Er ist Autor und Herausgeber einer Vielzahl von Publikationen zum sozialen und politischen Wandel in Südafrika.

Frage: Ein Jahr Unruhen, und kein Ende, Herr Professor Schlemmer. Wo siedelt der kritische Sozialwissenschaftler die Ursachen an?

Schlemmer: Die Unruhen lassen sich auf über ein Dutzend Faktoren zurückführen, soziale und politische. Zu den sozialen Ursachen gehören die durch die Wirtschaftsrezession bedingte hohe Jugendarbeitslosigkeit, der infolge der Rezession sinkende Lebensstandard der Schwarzen, der Wohnungsmangel in ihren Wohngebieten sowie die Tatsache, daß die Townships jungen Leuten sehr wenig Abwechslung und Unterhaltung bieten. Hinzu kommen die Pleite der lokalen Selbstverwaltung und der interessante Umstand, daß die schwarze Elite lieber heute als morgen in weiße Wohngebiete umziehen würde. Deshalb versucht diese Elite, die Ghettos zu destabilisieren, und diskreditiert jede positive Entwicklung dort. Zu den politischen Unruhefaktoren gehört natürlich, daß der ANC nach dem Vertrag von Nkomati seine Strategie umstellen mußte. Seine Aktionen setzen jetzt mehr im Lande an als draußen. Des weiteren hat die Einbeziehung der Mischlinge und Inder ins politische System die Schwarzen in tiefer Frustration zurückgelassen. Viele UDF-Organisationen sind – enttäuscht von den Ergebnissen mehr konventioneller Proteststrategien – zur Konfrontation übergegangen. Sie wollen vielleicht keine Gewalt, können diese aber angesichts der Spannungen in den Townships selten verhindern. Dort ist mit den Reformankündigungen der Regierung auch das Gefühl einer flexiblen Lage eingezogen; Schwarze getrauen sich, ihre Anliegen nachdrücklicher als bisher vorzutragen.

Frage: Populärste schwarze Organisation dürfte – zumindest bei den Protestierenden – nach wie vor der ANC sein.

Schlemmer: Die Popularität des ANC beruht auf seinem Versprechen, die schwarzen Südafrikaner zu befreien. Deshalb wird er von vielen verbal unterstützt. Die Zahl derjenigen, die dem ANC mit Taten helfen würden, dürfte wesentlich niedriger liegen. Aber er ist – beruhend auf dem Mythos seines Freiheitskampfes – zweifellos die populärste Bewegung unter den Schwarzen.

Frage: Der ANC will Revolution. Kriegt er die?

Schlemmer: Schon immer seit der Jahrhundertwende haben bestimmte Organisationen den Schwarzen gesagt, daß sie aufstehen und mit der Revolution anfangen sollen. Aber die Schwarzen Südafrikas sind sehr praktisch eingestellte Leute. Sie prüfen die Erfolgschancen, und dann merken sie, daß die Regierung ein enormes Kontrollpotential besitzt; und zwar deshalb, weil Polizei und Armee völlig loyal zu ihr stehen. Das Ergebnis schwarzen Nachdenkens ist dann, daß sie merken: Mit Revolution oder Gewalt würden wir uns wahrscheinlich ins eigene Fleisch schneiden. Schwarze Menschen in Südafrika sind auch deshalb sehr vorsichtig, weil sie viel zu verlieren haben. Sie konzentrieren sich auf bestimmte einzelne Probleme, die sie gelöst haben wollen: Mietfragen zum Beispiel, Lohnstreitereien oder Fahrpreiserhöhungen. Aber die große Mehrheit der Schwarzen glaubt nicht, daß sie zur Lösung dieser Probleme nun unbedingt eine Revolution anzetteln müssen.

Frage: Welche schwarzen Organisationen – wenn nicht der ANC – werden den Wandel mitbestimmen?

Schlemmer: Ich glaube, daß Inkatha und ähnliche Bewegungen mehr Einfluß haben werden, einfach deshalb, weil Inkatha eine Basisbewegung ist. Inkatha besitzt eine Massenmitgliedschaft im einfachen Volk, sie sitzt an den Graswurzeln sozusagen. Und ich glaube, daß jede Regierung diese Art von Massenmitgliedschaft respektiert.

Frage: Wie perzipieren Inkatha auf der einen und die UDF auf der anderen Seite die derzeitigen Machtverhältnisse?

Schlemmer: Ein grundlegender Unterschied zwischen Inkatha und der UDF liegt darin, daß die Inkatha-Führer mehr von Machtpolitik verstehen. Inkathas Diagnose lautet, daß die weiße Regierung nach wie vor sehr stark ist; sie verfügt über eine enorme militärische Macht, mit der sie leicht jeden Aufstand niederschlagen kann. Deshalb glaubt Inkatha nicht an eine Politik der Konfrontation. Die Schwarzen würden viele Schlachten verlieren, bevor sie schließlich einen Pyrrhus-Sieg davontragen würden. Um dem zu entgehen, versucht Inkatha, mit der organisatorischen Kraft von über einer Million Mitgliedern das System von innen her zu überwinden.

Frage: Wo besitzt Inkatha ihre soziale Basis?

Schlemmer: Inkathas Basis findet sich unter einfachen Arbeitern – besonders auch Wanderarbeitern – und Bauern, weniger unter arbeitslosen Jugendlichen, die bei den Unruhen eine wichtige Rolle spielen. Die Basis unter Nicht-Zulus ist bislang eher schmal. Das dürfte sich ändern, sobald Inkatha im Osten Südafrikas, also in Natal/KwaZulu eine multirassische Regierung erreicht hat.

Frage: Derzeit scheint Inkatha ja eher an Popularität zu verlieren.

Schlemmer: In Phasen heißen Protests ist die Popularität Inkathas immer etwas gesunken, danach aber umso stärker wieder angestiegen. Inkatha besitzt eine sehr straffe Organisation und – wenn man die Familien der Mitglieder einbezieht – eine stabile Massenbasis von mehreren Millionen Menschen. Sobald die Demonstranten in den Townships erschöpft sind, wird ein vorübergehender Anhängerverlust mehr als ausgeglichen. Aus den derzeitigen Unruhen dürfte eher die UDF wesentlich geschwächt hervorgehen; der ANC und Inkatha – die nicht direkt involviert sind und denen daher auch nicht der

Makel des Versagens anhaften wird – werden stärkste Kräfte bleiben.

Frage: Auf der anderen Seite des politischen Spektrums formiert sich die Rechte. Hat Treurnicht Chancen, Botha abzulösen?

Schlemmer: Die rechten Parteien werden, wenn die Regierung auf Reformkurs bleibt, nicht die Macht übernehmen. Sie werden allenfalls die Zahl ihrer Parlamentssitze auf 30 oder 35 verdoppeln. Gefährlich allerdings wird es, wenn die Regierung die Kontrolle über die Unruhen verliert und wenn sich – als Resultat von politischen Streiks, Sanktionen und so weiter – die Wirtschaftskrise verschärft. Dann könnte die Rechte tatsächlich ans Ruder kommen.

Frage: Unter den politischen »pressure groups« spielen in Südafrika die Kirchen traditionell eine wichtige Rolle, in letzter Zeit vor allem der »Südafrikanische Kirchenrat«.

Schlemmer: Der »Südafrikanische Kirchenrat« hat in der Vergangenheit eine sehr konstruktive Rolle gespielt; er ist das Gewissen Südafrikas gewesen; er hat die Verantwortung des Christen für Gerechtigkeit und Chancengleichheit ins Bewußtsein der Öffentlichkeit gerufen. In letzter Zeit jedoch ist der Kirchenrat immer mehr umstritten. Man erwägt Dinge wie zivilen Ungehorsam und weist Gewalt seitens der Schwarzen nur noch halbherzig zurück – mit dem Ergebnis, daß Angehörige etlicher Mitgliedskirchen aufbegehren, weiße und schwarze. Problematisch ist auch die Haltung zum Disinvestment. Wissen Sie: schwarze Menschen sind sehr religiös; und ein militantes politisches Programm paßt schlecht zu christlicher Religiosität.

Frage: Bei den burischen Kirchen scheint das anders zu sein.

Schlemmer: In den burischen Kirchen läuft zur Zeit eine sehr interessante Debatte – angeregt durch die wachsende Opposition innerhalb der schwarzen Schwesterkirchen. Dort weist man die konservative Haltung der weißen Kirchen immer entschiedener zurück. Heiß diskutiert wird vor allem in der größten Burenkirche, der »Nederduitse Gereformeerde Kerk« und der kleineren »Gereformeerde Kerk«. Die dritte niederländisch reformierte Kirche allerdings, die »Nederduitsch Hervormde Kerk«, erscheint in ihrer konservativen Haltung wie erstarrt. Binnen weniger Jahre dürften die beiden liberaleren Kirchen zur offenen Verdammung der Apartheid übergehen und entsprechenden Einfluß auf die Regierung ausüben.

Frage: Wirksamer als alle Kirchen zusammen beeinflussen momentan Wirtschaftsunternehmen den Prozeß des Wandels. Worauf führen Sie das zurück?

Schlemmer: Unter den potentiell einflußreichen »pressure groups« gibt es die Kirchen, die schwarzen Organisationen, die Regierungen des westlichen Auslands und schließlich die Geschäftswelt. Die Kirchen sind in sich zersplittert, die schwarzen Organisationen ebenfalls – was durch die Anwendung von Gewalt noch verstärkt wird. Der Einfluß der ausländischen Regierungen sinkt, je mehr sie eine negative und ungerechte Haltung gegenüber Südafrika einnehmen. Die knallharte Zurückweisung jüngster westlicher Forderungen durch Staatspräsident Botha zeigt das überdeutlich. Bleiben die Geschäftsleute, die ich für sehr wichtig halte. Sie sind in Südafrika dem Rest der Welt insofern voraus, als sie vereint Reformen vorantreiben – durch die »Urban Foundation«, durch die Kammern, durch gemeinsame Resolutionen. Und die Regierung respektiert die Geschäftsleute – weil sie ganz offen aus ureigenen Interessen heraus handeln. Sie wollen das Umfeld ihrer Operationen sichern, ihre Profitabilität und eine stabile Versorgung mit Arbeitskräften. Sie sind – im Gegensatz zu Kirchen und ausländischen Regierungen mit ihren doppelten Maßstäben – ehrlich und damit ein kalkulierbarer Faktor.

Frage: Teilen Sie die Meinung, daß ausländische Unternehmen zu den Speerspitzen der Reform gehören?

Schlemmer: Ohne jeden Zweifel haben ausländische Firmen bessere Arbeitsbedingungen für Schwarze als südafrikanische Firmen. Das bekräftigt eine Studie, die ich vor kurzem veröffentlicht habe. Festgestellt habe ich darin unter anderem, daß neun von zehn schwarzen Fabrikarbeitern lieber für eine ausländische Firma arbeiten würden als für eine südafrikanische. Besonders für schwarze Erziehung, die Ausbildung schwarzer Arbeitskräfte und die Entwicklung der Arbeitsbeziehungen leisten ausländische Unternehmen eine Menge.

Frage: Was würde passieren, wenn die ausländischen Unternehmen ihre Koffer packen würden?

Schlemmer: Wenn ein Unternehmen tatsächlich so weit gehen würde, seine Investitionen abzuziehen, dann wären erstens sofort Firmen aus Fernost zur Stelle, Firmen aus Taiwan oder aus Südkorea. Zu sehr niedrigen Preisen würden diese Firmen Ausrüstung, Produktionsanlagen und Fabrikgebäude aufkaufen. Fernöstliche Gesellschaften würden dann den Geschäftsbetrieb fortführen, allerdings ohne jedes Interesse an Reformen. Vielleicht würden auch südafrikanische Firmen die Anlagen kaufen, zu Schleuderpreisen versteht sich. Zweitens würde sich natürlich das südafrikanische Wirtschaftswachstum verlangsamen, nach Schätzungen um rund ein halbes Prozent pro Jahr. Dies jedoch würde nicht im mindesten die Macht der Regierung unterminieren. Unterminieren würde es allerdings die Wirtschaftskraft und Beschäftigung der Schwarzen. Die Disinvestment-Strategie hat folglich einzig den Sinn, europäischen und amerikanischen Aktivisten ein gutes Gefühl zu vermitteln. Für Südafrika ist sie absolut nutzlos.

Frage: Viel Hoffnung wird – auch von den Anhängern des Disinvestments – in die junge schwarze Gewerkschaftsbewegung gesetzt. Gestehen Sie ihr eine politische Rolle zu?

Schlemmer: Momentan können Gewerkschaften größere Erfolge bei ihren Mitgliedern erzielen, wenn sie sich auf wirtschaftliche Fragen wie Lohnerhöhungen, Entlassungsprozeduren und die Situation am Arbeitsplatz konzentrieren. Der einfache Arbeiter will in erster Linie seinen Job behalten. Dennoch kann man in Südafrika wirtschaftliche Anliegen natürlich nicht von politischen trennen. Die Frage ist nur: Wann gerät eine Gewerkschaft in so starke Opposition zur Regierung, daß sie aufgrund von Repressalien Rückschläge auch seitens der Mitglieder einstecken muß? Was Streiks angeht, gilt, daß Südafrika einen Überschuß an Arbeitskräften besitzt. Unternehmer und Regierung können streikende Gewerkschafter leicht durch Arbeitslose ersetzen. Davon abgesehen können Streiks nur so lange dauern, wie die Leute zu essen haben. Fazit: die Gewerkschaften werden entschieden, aber immer im Bewußtsein ihrer sehr begrenzten Macht, vorgehen müssen.

Frage: Wie schätzen Sie die Waffe des Konsumentenboykotts ein?

Schlemmer: Diese Konsumentenboykotts schaden, da die Ware ja irgendwie den Kunden erreichen muß, der Wirtschaft als ganzer überhaupt nicht. Sie schaden bestimmten Geschäftsleuten und nutzen anderen. Die Marktanteile werden ein wenig zugunsten schwarzer Geschäftsleute verschoben.

Frage: Hinter den verschiedenen Formen schwarzen Protests stehen schwere soziale Probleme. Eins dieser Probleme heißt Arbeitslosigkeit.

Schlemmer: Das Problem der Arbeitslosigkeit werden wir wohl nicht lösen, hauptsächlich aus zwei Gründen: Erstens wird die laufende Disinvestment-Kampagne das Wirtschaftswachstum wenig, aber merklich reduzieren. Zweitens werden die Gewerkschaften höhere Löhne verlangen und die schließlich auch bekommen; das wiederum wird die Industrie zwingen, die Produktivität des einzelnen Arbeiters nachhaltig zu steigern – durch Mechanisierung, bessere Ausbildung und andere Techniken der Rationalisierung. Es wird ein gespaltenes Proletariat entstehen: die beschäftigten Industriearbeiter als eine privilegierte Gruppe und die wachsende Masse der Arbeitslosen als eine Art proletarischer Unterschicht. Diese Unterschicht wird der informelle Sektor absorbieren müssen, den wir so schnell wie möglich entwickeln müssen. Nur er ermöglicht das Überleben dieser Menschen.

Frage: Bitte beschreiben Sie, was in Südafrika »informeller Sektor« heißt.

Schlemmer: Es handelt sich um kleine, nicht registrierte Geschäfte, die in Wohnungen arbeiten, in Garagen und an Straßenecken; Geschäfte, die Gemüse verkaufen, nicht registrierte Taxis und Mini-Busse betreiben, Autos reparieren, Bier brauen oder sogar Marihuana anbauen. Solche Unternehmen haben vielleicht einen oder zwei Beschäftigte.

Frage: Hauptgrund für schwarze Arbeitslosigkeit ist das schlechte schwarze Erziehungswesen. Pretoria will dem – mit enormen Bildungsinvestitionen – jetzt abhelfen.

Schlemmer: Ich bin nicht besonders optimistisch, was Erziehung in Südafrika angeht. Sicher, die Regierung gibt mehr und mehr Geld für schwarze Erziehung aus. Um jedoch den Rückstand zur weißen aufzuholen, müssen ihr die besten Ressourcen – in Planung, Ausrüstung, Lehre und Verwaltung – zur Verfügung stehen. Das jedoch scheitert am Beharren der Regierung auf nach Rassen getrennten Erziehungsministerien – mit dem Ergebnis, daß Schwarze die den anderen Ministerien zugeordneten besten Ressourcen eben nicht nutzen können; schwarze Erziehung muß bei Null anfangen. Ein weiteres Problem liegt – so unsere Forschungsergebnisse – darin, daß schwarze Lehrer weniger motiviert sind als weiße – obwohl sie inzwischen bei gleicher Qualifikation die gleiche Bezahlung erhalten. Sie lehren auch anders als ihre weißen Kollegen; sie lassen mehr mechanisch auswendig lernen und memorieren – was dann dazu führt, daß der schwarze Schulabgänger für seinen Arbeitgeber weniger verwendbar ist. Ihm fehlen selbständiges Denken und Eigeninitiative.

Frage: Sollte man da nicht einfach die Rassentrennung an den Schulen abschaffen?

Schlemmer: Ich plädiere nicht für eine überstürzte Integration der Schulen. Das würde zu einem Aufstand der Weißen führen. Aber ich glaube, daß in den Städten große High Schools geschaffen werden können, die auch schwarzen Schülern unsere besten Ressourcen zur Verfügung stellen. Die geeigneten Schüler könnte man nach Maßgabe ihrer bisherigen Leistungen ermitteln. Nur so produzieren wir einigermaßen schnell den nötigen, qualitativ hochwertigen Schüler-Output.

Frage: Derzeit nutzt ein rein formaler Schulabschluß den jungen Leuten sehr wenig bei der Suche nach Arbeit.

Schlemmer: Das Problem ist doch, daß sich in den letzten zehn Jahren die Zahl der Schwarzen, die eine High School besuchen, mehr als verzehnfacht hat – mit der Konsequenz, daß die Klassen immer größer werden, der Unterricht immer schlechter und die Durchfallquoten immer höher. Vor fünf Jahren schafften noch 65 % den Abschluß, heute sind es gerade 35 %. Die Abbrecher – schlecht ausgebildete Jugendliche mit dennoch hohen Erwartungen – finden keinen Job und gehen – wen wundert's – auf die Straße, um zu protestieren. Für diese jungen Leute brauchen wir dringend breit angelegte Programme der Berufsausbildung an technischen Schulen. Die jedoch sind nur möglich mit Geld, Fachkräften und Vertrauen in die politische Zukunft des Landes.

Frage: Dieses Vertrauen kann einem schon allein der Blick auf das Bevölkerungswachstum nehmen.

Schlemmer: Wie alle Entwicklungsländer hat auch Südafrika ein hohes Bevölkerungswachstum. Die Zahl der Schwarzen wächst um 2,9 % jährlich. Daran jedoch können wir nichts ändern; wir müssen damit leben und das Beste daraus machen.

Frage: Was heißt »damit leben«? Schließt die Kultur der südafrikanischen Schwarzen Familienplanung aus?

Schlemmer: Die Gründe sind nicht primär kultureller, sondern sehr politischer Natur. Schwarze sehen keinen Grund, ihre Geburtenrate zu senken, solange die Weißen das nicht auch tun. Eine weiße Regierung kann daran nichts ändern. Und für jeden schwarzen Führer wäre es politischer Selbstmord, von Geburtenkontrolle momentan auch nur zu sprechen. KwaZulu geht schon sehr, sehr weit, indem es vorsichtig zur Familienplanung anregt.

Frage: Kulturell mitbedingt ist aber wohl die niedrige Produktivität vieler schwarzer Arbeiter, über die fast jeder Unternehmer hier sein Klagelied singt.

Schlemmer: Auch hier dürfen Sie kulturelle Faktoren nicht überbewerten. Die Produktivitätsprobleme schwarzer Arbeiter haben mehrere Ursachen. Zunächst sind die meisten Schwarzen – besonders in Mathematik und den Naturwissenschaften – schlecht vorgebildet; es fehlt ihnen zum Teil deswegen das nötige Selbstbewußtsein und in gehobenen Positionen – im Gegensatz zu ihren weißen Kollegen – die soziale Unterstützung; sie fühlen sich isoliert. Der Schlüssel zur Lösung dieser – und auch der damit verbundenen kulturellen – Probleme heißt wiederum: angemessene Ausbildung.

Frage: Das Ansehen schwarzer Südafrikaner, besonders der Zulus, leidet gelegentlich unter Eruptionen brutaler Gewalt, besonders in den sogenannten »faction fights«. Was sind das für Kleinkriege?

Schlemmer: Zu »faction fights« kommt es meist zwischen

Clans, die dasselbe Stück Land beanspruchen oder deren Vieh sehr nahe beieinander weidet. Sie sind das Resultat sozialer Spannungen, eines Gefühls des Bedrohtseins, das von den Betroffenen Besitz ergriffen hat. Da durch die »faction fights« viele Menschen getötet und Ansätze schwarzer Einheit im Keim erstickt werden, halte ich sie für ein ernstes Hindernis auf dem Weg des Fortschritts. Sie nähren das Image vom streitsüchtigen und mordenden Wilden.

Frage: Was kann man tun?

Schlemmer: Auch in diesem Institut haben wir über Rezepte nachgedacht. Ich glaube, man muß die kommunale Entwicklung fördern, die Leute mehr voneinander abhängig machen; dann neigen sie weniger dazu, sich zu bekämpfen. Die Regierung von KwaZulu verfolgt diesen Kurs – was natürlich teuer ist und keine schnellen und spektakulären Erfolge zeitigen wird.

Frage: Kommunale Entwicklung – das klingt euphemistisch angesichts der inzwischen über eine Million Menschen, die in den sogenannten »shack areas«, den Slums rund um Durban, leben. Erstaunlicherweise ist es dort bislang relativ ruhig.

Schlemmer: Ich sehe keine explosive Situation in den Slums, solange die Regierung die Leute in Ruhe läßt. Diese Slums lösen doch – zumindest vorläufig – das Wohnungsproblem. Man zahlt eine sehr geringe Miete – vielleicht acht Rand im Monat –, kann ein wenig Gemüse anbauen, einige Ziegen halten – und wird wohl auch friedlich bleiben, solange die Regierung sich zurückhält.

Frage: Die von der Regierung kontrollierte Selbstverwaltung in Townships wie Soweto liegt offenbar in den letzten Zügen.

Schlemmer: Bevor lokale Selbstverwaltung funktionieren kann, müssen fundamentale soziale Probleme gelöst werden. Die Regierung muß zum Beispiel die Leute ihre eigenen Häuser bauen lassen, um die Überbelegung der vorhandenen zu mildern; sie muß Land dafür bereitstellen. Des weiteren müssen Schwarze auf nationaler Ebene an der Regierung teilhaben. Solange das nicht geschieht, werden sie sich mit lokaler Selbstverwaltung nur billig abgespeist vorkommen.

Frage: Heißt politische Teilhabe der Schwarzen auch für Sie »Ein Mensch – eine Stimme«?

Schlemmer: Eine Demokratie nach dem Muster »Ein Mensch – eine Stimme« paßt zu hochentwickelten Gesellschaften – zu Deutschland, Holland, Großbritannien und den USA. Dort sind die Unterschiede zwischen den relevanten politischen Gruppen so klein, daß keine das gesamte System in Frage stellt. Die Opposition ist grundsätzlich loyal. Die britische »Labour Party« wird vielleicht einige Industrien mehr verstaatlichen, die »Konserwatiwe Party« einige mehr privatisieren; aber das System als Ganzes bleibt erhalten. In unterentwickelten Ländern ist das anders: Dort ist es sehr wohl möglich, daß eine Partei das ganze System auf den Kopf stellt. Demokratie funktioniert nicht, weil unterschiedliche politische Gruppen kompromißlos sehr unterschiedliche Gesellschaftsentwürfe verfolgen. In Afrika zum Beispiel haben wir jede Menge Ein-Parteien-Regime und Militärdiktaturen, aber nur sehr wenige Mehr-Parteien-Systeme. Das hat nichts damit zu tun, daß die Menschen schwarz sind oder komische Kulturen haben. Die sozialen Spannungen sind einfach so groß und die Forderungen so radikal, daß man von keiner Partei die Einhaltung der Spielregeln erwarten kann. Jede Partei spielt ihr eigenes Spiel; und deshalb gibt es keine Demokratie in Südafrika. Südafrika nun ist ein Teil von Afrika. Die politischen Ziele der Schwarzen stehen denen der Weißen diametral entgegen. Und die Weißen wissen: Wenn sie eine Wahl des Typs »Ein Mensch – eine Stimme« verlieren, dann haben sie für immer verloren. Deshalb kann ein Mehr-Parteien-System des Typs »Ein Mensch – eine Stimme« im Südafrika von heute nicht funktionieren. Man muß in eine andere Richtung denken, föderale Demokratieformen und Formen der Konkordanzdemokratie erwägen, Formen eines Parlamentarismus mit Minderheitenschutz. Da liegt die Lösung für unser Land.

Frage: Vorerst jedoch geht die Homeland-Politik weiter. Soeben hat KwaNdebele die sogenannte »Unabhängigkeit« angenommen.

Schlemmer: Höchstens noch zwei Homelands – eins davon ist KwaNdebele – werden die sogenannte »Unabhängigkeit« akzeptieren. KwaZulu und mindestens zwei andere werden dem Drängen der Regierung auf keinen Fall nachgeben.

Frage: KwaZulu soll – wenn es nach der von Ihnen geleiteten Buthelezi-Kommission geht – eine Pionierrolle spielen bei der Überwindung der »Großen Apartheid«. Was ist das Resümee der bisherigen Kommissionsarbeit?

Schlemmer: Die Buthelezi-Kommission kam zu der Grundeinsicht, daß Natal und KwaZulu nur als eine Region zu verwalten sind. Sie schlug vor, zunächst ein Kabinett zu bilden, das sich aus einer gleichen Anzahl Weißer und Schwarzer sowie indischen und farbigen Ministern zusammensetzt. Dieses Kabinett soll die Wahlkreise für die Wahl einer – in keiner Weise rassisch bestimmten – Legislative abstecken. Bei der Wahl soll das Prinzip »Ein Mensch – eine Stimme« gelten – wobei durch die Wahlkreiseinteilung ein gewisser Minderheitenschutz gewährleistet bleibt. Nichtsdestoweniger soll das Parlament mehrheitlich schwarz, das Kabinett allerdings nach konkordanzdemokratischem Muster zusammengesetzt sein. Ein weiterer Minderheitenschutz soll durch eine sehr weitgehende Dezentralisierung der Macht und ein Vetorecht für besondere Fälle garantiert werden. Im Ergebnis soll die Region Natal/KwaZulu eine rassenlose Provinz werden, verbunden mit dem Rest des Landes durch ein föderales System.

Frage: Bietet dieses Modell Attraktionen auch für die Regierung?

Schlemmer: Die Regierung kann mit Hilfe dieses Modells den Widerstand der Rechten gegen Verfassungsreformen umgehen. Sie kann Gebiete, in denen die Rechte nicht sehr stark ist, zu separaten Regionen erklären und dort ungestört Reformen durchführen. Für die Vertretung dieser Regionen auf nationaler Ebene könnte man eine spezielle Kammer schaffen. Die erste Region der neuen Art wäre zweifellos Natal/KwaZulu, weitere Kandidaten sind der Witwatersrand, das West- und das Ostkap.

Frage: Wie hat denn Pretoria bislang reagiert?

Schlemmer: Die Regierung hat die Empfehlungen der Buthelezi-Kommission zunächst scharf zurückgewiesen. Inzwischen jedoch sind sie auf der Ebene wirtschaftlicher Planung bereits verwirklicht; Schwarz und Weiß planen in offiziellen Gremien die Zukunft der ganzen Provinz; die Apartheid ist auf dieser Ebene praktisch abgeschafft. Daneben haben sich weiße Geschäftsleute und Kommunalpolitiker in einer ganzen Reihe von Resolutionen für die Empfehlungen der Kommission ausgesprochen. Das hat auch die Regierung, die sich allmählich um eine Einbeziehung der Schwarzen in die Verfassung kümmern muß, beeindruckt. Sie zeigt zunehmend Sympathie für den Plan. Innerhalb von fünf Jahren – da bin ich sicher – werden die entscheidenden Schritte getan sein.

Frage: Welche konstitutionelle Entwicklung sehen Sie für Südafrika als Ganzes voraus?

Schlemmer: Es dürfte für eine Reihe von Landesteilen – einschließlich der offiziell »unabhängigen« Homelands – regionale Lösungen geben, zusammengefaßt unter einem föderalen Dach. Neben dem bisherigen parlamentarischen System dürfte auf nationaler Ebene ein dem »President's Council« vergleichbares Gremium entstehen – mit Vertretern vor allem der städtischen Schwarzen. Sobald dann auch schwarze Minister im Kabinett sitzen, wird der Weg frei sein für eine evolutionäre Weiterentwicklung des Systems.

Frage: Werden die Unruhen aufhören?

Schlemmer: Die Regierung wird die Unruhen vorläufig unter Kontrolle bekommen. Doch es wird wieder unruhig werden, weil sich nach jedem Reformschritt irgendwelche Schwarzen übervorteilt vorkommen werden. Es wird Zyklen der Unruhe geben in den kommenden zehn, zwanzig Reformjahren. Kurz: Wandel ist in Südafrika ohne ein gewisses Maß an Unruhe nicht möglich. Ausländische Regierungen sollten diesen Prozeß verstehen lernen und entsprechend reagieren. Sie sollen weiter Druck auf Pretoria ausüben, aber nicht so wie zuletzt. Die jüngsten Reaktionen waren schlicht naiv und dilettantisch.

Cees Bruggemans, Ökonom

Cees Bruggemans, geboren am 10.10.1952, studierte Wirtschaftswissenschaften und promovierte 1984. Nach Zwischenstationen bei mehreren Großunternehmen in Südafrika ist er derzeit »group economist« bei der »Barclays National Bank« in Johannesburg. Daneben lehrt er Finanz- und Marketingwesen an der »University of the Witwatersrand«.

Frage: Die südafrikanische Wirtschaft steckt in einer Strukturkrise. Welche Faktoren wirken da zusammen?

Bruggemans: Zunächst ist Südafrika ein Land der Dritten Welt, wenngleich seine Volkswirtschaft sektoral ein Erste-Welt-Profil aufweist: Die Landwirtschaft trägt lediglich fünf Prozent zum Sozialprodukt bei, der Bergbau 14%, Industrie und Bauwesen 27%, der Dienstleistungssektor schließlich 54%. Die Statistik jedoch unterschlägt den dualistischen Charakter südafrikanischer Wirtschaft und Gesellschaft. Es gibt einerseits einen modernen städtischen Bereich, der die meisten Weißen, Mischlinge und Inder sowie über die Hälfte der Schwarzen beschäftigt; andererseits jedoch den unterentwikkelten ländlichen Bereich, der auf die traditionelle Landwirtschaft und erhebliche Geldüberweisungen aus Städten und Bergbaugebieten angewiesen ist.

Frage: Wie ist diese dualistische Struktur entstanden?

Bruggemans: Der moderne Sektor der südafrikanischen Wirtschaft entstand erst nach der Entdeckung von Gold und Diamanten in den 70er Jahren des letzten Jahrhunderts.

Die folgende rasche Entwicklung des Bergbaus internationalisierte unsere – bis dahin fast ausschließlich auf die Landwirtschaft gegründete – Wirtschaft. Bis in die 20er Jahre hinein wuchs der Anteil der Exporte – vorwiegend Bergbau und Agrarprodukte – am Sozialprodukt; Fertigwaren wurden importiert.

Frage: Wie wirkte sich der Erste Weltkrieg auf diesen Freihandel aus?

Bruggemans: Der Erste Weltkrieg, die Depression von 1922 sowie in deren Gefolge eine weltweite Tendenz zum Protektionismus begünstigten auch in Südafrika eine mehr nach innen gerichtete, nationalistische Wirtschaftspolitik. Südafrika begann, eine lokale Konsumgüterindustrie aufzubauen und diese gegen ausländische Konkurrenz abzuschotten. Verstärkt wurde diese Wende nach innen durch den – seit dem Nachkriegshoch von 1920 – dramatischen Verfall des Goldpreises. Die um sich greifende Meinung, Goldbergbau sei Ressourcenverschwendung, drängte die Regierung in eine überaus rigorose Industrieförderung. Man suchte eine neue, stabile – und vor allem von Südafrika aus kontrollierbare – Basis der Volkswirtschaft.

Frage: Seitdem hat es jahrzehntelang geboomt.

Bruggemans: In der Tat. 50 Jahre lang erlebte Südafrika eine Periode großen wirtschaftlichen Wohlstands und relativer politischer Stabilität, getragen vor allem von der überreichen Ausstattung mit natürlichen Ressourcen. Die Erhöhung des Goldpreises, die Erschließung weiterer Goldfelder im Oranje-Vrystaat, die wachsende Bedeutung anderer Rohstoffe wie Platin, Diamanten, Uran, Mangan, Chrom, Kupfer, Vanadium und Eisen – all das sorgte für ein stetiges Wachstum der südafrikanischen Exporte. Zum Wachstum trug daneben die weiterhin aggressive Politik der Importsubstitution bei. Diese Politik, der die relative Isolation im Zweiten Weltkrieg zusätzlichen Schub verlieh, wirkte sich ebenso positiv auf die Zahlungsbilanz aus wie massive Zuflüsse ausländischen Risikokapitals nach dem Krieg.

Frage: Wie lange hielt der Sonnenschein an?

Bruggemans: Das Jahr 1970 würde ich als Jahr der Wende

bezeichnen. Nach 20 Jahren Wachstum von durchschnittlich fünf Prozent pro Jahr sank ab 1970 die Wachstumsrate auf jährlich gerade 2,5 %. Diese Wachstumskrise ist größtenteils hausgemacht und wird auch nur von Südafrika aus behoben werden können.

Frage: Was waren die unmittelbaren Ursachen für die Verlangsamung des Wachstums?

Bruggemans: Unsere Rohstoffexporte erwiesen sich als abhängig vom Schicksal der westlichen Welt. Das Ende einer langen Wachstumsperiode in der Weltwirtschaft und der Beginn einer Periode der Stagnation – die wegen der gleichzeitig einsetzenden Energiekrise vor allem rohstoffintensive Industrien traf – verschärften abrupt die Rahmenbedingungen für Südafrikas Außenhandel. Leider nahmen die meisten Südafrikaner das zunächst nicht zur Kenntnis.

Frage: Warum nicht?

Bruggemans: Wegen ihres Goldes und ihrer Kohle. Beide profitierten zunächst von den globalen Verwerfungen der 70er Jahre. Die damit einhergehende Inflation hatte – verstärkt durch die Existenz kontrollierter Finanzmärkte – immense Wohlstandszuwächse vor allem für Südafrikas Weiße zur Folge. In rasantem Tempo stiegen quer durch den modernen Sektor die Reallöhne. Nichtsdestoweniger blieben die Wachstumsraten von je acht Prozent für 1975 und 1980 Ausnahmeerscheinungen in einem insgesamt schwachen Jahrzehnt. Und die Rohstoffpreise stabilisierten sich auch nicht auf dem erhofften hohen Niveau. Die Goldunze zum Beispiel sackte von 800 Dollar 1980 auf gut 300 Dollar heute.

Frage: Wie haben ausländische Investoren die wirtschaftliche Entwicklung der letzten Jahrzehnte beeinflußt?

Bruggemans: In den 50er und 60er Jahren zog Südafrika ausländische Investoren an wie das Licht die Fliegen. Das Land wuchs schnell, hatte sich dem System der freien Marktwirtschaft verschrieben, besaß eine zunächst stabile Gesellschaftsstruktur und barg nicht zuletzt einen vielversprechenden Massenmarkt – es war ein ideales Ziel für privates Risikokapital. In der Zeit der Blüte jedoch ließ sich Südafrika auf den politischen Luxus der »getrennten Entwicklung« ein – was den wirtschaftlichen Fortschritt zunächst nicht allzusehr zu behindern schien. Im Laufe der Zeit jedoch trug auch die wachsende ausländische Kritik zu einer Situation bei, in der sich besonders die privaten Hände immer mehr im Ausland verschulden mußten.

Frage: Warum verschuldeten sie sich?

Bruggemans: Diese Verschuldung ist Folge von Fehleinschätzungen. 1983/84 war angesichts des rapide sinkenden Goldpreises die Verringerung der südafrikanischen Exportkraft unübersehbar geworden; die unmittelbare Reaktion der Privaten jedoch hieß nicht Anpassung, sondern Unglauben. Mit einer nie dagewesenen Inanspruchnahme kurzfristiger Kredite versuchte man, seine »vorübergehenden« Zahlungsprobleme in den Griff zu bekommen. Die Bevölkerung lebte weiter in einer Boom-Mentalität, die in den völlig fehlplazierten Mini-Boom von 1983/84 und damit in die Notwendigkeit drastischer Korrekturen seitens der Regierung mündete.

Frage: Wie beurteilen Sie den Erfolg dieser Korrekturen des Finanzministers Barend du Plessis?

Bruggemans: Mit Hilfe stark erhöhter Zinsen und Steuern gelang es ihm, die künstlich angeheizte Konjunktur abzukühlen. Mitte 1985 hatten wir – auf das Jahr bezogen – bereits wieder einen Zahlungsbilanzüberschuß von sechs Milliarden Rand. Südafrika war auf dem besten Weg, sich zu erholen – als uns aus heiterem Himmel die ausländischen Banken ein Desaster bescherten.

Frage: Wie kam es zu diesem Desaster?

Bruggemans: Die städtischen Unruhen der letzten zwei Jahre – Folge vor allem der Wirtschaftslage und reichlich später Versuche, das soziopolitische System zu modernisieren – hatten namentlich US-Banken dazu bewogen, ihr Engagement in Südafrika zu reduzieren. Die ziemlich undisziplinierte Manier, in der die Banken ihre Absichten schließlich zu realisieren begannen, führte zu einer gleichfalls abrupten Reaktion der südafrikanischen Regierung, die – wie bekannt – ein Moratorium verhängte.

Frage: Vor welchen Herausforderungen steht die südafrikanische Wirtschaft angesichts all dessen?

Bruggemans: Zunächst muß die Wirtschaftsentwicklung wieder in kontrollierte Bahnen gelenkt werden. Angesichts eines Bevölkerungswachstums von 2,8 % pro Jahr und angesichts des erklärten Ziels, all diese Menschen in eine postindustrielle Gesellschaft zu integrieren, ist ein Wachstum nötig, das alle neu auf den Arbeitsmarkt Kommenden absorbiert und zugleich den Modernisierungsprozeß finanziert. Daneben wird man zu einer Übereinkunft mit den ausländischen Banken kommen müssen. Die müssen akzeptieren, daß kein Entwicklungsland – auch nicht Südafrika – auf Dauer Kapitalexporteur sein kann; Südafrika seinerseits muß – wenn es das Vertrauen zumindest einiger Banken zurückgewinnen will – politische, soziale und wirtschaftliche Fortschritte vorweisen.

Frage: Was meinen Sie mit »politischen« und »sozialen« Fortschritten?

Bruggemans: An der politischen Front müssen Strukturen entstehen, die es allen Südafrikanern ermöglichen, ihre politischen Rechte auszuüben. Zugleich muß – an der sozialen Front – mehr Geld in Bereiche wie »Wohnen« und »Erziehung« gesteckt werden. In diesen Bereichen ist die Ungleichheit fürwahr unerträglich geworden.

Frage: All das kostet Geld.

Bruggemans: Deshalb braucht Südafrika – abgesehen vom politischen Willen – eine solide wirtschaftliche Grundlage für die gesellschaftliche Erneuerung. Unsere Volkswirtschaft jedoch leidet unter entscheidenden strukturellen Schwächen, die es abzustellen gilt. Diese Schwächen sind sowohl interner als auch externer Natur; sie berühren sowohl Angebot als auch Nachfrage. Auf der Nachfrageseite ähnelt unsere Wirtschaft der der USA und vieler sehr armer Entwicklungsländer: Die Leute geben mehr aus, als sie verdienen; die Sparquote ist zu gering. Dies ist bedingt unter anderem durch die »Subventionitis«, der die Regierung lange Zeit frönte; bedingt auch durch die damit zusammenhängende Inflation, die bis heute jedes Sparen uninteressant macht. Zu den Folgen des resultierenden Überkonsums zählt, daß nur noch ausländisches Kapital die notwendigen Investitionen ermöglicht. Das ist zunächst nicht unbedingt negativ zu bewerten: Ein Entwicklungsland bietet dem ausländischen Investor durchaus attraktive Renditen; die eigenen Konsumgütermärkte können schneller die für die Importsubstitution nötige Größe erreichen; und nicht zuletzt kommt mit fast jeder Investition auch moderne Technologie ins Land.

Frage: Was sind denn die Nachteile des ständigen Kapitalimports?

Bruggemans: Er führt zur Abhängigkeit. Ausländische Kreditlinien können entzogen werden; multinationale Unternehmen können ihre Filialen anweisen, nicht zu exportieren; sie können im Umgang mit ihren Arbeitskräften Praktiken einführen, die sich zum Nachteil der kaum qualifizierten und überreichlich vorhandenen Arbeitskräfte auswirken.

Frage: Unter welchen strukturellen Problemen leidet die südafrikanische Wirtschaft auf der Angebotsseite?

Bruggemans: Ein ganz zentrales Problem liegt in der niedrigen Produktivität unserer Industrie. Diese Industrie tendiert dazu, ihre Ressourcen – also Arbeit, Kapital und Rohstoffe – ständig zu vermehren, sie jedoch nicht produktiver zu machen. Für das geringe Produktivitätswachstum, das schon ewig bei kaum mehr als einem Prozent pro Jahr liegt, ist vor allem die schlecht entwickelte Erziehungs- und Ausbildungsinfrastruktur verantwortlich. Trotz aller guten Absichten von heute wird diese Infrastruktur noch viele Jahrzehnte brauchen, um industriellen und postindustriellen Anforderungen zu genügen.

Frage: Wo schlägt sich die schlechte Qualität des Erziehungswesens am stärksten nieder?

Bruggemans: Vor allem in der Qualität von Unternehmern, Managern und Fachkräften. Es fehlen einfach gut ausgebildete und erfahrene Leute, die die Arbeitskräfte zu mehr Effizienz führen können. Es fehlen Unternehmer, die neue Projekte aufziehen, Manager, die diese Projekte zum Erfolg führen, und Wissenschaftler, die für einen angemessenen Zufluß an technologischer Innovation sorgen können.

Frage: Das sind wohl typische Probleme eines Entwicklungslandes mit gespaltener Gesellschaft.

Bruggemans: Dieses Phänomen reflektiert in der Tat die tiefe Kluft zwischen modernen und traditionellen Sektoren – die natürlich nicht binnen weniger Jahrzehnte überbrückt werden kann. Nur eine ziemlich homogene Gesellschaft mit starker gemeinsamer Kultur oder eine heterogene Gesellschaft mit einem dringenden Entwicklungsziel könnte innerhalb einer Generation aus tiefster Unterentwicklung postindustrielle Strukturen aufbauen. Südafrika wird mehrere Generationen brauchen.

Frage: Trübe Aussichten also kurz- und mittelfristig?

Bruggemans: Nein, ich halte die Aussichten für langfristig ermutigend – weil trotz oder gerade wegen des langsamen Wachstums der letzten Jahre eine stille Revolution auf den Weg gebracht wurde; eine Revolution, die unsere Wirtschaft auf mehr marktorientierte Füße stellt: Subventionen wurden eliminiert, mehr Wettbewerb hält Einzug, mehr Mobilität wird ermöglicht, und – was für ein gesundes Wachstum unabdingbar ist – eine soziale Infrastruktur wird aufgebaut – mit riesigem finanziellem Einsatz. Ich glaube, daß vor diesem Hintergrund unsere Wirtschaft erheblich an Effizienz und Wachstum zulegen wird.

Frage: Was hat die Regierung getan, um für mehr Markt und vor allem die Nutzung der brachliegenden Ressource »Arbeit« zu sorgen?

Bruggemans: Sie hat die Förderung von Kapitalinvestitionen heruntergefahren und die Zinsen auf ein marktgerechtes Niveau steigen lassen. So entstanden Anreize, die Ressource »Arbeit« stärker zu nutzen und zurückhaltender mit dem knappen Kapital umzugehen. Auch der Wechselkurs für den Rand reflektiert jetzt die außenwirtschaftlichen Bedingungen und bremst in angemessener Weise den Konsum. Die Produkt- und Arbeitsmärkte schließlich wurden einer gesunden ausländischen Konkurrenz ausgesetzt.

Frage: Besteht da nicht wieder die Gefahr zu hoher Importe?

Bruggemans: Ja, wenn unsere Wirtschaft sich nicht genügend anstrengt. Andererseits ist es gerade für Südafrika sinnvoll, die Produkte zu importieren, deren technologisch aufwendige Herstellung der begrenzte lokale Markt nicht rechtfertigt. Ein gewisses Importniveau auch bei im Lande herstellbaren Gütern fungiert außerdem als Puffer gegenüber den Wechselfällen der Nachfrage; dieser Puffer stabilisiert die Auslastung der einheimischen Industrie.

Frage: Könnten Sie noch einmal die Grenzen der Importsubstitution in Südafrika erläutern?

Bruggemans: Diese Importsubstitution sorgt für eine explosionsartige Frühindustrialisierung, im Zuge derer – mit relativ einfacher Technologie und gering qualifizierter Arbeit – viele Güter in die lokale Produktion übernommen werden. Diese Phase jedoch kann jedes Land nur einmal durchlaufen. Irgendwann erreicht – je nach örtlichen Ressourcen und Märkten – die Importsubstitution eine Grenze, jenseits derer sie ineffizient, also volkswirtschaftlich kontraproduktiv wird. Südafrika hat diese Grenze in den 60er Jahren überschritten. Seitdem hat es Probleme, seine Importe niedrig zu halten; Importe, die – wie gesagt – auch eine Chance verkörpern, wenn sie die Wirtschaft aus ihrem Dornröschenschlaf wecken.

Frage: Wo liegen denn die Chancen der südafrikanischen Wirtschaft, aus ihrem Dornröschenschlaf zu erwachen?

Bruggemans: In der Industrie, die sich dem internationalen Wettbewerb stellen muß. Wenn diese Industrie im Export erfolgreich ist, erwirtschaftet sie auch die höheren Einkommen, die für eine Vergrößerung der lokalen Märkte Voraussetzung sind.

Frage: Im Moment exportiert Ihre Industrie so gut wie nichts. Liegt da die zentrale strukturelle Schwäche des südafrikanischen Exports?

Bruggemans: Ja. Auf den ersten Blick fragt man sich, wie ein derart mit Naturschätzen gesegnetes Land wie Südafrika überhaupt Exportprobleme haben kann. Dennoch ist der schlechte Export der Schlüssel zu den Wachstumsproblemen der letzten Jahre. Das südafrikanische Exportvolumen ist von 1970 bis 1984 nur unwesentlich gestiegen. Immer wieder mußten deshalb die Binnennachfrage und die Importe gedrosselt werden. – Viele Einheimische beschuldigten dann den Rest der Welt, keine südafrikanischen Güter zu kaufen – was ich für unfair halte. In Wahrheit hat sich Südafrika nicht den gewandelten Weltmarktbedingungen angepaßt. Sein Export leidet bis heute unter drei zentralen Schwächen: Erstens ist er zu sehr auf Rohstoffe konzentriert; zweitens stützt er sich auf ein Gut, das Gold (Kohle, Diamanten, Uran, Platin und die stahlveredelnden Metalle spielen eine Nebenrolle); und drittens hat er die häufigen preislichen Glücksfälle der letzten Zeit als dauerhaft verinnerlicht – was sich langfristig als Irrtum erweisen dürfte. Wegen dieser Schwächen ist der südafrikanische Export äußerst empfindlich gegenüber Wechselfällen auf den Weltmärkten. Wir können das nur ändern, wenn wir mit einer wettbewerbsfähigen Industrie unsere Exportgrundlage verbreitern.

Frage: Was heißt das?

Bruggemans: Südafrikas Landwirtschaft und Bergbau sind bis heute wettbewerbsfähig. Deshalb erwirtschaften sie auch den Großteil unserer Exporteinnahmen. Die Industrie aber ist – wie erwähnt – unter dem Protektionismus vergangener Jahre zum größten, aber zugleich unproduktivsten Sektor herangewachsen. Dieser wettbewerbsunfähige Sektor frißt heute mehr Devisen, als er ins Land holt. Die Lösung des Exportproblems liegt folglich in einer produktiveren Industrie.

Frage: Das dürfte – vor dem Hintergrund der nach wie vor am Boden liegenden schwarzen Erziehung – noch eine Weile dauern. Wie sind kurz- und mittelfristig die Perspektiven für den Export, mit dem die südafrikanische Wirtschaft ja steht und fällt?

Bruggemans: Die Möglichkeiten, mit den traditionellen Exportgütern Südafrikas höhere Erlöse einzufahren, sind begrenzt. Weder die Märkte für Gold und Schmuck aus Gold, Diamanten und Platin noch die Märkte für direkt – wie Kohle und Uran – oder indirekt – wie Platin und Chrom – energiebezogene Exporte eröffnen besonders rosige Perspektiven. Die Goldverkäufe schrumpfen wegen der weltweit sinkenden Inflation; Schmuck verkauft sich gut nur zu Boomzeiten; und die energiebezogenen Exporte leiden noch immer unter den Folgen der Preisverwerfungen in den 70er Jahren. Südafrikas Kohleausfuhren dürften zwar auf 80 Millionen Tonnen pro Jahr steigen, werden jedoch mittelfristig ihre Bedeutung verlieren. Auch Platin wird einen hohen Zuwachs nur während der Einführungsphase des Katalysators in der europäischen Autoindustrie erfahren. Die besten mittelfristigen Aussichten sehe ich noch bei den stahlveredelnden Metallen – wenn der Weltmarkt sie in einer weiterverarbeiteten Form aufnimmt. Unterm Strich garantiert – trotz noch so erfreulicher Rohstoffexporte in den letzten 18 Monaten – nur eine wettbewerbsfähige Industrie die wirtschaftliche Zukunft Südafrikas.

Prof. Roux van der Merwe, Experte für Arbeitsbeziehungen

Roux van der Merwe studierte zunächst Ingenieurwesen und dann Psychologie. 1970 promovierte er über Arbeitsproduktivität in der Industrie. Bis 1980 Professor für Arbeitspsychologie an der Universität von Port Elizabeth, übernahm er anschließend den neu geschaffenen »Volkswagen-Südafrika-Lehrstuhl« für Arbeitsbeziehungen an derselben Universität. Er hat zahlreiche Werke vor allem zu den Arbeitsbeziehungen in Südafrika veröffentlicht.

Frage: Wann schlug die Geburtsstunde der südafrikanischen Gewerkschaftsbewegung?

van der Merwe: Die Geschichte der südafrikanischen Gewerkschaftsbewegung reicht zurück bis zu den Handwerker-Gewerkschaften des 19. Jahrhunderts. Die ersten Goldfunde, die einen riesigen Arbeiterbedarf erzeugten, beschleunigten die Entwicklung. Vor 1910 bereits gab es schwarze Gewerkschaftsmitglieder; zu Beginn des Ersten Weltkriegs war ein beachtlicher Organisationsgrad erreicht, der sich zwischen 1920 und 1930 noch erhöhte. Die Gesetze des Landes indes sahen von vornherein schwarze Gewerkschaften nicht vor; ab 1924 waren sie ausdrücklich von Verhandlungen ausgeschlossen. Unter diesen Umständen konnte sich eine schlagkräftige schwarze Arbeiterbewegung natürlich nur sehr schwer entwickeln.

Frage: Welche Konsequenzen hatte die durch den Zweiten Weltkrieg beschleunigte Industrialisierung?

van der Merwe: Nach dem Zweiten Weltkrieg nahm die Gewerkschaftsbewegung einen starken Aufschwung; besonders in den schwarzen Gewerkschaften wuchs der sozialistische Einfluß. Die »Nasionale Party« jedoch schob dem nach ihrer Machtübernahme rasch einen Riegel vor. In der Gesetzgebung von 1953 schränkte sie die Organisationsmöglichkeiten schwarzer Arbeiter radikal ein und hielt so bis zum Ende der 60er Jahre schwarze Gewerkschaften klein und schwach. Erst 1973 beleuchtete eine Serie schwarzer Streiks schlaglichtartig die Tatsache, daß man Menschen keine wirtschaftliche Macht geben kann, ohne ihnen auch entsprechende Repräsentation zuzugestehen. Die Regierung sah ein, daß sie schwarze Gewerkschaften zulassen mußte, um die Konflikte zu kanalisieren. 1979 führte der Bericht der Wiehahn-Kommission zur offiziellen Anerkennung schwarzer Gewerkschaften.

Frage: Welchen gesetzlichen Beschränkungen sind diese Gewerkschaften heute unterworfen?

van der Merwe: Der »Industrial Conciliation Amendment Act« von 1979 begrenzt die Tätigkeit auch gemischtrassischer Gewerkschaften praktisch nicht mehr; die Registrierungspflicht ändert daran wenig. Durch andere Gesetze jedoch bleibt der Operationsradius gerade schwarzer Gewerkschaften erheblich eingeschränkt. Schon oft sind schwarze Gewerkschafter aufgrund von Sicherheitsgesetzen ohne Gerichtsverfahren festgehalten worden; ihre Arbeit wird darüber hinaus durch die Vielzahl von Aufenthaltsbeschränkungen erschwert, die es Schwarzen unmöglich machen, ihre Arbeitskraft frei zu verkaufen.

Frage: In welchen Verbänden haben sich schwarze Gewerkschaften zusammengeschlossen?

van der Merwe: Es gibt drei große Gruppierungen: zunächst die schwarzen Gewerkschaften, die dem relativ konservativen »Trade Union Council of South Africa« (TUCSA) angehören, strikt innerhalb der Gesetze arbeiten und sich politisch kaum betätigen. Zweitens gibt es die in der »Federation of South African Trade Unions« (FOSATU) zusammengeschlossenen multirassischen Gewerkschaften, die sehr militant gegen Regierung und Arbeitgeber vorgehen; diese Gewerkschaften wehrten sich anfangs entschieden gegen jede Registrierung und Teilnahme an überbetrieblichen Verhandlungen, sind inzwischen jedoch durch Anerkennungsvereinbarungen auf Betriebsebene sowie wachsende Mitarbeit in den »Industrial Councils« weitgehend in das System der Tarifverhandlungen integriert. Der dritte Verband, der »Council of Unions of South Africa« (CUSA) ähnelt vom Konfliktverhalten her FOSATU, nimmt jedoch nur rein schwarze Gewerkschaften auf.

Frage: Wie beurteilen Sie die Kräfteverhältnisse zwischen diesen Verbänden?

van der Merwe: Auf dem Papier hat – wegen seiner »closed shops« in vielen Betrieben – TUCSA die meisten Mitglieder – ein Verband übrigens, der in letzter Zeit viel von seinem konservativen Image verloren hat; er kümmert sich jetzt mehr um die Anliegen schwarzer Arbeitnehmer und tritt weniger nachgiebig gegenüber den Arbeitgebern auf. FOSATU und CUSA, dem die rasant wachsende »National Union of Mineworkers« angehört, sind etwa gleich stark. Wegen der derzeit laufenden Einigungsbestrebungen zwischen diesen Verbänden wird es allerdings schon bald neue Kräfteverhältnisse geben, vielleicht binnen weniger Monate einen neuen Verband.*

Frage: In der deutschen Berichterstattung machen auch unabhängige und nicht registrierte Gewerkschaften von sich reden – vor allem durch politische Aktivitäten.

van der Merwe: Neben CUSA und FOSATU hat eine große Anzahl unabhängiger Gewerkschaften schwarze Arbeiter organisiert. Auch diese Gewerkschaften, die erheblichen Einfluß haben, sind an den jüngsten Einigungsversuchen beteiligt. Schließlich existiert noch eine unübersehbare Menge kleiner und kleinster Gewerkschaften, die völlig außerhalb des Systems arbeiten und jede Kooperation mit offiziellen Organen oder anderen Gewerkschaften ablehnen. Da diese Gewerkschaften sich weit mehr mit politischen Fragen als mit der Situation am Arbeitsplatz befassen, ist ihre Bedeutung in den Betrieben relativ klein.

Frage: Wie würden Sie das System der Arbeitsbeziehungen in Südafrika mit dem in der Bundesrepublik vergleichen?

van der Merwe: In der Bundesrepublik finden Tarifverhand-

---

* Zu den wichtigsten Änderungen Ende 1985 siehe Glossar.

lungen zwischen großen Industriegewerkschaften und den entsprechenden Unternehmerverbänden auf Branchenebene statt. Das südafrikanische »Industrial Council«-System arbeitet im Prinzip ähnlich. Nur können unsere »Industrial Councils« groß oder klein sein; es kann einen oder mehrere pro Branche geben – in der Stahlindustrie einen, in der Automobilindustrie mehrere. – Insgesamt ähnelt das südafrikanische System mehr dem britischen: Zentrale Verhandlungen laufen neben denen auf Betriebsebene; es konkurrieren weit über 150 Gewerkschaften miteinander – gegenüber vielleicht 16 in der Bundesrepublik. Ein weiterer fundamentaler Unterschied liegt darin, daß die Deutschen ganz klar trennen zwischen den Arbeitsbeziehungen auf Betriebsebene und zentralen Tarifverhandlungen. Wir dagegen verhandeln in den betrieblichen »Works Councils« sowohl über Löhne als auch über Arbeitsbedingungen. Die »Works Councils« haben überdies – im Gegensatz zu den deutschen Betriebsräten – keine klar definierte Funktion. Während die Betriebsräte das deutsche Gewerkschaftssystem ergänzen, sind die »Works Councils« ursprünglich von der südafrikanischen Regierung geschaffene Alternativen zum Gewerkschaftswesen. Bis heute haben sie deshalb mit verbreitetem Mißtrauen zu kämpfen.

Frage: Der südafrikanische Staat bietet seinen Bürgern keinerlei Netz sozialer Sicherheit, geschweige denn die deutsche Hängematte. Versuchen die Gewerkschaften, dieses Defizit durch betriebliche Vereinbarungen gerade für den unbemittelten schwarzen Arbeitnehmer auszugleichen?

van der Merwe: Ja, die Gewerkschaften haben den Arbeitgebern klargemacht, daß sie in Südafrika eine besondere Verantwortung für die soziale Sicherheit ihrer Beschäftigten tragen. Besonders ausländische Gewerkschaften und multinationale Konzerne haben hier den Vorreiter gespielt. Die Konzerne haben oft freiwillig Systeme sozialer Absicherung geschaffen – Systeme, die für den schwarzen Arbeitnehmer vielfach existenznotwendig sind.

Frage: Haben auch in den Homelands schwarze Gewerkschaften Fuß fassen können?

van der Merwe: Das Bild in den Homelands ist sehr komplex.

Unterm Strich haben die Regierungen dort wenig übrig für Gewerkschaften. KwaZulu akzeptiert sie; in Ciskei sind sie allesamt verboten; in Transkei operieren sie unter größten Schwierigkeiten; Bophuthatswana schließlich duldet Gewerkschaften, wenn sie nicht südafrikanischen Ursprungs sind. Die Rechtslage ist in allen Homelands unklar, weil man keine eigene Arbeitsgesetzgebung besitzt, sondern sich mit Mischungen aus südafrikanischem Recht und eigenen Verordnungen durchschlägt.

Frage: Hat die Anerkennung schwarzer Gewerkschaften Südafrika eine Streikwelle beschert?

van der Merwe: Streiks waren in Südafrika viele Jahre lang sehr selten, weil durch den Ausschluß der Schwarzen aus dem System der Arbeitsbeziehungen ein künstlicher Arbeitsfriede herrschte. Doch der Druck unter dem Topfdeckel wuchs. Als er ab 1979 entweichen durfte, kam es auch prompt zu einer Serie von Streiks – für die Anerkennung einzelner Gewerkschaften, gegen willkürliche Entlassungen und disziplinarische Maßnahmen. In jedem Jahr hat sich seitdem die Anzahl der Arbeitskämpfe erhöht. Dennoch: die Statistiken geben zur Besorgnis keinen Anlaß; 1984 etwa hatten wir 394 Streiks, die meist weniger als zwei Tage dauerten – ein recht friedliches Bild, wenn man internationale Maßstäbe anlegt. Was uns überrascht hat, ist, daß trotz der gegenwärtigen Rezession die Streiks – vor allem legale und gut organisierte Lohnstreiks – weiter zunehmen. Wirtschaftliche Not, tiefsitzende Unzufriedenheit und enormer politischer Druck seitens der Schwarzen haben – so sehe ich es – im Arbeitskampf ein Ventil gefunden.

Frage: Und dabei nimmt man sich bevorzugt ausländische Unternehmen aufs Korn.

van der Merwe: Ja, ausländische Unternehmen sind bevorzugte Ziele der Gewerkschaften – weil man weiß, daß sie unter Druck auch seitens ihrer heimischen Gewerkschaften und Regierungen stehen. Bei ihnen kann man Konzessionen noch am ehesten durchsetzen. Für die ausländischen Unternehmen ist das natürlich eine ärgerliche Sache. Sie haben die besten Arbeitsbedingungen und werden am schlechtesten behandelt. Doch damit werden sie leben müssen.

Frage: Inwieweit stellen die Gewerkschaften auch politische Forderungen?

van der Merwe: Überall in der Welt und in der Geschichte sind Gewerkschaften politische Organisationen gewesen – weil sie sich mit der gesellschaftlichen Verteilung von Wohlstand und Macht beschäftigen, mit nichts anderem als Politik also. Heute besitzen in Deutschland oder den USA alle Gewerkschaftsmitglieder separate politische Rechte; entsprechend leicht können sie rein politische Ambitionen von den arbeitsplatzbezogenen trennen. Für den schwarzen Arbeiter in Südafrika dagegen verkörpert den einzigen Weg, überhaupt wirksam Wünsche anzumelden, seine Gewerkschaft. Zwangsläufig wird er deshalb auch politische Ziele über den Arbeitsplatz und durch die Gewerkschaft artikulieren – und zwar so lange, bis er echte politische Rechte besitzt. Derlei ist nicht neu in der Geschichte. Die britischen Arbeiter verhielten sich so; und auch die deutschen Gewerkschaften spielten während ihres Kampfes um Anerkennung eine gewichtige politische Rolle.

Frage: Wie kommen die Unternehmen mit den politischen Forderungen zurecht?

van der Merwe: Die Unternehmen sind bislang recht gut damit zurechtgekommen. Sicher, anfangs sagten einige: »Politik geht uns nichts an.« Bald aber merkten sie, daß sie sich um diese Dinge kümmern müssen. In etlichen von den Gewerkschaften thematisierten Fragen – Wohnungsversorgung etwa und Transport zum Arbeitsplatz – haben Unternehmen seitdem erfolgreich bei der Regierung interveniert. Allerdings verlangt kaum eine Gewerkschaft vom Unternehmer die Abschaffung der Apartheid oder die Freilassung Nelson Mandelas. Die meisten Gewerkschaften verhalten sich politisch durchaus verantwortlich – was nicht einfach ist in einer Situation, in der verschiedenste Kräfte massiven politischen Druck auf sie ausüben.

Frage: Könnten aus den schwarzen Gewerkschaften einmal politische Parteien hervorgehen?

van der Merwe: Sie haben schon heute teilweise die Funktion schwarzer Parteien; und ich glaube, daß aus ihnen Menschen hervorgehen werden, mit denen gemeinsam wir die Zukunft Südafrikas bauen können. Die Gefahr ist nur, daß die Gewerkschaften, wenn sie sich vernünftig verhalten, an Glaubwürdigkeit gegenüber radikalen schwarzen Bewegungen verlieren – ein Grund mehr für die Arbeitgeber, sie zu stärken. Südafrikanische Unternehmer sollten sich nicht länger den Luxus leisten, Gewerkschaften als ihre Feinde anzusehen. Starke Gewerkschaften sind Investitionen in die friedliche Konfliktlösung von morgen.

Frage: Welche Rolle spielen in diesem Szenario ausländische Akteure?

van der Merwe: Ausländische und besonders deutsche Unternehmen haben die Entwicklung des südafrikanischen Gewerkschaftswesens entscheidend gefördert. Deutsche Arbeitsbeziehungen werden zunehmend sogar zum Modell für Südafrika – was vor allem an den deutschen Gewerkschaften liegt. Sie sind weder sozialistisch noch kommunistisch geprägt, sondern bejahen die Marktwirtschaft. In diesem Sinne haben sie die Organisationskraft unserer Gewerkschaften gestärkt und tragen so zum Aufbau einer sozialen Marktwirtschaft in Südafrika bei, in der immer mehr Menschen das richtige System für unser Land sehen.

Frage: Welche Folgen hätte für diesen Aufbauprozeß ein massives Disinvestment?

van der Merwe: Jeder weiß, daß ein Disinvestment ernste Folgen für die Beschäftigung und das südafrikanische Gewerkschaftswesen nach sich zöge. Andererseits muß man verstehen, daß schwarze Arbeiter über einen langen Zeitraum ungeheuer gelitten haben; sie reagieren deshalb nicht immer rational. Manche von ihnen sagen: »Wenn Disinvestment leiden für den Wandel heißt, dann will ich leiden.« Es ist schwer, ihnen klarzumachen, daß sie nicht nur kurzfristig leiden, sondern in wirtschaftlichem Chaos versinken würden. Entsprechend schwer haben es die Gewerkschaften: Einerseits wollen sie sich verantwortlich verhalten; andererseits wollen sie größtmöglichen Druck auf die Regierung ausüben – wozu nun mal zumindest die Drohung mit Wirtschaftssanktionen gehört. Die Gewerkschaften stecken in einer regelrechten Zwickmühle.

Prof. Jill Nattrass, Ökonomin

Jill Nattrass schloß ihre wirtschaftswissenschaftlichen Studien, die sie – mit dem Schwerpunkt Entwicklungsökonomie – unter anderem an der Universität von Cambridge betrieb, mit der Promotion ab. Seit 1968 Dozentin für Wirtschaftswissenschaften an der »University of Natal« in Durban, wurde sie 1978 zum Professor ernannt. Seit 1982 leitet sie die »Development Studies Unit« des »Centre for Applied Social Studies« an der »University of Natal«.

Frage: Wie arm oder unterentwickelt, Frau Professor Nattrass, ist eigentlich das größte Homeland Südafrikas – KwaZulu?

Nattrass: KwaZulu ist extrem unterentwickelt. Wäre es unabhängig, dann würde es nach dem Weltbank-Kriterium des Bruttoinlandsprodukts zu den zehn ärmsten Ländern der Welt gehören. Die Armut allerdings wird gemildert durch den Umstand, daß sehr viele Einwohner KwaZulus im sogenannten »weißen« Südafrika arbeiten.

Frage: Ist so ein Homeland überhaupt wirtschaftlich lebensfähig?

Nattrass: Ich sehe keines der sogenannten »Homelands« als wirtschaftlich lebensfähig an. Aber ich glaube auch nicht, daß das heute noch das Ziel der Regierung ist. Sie hat mittlerweile akzeptiert, daß sie die getrennte Entwicklung allenfalls als politische, keinesfalls jedoch als wirtschaftliche Strategie betreiben kann.

Frage: Wovon leben die Menschen in den Homelands?

Nattrass: Der größte Teil der Bevölkerung arbeitet in der

Subsistenz-Landwirtschaft – mit einer äußerst niedrigen Produktivität. Die zweite Säule des Volkseinkommens verkörpert die Wanderarbeit in »weißen« Gebieten. Auf jeden Rand der Wertschöpfung in der Landwirtschaft entfallen immerhin rund 1,25 Rand an Überweisungen aus dem modernen Sektor.

Frage: Heißt das, daß die meisten Wanderarbeiter regelmäßig Geld schicken für ihre Familien?

Nattrass: Nein, ein Wanderarbeiter schickt allenfalls ein Fünftel seines Verdienstes nach Hause; den Rest verbraucht er selbst. Das eben genannte Zahlenverhältnis dokumentiert lediglich, daß man die Produktivität von Subsistenzlandwirtschaft und Wanderarbeit überhaupt nicht miteinander vergleichen kann. Außer dem Ackerbau auf der eigenen kleinen Scholle indes gibt es so gut wie keine Arbeitsplätze in den Homelands; eine allmählich wachsende Bürokratie und ein paar Jobs in den neu angelegten Industriezentren – das ist alles. Im Falle KwaZulus können etliche Leute immerhin noch in Durban arbeiten – von wo aus sie abends wieder zurückfahren ins Homeland. »Grenzgänger« nennt die Regierung diese Leute.

Frage: Kann die Dezentralisierungspolitik Pretorias die Arbeitsplatz-Situation verbessern?

Nattrass: Die Dezentralisierungspolitik ist einerseits ideologisch motiviert – womit niemand, der die Apartheid ablehnt, etwas anfangen kann; andererseits jedoch schafft diese Politik Arbeitsplätze in Gebieten, wo sie dringend benötigt werden – ein unter sozialen Gesichtspunkten überaus positives Unterfangen. Der Haken ist, daß wirtschaftliche Dezentralisierung teuer ist und immer teurer wird. Die Regierung muß wahnsinnig hohe Subventionen anbieten, um Unternehmer in die Einöde der Homelands zu locken: ermäßigte Eisenbahntarife, Lohnsubventionen bis zu 120 %; Bau-, Zins-, Ausbildungssubventionen und so weiter. Bis so ein Industriegebiet wie Isithebe in KwaZulu seine begrenzte Entwicklungswirkung entfaltet, ist sehr viel Geld aus der Tasche des Finanzministers geflossen.

Frage: Unterstützen Sie die Dezentralisierungspolitik im Prinzip?

Nattrass: Ich halte absolut nichts vom Konzept der Apartheid dahinter; ich halte diese Apartheid für moralisch und entwicklungspolitisch absurd. Aber: soll man denn gar nichts tun, solange man die politischen Verhältnisse nicht ändern kann? Oder soll man zumindest versuchen, etwas zu tun gegen die bittere Armut in einigen dieser rückständigen Gebiete? Innerhalb der gegebenen Strukturen ist dann eigentlich nur eins möglich: Industrie aufs Land bringen und die Entwicklung dieser sogenannten Homelands fördern.

Frage: Hat KwaZulu, vor dessen Haustür wir hier sitzen, bessere oder schlechtere Entwicklungschancen als andere Homelands?

Nattrass: KwaZulu ist, was natürliche Ressourcen angeht, eindeutig benachteiligt gegenüber Homelands wie Bophuthatswana. Aber es hat den Vorteil, daß es wie ein Flickenteppich über die Provinz Natal verteilt ist. Viele Bewohner des Homelands haben deshalb relativ leichten Zugang zum modernen Sektor der südafrikanischen Wirtschaft – was sich ja auch daran zeigt, daß das Pro-Kopf-Einkommen weit höher liegt als das Bruttosozialprodukt pro Kopf.

Frage: Sind das Homeland-System und das System der Apartheid insgesamt Hindernisse der wirtschaftlichen Entwicklung in Südafrika?

Nattrass: Obwohl die Südafrikaner seit über hundert Jahren unter Rassendiskriminierung und einem ziemlich repressiven politischen System leben, sind sie wirtschaftlich stets gut dagestanden. Ich persönlich glaube nicht, daß unser politisches System das Wirtschaftswachstum behindert – wie so oft behauptet wird. Das System verweigert lediglich einer bestimmten sozialen Gruppe die Erträge des Wachstums. Auch unsere momentanen Wachstumsprobleme sind nicht der Politik, sondern primär der Lage auf den Weltmärkten zuzuschreiben – den niedrigen Preisen für Gold zum Beispiel und andere mineralische Rohstoffe. Der vielbeschworene Wandel – wenn er tatsächlich zustande kommt – wird unsere Wirtschaft kaum berühren.

Prof. William David Hammond-Tooke, Sozialanthropologe

William David Hammond-Tooke, geboren am 30.08.1926 in Kapstadt, schloß sein Ethnologiestudium 1952 mit der Promotion ab. Er wurde 1964 Professor für Sozialanthropologie und lehrt seitdem hauptsächlich an der »University of the Witwatersrand« in Johannesburg. Als führendes Mitglied etlicher hochrangiger Kommissionen übt er erheblichen politischen Einfluß aus. Er hatte Spitzenpositionen auch in internationalen Wissenschaftsverbänden inne und ist Autor sowie Herausgeber zahlreicher Publikationen.

Frage: Gibt es kulturelle Gründe, daß so wenige Schwarze in Führungspositionen der südafrikanischen Wirtschaft anzutreffen sind?

Hammond-Tooke: Natürlich, ich nenne Ihnen einen der wichtigsten: Zu den höchsten moralischen Werten gehört in allen schwarzen Gesellschaften Südafrikas der hohe Respekt vor dem Alter. Für einen traditionell erzogenen Afrikaner ist es deshalb enorm schwierig, Verantwortung zu übernehmen für Menschen, die älter sind als er selbst. Er wird unser leistungsorientiertes Hierarchiekonzept verinnerlichen müssen, wenn er seine zweifellos vorhandenen Fähigkeiten in der Industriegesellschaft zur Geltung bringen, wenn er zum Beispiel Managerposten übernehmen will.

Frage: Soll Südafrika seine Schwarzen zu Neurotikern machen?

Hammond-Tooke: Um in einer modernen Industriegesellschaft gut zurechtzukommen, muß man – ehrlich gesagt – Neurotiker sein. Man muß Angst vor dem Versagen haben, einen starken Erfolgsdrang und Schuldgefühle, wenn man seinen Job nicht ständig besser bewältigt. Dieses Syndrom von Einstellungen – zusammengefaßt etwa unter dem Begriff der »protestantischen Ethik« – ist ein Produkt westeuropäischer Gesellschaften; ursprünglich entstanden ist es wohl in rauhen Familienstrukturen, in denen der Vater dominierte und den Kindern die Ideale des guten Benehmens, des Erfolgs und der Verantwortung eingetrichtert wurden.

Frage: Was ist anders in schwarzen Familien hier?

Hammond-Tooke: Schwarze Kinder werden ganz anders erzogen. Das Verhältnis zwischen Eltern und Kindern ist ziemlich entspannt; es ist frei von jeder eingebauten Erfolgsidee. Überhaupt ist die ganze Sozialisation auf gute zwischenmenschliche Beziehungen ausgerichtet – was überhaupt nicht zur Rücksichtslosigkeit westlicher Wirtschaft paßt. Entsprechende Schwierigkeiten haben denn auch die Schwarzen – nicht intellektuell, sondern emotional. Es wird seine Zeit dauern, bis aus schwarzen Mittelstandsfamilien die notwendigen rücksichtslosen Neurotiker hervorgehen werden.

Frage: Wie hat weiße Herrschaft die politische Struktur ländlicher Stammesgesellschaften verändert?

Hammond-Tooke: Die Häuptlinge wurden in ein übergreifendes Verwaltungssystem eingebunden; sie wurden zu Beamten gemacht, die die Anweisungen der Zentralregierung an ihre Leute weiterzugeben haben. Das jedoch widerspricht der traditionellen Häuptlingsidee. Sie sieht die »chiefs« nicht als Initiatoren sozialen Wandels, sondern als Repräsentanten ihres Volkes – die Entscheidungen nur mit der einmütigen Zustimmung ihrer Stammesangehörigen fällen.

Frage: Die »chiefs« sind also in einen Rollenkonflikt geraten?

Hammond-Tooke: Ja; aus der Sicht seines Volkes ist der »chief« bis heute eine konservative Kraft, ein Vater, der niemandem ohne Not seinen Willen aufzwingen wird. Aus der Sicht der Regierung dagegen ist er Staatsdiener. Dieser Rollenkonflikt hat dazu geführt, daß immer mehr Häuptlinge von ihren Leuten abgelehnt werden. Man betrachtet sie als Marionetten der Regierung.

Frage: In KwaZulu hatte ich nicht den Eindruck ...

Hammond-Tooke: Die Zulus sind eine Ausnahme. Allein sie haben in Südafrika unter Königen wie Shaka, Dingane und Cetshwayo ein streng zentralistisches Staatswesen entwickelt. Das hat sich – allem äußeren Druck zum Trotz – bis heute erhalten.

Frage: Haben städtische Schwarze noch einen Bezug zum traditionellen Gemeinwesen im Homeland?

Hammond-Tooke: Sicherlich bewahren etliche Stadtbewohner soziale und kulturelle Bande zu ihrer Heimat; viele gehen sogar nach der Pensionierung dorthin zurück. In den letzten 30, 40 Jahren jedoch hat sich eine riesige Bevölkerungsgruppe entwickelt, die völlig urbanisiert ist, die nichts mehr mit ländlichen Traditionen im Sinn hat und in vorwiegend westlichen Kategorien denkt. Diese »städtischen Schwarzen«, eine politisch sehr wichtige Gruppe, tendieren dazu, alles, was mit Häuptlingen und ländlicher Gesellschaft zu tun hat, zurückzuweisen. Es ist interessant zu sehen, wie entschlossen diese Leute ihre – für andere Afrikaner so wichtigen – kulturellen Wurzeln von sich werfen. Dies, weil eine Ethnie – die der weißen Afrikaaner – »Volk«, »Kultur« und »Sprache« zu entscheidenden politischen Faktoren erhoben hat. Sogar ich getraue mich heute nicht mehr, einen Schwarzen nach seiner Volksgruppenzugehörigkeit zu fragen. Besonders, wenn er gebildet ist, wird er das als Versuch werten, ihn ins Stammesghetto zurückzustoßen.

Frage: Welche Rolle spielt die Frau im Familienleben städtischer Schwarzer?

Hammond-Tooke: Viele – vor allem gebildete – Frauen weigern sich einfach, zu heiraten. Sie haben Kinder, aber ganz bewußt keinen Ehemann. Begründet wird dies mit dem Chauvinismus der Männer; mit ihrer Neigung, das aus der streng patrilinearen Stammesgesellschaft herrührende Patriarchat in der Stadt weiterzuleben. Da sich emanzipierte schwarze Frauen damit nicht abfinden, sind Mutter-Kind-Familien zu einem sehr häufigen und allgemein akzeptierten Phänomen in den Townships geworden.

Frage: Eine die aktuellen Unruhen berührende Frage zum Schluß: Gibt es einen Bezug zwischen traditionellem Hexenglauben und den Verbrennungen angeblicher Kollaborateure?

Hammond-Tooke: Im traditionellen Weltbild der Schwarzen gibt es kein Unglück und keine Krankheit, die von ungefähr auftauchen; es gibt keinen Zufall. Eine Krankheit ist entweder von den Ahnen, die sich vernachlässigt fühlen, geschickt worden, oder – das wird häufiger geglaubt – sie ist von Menschen, die wir mit dem Begriff »Hexe« umschreiben, herbeigerufen worden. Diese »Hexen« – so meint man – senden entweder Geister aus oder benutzen Gift, um ihren Stammesangehörigen zu schaden. – Wenn nun jemand krank wird, läßt man den Medizinmann nach dem Verursacher suchen. Kommt es tatsächlich zur Hexenanklage, so deutet dies auf schwere Spannungen in der Gemeinschaft hin. Die Opfer kommen aus speziellen Personenkreisen; gute Aussichten, als »Hexen« angeklagt zu werden, haben zum Beispiel junge Bräute.

Frage: Lebt der Hexenglauben in den Townships fort?

Hammond-Tooke: Nicht in seiner ursprünglichen Form. Aber die Verbrennungen sogenannter Kollaborateure in der Stadt zeigen erstaunliche Parallelen zur Behandlung von »Hexen« auf dem Lande. Eine »Hexe« ist ja der Feind im eigenen Hause, eine Person, die dich lieben sollte, es aber nicht tut. Der Kollaborateur oder Informant ist für diese Rolle wie geschaffen. Er schadet ganz offensichtlich der Gemeinschaft und muß deshalb vernichtet werden.

Arrie Schutte, Experte für Berufsausbildung

Arrie Schutte begann seine berufliche Laufbahn als Pharma-Verkäufer bei Hoechst Südafrika. Ab 1976 baute er das berufliche Ausbildungswesen bei Hoechst aus, das er bis heute leitet. Daneben nimmt er in seinem Fachbereich Verbandsfunktionen wahr und veröffentlichte diverse wissenschaftliche Artikel zur Berufsausbildung besonders schwarzer Südafrikaner.

Frage: Starten bei Hoechst Südafrika, Schwarz und Weiß mit gleichen Chancen ins Berufsleben?

Schutte: Der südafrikanische Schwarze beginnt sein Berufsleben fast immer mit einem Handicap, mit dem Handicap seines soziokulturellen Hintergrundes. Oft haben seine Eltern noch im Kral gelebt, oft hat er selbst noch nie einen Kassettenrekorder in Händen gehalten. Selbst im Soweto von heute lernen die meisten jungen Menschen noch nicht, mit elektrischen Geräten umzugehen. Selbst wenn sie das Abitur haben, wissen sie selten, wie ein Bankkonto funktioniert. Sparbücher, Scheckbücher – all das ist fremd für sie. Außerdem ist natürlich ihre Schulbildung schlecht.

Frage: Wie stellt sich das Problem für Sie?

Schutte: Ich bekomme einen schwarzen Abiturienten in die Firma und habe natürlich seinem formalen Bildungsstand entsprechende Erwartungen an ihn. Sehr bald muß ich dann feststellen, daß eine Lücke zwischen Wunsch und Wirklichkeit klafft; eine Lücke, die die Firma schließen muß, bevor sie den

Mann in die engere Fachausbildung einbezieht. Er soll sich schließlich nicht vor seinen Kollegen blamieren.

Frage: In welcher Form würde er sich blamieren?

Schutte: Ich nenne Ihnen ein Beispiel: Letzte Woche zeigte ich bei einem Kurs für Verkäufer einen Film. In diesem Film benutzte man, um zu illustrieren, wie Fachsprache gelegentlich auf Kunden wirkt, auch ein wenig Chinesisch. Hinterher kam ein schwarzer Teilnehmer des Kurses zu mir und fragte: »Wie wollen Sie verkaufen, wenn Sie Chinesisch mit Ihren Kunden sprechen?« Ganz offensichtlich hatte der Teilnehmer Schwierigkeiten, richtig von dem Film zu abstrahieren. Es gibt viele andere Beispiele. Mit dem Begriff »Profit« etwa können viele Schwarze nichts anfangen. Manche glauben, daß der Profit in den Taschen des Managements verschwindet. Den allmählichen Wertverlust einer Maschine, die Notwendigkeit also, sie abzuschreiben, verstehen sie nur mit Mühe. All dies ist nicht etwa Folge schwarzer Dummheit, sondern Folge einer industriefremden Sozialisierung. Natürlich haben wir auch Schwarze, die ihren weißen Kollegen zeigen, wo es lang geht.

Frage: Was sind für Sie die kulturellen Ursachen dieser Probleme von Schwarzen im Betrieb?

Schutte: Die Probleme schwarzer Entwicklung in der Industriegesellschaft hat bei uns vor allem Professor Martin Nasser von der »University of South Africa« bearbeitet. Laut Nasser haben Schwarze Schwierigkeiten, autonom zu funktionieren. Historisch stammen sie – selbst wenn das für den einzelnen mehrere Generationen zurückliegt – aus Gesellschaften, in denen der Häuptling eine absolute Stellung innehatte. Er fällte die Entscheidungen. Diese Strukturen zu überwinden, ist schwer. Auch heute noch leben die meisten Schwarzen in kollektiv orientierten Gesellschaften. Der einzelne hat weit weniger als ein Weißer gelernt, sich seiner selbst zu vergewissern. Er ist langsam beim Fällen von Entscheidungen; Zeit ist nicht wichtig für ihn. Die meisten Schwarzen zögern auch, Risiken einzugehen, weil ihre Stammesgesellschaften das Scheitern abweichenden Verhaltens streng bestrafen. Diese Assoziation von Risiko mit Strafe pflanzt sich über Generationen auch außerhalb des Stammesverbands fort.

Frage: Die traditionelle Einstellung lebt also in der Stadt fort?

Schutte: Ja. Aus denselben Wurzeln heraus sind Schwarze auch selten Unternehmertypen. Sie sind kulturell nicht darauf konditioniert, etwas Neues anzufangen – was es für sie schwer macht, mit technischen Innovationen zurechtzukommen. Nicht zuletzt – ich zögere, das zu sagen – vermeiden die meisten Schwarzen Verantwortung. Damit haben wir ganz enorme Probleme.

Frage: Wollen Schwarze überhaupt im Betrieb aufsteigen?

Schutte: In Grenzen. Weit wichtiger ist für sie ihre Familie. Wenn ein Schwarzer wirklich aufsteigt, riskiert er, von seiner Familie verstoßen zu werden. Die hat dann das Gefühl, er entferne sich zu weit von ihr. Kurz: wer als Schwarzer wirklich aufsteigen will, muß in gewissem Maße Familienbande lösen – ein sehr schwieriges und folgenreiches Unterfangen.

Frage: Wächst trotzdem der Anteil der Schwarzen, die in die bisher von Weißen besetzten Managementetagen eindringen?

Schutte: Laut Nasser hat derzeit jeder hundertste Schwarze echte Aufstiegsambitionen. Inzwischen gibt es Schwarze, die weit bessere Jobs haben als ich. Bis jedoch die breite Masse individuellen Ehrgeiz entwickelt haben wird, wird noch viel Zeit vergehen.

Frage: Sie haben spezielle Programme der Förderung Schwarzer, des »black advancement« entwickelt. Wie sehen die aus?

Schutte: Wir haben herausgefunden, daß wir auf drei Ebenen ansetzen müssen. Zunächst müssen wir unsere Schwarzen ganz allgemein mit dem Geschäftsleben und der Industrie vertraut machen. Sobald sie sich dort zurechtfinden, gilt es, ihre Einstellung zu verändern: Sie müssen das Gefühl bekommen, auch als Individuum etwas zu gelten; sie müssen sich ihrer Fähigkeiten bewußt werden, Selbstbewußtsein entwickeln und die Bereitschaft, von sich aus Dinge zu verbessern. Am schwierigsten schließlich ist das Motivationstraining. Es ist ein extrem mühseliges Geschäft, Schwarze dazu zu motivieren, sich fortzuentwickeln und Entscheidungen zu treffen – zwischen Familie und Karriere zum Beispiel.

Frage: Versüßt Ihnen die Regierung das »black advancement« mit Steuergeschenken?

Schutte: Nach dem »Manpower Act« von 1981 konnte die Firma 200% der Kosten für »black advancement« von der Steuer absetzen. Sie zahlte bei einem Steuersatz von 46% also nur acht Prozent der Kosten selbst. Im Rahmen der Sparmaßnahmen von 1984 wurde der abzugsfähige Betrag auf 150% gesenkt. Auch dürfen jetzt nur noch Mitarbeiter mit einem Jahreseinkommen unter 15000 Rand an den begünstigten Kursen teilnehmen. Ich halte diese Förderung der besonders Benachteiligten für sehr vernünftig.

Franz Auerbach, Erziehungswissenschaftler

Franz Auerbach wurde 1923 in Deutschland geboren. Als Juden flohen er und seine Eltern 1937 vor den Nazis nach Südafrika. Er studierte Erziehungswissenschaft und promovierte über den vorzeitigen Schulabbruch unter schwarzen Schülern. Seit 1974 in der Ausbildung von Lehrern tätig, leitet er derzeit das »Funda Teachers' Centre«, ein zum großen Teil privat finanziertes Ausbildungszentrum für schwarze Lehrer in Soweto. Er veröffentlichte zahlreiche Artikel zu Menschenrechts- und Erziehungsfragen und war von 1981 bis 1983 Präsident des »South African Institute of Race Relations«.

Frage: Sind Sie mit dem Schulunterricht hier in Soweto zufrieden?

Auerbach: Festhalten muß man zunächst, daß der Unterricht für Schwarze in Soweto immer noch besser ist als in irgendeinem anderen Teil des Landes. Seit den Unruhen von 1976 hat man eine große Anzahl höherer Schulen gebaut; heute gibt es insgesamt 60. In Soweto mit seinen 1,25 Millionen Menschen jedoch liegt die Schulbevölkerung bei mindestens 300 000. Deshalb sind viele Klassenzimmer, besonders in den Grundschulen, noch immer überfüllt. 50 Kinder pro Klasse sind keine Seltenheit. Auch die Lehrer sind trotz aller Anstrengungen seitens der Behörden im allgemeinen unterqualifiziert. Immerhin: früher wurde ein Lehrer nach zehn Schuljahren zwei Jahre lang ausgebildet; heute absolviert er nach dem Abitur drei Jahre Lehrerausbildung. Die meisten Grundschullehrer allerdings haben immer noch die alte – schlechte – Qualifikation.

Frage: Ist auf die schlechte Grundschulausbildung auch die hohe Abbruchquote an den High Schools zurückzuführen?

Auerbach: In der Tat erreichen nur sechs oder sieben Prozent der schwarzen Schüler das Abiturjahr – im Vergleich zu über 60% unter den Weißen. Diese kolossale Abbruchquote hat neben den genannten schulischen Gründen – 90% der Grundschulen in Soweto haben eben keine Elektrizität und kein Lehrerzimmer, kaum eine Schule eine Bibliothek – vor allem soziale und wirtschaftliche Ursachen. Die Eltern haben kein Geld für Bücher; sie können ihren Kindern nicht bei den Schulaufgaben helfen. Überhaupt ist die Stimulierung zu Hause bei weitem nicht so gut wie in den meisten weißen Häusern.

Frage: Unter welchen häuslichen Bedingungen muß ein schwarzer Schüler lernen?

Auerbach: Die Lernbedingungen zu Hause allein bedingen schon eine große Ungleichheit. Konkret gibt es in Soweto unter circa 100000 Häusern vielleicht 6000–8000, die etwas größer sind; im allgemeinen jedoch haben die Standardhäuser höchstens vier Räume inklusive Küche. Sie wurden, um sie billig zu halten, ohne interne Türen und Decken, also einfach unter dem Dach gebaut. Da aus politischen Gründen – die Regierung wollte ja lange, daß alle Schwarzen eines Tages in die Homelands zurückgehen – über viele Jahre keine weiteren Häuser gebaut wurden, sind die bestehenden meist fürchterlich überfüllt. In Häusern für vier Leute leben acht; alle Kinder schlafen in einem Zimmer, was natürlich für die älteren, die Hausaufgaben machen müssen, sehr schwierig ist. Überdies haben beileibe nicht alle Häuser elektrisches Licht – ein zusätzliches Problem beim abendlichen Lernen. Die Schüler wissen in der Tat nicht, wo sie lernen sollen. Wenn in Soweto eine Bibliothek aufmacht, dann stehen Hunderte von ihnen Schlange, nur um einmal in Ruhe lesen zu können.

Frage: Wie empfinden schwarze Schüler diese Situation?

Auerbach: Ein schwarzer Schüler vergleicht seine Lage natürlich nicht mit der schwarzer Schüler in anderen Ländern, sondern mit der der weißen Kinder in anderen Teilen der Stadt. Denen gegenüber fühlt er sich zurückgesetzt. Besonders unzufrieden sind die älteren Schüler seit August 1984, als ihnen klar wurde, daß Schwarze in der neuen Verfassung keinen Platz haben. In diesem Zusammenhang muß man wissen, daß schwarze

Schüler im Durchschnitt zwei Jahre älter sind als weiße in der gleichen Klasse; beim Abitur sind sie oft 21 oder 22. Darüber hinaus wird das schwarze Kind viel früher politisiert als das weiße; wenn es mit zehn Jahren erfährt, wie Eltern oder Bekannte ins Gefängnis geworfen werden, dann weiß es schon eine ganze Menge über Rassendiskriminierung. Momentan – Mitte August 1985 – hören immer mehr Schulen auf zu funktionieren. Einige Schülervereine sind offenbar darauf aus, die Schulen vollständig lahmzulegen – nach dem Motto: Freiheit jetzt, Erziehung später.

Frage: In welcher Form üben die Aufständischen Druck auf Lehrer und Mitschüler aus?

Auerbach: Die Lehrer versuchen im allgemeinen, normalen Unterricht zu geben – auch wenn nur die Hälfte der Schüler da ist. In viele Schulen dringen dann Schüler anderer höherer Schulen ein und jagen alle hinaus. Die Lehrer haben nicht die Autorität und wohl auch nicht die Kraft, das zu verhindern. Der gewaltsame Druck und die Sympathie vieler Schüler für den Unterrichtsboykott sind einfach stärker. Viele von ihnen möchten natürlich ihre Schullaufbahn fortsetzen. Gerade arme Familien bringen ja oft große Opfer, um den Kindern das Abitur zu ermöglichen. Es ist schon eine große Tragödie, wenn dann die Ausbildung so unterbrochen wird. Auch die Lehrer sind in einer sehr mißlichen Lage: Einerseits sind sie vom Staat angestellt, andererseits müssen sie Sympathie für die aufständischen Schüler zeigen, weil ihnen sonst in gewissen Gegenden das Wohnhaus verbrannt wird. So etwas ist auch schwarzen Polizisten und Leuten, die für die Stadtverwaltung von Soweto arbeiten, schon passiert.

Frage: Hat denn der Schüler, der tatsächlich das Abitur schafft, Aussichten auf einen Job?

Auerbach: Auch für Leute mit Abitur ist es momentan schwierig, eine Stelle zu finden – zum einen wegen der allgemeinen Wirtschaftslage, zum anderen geben immer noch viele Unternehmen weißen Jungen oder Mädchen den Vorzug. Einige allerdings stellen lieber schwarze Jungen ein, weil die nicht für zwei Jahre zum Militär müssen. Davon abgesehen haben junge Schwarze – auch wenn sie das Abitur haben – große

Probleme, sich ins Berufsleben einzugliedern. Ihnen fehlt das, was man das »versteckte Curriculum« nennt, der häusliche Hintergrund, der selbstverständliche Umgang mit Elektrizität, Bankkonten und so weiter. Unsere Universitäten haben deshalb für ihre schwarzen Studenten Einführungsprogramme eingerichtet, die die Lücke schließen sollen zwischen dem Abitur und dem, was man haben muß, um erfolgreich zu studieren. Im Geschäftsleben wird ähnliches versucht – wenngleich nicht immer mit Erfolg. Sie können sich vorstellen, wie wütend junge Leute werden können, die sich bis zum Abitur durchgerungen haben und dann keine Stellung finden. Sie sind die natürlichen Führer anderer Protestierender.

Oscar Dhlomo, Erziehungsminister von KwaZulu

Oscar Dhlomo, geboren am 28.12.1943, studierte Erziehungswissenschaften an der »University of Zululand« und der Fernuniversität UNISA. 1979 promovierte er über »Probleme der Lehrerausbildung in Entwicklungsländern«. Nach kurzer Tätigkeit als Lehrer an einer High School war er in der Lehrerausbildung tätig. Seit 1978 ist er Erziehungsminister des Homelands KwaZulu und Generalsekretär der Bewegung Inkatha.

Frage: Als Erziehungsminister eines schwarzen Homelands, kann Ihnen gar nicht genug Geld zur Verfügung stehen. Wieviel gibt Ihnen Pretoria denn?

Dhlomo: Ganz allgemein wird in Südafrika weit weniger für schwarze Erziehung aufgewandt als für die der Weißen, Inder und Mischlinge. Wir zum Beispiel als das größte Erziehungsministerium eines Homelands müssen über eine Million Schüler versorgen – in 2000 Schulen mit 33000 Lehrern. Dafür haben wir ein Jahresbudget von gerade 160 Millionen Rand. 90 % gehen für Gehälter drauf; nur 10 % bleiben für Schulgebäude und andere Investitionen. Ein vernünftiges Verhältnis wäre 80:20.

Frage: Besteht ein Zusammenhang zwischen dem knappen Budget und der Weigerung KwaZulus, »unabhängig« zu werden?

Dhlomo: Ja, die Regierung versucht, unter anderem über den Haushalt, Druck auf uns auszuüben. Bei jeder Gelegenheit weist sie auf die Vorteile der sogenannten »Unabhängigkeit« hin. Wir aber sagen stets, daß wir südafrikanische Bürger sind und nicht daran denken, »unabhängig« zu werden.

Frage: Wie sieht heute eine ländliche Grundschule in KwaZulu aus?

Dhlomo: Unsere Kinder lernen unter sehr schwierigen Umständen. Viele Dorfschulen besitzen nicht einmal ein Gebäude; die Kinder sitzen unter den Bäumen. Gibt es ein Gebäude, dann fehlen meist Tische und Bänke. Eine Klasse hat darüber hinaus oft über 70 Schüler – unterrichtet von einem unterqualifizierten Lehrer. Hier findet die Tatsache ihren Niederschlag, daß die Regierung zehnmal soviel für ein weißes Kind ausgibt wie für ein schwarzes. Das schwarze Kind kann sich unter solchen Bedingungen einfach nicht für die High School oder Universität qualifizieren.

Frage: Die Regierung rechtfertigt den geringeren finanziellen Aufwand für schwarze Schüler unter anderem mit dem Argument, es gebe nicht genug schwarze Lehrer und mehr als die vorhandenen Lehrer könne man schließlich nicht bezahlen.

Dhlomo: Dieses Argument halte ich für absurd und unmoralisch. Mit dem – übrigens von ihr selbst verursachten – Problem der Lehrerqualifikation kann die Regierung doch nicht den Mangel zum Beispiel an Klassenzimmern begründen. Nein, die Regierung darf – mit welchen Ausreden auch immer – nicht Teile der Bevölkerung aufgrund ihrer Hautfarbe diskriminieren. Immerhin: seit dem Bericht der De-Lange-Kommission hat die Regierung prinzipiell anerkannt, daß allen südafrikanischen Kindern gleiche Ausbildungschancen zustehen. Leider besteht Pretoria nach wie vor auf nach Rassen getrennten Erziehungsministerien – was jedes Streben nach Chancengleichheit schon im Keime erstickt.

Frage: Ein zentrales Problem dürfte in der niedrigen Qualifikation der Lehrer liegen.

Dhlomo: Das ist richtig. Etwa 80 % der Lehrer in unserem Lande sind unterqualifiziert. Viele von ihnen sind selbst nur einige Jahre zur Schule gegangen, andere besitzen zwar eine College-Ausbildung, unterrichten jedoch in für sie viel zu hohen Klassen. Dann haben wir einen Mangel an Lehrern für bestimmte Fächer, besonders für Mathematik und die Naturwissenschaften. Um dem einigermaßen abzuhelfen, veranstalten wir Lehrerfortbildungsprogramme, mitfinanziert von multinationalen Unternehmen, besonders »Anglo American«. Inzwischen produzieren wir zumindest keine formal unterqualifizierten Lehrer mehr; jeder Lehrer-Kandidat muß das Abitur haben – wie das für die Lehrer der Weißen, Inder und Mischlinge ja schon immer galt.

Frage: Leidtragende sind die Schüler, die das in den Städten auch zum Ausdruck bringen. Was sind für Sie die Ursachen der schon so lange andauernden Schülerunruhen?

Dhlomo: Es gibt viele soziale und politische Gründe dafür. Einer der wichtigsten: die Schüler haben die Erziehungsfrage politisiert – zu Recht, wie ich meine. Sollen sie denn klaglos ertragen, wie sie in ihrer schlecht ausgestatteten Schule vor unterqualifizierten Lehrern sitzen, während jenseits des Zauns die luxuriös bestückten Schulen der Weißen stehen? Ich verstehe nur zu gut, daß in ihnen das Gefühl des Unterdrücktseins wächst, daß sie deswegen vom Unterricht fernbleiben oder gar ihre eigene Schule zerstören, die sie als Symbol der Unterdrükkung empfinden. Schauen Sie: in vielen dieser städtischen Schulen kennt der Lehrer seine 70 oder 80 Schüler nicht einmal beim Namen, geschweige denn die Lernprobleme des einzelnen. Kinder mit Lernschwierigkeiten entgehen seiner Aufmerksamkeit, werden frustriert und beginnen, die Schule zu hassen, manchmal auch den Lehrer – von dem sie glauben, daß er sie vernachlässigt. Schließlich werden die Kinder aufsässig, fangen an, mit Steinen zu werfen.

Frage: Wo liegen die Wurzeln dieses Desasters der Erziehungspolitik? Und: hat sich in den letzten Jahren etwas geändert?

Dhlomo: Die Hauptursache, die auch in der neuen Verfassung verankerte Regel »Jeder Rasse ihr Erziehungsministerium«, ist historisch gewachsen. Als die »Nasionale Party« 1948 an die Macht kam, setzte sie sogleich eine Kommission ein, die sich mit Erziehungsfragen beschäftigte. 1953 wurde der »Bantu Education Act« erlassen. Die darin enthaltene Philosophie lautete: »Die Schwarzen sind durch die bislang praktizierte Erziehung verdorben worden; diese Missionarserziehung hat ihnen den Irrglauben eingepflanzt, zur weißen Gesellschaft zu gehören.« Ziel sollte fortan sein, die Schwarzen zu Arbeitern auszubilden und in ihnen den Glauben zu verankern, daß sie bestimmte Arbeiten nicht verrichten können, daß die den Weißen vorbehalten seien. – Natürlich leisteten viele Leute Widerstand gegen dieses Konzept. Die Regierung strich schließlich einige besonders haarsträubende Elemente, zum Beispiel den Gedanken, Schwarze sollten ausschließlich zu Arbeitern erzogen werden. Doch der Schaden war bereits groß. Es gab keine schwarzen Techniker oder Manager; die wenigen Schwarzen, die die Chance zu einer guten Ausbildung hatten, wurden Krankenschwestern, Lehrer und Pfarrer, sehr wenige Ärzte oder Rechtsanwälte. Heute weiß die Regierung, daß um die Jahrtausendwende die meisten Manager Schwarze sein müssen, daß eine Fortsetzung der alten Politik sie teuer zu stehen käme. Deshalb hat sie umfangreiche Ausbildungsprogramme in die Wege geleitet. Eine spezielle »Manpower Foundation« wurde gegründet; die Industrie erhält erhebliche Steuernachlässe für die Ausbildung von Schwarzen. Aber es wird seine Zeit dauern, die Fehler der Vergangenheit zu korrigieren.

Frage: Heißt bessere Bildung für Schwarze auch mehr politische Macht?

Dhlomo: Theoretisch schon. In der Praxis jedoch will der besser ausgebildete Schwarze zunächst der Armut entkommen. Er kümmert sich um seinen Beruf und nicht so sehr um politische Rechte. Das Hauptanliegen eines Rechtsanwaltes etwa ist es, eine Praxis im Zentrum von Johannesburg zu eröffnen. Er möchte in seiner Berufsausübung nicht diskriminiert werden, er möchte entsprechend seiner Qualifikation bezahlt werden und ein eigenes Haus besitzen dürfen. Die Politik kommt ins Spiel, wenn unser Mann mit seinen Bedürfnissen an die Mauer der Apartheid stößt, wenn er im Stadtzentrum – wo die Gerichte sitzen – nicht praktizieren darf, wenn seine Kinder nicht die guten weißen Schulen besuchen dürfen. Dann erst – aus seinen ureigenen Interessen heraus – fängt der Rechtsanwalt an, politisch zu denken. Und das kommt immer häufiger vor; denn uns schwarzen Südafrikanern folgt die Politik ja überall hin, selbst auf die Toiletten.

Frage: Ihr schwarzer Rechtsanwalt muß vor seinem Kampf

um die Praxis die Universität besuchen. Wie sind denn da die Chancen für Schwarze?

Dhlomo: Auch die schwarzen Universitäten sind Resultat des Bantu-Erziehungskonzepts. 1959 beschloß die Regierung, die Universitäten ethnisch zu sortieren. Schwarze Studenten durften die weißen Universitäten in Kapstadt, Johannesburg oder Durban nicht mehr besuchen. Sie bekamen ihre eigenen Universitäten hingestellt: eine »Universität von Zululand« für die Zulus und Swazis, eine »Universität des Nordens« für die Sothos und mit ihnen verwandte Gruppen, die schon bestehende Missionarsuniversität von Fort Hare durfte fortan nur noch Xhosas aufnehmen. Auch eine Mischlingsuniversität wurde geschaffen, und eine für Inder. Das alles waren natürlich keine Universitäten im eigentlichen Sinne des Wortes; es waren ethnischen Gruppen zugeordnete Staatseinrichtungen ohne jede Autonomie. Und natürlich weigerten sich gute Dozenten, dort hinzugehen – was dann die Studenten auszubaden hatten. Auch sozialer und kultureller Austausch zwischen den Volksgruppen war nicht mehr möglich. Ich als Zulu hatte keine Möglichkeit mehr, mich mit burischen oder Sotho-Studenten auszutauschen. Bis heute besitzen überdies die nichtweißen Universitäten nur wenige Fakultäten; es gibt kaum welche für Ingenieurwesen und nur eine einzige für Landwirtschaft. Nur allmählich gesteht man diesen Hochschulen eine gewisse Autonomie zu. Sie dürfen Prüfungen abnehmen und Studenten anderer Rassen zulassen. Inzwischen findet man an schwarzen Universitäten einige weiße Studenten und umgekehrt.

Frage: Neben den nach Rassen sortierten Universitäten gibt es noch UNISA, eine der größten und wohl auch besten Fernuniversitäten der Welt.

Dhlomo: Die Bedeutung UNISAs für uns ist enorm. Die wenigen schwarzen Akademiker, die Sie in Südafrika sehen, wurden fast alle von UNISA produziert. Ich selbst habe fünf Universitätsabschlüsse; einen davon habe ich auf dem Campus erworben, die anderen vier – einschließlich meines Doktorgrades – durch UNISA. Die meisten schwarzen Studenten sind halt sehr arm; sie können selten mehr als zwei oder drei Jahre an der Universität verbringen. Dort machen sie allenfalls ihren ersten Abschluß, arbeiten dann und studieren nach Feierabend weiter.

Frage: Wichtiger als Akademiker dürften für Sie in KwaZulu gute Schlosser und Schreiner sein.

Dhlomo: Unbedingt. Die Berufsausbildung genießt erste Priorität in KwaZulu; ohne Fachleute, besonders im technischen und landwirtschaftlichen Sektor, gibt es keine Entwicklung. Wir versuchen, unsere Schüler schon in sehr jungen Jahren mit technischen Dingen vertraut zu machen; wir haben sogenannte »technische Orientierungszentren« eingerichtet, wo junge Leute einen ersten Überblick gewinnen, bevor sie sich für eine bestimmte Fachrichtung entscheiden. Unser erstes »Technikon« haben wir vor kurzem in Umlazi eingerichtet – mit der Hilfe »Anglo American's«.

Frage: Was tut denn die Wirtschaft, die händeringend nach Fachkräften sucht, sonst noch für die Ausbildung der Schwarzen?

Dhlomo: Die Wirtschaft trägt in erheblichem Maße zur Ausbildung Schwarzer bei. »Anglo American« etwa hat über das schon Erwähnte hinaus mehrere Landwirtschaftsschulen gebaut, stellt Universitätsstipendien zur Verfügung und hat nicht zuletzt die so notwendige Lehrerfortbildungsstätte in Umlazi finanziert. Allein allerdings kann auch die Wirtschaft nur Begrenztes erreichen. Alle Sektoren der Gesellschaft müssen gemeinsam für mehr Bildung und damit mehr Lebensqualität arbeiten.

Frage: Ab und zu kommt ja auch Hilfe aus dem Ausland – von den Kirchen zum Beispiel und von der deutschen »Konrad-Adenauer-Stiftung«.

Dhlomo: Über die Partnerschaft zwischen der Adenauer-Stiftung und Inkatha sind wir sehr froh. Der Vertreter der Stiftung, Gerd Bossen, leistet hervorragende Arbeit. Besonders sein Projekt zur Ausbildung von Spezialisten für lokale Entwicklung hat mich beeindruckt. Für das Gebiet von Msinga hat die Stiftung kürzlich eine Studie der Entwicklungsmöglichkeiten erstellt. Gemeinsam mit den Leuten von Msinga will sie ihre Erkenntnisse jetzt in die Tat umsetzen. Wir hoffen, die Zusammenarbeit – besonders im Erziehungsbereich – noch ausdehnen zu können.

Frage: Neben dem Erziehungsministerium von KwaZulu verwalten Sie auch das Generalsekretariat der Bewegung Inkatha. Können Sie kurz die Anfänge und die organisatorische Struktur der Bewegung umreißen?

Dhlomo: Inkatha wurde 1975 von Chief Buthelezi gegründet. Es handelt sich um eine landesweit operierende Befreiungsbewegung, die mit friedlichen Mitteln für sozialen und politischen Wandel in Südafrika kämpft. Die kleinste Inkatha-Einheit ist die aus mindestens 30 Mitgliedern bestehende Ortsgruppe. Die Ortsgruppen-Delegierten eines Distrikts wählen ein Regional-Komitee: Vorsitzenden, Sekretär und so weiter. Überregionale Belange werden vom Zentral-Komitee, dem Exekutivorgan Inkathas, wahrgenommen. Es besteht aus 60 Mitgliedern, zum Teil von der Generalversammlung gewählt, zum Teil vom Präsidenten der Bewegung ernannt. Vorsitzender des Zentralkomitees ist der Präsident der Bewegung; ihm zur Seite steht der Generalsekretär. Sie alle handeln im Auftrag der Generalversammlung, des höchsten Organs, und führen deren Beschlüsse aus.

Frage: Wieviele Mitglieder hat Inkatha?

Dhlomo: Wir haben derzeit etwas über eine Million Mitglieder in 2013 Ortsgruppen. Alle Mitglieder zahlen bei ihrem Eintritt eine Aufnahmegebühr von drei Rand und pro Jahr einen Mitgliedsbeitrag von zwei Rand.

Frage: Könnten Sie das Hauptziel Inkathas beschreiben?

Dhlomo: Inkathas erstes Ziel ist die Einheit der Schwarzen in Südafrika. Wir bekämpfen jede Diskriminierung auf der Basis von Rasse, Geschlecht oder Religion. Wir wollen einen drastischen sozialen und politischen Wandel hin zu einer multirassischen Gesellschaftsordnung in Südafrika. Wir glauben an eine schwarz-weiße Zukunft, an inter-rassische Zusammenarbeit und gemeinsam ausgeübte Macht.

Frage: Dessenungeachtet wird Ihnen vielfach zum Vorwurf gemacht, daß Inkatha so stark unter den Zulus verankert ist.

Dhlomo: Inkatha ist von Zulus gegründet worden, von Mitgliedern der größten Volksgruppe in Südafrika. Warum soll dann nicht die Mehrheit unserer Mitglieder zu den Zulus gehören? Das heißt doch nicht, daß Inkatha eine ethnisch festgelegte Bewegung ist. Im Gegenteil: schon 1978 hat Prof. Theo Hanf vom Freiburger Arnold-Bergstraesser-Institut festgestellt, daß 40 % unserer Mitglieder in Soweto keine Zulus sind. Sicher, 1977 bestellte der damalige Justizminister Kruger Chief Buthelezi nach Pretoria und drohte ihm, Inkatha zu verbieten, wenn man weitere Nicht-Zulus aufnehme. Buthelezi aber sagte: Wir werden das genau so lange tun, wie die »Nasionale Party« Nicht-Afrikaaner aufnimmt.

Frage: Aber werden nicht automatisch die Interessen der Ethnie gefördert, die in der Bewegung die Mehrheit besitzt?

Dhlomo: Nein, es kommt nicht auf die ethnische Zusammensetzung einer Bewegung an, sondern auf ihr politisches Programm. Ist denn der ANC eine Xhosa-Bewegung, bloß weil sein Präsident ein Xhosa ist, der Generalsekretär ein Xhosa und die meisten Sekretäre ebenfalls? Ist die SWAPO eine Ovambo-Bewegung, weil die meisten Mitglieder Ovambos sind? Und ZANU und ZAPU in Zimbabwe – sind das Shona- beziehungsweise Ndebele-Bewegungen? Nein, alle diese Bewegungen kämpfen für die Freiheit ihrer Völker; und wir kämpfen für die Freiheit der Völker von Südafrika.

Frage: Aber werden nicht bei Inkatha-Treffen immer wieder Zulu-Traditionen hervorgehoben?

Dhlomo: Sie dürfen nicht – was leider viele tun – die Aktivitäten der Regierung von KwaZulu mit denen von Inkatha verwechseln. Chief Buthelezi hat niemals partikulare politische Ansprüche der Zulus geltend gemacht. Er gehört zu den wenigen schwarzen Führern – speziell in den Homelands –, die immer von »Schwarzen« sprechen, nie von ihrer Volksgruppe. Er tut dies, obwohl die Zulus das Recht haben, als Volk ein eigenes Territorium zu beanspruchen. Das besaßen sie ja auch, bis sie 1879 von den Briten besiegt wurden. Sie hatten ihr eigenes Land und ihren eigenen König – wie Swaziland. Im Unterschied zu den Swazis aber suchten sie nicht die britische Protektion, sondern wehrten sich gegen die Kolonialisierung. Heute indes kämpfen sie nicht mehr für die Restauration des Zulu-Königreichs; sie kämpfen für die Befreiung ganz Südafrikas, zum Nutzen aller Südafrikaner. Die Regierung in Pretoria betont natürlich – getreu dem Prinzip »Teile und herrsche« – noch immer die ethnischen Unterschiede. Sie geht zu den anderen Schwarzen und sagt: »Paßt auf, wenn ihr mit den Zulus zusammenarbeitet. Die wollen euch schlucken.« Einige schwarze Führer, zum Beispiel der Präsident von Bophuthatswana, Lucas Mangope, sind darauf hereingefallen.

Frage: Besteht in dieser Situation des Befreiungskampfes nicht die Gefahr, daß Menschen auch ihre kulturelle Identität in der Volksgruppe verlieren?

Dhlomo: Ja, genau. Wegen dieses Spiels der Regierung mit den ethnischen Unterschieden beginnen einige unserer Leute jetzt, ihre Existenz zu verleugnen. »Wir sind keine Zulus«, sagen sie, »wir sind Schwarze oder Südafrikaner.« Das halte ich auch nicht für richtig. Jeder von uns hat seinen kulturellen Hintergrund. Solange er den anderen nicht aufzwingt, kann er doch Zulu und Südafrikaner sein – genauso wie die Italiener, Deutschen, Juden und Franzosen, die hier leben, Südafrikaner sind.

Frage: Bitte beschreiben Sie abschließend kurz die Strategieunterschiede zwischen Inkatha und dem ANC.

Dhlomo: Wir von Inkatha teilen die Ziele des ANC; ja wir bauen sogar auf den Traditionen der ANC-Grundväter auf. Die taten von 1912 bis 1960 genau das, was wir heute tun. Erst als die Regierung den ANC verbot, entschied er sich für die Strategie der Gewalt. Inkatha dagegen glaubt auch heute an einen Wandel ohne Gewalt, an Wandel zum Beispiel durch die Mobilisierung von Arbeiter- und Konsumentenmacht. Die Strategieunterschiede führen zu Konflikten in der täglichen Praxis des Befreiungskampfes. Bei uns in KwaZulu zum Beispiel boykottierten auch mal einige Schüler den Unterricht und zerstörten das Schulgebäude. Wir schritten ein und sagten zu den Schülern: »Wir verstehen eure Probleme; wir wissen, daß die Zentralregierung in Pretoria wenig für eure Erziehung tut. Was aber bringt es euch, wenn ihr die Schulen zerstört, die eure armen Eltern gebaut haben? Das ist doch nur kontraproduktiv.« Der ANC nun, dem brennende Schulen hervorragend ins Konzept passen, verbreitete daraufhin die Parole: »Inkatha hat sich selbst als Feind des Befreiungskampfes entlarvt, indem sie Schüler daran hinderte, den Unterricht zu boykottieren.« In solchen Fällen zeigt sich die unterschiedliche Denkweise zwischen dem ANC draußen und uns hier in Südafrika.

Frank Mdlalose, Gesundheitsminister von KwaZulu

Frank Mdlalose, geboren am 29.11.1931, studierte Erziehungswissenschaften an der Missionarsuniversität von Fort Hare und Medizin an der »University of Natal« in Durban. Seit 1958 arbeitete er als Arzt sowie im Verwaltungswesen der Zulus. 1978 wurde er zum Innenminister des Homelands KwaZulu ernannt. Seit 1983 ist er Minister für Gesundheit und Wohlfahrt. Er ist verheiratet und hat fünf Kinder.

Frage: Über welches Budget verfügt Ihr Ressort, Herr Minister, und wofür wird es ausgegeben?

Mdlalose: Mein Ministerium verwaltet 1984/85 mit 242 Millionen Rand den größten Etat aller Ressorts in KwaZulu. Mehr als die Hälfte davon – 129 Millionen Rand – geben wir für Renten aus, für Menschen, die sich nicht selbst versorgen können; der Rest geht ins Gesundheitswesen.

Frage: Was können Sie aus diesen Mitteln an Krankenhäusern finanzieren?

Mdlalose: KwaZulu besitzt derzeit 28 Krankenhäuser – einige groß, andere sehr klein, viele von Missionaren übernommen. Leider sind die meisten dieser Krankenhäuser alt und baufällig; sie sind überfüllt und besitzen weder Röntgengerät noch Operationstische; manchmal fehlt sogar das Operationsbesteck. Das Hauptproblem jedoch liegt im Personalmangel; wir haben so gut wie keine Ärzte und Schwestern. Selbst ein Handwerker, der kaputte Stühle und Betten reparieren kann, ist selten verfügbar.

Frage: Wie wirkt sich all das auf den Krankenhausbetrieb aus?

Mdlalose: Wenn Sie – wie in manchen Hospitälern – eine Belegung von 200% haben, dann kommt auf jeden Patienten im Bett einer unter dem Bett; die Menschen schlafen buchstäblich auf dem Boden. Wir versuchen, eine gewisse Abhilfe zu schaffen, indem wir sehr früh entlassen. Eine schwangere Frau beispielsweise, die nachmittags mit Wehen ankommt und in der Nacht entbindet, wird – sofern keine Komplikationen auftreten – am nächsten Morgen nach Hause geschickt. Das ist sicherlich nicht ideal; aber wir haben keine Wahl.

Frage: Werden in Ihren Krankenhäusern auch Menschen behandelt, die dafür nicht bezahlen können?

Mdlalose: Ja, natürlich. Unsere Gebühren sind nach Einkommenshöhe gestaffelt. Wenn einer nichts hat, dann braucht er auch nichts zu bezahlen. Auf die Straße ist wegen seiner Armut noch keiner gejagt worden.

Frage: Aber mit 28 Krankenhäusern können Sie doch den Andrang gar nicht bewältigen.

Mdlalose: Wir versuchen, unsere geringen Ressourcen an Personal, Ausrüstung und Medikamenten mittels eines integrierten Systems möglichst effizient einzusetzen. In jeder Region betreut ein zentrales Krankenhaus eine Reihe von Gesundheitsstationen. Die Schwestern, die diese Stationen leiten, bilden wir so aus, daß sie einen großen Teil der Patienten auch ohne Arzt versorgen können. Schwere Fälle werden zur ärztlichen Behandlung ins Krankenhaus überwiesen. So vermeiden wir, daß unsere Ärzte von Station zu Station hetzen, anstatt im Krankenhaus die wirklich schweren Fälle zu behandeln.

Frage: Mit welchen Gesundheitsproblemen haben Sie am meisten zu kämpfen?

Mdlalose: Vor allem Mangel- und Fehlernährung sind sehr verbreitet. Manchmal essen die Leute falsch und einseitig, weil sie es nicht besser wissen; meistens aber haben sie kein Geld für die richtige Nahrung. Sie leben hier in einem bitterarmen und unterentwickelten Gebiet – ohne Arbeitsplätze und Bildungschancen.

Frage: Was können Sie tun?

Mdlalose: Wir müssen die ländlichen Gebiete entwickeln,

nicht nur die Städte – wo es leichter ist, Jobs und Erziehung anzubieten. KwaZulu fördert auf dem Land vor allem Schulerziehung und landwirtschaftliche Entwicklung. Die Landwirtschaft ist besonders wichtig: Hier können die Menschen ihre Nahrung selbst produzieren; sie können das, was sie wirklich brauchen, anbauen; sie müssen es nicht auf dem Markt kaufen. Wenn wir unsere Leute ausbilden, wenn wir ihnen Wissen darüber vermitteln, wie sie ihre Böden am besten nutzen – dann können sie irgendwann für sich selbst sorgen. Das ist unser Ziel.

Frage: Einen schweren Rückschlag haben Sie durch die lange Dürreperiode und die Umweltkatastrophe vom Februar 1984 erlitten.

Mdlalose: Das stimmt. Nach vier Jahren Dürre hatte es Ende 1983 zu regnen begonnen; die Saat wuchs, und wir dachten, das Schlimmste sei überstanden. Dann plötzlich brach der Zyklon Dimoina über uns herein und warf uns zurück auf den Nullpunkt. Menschen starben, ihr Vieh starb; ihr Hausrat wurde fortgespült, ihr Saatgut, ihre Nahrung, ja sogar ihre Häuser – alles war zerstört. Etliche Gebiete waren von der Umwelt abgeschnitten; wir konnten sie nicht einmal per Hubschrauber erreichen. Wir sahen Hausdächer aus dem Wasser ragen und wußten, daß dort unten alles tot war. Später sahen wir ganze Viehherden tot an den Flußufern liegen; es war schrecklich.

Frage: Wie sind Sie aus dieser Katastrophe wieder herausgekommen?

Mdlalose: Wir stecken noch mittendrin, weil wir an den Folgen noch viele Jahre tragen werden. Direkt nach der Katastrophe haben wir durch eine konzertierte Aktion aller Behörden von KwaZulu die unmittelbare Not zu lindern versucht. Es erreichte uns eine Welle der Hilfsbereitschaft. Weiße Geschäftsleute spendeten große Summen; arme schwarze Arbeiter und Bauern schickten Geld, Decken und Kleider. Aus Deutschland haben uns in erster Linie die »Konrad-Adenauer-Stiftung« und die »Offensive Junger Christen« von Horst-Klaus Hofmann moralisch und materiell unterstützt. Das »Rote Kreuz« schließlich war das Rückgrat der Fluthilfe; es hat die Hilfe organisiert, kanalisiert und zu den Menschen gebracht, die sie brauchten.

Frage: Neben den akuten Katastrophen haben Sie die strukturellen zu bewältigen, die Wanderarbeit zum Beispiel. Was bedeutet Wanderarbeit für die Homeland-Gesellschaft?

Mdlalose: Natürlich ist es schwierig, den typischen Wanderarbeiter zu definieren. Manch einer kommt jeden Abend nach Hause, mancher am Wochenende, der dritte nur zu Weihnachten. Allgemein aber gilt: Je länger der Mann seine Familie und sein Dorf allein läßt, desto geringere Entwicklungschancen hat diese Gemeinschaft. Sie hat weniger zu essen, weniger Kleidung, weniger Zugang zu schulischer und medizinischer Versorgung. Kurz: sämtliche Grundbedürfnisse der Gemeinschaft werden schlechter befriedigt, wenn der eigentliche Arbeiter fort ist. Sogar die Felder und Gärten verkommen, wenn der Mann die meiste Zeit in der Stadt verbringt und nach Hause nur als Besucher kommt – manchmal mit Geld, manchmal ohne.

Frage: Wie wirkt sich Wanderarbeit auf das Familienleben aus?

Mdlalose: Es wird zerstört. Sehr oft hat der Mann in der Stadt eine zweite Familie, für die er natürlich mehr sorgt als für die Angehörigen im Dorf. Die Folgen heißen moralischer Verfall, Scheidung und viel Leid für die Zurückgebliebenen.

Frage: Wer sorgt für die Zurückgebliebenen?

Mdlalose: Die müssen sich durchschlagen, so gut sie eben können. Früher gab es Großfamilien – ein polygamer Vater, mehrere Mütter, Brüder und Schwestern. Wenn dann zwei oder drei Männer ihre Frauen verließen, sorgte der Clan für die Frauen. Diese Form des Zusammenlebens jedoch liegt im Sterben. Heute sitzt die Frau mit ihren Kindern allein da – ohne Ausbildung, mit der einzigen Hoffnung, daß der Mann Geld schickt. Wenn keins kommt, muß sie betteln. Sicher, manchmal helfen das Dorf oder Organisationen wie Inkatha den Ärmsten; aber das ist kein Ersatz für den Mann als Ernährer seiner Familie.

Frage: Auf sich allein gestellt sind heutzutage auch viele Alte und Behinderte. Wie überleben die?

Mdlalose: Die Renten für Weiße, Mischlinge und Inder liegen weit höher als die für Schwarze. Trotz unseres Drängens hat Pretoria das bislang nicht geändert. Hinzu kommt, daß in den letzten Jahren die Zahl der Anspruchsberechtigten geradezu explodiert ist. Für 1983 etwa hatten wir einen Zuwachs von fünf Prozent vorausberechnet. Bereits im Juni jenes Jahres jedoch war die Zahl der Berechtigten um 18 % gewachsen. Uns blieb – da wir kein Geld mehr hatten – nichts anderes übrig, als die Registrierung weiterer Rentner zu stoppen – was uns schwere Vorwürfe einbrachte. Aber sehen Sie: Das uns von Pretoria zugeteilte Budget war längst überzogen; wir mußten bei den Krankenhäusern kürzen, um schon registrierte Rentner versorgen zu können.

Frage: Was sind die Ursachen für den plötzlichen Rentnerzuwachs?

Mdlalose: Dieser Zuwachs hat zwei Hauptursachen: Zum einen werden immer mehr Menschen aus sogenannten »weißen« Gebieten hinausgeworfen – aus dem Transvaal und vor allem aus dem Oranje-Vrystaat. Die Älteren sind besonders betroffen, weil sie nicht mehr produktiv sind. Diese Menschen werden als Zulus klassifiziert, nach KwaZulu transportiert und hier – wo sie oft niemanden kennen – abgeladen. Bei unseren Behörden beantragen sie dann – berechtigterweise – ihre Rente. Der zweite Faktor ist, daß wir natürlich unsere Alten und Behinderten auf ihre Rechte hinweisen und diese sie auch mehr und mehr wahrnehmen.

Frage: Welche weiteren Probleme verursachen die Zwangsumsiedlungen für die Regierung von KwaZulu?

Mdlalose: Viele Probleme. – Die Regierung KwaZulus hat Pretoria immer wieder aufgefordert, auch schwarze Menschen dort zu lassen, wo sie sind, und sie nicht herumzustoßen. Manchmal waren wir erfolgreich, zum Beispiel als wir die Regierung davon abhielten, die Stämme der Amasisi und Amanguane aus der Gegend um Bergville zu vertreiben – aus einer Gegend, in der es regelmäßig regnet, wo es grünes Gras gibt und Flüsse. Pretoria wollte dieses schöne und reiche Gebiet ausschließlich für Weiße. Wir sind erbittert dagegen angegangen, haben schlaflose Nächte verbracht, sind nach Pretoria und Kapstadt gereist – und haben schließlich unser Ziel erreicht: Es gab keine Umsiedlung. So haben wir manche Schlacht gewonnen, aber auch manche verloren. Aus Roosboom bei Ladysmith zum Beispiel wurden Schwarze zwangsumgesiedelt, und wir konnten ihnen nicht helfen. Auch aus Charlestown, einer anderen Kleinstadt an der Grenze zum Transvaal, wurden unsere Leute vertrieben. Es schmerzt uns immer wieder, wenn die Regierung so gegen den Willen der Menschen handelt. Was uns aber noch mehr schmerzt, ist, daß einige Leute kommen und sagen: »Die Behörden von KwaZulu helfen der weißen Regierung bei den Zwangsumsiedlungen.«

Frage: Wer wirft Ihnen das vor?

Mdlalose: Die Vorwürfe stammen hauptsächlich aus einem Papier des »Südafrikanischen Kirchenrats«, das dieser zusammen mit der »Katholischen Bischofskonferenz« herausgegeben hat. Immer wieder wird in diesem Papier angedeutet, daß wir Komplizen bei den Zwangsumsiedlungen seien. Und die Verfasser wissen, daß sie lügen. Vielfach haben wir ihnen sogar bei ihren Bemühungen geholfen; sie – die Leute vom Kirchenrat – falteten die Hände und warteten darauf, daß wir etwas gegen die Umsiedlungen taten. Und als wir wegen der Amasisi und Amanguane in Kapstadt vorstellig wurden, war Erzbischof Denis Hurley selbst dabei.

Frage: Dennoch planen auch Sie eine Umsiedlung – in der Gegend von Inanda.

Mdlalose: Da geht es um den Inanda-Damm. Es wird nicht aus rassenideologischen Gründen umgesiedelt, sondern aus wirtschaftlicher Notwendigkeit. Nach jahrelangen Forschungen – vor allem während der langen Dürre – haben wir festgestellt, daß der Umgeni-Fluß an einer bestimmten Stelle gestaut werden kann. Mit dem Damm schaffen wir für die Gegend von Durban eine neue Quelle bitter benötigten Wassers – das allen Rassen zugute kommt. Weil der Inanda-Damm also allen nützt, haben wir uns schweren Herzens entschlossen, die Menschen aus diesem Gebiet umzusiedeln. Doch sie werden angemessen entschädigt. Darüber hinaus haben wir sichergestellt, daß sie unter fünf Wohnorten wählen können – städtischen und ländlichen.

Frage: Was ist für Sie als Sozialminister in KwaZulu das größte Problem?

Mdlalose: Unser größtes Problem ist die Wohnungsnot. In

einer Studie haben wir berechnet, daß wir Ende 1983 allein im Gebiet von Durban 95000 zusätzliche Wohnhäuser brauchten – nur für Schwarze. In ganz KwaZulu brauchten wir rund 120000. Häuser jedoch sind teuer. Man braucht zunächst Land, dann die Infrastruktur – Straßen, manchmal Eisenbahnen, Elektrizität, Wasser, Abfallbeseitigung ... All das kostet pro Haus mindestens 5000 Rand, und das billigste Vier-Zimmer-Haus selbst nochmals 5000 Rand; macht insgesamt 10000. Um allein den Wohnungsbedarf von Ende 1983 zu decken, hätten wir 1,2 Milliarden Rand gebraucht – das Gesamtbudget KwaZulus von zweieinhalb Jahren. Und nach diesen zweieinhalb Jahren hätten wir 1987, viele neue Menschen und neuen Wohnungsbedarf. Sie verstehen, daß wir angesichts solcher Zahlen keine Politik der Illusionen betreiben können. Die Regierung kann nicht jedem Bürger ein Haus bauen; er muß das selbst tun. Die Regierung kann auch nicht allein die Kosten der Infrastruktur tragen; der Bürger muß sich beteiligen.

Frage: Nun haben Sie ja ein sehr hohes Bevölkerungswachstum ...

Mdlalose: Es ist wahr, wir haben ein sehr hohes Bevölkerungswachstum, rund drei Prozent pro Jahr; und viele Behördenvertreter aus Pretoria haben uns vorwurfsvoll gefragt, warum wir unsere Menschen nicht dazu anhalten, weniger Kinder zu kriegen. Wir haben ihnen gesagt, daß das den Wagen vor das Pferd spannen hieße. Zunächst müssen unsere Menschen einen gewissen Lebensstandard erreichen. Sie müssen anständig verdienen, etwas besitzen – einen Fernseher vielleicht; sie müssen Gelegenheit haben, Konzerte oder Kunstausstellungen zu besuchen. Dann – und nur dann – werden sie beschließen, weniger Kinder zu haben. Wenn sie aber weiter unzureichend erzogen werden und zu wenig Geld verdienen, dann werden sie auch weiter Kinder über Kinder in die Welt setzen. Es bleibt ihnen – aus ihrer Sicht – nichts anderes übrig.

Walter Hättig *

Ist das Apartheidregime am Ende?

Seit dem 21. Juli 1985 herrscht in den wichtigsten städtischen Ballungsgebieten Südafrikas der Ausnahmezustand. Zuletzt hatte die weiße Minderheitsregierung 25 Jahre zuvor zu diesem Mittel gegriffen, um Unruhen in den schwarzen Townships unter Kontrolle zu bekommen. Die Bestimmungen des Ausnahmerechts sind vor allem gegen die Organisationen des schwarzen Widerstands gerichtet. Diese sollen zerschlagen werden, um die Revolte der Schwarzen im Keim zu ersticken.

Der Ausnahmezustand betrifft besonders die Gebiete um Johannesburg, Port Elizabeth und seit Oktober 1985 auch die Gebiete um Kapstadt. Dauer und Umfang des Ausnahmezustandes zeigen, daß die Rechnung der südafrikanischen Regierung nicht aufgegangen ist: Obwohl der Widerstand der Schwarzen in sich gespalten ist, ist daraus eine Massenbewegung geworden, die kaum noch zu unterdrücken ist.

Der Ausnahmezustand

Die Bestimmungen des Ausnahmerechts räumen den Sicherheitskräften weitgehende Sondervollmachten ein; sie geben ihnen faktisch freie Hand. Die wichtigsten Bestimmungen lauten:

- Jeder Polizist, Soldat, Bahnpolizist oder Gefängnisaufseher kann zur Aufrechterhaltung von Recht und Ordnung ohne Haftbefehl Verhaftungen vornehmen.
- Verdächtige können ohne Angabe von Gründen bis zu zwei

* Walter Hättig, Diplomvolkswirt, war mehrere Jahre Redakteur der Freiburger »Blätter des Informationszentrum Dritte Welt«; er koordiniert heute die Südafrika-Arbeit der Berliner »Aktionsgemeinschaft Solidarische Welt«.

Wochen (seit Oktober 1985 unbegrenzt) festgehalten werden.

Darüber hinaus dürfen die Sicherheitskräfte Gebäude schließen, bestimmte Gebiete sperren, Ausgangssperren anordnen und die Presse zensieren. Kein Angehöriger der Sicherheitskräfte kann für Handlungen im Rahmen seines Dienstes vor einem Gericht zur Rechenschaft gezogen werden, sofern er in »gutem Glauben« gehandelt hat.

Um die Bestimmungen des Ausnahmerechts durchzusetzen, hat die südafrikanische Regierung mehr als 47000 Polizisten und Militärs aufgeboten. In den ersten Tagen des Ausnahmezustandes wurden führende Aktivisten von Widerstandsorganisationen (UDF, AZAPO, CoSAS und andere) systematisch an Hand vorbereiteter Listen verhaftet. Bis zur Jahreswende 1985/86 wurden mehr als 7000 Personen verhaftet, von denen allerdings die meisten wieder entlassen wurden.

Auch Beerdigungsfeierlichkeiten, die in den Monaten vor Verhängung des Ausnahmezustands zu ständigen Manifestationen des schwarzen Widerstands geworden waren, sind seit August 1985 streng reglementiert:

- Bei Grabreden darf nicht über Politik geredet werden;
- der Leichnam darf nur mit einem Leichenwagen zum Friedhof gebracht werden;
- alle Trauergäste müssen ausschließlich mit Fahrzeugen befördert werden;
- während der Begräbnisfeier dürfen keine Plakate oder Flugblätter mitgeführt oder verteilt werden

Insgesamt hat sich für die Ausnahmegebiete jedoch nur wenig geändert, da die Sicherheitskräfte auch ohne Ausnahmerecht weitgehende Vollmachten besitzen. Viele Bestimmungen des Ausnahmerechts von 1960 sind in der Zwischenzeit Bestandteil des normalen Rechts geworden.

Die Revolte der Schwarzen

Der Verhängung des Ausnahmezustands waren Monate der Unruhen in den schwarzen Townships vorangegangen. Bei Auseinandersetzungen mit der Polizei, aber auch bei Konflikten unter den Schwarzen selbst, waren bis dahin über 600 Menschen umgekommen (bis zur Jahreswende 1985/86 über 1000). Begonnen hatten die Unruhen im September 1984 im Vaal-Dreieck, als die schwarzen Stadträte die Mieten um durchschnittlich 5 Rand 90 (damals ca. 9 DM) anheben wollten. In der ohnehin schon gespannten Atmosphäre nach den Wahlen zum Drei-Kammern-Parlament im August 1984, brachte – vor dem Hintergrund zunehmender Verelendung in den Townships – die Ankündigung der Mieterhöhung das Faß zum Überlaufen. Obwohl die Stadtverwaltungen die Mieterhöhungen verschoben, war es zu spät. Bürgerinitiativen, die zuvor mit den Stadtverwaltungen noch verhandelt hatten, organisierten die ersten Protestdemonstrationen. Hunderttausende gingen auf die Straße; es kam zu Zusammenstößen mit der Polizei. In Sharpeville und anderen Townships gingen die Häuser von Stadträten in Flammen auf. Schon der erste Tag der Auseinandersetzungen kostete zehn Menschen das Leben, darunter mehrere Stadträte. Der Staatsapparat griff zu scharfen, repressiven Maßnahmen, um der Situation Herr zu werden. Übergriffe der Polizei und Inhaftierungen ohne Gerichtsverfahren gehörten fortan zur »Normalität des Townshiplebens«.

Der gewaltsame Ausbruch jahrelang aufgestauter Frustrationen, die Entladung von Wut und Haß gegen das »System« jedoch konnten durch den Einsatz der Polizei nicht mehr verhindert werden. Die Unruhen verbreiteten sich schnell, bis sie schließlich auch Soweto erreichten, wo es lange bemerkenswert ruhig geblieben war.

Die Eskalation lag zu einem nicht geringen Teil an der Polizei selbst. Sie geht mit äußerster Härte und Brutalität gegen die Schwarzen vor. Wahllos schießt sie mit Gummigeschossen, Tränengas, aber auch mit scharfer Munition in die Demonstrationszüge hinein. Der Polizei und den anderen Sicherheitskräften ist es offensichtlich völlig gleichgültig, daß Frauen, Kinder und Jugendliche dabei erschossen werden. Nach Trauerfeierlichkeiten für die Opfer der Polizei kommt es immer wieder zu erneuten Zusammenstößen, die den Prozeß der Radikalisierung in den Townships weiter vorantreiben.

Die Wohngebiete der Weißen blieben, mit Ausnahme von

Kapstadt und East London, von den Unruhen verschont, da sie von den Townships gut abgeschirmt sind. Der Protest der Schwarzen mußte sich daher zwangsläufig gegen jene Institutionen des Apartheidsystems richten, mit denen sie unmittelbar zu tun haben – gegen die schwarzen Stadtverwaltungen. Diese wurden 1983 von der weißen Minderheitsregierung eingerichtet. Von den Schwarzen selbst wurden die oktroyierten Stadträte von Anfang an als Teil des Systems abgelehnt. An den Wahlen beteiligte sich meist nur ein geringer Teil der Townshipbevölkerung. Die Stadtverwaltungen büßten zusätzlich an Glaubwürdigkeit ein, als viele der »gewählten« Stadträte ihr Amt benützten, um sich hemmungslos zu bereichern.

Zur Jahreswende 1985/86 hatten die meisten Stadtverwaltungen aufgehört zu funktionieren. Von 38 Verwaltungen, die in den vorausgegangen zwei Jahren aufgebaut worden waren, arbeiteten nur noch fünf. In acht Townships erklärten die Stadträte geschlossen ihren Rücktritt, da es für sie selbst und für ihre Familien zu gefährlich geworden war, weiter im Amt zu verbleiben. Andere – der Bürgermeister von Lekoa zum Beispiel sowie elf seiner Stadträte – leben heute in einem mit Stacheldraht umzäunten Lager. »Die schwarzen Townships«, so die Zeitung ›Sunday Star‹, »versinken im Chaos«.

Den Haß der Township-Bewohner, vor allem der Jugendlichen, zogen sich auch anderen Kollaborateure zu: Polizisten, Spitzel und Informanten. Schwarze – als solche identifiziert – wurden meist an Ort und Stelle auf grausame Weise umgebracht.

Die Ursachen der Revolte

Entzündet hat sich die Revolte vor allem an den miserablen Lebensbedingungen in den Townships. Überall fehlt es an grundlegenden industriellen Einrichtungen wie Abwasserkanalisation oder fließendem Wasser. Die meisten Straßen sind ungeteert, es gibt nicht genug Wohnungen; die wenigen Wohnungen, die es gibt, sind klein und teuer; die Elektrizitätsversorgung fehlt oder ist unerschwinglich. Diese Lebensverhältnisse sind jedoch nur bei oberflächlicher Betrachtung die Ursache der Revolten. Die Gründe, warum sich gerade 1984/85 der lang schwelende Konflikt entzündete, liegen tiefer. Sie sind das Ergebnis tiefgreifender Veränderungen in der südafrikanischen Gesellschaft.

Schwarze Gewerkschaften haben seit Beginn der 80er Jahre einen enormen Aufschwung erlebt. 1980 hatten die registrierten Gewerkschaften 800000 Mitglieder organisiert, 1984 schon 1,4 Millionen. Unter diesen Gewerkschaften sind freilich auch von Weißen beherrschte »Parallelgewerkschaften«, die meist dem Dachverband TUSCA angeschlossen sind. Die bedeutendsten unabhänigen, aber registrierten Gewerkschaftsverbände sind COSATU und CUSA. Zehn »Parallelgewerkschaften« mit circa 150000 Mitgliedern haben sich in den letzten zwei Jahren von TUSCA gelöst und gehören jetzt ebenfalls zu den unabhängigen Gewerkschaften.

Neben den registrierten unabhängigen Gewerkschaften gibt es auch solche, die sich nicht registrieren lassen. 1983 organisierten sie 150000 Arbeiter, 1984 schon 230000.

Der Bergarbeitergewerkschaft NUM, die erst 1981 gegründet wurde, ist heute eine der wichtigsten Gewerkschaften überhaupt. Sie hat mit circa 170000 Mitgliedern schon mehr als ein Viertel der Bergarbeiter organisiert. Die NUM war neben dem jetzt in COSATU aufgegangenen Verband eine der treibenden Kräfte hinter dem Versuch, die vielfach zersplitterte Gewerkschaftsbewegung in diesem neuen Dachverband zu einen. Da AZACTU (Azanian Confederation of Trade Unions), die der AZAPO nahesteht, und CUSA die Besetzung von Führungspositionen durch Weiße ablehnen, blieben sie dem neuen Verband fern und vereinbarten eine enge Kooperation untereinander.

Ungeklärt ist noch die Haltung COSATUs zum politischen Widerstand. Ohne Zweifel jedoch verkörpert diese neue Föderation mit ihren über 450000 Mitgliedern einen mächtigen Faktor nicht nur in der südafrikanischen Wirtschaft, sondern auch in der Politik.

Die eigentliche Stärke der unabhängigen Gewerkschaften liegt darin, daß sie auf der betrieblichen Ebene demokratische

Vertretungsstrukturen aufgebaut haben. Dadurch ist in den Betrieben eine breite gewerkschaftliche Führungsschicht entstanden, die in vielen Streiks Selbstbewußtsein gewonnen hat und zugleich unschätzbare Erfahrungen sammeln konnte. Diese Erfahrungen sind in zahlreiche Bürgerinitiativen und Bürgerrechtsgruppen eingeflossen.

Während viele Gewerkschaften sich selbst aus den konkreten politischen Auseinandersetzungen herausgehalten haben, um den Aufbau ihrer Organisation voranzutreiben, haben viele ihrer Mitglieder sich den Bürgerrechtsgruppen angeschlossen. Unter dem Druck der Radikalisierung ihrer Mitglieder geben die Gewerkschaften inzwischen jedoch ihre vorsichtige Haltung auf und beziehen auch in politischen Fragen eindeutigere Positionen.

Den Bürgerrechtsgruppen – sie sind vor allem in den letzten Jahren entstanden – ist es gelungen, den bis dahin unorganisierten, eher individuell artikulierten Protest gegen die unhaltbaren Verhältnisse in den Townships zu vereinheitlichen und ihm damit zum erstenmal ein Sprachrohr zu verleihen. Da viele der konkreten Mißstände in den Townships direkte Folgen des Apartheidsystems sind, mußte sich die Arbeit der Bürgerrechtsgruppen zwangsläufig auch gegen dieses System selbst richten. Sie wurden so zur eigentlichen Basis des Widerstands der Schwarzen.

Die von der Regierung initiierte Verfassungsreform hat ebenfalls wesentlich zu den gegenwärtigen Unruhen beigetragen. Sie war nicht nur Anlaß zur Gründung vieler Bürgerrechtsgruppen sowie zur Bildung von UDF und NF, sondern hat der schwarzen Mehrheit zugleich demonstriert, daß die Weißen nicht einmal bereit sind, die Schwarzen symbolisch an der Macht zu beteiligen. Hoffnungen, daß sich das Apartheidsystem auf friedlichem Weg überwinden ließe, erwiesen sich für viele Schwarze spätestens jetzt als Trugschluß. Ein großer Teil der Townshipbewohner ist heute der Meinung, die Apartheid lasse sich nur noch mit Gewalt beseitigen. Anders als 1976 in Soweto, ist der Widerstand gegen das Apartheidsystem eine Massenbewegung geworden, die nicht nur von Jugendlichen getragen wird.

Wesentlich ist schließlich, daß sich Südafrika seit Beginn der 80er Jahre in der schwersten Wirtschaftskrise seit den 30er Jahren befindet. Vor allem die schwarze Bevölkerung ist davon betroffen. Die Arbeitslosigkeit unter den Schwarzen stieg von Juli 1984 bis Juli 1985 um 68 %; ungefähr die Hälfte der ökonomisch aktiven Bevölkerung war Ende 1985 arbeitslos. Der Lebensstandard der Schwarzen ist massiv gesunken. Von etwa zwei Millionen Schwarzen, die in Soweto wohnen, leben 58 % unter der Armutsgrenze. Im Mai 1985 zum Beispiel lag das Existenzminimum bei 400 Rand monatlich für eine Familie mit fünf Personen. Der Durchschnittsverdienst jedoch lag bei nur 300 Rand, davon mußten allein 100 Rand für Wasser, Strom und Miete aufgebracht werden.

Die wirtschaftliche Lage wurde schließlich so prekär, daß die Regierung Südafrikas beschloß, bis Ende 1985 keine Auslandsschulden zurückzuzahlen. Zu diesem Zeitpunkt beliefen sich die Auslandsschulden auf rund 22 Milliarden US-Dollar, davon waren bis zum 31. 08. 86 rund 14 Milliarden Dollar fällig. Ausgelöst wurde die Zahlungskrise durch die Weigerung amerikanischer Banken, fällige Kredite umzuschulden. Die schwierige Lage ist aber auch deswegen entstanden, weil seit Anfang 1985 der Kapitalabfluß drastisch anstieg. Allein im ersten Vierteljahr wurden 2,9 Milliarden Rand abgezogen, soviel, wie im ganzen Jahr zuvor. Hohe Arbeitslosigkeit, Inflation und soziale Verelendung hatten in den Townships eine explosive Stimmung geschaffen, die nur noch eines Funken bedurfte.

Formen des Widerstands

Während die eher spontanen und gewaltsamen Formen des schwarzen Widerstands die Aufmerksamkeit auf sich ziehen, bleiben die friedlichen, daher auch wenig spektakulären Formen oft unbemerkt.

Dabei sind es gerade sie, die in der schwarzen Bevölkerung große Unterstützung finden und dem Widerstand seine eigentlich neue Qualität geben. Im wesentlichen sind diese Wider-

standsformen Streiks, Boykottaktionen sowie Begräbnisfeierlichkeiten.
Die Kampfform des Boykotts hat eine lange Tradition in der Geschichte des schwarzen Widerstands. Schon in den 40er Jahren boykottierten Schwarze die öffentlichen Busse, um Fahrpreiserhöhungen zu verhindern. 1984/85 hat der vom Schüler- und Studentenverband CoSAS lancierte Schulboykott im Widerstand der Schwarzen eine große Rolle gespielt. Er begann im Januar 1984 in Atterig deville bei Pretoria. Die Schüler forderten:

- demokratische Schülerräte,
- die Abschaffung der körperlichen Züchtigung,
- die Entlassung unqualifizierter Lehrer,
- Schulpflicht und kostenlose Bildung.

Die Boykottaktionen hatten bis Ende 1985 kaum nachgelassen. Anfang September 1985 ließ die südafrikanische Regierung im Raum Kapstadt 454 von 904 Schulen für Farbige schließen. Etwa 360000 Schüler wurden damit ausgesperrt. Auch in Soweto und in den Townships von East London, Port Elizabeth und Pretoria dauerten die Boykottaktionen an. In Soweto blieben nach Ende der Schulferien am 20. September 1985 etwa 50% der 230000 Schüler dem Unterricht fern. Um die Boykottaktionen zu unterbinden, hat die Regierung »Verhaltensregeln« erlassen, die den Aufenthalt außerhalb der Schule während der Unterrichtszeit verbieten. Mehrere hundert Schüler wurden verhaftet, vor allem Mitglieder von CoSAS.

Auch eine andere Form des Boykotts hat inzwischen weite Verbreitung gefunden. Seit Juli 1985 kaufen viele Schwarze nicht mehr in den Supermärkten weißer Geschäftsleute ein, obwohl die Preise dort günstiger sind als in den Townships. Die Konsumentenboykotts hatten am Ostkap begonnen und erreichten im September 1985 auch Kapstadt. Besonders in den Gebieten des Ausnahmerechts ist der Konsumentenboykott zur wichtigsten Form des friedlichen Protests geworden, da der einzelne wegen des Boykotts nicht verfolgt werden kann.

Von Bürgerrechtsgruppen sind die Kampagnen meist gut

und lange vorbereitet. Die schwarzen Händler in den Townships werden angehalten, mehr Konsumgüter auf Lager zu nehmen, um die erhöhte Nachfrage decken zu können. Außerdem werden mit ihnen Vereinbarungen getroffen, die sicherstellen, daß sie die günstige Situation nicht nutzen, um die Preise zu erhöhen.

Mit den Boykottaktionen wollen die Bürgerrechtsgruppen auf lokaler Ebene konkrete Schritte zur Verbesserung der Lebensverhältnisse erzwingen. Außerdem verlangen die Organisatoren der Boykotts den Abzug der Polizei aus den Townships sowie die Aufhebung des Ausnahmezustands. Gleichzeitig wollen sie erreichen, daß die Handelskammern der weißen Geschäftsleute ihren Einfluß auf die Regierung geltend machen, damit diese konkrete Schritte zur Abschaffung der Apartheid einleitet.

In einzelnen Gebieten war der Boykott so erfolgreich, daß die Umsätze einiger Supermärkte um bis zu 100% zurückgingen. Viele Geschäftsleute mit geringem Eigenkapital standen kurz vor dem Bankrott. Zwischen Vertretern der weißen Geschäftsleute und der Schwarzen kam es in einigen Fällen zu erfolgreichen Verhandlungen. Der Boykott wurde daraufhin – zum Beispiel in Port Elizabeth Ende November 1985 – ausgesetzt.

Die Regierung allerdings versucht den Konsumentenboykott mit allen Mitteln zu brechen. Schwarze Geschäfte werden geschlossen, Warenlieferungen in die Townships unterbunden und schwarze Geschäftsleute sowie Organisatoren der Boykottaktionen verhaftet. Die Boykottbewegung wurde dennoch nicht geschwächt.

Die Organisationen des Widerstandes

Die Widerstandsbewegung der Schwarzen ist in sich zersplittert und gespalten. Diese Schwäche ist aber zugleich ihre Stärke. Anders als einheitlich und zentral geleitete Organisationen sind die vielen hundert kleinen Bürgerrechtsgruppen, Basisgruppen und Bürgerinitiativen kaum zu zerschlagen. Wo führende Aktivisten verhaftet oder ermordet werden, übernehmen schnell andere die Führungspositionen.

Der organisierte Widerstand der Schwarzen spaltet sich hauptsächlich in zwei Lager auf: Auf der einen Seite steht die »United Democratic Front« (UDF), auf der anderen das »National Forum« (NF). Die UDF, die 1983 gegründet wurde, hat sich seither zu einer dominierenden politischen Kraft in Südafrika entwickelt. Ziel des politisch sehr heterogenen Bündnisses aus 700 Organisationen ist in erster Linie die Beseitigung des Apartheidsystems. Erreicht werden soll dieses Ziel in einem breiten, klassenübergreifenden Bündnis und mit gewaltfreiem Widerstand. Gemeinsame politische Grundlage ist eine verwässerte Fassung der »Freedom Charta«. Der UDF wird daher eine gewisse Nähe zum ANC zugeschrieben, was nicht völlig unbegründet ist: Die 1955 auf dem Volkskongreß der »Congress Alliance« beschlossene Charta ist bis heute Grundlage des ANC-Programms. Die UDF trug 1984 entscheidend dazu bei, daß die Wahlen zum Drei-Kammern-Parlament für die Regierung zu einem Fiasko wurden.

Die allgemeine Radikalisierung der Schwarzen hat sich auch auf die UDF ausgewirkt. Vertreter einzelner Mitgliedsorganisationen haben im Laufe des Jahres 1985 darauf hingewiesen, daß die Zeit des Verhandelns vorbei sei, denn der Versuch, das System mit friedlichen Mitteln zu verändern, sei endgültig gescheitert. Daß die südafrikanische Regierung nahezu alle Führer der UDF verhaftet hat, könnte den Prozeß ihren Radikalisierung weiter vorantreiben. Wie und ob die UDF diese politische Zerreißprobe überstehen wird, läßt sich nicht absehen.

Das »National Forum« das zur gleichen Zeit wie die UDF gegründet wurde, ist politisch homogener. Es bekennt sich explizit zu sozialistischen Positionen, es versteht sich als antiimperialistisch, anti-rassistisch, anti-sexistisch und anti-kollaborationistisch. Ziel dieses Bündnisses ist nicht nur die Abschaffung der Apartheid unter der Führung der Arbeiterklasse, sondern der Aufbau einer neuen, sozialistischen Gesellschaft. Anders als die UDF akzeptiert das Forum keine Organisationen als Mitglied, die hauptsächlich aus Weißen bestehen;

Weiße als Individuen sind jedoch zugelassen. Aufgrund seines spezifischen Charakters als Diskussionsforum tritt das NF bei konkreten Aktionen weniger in den Vordergrund als die UDF. Diese Rolle übernehmen einzelne Mitgliedsorganisationen wie die »Cape Action League« oder die AZAPO.

Zwischen Anhängern von UDF und der in der Tradition des BCM stehenden AZAPO ist es 1985 immer wieder zu blutigen Auseinandersetzungen gekommen. Die Ursachen dieser Konflikte liegen in den politisch-ideologischen Differenzen sowie in der Rivalität um den politischen Einfluß in den Townships. Die Führungsspitzen beider Organisationen haben die gewaltsamen Auseinandersetzungen jedoch stets verurteilt. Auch wurden mit gefälschten Flugblättern sowie mit Provokateuren die Anhänger der beiden Organisationen gegeneinander aufgehetzt. Der Staat versucht offensichtlich die Differenzen zwischen beiden Organisationen auszunützen, um den Widerstand der Schwarzen zu paralysieren.

Die künftige Rolle von UDF und NF im politischen Widerstand der Schwarzen läßt sich nur schwer beurteilen. Es ist ohnehin fraglich, ob die beiden Dachverbände die politische Entwicklung in den Townships noch kontrollieren. Vieles deutet darauf hin, daß sich die politische Basis des Widerstands, vor allem die militanten Jugendlichen, kaum noch an die Vorgaben der Organisationen hält. Die südafrikanische Zeitschrift »Work in Progress« berichtet von ersten Zusammenstößen zwischen Jugendlichen und einigen Gewerkschaften. Hier scheint sich eine Entwicklung anzubahnen, die politisch folgenreicher sein könnte als die Spaltung des Widerstands zwischen UDF und NF.

Zwischen Reform und Revolution

Welchen Einfluß der ANC auf die gegenwärtige Phase des schwarzen Widerstands hat, ist schwer zu beurteilen. Bei Demonstrationen werden ANC-Fahnen mitgetragen, Redner bei Demonstrationen und Trauerfeierlichkeiten beziehen sich immer wieder auf den Vorsitzenden des ANC Tambo oder auf Mandela. Umfrageergebnisse zeigen, daß eine große Mehrheit der Schwarzen die bedingungslose Freilassung Mandelas will.

Das Ansehen des ANC ist in den letzten Jahren unter den Schwarzen zweifellos wieder gestiegen. Aber es wäre übertrieben zu behaupten, der ANC habe die Mehrheit der Schwarzen hinter sich oder sei die hegemoniale politische Kraft in den Townships. Viele Umfrageergebnisse – so zweifelhaft sie im einzelnen sein mögen – bestätigen dies. Daß dies dem ANC durchaus bewußt ist, belegen die Beschlüsse der im Juni 1985 in Kabwe/Sambia durchgeführten Konsultativkonferenz. Obwohl kaum Einzelheiten der Diskussionen an die Öffentlichkeit gelangten, wurde deutlich, daß dem Auf- bzw. Ausbau der Untergrundzellen in der nächsten Zeit absolute Priorität eingeräumt werden soll. Auch die militärischen Aktionen sollen weiter intensiviert werden, wobei künftig keine Rücksicht mehr darauf genommen werden soll, ob auch weiße Zivilisten zu Schaden kommen.

Nelson Mandela, der bisher immer die Einberufung einer Nationalversammlung gefordert hat, erklärt mittlerweile, daß die Waffengewalt der einzige Weg sei für die Schwarzen; die Zeit des Verhandelns sei vorbei. Jetzt ginge es nur noch um die Modalitäten der Machtübergabe. Der ANC hat sich dieser Haltung angeschlossen. Dabei ist es offensichtlich, daß nicht der ANC die Entwicklung in Südafrika radikalisiert hat, sondern umgekehrt der ANC radikalisiert wurde durch die Zuspitzung der Lage in Südafrika.

Nichtsdestoweniger hält sich der ANC noch alle Türen offen. Obwohl Tambo gegenwärtig Verhandlungen mit der südafrikanischen Regierung ausschließt, scheut er sich nicht, mit den verschiedensten Vertretern der Weißen Südafrikas Gespräche zu führen. Diese Gespräche haben den ANC in der Weltöffentlichkeit deutlich politisch aufgewertet; zugleich gehören sie zu seiner Strategie, potentielle Bündnispartner zu gewinnen und politische Gegner zu isolieren oder zumindest zu neutralisieren.

Eröffnet wurde die Gesprächsserie 1985 durch ein monatelang vorbereitetes Treffen mit einflußreichen südafrikanischen Geschäftsleuten Mitte September in Sambia. Obwohl die südafrikanische Delegation nicht mit einem offiziellen Mandat der Industrie ausgestattet war, fuhr sie doch mit deren Unterstützung nach Sambia. Gavin Relly, Chef der »Anglo American Corporation«, bewertete die Gespräche positiv: in Wirtschaftsfragen habe Tambo gemäßigte Standpunkte vertreten, die keinesfalls mit der Darstellung der südafrikanischen Regierung übereinstimmten, wonach der ANC eine kommunistische Organisation sei. Der ANC unterstrich, daß zwar beabsichtigt sei, Teile der Schlüsselindustrie zu verstaatlichen, nicht aber, die Privatwirtschaft völlig einzuschränken. Für das südafrikanische Kapital klingt das kaum bedrohlich; schon jetzt übt der Staat in der Wirtschaft einen beträchtlichen Einfluß aus.

Tambo knüpfte an das Treffen die Hoffnung, daß die Geschäftsleute ihren Einfluß dahingehend geltend machen, daß es in Südafrika zu einer »schnellen Lösung« komme. Die Strategie des ANC, die neben der militärischen die politische Option offenhält, ist nicht risikolos. Vor dem Hintergrund der dramatischen Radikalisierung der städtischen Schwarzen kann sich jede Organisation schnell ins Abseits manövrieren, wenn sie auch nur den Verdacht weckt, mit der Regierung Verhandlungen anzustreben. Daß der ANC bereit ist, dieses Risiko – mit aller Vorsicht – einzugehen, zeigt, wie realistisch in der Organisation die Lage eingeschätzt wird.

Die militärischen Aktionen des ANC erfüllen kaum mehr als einen propagandistischen Zweck; auf jeden Fall werden sie das weiße Minderheitsregime nicht in die Knie zwingen. Auch auf die politische Entwicklung des Widerstands hat der ANC nicht den Einfluß, den ihm Bothas Regierung unterstellt. Der ANC kann sich eines dominierenden politischen Einflußes in der Nach-Apartheid-Gesellschaft deshalb nur dann sicher sein, wenn es in absehbarer Zeit zu einer politischen Lösung kommt. Dauert der Konflikt weiter an, könnte die politisch-organisatorische Struktur des schwarzen Widerstands sich völlig neu formieren und die alten Organisationen überflüssig machen.

Inkatha – eine Organisation des Widerstands?

Inkatha ist noch immer eine bedeutende Organisation schwarzer Südafrikaner. Die Wurzeln dieser Organisation gehen zurück bis 1928, als sie gegründet wurde, um die kulturellen und ethnischen Traditionen der Zulus zu bewahren. Ihre eigentliche Bedeutung erhielt sie jedoch erst nach 1975, als der Chief-Minister Buthelezi des Homelands KwaZulu sie zu neuem Leben erweckte. Eigenen Angaben zufolge hat Inkatha etwa eine Million zahlende Mitglieder, hauptsächlich Zulus. Viele der Mitglieder sind jedoch eher unfreiwillig beigetreten. Denn in KwaZulu werden Arbeitsplätze in der Verwaltung bevorzugt an Inkatha-Mitglieder vergeben. Die straff geführte Inkatha-Bewegung beherrscht den Verwaltungsapparat KwaZulus völlig, jeglicher Widerstand gegen das autoritäre Regime wird von den Jugendbrigaden der Bewegung gewaltsam unterdrückt. Auch außerhalb des Homelands haben die Inkatha-Abteilungen Widerstand gegen die Bewegung immer wieder gewaltsam zu unterdrücken versucht.

Buthelezi, der Anführer der Inkatha-Bewegung, versteht sich und seine Bewegung als einen gewichtigen politischen Faktor, der in Südafrika zu einem friedlichen und gewaltfreien Wandel beitragen könne. Von westlichen Regierungen wird er deswegen hofiert, sein staatsmännisches Format wird gepriesen. Letzteres besteht hauptsächlich darin, daß er sich konsequent für die »freie Marktwirtschaft« ausspricht, und in seinem Verzicht auf das allgemeine und gleiche Wahlrecht, das er wegen des Widerstands der Weißen nicht für durchsetzbar hält.

Seine kompromißbereite Haltung hat Buthelezi geschickt verknüpft mit einer zumindest verbalen Ablehnung des Apartheidsystems. So hat er sich bis heute standhaft dagegen gewehrt, daß KwaZulu »unabhängig« wird.

Trotz des nach wie vor beträchtlichen Rückhalts der Inkatha-Bewegung ist der Einfluß vor allem in den Townships in den letzten Jahren geschwunden. Seit sich überall in Südafrika Bürgerrechtsgruppen gebildet haben und seit vor allem UDF und NF gegründet wurden, gibt es für Schwarze eine politische Alternative. Die UDF hat sich in Natal schnell zum wichtigsten letzten Jahren geschwunden. Seit sich überall in Südafrika Bürgerrechtsgruppen gebildet haben und seit vor allem UDF und NF gegründet wurden, gibt es für Schwarze eine politische Alternative. Die UDF hat sich in Natal schnell zum wichtigsten politischen Konkurrenten der Inkatha-Bewegung entwickelt, gewaltsame Zusammenstöße waren unvermeidlich.

Die brutale Ermordung der schwarzen Rechtsanwältin Mxenge (im August 1985), die bei der Verteidigung 16 führender UDF-Mitglieder mitwirkte, wird in Zusammenhang mit Inkatha-Anhängern gebracht. 5000 UDF-Anhänger, die in einem Kino in Umlazi (Durban) für die ermordete Rechtsanwältin eine Gedenkfeier abhielten, wurden von 500 bewaffneten Männern angegriffen. Es wird angenommen, daß auch hinter dieser Aktion Inkatha stand. In den folgenden Tagen wurden ganze Viertel der Inder geplündert und abgebrannt. Als Täter wurden hauptsächlich Inkatha-Mitglieder identifiziert. Die Polizei schützte während der Auseinandersetzungen nur bestimmte Gebiete, während sie in anderen den Inkatha-Leuten freie Hand ließ. Während der Auseinandersetzungen kamen mehr als 70 Schwarze um, zum großen Teil UDF-Anhänger, die sich Inkatha entgegenstellten, um das Leben der indischen Mitbürger zu schützen. Später hatte Inkatha, so ihr Generalsekretär Dhlomo, in den Townships wieder Ruhe und Ordnung hergestellt und die Polizeiaufsicht übernommen. Ziel dieser offensichtlich mit den Behörden abgestimmten Aktion war die Ausschaltung der Bürgerrechtsgruppen, vor allem der UDF. Anschuldigungen der Presse wurden von Buthelezi in einem Leserbrief abgestritten; die Journalisten bezichtigte er der Geisteskrankheit.

Ist das Apartheidregime am Ende?

Das Lager der Weißen ist geprägt von Widersprüchen zwischen den verschiedenen sozialen Fraktionen. Der 1948, mit der Machtübernahme der »Nasionale Party«, gefundene nationale Konsens zerbrach nach dem Ende des sogenannten Apartheid-Booms Anfang der 70er Jahre immer mehr. Die unterschiedlichen sozio-ökonomischen Interessen entwickelten sich auseinander und führten schließlich zu einer Polarisierung der weißen Gesellschaft in der Frage des Apartheid-Systems.

Die liberale weiße PFP befürwortet einen gemäßigten Wandel des Apartheidsystems. Gemeinsam mit Buthelezi hat die PFP eine politische Allianz ins Leben gerufen, an der sich auch Vertreter der südafrikanischen Wirtschaft, der Kirchen und der Homelands beteiligen. Aufgabe der Allianz soll es sein, Vorschläge für die Einberufung einer Verfassungsgebenden Versammlung auszuarbeiten.

Mitte Oktober 1985 trafen sich in Lusaka Vertreter der PFP mit dem ANC, um dessen Haltung zu einer solchen Versammlung zu sondieren. Der ANC konnte jedoch nicht für die Allianz gewonnen werden, schon deswegen nicht, weil Buthelezi beteiligt ist. Der ANC habe jedoch, so die PFP, Verhandlungen nicht prinzipiell ausgeschlossen.

Auch die Wirtschaftsverbände Südafrikas drängen auf grundlegende Reformen. Ende September 1985 bekräftigten dies 91 leitende Manager großer südafrikanischer Unternehmen in ganzseitigen Anzeigen in den Sonntagszeitungen. Schon im vorangegangenen Frühjahr hatten sie, anläßlich des Kennedy-Besuchs, ein Reformdokument mit ähnlichen Forderungen vorgelegt. Erstaunlich war, daß das Dokument nicht nur von den englischsprachigen Handelskammern unterzeichnet wurde, sondern auch von dem burischen »Afrikaanse Handelsinstituut« (AHI). Dies zeigt, daß auch das Lager der Buren von der Polarisierung nicht verschont geblieben ist.

Der Begriff »Bure«, der früher einmal politischen Standort und ethnische Zugehörigkeit zugleich beschrieb, hat heute seine ethnische Substanz verloren und wird meist nur noch in seiner politischen Bedeutung verwendet.

Weder die Motive der PFP noch die der Wirtschaft sind uneigennütziger Natur. Beiden ist bewußt, daß das Apartheidsystem zu einer Fessel der kapitalistischen Entwicklung in Südafrika geworden ist; denn die Strukturmängel der südafrikanischen Wirtschaft sind im wesentlichen eine Folge des Apartheidsystems. Darüber hinaus steigen die Kosten, die für die Aufrechterhaltung des Systems aufgewandt werden müssen, immer weiter an, wodurch indirekt auch die Gewinne der Unternehmen geschmälert werden.

In diesem Zusammenhang müssen auch die Gespräche mit dem ANC gesehen werden. Die Wirtschaft und die PFP sind realistisch genug, um zu wissen, daß der ANC in der schwarzen Bevölkerung so viel Rückhalt besitzt, daß die Gestaltung eines künftigen Südafrika ohne ihn undenkbar ist. Beiden Seiten dürfte an einem friedlichen Wandel des Systems gelegen sein. Eine revolutionäre Zuspitzung der Verhältnisse in Südafrika würde mit Sicherheit einen Zusammenbruch der Wirtschaft mit weitreichenden Folgen auch für die Nachbarstaaten bewirken. Daß Sambias Staatschef Kaunda bei der Vermittlung der Gespräche eine wesentliche Rolle gespielt hat, ist daher kein Zufall.

Die ultrarechten Parteien, die KP sowie die HNP, lehnen jede noch so geringfügige Reform des Apartheidsystems völlig ab. Treurnicht, der Führer der KP, hat Botha gar gedroht, man werde ihn zwischen den radikalen Forderungen der Schwarzen und dem Widerstand der Weißen zermalmen; denn die Weißen lehnten es ab, sich von Schwarzen regieren zu lassen.

Das sind nicht nur leere Drohungen. Es gibt genügend Hinweise, daß die Einschüchterungskampagnen gegen liberale Weiße oder die Todesschwadronen in den Townships von Anhängern beider ultrarechten Parteien gelenkt, wenn nicht sogar getragen werden. Der südafrikanischen Polizei wird eine ideologische Nähe zu diesen Parteien nachgesagt.

Ihre soziale Basis haben die rechten Parteien in den unteren sozialen Schichten der Weißen. Unter jenen also, die bei einer Veränderung des Apartheidsystems die bisher genossenen Privilegien in jedem Fall aufgeben müssen. Ihr Widerstand entspringt daher einer tiefen und begründeten existentiellen Angst. Die Wirtschaftskrise hat diese Schicht der Weißen hart getroffen. Steigende Arbeitslosigkeit, steigende Steuern, hohe Zinsen für Konsumentenkredite und die hohe Inflationsrate haben ihren Lebensstandard eingeschränkt. Schon in der Vergangenheit reagierten sie auf solche Entwicklungen immer mit einem Rechtsruck. Bei den Parlamentsnachwahlen Ende

Oktober 1985 gelang es der HNP zum erstenmal, einen Sitz im Parlament zu gewinnen – auf Kosten der NP.

Die NP ist heute zwischen den politischen Lagern eingeklemmt. Die Widersprüche der weißen Gesellschaft sind deshalb auch ihre Widersprüche. Botha versucht infolgedessen, einen Mittelweg einzuschlagen. Seine halbherzigen »Reformen« finden jedoch nicht die von ihm erhoffte Zustimmung – weder bei der weißen Opposition noch im westlichen Ausland und schon gar nicht bei den Schwarzen. In Reden vor vier Regionalkongressen der NP haben Botha und seine Minister deutlich gemacht, daß die grundlegenden Strukturen der Apartheid nicht beseitigt werden; die Apartheid soll nur modernisiert werden:

- Das Prinzip der Rassentrennung wird beibehalten: die Bantustan-Politik wird fortgesetzt, der »Group Areas Act« nicht aufgehoben; Lediglich die Zuzugskontrollen sollen modifiziert werden, da sie in der jetzigen Form zu hohe Kosten verursachen.
- Das allgemeine und gleiche Wahlrecht in einem einheitlichen Südafrika wird strikt abgelehnt, da dies zur Vorherrschaft einer Gruppe führe und damit ins Chaos. Dagegen sollen die Schwarzen in ihnen zugewiesenen Gebieten das Wahlrecht erhalten. Unklar ist, in welcher Form die städtischen Schwarzen an den Wahlen beteiligt werden sollen; immerhin scheint die Regierung die permanente Anwesenheit dieser Schwarzen in den Städten akzeptiert zu haben. Ausgeschlossen wurde bisher die Einrichtung einer zusätzlichen Parlamentskammer neben den schon bestehenden Kammern für Weiße, Inder und Farbige. Botha hat allerdings angedeutet, daß er Vertreter der Schwarzen in den Präsidialrat aufnehmen will.
- Die Regierung erwägt schließlich den in die »unabhängigen« Homelands ausgebürgerten Schwarzen die Staatsbürgerschaft zurückzugeben.

Ob mit diesen geringfügigen Veränderungen der Apartheid die Revolte der Schwarzen aufgefangen werden kann, ist mehr als fraglich. Aber Botha dürfte seinen Handlungsspielraum ausgeschöpft haben. Er muß befürchten, daß die soziale Basis der

NP – hauptsächlich Farmer, Arbeiter, Staatsangestellte – weiter abbröckelt. In der Regierung selbst soll es zu tiefen Zerwürfnissen gekommen sein, weil einigen Ministern (Le Grange, Schoeman, de Klerk) der Reformkurs schon zu weit geht.

Die Lage in Südafrika wird sich daher kaum entspannen, vor allem dann nicht, wenn es der Regierung nicht gelingt, die Wirtschaftskrise zu überwinden. Der Einsatz nackter Gewalt dürfte das Problem nicht lösen. Am wahrscheinlichsten ist noch immer die Auflösung der parlamentarischen Strukturen durch eine Diktatur. Sie könnte ohne Rücksicht auf eine Parteibasis die Reformen durchführen, die nötig sind, den »rassischen Kapitalismus« in einen Kapitalismus westlicher Prägung zu verwandeln, ohne die Schwarzen an der politischen und wirtschaftlichen Macht zu beteiligen. Aber eine Machtteilung wäre ohnehin überflüssig in einem Staat, in dem auch die Mehrheit der Weißen von den politischen und wirtschaftlichen Entscheidungsprozessen ausgeschlossen wäre.

Glossar

von Robert von Lucius *

African National Congress (ANC) Der ANC ist die älteste und wohl stärkste politische Organisation der Schwarzen Südafrikas. 1912 wurde er gegründet als Protestgruppe gemäßigter Liberaler gegen die Wahlrechtsregelungen bei der Gründung der »Südafrikanischen Union«. 1955 verabschiedete der ANC die »Freiheitscharta« (→»Freedom Charta«), noch heute grundlegendes Dokument der Bewegung. Parteiführer war damals der Friedensnobelpreisträger Albert Luthuli. 1960, nach dem Massaker von →Sharpeville, wurden der ANC wie der von ihm kurz zuvor abgespaltene →PAC verboten. Kurz darauf unternahm die paramilitärische ANC-Unterorganisation →»Umkhonto we Sizwe« erste Sabotageakte gegen Regierungs- und Versorgungseinrichtungen. Im Sommer 1985 beschloß der ANC im sambischen Kabwe bei seinem ersten großen Kongreß seit 16 Jahren, seinen Kampf in die Wohngebiete Weißer hineinzutragen und Südafrika »unregierbar« zu machen. Nach 1960 wurde eine Exilorganisation aufgebaut, deren Hauptsitz die sambische Hauptstadt Lusaka ist. Ihr Präsident ist Oliver Tambo, während der 1964 zu lebenslanger Haft verurteilte ehemalige Rechtsanwalt Nelson Mandela als ANC-Führer und Symbolgestalt des schwarzen Widerstands gilt. Mandelas Frau Winnie wird von vielen Schwarzen als »Mutter der Nation« betrachtet. Dem ANC wird neben seiner Gewaltanwendung seine enge Bindung zur →»Südafrikanischen Kom-

---

* Robert von Lucius ist in der politischen Nachrichtenredaktion der F.A.Z. für Afrika und Teile Westeuropas tätig. Er lebte von 1963 bis 1968 in Kapstadt (Südafrika) und Windhoek (Namibia). Bis 1982 war er Redakteur und Mitherausgeber der Zeitschrift »Afrika Recht & Wirtschaft«.

munistischen Partei« und eine Ostblockhörigkeit mehrerer Führer vorgeworfen. Das multirassische Konzept des ANC wie der marxistische Einfluß führten zu drei Abspaltungen afrikanischer Nationalisten: nach dem Zweiten Weltkrieg, 1959 (PAC) und 1975 (→Zersplitterung der schwarzen Opposition). Der ANC genießt wie der PAC offiziellen Beobachterstatus bei den »Vereinten Nationen« und der »Organisation für Afrikanische Einheit« und unterhält zahlreiche Büros auch in westlichen Hauptstädten. Im Herbst 1985 kam es zu mehreren Kontakten zwischen ANC und Weißen aus Südafrika, darunter englischsprachige Wirtschaftsführer, besonders von der →»Anglo American Corporation«, Vertreter des →SACC und Politiker der →PFP. Präsident Botha kritisierte diese Gespräche als »illoyal«.

ANC →African National Congress

Anglo American Corporation Der größte Bergbaukonzern (→Bergbau) Afrikas, und einer der größten der Welt, hat seinen Hauptsitz in Johannesburg, besitzt aber Tochtergesellschaften in vielen Ländern Afrikas wie der westlichen Welt. Gold (38% der Goldgewinnung Südafrikas), Diamanten (durch die »Tochter« De Beers) und Kohle sind Hauptstützen, zunehmend aber auch Industrie (der mit Abstand größte Investor in Südafrika) – etwa Stahl, Autos, Chemie, Versicherungen, Immobilien. Der Sohn des Gründers, Haupteigner und bis 1982 Chef des Konzerns, Harry Oppenheimer, war Parlamentsabgeordneter einer Vorgängerpartei der oppositionellen →PFP, die sein Konzern auch mittels englischsprachiger Zeitungen (an denen die »Anglo American Corporation« Anteile hält) unterstützt. Der jetzige Chef, Gavin Relly, gehört zu der Gruppe von Wirtschaftsführern, die im Herbst 1985 mit dem →ANC in Lusaka beriet; zu den Forderungen der →»Freedom Charta« gehört eine Verstaatlichung der Bergbaukonzerne. »Anglo American« hat in jüngerer Zeit mehrere technische Fachhochschulen(→Technikon) für Schwarze finanziert, um das Defizit praktischer Ausbildung Schwarzer (→Erziehungspolitik) abzubauen.

Apartheid-Politik Die Politik der Rassendiskriminierung unter dem Anspruch oder Vorwand der Selbstbestimmung aller Teile der Bevölkerung bedeutet deren räumliche (→»Group Areas Act«, →Homeland-Politik, →Zwangsumsiedlungen), wirtschaftliche, soziale (→Erziehungspolitik, →Gesundheitswesen) und politische (→lokale Selbstverwaltung, →Verfassungsdiskussion) Trennung in kleine kontrollierbare Einheiten. Perfektioniert wurde die Politik, zuvor von den Briten vertreten, seit dem Regierungsantritt der →NP 1948, nicht zuletzt unter dem Einfluß von →»Broederbond« und der →Niederländisch-Reformierten Kirchen. Unter dem heftigen Druck im Lande (→ANC, →BCM, →Inkatha, →PFP, →Wirtschaft, →SACC und afrikaanse Intellektuelle) wie aus dem Ausland (→Disinvestment, →Sportboykott) begann Präsident Botha mit einem →Reformkurs. »Große Apartheid« wird die Vorenthaltung politischer Rechte für Schwarze auf zentraler Ebene und die Schaffung von Homelands genannt, »kleine (petty) Apartheid« etwa die Trennung von Wohngebieten, Schulen, das 1985 abgeschaffte Mischehenverbot und die soziale Trennung (von Stränden über Krankenhäuser bis zu Verkehrsmitteln). Auf beiden Ebenen zeigten sich in den letzten Jahren bedeutende Lockerungen, der Grundsatz weißer Vorherrschaft blieb aber. Zugrunde liegt das 1950 eingeführte System der Rassenklassifizierung, dessen Abschaffung Ende 1985 ein Ausschuß des →HSRC unter Vorsitz des einflußreichen Staatsrechtlers Marinus Wiechers vorschlug. Die strikte Durchführung der hohen Zahl diskriminierender Gesetze (→»influx control«, →Paßgesetze) führte zur Verbitterung Schwarzer und zu zum Teil gewaltsamem Widerstand. Die forcierte Spaltung der Volksgruppen in verschiedene »Nationen« verhinderte die Entstehung einer gemeinsamen südafrikanischen Nation.

Arbeitslosigkeit Die hohe Arbeitslosigkeit, besonders unter jugendlichen Schwarzen, trägt zur explosiven Lage und den Unruhen bei. Aufgrund des hohen Bevölkerungswachstums (→Bevölkerung) müßten in den nächsten 15 Jahren sechs Millionen neue Arbeitsplätze geschaffen werden: Die Rezession und die Folgen von Wirtschaftssanktionen (→Disinvestment) erhöhten jedoch die Arbeitslosenrate. Die Regierung Botha beschloß Ende 1985 ein staatliches Arbeitsbeschaffungsprogramm. Einige Wissenschaftler schätzen, daß es 2,5 bis 3 Millionen Arbeitslose gibt, während die offiziellen Statistiken erheblich niedriger liegen. Statistiken sind schwer zu erstellen, zumal die ohnehin übervölkerten und ärmlichen Homelands (→Homeland-Politik) als Auffangbecken für Arbeitslose dienen müssen.

Arbeitsrecht →Bergbau, →Gewerkschaften, →Reformkurs, →Verhaltenskodex, →Wanderarbeiter

Ausnahmezustand Im Juli 1985 wurde zum zweitenmal seit Amtsantritt der →»Nasionale Party« 1948 der Ausnahmezustand ausgerufen. Beim erstenmal, 1960 nach →Sharpeville, währte er fünf Monate. Damals wurden →ANC und →PAC gebannt (praktisch verboten), Nelson Mandela wurde neben 11 000 anderen Menschen verhaftet. Unter den Bestimmungen des Ausnahmezustandes sind die ohnehin weiten Befugnisse der →Sicherheitskräfte – etwa bei Verhaftungen, Ausgehverbot, Pressezensur – noch weiter ausgedehnt. 30 von 265 Amtsbezirken in besonders unruhigen Gebieten des Ostkaps, des Witwatersrand und seit Oktober 1985 bei Kapstadt unterlagen im Dezember 1985 den Einschränkungen. Das →Militär schreitet offen und massiv in den →Townships ein: nicht zuletzt wohl, um der wachsenden Zahl rechter weißer Regierungsgegner machtvolles Handeln zu demonstrieren. Zwischen Juli und Dezember 1985 wurden etwa 7000 Menschen verhaftet, meist Schwarze und Farbige, von denen aber nur ein kleiner Teil in Haft blieb.

Azania Die →»Black Consciousness Movement«, der →PAC und ihnen nahestehende ausländische Gruppen, besonders aus der »undogmatischen« Linken, haben die Republik Südafrika in »Azania« umbenannt – der Name eines ostafrikanischen Reiches bald nach Christi Geburt, nach dem sich auch die →AZAPO benennt. Wahlspruch der BCM ist »One Azania, one nation«.

Azanian People's Organisation (AZAPO) Die 1979 gegründete AZAPO koordiniert Organisationen der →»Black Consciousness Movement«, deren Gedankengut sie vertritt; als loser Dachverband der BCM-Gruppen wurde 1983 das »National Forum« gegründet. Zunehmend wird innerhalb der AZAPO das Verhältnis von »Rasse und Klasse« diskutiert, von »Rassenkampf und Klassenkampf«. Die AZAPO beteiligte sich an zahlreichen Aufrufen zu Boykottaktionen gegen Schulen, den Auftritt ausländischer Künstler und Sportler in Südafrika, gegen Erhöhungen von Mieten und Fahrpreisen, zu →Konsumentenboykotts und Streiks. Ein zentrales Ziel des sozialistischen wirtschaftspolitischen Programms der AZAPO ist die Umverteilung des Landes. AZAPO ist weniger zentralisiert und auf Führungspersönlichkeiten zugeschnitten als andere Parteien Schwarzer, schon um der →Polizei weniger Zugriffsmöglichkeiten zu geben: AZAPO-Funktionäre werden häufig verhaftet.

Azanian Students' Movement Die 1983 gegründete Jugendbewegung bekennt sich zum »schwarzen Selbstbewußtsein« (→BCM) und erkennt die →AZAPO als »authentische Befreiungsbewegung« der Schwarzen an.

AZAPO →Azanian People's Organisation

Bann Menschen und Organisationen, die »Kommunismus« (ein Begriff, der in Südafrika eine andere und weitere Bedeutung hat als in der übrigen Welt) fördern, können »gebannt« werden. Der Bann bedeutet starke Einschränkungen der Bewegungsfreiheit und der Berufsausübung; gebannte Personen dürfen nur mit Genehmigung zitiert werden. Die Zahl der Gebannten nahm 1983 bis 1985 rapide ab, dafür wurden unter dem →Ausnahmezustand Ende 1985 einigen Haftentlassenen andere vergleichbare Beschränkungen auferlegt.

Bantustan-System →Homeland-Politik

BCM →Black Consciousness-Movement

Bergbau Der Bergbau trug 1984 zu 13,9 % zum Bruttoinlandsprodukt Südafrikas bei; gut drei Fünftel kamen aus der Goldförderung, die wiederum fast die Hälfte der Deviseneinkünfte brachte. Zehn Prozent aller seiner Einkünfte verdankt der Staat dem Gold – durch Steuern und andere Abgaben. Neben Gold (gut 40 % der Weltproduktion) spielen wertmäßig Steinkohle, Platinmetalle, Diamanten und Uranoxyd die größte Rolle. Bergbauzentrum ist der Witwatersrand um Johannesburg herum, daneben Teile des Oranje-Freistaates und der nordwestlichen Kapprovinz. Südafrika ist größter Produzent der Welt bei mehreren strategischen Mineralien wie Chrom, Mangan und Vanadium. Eine Drohung Präsident Bothas im Nachwahlkampf 1985, zu erwägen, als Gegensanktion (→Disinvestment) den Export von Chromerz zu stoppen, wurde kurz darauf dementiert. Mehr als 450 000 Schwarze, auch aus Nachbarländern und aus Homelands (→Wanderarbeit), sind im Bergbau beschäftigt. Der 1982 gegründeten →»National Union of Mineworkers« Schwarzer (→Gewerkschaften) gelang es im Rahmen eines Streiks 1985, erstmals das hundert Jahre währende Kartell der Minenhäuser bei Lohnverhandlungen zu brechen. Das weitaus größte Bergbauunternehmen ist →»Anglo American Corporation«. Die Regierung hat angedeutet, auch gegen den Widerstand der ultrarechten weißen Bergarbeitergewerkschaft 1986 die letzte Bastion der gesetzlich festgelegten »Job Reservation« (Arbeitsplatz-Beschränkung auf Rassenbasis) aufzuheben, wonach Sprengungen nur von Weißen vorgenommen werden dürfen.

Bevölkerung Nach vorläufigen Ergebnissen der Volkszählung von 1985 leben in Südafrika 32,2 Millionen Menschen (einschließlich der 8,8 Millionen Schwarzen in den »unabhängigen« Homelands Transkei, Ciskei, Bophuthatswana und Venda (→Homeland-Politik); diese zählt Pretoria in seiner offiziellen Statistik nicht mit): 24 Millionen Schwarze (73 % der Gesamtbevölkerung), 4,7 Millionen Weiße (15 %), 2,8 Millionen Farbige (9 %) und 0,9 Millionen Asiaten (3 %). Gut die Hälfte der Schwarzen lebt in den zehn Homelands. Die wichtigsten der schwarzen Völker – die sich durch Sprache, Geschichte, Tradition und Kultur unterscheiden – sind die Zulus, Xhosas, Tswanas und Sothos. Unter den Weißen stellen die Afrikaanssprachigen (Afrikaaner, Buren) – zu je 40 % sind sie Nachfahren holländischer und deutscher Einwanderer nach 1652 – fast 60 % und die politische Macht, die englischsprachigen Afrikaner knapp 40 % und die Wirtschaftsmacht (→»Anglo American Corporation«, →ISCOR). Die von den Buren perfektionierte →Apartheid-Politik gegenüber den Andersfarbigen erklärt sich aus ihrem Selbstverständnis und ihrer Geschichte (→Burenkrieg; →Großer Treck; →NP). Eine wichtige Rolle in Kultur und Wirtschaft spielt der jüdische Bevölkerungsanteil (4 % der Weißen). 85 % aller Farbigen (Coloureds, Mischlinge) leben in der Kapprovinz; sie sind Griquas (Nachfahren von Weißen und Hottentotten) oder muslimische Kap-Malaien. Die Asiaten sind überwiegend in Natal (→Provinzen) lebende Inder, Nachfahren von Sklaven auf Zuckerplantagen. Seit 1983 sind Farbige und Asiaten in Parlament und Regierung vertreten (→Verfassungsdiskussion), nicht aber Schwarze.

Black Consciousness Movement (BCM) Die »Schwarze Bewußtwerdungs-Bewegung« besteht aus einer Vielzahl wechselnder Gruppen, die versuchen, ein eigenes schwarzes Wertsystem wiederaufzubauen, Selbsthilfe, Selbstvertrauen und Gemeinschaftsgeist (»Black Communalism«) der Schwarzen zu wecken, sich auf die eigene Geschichte, Tradition, Kultur und Theologie (→»Black Theology«) zu besinnen. Die BCM ist eher eine Philosophie und ein Erziehungsprozeß als eine feste Organisation, sie ist eine tragende Idee der jüngeren Generation, von Mittelstandsangehörigen und Intellektuellen. Die Bewegung lehnt von Weißen aufgezwungene Elemente ab, darunter etwa ein Schulsystem (→Erziehungspolitik) mit einer südafrikanischen Geschichtsschreibung, die erst mit der Ankunft der Weißen 1652 beginnt, oder jegliche »Kollaboration mit dem System«, mit von der Regierung geschaffenen Institutionen. Die BCM nennt Südafrika →Azania. Zumindest für eine Übergangszeit bejaht die BCM einen afrikanischen Nationalismus und wendet sich gegen eine multirassische Struktur in Staat und Gesellschaft (was ihr als Gegenrassismus vorgeworfen wird) wie auch gegen Minderheitenschutz. Als Afrikaner gelten auch Farbige und Inder (→Bevölkerung), Mitarbeit von »liberalen« Weißen (denen derzeit noch die Mehrheit der BCM ein gleichberechtigtes Heimatrecht in Südafrika zugesteht) wird dagegen abgelehnt. Der intellektuell überragende Organisator der Abwendung von gemischtrassigen Organisationen und Gründung exklusiv schwarzer Gruppen – für Schüler, Studenten, Arbeiter, Eltern, Journalisten – war Steve Biko; dieser kam im Herbst 1977 in Polizeigewahrsam um. Kurz darauf, im Oktober 1977 – nach den stark von der BCM getragenen →Soweto-Unruhen von 1976 –, verbot die südafrikanische Regierung 17 Organisationen der BCM. Zu den Nachfolgeinstitutionen zählen die →AZAPO und der Gewerkschaftsdachverband CUSA (→Gewerkschaften). Die Frage der Mitgliedschaft oder Mitwirkung Weißer in regierungskritischen Organisationen hat mehrfach zu Spaltungen im Umfeld der BCM geführt (→Zersplitterung der schwarzen Opposition).

Black Sash Aus Protest gegen ein Gesetz, das den Farbigen 1955 das allgemeine Wahlrecht entzog, protestierten spontan weiße Frauen mit einer umgebundenen schwarzen Schärpe (Black Sash). Daraus entstand eine kleine, aber aktive Frauenorganisation, die mehrere Beratungsbüros für Schwarze unterhält, die mit den →Apartheidgesetzen in Konflikt geraten.

Black Theology Die »Schwarze Theologie«, eine Variante der »Theologie der Befreiung«, entstammt der Suche schwarzer Theologiestudenten seit Ende der 60er Jahre nach einer »authentischen« Theologie, die für schwarzafrikanische Kultur relevant ist. Sie hat die Gedanken des amerikanischen Theologen James Cone fortentwickelt: Zwei Strömungen, die Suche nach »kultureller Bodenständigkeit« und der Kampf um eine »politisch-soziale Befreiung«, kamen zusammen. Zwischen der →»Black Consciousness Movement« und der »Black Theology« gibt es wechselseitige Beeinflussungen. Zu den Vertretern der »Black Theology« zählen die Geistlichen Allan Boesak, Desmond Tutu und Manas Buthelezi.

Broederbond Der Afrikaaner »Broederbond« gilt vielfach als einflußreichste Institution Südafrikas, die das soziale, politische und religiöse Geschick Südafrikas bestimme. Dem 1918 gegründeten Geheimbund gehören 12000 Afrikaaner (Buren) an, darunter fast alle Kabinettsmitglieder. Während es ihm in den 40er Jahren gelang, die Afrikaaner zu einen und so die →»Nasionale Party« 1948 zum Wahlsieg zu führen, kam es in den späten 70er Jahren als Folge des →Reformkurses zum Bruch innerhalb des »Afrikaanerdoms« und somit auch des »Broederbond«. Zwei der ehemaligen Vorsitzenden des »Broederbonds«, darunter Andries Treurnicht (→»Konserwatiewe Party«), stehen mittlerweile noch weit rechts von der NP.

Burenkrieg Der Zweite Burenkrieg (den ersten, 1880/81, gewannen die Buren gegen die Engländer, die nach Diamantenfunden das Landesinnere annektieren wollten) währte von 1899 bis 1902. Großbritannien und der Industrielle und Kap-Premierminister Cecil Rhodes wollten die beiden unabhängigen Burenrepubliken Transvaal und Oranje-Freistaat annektieren, zumal nach erheblichen Goldfunden im Witwatersrand. Die Buren waren schlecht ausgerüstet und im Krieg unerfahren, aber nationalstolz und kampfwillig. Nach Anfangserfolgen erhielten die Briten Verstärkung: Insgesamt kämpften auf ihrer Seite fast 450000 Mann. Die 52000 Buren wurden zunehmend zur Volksarmee und beweglichen Guerillatruppe. Die Politik der Engländer verbitterte die Buren auf lange Zeit und gab ihnen das Gefühl, verfolgt zu sein: Die Engländer brannten fast alle Farmhäuser ab (»Politik der verbrannten Erde«). In Konzentrationslagern für die Zivilbevölkerung starben 26000 Frauen und Kinder; ebenso viele Buren wurden als Kriegsgefangene nach Ceylon, Bermuda, St. Helena und Indien deportiert. Acht Jahre nach dem Friedensschluß und der Unterstellung der beiden Burenrepubliken unter britische Oberhoheit kam es zum Zusammenschluß, zur »Südafrikanischen Union« mit vier →Provinzen, deren Führung alsbald die vorher besiegten Burengeneräle Botha, Smuts und Hertzog übernahmen (→NP).

Buthelezi Commission Report 1982 legte die vom Zentralkomitee der Inkatha berufene Buthelezi-Kommission einen siebenbändigen Bericht vor, in dem eine gemeinsame politische Struktur des Homelands KwaZulu (→Homeland-Politik) und der →Provinz Natal vorgeschlagen wurde. Als Ziel wurde eine Konkordanzdemokratie (→Verfassungsdiskussion) in Natal/KwaZulu genannt. Während die →»National Party« Natals und die südafrikanische Regierung die Vorschläge zunächst ablehnten, gab es 1985/86 Anzeichen, daß Pretoria die Pläne des Berichts aufgreifen wird.

chief Die ernannten, gewählten oder traditionellen Häuptlinge schwarzer Stämme übernehmen in Homelands (→Homeland-Politik) Aufgaben als Schlichter sowie als Repräsentations- und Identifikationsfiguren. Zugleich sind sie mit staatlichen Aufgaben betraut, so mit der Entscheidung zivilrechtlicher Zwistigkeiten nach traditionellem Recht oder mit der Verhängung von Strafen bei weniger gewichtigen Straftaten. Die »chiefs« teilen häufig auch die Bewirtschaftung von Gemeinschaftsland an Stammesangehörige zu.

Congress of South African Students (CoSAS) Die 1979 gegründete Organisation schwarzer Schüler wurde im August 1985 von der Regierung »gebannt« (→Bann). CoSAS trat für eine gleichwertige Erziehung aller Südafrikaner (→Erziehungspolitik) ein. Bei der Organisation von Schulboykotts dürfte CoSAS eine wichtige Rolle gespielt haben. Pretoria warf ihr vor, eine »Frontorganisation« der →UDF und des →ANC zu sein.

constructive engagement Die von Chester Crocker, Unterstaatssekretär für afrikanische Fragen im amerikanischen Außenministerium, entwickelte Politik ist Leitlinie der Südafrika-Politik Präsident Reagans, geriet aber in dessen zweiter Amtszeit zunehmend unter Druck auch von Republikanern. Nach 1985 verhängten milden amerikanischen Wirtschaftssanktionen (→Disinvestment) war zunehmend von »aktiver ›constructive engagement‹« die Rede, was eine schärfere Gangart gegenüber Pretoria bedeuten sollte. »Constructive engagement« will Druckausübung und positive Anreize verbinden und dosieren, auch Reformen anerkennen im evolutionären Wandel auf ein nicht rassistisches System hin. Nicht nur das Endziel, sondern auch das Verfahren, wie und in welcher Reihenfolge man dahin gelangt, solle, so die Theorie des »constructive engagement«, beachtet werden.

CoSAS →Congress of South African Students

De-Lange-Kommission Nach den Schülerunruhen von →Soweto 1976 setzte die Regierung einen Untersuchungsausschuß unter dem Hochschullehrer und jetzigen →»Broederbond«-Vorsitzenden de Lange ein, um Vorschläge für eine künftige →Erziehungspolitik zu erarbeiten. Dessen Empfehlungen, etwa ein einheitliches Erziehungsministerium für Angehörige aller Bevölkerungsgruppen einzurichten, lehnte die Regierung 1983 weitgehend ab.

Dezentralisierung Nach früheren weitgehend erfolglosen Versuchen, Industrie an den Grenzen von →Homelands anzusiedeln, um so die Notwendigkeit der →Wanderarbeit und die →Urbanisierung zu verringern, kam es seit 1982 zu einer erfolgreicheren Entwicklungsstrategie. Industrieansiedlungen in neuen »Entwicklungsregionen« werden mit hohen staatlichen Zuschüssen gefördert, so etwa für Lohn- und Transportkosten.

Diakonia Die ökumenische Hilfsorganisation Diakonia, unterstützt von großen Kirchen der Region Durban, setzt sich für Belange von Schwarzen und Arbeitern ein; sie steht der →UDF nahe.

Disinvestment Das Verbot neuer oder der Abzug bereits bestehender (Disinvestment) Investitionen in bzw. aus Südafrika wird seit langem von Bürgerrechtsbewegungen vornehmlich in den Vereinigten Staaten und in Entschließungen internationaler Organisationen, einschließlich der »Vereinten Nationen«, gefordert, um Druck auf Pretoria zur Änderung seiner →Apartheid-Politik auszuüben. 1985 verhängten zahlreiche

Länder unterschiedlich scharfe Wirtschaftssanktionen gegen Südafrika oder kündigten sie an, darunter Frankreich, Kanada, die Vereinigten Staaten, die Europäische Gemeinschaft, die skandinavischen Staaten und der Commonwealth. Zugleich beschlossen eine große Zahl von Kirchen, Gewerkschaften, Universitäten, Bundesstaaten und Städten in den Vereinigten Staaten, teils unter Druck, ihre Anteile – etwa über Pensionsfonds – an Firmen zu verkaufen, die in Südafrika engagiert sind (Divestment). Dazu kam ein mehr oder minder freiwilliger Rückzug von Unternehmen, bedingt durch Pressionen von Aktivisten, aber mehr noch aufgrund der Wirtschaftsrezession in Südafrika. Der Entschluß mehrerer amerikanischer Banken, Schulden Südafrikas nicht umzuschulden, führte 1985 zu einem zunächst befristeten Schuldrückzahlungs-Moratorium (→Verschuldung). Größter ausländischer Investor am Kap ist Großbritannien. Deutsche Direktinvestitionen in Südafrika betrugen Ende 1985 über 1,3 Milliarden DM, die gesamten ausländischen Direktinvestitionen etwa 50 Milliarden DM.

EG-Verhaltenskodex →Verhaltenskodex

Einheitsstaat →Verfassungsdiskussion

Erziehungspolitik Die Schulen sind – mit Ausnahme kirchlicher und einiger weiterer Privatschulen, so auch der deutschen, – nach Rassenlinien getrennt (→Bevölkerung). Die ungenügende Ausbildung für Schwarze (zu geringe Finanzausstattung, überfüllte Klassen, mangelhaft ausgebildete Lehrer, Vernachlässigung der technisch-praktischen Ausbildung), trotz einiger Anstrengungen in den letzten Jahren, war ein wesentlicher Grund und Anlaß für die →Soweto-Unruhen von 1976 und die Schulboykotts von September 1984 an, die zu Tumulten und →Ausnahmezustand führten. Auch die Universitäten sind überwiegend getrennt, wurden aber in den letzten Jahren schrittweise »geöffnet«. Vorschläge einer stärkeren Vereinheitlichung der Erziehung (→De-Lange-Kommission) griff die Regierung nur teils auf.

Freedom Charta Die »Freiheitscharta« wurde am 26. Juni 1955 vom →ANC und mit ihm verbundenen Gruppen in Kliptown verabschiedet. Die Charta betrachtet der ANC (trotz programmatischer Fortschreibungen 1969 und 1975, die eine stärkere sozialistische Ausrichtung betonen) noch als grundlegendes Dokument. Auch andere Gruppen wie die →UDF berufen sich auf die »Freedom Charta«. In ihr wird ein multirassischer, demokratischer Staat mit allgemeinem Wahlrecht unter Wahrung von Menschenrechten und Kulturautonomie gefordert. Bodenschätze, Banken und monopolisierte Industrien (z. B. Bergwerke, Zuckerfabrikation und Weinbau) sollen nationalisiert, der Boden umverteilt werden.

Gefängnisse »Prominentestes« Gefängnis Südafrikas ist Robben Island, eine Gefangeneninsel vor Kapstadt, auf der bis 1981 (seitdem im Pollsmoor-Gefängnis bei Kapstadt) Nelson Mandela, der Führer des →ANC, ebenso inhaftiert war wie zahlreiche andere politische Gefangene. Deren Zahl ist nach Verhängung des →Ausnahmezustandes stark angestiegen; in mehreren Schüben wurden besonders Funktionäre der →UDF festgenommen. Die Gefängnisse – deren Organisation geregelt wird durch den »Prisons Act« von 1959 – sind um etwa ein Drittel überfüllt; etwa 100 000 Südafrikaner sind in Haft, häufig nur für kurze Zeit wegen Verstößen gegen →Paßgesetze. Zahlreiche Untersuchungshäftlinge sind in den letzten Jahren auf meist »ungeklärte« Weise im Polizeigewahrsam ums Leben gekommen, darunter Steve Biko (→BCM).

Geschichte →ANC, →Burenkrieg, →Großer Treck, →»Nasionale Party«, →Sharpeville, →»United Party«, →Zulu

Gesundheitswesen In einigen Bereichen ist der Stand der medizinischen Forschung in Südafrika noch derjenigen in den Vereinigten Staaten überlegen, wie bei der ersten Herzverpflanzung durch Professor Christiaan Barnard in Kapstadt 1967 offenkundig wurde. Die medizinische Versorgung dagegen ist sehr unterschiedlich: in den Homelands – wo es hohe Kindersterblichkeit und →Mangelernährung gibt – und auf dem

Lande oft unzureichend, in den Großstädten hervorragend. Im Baragwanath Krankenhaus in →Soweto etwa oder anderswo werden Schwarze nur für einen Nominalbetrag oder kostenlos behandelt und operiert. Die medizinische Versorgung leidet unter der administrativen Zersplitterung zwischen den Ministerien für jeweilige Bevölkerungsgruppen, den Homelands und den örtlichen Behörden.

Gewerkschaften Aufgrund der britischen gewerkschaftlichen Tradition, aber auch der programmatischen Streits, sind Gewerkschaften in Südafrika stark zersplittert. Dennoch sind »schwarze Gewerkschaften« ein gewichtiger politischer Machtfaktor. Seit 1979 wurden aufgrund der Empfehlungen der Wiehahn-Kommission Gewerkschaften der Schwarzen tariffähig, Beschränkungen rassisch integrierter Gewerkschaften aufgehoben und andere Aspekte des Arbeitsrechts grundlegend umgestaltet: zunächst die wichtigste Reform (→Reformkurs) Präsident Bothas. Sechs Dachverbände von Gewicht gibt es: Der »Trade Union Council of South Africa« (TUCSA) hat sich stets gegen Apartheid ausgesprochen, gebärdet sich aber eher paternalistisch; er überläßt den Einzelverbänden, ob diese multirassisch sein wollen. Die »South African Confederation of Labour« (SACLA), eine weit rechts stehende Gruppierung, umfaßt nur weiße Arbeiter: so aus Bergbau und Eisenbahn. Der »South African Congress of Trade Unions« (SACTU) ging 1964, obwohl nicht ausdrücklich verboten, in den Untergrund; er steht dem →ANC nahe. Die jungen »unabhängigen« Gewerkschaften haben die »Federation of South African Trade Unions« (FOSATU) und die »Council of Unions of South Africa« (CUSA) gebildet. CUSA besteht auf schwarzafrikanischen Führungsgremien und Mitgliedern (→BCM). Die →»National Union of Mineworkers« (→Bergbau) und FOSATU bildeten Ende 1985 den »Kongreß der Südafrikanischen Gewerkschaften« (COSATU) als nunmehr größten Dachverband mit gut 30 Einzelgewerkschaften und etwa 400000 Mitgliedern.

Großer Treck 1835 bis 1837 zogen mehrere tausend burische Grenzfarmer aus der Kapprovinz in Gebiete nördlich des Oranjeflusses. Das Fortziehen der Voortrekker war ein Wendepunkt der südafrikanischen Geschichte und ist noch jetzt Symbol für Unabhängigkeitsstreben und republikanisches Denken der Buren (Afrikaaner). Das Gefühl, als »auserwähltes Volk« in ein »gelobtes Land« zu ziehen – in dem sie auch patriarchalisch-missionarisch die Aufgabe zu haben glaubten, Schwarzen »christliche Zivilisation beizubringen« (→Niederländisch-reformierte Kirchen) –, wirkte lange fort. Ursachen der dem »Großen Treck« zugrundeliegenden Unzufriedenheit der Farmer waren die Befreiung der Sklaven, die britische Wirtschaftspolitik, die mangelnde Selbstverwaltung der Weißen und die Anglisierung des täglichen Lebens. Nach Kämpfen mit Briten und dem →»chief« der →Zulus, Dingane, kam es zur Gründung von zwei Burenrepubliken, Transvaal und Oranje-Freistaat, deren Unabhängkeit erst nach dem Zweiten →Burenkrieg endete. Das Voortrekkerdenkmal in Pretoria ist gleichsam Nationalheiligtum der Buren. Es stellt das von Ochsenwagen umgebene »Laager« dar, das auch jetzt als Symbol häufig benutzt wird für die Selbstgenügsamkeit der Buren unter Druck von außen.

Group Areas Act Vorschriften für getrennte Wohngebiete für Schwarze und Farbige gab es schon vor dem Regierungsantritt der →»National Party« 1948, waren aber nicht so weitreichend wie der häufig veränderte oder neu verkündete »Group Areas Act«, No. 41 von 1950. Grundstückstransaktionen zwischen Angehörigen verschiedener Bevölkerungsgruppen (→Bevölkerung) werden kontrolliert. Jeder Südafrikaner muß in dem Gebiet leben, das »seiner« Gruppe – schwarz, weiß, farbig, asiatisch – zugeteilt ist. Gemischte Wohngebiete, meist für ärmere Bevölkerungsteile, wurden etwa als »weiß« oder »farbig« deklariert: Die innenstadtnäheren Gebiete wurden meist »weiß«. Aufgrund dessen oder aufgrund von →Zwangsumsiedlungen in Homelands (→Homeland-Politik) mußten insgesamt mehr als drei Millionen Menschen (meist Schwarze) ihren Wohnsitz wechseln und damit oft ihre engere Heimat aufgeben. Der »Group Areas Act« gilt auch für Industrieunternehmen. In jüngster Zeit wurden aber »offene Geschäftsbezirke« erlaubt. In Wohngebieten werden zunehmend »Grey Areas« geduldet, Stadtteile wie Hillbrow in Johannesburg, in denen zumindest Weiße, Farbige und Inder miteinander wohnen. Zum Jahresende 1985 bahnte sich der erste Prozeß an gegen ein »gemischtes« Ehepaar, das nach Aufhebung des Mischehenverbots heiratete, aber aufgrund von Anzeigen aus dem konservativen Milieu einer Kleinstadt wegen Verstoßes gegen die »Group-Areas«-Bestimmungen theoretisch mit einer Strafverfolgung rechnen muß: Die Regierung weigerte sich zunächst, den »Group Areas Act« nach der Aufhebung des Mischehenverbots anzupassen. Getrennte Wohngebiete und Schulen bezeichnet Botha als »unabänderliche« Punkte.

Herstigte Nasionale Party →Konserwatiewe Party

Hippo →Polizei

Homeland-Politik Durch Gesetz wurden 1913 bestimmte Gebiete für die Besiedlung durch Schwarze reserviert, später auf 13 % Südafrikas ausgedehnt. In den Homelands (früher: Bantustans, offiziell jetzt Nationalstaaten oder Autonomstaaten benannt) sollten nach den besonders von Premierminister Verwoerd propagierten Plänen im Idealfall alle Schwarzen leben, in anderen Gebieten allenfalls kurzfristig als »Gastarbeiter« (→Wanderarbeit). Auch alle politischen Rechte Schwarzer sollten in den Homelands ausgeübt werden. Nach Erreichen dieses Ziels sollte im »Rest-Südafrika« theoretisch kein Schwarzer mehr auf Dauer wohnen. Damit sollten – so die offizielle Begründung – Schwarze im Rahmen ihrer jeweiligen Völker (→Bevölkerung) ihr Schicksal ohne Einflußnahme Dritter »selbst bestimmen«. Als Homelands wurden festgelegt die Transkei (für Xhosas), Ciskei (Xhosas), KwaZulu (→Zulus), Bophutkatswana (Tswanas), Lebowa (Sothos), Venda (Vendas), Gazankulu (Shangaan-Tsongas), QwaQwa (Sothos), KaNgwane (Swazis) und KwaNdebele (für Ndebeles). Einige der Homelands sind »konsolidiert«, andere bestehen aus Flekkerlteppichen von Land; einige haben reichhaltiges Ackerland oder Minen, andere Brachland. Bei Versuchen einer industriellen →Dezentralisierungspolitik in Randgebieten von Homelands zeigten sich erst in jüngster Zeit Ansätze von Einzelerfolgen. So entwickelten sich die Homelands meist zu Armenhäusern, in die Alte, Arbeitslose, Frauen, Kinder und andere sozial Schwache abgeschoben wurden, während arbeitsfähige Männer in →Townships lebten, um in Industrie oder →Bergbau zu arbeiten. Transkei, Ciskei, Bophuthatswana und Venda entschieden sich für eine international nicht anerkannte »Unabhängigkeit«. Xhosas, Tswanas und Vendas verloren damit automatisch ihre südafrikanische →Staatsbürgerschaft, auch wenn sie zu »ihren« Homelands keinerlei Beziehungen hatten; das dürfte sich nach Ankündigungen Bothas im Herbst 1985 wieder ändern. Zuvor schon hatte Botha auch städtische Schwarze mit Daueraufenthaltsrecht als eigenständige Bevölkerungsgruppe anerkannt. Daß die Homeland-Politik gescheitert ist, gestand man auch in einer 1985 von der →»National Party« herausgebrachten Broschüre ein, nachdem es zuvor umfangreiche Diskussionen über »Staatenkonstellationen« und (Kon-)Föderationen der Gebiete mit dem restlichen Südafrika gab.

HSRC →Human Sciences Research Council

Human Sciences Research Council (HSRC) Der 1969 errichtete Rat mit neun angeschlossenen Instituten fördert die Forschung in den Geisteswissenschaften. Der HSRC hat im Auftrag der Regierung mehrere grundlegende Studien zur Apartheid (→Apartheid-Politik) koordiniert, die weitgehende Reformen vorschlugen: zum Sport (→Sportboykott), zur Erziehung (→De-Lange-Kommission), zu Rassenbeziehungen (1985) und zu Arbeitskräften.

Immorality Act Der »Immorality Act«, No. 23 of 1957, dehnte die Strafbarkeit intimen Verkehrs zwischen Weißen und Schwarzen (die schon seit 1927 bestand) auf Farbige und Asiaten aus. Durch den »Prohibition of Mixed Marriages Act«, No. 55 of 1949, wurden auch Eheschließungen zwischen Weißen und Nicht-Weißen untersagt. Mischehenverbot und »Immorality Act« wurden im Sommer 1985 aufgehoben.

influx control Die Zuzugskontrolle mittels eines komplizierten Geflechts von →Paßgesetzen und anderen Vorschriften verhindert die →Urbanisierung von Schwarzen und damit zugleich nicht nur die freie Orts- und oft Berufswahl, sondern häufig auch den Nachzug Familienangehöriger; Besucher dürfen nur 72 Stunden bleiben. Familientrennung führt bei →städtischen Schwarzen zu Alkoholismus und damit verbundener Kriminalität und Entwurzelung sowie zu Prostitution und einer hohen Zahl unehelicher Kinder. Im September 1985 schlug der Verfassungsausschuß des →»President's Council« vor, Zuzugskontrolle und Paßgesetze aufzuheben; schon vorher hatte Präsident Botha eine »Revision« der Zuzugskontrolle zugesagt.

Inkatha Die 1928 gegründete, 1975 wiederbelebte politische Massenbewegung »Inkatha yeNkululeko yeSizwe« (Nationale kulturelle Befreiungsbewegung) ist mit etwa einer Million Mitgliedern, vorwiegend unter den →Zulus, neben dem →ANC die zweite große Kraft des schwarzen Südafrika. Ihr Präsident ist Chief Gatsha Mangosuthu Buthelezi, Premierminister des Homelands KwaZulu, der prominenteste für gewaltfreien Wandel eintretende schwarze Führer Südafrikas. Im Vordergrund der Aktivitäten Inkathas stehen Basisarbeit, Massenmobilisierung und Bereitschaft zur Selbsthilfe bei der Überwindung der Unterentwicklung. Als politische Waffen gegen die Regierungspolitik sieht Buthelezi Arbeiterstreiks, →Konsumentenboykotts, zivilen Ungehorsam; Waffengewalt und einen Investitionsboykott (→Disinvestment) lehnt er dagegen ab. Er ist ein Anhänger graduellen, aber entschiedenen und grundsätzlichen Wandels. Lösungsvorschläge der Inkatha wurden im →»Buthelezi Commission Report« vorgelegt. Nicht nur die Regierung sieht die gemäßigte Vermittlerposition Buthelezis mit Mißtrauen, sondern auch radikale schwarze Jugendliche besonders aus dem Lager der →»Black Consciousness Movement«, die ihn als »Kollaborateur« betrachten. Auch das Verhältnis zum ANC, zeitweise von gegenseitiger Respektierung gezeichnet, hat sich in letzter Zeit verschlechtert. Im Lande bemüht sich Inkatha um eine Allianz der gemäßigten Mitte aller Bevölkerungsgruppen. Buthelezi wurde Präsident der 1978 gegründeten »Südafrikanischen Schwarzen Allianz«, der mehrere Parteien der Farbigen, Inder und Schwarzen angehören. Im Herbst 1985 bildeten Inkatha, die →»Progressive Federal Party« (PFP) und andere Gruppen die Vorbereitungsgruppe einer Konventallianz, die für eine demokratische Verfassung kämpft, die auf einer einheitlichen →Staatsbürgerschaft aller Südafrikaner in einem Staat beruht. Buthelezi genießt im westlichen Ausland und in Afrika erhebliches Ansehen und breite Kontakte. In der Bundesrepublik Deutschland unterstützen besonders die »Konrad-Adenauer-Stiftung« in St. Augustin und die »Offensive Junger Christen«, eine evangelikal geprägte Gruppe in Bensheim, Inkatha mit Entwicklungsprojekten.

ISCOR Die »South African Iron and Steel Industrial Corporation« in Pretoria ist der größte südafrikanische Hersteller von Eisen und Stahl. Seit der Gründung hält der Staat einen hohen Anteil der Aktien und kontrolliert das Management. Der starke Staatsinterventionismus in der Wirtschaft – etwa auch bei Öl und Chemie (SASOL) und bei Elektrizität (ESCOM) – war auch in früheren Jahrzehnten eher vom afrikaansen Bevölkerungsteil getragen und sollte nicht zuletzt dazu dienen, »armen Weißen« aus dem Burentum Arbeitsplatz und Afrikaanern stärkeren Einfluß in der ansonsten eher von Briten kontrollierten (→»Anglo American Corporation«) Wirtschaft zu ermöglichen. 1985 errichtete die Regierung einen Ausschuß, der Vorschläge für eine »Entstaatlichung« der Wirtschaft vorlegen soll. 46 % der weißen Arbeitskräfte sind im staatlichen Sektor beschäftigt.

Job Reservation →Bergbau

Kirchen →»Black Theology«, →Lutherische Kirchen, →Niederländisch-reformierte Kirchen, →»Südafrikanischer Kirchenrat«

Kommunistische Partei →Südafrikanische Kommunistische Partei

Konserwatiewe Party (KP) Die 1982 gegründete KP unter dem früheren stellvertretenden Erziehungsminister Treurnicht, ehemals Vorsitzender des →»Broederbond«, wendet sich gegen den →Reformkurs Bothas und beharrt auf der »reinen« Apartheid-Lehre, wie sie vom früheren Premierminister Verwoerd entwickelt worden war. Die KP lehnt die neue Verfassung von 1983 ab (→Verfassungsdiskussion). Der Rückhalt der KP in der weißen Bevölkerung – überwiegend bei Arbeitern und der unteren Mittelklasse – könnte bei knapp zwanzig Prozent liegen, dank des Mehrheitswahlrechts hat sie nur zehn Prozent der Parlamentssitze inne. Noch weiter rechts steht die »Herstigte Nasionale Party«. Diese erhielt bei Nachwahlen Ende 1985 ihren ersten Parlamentssitz.

Konsumentenboykotts Durch gestiegene Löhne gleicht mittlerweile die Kaufkraft schwarzer Südafrikaner etwa derjenigen Weißer. Dies nutzen Schwarze als Mittel friedlichen Protests in jüngerer Zeit, nach ersten erfolgreichen Ansätzen um 1980, zunehmend aus. Bereits Anfang der 70er Jahre hatte die Handelskammer schwarzer Geschäftsleute zu einer »buy-at-home«-Kampagne aufgerufen: Schwarze Kaufkraft sollte schwarzen Händlern zugute kommen. Nach Beginn eines Boykotts von Geschäften weißer und indischer Inhaber im Ostkap im Sommer 1985 mußten viele kleinere Läden schließen; der Umsatz einer Supermarktkette ging um 90 % zurück. Schwarze Jugendliche sorgen durch Patrouillen in weißen Geschäftsvierteln dafür, daß der Boykott befolgt wird.

KP →Konserwatiewe Party

Lokale (Kommunale) Selbstverwaltung Gemeinderäte in Ortschaften Schwarzer sollten von 1983 an gewählt und mit stärkeren Befugnissen als bislang ausgestattet werden (»Black Local Authorities Act«, No. 102 von 1982). Die Finanzausstattung blieb unbefriedigend. Teils deshalb, teils aus Ablehnung jeglicher »Kollaboration mit dem System« riefen zahlreiche Verbände, darunter →UDF, →CoSAS und →AZAPO zum Boykott auf. Die Wahlbeteiligung bei den ersten Wahlen in 29 Gemeinden lag bei durchschnittlich 21% (→Soweto 10,7%). Seit den Unruhen, die 1984 begannen, sind viele →Townships »unregierbar« geworden, die Verwaltung ist zusammengebrochen. Abgeordnete in Stadträten sind neben schwarzen Polizisten bevorzugtes Ziel von Morddrohungen, Lynchjustiz und Brandanschlägen; viele traten unter Druck zurück. Von ehemals mehr als 100 Stadträten sollen im Herbst 1985 noch drei gearbeitet haben.

Lutherische Kirchen Der Lutherische Weltbund in Budapest hat 1984 die Mitgliedschaft zweier kleinerer weißer lutherischer Kirchen befristet ausgesetzt: Die Suspendierung der »Evangelisch-Lutherischen Kapkirche« (8000 Mitglieder) und der »Deutschen Evangelisch Lutherischen Kirche in Südwestafrika« (12000 Mitglieder) gilt, bis diese Voraussetzungen geschaffen haben, die Praxis der Apartheid (→Apartheid-Politik) innerhalb ihrer Gemeinden abzuschaffen. Die beiden Kirchen – sie entstanden als Folge der Einwanderung Deutscher – haben Apartheid als Sünde bezeichnet, haben aber eine völlige Kircheneinheit mit schwarzen lutherischen Schwesterkirchen (mit denen sie durch einen Dachverband verbunden sind) noch nicht verwirklicht.

Mangelernährung Eine Studie der Universität Stellenbosch ergab, daß 2,9 Millionen Kinder unter 15 Jahren an Unterernährung (Kwashiorkor) litten oder entsprechende Anzeichen gaben. Dies führe zu hoher Kindersterblichkeit – laut einer Studie des Weltkinderhilfswerks UNICEF hat Südafrika, gemessen am Nationaleinkommen, neben Brasilien, Oman und Saudi-Arabien eine der höchsten Raten der Welt – und zu frühem Ende der Schulzeit. Ein Hochschullehrer der Universität Natal teilte mit, stündlich stürben in Südafrika drei bis vier Kinder an Mangelernährung. Seit der Dürre 1982/83 versucht →»Operation Hunger« dies zu lindern.

Militär Schon in staatlichen Schulen beginnt eine paramilitärische Ausbildung für »Kadetten«. Etwa drei Viertel der Berufssoldaten (über deren Zahl gibt es stark divergierende Angaben) sind Weiße; daneben gibt es Wehrpflichtige, Reservisten und Kommando-Einheiten. Den zweijährigen Wehrdienst kann man seit 1983 aus religiösen Gründen verweigern. Eine auch in England aktive Kampagne ruft zur Wehrdienstverweigerung aus politischen Gründen auf. Ein 1977 vom Sicherheitsrat der »Vereinten Nationen« verabschiedeter obligatorischer Waffenboykott führte zum Aufbau einer Waffenindustrie in Südafrika. Das Land ist heute in der Waffenproduktion weitgehend autark und einer der größten Waffenexporteure der Dritten Welt. Die Kämpfe in Nord-Namibia – wo eine große Zahl der Soldaten stationiert ist – erfordern hohe Aufwendungen. Unter dem →Ausnahmezustand wird das Militär neben der →Polizei (→Sicherheitskräfte) auch zur Bekämpfung von Unruhen in →Townships eingesetzt. Der Einfluß des Militärs auf die Politik hat in den letzten Jahren stark zugenommen, nicht zuletzt, weil Präsident Botha als früherer langjähriger Verteidigungsminister enge Bindungen zu Militärs hält, die auch Mitglieder des den Kabinettssitzungen vorgeschalteten Staatssicherheitsrates sind.

Mixed Marriages Act →Immorality Act

Nasionale Party (NP) Die Geschichte der NP, seit 1948 ununterbrochen an der Macht, ist – auch – eine Geschichte der Spaltungen. Dabei spielten zunächst, nach der Gründung der »Südafrikanischen Union« 1910, die Beziehungen zu Großbritannien eine zentrale Rolle. Ein Afrikaaner-Nationalismus, gegründet auf gemeinsamer Sprache, Religion und geschichtlicher Erfahrung, wurde um 1880 ausgeprägt. Bis etwa 1975 wurden – mit einer gewissen Ausnahme der Jahre zwischen 1910 und 1939 – politische Allianzen und Loyalitäten meist vorrangig von der Sprache – Englisch oder Afrikaans – geprägt; erst seitdem vorrangig von dem Ausmaß der Reformbereitschaft in Rassenbeziehungen. Die »Unionisten« strebten eine einheitliche Nation beider Sprachgruppen an, die »Nationalisten« getrennte Identitäten im Rahmen einer einheitlichen nationalen Loyalität. 1914 wurde die »Nasionale Party« von General Hertzog gegründet, 1923 kam sie an die Macht: Daraufhin wurde Afrikaans statt Holländisch zweite Nationalsprache, Zweisprachigkeit wurde ermuntert, eine eigene Flagge gleichberechtigt zum Union Jack eingeführt. Nach einer Fusion 1934 mit der »South African Party« unter General Smuts zur →»United Party« wurde eine »gereinigte« NP unter Malan gegründet. Über die Frage der Kriegsteilnahme – Hertzog plädierte für Neutralität, Smuts entschied sich für einen Kriegseintritt gegen das Deutsche Reich – kam es zum Wiederbeitritt Hertzogs zur NP. Paramilitärischen Gruppen der Afrikaaner war die NP noch zu milde. Im Mai 1948 kam die NP an die Regierung, die sie seitdem mit fast stets zunehmenden parlamentarischen Mehrheiten behielt. Die Premierminister Malan und Strijdom bauten die Apartheid (→Apartheid-Politik) aus und versuchten, die weiße Vorherrschaft zu zementieren. Unter Verwoerd (Premierminister von 1958 bis 1966) wurde trotz der Schüsse von →Sharpeville und zunehmender internationaler Isolation die →Homeland-Politik durchgesetzt. Erste Reformansätze unter Vorster (1966 bis 1978) und stärker unter Botha (→Reformkurs) führten zu weiteren Abspaltungen nach rechts (→»Konserwatiewe Party«) und damit zum Ende der Afrikaaner-Einheit (→»Broederbond«).

National Forum Im Juni 1983 trafen sich auf Anregung der →AZAPO Vertreter von etwa hundert »schwarzen« Organisationen zur Gründung des »National Forum Committee«. Im »Manifest des Volkes von →Azania« wurde der Vorrang von Arbeiterinteressen hervorgehoben und jegliche »Kollaboration« mit dem »System« verurteilt.

National Key Points Act Das 1980 verabschiedete, 1985 erweiterte Gesetz ermächtigt den südafrikanischen Verteidigungsminister, Gebäude oder Örtlichkeiten von strategischer Bedeutung als »National Key Point« zu designieren. Dies verpflichtet die Eigentümer, meist von Industrieeinrichtungen, zu

Schutzmaßnahmen gegen Sabotage. 1985 gab es mehr als 300 »National Key Points«, etwa Öltanks und -raffinerien: Wer über sie, etwa als Journalist, berichtet, kann sich strafbar machen.

National Union of Mineworkers (NUM) Die mit etwa 170000 Mitgliedern größte →Gewerkschaft Südafrikas vertritt die Belange schwarzer Bergarbeiter (→Bergbau). Die 1982 gegründete NUM bildete Ende 1985 gemeinsam mit anderen Gewerkschaften den »Kongreß der Südafrikanischen Gewerkschaften« (COSATU).

NF →National Forum

Niederländisch-reformierte Kirchen Frömmigkeit und kirchliche Verbundenheit sind tief verwurzelt bei den Afrikaanssprachigen; drei Viertel von diesen lesen heute noch die Bibel täglich (meist das Alte Testament). Dem nüchtern-strengen Calvinismus entsprechen ein staatlich verordnetes »Selbstverständnis« als »christliche Nation« und die Doktrin des »christlichen Nationalismus« (→»Großer Treck«). Tägliches Leben außerhalb der Großstädte, Politik und Gesetzgebung werden davon geprägt. Die drei calvinistischen Konfessionen finden ihre Basis bei Buren, Farbigen, aber auch bei Schwarzen. Die größte der drei holländisch-reformierten Kirchen, die »Nederduitse Gereformeerde Kerk« (NG Kerk), ist die größte und politisch einflußreichste Kirche Südafrikas. Das von ihr vertretene Prinzip »christlicher Treuhandschaft« – Verantwortung Weißer für Schutz und Förderung »Nichtweißer«, aber Ablehnung permanenter Herrschaft der Weißafrikaner – führte zur →Homeland-Politik. Seit etwa 1975 rückt die NG Kerk in kleinen, behutsamen Schritten von der Apartheid (→Apartheid-Politik) ab, nicht zuletzt unter dem Druck ihrer drei »Schwesterkirchen« (früher »Tochterkirchen«) farbiger, schwarzer und indischer Calvinisten. In einer dieser Kirchen ist Allan Boesak Geistlicher: prominenter Regierungsgegner, Mitbegründer der →UDF und Präsident des »Reformierten Weltbundes«. Die Beziehungen zwischen der NG Kerk und ihren drei »Schwestern« sind gespannt; zeitweise war – wie auch im Kreis des →»Südafrikanischen Kirchenrates«, dessen Mitglieder die drei »Schwestern«, anders als die NG Kerk, sind – von der Gründung einer »Bekennenden Kirche« die Rede. Neben der NG Kerk gibt es noch die (noch) konservativere »Nederduitsch Hervormde Kerk van Afrika«, die Kirche der Voortrekker (→»Großer Treck«), und die eher reformbereite neocalvinistische »Dopper-(Täufer-)Kerk«, die »Gereformeerde Kerk«, die ihr Zentrum an der Universität Potchefstroom hat.

Nkomati Die ungleichen Nachbarn Südafrika und die Volksrepublik Moçambique schlossen im März 1984 am Grenzfluß Nkomati einen Vertrag über gutnachbarliche Beziehungen und wirtschaftliche Zusammenarbeit. Beide Seiten verpflichteten sich, keine Gewaltanwendung oder deren Vorbereitung vom jeweils eigenen Territorium gegen den Vertragspartner zu dulden. Pretoria war damit ein Einbruch in die bis dahin geschlossene Phalanx der »afrikanischen Frontstaaten« gelungen. Maputo wies nach dem Nkomati-Vertrag die meisten →ANC-Exilanten aus. Erfolge der Guerilleros in Moçambique, des Nationalen Widerstandes von Moçambique (Renamo), nahmen aber eher noch zu. Bei einem erfolgreichen Gegenschlag Moçambiques gegen die Rebellen mit Hilfe der zimbabweschen Truppen fanden sich Belege, daß Militärs und Politiker aus Südafrika – möglicherweise ohne Wissen und Willen ihrer Führung – die Renamo auch nach Nkomati mit Waffen und Geldern versorgt hatten.

NP →National Party

NUM →National Union of Mineworkers

Operation Hunger Das renommierte »South African Institute of Race Relations« in Johannesburg verteilt Lebensmittel an derzeit etwa 700000 Hungernde als Reaktion auf die schwere Dürre 1982/83, als deren Folge etwa 2,4 Millionen Menschen, vorwiegend in den Homelands (→Homeland-Politik), Hilfe brauchten. Die Organisatorin von Operation Hunger, Ina

Perlman, berichtete von stark zunehmender Pellagra (Vitaminmangel-Krankheit) auch unter Erwachsenen, die zur Dementia (Verblödung) führe (→Mangelernährung). Zu den privaten Spendern von Operation Hunger gehören auch die »Deutsch-Südafrikanische Handelskammer« und deutsche Firmen in Südafrika.

PAC →Panafricanist Congress of Azania

Panafricanist Congress of Azania (PAC) Der PAC spaltete sich 1959 vom →ANC aus Protest gegen wachsenden kommunistischen Einfluß innerhalb der ANC-Führung ab. Zulauf erhielt er durch die Kampagne gegen die →Paßgesetze, die zum Massaker von →Sharpeville und zum Verbot von PAC und ANC am 8. April 1960 führte. Der PAC tritt ein für eine Vergesellschaftung von Boden und Großindustrie und gegen ein multirassisches Südafrika. Nach der Zerschlagung der Guerilla-Untergruppe Poqo 1963, dem Tod des PAC-Führers Robert Sobukwe 1978 sowie Spaltungen und Führungsstreits wurde der PAC geschwächt. Vorsitzender ist seit 1985 Johnson Mlambo. Wie der ANC genießt der PAC offiziellen Beobachterstatus als »Befreiungsbewegung« bei den »Vereinten Nationen« und der »Organisation für Afrikanische Einheit«.

Paßgesetze Die Paßgesetze sollen aufgehoben werden: Dies schlug der Verfassungsausschuß des →»President's Council« im September 1985 vor. Die Oppositionsabgeordnete Helen Suzman (→PFP) bezeichnete dies als bedeutendsten Schritt bislang zum Abbau der Apartheid (→Apartheid-Politik). Paßgesetze gelten als größter einzelner Grund für Rassenspannungen in Südafrika. Alle 2,5 Minuten wurde ein Schwarzer wegen Verstoßes gegen Paßgesetze verhaftet, etwa 200 000 im Jahr; im Herbst 1985 nahm die Zahl der Verurteilungen in vielen Gerichtsbezirken aber rapide ab. Zum →Sharpeville-Massaker kam es im Rahmen einer Kampagne gegen die Paßgesetze. 40 % der →Gefängnis-Insassen sollen dort wegen Verstoßes gegen Paßgesetz-Bestimmungen sein. Schwarze sind verpflichtet, ihre Ausweispapiere (»Dompas«)

stets bei sich zu tragen und auf Verlangen vorzuzeigen. Die Pässe sollen der →»influx control« und dem System der →Wanderarbeit dienen und eine →Urbanisierung verhindern. Nach den Vorschlägen des »President's Council« sollen alle Südafrikaner Personalausweise erhalten, die für alle Rassen gleich sind.

PFP →Progressive Federal Party

Political Interference → Prohibition of Political Interference Act

Polizei Die Aufgaben der Polizei sind im »Police Act« von 1958 (Act 7 of 1958) festgelegt. Neben den »üblichen Aufgaben« helfen Polizisten in Kleinstädten etwa auch bei der Registrierung von Geburten und Todesfällen, als Gesundheitsinspektoren oder Postagenten. Die – verglichen mit anderen Staaten – relativ geringe (45000; pro 1000 Landesbewohner 1,9 Polizisten, in der Bundesrepublik 2,5) Zahl der Polizisten soll 1986 um etwa ein Viertel aufgestockt werden. Unter dem →Ausnahmezustand haben sich die Befugnisse der ohnehin gegenüber Schwarzen sich allmächtig gebärdenden Polizei weiter ausgedehnt. Der Haß Schwarzer auf schwarze Polizisten – sie werden als Quislinge betrachtet – führt zu Polizistenmorden und Brandschatzungen von deren Häusern. Die gepanzerten Wagen von Polizei und Militär – Schwarze nennen sie »Hippo«, auch wenn dieses ältere mittlerweile von einem neueren und größeren Modell (Casspir) abgelöst wurde – lösen bei ihrem Auftauchen in →Townships eher Unruhen aus, als daß sie diese dämpfen.

Population Registration Act Das 1950 verabschiedete, später häufig veränderte Gesetz verschärfte die Klassifizierung aller Südafrikaner (die es schon seit 1911 gab) in die vier »Rassen« Weiße, Farbige (Coloureds), Asiaten und »Eingeborene« (später »Bantu«, jetzt »Schwarze«) (→Bevölkerung). Die Zuordnung erfolgt nach Aussehen und der »allgemeinen Meinung«. Unklare Zwischenfälle, zumal bei dem Wunsch nach Eheschließungen (→»Mixed Marriages Act«), führten oft zur Verbitterung. 1985 schlug der →HSRC vor, das System der Rassenklassifizierung, Grundlage der →Apartheid-Politik, abzuschaffen.

President's Council Der Präsidialrat ist nach der Verfassung vom September 1984 eine Art »Überparlament«, das bei mangelnder Einigung zwischen den drei Kammern (Weiße, Farbige, Asiaten) über Gesetzentwürfe entscheidet. Seine 60 Mitglieder werden teils von den drei Kammern gewählt, teils vom Präsidenten ernannt. Nach dieser Konstruktion stellt die Regierungspartei im »weißen« Abgeordnetenhaus stets die Mehrheit. Daneben schlägt der Präsidialrat – wie schon seit 1981 – Änderungen der südafrikanischen Verfassung oder →Rechtsordnung vor. Im Herbst 1985 empfahl der »President's Council« eine Aufhebung der →Paßgesetze und der →»influx control«, kurz darauf auch der Beschränkungen für schwarze Geschäftsleute. Präsident Botha beauftragte den »President's Council« Ende 1985, Modelle vorzulegen, wie auch Schwarze Mitglieder des Rates werden könnten.

Prisons Act →Gefängnisse

Private Hilfsorganisationen Eine Vielzahl privater Hilfsorganisationen bemüht sich um die Überwindung der →Apartheid-Politik und die Abschwächung ihrer Folgen; zu diesen gehören das →»South African Institute of Race Relations« mit seiner →»Operation Hunger«, →»Black Sash«, die →»Urban Foundation«, →»Women for Peace«, →»Diakonia« und die →»Small Business Development Corporation«.

Progressive Federal Party (PFP) Die »offizielle Opposition« in der Parlamentskammer der Weißen ging hervor aus mehreren Fusionen und Abspaltungen, die 1959 begannen. Ihren jetzigen Namen erhielt die PFP 1977. Bis 1974 war sie nur durch eine Abgeordnete im Parlament vertreten (die weltweit bekannte Helen Suzman, einzige weibliche Abgeordnete, wurde oft als »einziger Mann« im Parlament bezeichnet); derzeit stellt sie 27 der 178 Abgeordneten. Sie tritt ein für eine Abschaffung der Apartheid (→ Apartheid-Politik), die Einberufung eines Nationalkonvents, der die politische Zukunft des Landes beraten soll, und ein föderales System mit freiwilliger Gruppenbildung, Konsenspolitik und Dezentralisierung (→Verfassungsdiskussion). Die PFP, die früher überwiegend die Interessen der Englischsprachigen und der Wirtschaft vertrat und von der →»Anglo American Corporation« stark gestützt wurde, bezieht zumal seit der Wahl ihres Parteiführers Frederik Van Zyl Slabbert auch reformbereite Afrikaanssprachige ein. Sie ist Beobachter der »Liberale Internationale« und pflegt enge Kontakte zur »Friedrich-Naumann-Stiftung«. Im Oktober 1985 trafen sich vier Mitglieder der PFP-Führung in Lusaka mit Vertretern des →ANC.

Prohibition of Political Interference Act Durch das 1968 verabschiedete Gesetz wurden gemischtrassische Parteien ebenso verboten wie Hilfe für Parteien anderer Bevölkerungsgruppen (→Bevölkerung). Im Anschluß daran löste sich die kleine multirassische »Liberale Partei« aus Protest auf; ihr hatten führende Intellektuelle wie der Schriftsteller Alan Paton angehört. Die PFP kündigte kurz vor der Aufhebung des Gesetzes im Sommer 1985 (→Reformkurs) an, das Verbot zu mißachten; Ende 1985 gehörten der PFP schon mehr schwarze und farbige Mitglieder an als vor 1968.

Provinzen Mit der Gründung der »Südafrikanischen Union« 1910 (seit 1961 Republik Südafrika) gab es vier Provinzen: das britisch geprägte Natal im Südosten, die britisch-burische Kapprovinz und die vormals unabhängigen Burenrepubliken Transvaal im Norden (aufgrund des Goldbergbaus mittlerweile Wirtschaftszentrum des Landes) und Oranje-Freistaat im Zentrum. Um allen gerecht zu werden (Natal beschied sich) wurde Pretoria Verwaltungs- und Kapstadt Parlamentshauptstadt, Bloemfontein Sitz des Obersten Gerichts. Für Sommer 1986 ist geplant, die gesetzgebenden Versammlungen der Provinzen – bislang nur von Weißen besetzt – umzugestalten und auf Farbige und Inder (→Bevölkerung) zu erweitern. Der einflußreiche Minister für Verfassungsentwicklung und Planung, Chris Heunis, sprach Ende 1985 zudem von der »ernsthaften Überlegung«, auch Schwarze einzubeziehen (→Verfassungsdiskussion).

Rechtsordnung Die Mischrechtsordnung Südafrikas kann weder dem römisch-germanischen Recht noch dem britischen »Common Law« eindeutig zugeordnet werden. In einzelnen Rechtsbereichen ist seit Beginn des 19. Jahrhunderts englisches Recht rezipiert worden. Das Zivilrecht beruht auf römisch-holländischem Recht, dessen vornehmliche Quelle – noch vor der bindenden Wirkung von Entscheidungen des obersten Gerichts – das gemeine römische Recht ist in der Gestalt, die es im 17. und 18. Jahrhundert in den Niederlanden angenommen hat und das seitdem fortentwickelt wurde. Für traditionellem Leben verhaftete Schwarze ist im Zivil- und Strafrecht (bei minderen Delikten) in erster Instanz das Gewohnheitsrecht ihres jeweiligen Volkes maßgeblich. Gerichte genießen ein hohes Maß an Unabhängigkeit, Richter an Respektabilität, die sich oft in Entscheidungen gegen die Staatsgewalt zeigt: so in einem langjährigen Verfassungsstreit in den 50er Jahren über die parlamentarische Vertretung der Farbigen.

Reformkurs Unter dem Druck des In- und Auslandes hat Präsident Botha seit Amtsantritt 1978 eine doppelgleisige Politik vertreten: verschärfte Sicherheitsbestimmungen (→Ausnahmezustand), zugleich aber eine Lockerung der Apartheid (→Apartheid-Politik), die sich in den letzten beiden Jahren zunehmend ausweitete, zum Teil in Form von Maßnahmen und Ankündigungen, die von vielen nicht erwartet wurden: Sie wurden aber durch die Unterdrückung politischer Gegner, das Ausrufen des Ausnahmezustandes, die Unruhen und die Sanktionsdebatte (→Disinvestment) im Bewußtsein der weißen Wählerschaft wie auch des Auslandes überdeckt. Zu den Reformschritten gehörten neben der »Änderung des Bewußtseins«, dem Einstimmen auf größere Veränderungen: eine neue Verfassung, die Farbige und Asiaten einbezieht (→Verfassungsdiskussion); stärkere politische Rechte Schwarzer in

Gemeinden (→lokale Selbstverwaltung) sowie – angekündigt für Sommer 1986 – auf Provinzebene (→Provinzen); die Aufhebung der →Zwangsumsiedlungen (zumindest in Erklärungen der Politiker, eingeschränkt aber durch die Verwaltungspraxis); die Aufhebung des Verbots gemischtrassischer Parteien sowie des Mischehenverbots und jenes intimer Beziehungen zu Angehörigen anderer Bevölkerungsgruppen; die Aufwertung schwarzer →Gewerkschaften; die Lockerung sozialer Trennungen (Hotels und Restaurants, Strände, Verkehrsmittel, Kinos etc.). Angekündigt wurde die Rück-Zuerkennung südafrikanischer Staatsangehörigkeit (→Staatsbürgerschaft) für zwangsausgebürgerte Schwarze in den »unabhängigen« Homelands (→Homeland-Politik); vorgeschlagen wurden die Aufhebung der →Paßgesetze, der →»influx control« und der Rassenklassifizierung. Botha sprach sich für eine »politische Teilnahme aller Gemeinschaften auf allen Ebenen in Angelegenheiten von nationalem oder gemeinsamem Interesse ... in Verbindung mit dem Schutz von Minderheiten« aus. In einer Broschüre der →»Nasionale Party«, 1985 geschrieben vom Abgeordneten Stoffel van der Merwe, sprach die NP erstmals von einer »Nationalversammlung Schwarzer« außerhalb der Homelands und mittelbar auch von Verhandlungen mit dem →ANC, was Botha bisher ablehnt. Nachwahlen Ende 1985 mit einem Erfolg der Rechtsradikalen (→»Konserwatiewe Party«) mögen den Reformkurs etwas abschwächen, obwohl die »Verligten« (Reformbereiten) die Oberhand über die »Verkrampten« (»Rückständigen«) behalten dürften.

Robben Island →Gefängnisse

SABC Der Südafrikanische Rundfunk (»South African Broadcasting Corporation«), 1936 gegründet, ist staatlich kontrolliert, was in seinen regierungstreuen Nachrichten sichtbar wird. 1952 begannen Radiosendungen auch in schwarzafrikanischen Sprachen, seit 1976 erst gibt es Fernsehen. Derzeit strahlt das Radio 19 Programme in 20 Sprachen aus, das Fernsehen hat vier Sender auf drei Kanälen und in sieben Sprachen.

SACC →Südafrikanischer Kirchenrat

SACP →Südafrikanische Kommunistische Partei

Selbstbestimmung →Apartheid

Sharpeville In der Ortschaft (→Townships) Sharpeville bei Vereeniging/Transvaal kam es am 21.3.1960 zu einem Massaker: Polizisten schossen auf eine Gruppe von 20000 Schwarzen, die sich einer Polizeistation näherten – im Rahmen einer vom →PAC angeführten gewaltfreien Kampagne gegen die →Paßgesetze –, und erschossen dabei 69 Menschen. Kurz darauf wurde ein →Ausnahmezustand ausgerufen. PAC und →ANC wurden verboten. Damit ging der passive Widerstand beider Organisationen in einen bewaffneten Kampf über. Durch das Massaker von Sharpeville wurde die Aufmerksamkeit der Weltöffentlichkeit stärker als bis dahin auf Südafrika und dessen →Apartheid-Politik gelenkt, die Isolation des Landes wuchs.

Sicherheitskräfte Seit der Ausrufung des →Ausnahmezustands 1985 patrouillieren →Militär wie auch →Polizei in den →Townships. Daneben gibt es einen sehr effektiven Geheimdienst, der auf die Einhaltung eines immer engeren Geflechts von Sicherheitsgesetzen mit weiten Vollmachten achtet. Parallel zum Fortführen des →Reformkurses in den letzten Jahren ging eine Verschärfung der Repression gegen die Bevölkerung einher. Im November 1985 wurden die Sicherheitskräfte für Maßnahmen unter dem Ausnahmerecht zur Eindämmung der Unruhen von gerichtlicher Verfolgung freigestellt, es sei denn, sie hätten nicht in »gutem Glauben« gehandelt. Ein Sprecher der →PFP kritisierte diesen Freibrief für Polizei und Militär: »Diese Verordnung sieht so aus, als wäre sie in Moskau erlassen worden. Niemand kann noch behaupten, daß Südafrika nicht ein totalitärer Staat ist.« Nach Angaben des →»South African Institute of Race Relations« sind die Sicherheitskräfte für mehr als die Hälfte aller Todesfälle als Folge der Unruhen – zwischen September 1984 und Ende 1985 etwa 1000 – verantwortlich.

Small Business Development Corporation Allen Bevölkerungsgruppen sollen die Kleinkredite zur Verfügung stehen, die das Institut für die Entwicklung von Kleinhandel und -industrie vergibt; es zielt aber in erster Linie auf die Schaffung eines schwarzen (und farbigen) Mittelstandes. Die Institution, die seit 1981 arbeitet, wurde von Staat und Privatsektor gemeinsam gegründet.

South Africa Foundation Als einflußreiche regierungsunabhängige Organisation bemüht sich die im wesentlichen von der Wirtschaft finanzierte Südafrika-Stiftung um eine Verbesserung des südafrikanischen Ansehens im Ausland, zunehmend aber auch um Reformen im Inneren.

South African Institute of Race Relations Seit mehr als 50 Jahren hilft das Institut, mit Hauptsitz in Johannesburg, durch Information und Hilfe friedlich gegen die →Apartheid zu kämpfen. Seit etwa 40 Jahren erscheint der jährliche »Survey of Race Relations«, der umfangreichste objektive Überblick über politische Entwicklungen in Südafrika, für politische Studien über das Land unentbehrlich. Das Institut hat die →»Operation Hunger« ins Leben gerufen.

Soweto Die Millionenstadt (→Townships) am Rande Johannesburgs wurde 1976 zu einem Symbol schwarzen Widerstandes, als dort 1976 schwere Rassenunruhen ausbrachen, die 575 Tote forderten. Sie richteten sich gegen die unzulänglichen Ausbildungsmöglichkeiten für schwarze Jugendliche (→Erziehungspolitik). Im Spätherbst 1985 wurde allen Journalisten unter den Bestimmungen des →Ausnahmezustandes verboten, Soweto (Abkürzung für »South Western Townships«) zu betreten. In den Unruhen, die 1984 begannen, blieb Soweto relativ ruhig: Viele Bewohner sagten, sie hätten »ihren Blutzoll« 1976 entrichtet.

Sportboykott Selbst bei den wenigen Sportarten, in denen südafrikanische Sportler bislang noch gleichwertige Teilnehmer waren – etwa Rugby oder Formel-1-Rennen –, geraten die südafrikanischen Sportverbände zunehmend in die Isolation. Schon 1956 kam es zum ersten Ausschluß aus einem internationalen Sportverband (Tischtennis) – dem viele weitere folgten – und zu Ermahnungen, nachdem die Regierung Rassentrennung im Sport forcierte und ausländischen schwarzen Sportlern Wettkämpfe in Südafrika untersagte. Seit 1960 darf Südafrika an Olympischen Spielen nicht mehr teilnehmen, was das extrem sportbegeisterte Volk schmerzt. Der Sport war der erste Bereich, in dem Rassentrennung seit Anfang der 70er Jahre wieder weitgehend aufgehoben wurde. Mit Ausnahme etwa des Schulsports (da die Schulen getrennt sind) ist der Sport praktisch in allen Feldern rassisch integriert. Dies hat aber nicht im Sinne eines →»constructive engagement« dazu geführt, daß südafrikanische Sportverbände wieder in die internationalen Dachverbände aufgenommen wurden. »Nichtrassische« Sportverbände, teils im Exil, sind der Meinung, es könne keinen »normalen Sport in einer anomalen Gesellschaft« geben, und wollen eine Wiederaufnahme der internationalen Sportbeziehungen von einer völligen Abschaffung der Apartheid (→Apartheid-Politik) abhängig machen (also von Maßnahmen, auf die Sportler und Sportfunktionäre nur einen äußerst geringen Einfluß haben). So wurde eine »Internationale Konvention gegen Apartheid im Sport« durch die Generalversammlung der »Vereinten Nationen« im Dezember 1985 verabschiedet. Dabei geht es auch um einen Boykott gegen »Boykottbrecher«; diese werden in einer von den Vereinten Nationen regelmäßig publizierten »schwarzen Liste« genannt.

Staatsbürgerschaft Nach traditioneller Lehre der →»Nasionale Party« sollten im Endstadium der →Homeland-Politik Schwarze nur Angehörige der Homelands sein, in dem das Volk lebt, dem sie angehören. Die südafrikanische Staatsangehörigkeit soll danach nur Weißen, Farbigen und Indern zustehen. Nach Ankündigungen Bothas 1985 (→Reformkurs) sollen nicht nur →städtische Schwarze mit Daueraufenthaltsrecht die südafrikanische Staatsangehörigkeit behalten/zurückerhalten, sondern, nach Verhandlungen, auch die in den »unabhängigen« Homelands lebenden Schwarzen.

Städtische Schwarze Knapp ein Drittel aller schwarzen Südafrikaner leben in →Townships, die übrigen in Homelands oder als »rural blacks« auf Farmen und in Dörfern in ländlichen Gebieten. In den Ortschaften leben diejenigen, die – etwa aufgrund des vielzitierten Section 10 des »Blacks (Urban Areas) Consolidation Act«, No. 25 von 1945, zum Beispiel nach zehn Jahren Arbeit beim gleichen Arbeitgeber – ein Daueraufenthaltsrecht besitzen, und die →Wanderarbeiter, die oft, etwa als Minenarbeiter, ohne Ehefrauen in »Hostels« (Wohnheimen) untergebracht werden. Die etwa 7,5 Millionen städtischen Schwarzen sind von Präsident Botha im Zuge seines →Reformkurses als »selbständige Einheit« – unabhängig von Homeland-Schwarzen – anerkannt worden, denen politische Rechte zugestanden werden sollen. Wie dies auf nationaler Ebene geschehen könnte, untersucht ein Kabinettsausschuß. Die Kommunalwahlen (→lokale Selbstverwaltung) wurden weitgehend boykottiert. Auch auf Provinzebene sollen städtische Schwarze jetzt in politische Strukturen einbezogen werden.

Südafrikanischer Kirchenrat (SACC) Der SACC ist eine ökumenische Organisation, deren Vorgängerin 1904 gegründet wurde. Dem SACC gehören die meisten englischsprachigen Kirchen des Landes an, daneben die »Schwesterkirchen« der NG Kerk (→Niederländisch-reformierte Kirchen); die Zahl der von ihnen vertretenen Mitglieder variiert von 10 bis 20 Millionen. Die große Zahl der Kirchen – darunter Methodisten, Anglikaner, Presbyterianer, Lutheraner (→Lutherische Kirchen) und »schwarze unabhängige Kirchen« – spiegelt die wechselvolle Geschichte Südafrikas mit Einwanderungswellen und Missionstätigkeit wider. Keine Kirche umfaßt mehr als 15 % der Bevölkerung. Der Kirchenrat ist ein Sprecher des Widerstandes gegen die Apartheid (→Apartheid-Politik) und hilft politisch Verfolgten oder von →Zwangsumsiedlung Bedrohten. Sein Generalsekretär ist

Pfarrer Christiaan Beyers Naudé, dessen Amtsvorgänger der Friedensnobelpreisträger Bischof Desmond Tutu. Die südafrikanische Regierung hatte 1981 eine »Untersuchungskommission zur Überprüfung aller Aspekte des Kirchenrates« eingesetzt. Die Eloff-Kommission untersuchte die Finanzen des Rates, seine Beziehungen zu ausländischen Kirchen und Geldgebern (ein hoher Anteil des Haushalts sind Zuschüsse der »Evangelischen Kirche in Deutschland«) und seine praktische und theologische Arbeit; der Abschlußbericht 1983 umfaßte 450 Seiten. Besonders angegriffen wurde die SACC-Hauptabteilung »Gerechtigkeit und Gesellschaft« unter dem Theologen Wolfram Kistner.

Südafrikanische Kommunistische Partei (SACP) Die 1921 gegründete SACP ist die älteste kommunistische Partei des afrikanischen Kontinents. Ihr wurde es, wie es in einer in Ost-Berlin erschienenen Geschichte der SACP heißt, »durch die Aufnahme in die Kommunistische Internationale und das immer bessere Verstehen von Lenins Gedanken zur nationalen und kolonialen Frage möglich, ihre früheren fehlerhaften Auffassungen zu überwinden«. Sie ist heute fest mit den orthodoxen Parteien des Ostblocks verbunden. Erst nach ihrem Verbot 1950 durch Pretoria erstarkte sie. Viele Altmitglieder der »Kommunistischen Partei« traten dem →ANC bei und brachten ihre Ideologie mit ein. ANC, SACP und andere Gruppen schlossen sich zu einem Aktionsbündnis zusammen, einer »Kongreß-Allianz«. Seitdem gibt es enge Bindungen zwischen ANC und Kommunisten, die mehrfach zu Abspaltungen afrikanischer Nationalisten (→PAC) führten: Grund war neben dem Unbehagen über den starken marxistischen Einfluß auch die weitgehende Dominierung des ANC (und der SACP) durch Weiße, Inder und Farbige. Zu den führenden SACP-Funktionären gehören oder gehörten Abraham (Bram) Fischer, Joe Slovo und dessen Frau Ruth First sowie Rowley Arenstein.

Sullivan Code →Verhaltenskodex

Technikon Die technisch-handwerkliche Ausbildung, in früheren Jahren vernachlässigt (→Erziehungspolitik), wird in jüngerer Zeit – nicht zuletzt als Folge eines Mangels an qualifizierten Facharbeitern – ausgedehnt. Die technischen Fachhochschulen (Technikon) verbinden meist theoretische mit betrieblicher Ausbildung. Mehrere Technikons sind in den letzten Jahren von der Industrie, besonders von →»Anglo American Corporation«, errichtet worden.

Townships Die aufgrund des →»Group Areas Act« separaten Ortschaften schwarzer Südafrikaner, oft am Rande von Groß- oder Industriestädten, sind bisher die Zentren der Unruhen (→Sharpeville, →Soweto) seit September 1984, die zur Ausrufung des →Ausnahmezustandes geführt haben. Journalisten dürfen seit November 1985 ohne Genehmigung keine Fernseh- oder Tonbandaufnahmen mehr von Unruhen in Townships (oder in anderen Teilen Südafrikas) machen. Die →lokale Selbstverwaltung ist fast überall unter Boykottdruck zusammengebrochen. Die Townships sind als Folge der →Urbanisierung trotz strenger →»influx control« übervölkert.

UDF →United Democratic Front

Uitenhage Am 21. März 1985 kam es in der Ortschaft Langa bei Uitenhage in der östlichen Kapprovinz zu einem Blutbad, bei dem Polizisten etwa 20 Schwarze erschossen. Die Schüsse führten zu Protesten aus aller Welt und zur Einsetzung einer Untersuchungskommission.

Umkhonto we Sizwe Der »Speer der Nation« ist der Sabotage-Flügel des ANC unter der Anleitung Joe Slovos, zugleich eines der wichtigsten Mitglieder der →»Südafrikanischen Kommunistischen Partei«. Die Guerilla-Anschläge des militärischen ANC-Flügels – etwa auf Industrieanlagen und auf das einzige Kernkraftwerk des Landes bei Kapstadt – haben seit Anfang der 80er Jahre stark zugenommen.

UNISA Die 1918 in Pretoria gegründete »University of South Africa« (UNISA) war zunächst »Mutteruniversität« mehrerer

Hochschulen in Südafrika, bot aber erst von 1946 an eigene Ausbildungsgänge an. Als größte Fern- oder Korrespondenzuniversität der Welt diente sie anderen, etwa der Fernuniversität in Hagen, als Vorbild. Etwa ein Viertel der weit über 50000 Studierenden besteht aus Schwarzen.

United Democratic Front (UDF) Die UDF ist ein loses Bündnis von mehr als 500 Organisationen und deren Untergliederungen, die sich auf spezifische örtliche Beschwernisse – etwa ungenügende Sozialdienste oder Erziehungseinrichtungen – konzentrieren. Zur Gründung im August 1983 hatte Allan Boesak aufgerufen, Pfarrer der →niederländisch-reformierten Kirche und Präsident des »Weltbundes der Reformierten Kirchen«, als Protest gegen die Verfassungspläne der Regierung (→Verfassungsdiskussion). Als Ziel nennt die UDF ein vereinigtes demokratisches Südafrika, ohne →Homelands und →»Group Areas«. Einheit im »Kampf aller Demokraten«, ohne Rücksicht auf die Hautfarbe, sei erforderlich. Die UDF schreibt ihren Mitgliedern keine Politik vor, hat aber erreicht, lokale Unzufriedenheit auch für das überörtliche Bemühen um politische Teilhabe fruchtbar zu machen. Zu den »Patrons« der UDF wurden auch Nelson Mandela und Beyers Naudé, Generalsekretär des →»Südafrikanischen Kirchenrats«, gewählt. Pretoria sieht die UDF als »Frontorganisation« des →ANC – obwohl die UDF Gewalt ablehnt – und hat unter dem →Ausnahmezustand die meisten ihrer Funktionäre verhaftet.

United Party (UP) Die Verbindung von gemäßigtem Afrikaanertum und britischen Interessen, die 1934 zur Fusion von →»Nasionale Party« und »South African Party« unter den Generälen Hertzog und Smuts zur »United Party« führte, währte nur bis 1939. Die Entscheidung zur Kriegserklärung gegen das Deutsche Reich brachte die Abspaltung des Neutralität befürwortenden Hertzog. Smuts und die UP forcierten 1946 ein Gesetz, das getrennte Wohngebiete von Asiaten (Indern) vorsah. In den Jahren nach dem Verlust der Regierungsmacht an die NP 1948 häuften sich Abspaltungen nach rechts und links; die

Wahlerfolge sanken. 1977 wurde die UP – die für eine Abschaffung der Rassendiskriminierung und eine Einbindung der Homelands (→Homeland-Politik) eintrat – aufgelöst und durch die »New Republic Party« ersetzt. Die Zahl ihrer Abgeordneten (1985 fünf) und ihre Bedeutung schrumpften weiter; ihr Schwergewicht liegt in Natal (→Provinzen).

UP →United Party

Urban Foundation Die 1977 gegründete Stiftung mobilisiert Hilfe und verbilligte Kredite des Privatsektors für Programme, die den Lebensstandard →städtischer Schwarzer verbessern, so für den Bau von Wohnungen, Schulen und Gemeindezentren. Nach Angaben der »Urban Foundation« sind jährlich vier Milliarden Rand erforderlich, 6 % des Bruttoinlandsprodukts, um den Rückstand im Wohnungsbau aufzuholen.

Urbanisierung Die Verstädterung schwarzer Südafrikaner begann mit der Industrialisierung nach dem Ersten Weltkrieg: Ungelernte Arbeiter wurden gebraucht. 1910 wohnten noch fast 90 % der Schwarzen in ihren »Reservaten«. Heute leben 91 % der Asiaten, 89 % der Weißen, 77 % der Farbigen und 31 % der Schwarzen in Städten: Um die Jahrhundertwende werden aber 75 % der Schwarzen Stadtbewohner sein. Für diese 23 Millionen städtischer Schwarzer müssen sieben Millionen zusätzlicher Arbeitsplätze (→Arbeitslosigkeit) geschaffen werden. Derzeit gibt es 1,5 Millionen »Squatters«, die meist in Wellblechhütten (Shanties, Shacks) am Rande der →Townships illegal (→Paßgesetze, →»influx control«) leben. Die →»Urban Foundation« glaubt, die Urbanisierung der Schwarzen werde bis zur Jahrhundertwende »der wichtigste Faktor in Südafrika« sein. Eine Studie der Universität Natal kommt zum Ergebnis, die größte Bedrohung langfristiger Stabilität im Lande seien die Vernachlässigung und der schlechte Zustand der ländlichen Gebiete. Beschleunigt wurde die Urbanisierung durch Dürre und Zusammenbruch der Subsistenz-Landwirtschaft der Homelands.

Verfassungsdiskussion Zwischen 1910 und 1983 änderte sich die auf britischem Westminster-Modell beruhende südafrikanische Verfassung nur wenig, mit Ausnahme der Entscheidung, 1961 Republik zu werden und so den General-Gouverneur durch einen Präsidenten zu ersetzen. Dabei gab es schon früher ausgedehnte Diskussionen und die Möglichkeit, fast alle Regelungen der Verfassung durch einfache Mehrheit zu ändern (Ausnahme etwa: die Gleichberechtigung von Englisch und Afrikaans). 1983 trat eine Verfassung in Kraft, die Farbigen und Asiaten (→Bevölkerung) Wahlrecht auf getrennten Listen gab, Schwarze aber weiterhin ausschloß. Diese empfanden die Verfassung als Festschreibung der Apartheid (→Apartheid-Politik) und lehnten sie, wie auch andere Gruppen der Linken (→UDF) wie der Rechten (→»Konserwatiewe Party«), strikt ab. Wenige Wochen nach Inkrafttreten der neuen Verfassung begannen die Unruhen, die Ende 1985 noch andauerten und zum Ausrufen des →Ausnahmezustandes am 20. 07. 85 führten. Nach dieser Verfassung hat das Parlament drei Häuser: das Abgeordnetenhaus der Weißen, das Repräsentantenhaus der Farbigen und das Delegiertenhaus der Asiaten (Inder). Falls sich diese nicht auf ein Gesetz einigen können, vermittelt und entscheidet der »President's Council«. Über »eigene« Angelegenheiten der Bevölkerungsgruppen – etwa Schulfragen – entscheidet die jeweilige Parlamentskammer. Der »exekutive« Präsident – der vormalige Ministerpräsident Botha – hat eine außerordentlich starke Stellung. Neben der »zentralen« Regierung, in die auch einige wenige Farbige und Inder ohne Geschäftsbereich berufen wurden – hat jede Gruppe auch ihre »eigene« Regierung. Das komplizierte Nebeneinander führt zu Reibungsverlusten, aber in der Praxis auch zu mehr Miteinander, als die Verfassung vorsah. Forderungen nach einer anderen Verfassung rangieren von »ein Mann, eine Stimme in einem Einheitsstaat« (»unitary state«) (so etwa fast alle schwarzen Gruppen, nur →Inkatha scheint bereit zu sein, in Verhandlungen auch als zweitbeste Lösung eine bundesstaatliche Regelung zu akzeptieren) bis zu Vorschlägen einer radikalen Zweiteilung des Landes (neuerdings als angebliches Denkmodell der Regierung in einer südafrikanischen Zeitung genannt; mehrfach ausführlich hat diese Variante insbesondere ein deutscher Südafrika-Kenner, Klaus Frhr. von der Ropp, dargelegt). Die weiße Opposition (→PFP) denkt – wie möglicherweise auch die Regierung – an eine stärkere Dezentralisierung, eine freiwillige Gruppenbildung in einem bundesstaatlichen Modell und an ein Konsensmodell (Konkordanzdemokratie) zwischen den Gruppen bei Fragen, die gemeinsame Interessen betreffen; auch bei diesem Denkmodell standen deutsche Wissenschaftler »Pate«, eine Freiburger Forschergruppe um Professor Theodor Hanf. Die Regierung sprach demgegenüber von einem Staatenbund (konföderales System), scheint sich aber immer mehr auf ein bundesstaatliches Modell hinzubewegen, was besonders Äußerungen zur →Staatsbürgerschaft belegen. In welcher Form eine im Grundsatz von Botha inzwischen akzeptierte gleichberechtigte Einbeziehung Schwarzer in die politische Entscheidungsbildung auf allen Ebenen unter Wahrung von »Selbstbestimmung« und Minderheitenschutz verwirklicht werden soll, hat die →NP bisher nicht angedeutet.

Verhaltenskodex Nach den →Soweto–Unruhen 1976 wurden mehrere Verhaltenskodizes verabschiedet, die auf Südafrika-Töchter multinationaler Unternehmen Anwendung finden: In der Europäischen Gemeinschaft (1977), Kanada (1977) und den Vereinigten Staaten (1977, eine Privatinitiative des schwarzen Bürgerrechtlers und Pfarrers Leo Sullivan); in Australien stand ein Kodex Ende 1985 zur Verabschiedung an. Bei manchen Unterschieden gleichen sich die wesentlichen Forderungen dieser Empfehlungen: gleicher Lohn für gleiche Arbeit, Abbau der Rassentrennung am Arbeitsplatz, bessere Ausbildungs- und Aufstiegsmöglichkeiten für Schwarze, Anerkennung schwarzer →Gewerkschaften, Hilfe bei Wohnungsbau und in anderen Bereichen. Der EG-Verhaltenskodex fordert zudem, die Auswirkungen der →Wanderarbeit zu entschärfen. Der Sullivan-Code wurde mehrfach fortgeschrieben, der EG-Kodex Ende 1985 erstmals verschärft. Die Unternehmen, die sich nach den Verhaltensempfehlungen richten, beschäftigen etwa 200000 Schwarze (die gesamte schwarze Arbeitskraft beträgt 8,1 Millionen). In jüngster Zeit riefen auch prominente südafrikanische Unternehmer dazu auf, entsprechende Kodizes für südafrikanische Firmen zu vereinbaren. Befürworter der Empfehlungen weisen auf Verbesserungen der Arbeitsbedingungen hin, Kritiker sagen, die Verhaltenskodizes seien nur ein »Feigenblatt«, um Forderungen nach einem Investitionsboykott (→Disinvestment) zu umgehen. In den Vereinigten Staaten berichten 135 der etwa 400 amerikanischen Tochterfirmen, in Kanada berichtete seit 1981 nur ein Unternehmen. In der EG gibt es Überlegungen, eine Berichtspflicht zu statuieren. Grundlage des fünften deutschen Berichts 1985 waren Berichte von 47 Tochterunternehmen, die etwa 80% der Angestellten deutscher Südafrika-Töchter beschäftigten.

Verschuldung Etwa 15% der südafrikanischen Staatsausgaben entfallen auf den Schuldendienst. Die Ausgaben für Zinszahlungen haben sich von 1977 bis 1984 von 1,4% auf 3,6% des Bruttoinlandsprodukts erhöht. Bis 1985 galt Südafrika als äußerst zuverlässiger Schuldner. Aufgrund einer verhängnisvollen Schuldenstruktur und der Weigerung amerikanischer Banken im Herbst 1985, Schulden umzuschulden, mußte Pretoria – trotz hohen Handelsbilanzüberschusses – die Tilgung von Auslandskrediten für zunächst sieben Monate teilweise einfrieren. Das Moratorium, ein rapider Randkurs-Verfall, die Wiedereinführung eines gespaltenen Rand-Kurses und die Disinvestment-Debatte isolierte Südafrika zunehmend in der internationalen Finanzwelt. In den Jahren 1983/84 hatte Südafrika hohe kurzfristige Schulden im Ausland aufgenommen, die Gelder aber für langfristige Investitionen oder für Verbrauchsgüter ausgegeben. Kurzfristige Auslandsschulden Südafrikas werden Ende 1985 auf etwa 37 Milliarden DM geschätzt, die gesamten Auslandsverbindlichkeiten auf 63 Milliarden DM.

VISTA Die 1983 eröffnete Universität für Schwarze hat »Zweigstellen« in mehreren →Townships, darunter in →Soweto, während die bisherigen Schwarzen »reservierten« Universitäten allesamt in – meist abgelegenen – ländlichen Gebieten liegen. Damit will man den →städtischen Schwarzen Gelegenheit geben, neben anderen Tätigkeiten zu studieren. VISTA – Verwaltungssitz ist Pretoria – dient in erster Linie der Lehrerausbildung.

Wanderarbeit Weit mehr als eine Million Schwarze aus Homelands und aus Nachbarstaaten arbeiten im Bergbau oder in Industriezonen Südafrikas: hauptsächlich dort, wo es aufgrund der geographischen Lage der Firmen wenig Arbeitskräfte gibt. In der Regel haben sie einjährige Kontrakte mit ihrem Arbeitgeber, die sie jährlich erneuern müssen. Eine Daueraufenthaltsberechtigung (→»influx control«) erhalten sie etwa, wenn sie zehn Jahre lang ununterbrochen beim gleichen Arbeitgeber gearbeitet haben. Meist wohnen die Wanderarbeiter (»migrant workers«) ohne ihre Familie, die sie nur während des Jahresurlaubs für einige Wochen besuchen können, in Hostels (Wohnheimen), häufig mehrere Personen in einem Zimmer. Einen Großteil ihres Verdienstes senden die Wanderarbeiter an ihre Familien. Mittelbar wird so auch die Wirtschaftskraft der Homelands gestärkt, die dringend auf diese Mittel angewiesen sind: Das gilt auch für benachbarte Länder wie Moçambique, Lesotho, Botswana und Malawi. Neben Wanderarbeitern gibt es etwa 750000 Pendler, die täglich zwischen ihrem Homeland und grenznaher Industrie (→Dezentralisierung) oft weite Strecken fahren. Ende 1985 bestätigte die südafrikanische Regierung, daß es Überlegungen gebe, Teile der 1,5 Millionen Gastarbeiter aus Nachbarländern auszuweisen, falls sich die Wirtschaftslage verschlechtere.

Wirtschaft Die Industrie nimmt in Südafrika eine Rolle ein, die Marx nicht voraussah: Sie steht »links« von der Regierung (und erst recht von der weißen Bergarbeitergewerkschaft). Bei einer Anhörung der »Vereinten Nationen« in New York 1985 plädierten Vertreter aller großen Wirtschaftsdachverbände des Landes für »ein Mann, eine Stimme«, vorzugsweise in einem Bundesstaat (→Verfassungsdiskussion). Firmen bildeten in jüngster Zeit Interessenverbände für Wandel. Auch die

»Deutsch-Südafrikanische Handelskammer« in Johannesburg fordert grundsätzlichen Wandel; als ein Kabinettsminister aus Verärgerung als Sprecher bei einer Festveranstaltung absagte, lud die deutsche Wirtschaft den Oppositionsführer ein. Auch der führende afrikaanse Unternehmer des Landes, Anton Rupert, beklagt schwere Fehler der Vergangenheit und fordert grundlegende Änderungen. Im Herbst 1985 trafen mehrere Wirtschaftsführer mit →ANC-Vertretern im Exil zusammen. Nicht zuletzt aus Eigeninteresse drängt die Wirtschaft auf Reformen: Apartheid ist nicht nur entwürdigend, sondern auch teuer. An gut ausgebildeten Fachkräften mangelt es dank einer verfehlten →Erziehungspolitik, die auf technische und handwerkliche Ausbildung nicht genügend achtet (→Technikon). Beunruhigen dürfte die Wirtschaft auch, daß die meisten schwarzen Jugendlichen und die Programme fast aller schwarzen Parteien eine sozialistische Wirtschaftsordnung und eine Verstaatlichung zumindest des →Bergbaus fordern. Unter den Parteien der Weißen steht die von der →»Anglo American Corporation« unterstützte →PFP der von englischsprachigen Südafrikanern dominierten Wirtschaft nahe. Die →NP kündigte jüngst an, Teile der verstaatlichten Industrie (→ISCOR) zu privatisieren.

Women for Peace Etwa 2000 Frauen bemühen sich um eine bessere Verständigung zwischen den Rassen, etwa durch Ernährungshilfe (→Mangelernährung) und Treffen zwischen Kindern aller Rassen.

Zersplitterung der schwarzen Opposition Die Zersplitterung der schwarzen Opposition ist einer der wesentlichen Gründe, weshalb die Regierung einen gewaltsamen Umsturz derzeit nicht befürchten muß. Die ideologischen Differenzen haben zu mehrfachen Spaltungen der Widerstandsbewegungen, etwa zwischen →ANC und →PAC, geführt und zur Aufsplitterung der →Gewerkschaften Schwarzer. Zwischen einzelnen Gruppen, etwa zwischen →AZAPO und →Inkatha, AZAPO und →UDF, neuerdings auch zwischen ANC und Inkatha, gibt es heftige Anfeindungen. Dabei dürfte es um Machtpositionen für ein »Post-Apartheid-Südafrika« gehen. Zu den grundlegenden Streitpunkten zählen eher Strategiefragen als ein Dissens um politische Fernziele wie die künftige Wirtschaftsordnung. Es geht um fünf unterschiedlich gewichtige Fragenkreise: Soll man zur Erreichung der Ziele mit Regierungsinstitutionen, mit »dem System« (bei grundsätzlicher Ablehnung der Regierungspolitik), begrenzt zusammenarbeiten oder jegliche Kooperation ablehnen? Soll der Widerstandskampf gewaltfrei oder gewaltsam verlaufen? Soll es im Übergangsstadium bis zur »Befreiung« eine Zusammenarbeit auch mit Weißen (Liberalen) geben? Sind die Massen oder die politischen Führer bestimmend im politischen Kampf? Helfen die Forderungen nach einem Stopp oder gar Abzug ausländischer Investitionen (→Disinvestment) oder ein Schulboykott dem Anliegen der Schwarzen? Drei wesentliche Taktiken gibt es im schwarzen Widerstand: systemimmanente Opposition (Inkatha), kompromißlose, aber gewaltfreie Systemablehnung (»non-involvement«;→AZAPO, →BCM, →UDF), gewaltsamer Widerstand aus dem Exil (ANC, PAC).

Zulu Mit sechs Millionen bilden die Zulus das größte Volk der Schwarzen Südafrikas (→Bevölkerung). Sie gelten als besonders traditionsbewußt und diszipliniert. Ihr Häuptling Shaka, gelegentlich als Napoleon Afrikas bezeichnet, hatte zwischen 1815 und 1825 große Teile Natals erobert und viele andere Stämme ausgerottet. Später wurde Zululand Königreich und von den Briten annektiert. Daß ihr Homeland Kwa-Zulu sich unter dem Einfluß des Inkatha-Präsidenten Buthelezi weigert, »unabhängig« zu werden, ist ein maßgeblicher Grund für das Scheitern der →Homeland-Politik.

Zwangsumsiedlungen Mehr als drei Millionen Menschen – meist Schwarze – sind in Südafrika seit 1960 zwangsweise umgesiedelt worden. Weitere 1,5 Millionen Menschen sind von Zwangsumsiedlungen bedroht, obwohl 1980 und 1985 wechselnde Minister versicherten, Zwangsumsiedlungen werde es nicht mehr geben: Die Verwaltung, die es bisweilen darauf anzulegen scheint, »reformerische« Äußerungen durch widersprechende Taten zu widerlegen und damit auch die »Reformminister« in der Öffentlichkeit unglaubwürdig zu machen, siedelte aber weiter zwangsweise um. Die Zwangsumsiedlungen sind eine Folge der →Apartheid-Ideologie, die das Prinzip räumlicher Trennung der unterschiedlichen Bevölkerungsgruppen zu verwirklichen sucht. Oft werden Familien und Dorfgemeinschaften aus Gegenden vertrieben, in denen sie schon seit Generationen ansässig, in denen ihre Vorfahren bestattet sind – auch aus fruchtbaren Gegenden in Brachland. Durch Umsiedlungen werden die Homelands (→Homeland-Politik) übervölkert. 1960 lebten knapp 40% aller Schwarzen in Homelands, zwanzig Jahre später schon 54%. Es gibt verschiedene »Kategorien« von Umsiedlern: Von Farmen wurden Alte, Frauen, Kinder und Arbeitsunfähige in Homelands verschoben; »schwarze Flecken« (black spots) in »weißen Gebieten« wurden aufgelöst, die Bewohner umgesiedelt; Homelands wurden, etwa durch Gebietsaustausch, konsolidiert zu zusammenhängenden Gebieten; Auflösung von Slumvierteln (bekanntes Beispiel aus jüngerer Zeit ist Crossroads bei Kapstadt), wobei die »illegalen« Bewohner in Homelands zurückziehen müssen, legale Bewohner oft in neue Vorstädte, die vom Stadtzentrum weiter entfernt liegen und daher auch mehr Fahrgeld und Zeit erfordern; Umsiedlungen aufgrund des →»Group Areas Act«; Umsiedlungen nach einer →»influx control«. Kaum eine andere Maßnahme wird im Lande wie im Ausland heftiger kritisiert als Zwangsumsiedlungen, die mit persönlichem Leid unzähliger Menschen verbunden sind.

Literaturhinweise

Deutschsprachige Sachtitel

Bassmann, Winfried u. a. (Hrsg.): Südafrika in der Schule, Materialien zum Apartheid-System. Informationsstelle Südliches Afrika; Bonn 1984.
Bilger, Harald: 111mal Südafrika. Piper-Verlag; München 1985.
Buthelezi, Gatsha: Für Freiheit und Verwöhnung. Hrsg. v. Horst-Klaus Hofmann. Gütersloher Verlagshaus Gerd Mohn; Gütersloh 1982.
Evangelisches Missionswerk (Hrsg.): Bekenntnis und Widerstand, Kirchen Südafrikas im Konflikt mit dem Staat, Dokumente zur Untersuchung des Südafrikanischen Kirchenrats durch die Eloff-Kommission. Missionshilfe-Verlag; Hamburg 1983.
Gann, L. H. / Duignan, Peter: Südafrika geht seinen Weg. Seewald-Verlag; Stuttgart 1982.
Geisler, Wolff / Wellmer, Gottfried: DM-Investitionen in Südafrika. Informationsstelle Südliches Afrika; Bonn 1983.
Gruchy, John de / Villa-Vicencio, Charles (Hrsg.): Wenn wir wie Brüder beieinander wohnten ... Von der Apartheid zur Bekennenden Kirche – Stellungnahmen südafrikanischer Theologen. Neukirchener Verlag; Neukirchen-Vluyn 1984.
Hanf, Theodor / Weiland, Heribert / Vierdag, Gerda: Südafrika: friedlicher Wandel. Kaiser / Grünewald; München / Mainz 1978.
Kienzle, Ulrich (Hrsg.): Südafrika – Weiße in der Wagenburg. Knaur-Verlag; München 1982.
Kurz, Manfred: Indirekte Herrschaft und Gewalt in Südafrika. Institut für Afrika-Kunde; Hamburg 1981.

Loderer, Eugen (Hrsg.): Metallgewerkschaften in Südafrika. Bund-Verlag; Köln 1983.
Lucius, Robert von: Südafrika – Schwarze Hoffnung, weiße Reformbereitschaft. Schriftenreihe der Deutschen Südafrika-Stiftung, Heft 13; Bonn 1981
Mandela, Winnie: Ein Stück meiner Seele ging mit ihm. Hrsg. von Anne Benjamin. rororo; Hamburg 1984.
Nordholt, Heinz-Hermann (Hrsg.): Apartheid und Reformierte Kirche, Dokumente eines Konflikts. Neukirchener-Verlag; Neukirchen-Vluyn 1983.
Orbon, Helmut: Die Lage der Schwarzen in Südafrika / Azania und ihr politischer Widerstand im 20. Jahrhundert. Oberbaum Verlag; Berlin 1980.
Ortlieb, Heinz-Dietrich / Lösch, Dieter: Was wird aus Südafrika? Edition Interfrom; Zürich 1985.
Randall, Peter: Prophet im eigenen Lande – Beyers Naudé. Lembeck-Verlag; Frankfurt 1983.
Runge, Erika (Hrsg.): Südafrika – Rassendiktatur zwischen Elend und Widerstand, Protokolle und Dokumente zur Apartheid. rororo; Hamburg 1985.
Schneider, Karl / Wiese, Bernd: Südafrika – Fakten und Probleme. Seewald-Verlag; Stuttgart 1983.
Spandau, Arnt: Südafrika und der Westen. Harwalik-Verlag; Reutlingen 1983.
Tutu, Desmond: Gott segne Afrika, Texte und Predigten. rororo; Hamburg 1984.
Tutu, Desmond: Versöhnung ist unteilbar, Biblische Interpretationen zur Schwarzen Theologie. Hammer-Verlag; Wuppertal 1984.

Englischsprachige Sachtitel

Crapanzano, Vincent: Waiting – The Whites of South Africa. Granada Publishing; London 1985
Friedrich-Naumann-Stiftung (Hrsg.): South Africa – a Chance for Liberalism?, Papers presented during a seminar of the

Friedrich-Naumann-Stiftung in December 1983. Liberal-Verlag; St. Augustin 1985.
Gastrow, Shelagh: Who's Who in South African Politics. Ravan Press; Johannesburg 1985.
Giliomee, Hermann/Schlemmer, Lawrence (eds.): Up against the Fences – Poverty, Passes and Privilege in South Africa. Philip Publishing; Claremont (South Africa) 1985.
Gruchy, John de: The Church Struggle in South Africa. David Philip; Capetown 1979.
Kallaway, Peter (ed.): Apartheid and Education. Ravan Press; Johannesburg 1984.
Natrass, Jill: The South African Economy. Oxford University Press; Cape Town ^{4}1984.
Ncube, Donald: Black Trade Unions in South Africa. Skotaville Publishers; Johannesburg 1985.
Platzky, Laurine/Walter, Cherryl: The Surplus People, Forced Removals in South Africa. Ravan Press; Johannesburg 1985.

Literarische Titel

Barrett, Jane u. a. (Hrsg.): Vukani Makhosikazi – South African Women speak. Catholic Institute for International Relations; London 1985.
Breytenbach, Breyten: Wahre Bekenntnisse eines Albino-Terroristen. Kiepenheuer & Witsch; Köln 1984.
Brink, André: Die Nilpferdpeitsche. Kiepenheuer & Witsch, Köln 1985.
Jackman, Stuart: Die Messerhelden von Soweto. Brendow-Verlag; Moers 1984.
Jonbert, Elsa: Der lange Weg der Poppie Nongena. Ullstein; Frankfurt/M. 1985.
Mandela, Zindzi/Magubane, Peter: Schwarz wie ich bin, Gedichte und Fotos aus Soweto. Lamuv-Verlag; Bornheim 1981.
Naidoo, Indres/Sachs, Albie: Insel in Ketten. Lamuv-Verlag; Bornheim 1984.
Paton, Alan: Denn sie sollen getröstet werden. Fischer; Frankfurt/M. 1982.

Centre for Applied Social Sciences at the University of Natal (Hrsg.): Indicator South Africa. Erscheint vierteljährlich als Paket von fünf Einzelheften (Political, Economic, Rural/Regional, Urban, Industrial Monitor) plus Sonderheften mit neuesten sozialwissenschaftlichen Forschungsergebnissen über Südafrika. Durban. Jährlich US $ 200,–
Department of Foreign Affairs and Information of the Republic of South Africa: South Africa 19 .., Official Yearbook of the Republic of South Africa. Liefert präzise und ausführliche Informationen zu allen Lebensbereichen, sollte allerdings als – ideologisch belastete – Regierungspublikation nur neben anderen Publikationen (etwa Race Relations Survey) benutzt werden. Pretoria. Ca. R. 70,–
Informationsstelle Südliches Afrika (Hrsg.): Informationsdienst Südliches Afrika. Erscheint ca. acht mal jährlich. Bringt Informationen, Gespräche, Analysen und Kommentare zum südlichen Afrika vorwiegend aus Sicht des ANC, der UDF, des BCM sowie der europäischen Anti-Apartheid-Bewegung. Bonn. Jährlich DM 40,–
Leadership. Erscheint zweimonatlich in kleiner Auflage und großer Aufmachung als sehr einflußreiches »vehicle of top-level debate«. Wird von Führungspersönlichkeiten aller politischen Richtungen (u. a. Botha, Tutu) als Forum genutzt. Churchill Murray Publications; Johannesburg.
South Africa Foundation (Hrsg.): Pressespiegel. Bringt monatlich rund 100 in deutschsprachigen Zeitungen erschienene Zeitungsartikel zum südlichen Afrika. Erspart als – politisch neutrale – Quelle aktueller Information viel Eigenarbeit. Bonn. Jährlich DM 36,–
South Africa Foundation (Hrsg.): South Africa International. Erscheint vierteljährlich mit Aufsätzen in- und ausländischer Autoren zu politischen Fragen des südlichen Afrika. Johannesburg. Jährlich R. 12,–
South African Institute of Race Relations (Hrsg.): Race Relations Survey. Erscheint jährlich für das vergangene Jahr. Ist weltweit als durch seine unbestechliche Präzision und Mate-

rialfülle überaus kritisches und verläßliches Jahrbuch anerkannt. Dokumentiert nach Sachbereichen unterteilt die Entwicklung der Rassenbeziehungen und damit der gesamten südafrikanischen Gesellschaft und Politik. Johannesburg. R. 29,75

Serie Piper aktuell